MÉTODOS DE SOLUÇÃO EXTRAJUDICIAL DE CONFLITOS INDIVIDUAIS TRABALHISTAS

UMA ANÁLISE COMPARATIVA ENTRE OS ORDENAMENTOS JURÍDICOS DO BRASIL E DA ESPANHA

AUTORIA
MAIRA DE SOUZA ALMEIDA

LTr®

MÉTODOS DE SOLUÇÃO EXTRAJUDICIAL DE CONFLITOS INDIVIDUAIS TRABALHISTAS

UMA ANÁLISE COMPARATIVA ENTRE OS ORDENAMENTOS JURÍDICOS DO BRASIL E DA ESPANHA

2024

LTr®

LTr Editora Ltda.

Rua Jaguaribe, 571
CEP 01224-003
São Paulo, SP — Brasil
Fone (11) 2167-1101
www.ltr.com.br
Setembro, 2024

Produção Gráfica e Editoração Eletrônica: PIETRA DIAGRAMAÇÃO
Projeto de capa: DANILO REBELLO
Impressão: LOG & PRINT GRÁFICA E LOGÍSTICA

Versão impressa — LTr 6444.4 — ISBN 978-65-5883-308-6
Versão digital — LTr 9921.1 — ISBN 978-65-5883-309-3

Dados Internacionais de Catalogação na Publicação (CIP)
(Câmara Brasileira do Livro, SP, Brasil)

Almeida, Maira de Souza

Métodos de solução extrajudicial de conflitos individuais trabalhistas: uma análise comparativa entre os ordenamentos jurídicos do Brasil e da Espanha/Maira de Souza Almeida. - São Paulo: LTr, 2024.

Bibliografia.

ISBN 978-65-5883-308-6

1. Conflitos - Resolução (Direito) 2. Direito comparado 3. Direito do trabalho - Brasil

4. Ordenamento jurídico 5. Solução de conflitos (Direito) I. Título.

24-204842 CDU-34:331.6(81)

Índice para catálogo sistemático:

1. Direito comparado Brasil e Espanha: Direito do trabalho 34:331.6(81)

Aline Graziele Benitez - Bibliotecária - CRB-1/3129

Nem olhos viram, nem ouvidos ouviram, nem jamais penetrou o coração humano, o que Deus tem preparado para aqueles que o amam (Bíblia Sagrada 1 Coríntios 2.9).

A Deus toda honra e glória!

Aos meus pais Aparecida Maria Almeida e Sebastião Luiz Almeida por toda ajuda e apoio.

Aos meus avós Tereza (*in memoriam*) e Antônio Fagundes por me inspirarem com suas trajetórias acadêmicas.

Às professoras Dra. Maria Consuelo Ferreiro Regueiro e Dra. Alicia Villalba Sánchez pela orientação dada a este trabalho.

A todos, muito obrigada!

SUMÁRIO

I. LISTA DE ABREVIATURAS E SIGLAS 13

II. INTRODUÇÃO 17

CAPÍTULO I – DA DELIMITAÇÃO DO SISTEMA JURÍDICO TRABALHISTA NO BRASIL 28

1. Do acesso à justiça 28
2. Da centralização das disputas individuais na justiça do trabalho .. 34
3. Da crise de eficiência jurisdicional 43
   3.1. Da morosidade processual 44
   3.2. Da litigiosidade das partes 48
   3.3. Dos amplos acordos realizados na justiça 50
   3.4. Da mudança social 55
4. Da resolução de litígios individuais evitando-se a sentença 59
   4.1. Da conciliação judicial 62
      4.1.1. Da cooperação entre os sujeitos processuais 67
      4.1.2. Da maior aceitação das partes 69
   4.2. Da conciliação extrajudicial 72
   4.3. Da mediação 80
   4.4. Da arbitragem 88
5. Pareceres parciais 92

CAPÍTULO II – DA DELIMITAÇÃO DO SISTEMA JURÍDICO TRABALHISTA NA ESPANHA 94

1. Do acesso à justiça 95
2. Da via administrativa 103
   2.1. Da conciliação, da mediação e da arbitragem 104
   2.2. Do esgotamento da fase administrativa 111
3. Do Poder Judiciário 114
   3.1. Da conciliação judicial 116

3.2. Da mediação judicial 118
4. Do sistema autônomo 122
4.1. Da mediação-conciliação 140
4.2. Da arbitragem 145
5. Pareceres parciais 150

CAPÍTULO III - DA ANÁLISE ESTATÍSTICA DOS SISTEMAS JURÍDICOS BRASILEIRO E ESPANHOL 163
1. A crise institucional e os mecanismos de resolução de conflitos individuais no Brasil 164
1.1. Do funcionamento da conciliação judicial na esfera trabalhista 166
1.2. Dos Centros Judiciários de Métodos Consensuais de Solução de Disputas 170
1.3. Dos mecanismos extrajudiciais de resolução de conflitos laborais 177
2. Considerações sobre as informações numéricas 179
3. Do sistema jurídico espanhol 180
3.1. Particularidades sobre a mediação-conciliação administrativa 180
3.2. Da apreciação da jurisdição social espanhola 185
3.3. Dados sobre o funcionamento do sistema de solução extrajudicial 191
3.3.1. Do Serviço Interconfederal de Mediação e Arbitragem (SIMA) 195
3.3.2. Dos mecanismos existentes no âmbito autônomo 197
3.3.2.1. Serviço Aragonés de Mediação e Arbitragem (SAMA) 203
3.3.2.2. Tribunal de Arbitragem e Mediação das Illes Balears (TAMIB) 207
3.3.2.3. Organismo de Resolução Extrajudicial de Conflitos Laborais de Cantabria (ORECLA) 211
3.3.2.4. Tribunal Laboral da Cataluña (TLC) 214
3.3.2.5. Tribunal de Soluções de Conflitos Laborais Navarra (TLN) 218
3.3.2.6. Tribunal Laboral de La Rioja (TLR) 219

3.3.2.7. Sistema Extrajudicial de Resolução de Conflitos Laborais de Andalucía (SERCLA) ... 221
3.3.2.8. Serviço de Solução de Conflitos do Conselho Galego de Relações Laborais ... 224
3.3.2.9. Instituto Laboral da Comunidade Autônoma de Madrid. 227
3.3.2.10. Serviço Regional de Relações Laborais da Comunidade Autônoma de Castilla y León (SERLA) ... 230
3.3.2.11. Serviço Asturiano de Solução Extrajudicial de Conflitos (SASEC) ... 232
3.3.2.12. Tribunal Laboral Canario (TLC) ... 234
3.3.2.13. Jurado Arbitral da Comunidade Autônoma de Castilla-La Mancha ... 235
3.3.2.14. Tribunal de Arbitragem Laboral da Comunidade Valenciana (TAL) ... 237
3.3.2.15. Fundação de Relações Laborais de Extremadura ... 238
3.3.2.16. Oficina de Resolução de Conflitos Laborais da Comunidade de Murcia ... 238
3.3.2.17. Conselho de Relações Laborais do Governo Vasco (PRECO) ... 239
4. Pareceres parciais ... 239
4.1. Da ampliação do sistema de justiça ... 240
4.2. Da incorporação de novas tecnologias ... 246
4.3. Obiter dicta sobre o sistema jurídico espanhol ... 250

CAPÍTULO IV – PROBLEMAS DETECTADOS NOS MÉTODOS PARA SE EVITAR A SENTENÇA NO ESTADO ESPANHOL ... 252
1. Da tutela judicial, como direito fundamental, e os métodos de solução extrajudicial de conflitos ... 253
1.1. Da conciliação/mediação prévia nas vias autônoma e administrativa ... 258
1.2. Da conciliação extrajudicial obrigatória nas comissões paritárias ... 268
1.3. Da reclamação administrativa prévia ... 276
1.4. Da arbitragem ... 280
2. Da indisponibilidade de direitos mínimos e básicos: onde se determinam? ... 283

3. Da intervenção do letrado da administração da justiça e os atos jurisdicionais 299

4. Dos meios eletrônicos de prova e do seu acesso na jurisdição social 316

5. Pareceres parciais 329

CAPÍTULO V – DA REAÇÃO LEGISLATIVA NECESSÁRIA PARA O ENFRENTAMENTO DA CRISE INSTITUCIONAL NO DIREITO AO ACESSO À JUSTIÇA DO TRABALHO NO ESTADO BRASILEIRO, À LUZ DO DIREITO COMPARADO ESPANHOL 335

1. Métodos para superar a crise no sistema de justiça 338

1.1. Da necessidade de romper com a exclusividade estatal na apreciação de lides individuais trabalhistas 339

1.2. Da virtualização procedimental: contributo para a melhora no acesso à justiça 341

1.3. Do uso de métodos consensuais 347

2. Da mudança normativa para democratizar a justiça 349

2.1. Da feitura da norma infraconstitucional para definir limites à disponibilidade dos direitos trabalhistas 352

2.2. Do estabelecimento de uma nova cultura democrática na seara trabalhista brasileira 364

2.3. Como compatibilizar a criação de uma nova norma jurídica com a decisão adotada pelo STF sobre essa temática 372

2.3.1. Da feitura da Proposta de Emenda à Constituição Federal ... 375

2.3.2. Da mudança na Constituição brasileira e na lei infraconstitucional à luz do que se passa na norma jurídica espanhola 381

2.4. Da alteração legislativa para o fortalecimento dos sindicatos no Estado brasileiro para viabilizar as Comissões de Conciliação Prévia sindicais 386

3. Pareceres parciais 405

III. REFLEXÕES FINAIS 407

IV. BIBLIOGRAFIA 413

V. JURISPRUDÊNCIA E DOUTRINA JUDICIAL 427

I. LISTA DE ABREVIATURAS E SIGLAS

ACT – Acordo Coletivo de Trabalho

ADI/ADIn – Ação Direta de Inconstitucionalidade

AI – Acordo Interprofissional

AN – Audiência Nacional

ASAC – Acordo de Solução Autônoma de Conflitos

ASEC – Acordo de Soluções Extrajudiciais de Conflitos

AGA – Acordo Interprofissional Galego sobre Procedimentos Extrajudiciais de Solução de Conflitos do Trabalho

CCT – Convenção Coletiva de Trabalho

CCP – Comissão de Conciliação Prévia

CE – Constituição Espanhola

Cejusc – Centros Judiciários de Métodos Consensuais de Solução de Disputas

CLT – Consolidação das Leis Trabalhistas

CRFB/88 – Constituição da República Federativa do Brasil de 1988

CNJ – Conselho Nacional de Justiça

CSJT – Conselho Superior da Justiça do Trabalho

CTPS – Carteira de Trabalho e Previdência Social

DUDH – Declaração Universal dos Direitos do Homem

EC – Emenda Constitucional

ET – Estatuto do Trabalhador

FADE – Federação Asturiana de Empresários

FGS – Fundo de Garantia Salarial

HC – *Habeas corpus*

IMAC – Instituto de Mediação, Arbitragem e Conciliação

LRJS – Lei que Regulamenta a Jurisdição Social

LPL – Lei de Procedimentos Laborais

MP – Medida Provisória

MPT – Ministério Público do Trabalho

NCPC/CPC – Novo Código de Processo Civil / Código de Processo Civil

Ninter – Núcleos Intersindicais de Conciliação Trabalhista

Nupemec-JT – Núcleos Permanentes de Métodos Consensuais de Solução de Disputas

ODS – Objetivo de Desenvolvimento Sustentável

OIT – Organização Internacional do Trabalho

ONU – Organização das Nações Unidas

ORCL – Oficina de Resolução de Conflitos Laborais

ORECLA – Organismo de Resolução Extrajudicial de Conflitos Laborais de Cantabria

PCO – Poder Constituinte Originário

PEC – Proposta de Emenda Constitucional

PRECO – Conselho de Relações Laborais do Governo Vasco

RE – Recurso Extraordinário

RGPS – Regime Geral da Previdência Social

RR – Recurso de Revista

STF – Supremo Tribunal Federal

STJ – Superior Tribunal de Justiça

SAMA – Serviço Aragonés de Mediação e Arbitragem

SASEC – Serviço Asturiano de Solução Extrajudicial de Conflitos

SDI-I – Seção de Dissídios Individuais I

SERCLA – Sistema Extrajudicial de Resolução de Conflitos Laborais de Andalucía

SERLA – Serviço Regional de Relações Laborais de Castilla y León

SIMA – Serviço Interconfederal de Mediação e Arbitragem

SMAC – Serviço de Mediação, Arbitragem e Conciliação

TAMIB – Tribunal de Arbitragem e Mediação das Illes Balears

TAL – Tribunal de Arbitragem Laboral da Comunidade Valenciana

TC – Tribunal Constitucional

TJUE – Tribunal de Justiça da União Europeia

TLC – Tribunal Laboral Canario

TLC – Tribunal Laboral da Cataluña

TLN – Tribunal de Soluções de Conflitos Laborais Navarra

TLR – Tribunal Laboral de La Rioja

TRT – Tribunal Regional do Trabalho

TS – Tribunal Supremo

TSJ – Tribunal Superior de Justiça

TST – Tribunal Superior do Trabalho

II. INTRODUÇÃO

Atualmente, devido à crise de eficiência no Poder Judiciário, tem se acentuado no Estado brasileiro a discussão quanto à viabilidade da utilização de mecanismos extrajudiciais de resolução de disputas na área trabalhista, principalmente, no que tange às causas envolvendo o direito individual do trabalho.

Os receios sobre esse assunto, em geral, ocorrem em razão da hipossuficiência do empregado e do princípio da proteção existentes nessa seara, já que o trabalhador é detectado como vulnerável em relação ao empregador que possui o domínio dos meios de produção(1).

Desde a construção teórica do Direito do Trabalho, convencionou-se que no ramo jurídico laboral haveria uma maior necessidade de proteção ao empregado, pela subordinação jurídica existente na relação trabalhista(2), a fim de evitar o despojamento de direitos e garantias fundamentais que compreendem a dignidade humana. Esse é um dos fundamentos, inclusive, da origem do direito material e processual do trabalho, responsável por proteger o trabalhador que desprende a sua energia em prol do tomador de serviços que, por sua vez, em retribuição ao que lhe foi prestado, possui o dever de tratar com dignidade o empregado e pagar a ele os direitos mínimos derivados dessa relação.

Outro dos fundamentos tem um caráter histórico. Após a Segunda Guerra Mundial, a ideia de amplo acesso à justiça se fortaleceu no cenário jurídico internacional no intuito de evitar o aviltamento da pessoa humana por meio da preservação de normas jurídicas fundamentais. Dessa maneira, buscava-se impedir que direitos humanos fossem desrespeitados, tal qual ocorrera durante os tempos do holocausto (SOLANO, 2018).

Nesse aspecto, a criação de justiças especializadas foi feita para facilitar o acionamento à jurisdição, pois na seara laboral há uma preocupação específica relacionada ao fato de ser o crédito trabalhista verba de natureza alimentar e essencial para a sobrevivência do trabalhador.

---

(1) Os meios de produção dizem respeito ao que permeia a relação entre o trabalho humano, a natureza e o processo de transformação da natureza em si. Segundo Mochón (2007), eles são compostos pelos fatores de produção, entre eles, a mão de obra, a matéria-prima, a terra e o capital, que durante um processo produtivo de uma dada empresa são combinados entre si, para produzir bens ou serviços a uma sociedade.
(2) Composta pelo tomador e pelo prestador de serviços.

Realmente, a concentração histórica brasileira da tutela dos direitos trabalhistas individuais na via jurisdicional está ancorada na necessidade de ter uma superioridade jurídica ao trabalhador, para compensar a desigualdade econômica presente na realidade fática laboral. Haja vista que, ao longo dos anos, o pensamento jurídico majoritário se desenvolveu no aspecto de que, sem essa proteção por parte do Estado, o trabalhador tornar-se-ia ainda mais desprotegido, pois ele não é o dono do capital e representa um dos fatores produtivos para o capitalista, que detém os meios de produção.

Passado o período de surgimento dos primeiros movimentos sindicais e o estabelecimento de normas jurídicas para reger a relação capital *versus* trabalho, alguns ordenamentos jurídicos, como no caso do Brasil e da Espanha, conferiram ao monopólio estatal a apreciação de lides laborais, o que levou ao sobrestamento dos tribunais. Além disso, no Brasil, o excesso do Estado no campo trabalhista sufocou o fortalecimento sindical.

Ademais, como política adotada pelo Estado, não se aceitava no Brasil a delegação dessa função às iniciativas privadas. Nos anos 2000 houve a tentativa de estabelecer comissões de conciliações prévias, no caso, as CCPs, porém, elas se tornaram letra jurídica morta.

Entretanto, a Reforma Trabalhista de 2017 tenta ampliar esse cenário, porque passou a haver previsão da arbitragem para resolver o litígio individual do trabalho, quando a causa envolver altos empregados(3), embora a Constituição de 1988 já admitisse o instrumento para a solução de embates coletivos. Também trouxe outros instrumentos que extinguem extrajudicialmente do crédito trabalhista.

É fato notório que a sociedade está em constante movimento e o direito como disciplina que estuda os fatos sociais deve se adaptar a eles. Desse modo, pode-se dizer que nos últimos anos vivencia-se no Brasil uma redemocratização do direito, verificado por meio da reforma operacionalizada no CPC de 2015 e em feixes da legislação trabalhista de 2017 quanto à inserção de métodos alternativos fora da via estatal, em que pese a necessidade de limites no âmbito laboral que serão discutidos nesta pesquisa.

Esse movimento tem incentivado a participação dos envolvidos na controvérsia para a sua solução, situação que vai ao encontro do que a OIT recomenda.

---

(3) São os obreiros que recebem remuneração acima da média dos brasileiros e que por isso são considerados, para parcela da doutrina, menos vulneráveis.

Nesse aspecto, pretende-se aferir os meios de resolução extrajudiciais de conflitos, mais especificamente a mediação, a conciliação e a arbitragem no ambiente laboral, para conferir de que maneira eles poderiam contribuir para a prevenção e o termo das disputas trabalhistas individuais, porque o modelo de jurisdição estatal está em crise de eficiência, devido ao acúmulo de processos.

Embora a doutrina divirja quanto à possibilidade de se transacionarem os direitos individuais, em razão da natureza alimentar das verbas trabalhistas e por serem muitas das normas jurídicas laborais de natureza indisponível, a intenção de estudar a viabilidade dos métodos alternativos à via jurisdicional, para encontrar formas mais viáveis para dirimir esses conflitos, decorre da quantidade enorme de demandas, que esperam anos para ser julgadas.

As tentativas de desobstruir o Poder Judiciário laboral no Brasil não são novas, sendo que a criação do instituto das CCPs nos anos 2000 foi feita nesse intuito, e as mais diversas semanas nacionais de conciliação que se repetem todos os anos prestam esse serviço. Soma-se a esse contexto que a Reforma Trabalhista de 2017, por exemplo, acrescentou artigos jurídicos à norma celetista sob o discurso de diminuir a carga de processos existentes. Entretanto, as mudanças normativas realizadas não são capazes de efetivamente trazer as melhorias necessárias ao sistema de justiça, haja vista que ele precisa urgentemente aprimorar seu caráter democrático.

Não houve, por exemplo, modificações no instituto das CCPs para reavivar essas comissões que se tornaram pouco usadas devido à insegurança jurídica que as norteia. Principalmente pela lei não discriminar detalhadamente matérias passíveis de transação, não há confiança nos mecanismos extrajudiciais devido à hipossuficiência do obreiro, por haver normas de indisponibilidade absoluta e em razão do princípio da proteção. Além disso, a reforma trabalhista não tratou do Cejusc e do instrumento de mediação, sendo essa política de autocomposição implementada pelos próprios tribunais por meio de resoluções do CNJ e do CSJT.

Torna-se necessário encontrar soluções mais eficazes para a crise jurídica brasileira. Apesar de a circunstância ser delicada, porque a resolução de litígios individuais laborais fora da via estatal é um campo extremamente controvertido na doutrina e na jurisprudência brasileira, não há mais como fugir do enfrentamento ao problema, pois ele existe e necessita ser resolvido.

Ainda que haja o receio e a resistência histórica em adotar métodos extrajudiciais no campo do direito individual do trabalho, propõe-se uma saída para a crise jurídica existente no país detectada inclusive por meio da estatística e do direito comparado espanhol. Nesse aspecto, situa-se o velho brocardo de que contra fatos não há argumentos. Em outras palavras, é real o excesso de demandas e o fato de que o judiciário não está conseguindo agir em tempo razoável.

Entretanto, a questão que gera divergências é a de estabelecer os meios apropriados para atingir o fim de obter um sistema jurídico laboral brasileiro mais célere e capaz de favorecer o acesso à justiça de modo a atender aos anseios democráticos.

É sabido que, na história, o direito brasileiro, nas suas mais diversas áreas, inspirou-se em outros sistemas jurídicos mais antigos e consolidados, como: o francês, o alemão, o italiano, o americano, o português, entre outros. Não é por outro motivo que se tenta encontrar medidas eficazes para enfrentar a crise do Poder Judiciário trabalhista brasileiro, tendo como parâmetro espelhar-se no modelo jurídico laboral espanhol que é mais desenvolvido a nível extrajudicial.

Na Espanha, o caminho de abertura e promoção de métodos alternativos na área trabalhista inicia-se na década de 80 e intensifica-se nos anos 90, após a excessiva litigiosidade e sobrestamento dos tribunais, em que foi preciso realizar diversas reformas normativas, assim como a implementação desses métodos contou com o apoio público financeiro e de pessoal e com a participação de agentes sociais. Dessa maneira, houve a opção normativa de implementar um sistema pré-processual no âmbito do direito individual laboral, a nível administrativo e autônomo, como requisito obrigatório para se acionar a via jurisdicional e isso tem contribuído para a evitação do processo judicial.

Por meio de informações estatísticas disponibilizadas pelo CNJ constata-se que a Justiça do Trabalho no Brasil não está dando conta da quantidade de litígios instaurados todos os anos. Em contrapartida, os números demonstram que a conciliação é ferramenta indispensável nessa seara e pode se harmonizar com os princípios da proteção e da indisponibilidade de direitos trabalhistas. Os dados numéricos quanto às avenças realizadas pelos magistrados e nos Cejuscs recentemente criados apontam que elas são positivas e que favorecem a eficiência do sistema de justiça.

Em análise ao direito comparado, na Espanha, dados numéricos fornecidos pelo governo oficial revelam que o sistema pré-processual, que atua a nível de direito individual do trabalho como pressuposto para o ajuizamento da demanda, é de suma importância, pois resolve milhares de procedimentos antes que eles se transformem em processos judiciais. Isso ocorre principalmente a nível de sistema administrativo na esfera individual e aos poucos vem se consolidando na esfera autônoma, porque se nota a deficiência de uma norma mais pormenorizada para concretizar a segurança jurídica para o uso dessa via. De modo específico, no período de janeiro a dezembro de 2020, os SMAC resolveram 293.878 conciliações individuais, das quais

100.863 (34,3%) restaram acordadas(4). Nota-se que há uma atuação muito expressiva. Nesse mesmo ano (2020), mecanismos autônomos extrajudiciais de Andalucía, Cataluña, La Rioja e Navarra solucionaram um total de 14.765 conciliações individuais(5), percentual pequeno com relação ao total de disputas individuais existentes.

Decorrente do fenômeno da constitucionalização do processo/procedimento, a norma jurídica processual deve ser interpretada em conformidade com princípios e valores constitucionais para preservar diversas garantias fundamentais como o contraditório, a ampla defesa, a dignidade humana, a tutela judicial efetiva, entre outros direitos. Considerando que os Tribunais Constitucionais no Brasil e na Espanha possuem a atribuição de direcionar a interpretação constitucional válida para o ordenamento jurídico, torna-se essencial a apreciação da sua jurisprudência com relação aos métodos extrajudiciais na seara trabalhista dos referidos países.

Isso porque as formas processuais/procedimentais são justas quando comprometidas substancialmente com a realidade constitucional e com suas garantias jurídicas. Assim, o processo é justo quando as anomalias originadas da aplicação mecanicista e técnica do procedimento são corrigidas para possibilitar a tutela judicial efetiva (NAVARRETE, 2014, pp. 1-19), o que vem sendo feito por meio da jurisprudência espanhola.

Ao lado da normatização que prevê a passagem obrigatória a esses procedimentos prévios, o posicionamento favorável quanto à compulsoriedade de sistemas pré-processuais pelo TC espanhol foi de suma importância para o desenvolvimento desses métodos não estatais no país. Deste modo, essa decisão do TC contribuiu para que a norma jurídica estabelecesse uma cultura mais democrática no uso de meios extrajudiciais. Igualmente, conta-se com investimentos públicos, financeiro e profissional, para a implementação dos sistemas, sendo, portanto, uma opção política, com a ajuda dos três poderes, a abertura das formas de dirimir controvérsias.

Explicitamente, a jurisprudência emitida pelo TC – *(Sala Primera) Sentencia num. 60/1989 de 16 marzo RTC\1989\60* – é favorável à compatibilidade dos métodos de solução extrajudiciais de conflitos com o direito à tutela judicial efetiva de juízes e tribunais previsto no art. 24.1 da CE. Entretanto, o TC admite haver vulneração a esse direito fundamental quando existe uma interpretação excessivamente formalista, rígida e desproporcional das

---

(4) Informações sobre o funcionamento do SMAC. Disponível em: https://www.mites.gob.es/estadisticas/Mac/mac20dicpublicacion/mac_12_20.pdf. Acesso em: 27 nov. 2022.
(5) *Ibidem.*

exigências pré-processuais, pois nesta situação cria-se um impedimento na apreciação da demanda pelo Poder Judiciário.

Em outras palavras, o TC, quanto à exigência de requisito para aceder ao Poder Judiciário, considera legítimo e posiciona-se pela interpretação não formalista, primando pela proporcionalidade caso tiver havido algum defeito pré-processual, porque acredita que se foi cumprida a finalidade e a essência do procedimento prévio, que é ofertar a possibilidade de conhecer a controvérsia e tentar uma resolução extrajudicial para evitar a jurisdição, está satisfeita a finalidade da norma jurídica, de forma que não cabe desestimular a ação judicial em curso.

Assim, em reiteradas ocasiões, o Tribunal se pronunciou sobre a compatibilidade do direito à tutela judicial efetiva do art. 24.1 da CE com a previsão de condicionantes prévios compulsórios para o acesso ao Poder Judiciário. Desta maneira, o que não é permitido são obstáculos legais sem necessidade, que sejam excessivos, carentes de razoabilidade e desproporcionais em relação aos fins perseguidos pelo legislador. De igual modo, se houver o estabelecimento de requisitos que limitem as ações para a defesa jurisdicional de direitos e interesses, há ofensa ao art. 24.1 da CE.

Em resumo, é vedado impedir, obstaculizar, dificultar ou limitar o acesso ao Poder Judiciário. Por esse motivo, sempre que se fixar um requisito pré-processual, a sua legitimidade constitucional deve ser examinada pelo TC, porque deve haver uma justificativa para a adoção dessa medida relacionada à finalidade de proteção de bens e interesses constitucionalmente protegidos.

O TC entende que, embora fórmulas pré-processuais estabeleçam uma maior dificuldade de aceder à jurisdição, pois não se pode pleitear diretamente ao juiz, não configura em ofensa ao direito a tutela judicial efetiva, desde que essa exigência seja razoável e que acarrete benefícios para o desenvolvimento do Poder Judiciário. E se tiver sido cumprido o requisito administrativo prévio, qualquer outra exigência para o acionamento da jurisdição pode representar dificuldade injustificada ao acesso processual, revelando-se incompatível com a Constituição.

Em outra decisão relacionada a essa temática, o TC – *(Sala Primera) Sentencia num. 74/1983 de 30 julio RTC\1983\74* –, no caso concreto, decidiu pela necessidade de litisconsórcio ativo de todos os afetados para promover o conflito coletivo, sem que represente violação ao direito fundamental de obter uma tutela efetiva de juízes e tribunais. O fundamento usado é de que não há um obstáculo para o pronunciamento sobre o mérito quando não for cumprido um requisito processual. De forma que, para o TC, o que não é válido é criar uma restrição injustificada que impeça a tutela de direitos e interesses.

Desse jeito, o Tribunal ratificou a sentença que desestimulou a demanda, afirmando que não há impedimento à tutela judicial quando a intenção é preservar o princípio democrático, que se inspira na CE, ao vedar que uma minoria imponha seus critérios à maioria dos afetados quando eles não foram ouvidos no processo. Outrossim, afirmou que a constituição da relação processual deve acontecer com a observância da lei para preservar a segurança jurídica.

Deste modo, não há ofensa ao art. 24.1 da CE quando um vício processual previsto na norma jurídica desestimula a ação judicial, porque a tutela judicial deve ser compatível com os requisitos de legalidade, desde que não estabeleça um obstáculo que impeça injustamente um pronunciamento de mérito.

Conforme o TC, o direito à tutela judicial efetiva se satisfaz não somente com o pronunciamento de uma decisão sobre o fundo/mérito, mas também quando há uma inadmissão da ação fundamentada e justificada no direito. A bem da verdade, a estruturação do processo fica a cargo do legislador, porém, o art. 117.3 da CE permite que, na ausência de normas, os tribunais em sua competência possam estruturar as formalidades processuais que consideram adequadas na hipótese contemplada. Todavia, o que não se admite é a interpretação dos requisitos processuais de forma desproporcional e desarrazoada configurando uma barreira para poder aceder à jurisdição.

O TC, nesse caso concreto, explicou que a exigência de litisconsórcio ativo no conflito coletivo guarda uma justificativa constitucional que é garantir aos que pertencem à mesma empresa a igualdade de direitos, por isso é obrigatória a presença de todos os afetados no processo, já que não é permitido que quem não foi ouvido/representado seja atingido pela decisão.

Em resumo, o TC espanhol considera que os requisitos pré-processuais estabelecidos na lei para acessar o Poder Judiciário não ofendem o direito fundamental à tutela judicial efetiva, desde que haja uma interpretação razoável que não crie uma barreira para aceder à jurisdição.

Parte das propostas sugeridas nesta pesquisa consiste em criticar posicionamentos adotados pela Suprema Corte brasileira e obter caminhos constitucionais para tentar superá-los, pois nenhum Poder Republicano é absoluto e todos devem sempre atuar em harmonia uns com os outros em um autêntico diálogo institucional.

Em comparação ao que aconteceu com o sistema jurídico espanhol, no Brasil, o STF, por meio das suas decisões jurisprudenciais, tem criado empecilhos ao desenvolvimento da razoável duração do processo e, consequentemente, à efetivação do direito de acesso à Justiça do Trabalho, por considerar que a compulsoriedade de um mecanismo prévio ao processo judicial estabelecido na norma jurídica infraconstitucional ofende o direito de acessar o Poder Judiciário.

Aliás, nos dias atuais, essa garantia passa a ser vista como um acesso ao amplo sistema de justiça em razão dos avanços tecnológicos e da necessidade de ampliar a noção de justiça a que se tem acionamento. Pode-se dizer que nesse período de crise sanitária houve uma aceleração na incorporação da tecnologia ao sistema de justiça brasileiro e espanhol. Ocorreu uma intensificação desse fenômeno na medida em que sedimentou, face à necessidade social decorrente da Covid-19, a criação do costume para a feitura de atos telepresenciais, com a permissão de haver no Brasil, por exemplo, um juízo 100% digital e audiências por meio de videoconferências.

Assim, como consequência da pandemia, as audiências naquele período se tornaram totalmente telepresenciais. Antes, somente visualizava-se a prática de algum ato tecnológico no processo. Afirma-se que a tecnologia associada ao Poder Judiciário e aos demais sistemas de justiça no mundo todo permitiu que não tivesse paralisação deles durante a crise ocasionada pela Covid-19. Portanto, nos dias atuais, não há como dissociar o direito processual do trabalho do impacto que a tecnologia gera no procedimento. Essa é uma realidade que se insere para continuar.

Desse modo, o aspecto digital permite ressignificar conceitos tradicionais de justiça, porque reflete diretamente nas suas ferramentas. Como exemplo, há a ampliação do acesso para que todos possam participar da audiência virtual sem que haja barreiras geográficas.

Um dos maiores desafios desses novos tempos é garantir a todos os que não dominem os recursos tecnológicos uma forma de acessar o sistema de justiça, já que muitas pessoas são excluídas digitalmente.

A inserção de instrumentos telemáticos na resolução de litígios faz parte da 4ª Revolução Industrial, que se insere como contributo para o acesso à justiça. A mudança social decorrente da era tecnológica também impacta no modo de produção de trabalho, gerando novos conflitos que, por sua vez, trazem a necessidade de olhar para outras formas de serem dirimidos. Maneiras que sejam mais ágeis, tal como o mundo está hoje.

Nesse propósito de alargar as portas para se adentrar à justiça, o direito comparado espanhol revela estar mais desenvolvido quanto à permissão e sedimentação da mediação-conciliação extrajudicial para dirimir dissídios individuais, tanto a nível administrativo, quanto a nível autônomo, do que o Brasil.

Como se sabe, o CPC de 2015 foi feito nesse viés de estabelecer um sistema multiportas para a resolução de controvérsias na seara comum no país e proporcionar a celeridade, seja por meio da conciliação, da mediação, da arbitragem ou da negociação. Esse sistema denominado multiportas permite o funcionamento harmônico da via judicial com a extrajudicial, além de favorecer a satisfação das partes, diminuir o número de demandas e de recursos e a quantidade de execuções devido ao adimplemento que normalmente ocorre de maneira espontânea (SOLANO, 2018).

Essa visão está sendo ampliada para abarcar a seara especializada trabalhista. Entretanto, não se desconhece que no Brasil parte da doutrina considera que condicionar o acionamento ao Poder Judiciário a um esgotamento prévio da via administrativa ofende o direito de acessar a jurisdição (SOLANO, 2018). Todavia, neste livro, o que se defende é a passagem prévia compulsória para tentativa de mediação-conciliação em uma via fora do Poder Judiciário Laboral e não o seu esgotamento.

Acredita-se que o direito é um agente transformador da sociedade e que a criação, a partir da adoção de uma nova postura na política judiciária do país, de normas mais democráticas, que favoreçam a participação mais ativa dos envolvidos na controvérsia e proporcionem a mudança na educação jurídico-social, irá contribuir para a democratização do processo laboral. Defende-se a norma como uma força motriz para uma profunda transformação social na justiça brasileira. Por esse motivo, propôs-se a análise do direito comparado espanhol para incorporar no Estado brasileiro o que é adequado à realidade do país.

Atualmente, na seara laboral brasileira, em decorrência da reforma trabalhista, já existe autorização na norma jurídica para avenças extrajudiciais particulares em determinadas hipóteses, entretanto, essas devem passar pelo crivo do Poder Judiciário trabalhista para sua homologação (no caso de acordos particulares) ou mesmo para avaliação de fraudes. E, em razão da hipossuficiência, do estado de subordinação, do princípio da proteção e da irrenunciabilidade de direitos, entende-se que a via puramente particular não se revela a melhor maneira de resolver lides de trabalho.

Portanto, esses meios privados de resolução de litígio fomentados com a reforma de 2017 ainda possuem muita insegurança jurídica e instabilidade para gerir as relações derivadas da interação entre o capital *versus* o trabalho. E, soma-se o fato de que, face à necessidade de homologação, tornam-se mais um procedimento judicial instaurado.

Por tal razão, propõe-se uma regulamentação que deve ser clara e considerar válida a mediação-conciliação prévia desde que preservadas certas garantias, sempre primando pela decisão humanizada da disputa. Aliado a essa realidade, ainda que a mediação-conciliação seja obrigatória em caráter prévio ao processo, o princípio da voluntariedade permanece quanto à feitura do acordo extrajudicial (ÁLVAREZ, 2014, pp. 18-19). Em outras palavras, as partes realizam a avença se assim desejarem.

Para essa nova sistemática processual, entende-se que a modificação do texto constitucional (PEC) deva caminhar juntamente com alterações propostas e sugeridas para a CLT. A reformulação da norma jurídica celetista, inclusive quanto às CCPs, vem com o intuito de fomentar o sistema, dar a ele mais segurança jurídica e permitir que atue em conformidade com a Constituição. Além, é claro, de reativar o referido instituto para atuar de maneira prévia e obrigatória a nível sindical.

A crítica ao monopólio estatal abre caminho para o desenvolvimento de alternativas mais pluralistas para dirimir os problemas contemporâneos. Hodiernamente, assiste-se no Brasil e na Espanha tentativas à desmonopolização da jurisdição laboral, estando este país à frente daquele.

Tudo está sendo pensado com vistas a instituir, no Estado Democrático de Direito, meios de solução de disputas com maior participação das partes para promover valores constitucionais, como a dignidade humana, o valor social do trabalho, a autonomia coletiva, entre outras questões de direitos e garantias fundamentais(6).

A feitura da norma jurídica é peça fundamental para o funcionamento de forma segura dessa nova sistemática processual laboral sugerida, que proporciona agilidade às controvérsias, sem, contudo, desfazer de direitos mínimos necessários para a tutela da condição humana do trabalhador. De modo a preservar, em especial, o princípio da dignidade da pessoa humana e outros princípios específicos do direito do trabalho, como o princípio da proteção e da indisponibilidade.

Essa é uma proposta para romper com a exclusividade estatal e obter uma cultura de pacificação social capaz de reduzir a judicialização das disputas e favorecer a razoável duração do processo, porque já existe no país o incentivo a outras formas mais democráticas e menos burocráticas de resolução de conflitos, como no caso da mediação, da conciliação e de outros métodos de solução consensual (Resoluções do CNJ n. 125/10 e do CSJT n. 174/16 e n. 288/21), o que também é promovido de modo internacional pela OIT e pela Agenda 2030 da ONU.

Assim, no intuito de solucionar esse problema de sobrecarga processual na Justiça Laboral brasileira, que retarda a entrega da prestação jurisdicional e é intensificado pela excessiva litigiosidade das partes que apresentam diversos recursos e contribuem para maior morosidade processual, bem como para adaptar o Poder Judiciário às novas exigências sociais decorrentes das últimas

(6) Esses valores estão descritos no corpo constitucional. Disponível em: http://www.planalto.gov.br/ccivil_03/constituicao/constituicao.htm. Acesso em: 2 fev. 2022.

revoluções digitais, aponta-se duas medidas capazes de contribuir com a razoável duração do processo por meio da reformulação da definição do acesso à justiça: uma tecnológica e outra fundamentada na ampliação dos instrumentos de justiça a partir de uma perspectiva do direito comparado espanhol.

Ora, o excesso de demandas judiciais revela-se prejudicial ao trabalhador que aguarda por muito tempo a satisfação do seu crédito trabalhista (natureza jurídica de verba alimentar) pelos anos dedicados e trabalhados.

É importante frisar que nos últimos anos o Estado brasileiro adotou uma postura considerada rígida, por refutar os meios extrajudiciais na seara laboral, sob a justificativa de que apenas o Estado, representado pelo Poder Judiciário, poderia garantir a igualdade das partes e a proteção ao trabalhador.

Entretanto, se abordará com mais profundidade a questão para aferir como é possível a iniciativa privada garantir a salvaguarda das normas jurídicas do trabalhador, já que, nesse caso, pode haver benefício para os obreiros, que teriam a satisfação do seu direito conferida em tempo oportuno.

Essa apreciação é de grande importância, haja vista que a maior parte dos embates na área trabalhista está relacionada às verbas econômicas. E o atraso na decisão para a controvérsia pode prejudicar o sustento do trabalhador e de sua família, o que compromete a sua sobrevivência.

Após verificar o funcionamento dos meios extrajudiciais de resolução de disputas no sistema jurídico espanhol, avalia-se o que pode ser feito, em termos de adaptações no Brasil, ou seja, se há meios similares no país e se é benéfico o desenvolvimento de uma ferramenta semelhante no Estado brasileiro à luz da realidade vivenciada. Ressalta-se que cada território possui a sua especificidade, cultura, população e normas jurídicas singulares, tais como a Constituição Federal, tratados internacionais de direitos humanos recepcionados e normas infraconstitucionais.

Para tanto, este livro desenvolve-se por capítulos, que são ao todo cinco, sendo: o Capítulo I sobre a realização e a crise da justiça trabalhista brasileira; o Capítulo II acerca do sistema de justiça laboral espanhol; o Capítulo III referente aos dados numéricos da justiça nos dois países; o Capítulo IV contempla os problemas detectados nos métodos informais espanhóis; e o Capítulo V trata-se de uma proposta para superar a crise da justiça brasileira por meio de um estudo comparativo entre o sistema jurídico laboral brasileiro e o espanhol, pois se depreende que na Espanha estão mais desenvolvidos do que no Brasil os meios extrajudiciais para a resolução de litígios na área laboral, inclusivamente, no direito individual do trabalho.

Capítulo I

DA DELIMITAÇÃO DO SISTEMA JURÍDICO TRABALHISTA NO BRASIL

Sabe-se que há uma concentração histórica no Poder Judiciário da resolução de litígios individuais na área laboral, porém é fato notório que o sistema estatal está em crise de eficiência pela sobrecarga de processos. Isso tem por consequência comprometer o direito de acesso efetivo à Justiça do Trabalho.

Nesse contexto, torna-se necessário avaliar a legislação existente no Brasil e os meios de solução extrajudiciais presentes na norma, bem como verificar sua aplicação atual com o propósito de analisar, em caso de detecção de ineficiência, a proposta do seu desenvolvimento para fomentar o direito de acesso à justiça efetiva.

Assim, para a compreensão do real funcionamento do sistema de justiça laboral brasileiro, este estudo inicia-se com a definição teórica dos mecanismos jurídicos, visando à sua delimitação no tempo e no espaço, com o objetivo de aferir os principais entraves *versus* as possíveis soluções.

1. Do acesso à justiça

Historicamente, no Estado Liberal (séculos XVIII e XIX), o acesso à justiça correspondia a um direito de acionar e obter uma resposta do Poder Judiciário. Posteriormente, no século XX, mais precisamente no Estado Social, esse direito passou a compreender o direito efetivo à tutela jurídica, pois, com o surgimento de novos direitos ditos sociais, eles deveriam ser implementados (CORRÊA, 2014, pp. 85-86).

O direito de acionar a justiça está previsto na CRFB/88, no art. 5º, inciso XXXV, descrito da seguinte maneira: "a lei não excluirá da apreciação do Poder Judiciário lesão ou ameaça a direito"[(7)].

---

(7) Informação prevista em: http://www.planalto.gov.br/ccivil_03/constituicao/constituicao.htm. Acesso em: 18 maio 2022.

Ele foi inserido no corpo constitucional pela primeira vez no art. 141, § 4º[8], da Constituição de 1946, na parte de Direitos e Garantias Individuais, e previa: "a lei não poderá excluir da apreciação do Poder Judiciário qualquer lesão de direito individual". Comparando com os dois textos, vê-se que essa garantia foi ampliada, porque a Constituição de 1988 resguarda não somente a lesão, mas também a ameaça ao direito.

Essa garantia tem previsão no art. 8º da Declaração Universal dos Direitos Humanos, que é respeitada pelo Estado brasileiro, estando também no art. 25, 1º da Convenção Americana dos Direitos Humanos, conhecida como Pacto São José da Costa Rica (1978), sendo esse um tratado internacional do qual o Brasil é signatário.

No mundo contemporâneo, o direito ao efetivo acesso à justiça passou a ser visto como o mais básico dos direitos humanos, guardando previsão como norma jurídica fundamental nas Constituições de diversos Estados Democráticos de Direito (VASCONCELOS, 2008, p. 43). Isso porque uma justiça eficaz acarreta a efetividade de garantias fundamentais atribuídas ao ser humano.

Com crise do Poder Judiciário, Cappelletti (1988, pp. 9-11), preocupado com a necessidade de que a justiça fosse mais acessível a todos, determinou a existência de três ondas de reformas processuais para alcançar a democratização da prestação jurisdicional. De modo específico, identificou certos entraves que precisam ser superados pelo Poder Judiciário, para ter um efetivo acesso à justiça pela pessoa humana sem distinção.

O primeiro problema diagnosticado pelo autor e que ainda existe nos dias de hoje diz respeito ao fato de que o acesso à justiça constitui um privilégio de poucos, uma vez que nem todos podem suportar as despesas processuais.

Aliás, com as reformas de Welfare State houve uma mudança de perspectiva e mentalidade social e passou-se a entender que o Estado é responsável por garantir os direitos aos seus cidadãos, sejam de primeira geração, ditos civis e políticos, sejam de segunda dimensão, qualificados como econômicos, sociais e culturais.

Com isso, a identidade do acionamento à justiça passa a ser vista como um veículo fundamental para a concretização desses novos direitos, para que eles não fossem apenas previstos formalmente, mas se tornassem reais no campo social (*ibid.*).

---

(8) Para mais detalhes sobre a Constituição de 1946: Disponível em: http://www.planalto.gov.br/ccivil_03/constituicao/constituicao46.htm. Acesso em: 19 maio 2022.

Por essa razão, entende-se que com o Estado Social de Direito a justiça deve preservar esse caráter social, por meio da garantia que todas as pessoas têm de acionar o Poder Judiciário e de obter respostas para seus conflitos de maneira justa e adequada (CAPPELLETTI, 1988, p. 8).

Nota-se que a primeira onda de acesso à justiça consiste exatamente em resolver essa questão de permitir que pessoas pobres possam reivindicar seus direitos no Judiciário e, para isso, previu-se a criação da assistência judiciária aos desprovidos de recursos.

Por sua vez, a segunda onda consiste em desenvolver mudanças processuais para promover, adequadamente, a defesa de direitos difusos e coletivos, já que, até então, o processo era visto sob um prisma puramente individual (*ibid.*, p. 31).

Finalmente, a terceira onda possui maior importância para a feitura deste trabalho, pois tem um caráter bem mais amplo, já que o intuito é de possibilitar mudanças processuais e extraprocessuais. Isso é decorrente das modificações da mentalidade da época, em que se sentiu que deveria haver o rompimento com a exclusividade estatal e traçar novas previsões de mecanismos e procedimentos, tanto para prevenir litígios, quanto para processá-los de forma mais rápida, fora da via jurisdicional (*ibid.*, pp. 67-71).

Nessa perspectiva, essa terceira fase acaba por conter as outras duas, sendo responsável por diversas mudanças no direito processual, para melhorar a celeridade na resolução de controvérsias (CAPPELLETTI, 1988, pp. 67-71). Como resultado, pode-se dizer que para o efetivo acesso à justiça não basta acionar a via judicial, pois ele também compreende a entrega da prestação jurisdicional aos jurisdicionados em momento oportuno (MARINONI, 1998, pp. 16-18).

Em outras palavras, em tempos democráticos, o acesso à justiça, para ser válido e eficaz, compreende a tutela de normas jurídicas, seja pela via judicial ou extrajudicial, de forma justa, adequada e em tempo razoável.

Essa questão decorre do fato de que, embora em um primeiro momento o monopólio da jurisdição seja um resultado natural da formação dos Estados, na intenção de impedir a autotutela, é certo que a solução heterocompositiva não é a única via para resolver disputas, haja vista que está cada vez mais comum o uso de mecanismos extrajudiciais heterocompositivos e autocompositivos (OLMO, 2021, pp. 48-70).

A realidade é que o Estado de Direito somente sobrevive quando há a adaptação do direito à realidade social que foi transformada. Por isso, a crescente atenção à problemática do acesso à justiça marcada por dados estatísticos e pela preocupação com a efetividade processual (MARINONI, 1992).

Por essa razão, a terceira onda preocupa-se com a criação de instituições e mecanismos, a utilização de procedimento e pessoas, envolvendo tanto o processo, como os sistemas alternativos de prevenção de conflitos na sociedade (CAPPELLETTI, 1988, pp. 67-68).

Consequentemente, para além das alterações nas estruturas dos tribunais, passou-se a pensar no uso de pessoas leigas e em mecanismos privados ou informais para melhorar a prestação da tutela jurídica (CAPPELLETTI, 1988, p. 71). Compreende-se que esse é um modelo de sistema universal de justiça que se revela mais dinâmico (OLMO, 2021, pp. 48-70).

Observa-se que as reformas estruturais provocadas pela terceira onda foram derivadas da necessidade de utilização de métodos alternativos ao sistema Judiciário regular, por meio de julgadores informais e procedimentos mais simples, tais como o juízo arbitral e a conciliação, por exemplo.

Sobre esse assunto, Fux (1996) argumenta que, em uma sociedade harmônica e estável, o ideal é a disputa ser dirimida por meio de autocomposição pelos próprios envolvidos, porque favorece o relacionamento social, devendo o acionamento da via judicial ser excepcional.

Na área laboral, a resolução de controvérsias no Estado brasileiro e espanhol por meio de meios extrajudiciais ao Poder Judiciário se realiza, basicamente, por três institutos: a conciliação, a mediação e a arbitragem.

Entretanto, é interessante destacar que para a solução de impasses individuais laborais por meios extrajudiciais, tanto na Espanha, quanto no Brasil, há resistência na utilização desses métodos. Todavia, é sabido que o sistema espanhol está mais desenvolvido que o brasileiro nesse aspecto.

Dessa forma, a maior parte das disputas individuais ainda segue sendo resolvida pela jurisdição. Pode-se dizer, portanto, que há uma supervalorização do processo judicial nessa temática (TOLEDO, 2011, pp. 49-52).

Pese embora a necessidade de avaliar se seria positiva uma reformulação dessa questão para permitir a efetividade dos direitos individuais trabalhistas. Nesse ponto, a OIT tem incentivado a utilização de mecanismos extrajudiciais para solucionar conflitos do trabalho por meio do art. 6º da Convenção n. 154 da OIT, que permite à negociação coletiva criar mecanismos de conciliação e de arbitragem.

Destaca-se que o sistema espanhol tem caminhado ao encontro dessa recomendação, com gradual transferência da resolução dos litígios para meios autônomos em cada região (TOLEDO, 2011, pp. 49-52). Nesse quesito, a doutrina espanhola entende que a atribuição da jurisdição aos Tribunais no art. 24.1 da CE não impede a ampliação para métodos autocompositivos devido à evolução da justiça, que deve ser plural-transversal. Por esse motivo, pode-se dar protagonismo ao indivíduo para a gestão do conflito (OLMO, 2021, pp. 48-70).

Na Espanha, igualmente ao que acontece no Estado brasileiro, existe distinção entre o tipo de procedimento a ser adotado conforme o tipo do conflito, ou seja, individual ou coletivo. E, naquele país, tanto os direitos constitucionais quanto as medidas que prestigiam a autonomia coletiva favoreceram a feitura dos meios autônomos de solução dos conflitos trabalhistas (TOLEDO, 2011, pp. 49-52).

Mais explicitamente, observa-se que a reforma laboral espanhola de 1994 teve grande impacto na resolução de disputas extrajudiciais, na medida em que trouxe no seu corpo previsão de mecanismos de resolução de controvérsias diferentes da sentença, mesmo não sendo esse seu objeto principal. Por essa razão, ela tem especial importância ao tecer acerca da negociação coletiva para regular os procedimentos extrajudiciais (TOLEDO, 2011, pp. 49-52).

Historicamente, destaca-se que foi o Real Decreto-Lei n. 5/1979, de 26 de janeiro, que criou o *Instituto de Mediación, Arbitraje y Conciliación* (IMAC) na Espanha, órgão administrativo responsável por promover atos conciliatórios que antes eram feitos pelos órgãos sindicais. Posteriormente, em 1996, conforme o art. 9.3.2ª do Real Decreto n. 1.888/1996, de 2 de agosto, no âmbito regional, as comunidades autônomas passaram a realizar as funções de Direção Geral do Trabalho, a qual passou a ser denominada *Servicio de Mediación, Arbitraje y Conciliación* (SMAC).

Pelo exposto, observam-se na Espanha duas vias além do Poder Judiciário laboral para resolver questões trabalhistas que possuem ferramentas de mediação, conciliação e arbitragem: a autônoma e a administrativa, que serão detalhadas no próximo capítulo.

Em contraponto a isso, na década de 90, o Estado brasileiro passou a promover a adoção de métodos para a pacificação dos conflitos fora do Poder Judiciário, sendo que, em 1996, a Lei n. 9.307/96 instituiu a arbitragem para solucionar disputas relacionadas a direitos disponíveis (REIS *et al.*, 2019, p. 44). Todavia, essa lei, conforme a doutrina e a jurisprudência majoritárias, não abrange os direitos trabalhistas individuais, em razão da indisponibilidade deles. Em 2000, tentou desenvolver as CCPs, mas sem sucesso.

Diante do exposto, parece que o sistema de resolução de disputas extrajudiciais espanhol está mais desenvolvido que o brasileiro na área laboral, o que será objeto de estudo no segundo capítulo deste livro.

Nessa trilha de raciocínio, em que pesem as tentativas frustradas de inserção de métodos alternativos à via jurisdicional na área laboral, o direito à razoável duração do processo foi introduzido na Carta Constitucional brasileira com a EC n. 45/2004. Tal emenda foi criada a fim de evitar o sacrifício do direito das partes e o consequente enfraquecimento político do Estado, pois é sabido que a excessiva demora na prestação jurisdicional tem como consequência a frustração dos direitos envolvidos no processo (NEVES, 2017, pp. 202-204).

Essa garantia à razoável duração do processo e o acesso efetivo à Justiça do Trabalho estão ameaçados diante da crise de eficiência e da demora da prestação jurisdicional no Brasil.

Para promover as normas jurídicas acima citadas, passou-se a defender a reformulação do sistema de justiça a partir da sua democratização e inserção de novos métodos. Após as Resoluções n. 125 do CNJ e n. 174 do CSJT de 2017, a mediação no Brasil é adotada como uma medida de política pública por causa da lentidão do Poder Judiciário em razão do acúmulo de processos.

Igualmente, o Código de Processo Civil brasileiro, que entrou em vigor em 2015, incentiva a utilização de métodos autocompositivos, dando maior protagonismo aos conciliadores e mediadores na resolução das disputas (REIS *et al.*, 2019, p. 41).

A fim de promover o efetivo acesso à justiça com base na terceira onda de reformas procedimentais, deve-se evitar o sentimento de frustração das partes envolvidas no processo, ocasionado pela demora do sistema estatal. E nesse caso específico, o uso de métodos autocompositivos que auxiliem a justiça no atendimento das necessidades sociais poderá ser uma postura positiva (REIS *et al.*, 2019, p. 41).

Portanto, a EC n. 45/2004 representa, para o Estado brasileiro, um novo marco, uma vez que permite visualizar o acesso à justiça como uma garantia a todos de meios legítimos para a tutela de seus direitos, sejam jurisdicionais ou extrajurisdicionais (REIS *et al.*, 2019, p. 42).

Com o objetivo de que as partes tenham resguardados seus direitos e garantias fundamentais em tempo razoável, esta pesquisa se propõe a verificar a eficácia de métodos alternativos na seara laboral, inclusivamente por meio do estudo do direito comparado espanhol. A justificativa deste estudo leva em conta que o acesso à justiça compreende não apenas o direito de acionar o judiciário, mas primordialmente a questão de se ter um sistema de justiça efetivo, que de fato resolve o litígio, satisfazendo as expectativas das partes, em tempo oportuno. Fato que pesa para o trabalhador por se tratar de verbas trabalhistas com caráter alimentar.

Nessa perspectiva, pretende-se aferir a viabilidade de medidas extraprocessuais no direito individual laboral no Estado brasileiro.

2. Da centralização das disputas individuais na Justiça do Trabalho

O direito ao trabalho está previsto no art. 6º[9] da CRFB/88 como uma norma jurídica fundamental de segunda dimensão, dita social, juntamente a outras garantias, tais como: a alimentação, a moradia, a educação, a saúde e o lazer. Nesse quesito, o ramo laboral guarda suma importância na sociedade capitalista, pois é responsável por garantir ao ser humano todos esses outros direitos sociais existentes no corpo constitucional, já que a partir da remuneração o obreiro pode adquirir bens para sua sobrevivência.

Não é por outro motivo que o crédito trabalhista é caracterizado como verba de natureza jurídica alimentar, essencial, portanto, para a sobrevivência do trabalhador e de sua família. Por essa razão, necessita-se de celeridade no processo do trabalho, uma vez que a finalidade do direito processual é, primordialmente, servir ao direito material.

Pode-se dizer que, historicamente, a Justiça do Trabalho sempre teve uma feição social de ajudar a corrigir as mazelas trabalhistas e sanar as irregularidades cometidas nas relações laborais, a fim de permitir que o trabalhador, parte hipossuficiente da relação laboral, devido à sua desigualdade econômica, tivesse respeitados os direitos inerentes aos serviços prestados (SCHIAVI, 2016, p. 192).

Como visto, a justiça laboral tem um papel muito definido na sociedade brasileira de fomentar os direitos sociais, como no caso do direito do trabalho, fazendo com que ele seja respeitado pelos sujeitos envolvidos na força produtiva. Diante disso, constata-se que a Justiça do Trabalho no Brasil é uma instituição comprometida em promover a humanidade por meio da proteção aos direitos trabalhistas, por meio da equalização das relações de trabalho e da garantia da paz social.

Fica claro que para permitir o acesso à justiça, o processo do trabalho desenvolveu-se de forma simplificada, assim possui como características principais a informalidade[10], a oralidade e a celeridade e tem como objetivo primordial promover o acordo entre as partes.

Tradicionalmente, o processo mais simples, rápido e barato foi pensado para que a justiça se tornasse acessível às pessoas destituídas de recursos financeiros. E, para fomentar esse novo viés processual, criaram-se princípios próprios que são a oralidade, a concentração do procedimento, o contato

---

(9) *Vide* esse artigo em: http://www.planalto.gov.br/ccivil_03/constituicao/constituicao.htm. Acesso em: 19 maio 2022.

(10) O princípio da informalidade significa dizer que existem menos rigores formais a serem seguidos no procedimento trabalhista do que com relação ao da justiça comum.

imediato do magistrado com partes e testemunhas (princípio da imediatidade) e a utilização de juízes de instrução capazes de buscar a verdade e garantir a igualdade entre as partes (CAPPELLETTI, 1988, p. 76).

Interessante notar que esses princípios específicos do processo do trabalho brasileiro têm por intuito agilizar a Justiça do Trabalho para que ela concretize a legislação trabalhista, que detém caráter social, em um prazo razoável. É, portanto, um processo destituído de formalismos exacerbados.

Aliado a isso, o processo laboral guarda uma feição específica, que é o fato de ser protecionista, no intuito de permitir ao trabalhador o acesso efetivo à justiça e à ordem jurídica justa, o que reforça o seu caráter social (SCHIAVI, 2016, pp. 116-122). Ora, um país que desenvolve uma justiça estruturada na necessidade de realizar justiça social, automaticamente, também colabora para que se estabeleça uma condição mínima aceitável para a promoção do ser humano e da sua dignidade (MARTINS FILHO, 2011, p. 155).

Fatos históricos mostram que, no ano de 1907, tentaram instituir os primeiros órgãos de natureza trabalhista no país, os Conselhos Permanentes de Conciliação e Arbitragem, mas não houve êxito (FARIAS, 2015, pp. 107-110).

No plano fático, a industrialização começou no Brasil no final do século XIX, quando os agricultores resolveram exportar o café e, como decorrência dessa mudança, inicia-se também o movimento operário. Ressalta-se que 1917 foi um marco nos movimentos trabalhistas, pois este ficou conhecido como o ano de grandes greves, objetivando conseguir melhores condições de trabalho[(11)]. Na tentativa frustrada de 1907, instauraram-se os Tribunais Rurais para solucionar lides entre empregados rurais e patrões (FARIAS, 2015, pp. 107-110).

Pode-se dizer que a justiça laboral tem origem na criação do Conselho Nacional do Trabalho em 1923 e, a partir daí, nos anos seguintes, consolidou-se o direito do trabalho com a feitura da CLT em 1943. Esse conselho tinha órgão de conciliação e arbitragem, mas era vinculado ao Poder Executivo[(12)]. Como será explicado melhor adiante.

Assim, em 1923, criou-se o Conselho Nacional do Trabalho no Ministério da Agricultura, Indústria e Comércio para funcionar como órgão consultivo em matéria trabalhista e instância recursal em matéria previdenciária (GARCIA, 2017).

---

(11) Todas essas informações sobre o desenvolvimento da Justiça Laboral estão em: https://www.tst.jus.br/historia-da-justica-do-trabalho. Acesso em: 11 maio 2022.

(12) *Ibidem.*

Como pode-se notar, o sistema jurídico trabalhista brasileiro foi muito influenciado pela *Carta del Lavoro* italiana de 1927, que possui como característica primordial ser corporativista, com forte presença estatal na solução do litígio (FARIAS, 2015, pp. 107-110). Trata-se de um modelo em que a normatização jurídica imperativa provém da vontade estatal (DELGADO, 2019, pp. 1635-1645).

De igual maneira, visualiza-se que os sindicatos do país detêm essa origem corporativista uma vez que nascem associados ao Estado. Assim, havia previsão da unicidade sindical, da representação por categoria, do imposto sindical, além de os Tribunais do Trabalho possuírem a prerrogativa para criar normas setoriais por meio do poder normativo. Também atribuía-se poder decisório aos sindicatos no âmbito da justiça laboral quando havia a representação classista composta por juízes togados (MOTA, [s.d.], pp. 1-18). Parte dessas características mantém-se nos dias de hoje.

Para Mota ([s.d.], pp. 1-18), essa representação classista dentro da justiça acabava-se por atender aos interesses das lideranças, pois havia um destaque dentro do órgão estatal. Tal fato, para Faria (1995, p. 31), era capaz de neutralizar o movimento sindical brasileiro. Ao mesmo tempo em que fortalecia o Estado.

Em 1930, criou-se o Ministério do Trabalho, separando-o do Ministério da Agricultura. E, objetivando resolver os conflitos trabalhistas, foram instituídas Juntas de Conciliação e Julgamento para dirimir litígios individuais (MARTINS FILHO, 2011, pp. 164-165). Inicialmente, apenas os empregados sindicalizados poderiam propor ações laborais (FARIAS, 2015, pp. 107-110). Nessa época, o Estado era intervencionista e dirigia questões sociais reprimindo os movimentos operários e regulamentando as relações laborais (DELGADO, 2019, p. 1626).

Na Constituição de 1934 já se reconhecia a existência da Justiça do Trabalho, porém, como órgão do Poder Executivo (GARCIA, 2017). Com essa constituição, deu-se mais autonomia aos entes sindicais, porém, na Constituição de 1937, aprofunda-se o modelo corporativista (DELGADO, 2019, pp. 1626-1627).

Portanto, em 1934 estabeleceu-se pela primeira vez a Justiça do Trabalho como órgão do Poder Executivo para dirimir disputas trabalhistas. E somente com a Constituição de 1946 ela passou a integrar o Poder Judiciário[(13)].

(13) Sobre a Justiça do Trabalho, verificar: https://www.tst.jus.br/historia-da-justica-do-trabalho. Acesso em: 11 maio 2022.

A Justiça do Trabalho foi organizada pela Lei n. 1.237/41, começou a funcionar de forma autônoma no Estado brasileiro em 1º de maio de 1941 e, a partir daí, foi elaborado em 1º de maio de 1943 um diploma normativo que reúne as leis trabalhistas existentes à época, intitulado como CLT (MARTINS FILHO, 2011, p. 170-175).

Conforme Farias (2015, pp. 107-110), a CLT foi editada por Getúlio Vargas para prevenir a insatisfação popular, trabalhista e sindical da época. Mas, ao mesmo tempo, não se pode desconsiderar que o Direito do Trabalho também é produto do século XIX e do modo de produção capitalista, pois, com a crescente industrialização no país e a falta de regulação dessa nova relação, em decorrência do Estado Liberal, houve diversas manifestações operárias para melhoria da condição de vida dos trabalhadores. Assim, o Estado aprovou normas para a proteção do trabalhador no intuito de atenuar a tensão entre as classes (MORAES FILHO, 2014).

Nesse período, por tudo o que foi relatado, visualiza-se uma concentração no seio estatal das disputas laborais, porque o que havia era um sindicato pouco expressivo, já que o corporativismo fez com que este ente ficasse sob controle do Estado, o que perdurou até 1960. E, com o golpe militar em 1964, o sindicalismo passou a ser uma ameaça à ordem estabelecida (MOTA, [s.d.], pp. 1-18).

Pode-se dizer que o modelo justrabalhista constituído entre 1930 e 1945 manteve-se quase o mesmo até a Constituição de 1988, pois nesta Carta Magna rompeu-se com a intervenção do Ministério do Trabalho[14] nas entidades sindicais e passou-se a incentivar a negociação coletiva, além de o texto incorporar o direito à greve (DELGADO, 2019, pp. 1629-1630).

Porém, com a redemocratização do país e a Constituição de 1988, pensou-se que ao sindicalismo seria reconhecida a completa autonomia; mas não, foram preservados os pilares corporativistas da era do governo Vargas (MOTA, [s.d.], pp. 1-18).

Assim, percebe-se que houve uma opção histórica pela estatização do direito laboral por meio de uma filosofia corporativista que escolheu pela concentração e intervenção estatal na resolução de embates individuais no judiciário trabalhista, não admitindo qualquer via alternativa (MONNAZZI, 2018, pp. 468-469). De igual maneira, o movimento sindical foi controlado por esse corporativismo estatal.

---

(14) Apesar de romper com a intervenção do Ministério do Trabalho, nos dias atuais, ainda é necessário o registro sindical neste órgão para manter a unicidade sindical prevista no art. 8º, CRFB/88.

E mais, somente com a Constituição de 1946 a Justiça do Trabalho foi incorporada ao Poder Judiciário, devido ao restabelecimento do regime democrático no país (MARTINS FILHO, 2011, p. 176). Posteriormente, com a Constituição de 1988, fixou-se a sua competência no art. 114. E, em 1999, houve o fim da representação classista na justiça laboral (EC n. 24/99), o que permitiu uma reestruturação no sistema de justiça e possibilitou em 2000 a feitura da Lei n. 9.958 para criar o instituto das CCPs e do Ninter, outros instrumentos utilizados para a conciliação de disputas individuais fora da via jurisdicional estatal.

Desse modo, a Constituição de 1988 passou a prever a competência da justiça laboral no art. 114, CRFB/88. Essa Carta Constitucional é a responsável por iniciar no Brasil o neoconstitucionalismo[15]: movimento que reaproximou o direito da moral, afastando-se do legalismo extremo, na medida em que atribuiu à Constituição a força normativa e o caráter vinculante, com destaque aos direitos fundamentais (PACHECO, 2018, p. 427).

A partir da Carta Constitucional de 1988, o Poder Judiciário tornou-se palco para a resolução de conflitos sociais e ficou responsável por efetivar os direitos e as garantias fundamentais, segundo relatos de Farias (2015, p. 110). Observa-se que a crise do positivismo jurídico nesse período deu lugar à ascensão dos direitos fundamentais, que trouxe destaque à ética jurídica e reformulou a função do Poder Judiciário, que deixou de ser considerado um mero "boca de lei" para suprir as omissões legislativas e executivas (PACHECO, 2018, p. 427).

Nessas circunstâncias, surge uma nova visão acerca do direito e de sua interpretação, e com ela a função do magistrado modifica-se para caminhar além do direito positivado, dando ênfase aos princípios fundamentais e à ética jurídica, contudo, sem desrespeitar a lei *stricto sensu*.

Dessa forma, diante do contexto normativo descrito acima, verifica-se uma reaproximação da ética com a esfera do direito (PIOVESAN, 2013, pp. 87-88). Essa nova visão jurídica é de grande importância, pois permite aos juízes do trabalho uma função de aplicar mais do que a letra fria do texto legal, pois ele passa a ter no exercício de suas funções a atribuição de concretizar direitos e garantias fundamentais.

Nessa medida, como decorrência desses novos fenômenos, assiste-se a um enorme fortalecimento do Poder Judiciário no país, devido à redemocratização, ao neoconstitucionalismo, à previsão de inúmeros direitos e garantias

---

(15) No neoconstitucionalismo, o Poder Judiciário deve implementar direitos fundamentais (LENZA, 2019), haja vista que prevalece a vinculação às normas constitucionais sobre as leis ordinárias (CANOTILHO, 2003, pp. 446-458).

fundamentais à pessoa humana na Carta Magna e à reaproximação do direito com a moral, que fez com que se centralizassem ainda mais as demandas na via estatal devido à enorme confiança social com os membros da magistratura.

Concordando com essa ideia descrita, Pacheco (2018, p. 428) preceitua que se alterou a atribuição do Poder Judiciário Trabalhista, que passou a ter seu foco na efetivação dos direitos fundamentais e na inclusão social, por meio da valorização do trabalho e da dignidade humana.

Como se sabe, a criação de tribunais especializados advém das reformas processuais, mais precisamente da terceira onda de acesso à justiça, realizada com a intenção de expandir esse direito a todos, inclusive, aos mais fracos, como no caso do empregado considerado hipossuficiente (CAPPELLETTI, 1988, p. 90).

Essa é de forma breve a história do direito do trabalho e da função da Justiça do Trabalho no Brasil que foi instalada, principalmente, para permitir que o trabalhador, hipossuficiente e vulnerável economicamente, tivesse o direito de acionar o Poder Judiciário em igualdade de condições com seu empregador. Por esse motivo, pensou-se na superioridade jurídica no processo em prol do empregado, exemplificada por meio do princípio da proteção processual, para compensar a desigualdade econômica existente entre as partes (NASSAR, 2018, p. 779).

São peculiaridades, segundo Schiavi (2016, p. 117), da justiça obreira: garantir o cumprimento da norma jurídica trabalhista e social; possibilitar o acesso do trabalhador à justiça; e aplicar a justiça ao conflito do trabalho sempre com o intuito de proteger a dignidade humana.

Todas essas características específicas do processo laboral certamente só se concretizam quando há o respeito a um prazo razoável de duração do procedimento judicial.

Constata-se, portanto, que a função da Justiça do Trabalho está além do papel de mera aplicadora do texto legal, pois é considerada uma ferramenta útil de justiça social, situação que pode ser percebida também pelo ativismo judicial e pela edição de enunciados normativos pelos tribunais (PACHECO, 2018, p. 430).

Em virtude da ausência de isonomia entre as partes envolvidas, o papel do magistrado é de maior destaque, pelo fato de ele, no exercício de sua função, conseguir uma aproximação equilibrada das partes (SCHIAVI, 2016, p. 192). Essa tem sido uma das justificativas da centralização das demandas individuais laborais na via jurisdicional.

Corroborando com a defesa de argumentos de Schiavi (2016), Nassar (2018, p. 80) comenta que, pela questão de a sobrevivência do trabalhador estar aliada a direitos sociais mínimos, a Justiça do Trabalho precisa ter uma solução rápida das disputas laborais, razão pela qual deve conter um caráter mais informal e possuir como princípios a oralidade, a conciliação, a concentração dos atos processuais em audiência, entre outras características que simplifiquem o procedimento.

Observa-se, portanto, que as reformas processuais visaram, principalmente, desenvolver procedimentos para proteger os direitos dos indivíduos e, ao mesmo tempo, fazer com que os processos fossem mais rápidos e efetivos, o que é oportunizado por meio da informalidade e de julgadores mais ativos (CAPPELLETTI, 1988, pp. 92-93).

Sob esse prisma, conforme o parecer de Cappelletti (1988, p. 94), os Tribunais especializados são necessários porque, por meio desses procedimentos especiais e julgadores com formação específica, há uma maior facilidade na concretização do direito, pelo fato de existir uma maior experiência e sensibilidade para aplicação de uma determinada lei específica pelo magistrado.

De modo particular, Cappelletti (1988, p. 132) defende que isso faz com que as pessoas se sintam mais permissivas a reclamar seus direitos em um órgão estatal sensível a elas.

Entretanto, sendo a realidade social dinâmica, não são todas as situações fáticas que estão previstas na lei, desafiando a aplicação do direito a situações inéditas, o que traz relevância para a atividade judicial para resolver o conflito, inclusive, por meio da sua jurisprudência (PIROTTA, 2011, pp. 50-60).

Diante disso, verifica-se que no neoconstitucionalismo a função do magistrado foi reforçada, porque, além de aplicar o texto legal, ele deve fazer justiça social pela utilização do direito como um todo, regras e princípios normativos, além de suprir lacunas por meio da jurisprudência. Assim, esse movimento contribuiu para o inchaço e a centralização de lides no seio estatal.

Feitos esses relatos acerca da função social da Justiça do Trabalho e de sua importância enquanto justiça especializada para concretização de direitos mínimos existenciais do trabalhador, por um processo mais simples, rápido e barato e com a presença de um julgador mais ativo no intuito de conciliar as partes, entende-se, hoje, que essa função está ameaçada.

Isso porque a litigância habitual é uma realidade da sociedade brasileira. Para se ter uma ideia desse problema que já não é novo, em 2015, a Justiça do Trabalho recebeu 4,1 milhões de novos casos e, devido ao estoque de processos antigos e às dificuldades enfrentadas na fase de execução, finalizou-se 2015 com cerca de 5 milhões de ações tramitando, sendo que, destas, 42% estavam na fase de execução (CAMPANTE, 2017, p. 103).

Apesar das diversas reformas para aperfeiçoar a produtividade e melhorar a gestão judiciária, em razão de haver milhares de ações em tramitação e problemas de satisfação na fase de execução, aquelas ainda não foram suficientes para resolver o problema (CAMPANTE, 2017, p. 104).

Nessas circunstâncias, nos últimos anos, a litigância habitual passou a ser vista como a grande culpada pelo inchaço de demandas no Poder Judiciário. A preocupação é assente, pois no caso trabalhista as verbas possuem natureza salarial, de forma que são essenciais para a sobrevivência do trabalhador.

É injusto pensar que um litigante de boa-fé pode demorar anos e anos preso ao processo por longas fases e instâncias judiciais, para somente depois de muito tempo, segundo Campante (2017, pp. 104-107), conseguir obter o direito pretendido.

Essa situação também afeta a imagem do Poder Judiciário perante a sociedade, pois passa a ser visto como ineficiente (CAMPANTE, 2017, pp. 105-107).

Levando-se em conta que a função principal da justiça é dar à sociedade segurança, previsibilidade e pacificação social, defende-se que o sistema deve servir para a diminuição da conflituosidade na sociedade. E isso só será possível a partir da análise dos problemas existentes, sejam de caracteres internos e externos, ao judiciário (CAMPANTE, 2017, p. 111-114). Assim, novas reformas procedimentais são necessárias e urgentes.

No caso trabalhista, Campante (2017, p. 122-123) mostra que o grande problema externo está no fato de ser considerado muito baixo o custo do descumprimento da legislação laboral e na dificuldade histórica de aplicar a lei em relação aos grupos dominantes na sociedade. Isso faz com que se avolumem as causas com demandas repetitivas.

No caso interno, pensa-se que o futuro da justiça será resguardado com a atenuação da concentração de lides na via estatal, abrindo parceria com meios alternativos de resolução de litígios, desde que preservados os direitos fundamentais. Pois, além de solucionar a crise do direito de acionar a justiça por torná-la mais rápida, garante a paz social de forma mais duradoura, dada que a solução encontrada pelas partes obtém maior satisfação social.

Nesse contexto, verifica-se que a utilização de outras fontes de resolução de disputas parece *a priori* imprescindível para dirimir as controvérsias em tempo oportuno, respeitando-se a razoável duração do processo.

O CNJ criado pela EC n. 45/2004 busca tornar o Poder Judiciário mais eficiente na medida em que esse órgão controla a atuação administrativa e financeira e examina o cumprimento de deveres funcionais pelos magistrados – art. 103-B da CRFB/88. Atualmente, esse órgão tem promovido os meios adequados de resolução de conflitos por meio da Resolução n. 125/2010, o que é seguido pelo CSJT na Resolução n. 174/2016, que representa uma adaptação dessa política de tratamento adequado de controvérsias no campo laboral.

Mas a primeira previsão na norma jurídica laboral foi com a instituição da CCP (sindical e empresarial) e o Ninter em 2000, após acabar com a representação classista dentro do Judiciário. Porém, não houve êxito.

Assim, pode-se dizer que o fim da representação classista dentro da justiça laboral e a criação do CNJ e do CSJT são reestruturações dentro do Poder Judiciário que permitiram atenuar a estatização dos conflitos de classe, pois houve a normatização em 2000 da conciliação extrajudicial de litígios individuais e recentemente ampliam-se e promovem-se esses institutos.

Nesse aspecto de mudança estrutural, visualiza-se que a Reforma Trabalhista de 2017 previu a valorização dos instrumentos coletivos de trabalho (*vide* art. 611-A da CLT) com a prevalência do negociado sobre o legislado, conferindo uma maior negociação e representação dos trabalhadores pelos entes sindicais. E, ao mesmo tempo, passou a prever outros métodos de resolução de litígios trabalhistas. Arrefece-se a atuação do Estado no direito laboral.

Quanto ao protagonismo sindical, sabe-se que no âmbito coletivo, por meio das negociações coletivas, os sindicatos visam harmonizar as interações do trabalho e diminuir os atritos entre os empregados e os empregadores ao estabelecer normas para regulamentar as partes (CORREIA, 2021). Isso proporciona uma participação mais democrática, segundo Delgado (2019, pp. 1642-1644), razão pela qual quando da ditadura houve pouca atuação sindical capaz de compor o direito do trabalho.

Em períodos autoritários, Delgado (2019, p. 1.644) afirma que:

> (...) a minuciosa legislação estatal institui formas e conteúdos de solução de conflitos, procurando se antecipar (ou sufocar), por meio de uma cuidadosa operosidade legislativa, às alternativas jurídicas que se poderiam, no plano social, estabelecer. Nesse padrão jurídico, a elaboração estatal do Direito do Trabalho consubstancia um processo de restringida participação da sociedade civil e cria uma dinâmica cujas linhas mestras se caracterizam por assegurar o contínuo impedimento a essa participação.

Porém, no Estado Democrático de Direito, entende-se que deve haver a ampliação da atuação coletiva sindical, que é palco da democracia e das interações coletivas para alcançar também o direito individual.

Destaca-se que o direito do trabalho em tempos democráticos deve cuidar de intermediar a relação entre o capital e o trabalho no intuito de obter a paz social por meio da colaboração entre o prestador de serviço e o tomador (MORAES FILHO, 2014, pp. 57-62). Aliás, a criação da OIT fez-se nesse intuito de promover o direito laboral e equilibrar a relação de classes, ao diminuir a desigualdade entre o capital e o trabalho.

Com a reforma trabalhista de 2017, houve o fomento ao uso de outras vias que não a judicial, e isso faz com que a carência de um sistema alternativo não possa ser mais admitida sob pretexto da fraqueza e da falta de representatividade sindical e da centralização dos litígios no Poder Judiciário (MONNAZZI, 2018, p. 469).

Como visto, os direitos trabalhistas em tempos de neoconstitucionalismo estão inseridos nas Constituições democráticas para restringir a exploração da mão de obra pelo poder econômico, valorizando o trabalho humano e a dignidade. Esse é o contexto da Constituição de 1988, que também valoriza a negociação coletiva e a liberdade sindical, pois a função social do direito laboral ocorre na medida em que estabelece um diálogo saudável entre o capital e o trabalho, impedindo a mercantilização do trabalho humano.

Entretanto, o neoconstitucionalismo, associado à previsão de direitos trabalhistas constitucionais e à histórica estatização de controvérsias do seio produtivo, culminou na crise de eficiência enfrentada pela justiça laboral brasileira e na falta de desenvolvimento das CCPs. Desta forma, torna-se necessária a investigação de métodos de conteúdo democrático para solver o problema, que inclusive poderá ter feição sindical, a partir da abertura pela Reforma Trabalhista de 2017 para maior participação deste ente no cenário jurídico brasileiro.

3. Da crise de eficiência jurisdicional

Hodiernamente, sérios são os problemas enfrentados pelo Poder Judiciário brasileiro que comprometem o acesso à justiça, principalmente, no que diz respeito à falta de obediência com relação à duração razoável do processo para a entrega da tutela jurisdicional.

Outro complicador dessa garantia fundamental de acionar o Poder Judiciário refere-se à ausência de harmonia entre os participantes do processo que, muitas das vezes, sentem-se prejudicados com a decisão jurisdicional e fomentam a litigiosidade do processo por meio da apresentação de recursos e incidentes processuais infundados e desnecessários. Situação que também contribui para a morosidade processual.

A falta de decisões judiciais eficazes e prestadas em tempo oportuno compromete a própria existência e finalidade do direito em si, haja vista que o crédito trabalhista possui natureza jurídica de verba de caráter alimentar, o que requer um andamento rápido do processo, sob pena de prejudicar a sobrevivência e a própria dignidade do cidadão trabalhador.

Serão analisados a seguir, separadamente, alguns dos fatores de crise enfrentados pelo Poder Judiciário trabalhista que trazem consequências negativas para o direito ao acionamento da via judicial. Destacam-se a morosidade processual, a litigiosidade das partes atrelada ao questionamento da justiça da decisão jurisdicional, os amplos acordos realizados na justiça e a mudança fática social acelerada nos últimos anos.

3.1. Da morosidade processual

É importante ressaltar que a celeridade processual e a razoável duração do processo estão previstas no corpo constitucional desde a EC n. 45/2004, no art. 5º, LXXVIII, que disciplina: "a todos, no âmbito judicial e administrativo, são assegurados a razoável duração do processo e os meios que garantam a celeridade de sua tramitação"[16].

Há também disposição expressa no art. 4º do CPC/2015, que assegura às partes o direito de obter em prazo razoável a solução integral do mérito, incluída a atividade satisfativa. Sendo que as normas do processo comum se aplicam subsidiariamente ou complementando o processo do trabalho quando com ele compatível (art. 8º, da CLT).

Apesar dos dispositivos expressos nas normas jurídicas expostas, nos dias atuais, pode-se dizer que a estrutura operacional do Estado brasileiro não dá a vazão necessária para que os processos que lhe são ajuizados, diariamente, sejam de fato apreciados, em tempo oportuno.

Essa problemática se agrava no país, uma vez que a população brasileira tem a cultura de acionar o Poder Judiciário e, a cada dia, ela tem tido maior consciência de seus direitos e está se tornando mais beligerante (BEBBER, 2019, p. 17).

De acordo com dados do CNJ, em 2017, para cada grupo de 100.000 habitantes, 12.519 ingressaram com ação judicial, na qual estão incluídos os processos de conhecimento e de execução por título extrajudicial, não se computando nesse número as execuções judiciais iniciadas (CNJ, 2018, p. 78).

---

(16) A Constituição brasileira está disponível em: http://www.planalto.gov.br/ccivil_03/constituicao/constituicaocompilado.htm. Acesso em: 4 out. 2020.

Especificamente, na Justiça do Trabalho esse índice varia de 817 a 2.558 ações dependendo do Tribunal (CNJ, 2018, p. 78). Isso porque a Justiça laboral brasileira é composta por 24 Tribunais Regionais do Trabalho (TRTs).

Como já afirmado no corpo deste trabalho, o direito humano ao acesso à justiça está diretamente relacionado à duração razoável do processo, sendo que compreende não apenas o direito de acionar o Judiciário, mas, primordialmente, o direito a obter resultados que sejam efetivos, ou seja, a resposta do Estado deve produzir para as partes efeitos que lhes sejam úteis (FELICIANO, 2019, p. 15).

Contextualizando, os direitos humanos (incluído o direito laboral) têm por finalidade a defesa da pessoa humana, sendo, primeiramente na história, estabelecidos com o intuito de coibir os abusos estatais com relação aos direitos de primeira geração, também conhecidos como direitos civis e políticos[17] (BARRETO, 2016, p. 17).

Posteriormente, sentiu-se a necessidade de conceder os direitos econômicos, sociais e culturais que exigem uma prestação positiva por parte do Estado com o objetivo de tutelar a dignidade humana e garantir a sua efetivação plena, para que esses direitos não ficassem expostos apenas no papel (BARRETO, 2016, p. 17).

Nessa perspectiva, pode-se averiguar, em conformidade com os estudos de Feliciano (2019, p. 9), que foram diversas reformas processuais feitas no Estado brasileiro com essa grande preocupação de tutelar da dignidade humana.

Por esse motivo, elas criaram diversos mecanismos para acelerar a prestação jurisdicional a fim de diminuir a morosidade e salvaguardar os princípios da razoável duração do processo e do devido processo legal, com o objetivo de concretizar os direitos previstos em lei (FELICIANO, 2019, p. 9).

Historicamente, o modelo procedimental originário trabalhista sempre visou alcançar o tempo razoável na decisão jurisdicional e, por essa razão, o processo do trabalho possui um procedimento próprio com previsão de audiência única, para que os atos processuais sejam concentrados (FELICIANO, 2019, p. 10).

---

(17) Os direitos de primeira geração são os civis e políticos que tutelam a liberdade da pessoa humana contra possíveis arbitrariedades por parte do Estado (ROCHA, 2001, p. 17-18). Em um momento posterior, sentiu-se que o Estado deveria ter uma função prestacional e garantir direitos de igualdade (sociais, econômicos e culturais).

Complementa-se, ao fato, a questão de que no procedimento sumaríssimo[18], criado, posteriormente, houve a previsão de que o magistrado deveria apreciar a causa em até 30 dias[19] (FELICIANO, 2019, p. 10).

Hoje se entende que a ideia de prazo razoável, nela, incluída, a celeridade processual, deve abarcar todas as fases do processo, desde o seu início até a decisão final definitiva irrecorrível. E, no caso de condenação ao pagamento de quantia, também deve abarcar a fase executiva ou o cumprimento de sentença (FELICIANO, 2019, p. 10).

Isso porque a proteção dos direitos humanos está relacionada diretamente com a existência de decisões judiciais eficazes e em tempo oportuno (LIMA, 2012, p. 143), haja vista que, se o processo não permitir a prestação efetiva do direito material no tempo acordado, fica enfraquecido e com baixa efetividade prática.

Pimenta (2017, p. 98-99) esclarece que se isso acontecer haverá um descrédito na atuação do Judiciário que culminará no desrespeito aos direitos existentes, por já pressupor na sociedade que a atuação do Estado, se existir, será ineficiente nos resultados.

Corroborando com essa ideia, Fonseca (2008, pp. 5-42) explicita que o Tribunal Europeu dos Direitos do Homem analisa a razoabilidade do tempo de uma decisão judicial a partir da conjunção de dois fatores: a eficácia e a credibilidade da justiça.

Esses fatores, conforme ressalta Fonseca (2008, pp. 5-42), necessitam ser apreciados no caso concreto, avaliando os prazos legais, a duração do processo, a complexidade da causa, o comportamento das partes, das autoridades e o objetivo, porque cada caso deve ser estudado de modo específico.

Para Barreto (2016, p. 185), o prazo razoável é aferível a partir da boa administração da justiça e da análise do caso concreto, de maneira que não é possível averiguar a razoabilidade do tempo a partir de critérios predeterminados e de forma abstrata, pois cada causa tem suas especificidades. Mas, o importante é que a justiça não se delongue demais de forma a prejudicar a eficácia e a credibilidade da decisão.

---

(18) Mais detalhes do procedimento sumaríssimo em: http://www.planalto.gov.br/ccivil_03/leis/l9957.htm. Acesso em: 19 maio 2022.

(19) Art. 852-H, CLT: "§ 7º Interrompida a audiência, o seu prosseguimento e a solução do processo dar-se-ão no prazo máximo de trinta dias, salvo motivo relevante justificado nos autos pelo juiz da causa". Disponível em: http://www.planalto.gov.br/ccivil_03/decreto-lei/del5452.htm. Acesso em: 23 jun. 2022.

Nota-se que para ser caracterizado o fator tempo num prazo razoável, torna-se necessário vivenciar o cenário por um conjunto de valores expressos, no momento analisado, para a obtenção de um processo mais justo e equitativo.

Igualmente, deve-se analisar se o Estado proporcionou ou procurou assegurar aos cidadãos uma justiça efetiva, não aceitando facilmente a invocação de causas anormais para legitimar o mau funcionamento da justiça (FONSECA, 2008, p. 30).

Corroborando com essa ideia, Schiavi afirma que a razoabilidade é aferida a partir da complexidade da causa, da estrutura e da quantidade de processos de cada unidade judiciária e pelo comportamento das partes no processo (SCHIAVI, 2016, pp. 102-103). Veja que Schiavi (2016) avalia o tempo processual a partir de fatores internos (ligados à própria causa) e externos (relacionados ao número de demandas existentes na jurisdição).

O tempo do processo é de extrema relevância, como afirma Barbosa (1999, p. 40): "a justiça atrasada não é justiça, se não injustiça qualificada e manifesta".

Constata-se, portanto, que a justiça tardia é abalizada como a injustiça institucionalizada no corpo do Poder Judiciário, pois a entrega da prestação jurisdicional acontece a destempo e não atende ao anseio das pessoas envolvidas no processo.

Infelizmente, verifica-se que, além de a vitória tardia implicar em incerteza jurídica, o efeito da decisão perde-se pelo decurso do tempo.

Soma-se a esse contexto que, de acordo com Pimenta (2017, pp. 101-102), a ausência de eficiência da justiça gera um círculo vicioso de não cumprimento dos deveres por parte do Estado, contribuindo para a crise na justiça, pois ela fica desacreditada perante a sociedade.

De acordo com o CNJ, no ano de 2017, o tempo médio de tramitação de um processo trabalhista foi de 11 meses até a sentença, de 1 ano e 3 meses para ser baixado e estima-se em 2 anos e 4 meses a duração média dos processos pendentes (CNJ, 2018, pp. 142-146). Ora, essa situação de delonga processual compromete e muito o acesso efetivo à tutela jurisdicional.

No caso específico do processo do trabalho, o tempo ganha especial atenção, reafirmando-se, em razão da natureza alimentar da maioria das verbas trabalhistas, da hipossuficiência do trabalhador e da qualidade atribuída de justiça social (SCHIAVI, 2016, pp. 102).

Esclarece-se, ainda, que o princípio da razoável duração do processo não deve ser analisado isoladamente, ao revés, deve estar em harmonia com outros princípios processuais como o contraditório, o acesso à justiça, a efetividade e a justiça do procedimento para que a decisão seja considerada justa. O que se busca é um processo sem dilações indevidas, mas que ao mesmo tempo respeite o contraditório, a ampla defesa e o devido processo legal (SCHIAVI, 2016, pp. 102-103).

Portanto, o tempo do processo envolve fatores casuísticos e também se relaciona com questões externas à causa que dizem respeito à jurisdição. Pelos critérios expostos, se for verificado que a demora na prestação judicial se tornou geral, comum e desproporcional aos procedimentos instaurados, que esperam anos para ser solucionados devido ao excesso de demandas ajuizadas na via judicial, há um problema na estrutura administrativa dos tribunais. E essa questão compromete a entrega de uma decisão que satisfaça as partes e, portanto, que faça justiça.

3.2. Da litigiosidade das partes

Outro fator que complica a efetividade da tutela jurisdicional é a litigiosidade das partes, porque, na maioria das vezes, elas não se sentem satisfeitas quando da decisão jurisdicional, o que fomenta o embate e as disputas do processo e a apresentação de recursos desnecessários.

De acordo com dados fornecidos pelo CNJ, o Poder Judiciário brasileiro finalizou o ano de 2017 com 80,1 milhões de processos em tramitação, aguardando uma solução definitiva. Desses, 79,3% são de competência da justiça estadual, 12,9% da Justiça Federal e 6,9% da Justiça do Trabalho, sendo que as demais justiças computam 1% dos casos pendentes (CNJ, 2018, p. 73).

Nessa medida, ainda que não houvesse o ingresso de novas demandas e a Justiça do Trabalho mantivesse sua produtividade, supõe-se que demoraria cerca de 1 ano e 2 meses para zerar o acervo processual existente (CNJ, 2018, p. 74).

No que diz respeito à litigiosidade, de acordo com as pesquisas realizadas pelo CNJ (2018, p. 96), a Justiça do Trabalho detém um dos maiores índices de recorribilidade da justiça, com uma percentagem de 96,8% de novos casos levados ao segundo grau por meio de recursos.

Mais precisamente, a recorribilidade do 1º grau para o 2º grau de jurisdição é de 43% e do 2º grau para o TST é de 40%, sendo estes índices altíssimos (CNJ, 2018, p. 96).

Considerando, portanto, esses índices de litigiosidade, inicialmente parte-se da premissa de que a melhor decisão a ser dada em um caso concreto é aquela que advém da conciliação[20] realizada pelas partes, pois, além de permitir uma maior aceitação dos litigantes, garante a paz social de forma mais duradoura devido ao conformismo dos envolvidos.

Para tanto, lembre-se que uma das finalidades principais do processo do trabalho é buscar a avença entre as partes, para que estas possam sair satisfeitas com o resultado alcançado por meio da conciliação.

Cabe ainda salientar que existem duas propostas obrigatórias de conciliação previstas em lei a serem feitas pelo juiz do trabalho durante os trâmites processuais. Assim, a Justiça do Trabalho, no Brasil, é diagnosticada, tradicionalmente, como uma justiça de conciliação, sendo que ela, originariamente, surgiu para realizar essa tarefa (SCHIAVI, 2016, pp. 127-128).

Nesse prisma, o CNJ constatou que a justiça que mais realiza a conciliação no Estado brasileiro é a trabalhista. Em 2017, tal justiça solucionou entorno de 25% dos seus casos por meio de acordo, índice que sobe para 38% caso se leve em conta apenas a fase de conhecimento do primeiro grau (CNJ, 2018, p. 138).

Bastos (2018, p. 1291) explica que há grandes chances de uma solução a partir do diálogo entre as partes e, sob esse aspecto, o referido autor enaltece o princípio da conciliação, defendendo que ele favorece a celeridade processual, desde que os envolvidos participem do conflito, com uma noção da sua real dimensão.

Essa questão da litigiosidade também poderá ser resolvida com o emprego de outros métodos alternativos de composição de litígio que favoreçam o diálogo entre as partes, como a mediação, por exemplo.

Destaca-se que, nesse caso, o desfecho final requer, na realidade, criatividade para resolver o caso concreto, assim como o gerenciamento adequado das emoções das partes, para permitir a aproximação entre elas e, posteriormente, favorecer a feitura de um acordo para a lide.

Outra forma a ser utilizada, segundo parte da doutrina, para evitar a litigiosidade jurisdicional, é a arbitragem, pois neste método de resolução de controvérsias, normalmente, não há recursos, de forma que se evita a perpetuação da disputa entre os envolvidos. Todavia, na área trabalhista há uma resistência quanto à sua aplicação, o que será apreciado no momento oportuno.

---

(20) Há quem defenda que a diferença entre conciliação e mediação está apenas no fato de que aquela é conduzida por quem tem poder adjudicatório, o juiz, por exemplo, enquanto esta é conduzida por quem não tem (GOUVEIA, 2018, p. 23). De outro lado, é preciso ter em mente que o magistrado sempre tem um interesse direto para que o acordo aconteça para ter menos um processo a julgar. Por isso, deve-se ter cautela para que o juiz não cometa excessos (GOUVEIA, 2018, p. 105).

3.3. *Dos amplos acordos realizados na justiça*

Como visto, a histórica concentração de lides laborais na esfera estatal por meio do Poder Judiciário decorreu do fato de as partes serem desiguais economicamente, pois, em razão desse fato, sentia-se que nesse ramo jurídico precisava haver maior proteção na composição da disputa para evitar o aviltamento da dignidade humana do trabalhador pelo despojamento de direitos fundamentais.

Assim, em razão da hipossuficiência e do princípio da proteção(21), há quem defenda que somente deve ser aceita pelo magistrado a conciliação de direitos patrimoniais disponíveis. São exemplos de direitos indisponíveis: os direitos da personalidade, os difusos, os coletivos e os relacionados às normas de saúde e de medicina do trabalho (SCHIAVI, 2016, pp. 42-43). Por outro lado, há aqueles que entendem que o princípio da proteção é arrefecido no campo processual laboral, o que torna a conciliação judicial mais ampla.

O fato é que se carece de lei específica que fixe os direitos indisponíveis à transação individual trabalhista, o que gera insegurança jurídica.

Na sistemática cível, por exemplo, Didier afirma que o conciliador possui um papel ativo, podendo, inclusive, propor soluções ao litígio (DIDIER, 2015, p. 276) e aceitar acordos com contornos mais abrangentes, pois não ocorre frente a partes desiguais. Nesse prisma, pode ser feita a avença até mesmo sem a participação do magistrado, sendo permitido o sacrifício parcial ou integral dos interesses dos envolvidos na disputa, de maneira a prevalecer a autonomia da vontade das partes (NEVES, 2017, p. 63). Porém, na seara laboral, há restrições à autonomia privada frente às normas consideradas de ordem pública.

Sabe-se que, a fim de possibilitar a razoável duração do processo e a celeridade, o procedimento laboral detém o princípio da oralidade(22), que é

---

(21) O princípio da proteção, para Américo Plá Rodriguez (2015, pp. 83-138), é composto de três faces, são elas: o "*in dubio pro operário*" em que, em caso de dúvidas, a interpretação da norma jurídica deve se dar na forma mais favorável ao trabalhador; a condição mais benéfica que disciplina que as condições de trabalho favoráveis incorporam-se aos contratos individuais de trabalho, de maneira a não poder suprimi-las; e a norma mais favorável que se aplica em situações em que há mais de uma norma aplicável ao caso concreto, nesta hipótese o julgador aplica a norma que for mais benéfica ao trabalhador.

(22) Esse princípio, de acordo com Schiavi (2016, pp. 110-111), se desdobra nos seguintes subprincípios listados abaixo: identidade física do juiz, que dispõe ser o juiz que instrui o processo e que deve julgá-lo, pois ele teve contato direito com a prova, as partes e as testemunhas, e conseguirá melhor atribuir o valor aos dados colhidos; prevalência da palavra oral sobre a escrita, porque prioriza a audiência e a forma oral; concentração dos atos processuais em audiência que preceitua que os atos do processo devem se desenvolver na audiência única; imediatidade na colheita da prova que aduz que atos instrutórios devem ocorrer perante o juiz para formação de sua convicção; e, por fim, a irrecorribilidade imediata das decisões interlocutórias.

importado do direito processual civil e que guarda especial relevância devido à audiência e à conciliação (SCHIAVI, 2016, p. 110).

Entretanto, a observância do tempo processual por meio da oralidade e da conciliação não pode ocorrer com o sacrifício da justiça e da dignidade humana, devendo todos esses princípios ser respeitados.

Dessa forma, os princípios fundamentais, de modo geral, ajudam a entender a dinâmica procedimental, porque auxiliam na prestação da tutela jurisdicional e possibilitam maior justiça social[(23)]. Nesse aspecto, o processo do trabalho é basicamente um processo oral, pois há a primazia da palavra, da concentração dos atos em audiência, e existe uma maior interatividade do juiz com as partes, entre outras características especiais (SCHIAVI, 2016, pp. 129-130).

Esses princípios têm por intuito simplificar o procedimento, assim como garantir a celeridade e a efetividade processual (DIDIER, 2015, p. 278). Desse modo, para a correta compreensão da lide, a comunicação deve ser feita de forma simples e acessível aos jurisdicionados (DIDIER, 2015, p. 278).

Como as normas do processo servem ao direito material, a razoável duração do processo e a celeridade, que são valores constitucionais, devem se harmonizar com um procedimento justo e que respeite normas jurídicas fundamentais. Portanto, o sistema processual trabalhista é menos burocrático que o comum por ser mais simples e ágil, mas ao mesmo tempo deve haver restrições à autonomia da vontade.

O fato de o procedimento utilizar uma linguagem mais acessível ao cidadão, de os atos processuais ocorrerem de forma menos burocrática e permitirem uma maior participação dos litigantes, esses são fatores que contribuem para a celeridade e o acionamento à via judicial (SCHIAVI, 2016, p. 126).

São exemplos do princípio da oralidade o fato de a petição inicial e a contestação poderem ser apresentadas de forma verbal, o *jus postulandi*, a imediatidade entre o juiz e a parte em audiência, a utilização de uma comunicação mais simplificada, entre outras questões (SCHIAVI, 2016, pp. 126-127).

---

(23) Nesse aspecto, Canotilho (2003, pp. 243-245) relata que no Estado de Direito a ideia de Justiça social ganha força na medida em que a norma jurídica passa a garantir aos cidadãos uma série de direitos, liberdades e garantias pessoais. É importante contextualizar que Carta Constitucional brasileira contém o princípio da inafastabilidade do Poder Judiciário, de forma que quando houver lesão ou ameaça ao direito, deve o Poder Judiciário, no exercício da jurisdição, aplicar o direito ao caso concreto, sendo que esse é um princípio estrutural na existência do Estado de Direito por efetivar os demais direitos fundamentais (MORAIS, 2017, pp. 74-75).

Portanto, em razão de o crédito trabalhista conter a natureza jurídica alimentar, o procedimento necessita ser mais célere, com o intuito de satisfazer de modo mais efetivo o direito postulado (GARCIA, 2017). Porém, o tempo do processo deve ser balanceado com outros princípios constitucionais, como a valorização do trabalho humano e a dignidade.

Diante disso, observa-se que na seara laboral a regra é a audiência ser una e haver nítida concentração dos atos processuais, sendo a maior parte dos atos praticados perante o magistrado na audiência (GARCIA, 2017), com o estímulo à conciliação. E, apesar de o intuito ser acelerar os trâmites procedimentais, repisa-se que isso não deve ocorrer com prejuízo a normas materiais laborais indisponíveis.

Feita essa breve explicação sobre a simplicidade do procedimento laboral, hodiernamente, em que pese a lei ser silente, a conciliação na esfera trabalhista pode abranger pretensões não postas em juízo, ou seja, que não fazem parte do processo. A justificativa dada é a de que a finalidade maior da conciliação é prevenir eventuais litígios por meio da pacificação social (SCHIAVI, 2016, p. 44).

Por essa razão, Schiavi (2016, p. 44) argumenta ser comum ao final da conciliação constar que o obreiro dá quitação de todos os direitos, não só objeto do processo, mas a todos que decorrem do contrato de trabalho, para nada mais reclamar na justiça.

Entretanto, essa praxe forense é de questionável constitucionalidade, pois, uma vez empreendida, há a renúncia a diversas normas jurídicas de ordem pública, presentes no art. 7º da Carta Magna, o que compromete a dignidade do ser humano trabalhador.

É sabido que, com a homologação do acordo realizado em juízo, forma-se o título executivo judicial. Todavia, o magistrado não é obrigado a realizar a homologação da avença devido ao seu livre convencimento motivado (SCHIAVI, 2016, p. 44). Nesse contexto, sendo o acordo, por exemplo, nitidamente prejudicial ao obreiro ou ofensivo à ordem pública, o juiz poderá não homologar (SCHIAVI, 2016, p. 44).

Nessa perspectiva, verifica-se que, em razão do crédito trabalhista ser diagnosticado como verba de natureza alimentar e muitos dos direitos laborais serem indisponíveis, deve-se ter um limite na autonomia privada das partes, para que não ocorra a total renúncia de normas fundamentais pelo trabalhador, que já despendeu sua energia de trabalho e não poderá mais recompor essa energia.

Igualmente, deve-se atentar para o fato de que o empregado é parte hipossuficiente em relação ao poderio econômico do empregador, por isso, essa relação assimétrica necessita de especial atenção e proteção do Estado, para evitar a violação dos direitos humanos fundamentais, que precisam ser protegidos (SCHIAVI, 2016, p. 192).

Para garantir a igualdade material[24] entre as partes, o Estado deve assumir o papel de evitar que o trabalhador faça a renúncia desmedida de seus direitos. Tal postura vem para não prestigiar o infrator e, por esse motivo, os acordos formulados para mera renúncia de direitos trabalhistas não devem ser aceitos na Justiça do Trabalho.

Nessa linha de raciocínio, pode-se entender como adequada a posição de Jorge Luiz Souto Maior, quando o autor destaca que não deve haver a renúncia de direitos indisponíveis em acordos judiciais, bem como a colocação de cláusulas de quitação ampla, porque esse procedimento favorece empregadores que descumprem os direitos sociais trabalhistas (MAIOR, 2017, pp. 197-201).

Segundo Maior (2017, pp. 197-201), o acordo deveria ter efeito liberatório somente em relação ao objeto específico do processo. Portanto, Maior (2017, pp. 197-201) aponta serem necessários limites à renúncia de direitos no processo do trabalho perante o magistrado, que deve ter especial atenção aos direitos sonegados no caso concreto, a fim de permitir a plena isonomia substancial entre as partes.

Tudo isso para evitar o aviltamento da dignidade humana[25], pela negação de direitos de ordem pública, leia-se de indisponibilidade absoluta, que não podem ser livremente negociados pelo empregado. Na medida em que essas normas jurídicas, se forem negadas, coisificam o ser humano trabalhador.

Nesse prisma, diferentemente do que ocorre no processo civil, em que as partes estão em paridade, o processo do trabalho é identificado como um ramo específico e necessário para fomentar o direito do trabalho criado, especialmente, para proteger o obreiro. Desse modo, a autonomia da vontade[26] nesse ramo jurídico deve ser lida com parcimônia e com limites para resguardar a ordem pública.

---

(24) A igualdade material prevista no art. 5º da Carta Magna significa tratar igualmente os iguais e desigualmente os desiguais na medida em que se desigualam.

(25) Delgado (2017, pp. 27-29) afirma que o efetivo respeito à condição humana perpassa por garantir direitos mínimos aos cidadãos.

(26) O princípio da irrenunciabilidade ou da indisponibilidade dos direitos trabalhistas coloca limites ao empregado que não pode dispor e/ou renunciar proteções a ele asseguradas pela norma jurídica (DELGADO, 2015, pp. 204-206). Portanto, esse princípio limita a autonomia da vontade do trabalhador no direito laboral (BARROS, 2016, p. 126).

Por essa razão, pensa-se que o Poder Judiciário trabalhista deveria ser reformulado para atuar como uma verdadeira ferramenta de acesso à justiça e impedir a disposição de normas de ordem pública em acordos judiciais, na medida em que o trabalhador é hipossuficiente e merecedor de especial proteção do Estado, que deverá estar capacitado, suficientemente, para avaliar os acordos feitos.

Uma boa forma de se fazer isso seria por meio de uma norma jurídica editada pelo Poder Legislativo que defina os direitos disponíveis e os indisponíveis na seara laboral, o que pode servir de referência para o juiz na apreciação da lide.

Levando-se em conta essas considerações, não devem a conciliação ou os acordos ser tentados a todo custo, como aqueles feitos nos dias atuais na Justiça do Trabalho(27), pois se deve impedir a renúncia de direitos indisponíveis em acordos judiciais para proteger a dignidade humana (MAIOR, 2017, pp. 197-201).

Dessa maneira, a colocação de cláusulas de quitação ampla em acordos realizados na justiça é um procedimento que favorece empregadores que descumprem os direitos sociais trabalhistas, haja vista que, se for considerado que o negócio jurídico privado não pode renunciar aos direitos indisponíveis, com muito mais razão, o acordo judicial, como espécie de negócio jurídico, sob tutela judicial, deve dar efeito liberatório somente em relação ao objeto específico acordado (MAIOR, 2017, pp. 197-201).

Outro requisito a se considerar é o fato de que não há direito líquido e certo das partes à homologação da avença judicial, já que o seu conteúdo deve ser controlado pelo magistrado, para que não haja violação de normas jurídicas fundamentais (BASTOS, 2018, p. 1294).

Isso porque o processo do trabalho é uma ferramenta necessária para preservar o direito do trabalho que tem viés tuitivo (protetivo) por ser o empregado a parte hipossuficiente. Assim, a norma jurídica laboral atua para impedir a exploração do ser humano por outrem, com normas de ordem pública que não podem ser renunciadas pelo trabalhador.

---

(27) Nesse aspecto, o texto da orientação jurisprudencial da Sessão de Dissídios Individuais II do TST: "132. AÇÃO RESCISÓRIA. ACORDO HOMOLOGADO. ALCANCE. OFENSA À COISA JULGADA (DJ 04.05.2004). Acordo celebrado – homologado judicialmente – em que o empregado dá plena e ampla quitação, sem qualquer ressalva, alcança não só o objeto da inicial, como também todas as demais parcelas referentes ao extinto contrato de trabalho, violando a coisa julgada, a propositura de nova reclamação trabalhista". Disponível em: http://www3.tst.jus.br/jurisprudencia/OJ_SDI_2/n_S6_121.htm. Acesso em: 15 nov. 2020.

Além disso, verificou-se que, na história, a concentração de lides no seio estatal ocorreu exatamente para equalizar a relação capital *versus* trabalho e para haver respeito ao *patamar civilizatório mínimo* de direitos necessários à proteção da dignidade humana do obreiro, de modo a evitar o seu aviltamento em razão da subordinação jurídica.

Nesse viés, o excesso de ações existentes no Poder Judiciário não pode servir de subterfúgio para avenças firmadas a todo custo apenas visando diminuir o número de demandas, porque compromete as bases fundamentais de uma justiça especializada.

Considerando que na praxe visualiza-se uma amplitude nas transações judiciais, o discurso de que não pode haver métodos alternativos à justiça laboral, sob pena de afrontar direitos indisponíveis, parece não ter relevância diante da realidade de que o próprio Poder Judiciário tem feito acordos sem respeitar normas de caráter cogente envolvendo todo tipo de direito.

Nesse propósito, uma norma jurídica que sirva de parâmetro às transações individuais laborais e à criação de outros métodos de resolução de embates que atuem com respeito ao ordenamento jurídico poderá contribuir para a diminuição do excesso de demandas judiciais e favorecer para que a justiça laboral possa prestar um serviço mais adequado aos cidadãos brasileiros.

3.4. Da mudança social

É fato notório que a sociedade moderna, nos últimos anos, tem evoluído de forma rápida, principalmente, em razão dos avanços científicos. No campo tecnológico, esse desenvolvimento tem grandes repercussões sociais na medida em que permite encurtar as distâncias terrestres e facilitar a comunicação entre os indivíduos por meio da internet. Todo esse contexto acaba por acirrar o fenômeno da globalização mundial.

Essas alterações drásticas causadas pela expansão tecnológica também têm acarretado consequências no modo de produção capitalista e, consequentemente, nas relações de trabalho.

Verifica-se, portanto, nessas circunstâncias, o surgimento de novas formas de prestação de serviços, como o teletrabalho, que se caracteriza como aquele prestado a distância com o uso de ferramentas telemáticas, e o labor fornecido em plataformas digitais como a Uber, em que o usuário contrata diretamente o serviço.

Palacios (2017, pp. 23-24) afirma que a revolução digital alcançou o mundo laboral de forma que as prestações de serviços ocorrem por meios informáticos e o controle do trabalho também.

Toda essa transformação fática social causa uma modificação substancial no modo de produção de bens e serviços e, dessa forma, terá consequências incalculáveis na vida dos trabalhadores e da sociedade contemporânea.

No mundo laboral, pode resultar na substituição de grande parte da mão de obra humana pela automação[(28)], principalmente nas atividades manuais e mecânicas. Nesse sentido, observa-se que a Covid-19 acelerou essa tendência no mundo, na medida em que o trabalho remoto passou a ser necessário no contexto pandêmico.

Nota-se, portanto, que, com o desenvolvimento acirrado da tecnologia nos últimos anos, no futuro as máquinas serão cada vez mais eficientes no processo produtivo com o uso da inteligência artificial, no que tange à realização de tarefas repetitivas, mecânicas e previsíveis, o que requer do ser humano um desenvolvimento mais dinâmico, criativo, com pensamento adaptativo e inteligência social (NAZARENO JÚNIOR, 2019).

Dessa forma, entende-se que profissões que envolvam criatividade, inteligência social e pensamento analítico e inovativo permanecerão (NAZARENO JÚNIOR, 2019). A preocupação é assente, pois pode até haver um problema social de exclusão humana do trabalho, denominado desemprego tecnológico, com impactos jamais antes vistos na humanidade, já que o trabalho costuma ser a principal fonte de renda[(29)] de grande parte da população.

Nesse prisma, uma análise histórica mostra que a máquina já vinha substituindo a mão de obra humana desde o período da 1ª Revolução Industrial, encurtando o tempo de confecção dos produtos e aumentando o lucro do capital (BARROS, 2016, pp. 51-54).

Entretanto, é fato que essa nova revolução tecnológica já tem causado mais temores sociais, pois questiona-se se a inteligência artificial irá substituir o ser humano em diversas áreas de atuação, e restringido o campo de trabalho humano e/ou alteradas as mais diversas formas de prestação de serviços, não há dúvidas de que o avanço rápido da ciência na sociedade contemporânea faz surgir novos tipos de conflitos que requerem outros meios de resolução.

É preciso relembrar que, em um primeiro momento, a máquina a vapor inventada e desenvolvida no século XVIII foi substituindo aos poucos a mão de obra humana e a força animal. Em seguida, com a 2ª Revolução Industrial,

---

(28) Percebe-se que os avanços tecnológicos têm causado a extinção de postos de trabalho no Brasil, aumentando o índice de desemprego que na atualidade está em torno de 12 milhões de pessoas no país. Disponível em: https://www.ibge.gov.br/explica/desemprego.php Acesso: 26 abr. 2022.

(29) Na Europa já se fala na criação de um rendimento mínimo universal para abarcar essa população que não terá trabalho a fim de garantir a sua subsistência.

houve uma enorme transformação social devido ao surgimento do motor de combustão e da eletricidade (OLIVEIRA, 2019, pp. 31-32). A 3ª Revolução Industrial, por sua vez, está assentada na tecnologia que permitiu mudanças profundas na forma de como se produz, comunica e consome as informações (OLIVEIRA, 2019, pp. 32-33).

O fato é que transformações históricas da humanidade têm reflexos nas relações laborais, o que no passado culminou no surgimento do direito do trabalho para regular juridicamente essa interação desigual e impedir a exploração e a degradação humanas (BARROS, 2016, pp. 51-54), e, posteriormente, propiciou o surgimento de uma justiça especializada para julgar esses processos. E ainda faz com que o direito se adapte a todo momento a esses novos fatos sociais para não ficar defasado.

Atualmente, vivencia-se a era da 4ª Revolução Industrial, e a criação de sistemas inteligentes causa repercussões para o progresso da humanidade e na forma como se trabalha, se produz e se vive (OLIVEIRA, 2019 p. 91-92). Há serviços que foram automatizados e tantos outros que passam a ser prestados por meios digitais de forma rápida.

Nessas circunstâncias, pode-se perceber que hodiernamente, nessa Era da Informação de economias globalizadas e interconectadas via redes corporativas, houve um maior envolvimento do capital humano com o universo digital, mediante um grande acesso às informações no mundo virtual.

Isso se torna possível com a disseminação de novas tecnologias nas sociedades contemporâneas que possibilitaram o encurtamento das distâncias, repercutindo no campo processual, permitindo, inclusivamente, audiências on-line, a obtenção de provas via internet e, consequentemente, o maior acesso à justiça.

Assim, as reformas processuais civis ocorridas com o novo CPC em 2015 fomentaram as práticas de atos processuais eletrônicos (NEVES, 2017, p. 204). Essa é uma realidade crescente nas sociedades modernas e globalizadas: dados estatísticos revelam que, no ano de 2017, cerca de 20,7 milhões de processos ingressaram na justiça, seja esta comum ou específica, de forma eletrônica (CNJ, 2018, pp. 90-91).

Na Justiça do Trabalho, esse índice é ainda maior, pelo fato de que esse segmento representa o de maior virtualização dos processos. Explicitamente, são 100% de novos casos eletrônicos no TST e 96,3% nos Tribunais Regionais do Trabalho (TRT), sendo que, desses, 86,1% acontecem no 2º grau e 99,5% no 1º grau de jurisdição (CNJ, 2018, pp. 90-91).

Como se constata, é certo que todos esses mecanismos tecnológicos têm contribuído muito com o Poder Judiciário a fim de obter uma decisão mais justa e próxima da verdade dos fatos. Além disso, como ferramentas técnicas de apoio, vê-se que elas são capazes de possibilitar a efetividade da tutela jurisdicional por meio da execução. Tudo isso funciona para promover o efetivo acesso à justiça.

Como visto, é certo que as mudanças tecnológicas impactaram significativamente a sociedade nos últimos anos, na medida em que trouxeram uma enorme alteração nos meios de produção de bens e de serviços, o que requer uma mudança no sistema processual para atender à expectativa social.

É importante observar que a sociedade moderna muda rapidamente com a disseminação das informações em tempo real e o impacto tecnológico acirrado, o que exige um sistema de resolução de disputas apto a acompanhar o desenvolvimento social, econômico e cultural.

Entrementes, essa nova Revolução Industrial também demonstra que o avanço tecnológico atual proporciona que as pessoas estejam mais por dentro dos conflitos e, portanto, mais capazes de atuarem como protagonistas deles.

Soma-se ao fato a questão de que o Poder Judiciário como um todo não está a salvo da automação e, como já demonstrado, ele tem feito uso dela para se desenvolver e acelerar os trâmites processuais. Além disso, há necessidade de reformas estruturantes mais profundas para possibilitar que as disputas sejam resolvidas pelas próprias partes e de forma mais rápida.

Pode-se dizer que o processo eletrônico é um avanço na medida em que atos humanos custosos são eliminados, não havendo necessidade de formar autos físicos, o que diminui o tempo morto do processo. Ainda mais considerando que houve facilidade para protocolar as peças processuais e para consultar os autos digitais (NEVES, 2017, p. 412).

Na visão de Rachel Nuwer (2016), a tecnologia associada ao trabalho jamais poderá substituir alguns empregos, principalmente, aqueles que requerem *a priori* certos requisitos para o cumprimento e o desenvolvimento de habilidades humanas exercidas nas organizações, como a criatividade, as habilidades interpessoais e a inteligência emocional, características necessárias para a solução de conflitos.

Nesse sentido, pelo exposto, o uso de novas formas para resolver controvérsias nasce como resultado da mudança social, decorrente das transformações tecnológicas e da velocidade com que se processa a informação, fazendo com que o ser humano seja mais participante desse cenário e não mais como simples espectador, mas como um agente ativo, verdadeiro protagonista dele (AZEVEDO, 2018, p. 17).

Em meio a esse ambiente de transformações, que alterou o mundo do trabalho e a vida cotidiana, e ainda está em constante mutação, exige-se, para acompanhar todas essas mudanças, modificações significativas nas formas de solucionar desacordos do trabalho, como reflexo dessa nova realidade. Destacando-se que o processo, por si só, não tem sido capaz de atender a essas demandas e expectativas sociais (AZEVEDO, 2018, p. 17).

Na sociedade tecnológica, em que milhares de informações brotam de todos os lados, exige-se que as decisões respeitem ainda mais o tempo razoável do processo, sob pena de causarem frustrações às partes. Portanto, a criação e a sedimentação de novos meios de solução de disputas poderão ser uma boa alternativa para a realidade da estrutura jurídica brasileira, no intuito de alcançar a tão almejada efetividade na tutela de direitos.

Ainda mais se considerar-se que o sistema processual, como detectado no decorrer desta pesquisa, não tem dado conta da enorme carga de litígios, prejudicando a entrega da verba trabalhista ao trabalhador.

Apesar de a modernização processual ter melhorado os índices de produtividade dos tribunais, fica claro que não conseguiu solucionar o problema de excessos de demandas acumuladas, pois todos os dias há inúmeras novas ações ajuizadas (REIS *et al.*, 2019, p. 43).

Por isso, defende-se a necessidade de estudar se a utilização de métodos alternativos ao sistema jurisdicional contribuiria para uma solução pacífica aos conflitos trabalhistas individuais por meio da participação das partes e do auxílio de um terceiro imparcial, seja conciliador, mediador ou árbitro, já que essas vias podem ser adequadas para o acesso à justiça no campo da seara laboral (REIS *et al.*, 2019, p. 43).

Assim, novos meios de dirimir disputas laborais individuais são decorrência de formas de interação nas relações produtivas proporcionadas pela tecnologia, o que acarreta consequências processuais, pois requerem outras maneiras mais rápidas e que permitam a participação mais ativa das partes na era digital, para além do processo litigioso tradicional que não tem atendido às expectativas sociais quanto ao tempo e à paz social.

Portanto, a partir deste momento, passa-se a identificar os meios de dirimir disputas individuais laborais permitidos pelo ordenamento jurídico brasileiro.

4. Da resolução de litígios individuais evitando-se a sentença

É sabido que os embates de interesses podem ser resolvidos de diversas maneiras, sendo que, quando os próprios sujeitos envolvidos na disputa organizam-se para a sua resolução, tem-se um sistema intitulado como autônomo.

Todavia, se as partes interessadas em solucionar a controvérsia submetem-se a um resultado ordenado por outrem, esse sistema denomina-se heterônomo.

No sistema autônomo, encontra-se a autocomposição, ou seja, o resultado do conflito deriva do consenso entre as partes, explicitado da seguinte forma por Leite:

> "A autocomposição, que também é forma direta de solução do conflito, consiste numa técnica em que os litigantes, de comum acordo e sem emprego da força, fazem-se concessões recíprocas mediante ajuste de vontades." (LEITE, 2018, p. 143).

De modo específico, para Leite (2018, pp. 144-145), são considerados como exemplos de autocomposição extraprocessual trabalhista, no Brasil, a CCT e o ACT, assim como os sistemas de mediação e a conciliação, inclusivamente, a avença realizada perante a CCP. Embora, para parte da doutrina, a mediação e a conciliação sejam formas de heterocomposição, na medida em que um terceiro participa da solução da controvérsia.

Nessas circunstâncias, Leite (2018, pp. 144-145) disserta que a arbitragem e a jurisdição são as principais formas de heterocomposição das disputas trabalhistas. No sistema heterônomo, a heterocomposição é resultado de um sujeito imparcial que produz a solução do litígio.

Feita a explicação sobre diferentes maneiras de dirimir litígios laborais, no Estado Democrático de Direito, percebe-se cada vez mais o incentivo à participação dos envolvidos para resolver o conflito, como forma de promover o diálogo social por meio de métodos como a mediação e a conciliação. Portanto, métodos heterocompositivos de feição impositiva, como o laudo arbitral e a sentença na via jurisdicional, já não são mais vistos como a melhor maneira de solver o problema.

Assim, ainda que haja divergência doutrinária quanto à classificação, reconhece-se no Estado brasileiro os meios alternativos de acesso à justiça, como um dever a ser exercido pelo Estado, que deve promover, sempre que possível, a solução consensual das disputas por meio da conciliação, da mediação e da utilização de outros métodos consensuais, por meio de juízes, advogados, defensores públicos e membros do Ministério Público (LEITE, 2018, pp. 144-145).

O novo CPC no Estado brasileiro demonstra essa tentativa de avançar em busca de meios para resolver litígios. Igualmente, a Resolução n. 125/2010 do CNJ relata acerca da Política Judiciária Nacional de tratamento adequado aos conflitos, proporcionando um caminho para se aplicar a mediação e a conciliação em prol da tão almejada paz social (AZEVEDO, 2018, p. 19).

Essa resolução do CNJ estabelece que os tribunais devem se atentar para a criação de núcleos permanentes para possibilitar a resolução consensual das disputas, instituindo cursos de capacitação, treinamento e aperfeiçoamento de mediadores e conciliadores.

Nesse sentido, também são os arts. 165 e 166 do NCPC que fixam como princípios, para a conciliação e a mediação, a independência, a imparcialidade, a autonomia da vontade, a confidencialidade, a oralidade, a informalidade e a decisão informada.

Lembre-se que o NCPC é aplicado, subsidiariamente, ao processo do trabalho (AZEVEDO, 2018, pp. 21-22). Azevedo (2018, p. 22) relata que o art. 175 do NCPC não exclui outras formas de soluções extrajudiciais vinculadas a órgãos jurisdicionais ou realizadas por profissionais independentes, desde que regulamentadas por lei.

Verifica-se que as alterações legislativas ocorridas nos últimos anos, tanto no campo do processo civil, quanto do processo do trabalho, evidenciam uma tendência à democratização do processo, para que as próprias partes resolvam o litígio estabelecendo o que seja mais adequado para elas. Isso por meio dos métodos ditos adequados de resolução de controvérsias, sendo consensuais ou de autocomposição, a mediação e a conciliação e, de heterocomposição, a arbitragem (GENTILE, 2018, pp. 248-249).

No campo do direito coletivo do trabalho, as convenções coletivas e os acordos coletivos são exemplos de autocomposição bastante utilizados no Estado brasileiro.

O estudo dos métodos alternativos à via jurisdicional existentes no Brasil e de como tem sido sua aplicação é de grande interesse para buscar resolver os problemas atuais do Poder Judiciário, porque, como dito acima, tais entraves comprometem a tutela do direito face à prestação jurisdicional tardia.

Embora se aborde que parte da doutrina, em razão do princípio da proteção, da hipossuficiência do empregado e da indisponibilidade de grande parte dos direitos laborais, apresenta resistências a esses métodos alternativos para solucionar problemas de direito individual do trabalho, a pesquisa sobre a experiência espanhola e sua adequação é de suma relevância porque pretende e almeja proteger o interesse do empregado, com a entrega de seu crédito alimentar em tempo oportuno, para não prejudicar sua dignidade.

Diante disso, propõe-se uma análise comparativa dos métodos para solucionar disputas laborais sem a sentença, operacionalizados no Brasil e na Espanha, partindo das seguintes suposições:

(i) será que outros profissionais, devidamente capacitados, poderiam atuar com justiça e restabelecer a paz social?

(ii) por que na seara trabalhista, quanto ao direito individual do trabalho, tradicionalmente entende-se que somente o magistrado, que passou por um concurso público investido pelo Estado, teria essa competência no Brasil?

Essas são algumas das indagações a serem respondidas no decorrer deste livro, por meio de um diagnóstico comparativo entre os dois países, partindo da premissa de que, embora a conciliação judicial trabalhista estatal permita efetividade e eficácia no processo em curso, não tem se revelado suficiente para tirar a sobrecarga do Poder Judiciário.

O número excessivo de demandas em curso, hoje, na justiça laboral, requer que se analise a viabilidade de outras formas de resolução de controvérsias, fora do âmbito jurisdicional no Estado brasileiro.

Assim, passa-se à averiguação das maneiras de dirimir a lide sem a sentença, como: a conciliação judicial, a conciliação extrajudicial, a mediação e a arbitragem.

4.1. *Da conciliação judicial*

No campo doutrinário, a conciliação é majoritariamente definida como o procedimento pelo qual um terceiro promove o entendimento entre as partes. No caso específico do Estado brasileiro, a conciliação pode ser tanto extrajudicial, quanto judicial. Como exemplo daquela na área laboral, citam-se as Comissões de Conciliação Prévia (CCP), cuja atribuição é resolver conflitos individuais do trabalho, prevista no art. 625 da CLT (TOLEDO, 2011, p. 47).

Entretanto, embora exista a previsão normativa das CCPs, elas são pouco ou mesmo inutilizadas, haja vista que o STF definiu sobre a facultatividade desse instituto, o que será melhor elaborado em momento específico.

No que diz respeito à conceituação, no Brasil, é importante comentar que o conciliador difere do mediador, porque o primeiro pode sugerir termos para as partes acordarem no intuito de finalizar o litígio, enquanto o segundo não pode fazê-lo (GENTILE, 2018, p. 250).

No que concerne ao campo do direito processual do trabalho, Toledo (2011, p. 47) disserta que as tentativas de conciliação podem partir das próprias partes ou de terceiros, como o juiz, por exemplo.

A conciliação pela via judicial no Brasil garante normativamente duas[30] tentativas obrigatórias de conciliação das partes no rito ordinário, enquanto

(30) O processo do trabalho descrito no corpo da CLT possui duas tentativas obrigatórias de conciliação que devem ser tentadas pelo magistrado, sem prejuízos de outras, que ele entenda como necessárias, já

no rito sumaríssimo a conciliação pode ser proposta a todo tempo no processo (TOLEDO, 2011, p. 47).

Diante disso, Toledo (2011, p. 47) argumenta que, na ausência da proposta para conciliar as partes envolvidas no processo trabalhista, há uma nulidade insanável. Isso porque sabe-se que o escopo do processo laboral é conseguir um acordo entre os envolvidos na lide, por representar uma facilidade no acionamento à via judicial.

Nas sábias palavras de Vasconcelos (2008, p. 45), uma solução amigável reflete uma consciência de cidadania ativa, indo ao encontro do caráter democrático(31) da sociedade atual. Pois, pelo princípio democrático, a soberania pertence ao povo, devendo haver o resguardo de seus direitos humanos para proteger a dignidade humana (VASCONCELOS, 2008, p. 60). Processualmente, o caráter democrático do processo é aferível a partir da participação mais ativa dos litigantes.

Na conciliação, portanto, o terceiro sugere opções de escolhas aos envolvidos na disputa com liberdade quanto ao caminho a ser trilhado, assim como aproxima as partes, ressaltando os benefícios da composição, transigência e troca de vantagens.

Corroborando com o parecer de Vasconcelos (2008), Azevedo (2018, pp. 22-23) menciona que a natureza histórica da conciliação trabalhista no Brasil pertence ao Poder Judiciário, mas, recentemente, com as reformas normativas, abre-se uma maior possibilidade de que ela seja realizada também por particulares de forma extraprocessual.

Convém rememorar que para Karl Marx a história da sociedade é estruturada na luta de classes, sendo que essa é a raiz do surgimento do direito do trabalho, quando da 1ª Revolução Industrial (BARROS, 2016, pp. 51-54). E com vistas a promover um balanceamento entre o capital e o trabalho surge, então, a Justiça do Trabalho, poder responsável por garantir o cumprimento da legislação laboral à classe menos favorecida para evitar o seu aviltamento.

Constata-se que, diante de uma relação desigual, o homem tende a escravizar o outro, por se tratar de um Estado puramente liberal. Por essa

---

que ele é o responsável por dirigir o processo. Pela CLT, as propostas conciliatórias devem ser feitas em audiência antes do recebimento da defesa e após as razões finais, conforme previsão nos arts. 846 e 850 da CLT, respectivamente.

(31) Conforme Bobbio (1998, pp. 30-31), o governo democrático é pautado na soberania popular. Em outras palavras, é legitimado pela população. Igualmente, Abraham Lincoln descrevia a democracia como o governo derivado do povo e que a ele pertence e deve ser por ele exercido.

razão, o Estado de Direito[32] surge no intuito de proteger os mais fracos, para garantir a eles os direitos fundamentais frente ao próprio Estado (eficácia vertical), como frente aos demais particulares (eficácia horizontal). Essa é a lógica de dizer que a lei vem libertar o indivíduo.

E, para conceder o efetivo cumprimento dessa legislação, os tribunais têm o poder de obrigar os cidadãos a obedecerem à lei, como no caso da Justiça do Trabalho. Porém, a intenção não é apenas fazer cumprir as leis, mais do que isso, é buscar minimizar os conflitos sociais de classe, promovendo um diálogo entre a empresa e o trabalhador, a fim de garantir a paz social. Por isso, trata-se de uma justiça com feições conciliadoras.

Nesse sentido, Canotilho (2003, pp. 496-500) disserta que o acesso à justiça decorre do direito de acionar o tribunal para defender uma norma jurídica, incluindo a proteção jurisdicional adequada e o desenvolver do processo com base jurídica para promover uma tutela jurídica eficaz e em tempo oportuno. Percebe-se, assim, que a conciliação vai ao encontro da jurisdição efetiva, sendo um caminho adequado na seara processual trabalhista por promover no Judiciário a participação democrática.

No que diz respeito à sua história, a Justiça do Trabalho brasileira[33] é tradicionalmente uma justiça de conciliação, que sempre primou pela simplicidade e acessibilidade, e, assim, foi federalizada para evitar a influência das oligarquias estaduais da época (CAMPANTE, 2017, p. 46).

Inicialmente, segundo Campante (2017, p. 46), a Justiça trabalhista assumiu seu papel por meio da representação classista, formada por juízes leigos, e tinha como ideologia que o conflito de classes deveria ser evitado, visando ao acordo entre as partes.

Nessas circunstâncias, nota-se que a avença sempre esteve prevista como um ponto central da discussão, objetivando a negociação entre as partes, e deveria ser tentada antes de se proceder ao julgamento, tanto nas disputas coletivas, quanto nas controvérsias individuais (CAMPANTE, 2017, p. 46).

Nesse aspecto, o relato da história brasileira demonstra que houve uma estatização dos litígios laborais e um sufocamento dos entes sindicais pelo próprio Estado. Como já dissertado, em 1907 tentou-se, sem acerto, pela

---

(32) Com o constitucionalismo social incorporou-se no texto das Constituições os direitos sociais. Ele promoveu muitos avanços jurídicos, como o surgimento do direito do trabalho. São marcos do início desse movimento a Constituição mexicana de 1917 e a Constituição alemã de 1919 (DELGADO, 2017, pp. 24-26).

(33) A Justiça do Trabalho no Brasil é composta por 24 Tribunais Regionais do Trabalho distribuídos pelo território nacional. Informação acerca da Justiça do Trabalho pode ser acessada em: http://www.tst.jus.br/web/acesso-a-informacao/trts. Acesso em: 2 jan. 2021.

primeira vez, instituir os Conselhos Permanentes de Conciliação e Arbitragem (ALBUQUERQUE, 1993, pp. 81-83). E, em 1932, no Ministério do Trabalho, instituíram-se as Juntas de Conciliação e Julgamento para dirimir litígios individuais (MARTINS FILHO, 2011, p. 164-165). Percebe-se, portanto, pela própria denominação dos instrumentos de resolução de controvérsias citados, que a conciliação entre o capital e o trabalho é fator presente no Brasil como uma política feita e promovida pelo Estado.

Por meio da prática das Juntas de Conciliação e Julgamento surgiram as leis e os princípios próprios do direito do trabalho brasileiro, conforme as experiências adquiridas no dia a dia, a partir da análise dos casos concretos, já que até então as normas trabalhistas eram esparsas (CAMPANTE, 2017, p. 34). A reunião das leis trabalhistas existentes ocorre em 1943, com a Consolidação das Leis do Trabalho (CLT), que contém normas de direito sindical e de processo do trabalho (CAMPANTE, 2017, p. 52).

Nota-se que a conciliação sempre foi o objetivo buscado para dirimir os conflitos laborais, porém ela sempre esteve ligada ao Estado. Hoje, busca-se a sua ampliação por outras vias que não as judiciais. Dessa maneira, desde antes da criação da Justiça do Trabalho, quando dos primeiros órgãos trabalhistas, a conciliação foi de suma importância na área laboral.

Observa-se, portanto, que a Justiça do Trabalho é tradicionalmente uma justiça de conciliação, pois até os primeiros órgãos de solução de disputas laborais foram de conciliação (SCHIAVI, 2016, p. 127). Sob esse aspecto, pode-se falar em hipervalorização do ato conciliatório, porque no processo do trabalho existe uma tentativa de se buscar, mais insistentemente, a conciliação, do que no processo civil.

Nessa perspectiva, o art. 764 da CLT disciplina que juízes do trabalho devem empregar seus bons ofícios com persuasão para obter a conciliação. Para Schiavi (2016, p. 128), a conciliação é a melhor decisão no processo, porque reflete a resolução da controvérsia oriunda das próprias partes, que, na realidade, sabem a sua dimensão, as necessidades e as possibilidades para uma boa solução.

Mais especificamente, Schiavi (2016, p. 128) afirma que a sentença pode não garantir a paz social por ser negativa para uma das partes ou até mesmo para as duas. E no processo do trabalho brasileiro o ato conciliatório é tão importante, que é permitido às partes conciliarem a qualquer tempo, até mesmo no tribunal, e quando do recebimento do recurso podem tentar a avença (SCHIAVI, 2016, p. 129). Isso porque é característica do processo laboral a prevalência da palavra oral sobre a escrita, de maneira que se prioriza a audiência (SCHIAVI, 2016, p. 132) e nela ocorre proposta de conciliatório.

Pelo exposto, em razão da conciliação ser um fim perseguido pelo processo do trabalho, exige-se que o magistrado detenha características pessoais relevantes para alcançar o acordo. Igualmente, o conhecimento jurídico se mostra imprescindível para que as concessões realizadas pelos litigantes sejam feitas nos limites legais, assim como para que o juiz possa formular propostas de acordo.

Percebe-se que a conciliação é muito útil ao Poder Judiciário, sendo que o conciliador possui uma autoridade hierárquica e pode apresentar sugestões ao acordo (VASCONCELOS, 2008, pp. 38-39). Explicitamente, a conciliação na área trabalhista no Estado brasileiro, no que tange aos direitos trabalhistas individuais, sempre foi um objetivo a ser alcançado no processo e atua como uma ferramenta para o acesso à justiça.

Entretanto, apesar da resistência de parte da doutrina laboral, entende-se que tentar encontrar novos meios para solucionar o excesso de demandas submetidas ao Poder Judiciário por meio do incentivo à maior autonomia das partes poderá ser um caminho viável, já que a avença é o resultado mais adequado entre os envolvidos em uma disputa, pois proporciona uma sensação de paz a eles. Além disso, pode-se pensar em realizá-la fora do Poder Judiciário (TOLEDO, 2011, pp. 52-56), sendo esse pilar uma das defesas deste trabalho.

Soma-se a isso o fato de que a centralização estatal das controvérsias individuais laborais no Brasil teve origem histórica definida como uma política de Estado do Poder Executivo, em que houve o sufocamento do movimento sindical.

Porém, a abertura para que outras ferramentas possam se desenvolver também está a ser definida pelo Estado, por meio de reformas promovidas pelo Poder Legislativo sancionadas pelo Poder Executivo e pelo Poder Judiciário que está a incentivar pelas resoluções do CNJ e do CJST.

No que se refere à conciliação judicial, esta revela-se um excelente meio aos fins perseguidos pelo processo laboral, porque favorece a paz social e corresponde aos anseios da democracia por permitir a feitura da solução pelos próprios litigantes.

Assim, são características idealizadas com que a conciliação deve corresponder à justiça: cooperação entre os sujeitos processuais, participação mais ativa das partes para aceitação da avença e respeito aos direitos indisponíveis.

Por meio da conciliação judicial, milhares de causas são dirimidas nas estruturas dos tribunais, mas sozinha não consegue desobstruir a justiça.

4.1.1. Da cooperação entre os sujeitos processuais

Para haver conciliação entre as partes é essencial que estas cooperem entre si e com o magistrado. Por essa razão, neste tópico serão analisados o princípio da cooperação processual e sua aplicação no processo do trabalho.

Com a reforma processual de 2015 ocorrida no Brasil, consagrou-se, no art. 6º do CPC, o dever de cooperação entre os sujeitos processuais para se obter, em tempo razoável, a solução do processo com a finalidade da efetividade judicial. Esta, por sua vez, é obtida com a resolução do mérito, sendo este o fim perseguido pelas partes e pelo juiz (NEVES, 2017, pp. 204-205).

A análise do mérito pode ser alcançada por meio da sentença proferida pelo magistrado ou pela conciliação derivada do entendimento das partes.

Nessa perspectiva, destaca-se que o princípio da cooperação processual é fruto de outros princípios do processo, como o princípio do devido processo legal, da boa-fé processual e do contraditório (DIDIER, 2015, p. 124).

O art. 645 da CLT e o art. 6º do CPC impõem aos sujeitos do processo e a terceiros o dever de colaborar, cooperar e agir, conjuntamente, com o Poder Judiciário, auxiliando-o na prestação jurisdicional que deve ser justa, tempestiva e eficaz e, de igual modo, estabelece que todos devem se abster de qualquer comportamento negativo que impeça esse dever processual (BEBBER, 2019, p. 18). Nessas condições, fica explícita a importância da colaboração das partes entre si, delas com o juiz e vice-versa (NEVES, 2017, p. 205).

As partes têm deveres processuais como, por exemplo, entregar ao magistrado as alegações e as provas para formação de seu convencimento, e ao juiz cabe direcionar as partes, para que o resultado do processo seja operacionalizado com essa atuação conjunta dos sujeitos processuais (NEVES, 2017, p. 205).

Nota-se, portanto, um dever de colaborar de forma ética e jurídica no Poder Judiciário, para a descoberta da verdade, devendo os sujeitos processuais se pautarem na boa-fé objetiva para elucidação dos fatos. Dessa forma, por exemplo, as partes devem fornecer informações, documentos ou coisas que lhes forem solicitadas para esclarecimento da causa (BEBBER, 2019, p. 19).

Nessa trilha de raciocínio, o NCPC consagrou expressamente o princípio da cooperação entre sujeitos processuais como um dever dos litigantes à efetiva participação na condução do processo, para que este obtenha um resultado útil. Sendo, inclusive, possível condenar à litigância de má-fé aquele que deveria cooperar, mas, ao invés disso, opõe resistência injustificada (CORREIA, 2018, p. 675).

A dissertação de Schiavi (2016, p. 112) sobre o assunto mostra que os interesses das partes em conflito, normalmente, se colidem. Assim, elas estão em posições antagônicas do processo. Todavia, verifica-se uma tendência atual, inclusive no processo civil, para que exista um processo cooperativo, guiado pela busca da gestão processual de uma maior colaboração dos litigantes com o magistrado, vice-versa e deles entre si. Observa-se, nesse contexto, uma tendência de democratização do processo para uma solução mais efetiva da controvérsia (SCHIAVI, 2016, p. 112).

Schiavi (2016, p. 112) menciona que um modelo adequado de conciliação requer uma postura mais ativa do juiz e deve conter elementos que busquem auxiliar e esclarecer as partes, além de informá-las sobre os riscos de suas posturas e condutas processuais.

Os litigantes, por esse princípio, passam a ser considerados responsáveis, juntamente ao magistrado, pelo desenvolvimento processual. Em outras palavras, o processo não deve ser visto como uma guerra, embora não se descarte seu caráter litigioso, pois envolve interesses diversos (NEVES, 2017, pp. 206-207).

Diante disso, analisa-se que as partes devem cooperar com o processo, seguindo a boa-fé e a lealdade processual (NEVES, 2017, pp. 206-207). O contraditório também se caracteriza como um fator essencial para aprimorar a decisão jurisdicional, por ser um modelo processual que se aproxima da ideia de democracia (DIDIER, 2015, pp. 125-126).

Por sua perspectiva comparticipativa, Didier (2015, pp. 125-126) revela que o modelo necessita conter um maior diálogo processual e equilíbrio entre os sujeitos que participam dele.

Como visto pelos estudos de Didier (2015), Neves (2017) e Schiavi (2016), o princípio da cooperação processual estabelece ser dever das partes agir de forma leal e cooperativa.

Cordeiro (2001, p. 604) descreve que esse princípio se divide em deveres de esclarecimento, lealdade e proteção. O dever de esclarecimento preceitua que as partes devem redigir sua demanda com clareza e coerência; quanto à lealdade, dispõe que os litigantes devem observar o princípio da boa-fé processual; e o dever de proteção, por sua vez, decorre do fato de que a parte não pode causar danos ao seu adversário (DIDIER, 2015, p. 128).

Mas, se for para analisar pela perspectiva do órgão jurisdicional, este também deverá agir com boa-fé, esclarecendo as dúvidas das partes quanto aos seus pedidos e sobre eventuais prejuízos acerca do acordo e, caso isso não seja possível, antes de decidir, é necessário consultar as partes sobre as questões de fato e de direito em causa, apontando, por exemplo, as deficiências que podem ser suprimidas (DIDIER, 2015, pp. 128-129).

Dessa maneira, o princípio da cooperação processual transforma o processo em uma comunidade de trabalho, havendo regras de colaboração para a concretização desse princípio (DIDIER, 2015, p. 130).

Como se sabe, para o desenvolvimento regular do processo é preciso no mínimo a participação do autor, do réu e do juiz que possuem direitos, poderes, deveres, faculdades e ônus no procedimento, com vistas a atingir uma decisão justa por meio do diálogo e do incremento dos poderes judiciais (MARINONI, 2017).

O processo na atualidade é diagnosticado como algo comum do juiz e das partes, mas cabe àquele dirigir o processo e a estas participarem dele, efetivamente, por meio do contraditório (MARINONI, 2017).

Desse modo, a cooperação se torna um requisito fundamental para o desenvolvimento sadio da marcha processual, a fim de que haja o restabelecimento da paz social, ora rompida.

A esse respeito, Vasconcelos (2008, p. 38) destaca que uma pessoa cooperativa é aquela que mantém o equilíbrio entre a sua autodeterminação e a empatia em relação ao outro, pois, sem descuidar de seus valores e interesses, ela acaba considerando os valores e interesses alheios.

Enfim, esse deve ser o espírito utilizado para governar os trâmites processuais entre todos os sujeitos envolvidos na demanda, a fim de que se busque, por meio do diálogo e do entendimento, a conciliação responsável por solucionar a crise enfrentada pelas partes e, caso isso não seja possível, para conseguir, em tempo razoável, uma decisão jurisdicional justa fruto da participação e do contraditório leal das partes envolvidas.

Esse modelo procedimental mais democrático exige colaboração e postura mais ativa dos envolvidos, favorecendo o entendimento e a feitura da avença entre os sujeitos processuais.

4.1.2. Da maior aceitação das partes

A decisão conciliada é o fim perseguido pelo processo do trabalho, pelo fato de ser caracterizada por buscar um entendimento entre os litigantes por meio do diálogo. Assim, eles tendem a se sentir mais satisfeitos, por poderem cooperar com a solução da demanda, o que pode trazer maior aceitação, restabelecer a paz social e resolver a crise do processo, quanto à razoável duração e à litigiosidade das partes.

Constata-se, portanto, que o consenso entre as partes nas audiências e/ou durante o curso processual é uma peça fundamental para propiciar mais benefícios aos litigantes e ao próprio sistema jurisdicional.

Nesse sentido, é possível aferir que o NCPC/2015 tem suas raízes no movimento de democratização do país, porque assegura aos envolvidos na disputa a efetiva participação para a construção de um resultado adequado à lide por meio de uma solução dialógica e mais humanizada (JORGE, 2016, pp. 59-61). Sendo que ele se aplica ao processo laboral desde que haja respeito aos seus princípios fundamentais.

Para Nobile (2016, p. 90), a sociedade brasileira precisa de uma mudança de mentalidade para que a cultura de sentença seja substituída pela cultura de pacificação, como no caso da conciliação entre as partes, que deve ser buscada por meio do amadurecimento e da aceitação dos litigantes.

Explicitamente, Nobile (2016) defende o parecer de que é necessária uma maior sensibilidade por parte do julgador, tanto pelo lado do requisito da comunicação verbal, quanto pelo aspecto não verbal das partes, para que os seguintes caracteres sejam estimulados durante o processo: o diálogo, a escuta e o respeito às diferenças existentes.

Nessas condições, caso o julgador tenha mais sensibilidade à causa, contribuirá para a construção de diálogo e respeito no processo, possibilitando uma resolução mais justa para o caso. Isso porque, muitas vezes, verifica-se ser preciso construir novos saberes quanto a si mesmo e quanto ao outro, e com relação ao conflito em si (PEREIRA, 2016). Ainda mais pelo fato de que esses elementos, de acordo com os estudos de Pereira (2016, p. 143-145), contribuem para dar voz à parte e respeitar sua verdade.

Todavia, a realidade hoje ainda está distante dessas perspectivas ideais, haja vista que a conciliação trabalhista realizada pelo magistrado tem sido feita sem muito tempo para maiores diálogos entre os envolvidos, devido à enorme quantidade de processos a serem apreciados.

O ramo da justiça no qual mais se realizam conciliações no Brasil é o trabalhista, com cerca de 40% desses processos solucionados por meio de acordos na fase de conhecimento. Percebe-se que há cada vez mais incentivo às soluções consensuais das controvérsias, em todas as instâncias, com a instalação de Centros Judiciários de Métodos Consensuais de Solução de Disputas nos Tribunais Regionais do Trabalho e a adoção de políticas públicas para a composição, como exemplo, a Semana Nacional da Conciliação Trabalhista[34].

---

(34) Para saber mais sobre as semanas de conciliações promovidas pela Justiça Laboral, busque informações disponíveis em: http://tst.jus.br/web/guest/noticias/-/asset_publisher/89Dk/content/

Nas palavras de Mauro Schiavi, justamente pela existência das necessidades humanas e devido à falta de bens suficientes na sociedade para atender a todos, o conflito acaba se instaurando, sendo algo inerente à condição humana (SCHIAVI, 2016, p. 35). Sob esse aspecto, salienta-se que o campo do direito do trabalho, por sofrer as consequências das mudanças econômicas e sociais, torna-se um campo fértil para acontecimentos de disputas, seja na esfera individual, seja na coletiva, devido ao descumprimento de normas trabalhistas (SCHIAVI, 2016, p. 36). Fato que se acentua durante a crise econômica vivenciada no país.

Na esfera processual, a disputa surge quando há uma pretensão resistida do trabalhador ou do tomador de serviços devido à violação do ordenamento jurídico. A essa controvérsia dá-se o nome de lide trabalhista (SCHIAVI, 2016, p. 37). Interessante destacar que o conflito(35) se caracteriza basicamente como um dissenso causado pela presença de interesses contrários, expectativas ou valores contrariados (VASCONCELOS, 2008, p. 19).

Assim, embora existam diversas formas de solucionar as disputas laborais, entre elas a autotutela, a autocomposição e a heterocomposição (SCHIAVI, 2016, p. 38), o Estado, com as recentes reformas processuais, tem estimulado a autocomposição em razão da maior satisfação que acarreta às partes, gerando maior pacificação social.

Isso porque a atuação do Estado que aplica o direito ao caso concreto e resolve definitivamente uma crise jurídica, com a finalidade de alcançar a paz social (NEVES, 2017, p. 59), realizada pela sentença, em um método heterocompositivo, feito por um agente externo ao litígio, que impõe sua decisão às partes de forma coercitiva (SCHIAVI, 2016, p. 39), pode gerar insatisfações. Além disso, para que a decisão seja justa nessa hipótese, é preciso que o juiz tenha especial atenção na direção do processo, pois o conflito alimentado sob o enfoque adversarial acarreta uma sobrevalorização dos argumentos individuais, não se dando foco ao que a outra parte expressa (VASCONCELOS, 2008, p. 20).

Levando em conta essas questões relacionadas à controvérsia, fica claro que a disputa não deve ser alimentada entre os litigantes, ao revés, o papel do

---

tst-e-csjt-rebatem-conclusoes-de-jornal-sobre-dados-estatisticos-da-justicadotrabalho/exclusive?inheritRedirect=false&redirect=http%3A%2F%2Ftst.jus.br%2Fweb%2Fguest%2Fnoticias%3Fp_p_id%3D101_INSTANCE_89Dk%26p_p_lifecycle%3D0%26p_p_state%3Dexclusive%26p_p_mode%3Dview. Acesso em: 14 out. 2020.

(35) De acordo com Vasconcelos (2008, p. 20), o conflito se estrutura sob três bases fundamentais, descritas a seguir: relação interpessoal, que envolve pelo menos duas pessoas com valores e expectativas distintas; problema objetivo identificado; trama ou processo, que demonstra como foi, por que, quando e onde aconteceu a controvérsia.

julgador é fazer com que as partes sejam capazes de cooperar entre si. Assim, deve-se primar pela autocomposição ao invés de uma decisão impositiva.

O conflito, conforme já dito, trata-se, na realidade, de um fenômeno inerente à condição humana, e essa consciência de sua inevitabilidade é de suma importância para o desenvolvimento de métodos de soluções autocompositivos (VASCONCELOS, 2008, p. 19). Resolver de modo negocial é considerado um meio eficaz, econômico, que estimula a cidadania, pois as partes tornam-se protagonistas na construção da decisão jurídica. Trata-se, dessa maneira, de um reforço à participação popular no exercício do poder estatal, fomentando o caráter democrático(36) do processo (DIDIER, 2015, p. 273).

Portanto, o modelo jurídico ideal em uma sociedade democrática é obter o consenso por meio da conciliação, em que o magistrado tem o intuito de aproximar as partes, para que haja concessões recíprocas. No papel de conciliador, o juiz apresenta soluções ao problema, porém, não pode decidir pelas partes, porque cabe a elas aceitarem ou não as propostas formuladas (SCHIAVI, 2016, p. 35).

Na conciliação, o magistrado participa ativamente das tratativas e faz propostas para a solução da lide (SCHIAVI, 2016, pp. 42-43), mas não a decide. Na verdade, esse é um modo de resolver a lide muito prestigiado na Justiça do Trabalho, tanto que a lei obriga o juiz a propor a conciliação, em diversos momentos processuais (SCHIAVI, 2016, pp. 42-43).

Esse incentivo decorre primordialmente em razão de ser um instrumento que contribuiu para alcançar a paz social de forma mais duradoura, por deter maior aceitação das partes quanto à resolução do caso feita por elas.

O modelo idealizado seria aproximar a conciliação judicial da mediação, permitindo maior envolvimento das partes, todavia, isso só será possível com a diminuição da quantidade de processos, para que o magistrado tenha mais tempo para usar técnicas mediatórias.

4.2. Da conciliação extrajudicial

Tendo em vista tudo o que foi explicado acerca da conciliação judicial, quanto aos limites pensados sobre a indisponibilidade de direitos trabalhistas, o intuito de democratizar o procedimento por meio da cooperação entre as partes e, por fim, o estímulo à avença para obter maior aceitação

(36) Para Teixeira (2018, p. 43), a democracia fundamenta-se na liberdade de expressão, com o respeito ao amplo debate, aberto e esclarecedor. Por isso, todos devem ter a oportunidade como cidadãos de serem ouvidos e de escutar.

das pessoas, compreende-se que todos esses fatores devem ser observados pelos demais meios de resolução autocompositivos de litígios, como no caso da conciliação extrajudicial.

No que se refere à conciliação extrajudicial, na Espanha, a tentativa de acordo pré-processual é obrigatória às partes antes de se iniciar o processo. Esse requisito tem se mostrado muito eficaz para diminuir as demandas judiciais (TOLEDO, 2011, pp. 52-56).

No Brasil, no entanto, o STF determinou que a submissão às CCPs, que podem realizar a conciliação extraprocessual em controvérsias individuais, é facultativa e não obrigatória, o que de certa maneira esvaziou a força das soluções extrajudiciais laborais no país (TOLEDO, 2011, pp. 52-56).

O art. 625-A da CLT disciplina que as empresas e os sindicatos podem instituir CCPs e terão composição paritária, pois são formadas por representantes dos empregados e dos empregadores.

Nesse sentido, Serrão (2018, p. 478) detalha que a CCP é um meio de resolução extrajudicial de estrutura paritária, de constituição facultativa, no âmbito de empresas ou grupos de empresas e sindicatos. Discorre, ainda, que não é preciso registro nos órgãos públicos para a sua fundação.

Nota-se que existe a atribuição das CCPs de tentar conciliar os conflitos individuais do trabalho, sendo que isso pode ser uma ferramenta útil para solucionar disputas fora do âmbito do Poder Judiciário, facilitando o acesso à justiça. Entretanto, a tradição no campo do direito processual trabalhista, como já dito, refere-se à conciliação ser realizada pelo Poder Judiciário, porque não há confiança na utilização de meios adequados extrajudiciais de solução de controvérsias na seara laboral no Estado brasileiro. Esse fato se deve primordialmente a uma opção política adotada pelo Estado ao longo dos anos.

Nessas circunstâncias, verifica-se, muitas das vezes, em razão da centralização de demandas no Poder Judiciário, uma insistência desproporcional por parte do magistrado, para que haja avença entre as partes (GENTILE, 2018, pp. 250-251). Tal questão contribui para que os acordos aconteçam sem o respeito a direitos que constituem o patamar civilizatório mínimo.

A partir daí, podem surgir algumas indagações, como as expostas a seguir:

– por que no Brasil não há estímulo ao uso de meios pré-processuais na área laboral, que colocam fim ao litígio, antes de sua judicialização?

– eles não seriam adequados e capazes de desobstruir o Poder Judiciário brasileiro?

Questionamentos que serão respondidos no decorrer desta pesquisa.

Historicamente, no Brasil, criou-se uma cultura de que é mais fácil ajuizar a demanda e esperar a data da audiência para realizar a conciliação, pois há falta de confiança social e segurança jurídica nos acordos extrajudiciais (GENTILE, 2018, pp. 250-251). Na medida em que esses acordos, muitas vezes, são anulados pelo Poder Judiciário.

Todavia, a Reforma Trabalhista de 2017 parece querer retirar esse receio do estabelecimento de meios extrajudiciais, porque inseriu no corpo da legislação celetista o art. 855-B, que traz uma atividade administrativa, antes exercida pelos sindicatos para ser feita também, facultativamente, pelo magistrado, ou seja, a homologação de acordos extrajudiciais.

Lembrando que o juiz é livre para homologar ou não o acordo firmado extrajudicialmente (BRANCO, 2018, pp. 273-274). Esse acordo fora da jurisdição previsto no art. 855-B da CLT desfaz a ideia de que a primeira tentativa de avença deva ocorrer no seio do processo judicial.

Para Koury (2019, pp. 153-159), a doutrina majoritária tem entendido que este artigo trata de ato de jurisdição voluntária, devendo o juiz analisar o conteúdo do acordado à luz das normas de ordem pública, recusando-se a homologar o acordo extrajudicial quando há ilegalidades. Em caso de homologação da avença em juízo, posteriormente, caberá apenas ação rescisória para questioná-la (KOURY, 2019, pp. 153-159).

O maior desafio que se enfrenta na atualidade é possibilitar maior segurança jurídica aos acordos realizados de forma extrajudicial para garantir a sua efetividade[37]. Entretanto, sempre se deve assegurar a revisão judicial em caso de fraude ou vício de consentimento (GENTILE, 2018, pp. 252-251).

Outro dispositivo legal inserido pela Reforma Trabalhista foi o do art. 507-B da CLT, que permite a empregados e empregadores, na vigência

(37) Para Gentile (2018, pp. 252-251), um bom entendimento é interpretar de forma a considerar que o rol do art. 876 da CLT é apenas exemplificativo e inserir esses acordos neste rol de títulos executivos extrajudiciais, a fim de não desestimular as partes a celebrarem esse tipo de avença. Desse modo, para esse autor deixar-se-ia a homologação judicial de acordos ser a regra, para aplicar-se apenas para casos específicos, como, por exemplo, quando há parcelamento da dívida (GENTILE, 2018, p. 256). Especificamente, nos casos em que o acordo é estabelecido para ser pago em pouco tempo e de uma vez, bastaria assiná-lo com a presença de duas testemunhas, para se obter a eficácia de título executivo extrajudicial (GENTILE, 2018, p. 256). Essa interpretação para Gentile (2018, p. 256) garante mais segurança e eficácia aos acordos extrajudiciais trabalhistas. Todavia, não é essa ideia que se defende neste trabalho acadêmico, haja vista que em matéria trabalhista deve-se ter maiores cautelas, principalmente no que diz respeito a avenças privadas entre particulares, por isso é preciso haver uma supervisão de um órgão neutro, seja estatal (Poder Judiciário), seja sindical.

do contrato de emprego, firmarem termo de quitação anual de obrigações trabalhistas[38] perante o sindicato dos empregados da categoria (GENTILE, 2018, p. 251).

Esse termo deve discriminar as obrigações de dar e as obrigações de fazer que foram cumpridas mensalmente. Trata-se de um procedimento que permite, extrajudicialmente, a extinção periódica das obrigações trabalhistas dos empregadores perante seus empregados, desde que haja assistência do sindicato dos trabalhadores da correspondente categoria profissional. Observa-se que a validade dessa avença depende da assistência do sindicato, que é um ente capaz de impedir abusos e fraudes aos direitos trabalhistas (ALMEIDA, 2022).

Assim, percebe-se que a Reforma Trabalhista de 2017 quis incentivar a utilização de métodos de resolução de controvérsias por meio de avenças realizadas fora do Poder Judiciário. Entretanto, sem tirar do Poder Judiciário a decisão final, na medida em que a ele cabe homologar o acordo ou declarar a nulidade em caso de ilegalidades ou vícios.

Tudo isso com vistas a diminuir o drástico número de ações judiciais e resolver os conflitos das partes com mais agilidade.

Além disso, a Reforma Trabalhista tem promovido a prevalência do negociado sobre o legislado, desde que garantidos os direitos fundamentais sociais de nível constitucional. Essa mudança visa incentivar o protagonismo sindical na celebração de convenções ou acordos coletivos de trabalho (ALMEIDA, 2018, p. 391).

Apesar de a reforma laboral fomentar o uso de métodos extrajudiciais, essa iniciativa não é nova, pois as CCPs foram os primeiros mecanismos autorizados na norma jurídica em 2000 para dirimir disputas individuais fora do âmbito do Poder Judiciário.

Da leitura da legislação visualiza-se ser possível constituir quatro modalidades de CCPs: comissão criada por ato unilateral dentro da própria empresa; comissão criada por um grupo de empresas; comissão intersindical criada por

(38) Este é mais um mecanismo instituído pela Reforma Trabalhista de 2017, que se destina a reduzir o número de demandas ajuizadas na Justiça do Trabalho. Ele possibilita a extinção periódica das obrigações trabalhistas dos empregadores perante seus empregados. Para a sua validade é preciso que o termo seja feito com a assistência do sindicato dos trabalhadores da correspondente categoria profissional de acordo com o art. 477, § 2º, da CLT, e que o recibo de quitação especifique a natureza de cada parcela paga ao empregado e discrimine o seu valor, sendo válida a quitação apenas relativamente às mesmas parcelas e que o empregador comprove o pagamento realizado (ALMEIDA, 2022).

CCT e realizada entre sindicatos[39] ou sindicatos e empregadores ou sindicatos e trabalhadores para alcançar as empresas das correspondentes categorias ou grupos econômicos; Núcleos Intersindicais de Conciliação (Ninter), que são instrumentos responsáveis por vários sindicatos de categorias profissionais e econômicas signatários de convenções coletivas de trabalho com atuação para obter conciliação (SERRÃO, 2018, p. 478).

Sobre as CCPs, Delgado (2019, p. 1748) disserta que:

> A Lei n. 9.958, de 12.1.2000, inserindo dispositivos na CLT (Título VI-A: arts. 625-A até 625-H), autorizou a instituição de Comissões de Conciliação Prévia, de composição paritária, em empresas ou grupos de empresas, em sindicatos ou grupos destes (comissões intersindicais). Determinou, ainda, a aplicação de seus dispositivos, no que couber, aos Ninter, em funcionamento ou a serem criados, respeitada sua composição paritária e a regulação negocial coletiva quanto à sua constituição. Para a lei, as comissões de caráter sindical teriam sua constituição e normas de funcionamento definidas em negociação coletiva (art. 625-C). Os núcleos intersindicais, por sua vez, teriam apenas sua constituição regulada por negociação coletiva (art. 625-H), ao passo que as comissões empresariais estariam simplesmente dispensadas de tais requisitos (arts. 625-A e B). Todos esses entes teriam a atribuição de tentar conciliar os conflitos individuais de trabalho (art. 625-A, *in fine*, CLT).

Enfatiza-se que a atuação da CCP é basicamente tentar conciliar as controvérsias individuais trabalhistas. Quanto aos trâmites de seu funcionamento, a lei disciplina que a demanda seja apresentada por escrito, podendo ser tomada a termo por qualquer membro da comissão. No caso de não haver conciliação, emite-se um documento para as partes de tentativa frustrada de conciliação que deverá ser apresentado durante a reclamação trabalhista (SERRÃO, 2018, p. 479).

Havendo conciliação, a avença assinada pelos membros da comissão, patrão e empregado tem eficácia liberatória quanto às parcelas expressamente consignadas, sendo considerada título executivo extrajudicial (SERRÃO, 2018, p. 479).

---

(39) O sistema sindical estabelecido no Brasil sofreu diversas críticas ao longo da história porque foi estabelecido por meio da representação sindical por categoria, da contribuição sindical compulsória e do princípio da unicidade sindical, o que impede a liberdade sindical plena (ALMEIDA, 2022). Assim, o sistema brasileiro guarda similaridade com o sistema corporativista de inspiração fascista da Carta *Del Lavoro* italiana e, por isso, impede a liberdade sindical plena garantida pelo art. 8º da Constituição e pela Convenção n. 87 da OIT da qual o Estado brasileiro não é signatário. Trata-se, portanto, de uma liberdade sindical mitigada (LOPES, 2018, pp. 528-529). A Reforma Laboral ocorrida no Brasil em 2017 colocou fim ao imposto sindical, mas não extinguiu a unicidade sindical e a representação por categoria.

Se na localidade houver tanto CCP sindical, quanto CCP empresarial, o empregado poderá optar por qualquer uma delas. Quanto aos efeitos, a provocação da CCP suspende o prazo prescricional para o ajuizamento de reclamação trabalhista, que recomeça a contar a partir da tentativa frustrada de conciliar ou do esgotamento do prazo de dez dias (SERRÃO, 2018, p. 479).

Esse instituto vai ao encontro de valores consagrados pela OIT, na medida em que preceitua a avença voluntária das partes, a facilitação da negociação, a confidencialidade, a rapidez, a informalidade, entre outras características (SERRÃO, 2018, p. 482).

Entretanto, comissões formadas em âmbito puramente privado, como as empresariais(40), em matéria laboral, não são os melhores meios em razão do estado de sujeição do empregado e dos direitos indisponíveis. Outra é a situação das CCPs formadas por entes sindicais.

Nesse aspecto, a Reforma Trabalhista de 2017 estimula a prevalência do negociado sobre o legislado, o que aumenta o papel das organizações sindicais (SANTOS, 2018, p. 554). Assim, as CCPs sindicais (nas quais se incluem o Ninter) parecem ser uma boa forma de dirimir controvérsias laborais, porque, embora fora do âmbito estatal, o ente sindical assume esse protagonismo de equilibrar as partes, sendo esta sua feição histórica.

Quanto aos Ninter previstos no art. 625-H da CLT, eles são entidades tripartites(41), que contam com a participação dos sindicatos patronais e dos trabalhadores e de autoridades públicas. Eles visam obter a conciliação em litígios do trabalho. Tais entidades regem-se por estatutos próprios e pela Constituição, são constituídos por convenção coletiva, possuem uma seção intersindical de conciliação e um conselho de arbitragem e têm como atribuições diagnosticar problemas da categoria, prevenir litígios, realizar conciliações prévias ao ajuizamento de ações e mediação ou arbitragem voluntárias (MOREIRA JÚNIOR, 2018, pp. 291-294).

Decorrem dos princípios da autonomia coletiva que reconhece como fonte de direito as convenções e acordos coletivos(42), e da livre associação que autoriza os sindicatos a se associarem, todos esses presentes na Constituição.

---

(40) Há algumas diferenças, porque quando uma CCP é constituída em âmbito empresarial, é regulada pela CLT. Por sua vez, quando gerada em âmbito sindical, suas normas de funcionamento são estabelecidas na negociação coletiva por meio da CCT ou por meio de ACT (SERRÃO, 2018, p. 479).

(41) O estabelecimento de uma entidade tripartite vai ao encontro do que está estabelecido na Convenção n. 144 da OIT, ratificada pelo Estado brasileiro.

(42) A negociação coletiva é um método autocompositivo de litígios laborais que busca o entendimento entre os interlocutores sociais (BARROS, 2016, p. 814). É um método de solução de conflitos trabalhistas

Constata-se, portanto, que a criação do núcleo depende da manifestação dos representantes legais dos sindicatos constituintes (estatuto), por meio da manifestação de vontade das assembleias das categorias para autorizar a feitura da convenção coletiva que constitui a entidade, e depende da aprovação do estatuto (MOREIRA JÚNIOR, 2018, pp. 294-295).

Observa-se que a convenção coletiva que constitui o núcleo intersindical confere natureza coletiva a ele e caráter de normas às regras do estatuto, sendo esses instrumentos válidos para as categorias sindicais envolvidas (MOREIRA JÚNIOR, 2018, p. 295).

São objetivos dos Ninter adotar procedimentos para prevenir conflitos individuais ou coletivos, utilizar meios de resolução de controvérsias como a mediação, a conciliação e a arbitragem, por meio de técnicas informais e de baixo custo (MOREIRA JÚNIOR, 2018, p. 298). Existe uma diferença nesse caso com as CCPs, pois elas somente possuem o instrumento de conciliação de litígios individuais.

Esse modelo, para Moreira Júnior, vai ao encontro do desenvolvimento da democracia no país (2018, p. 298). Isso porque atuam de forma a promover o diálogo e a cooperação dos envolvidos, além de fortalecer a autonomia coletiva (MOREIRA JÚNIOR, 2018, p. 301).

As Comissões de Conciliação Prévia (CCPs) citadas anteriormente não se confundem com o Ninter, haja vista que seriam como um gênero, e este como uma espécie.

As CCPs foram inseridas pela Lei n. 9.958/2000 na CLT, que estabelece que, uma vez celebrado o acordo, este possui natureza jurídica de título executivo extrajudicial. Porém, o STF, no julgamento da Ação Direita de Inconstitucionalidade (ADIn) n. 2.139-7, tomou posição no sentido de que a decisão de passar por elas não é requisito obrigatório para se acionar o Poder Judiciário, tratando-se de mera faculdade das partes (BETTENCOURT, 2018, pp. 17-19).

Entretanto, nos últimos anos no Brasil, o STF tem emitido decisões no intuito de sobrevalorizar a autocomposição das partes, porém não de forma arbitrária, já que o direito do trabalho tem viés protetivo. No julgamento do RE 590415[43], por exemplo, que teve repercussão geral, o Tribunal considerou válida a cláusula prevista em Plano de Demissão Voluntária, que dá quitação ampla e irrestrita de todas as parcelas decorrentes do contrato de emprego,

---

de natureza coletiva, essencialmente democrático, que administra interesses profissionais e econômicos por meio da transação coletiva negociada (DELGADO, 2019, pp. 1.641).

(43) Decisão do STF acerca do PDV disponível em: http://www.stf.jus.br/portal/cms/verNoticiaDetalhe.asp?idConteudo=290618. Acesso em: 20 fev. 2021.

desde que haja ACT a esse respeito. Isso porque o Tribunal considerou que a presença do sindicato é capaz de amenizar a desigualdade presente na relação laboral (ALMEIDA, 2022).

Nesse aspecto, entende-se que as CCPs sindicais são entidades legítimas capazes de atuar na composição de litígios individuais, assim como o Ninter, pois o ente sindical detém essa prerrogativa de solucionar os conflitos de classes.

A diferença que se percebe entre o Ninter e as CCPs sindicais é que o primeiro tem instrumentos de conciliação, de mediação e de arbitragem. Por sua vez, aquelas apenas possuem as tentativas de conciliações prévias. Outro dado é que o Ninter forma uma pessoa jurídica, enquanto as CCPs existem de fato. Além disso, o Ninter, por ser mais formalizado, tem concelho tripartite, com a participação sindical e de autoridades trabalhistas, o que não se verifica nas CCPs(44) (VASCONCELOS, 2000).

Embora a diferenciação na estrutura seja relevante, para esta pesquisa entende-se que tanto as CCPs sindicais quanto o Ninter são instrumentos hábeis a atuar de forma preventiva, pois ambos são formados pelos sindicatos com atribuição constitucional para atuarem em controvérsias entre o capital *versus* o trabalho. Diferentemente é o caso das comissões empresariais privadas, cujo regime é empresarial e não disposto em norma coletiva.

Entretanto, após o posicionamento do STF em sede de ADI, as CCPs foram desaparecendo devido a terem caído em inatividade(45). E em consulta à *web* verificou-se a existência de um ou outro Ninter no país, como na cidade de Patrocínio, para categoria rural, mas não foram obtidos dados oficiais quanto ao seu funcionamento. Igualmente se verifica com a CCP(46) que pode existir em um ou outro âmbito sindical ou empresarial, porém sem divulgação oficial pelo governo.

Parte da doutrina critica tais institutos (CCPs e Ninter) e acredita que eles são totalmente inapropriados para solver questões individuais laborais, como afirma Delgado (2019, p. 1749):

> O intento buscado pela Lei n. 9.958 é semelhante àquele almejado pelos dispositivos referentes à arbitragem no Direito Individual do Trabalho: conseguir formular mecanismo extrajudicial de solução de conflito empregatício, sem a observância e respeito aos princípios nucleares do Direito

---

(44) Para saber mais sobre a diferença entre a CCP e o Ninter: Disponível em: <https://sites.direito.ufmg.br/prunart/o-que-e-o-ninter/>. Acesso em: 2 jul. 2022.

(45) Não há registro no site governamental acerca da existência de CCPs. Disponível em: https://www.gov.br/trabalho-e-previdencia/pt-br/servicos/sindicatos. Acesso em: 1 jul. 2022.

(46) Mais informações, acessar: https://spbancarios.com.br/04/2021/bb-saiba-como-ingressar-na-comissao-de-conciliacao-previa. Acesso em: 5 jul. 2022.

do Trabalho. A frustração desse intento é a mesma verificada quanto à arbitragem: somente é válida a arbitragem juslaborativa no plano do Direito Coletivo do Trabalho, porque somente nesse plano é que podem existir garantias grupais necessárias para uma equânime distribuição de poder no âmbito dos sujeitos em conflito (...).

Apesar de haver opiniões diversas, refutar totalmente a utilização de mecanismos extrajudiciais para o direito individual não parece ser o melhor caminho. Como pode ser aferido, há previsão acerca de meios extrajudiciais para solucionar litígios individuais do trabalho no ordenamento jurídico brasileiro a serem estimulados pela Reforma Trabalhista. O problema é que não há uma tradição no seu uso no país, e isso se deve, primordialmente, à falta de confiança das partes e pela passagem pré-processual não ser considerada obrigatória no sistema jurídico brasileiro.

Apesar disso, há uma preocupação assente em tentar evitar litígios judiciais por meio dos acordos extrajudiciais, pois as delongas do processo e seus altos custos têm prejudicado o acesso efetivo à justiça. Por essa razão, de modo histórico, sistemas judiciais passaram a incentivar a conciliação extrajudicial (CAPPELLETTI, 1988, pp. 87-89).

No caso trabalhista, necessita-se de um estudo mais aprofundado sobre a viabilidade dos mecanismos extrajudiciais para dirimir disputas individuais, pois se está diante de uma relação desigual entre empregado e empregador, devido à subordinação jurídica e à dependência econômica do empregado. De forma que a análise do direito comparado espanhol sobre os meios alternativos ao Poder Judiciário poderá clarear a questão.

4.3. Da mediação

Conforme já detalhado, a Reforma Trabalhista promovida pelo Estado brasileiro, em 2017, inseriu na lei diversas formas de soluções alternativas de conflitos (MOREIRA, 2018, p. 1494), embora pese a resistência histórica doutrinária e jurisprudencial em aceitar que as próprias partes decidam a controvérsia, no campo do direito individual do trabalho.

Nesse momento, nota-se que a doutrina está dividida, na medida em que uma parte considera os meios alternativos ao sistema judicial como uma boa forma de resolver disputas, já que, hodiernamente, o Brasil possui milhões de processos aguardando definição nos tribunais. Entretanto, outra parte opõe resistências (TUPINAMBÁ, 2018, p. 257).

Desse modo, há quem argumente que a pacificação das disputas, ainda que por outras vias que não a estatal, atende ao ideal de promoção da dignidade humana, principalmente se ocorrer por meio da participação ativa das partes para chegar a uma resolução que lhes atenda (MOREIRA, 2018, p. 1496).

No que diz respeito à mediação, ela é mais uma maneira de solver as controvérsias e, para ter validade, deverá respeitar princípios éticos, como: a imparcialidade, a isonomia, a oralidade, a informalidade, a boa-fé, a autonomia da vontade das partes, a confidencialidade e o respeito à ordem pública (TUPINAMBÁ, 2018, p. 257).

Nesse sentido, pode-se dizer que a mediação se caracteriza como uma via em que um terceiro imparcial atua com o propósito de ajudar as partes a encontrarem uma resposta para o litígio. Caso as partes realizem o acordo, trata-se de um negócio jurídico que terá eficácia de título executivo (TOLEDO, 2011, p. 47).

Sobre a mediação e a conciliação, existe uma fronteira muito tênue na diferenciação desses dois institutos, razão pela qual há países que os utilizam como sinônimos. Nesses casos, normalmente, a conciliação absorve a mediação de forma que o conciliador desempenhe um papel semelhante ao exercido pelo mediador (TOLEDO, 2011, p. 47).

Importa esclarecer que tanto a conciliação quanto a mediação estão no universo da negociação em sentido *lato*, em que as partes decidem o que cederão e o que obterão dentro da lide.

Quanto à mediação, conforme Gentile (2018), ela é altamente indicada para resolver as controvérsias pontuais entre empregador e empregado, ainda que no curso do contrato de trabalho, haja vista que o mediador deverá auxiliar as partes a buscar uma solução sem, contudo, emitir opiniões ou ideais de acordo. Para Gentile (2018, pp. 249-250), a justiça consensual favorece a preservação da relação entre os litigantes, pelo fato de tratar o conflito como uma perturbação temporária.

No caso brasileiro, faz-se uma diferenciação entre os institutos, porque se observa que na mediação o objetivo primordial é restabelecer a comunicação rompida entre as partes, enquanto na conciliação a finalidade é alcançar diretamente o acordo e, por isso, ela torna-se mais rápida.

Também não se deve confundir mediação com negociação *stricto sensu*, pois nesta não há a participação de um terceiro e as próprias partes buscam dissolver o problema (CORRÊA, 2014, pp. 88-90).

A mediação tem como atributos, basicamente, a voluntariedade, a imparcialidade, a orientação técnica-jurídica, a informalidade e a apresentação de propostas pelas partes (MOREIRA, 2018, p. 1498).

No Brasil, é a Lei n. 13.140/2015 que descreve sobre a mediação entre particulares, e, nesse aspecto, regulamenta esse meio de resolução de controvérsias, inclusive, no âmbito da Administração Pública. Entretanto, deve-se destacar que essa norma jurídica no art. 42, § único, estabelece para a área trabalhista a necessidade de normativa própria (REIS *et al.*, 2019, p. 44).

Na seara laboral, de modo mais preciso, sobre a Justiça do Trabalho, verifica-se que ela sempre incentivou a conciliação das partes, promovendo até mesmo a Semana Nacional de Conciliação. Todavia, a ferramenta da mediação em direito individual é pouco utilizada ainda.

Foi somente com a Resolução n. 174 do CSJT[(47)] de 2017 que se disciplinou a possibilidade de mediações trabalhistas, restringindo-as aos magistrados ou aos servidores da justiça (REIS *et al.*, 2019 p. 44). Com essa resolução, criam-se no Poder Judiciário órgãos administrativos para atuarem conciliando e mediando as disputas laborais, tanto coletivas, quanto individuais. Nesse aspecto, mantém-se o monopólio estatal na análise da lide trabalhista.

O art. 6º, § 8º da Resolução n. 174 do CSJT[(48)], estabelece que "fica vedada a realização de conciliação ou mediação judicial, no âmbito da Justiça do Trabalho, por pessoas que não pertençam aos quadros da ativa ou inativos do respectivo TRT".

Igualmente, vale a pena transcrever alguns dos parágrafos do art. 7º dessa Resolução, que fixa diretrizes para a mediação e a conciliação nessa área administrativa dos Cejusc-JT, que foram recentemente criados no âmbito da Justiça Laboral, expostos da seguinte maneira:

> § 4º Magistrados e servidores conciliadores e mediadores deverão se submeter à reciclagem continuada e à avaliação do usuário, por meio de pesquisas de satisfação anuais, cujo resultado será encaminhado ao Nupemec-JT, o qual compilará resultados em caso de existir mais de um Cejusc-JT no TRT e os enviará ao CSJT.
>
> § 5º A audiência de mediação e conciliação trabalhista se dividirá em tantas sessões quantas forem necessárias para viabilizar a solução consensual, sem prejuízo das providências jurisdicionais que evitem o perecimento do direito, estas a serem tomadas pelo Juízo a que distribuída à ação.
>
> § 6º As conciliações e mediações realizadas no âmbito da Justiça do Trabalho somente terão validade nas hipóteses previstas na CLT, aí incluída a homologação pelo magistrado que supervisionou a audiência e a mediação pré-processual de conflitos coletivos, sendo inaplicáveis à Justiça do Trabalho as disposições referentes às Câmaras Privadas de Conciliação, Mediação e Arbitragem, e normas atinentes à conciliação e mediação extrajudicial e pré-processual previstas no NCPC.
>
> § 7º Podem ser submetidos ao procedimento da mediação pré-processual os conflitos coletivos.

---

(47) Sobre a resolução do CSJT, *vide*: http://www.csjt.jus.br/c/document_library/get_file?uuid=235e-3400-9476-47a0-8bbb-bccacf94fab4&groupId=955023. Acesso em: 21 mar. 2021.

(48) *Ibidem.*

Parte da resolução transcrita demonstra o empenho da própria Justiça do Trabalho em conceder espaços para órgãos de mediação e conciliação administrativos, tal como tem sido incentivado pelo CNJ e pelo CSJT, para tentar desobstruir o sistema de justiça.

Todavia, em razão dos temores que norteiam esse campo do direito, devido à hipossuficiência, à subordinação e à presença de normas de ordem pública, verifica-se a vedação expressa à criação de câmaras puramente privadas de conciliação, mediação e arbitragem. E foi atribuída a função de mediar-conciliar somente aos magistrados e servidores do próprio Poder Judiciário. Além disso, instituiu-se o requisito de a avença ser homologada pelo magistrado. Outro ponto relevante é que nesse primeiro momento nota-se que apenas conflitos coletivos poderiam passar pela mediação-conciliação pré-processual. De forma que o Cejusc somente poderia funcionar no caso de dissídios individuais para processos em curso.

A partir dessa resolução, os TRTs foram instituindo órgãos administrativos na justiça para realizarem conciliação-mediação. Trata-se de centros judiciários de métodos consensuais de solução de disputas, contendo ferramentas de mediação e de conciliação, para atuarem de forma prévia ao ajuizamento de ações ou mesmo quando em curso o processo (GENTILE, 2018, p. 251).

Com esses centros administrativos, verifica-se que permanece a estatização das controvérsias laborais, porém, o sistema de justiça além da tradicional via jurisdicional passa a ser composto por uma via administrativa.

Em 2020, houve uma ampliação na apreciação pré-processual que só era admitida para disputas coletivas, para passar a abarcar situações específicas urgentes decorrentes da pandemia, e, assim, o CSJT passou a admitir o uso do Cejusc de forma pré-processual para dissídios individuais nessa circunstância.

Em 2021, a Resolução n. 288 do CSJT tornou possível o procedimento administrativo em outras hipóteses de direito individual, ainda que não se tenha processo jurisdicional instaurado. Após essa resolução, alguns TRTs já incorporaram essa nova competência à função do Cejusc.

Assim, apesar de haver historicamente muita resistência ao uso da via extrajudicial na seara trabalhista a nível de direito individual no Brasil, recentemente, notícia datada de 25.03.2022 aponta que o TRT da 2ª região, por meio do Ato GP/VPA/CR n. 1[(49)], de 18 de março de 2022, instituiu oficialmente

---

(49) "Art. 5º A Vara do Trabalho sorteada encaminhará a Reclamação Pré-Processual, via sistema PJe, ao Cejusc-JT que atende a respectiva jurisdição o qual providenciará o seu processamento, podendo: I – indeferi-lo em casos de inviabilidade do pedido, extinguindo o feito e retornando aos autos para arquivamento na Vara do Trabalho de origem; II – proferir despacho saneador, concedendo prazo judicial para

a reclamação prévia pré-processual para dissídios individuais laborais, de modo a autorizar a partir desse momento que as pessoas busquem junto ao TRT a solução de seus conflitos sem um procedimento judicial instaurado. Esse Ato visa primordialmente possibilitar a mediação, que é uma maneira mais humanizada de resolver as disputas laborais por meio do diálogo no 1º grau no Cejusc,[(50)] quando da realização da audiência de conciliação[(51)].

Portanto, com a Resolução n. 288 do CSJT, outros TRTs poderão regulamentar e disciplinar a instauração prévia de procedimentos administrativos de disputas individuais para mediar-conciliar, sem que haja processo judicial em curso.

Pode-se afirmar que o incentivo à autocomposição por meio de Centros Judiciários de Solução de Conflitos realiza-se como forma de superar a crise institucional do Poder Judiciário, pois caracteriza-se como uma porta além da via jurisdicional para resolver as disputas (SOLANO, 2018).

Infelizmente, a centralização exacerbada das questões trabalhistas no Poder Judiciário não foi positiva para a própria via jurisdicional especial, porque acarretou altos custos financeiros para o Estado e, por isso, desencadeou, no Brasil, um movimento pela extinção da Justiça do Trabalho, visando

---

as adequações que entender necessárias, sob pena de extinção e arquivamento; III – designar audiência de conciliação, que será preferencialmente telepresencial, intimando a(s) parte(s) interessada(s) adversa(s) para a devida habilitação no sistema PJe e para o comparecimento à audiência de conciliação designada, bem como quanto aos efeitos do não comparecimento.

Art. 6º O MPT será intimado nos casos em que deva se manifestar.

Art. 7º Não há apresentação de defesa na Reclamação Pré-Processual em dissídios individuais de trabalho.

Art. 8º A ausência injustificada de quaisquer das partes interessadas à audiência de conciliação ensejará, a critério do(a) magistrado(a) supervisor(a) do Cejusc-JT, a extinção e o arquivamento do procedimento. Parágrafo único. A ausência injustificada do(a) interessado(a) autor(a), a critério do(a) magistrado(a) supervisor(a) do Cejusc-JT, poderá ensejar a aplicação de multa. [...]

Art. 10. O(A) magistrado(a) supervisor(a) do Cejusc-JT poderá indeferir de plano os acordos manifestamente ilegais ou inadmissíveis, deferir a homologação, determinar o saneamento de defeitos processuais ou marcar audiência para oitiva dos(as) requerentes.

Art. 11. Na hipótese de êxito na mediação pré-processual, a Reclamação Pré-Processual será convertida em Homologação de Transação Extrajudicial (HTE), com a devida retificação da classe processual no Sistema PJe."

(50) Lembre-se que o Cejusc atua apenas na realização de audiência de conciliação e na análise homologatória. No período de pandemia essa mediação pré-processual para dissídios individuais foi autorizada em razão da Covid-19, mas agora o TRT da 2ª Região incorporou de forma definitiva a possibilidade de haver este procedimento prévio para conflitos individuais que ainda não foram judicializados, o que deve ser muito comemorado.

(51) Notícia publicada no site do TRT 2ª Região em: https://ww2.trt2.jus.br/noticias/noticias/noticia/trt-da-2a-regiao-institui-a-reclamacao-pre-processual-em-dissidios-individuais. Acesso em: 2 abr. 2022.

ao consequente encaminhamento dos processos à justiça comum (REIS *et al.*, 2019, p. 44).

A ampla Reforma Trabalhista realizada na lei laboral no ano de 2017, embora tenha cuidado de estabelecer meios extrajudiciais, não se preocupou em promover os mecanismos para viabilizar o diálogo entre as partes por meio da mediação, por exemplo, e não deu a segurança jurídica necessária para o uso desses métodos alternativos, pois a norma jurídica não delimitou quais direitos podem ser objeto de transação individual.

Perante a ausência de regulamentação própria, a Resolução n. 174 do CSJT fixou que somente magistrados e servidores públicos podem utilizar a mediação na esfera laboral.

Essa resolução foi pensada principalmente para a aplicação da mediação aos dissídios individuais do trabalho, pois para os dissídios coletivos já existem habitualidade e admissão pela lei. Cite-se como exemplo o Decreto n. 1.572/1995, que regulamenta a mediação na negociação coletiva de natureza trabalhista (REIS *et al.*, 2019, p. 45).

Reafirma-se que a doutrina e a jurisprudência não possuem uma posição pacífica acerca da possibilidade de se transacionarem direitos trabalhistas individuais. Isso porque há direitos indisponíveis, por serem detectados como *patamar civilizatório mínimo*, razão pela qual há muita discussão acerca da aceitação de métodos autocompositivos para resolver disputas trabalhistas (REIS *et al.*, 2019, p. 45).

A indisponibilidade dos direitos trabalhistas individuais é a regra e está prevista nos arts. 9, 444 e 468 da CLT, de forma que o trabalhador não pode renunciar ou transacionar certos direitos sob pena de nulidade.

Delgado (2017) afirma que há direitos classificados como de indisponibilidade absoluta, por merecerem uma tutela de nível de interesse público, classificados como de *patamar civilizatório mínimo*, pela sociedade política, em um dado momento histórico. Exemplificando, a assinatura de carteira de trabalho, o direito ao salário mínimo, a incidência das normas de proteção à saúde e segurança do trabalhador, entre outros. E há aqueles considerados de indisponibilidade relativa, por não se caracterizarem como de ordem pública, sendo passíveis de transação (DELGADO, 2017, pp. 232-233).

Apesar dessa classificação doutrinária, reafirme-se, falta norma jurídica que discipline de maneira pormenorizada os direitos que podem ser transacionados em dissídios individuais para maior segurança jurídica.

Como já dissertado, a OIT incentiva, por meio da Recomendação n. 92, a arbitragem e a conciliação voluntária para resolver disputas laborais e promove que as partes resolvam seus problemas. Não se trata de precarizar as relações de trabalho, desde que haja fiscalização, quanto ao objeto da transação. Igualmente, a Convenção n. 154 da OIT, ratificada pelo Estado brasileiro, recomenda o uso da mediação na resolução de controvérsias.

Nessa mesma direção é a Declaração Sociolaboral do Mercosul do ano de 2015, quando fomenta, em seu art. 19, a promoção e o desenvolvimento de mecanismos preventivos e de autocomposição de conflitos no trabalho.

Percebe-se que o cenário de sobrecarga do Poder Judiciário priva o cidadão trabalhador de adquirir seus direitos mínimos em tempo oportuno. Esse fato se complica em virtude de as verbas se caracterizarem como de natureza jurídica alimentar e, sob esse aspecto, serem imprescindíveis para a sobrevivência do empregado.

No que concerne à hipossuficiência do obreiro, é importante comentar que, se a tutela do Estado for ineficiente, agrava-lhe a situação, razão pela qual se defende a utilização de métodos autocompositivos, por meio de pessoas capacitadas a fiscalizarem a transação, para não comprometer a dignidade humana.

Desse modo, não se está a desmerecer o intervencionismo estatal nas relações de trabalho, mas a pensar em mecanismos que colaborem com ele, para que os trabalhadores não fiquem prejudicados com a demora da prestação jurisdicional. A abertura dentro da própria Justiça do Trabalho para atuação dos Cejusc de modo administrativo, junto a uma revitalização do instituto das CCPs para promover a conciliação prévia pelos sindicatos, parece ser um caminho viável a colaborar com a eficácia do sistema de justiça.

Recomenda-se considerar que, se alguma das partes alegar vício de consentimento ou outra irregularidade, ela poderá buscar a nulidade da avença na Justiça do Trabalho. Nota-se, portanto, que sempre haverá uma fiscalização por parte do Poder Judiciário, quanto às negociações feitas fora da justiça.

O direito ao acesso à justiça previsto na Carta Magna não pode ser reduzido apenas ao simples acesso à estrutura física do Judiciário, dada a desproporção entre a enorme carga de demandas e a quantidade de decisões prolatadas em tempo oportuno. Isso prejudica as partes litigantes (REIS *et al.*, 2019, pp. 50-51).

O processo, por si só, já gera muitos transtornos emocionais às partes e, quando envolve verbas econômicas necessárias para a sobrevivência do empregado, causa-lhe mais angústias e inquietações diante da incerteza de uma decisão em um tempo proporcional (REIS *et al.*, 2019, pp. 50-51).

Soma-se, ao fato, a questão de que a desconsideração à razoável duração do processo torna o sistema de defesa do direito do trabalho inacessível a uma grande parte dos trabalhadores brasileiros (REIS *et al.*, 2019, pp. 50-51).

Por esse motivo, acredita-se que promover o uso de mecanismos consensuais de tratamento de controvérsias poderá ser uma via a mais para solucionar o atendimento crescente das demandas sociais laborais. Para tanto, é preciso iniciar uma cultura pacificadora ao invés de litigiosa. E tudo isso só acontecerá por meio de uma mudança de mentalidade, promovida pela educação nas faculdades de Direito (REIS *et al.*, 2019, pp. 50-51).

Como já dito, o CNJ(52) está incentivando, desde 2006, a conciliação como política permanente e o NCPC de 2015 estabeleceu a possibilidade de realização de audiência prévia de conciliação e mediação no processo civil (REIS *et al.*, 2019, pp. 50-51).

Nesse quesito, Reis *et al.* (2019, pp. 50-51) disserta que o instituto da mediação para resolver conflitos laborais deve ser promovido como forma de buscar a pacificação social, com respeito aos direitos mínimos previstos em lei, e as normas de proteção, de segurança e de saúde do trabalho.

Portanto, a política pública feita nos últimos anos no Brasil, pelo Poder Legislativo e pelo próprio Poder Judiciário por meio do CNJ e do CSJT, visa desenvolver o tratamento adequado para as disputas no intuito de desobstruir o sistema jurisdicional.

No campo trabalhista, em razão da tutela jurídica tuitiva desse ramo, o uso de métodos fora da via jurisdicional merece parcimônia. Mas, verifica-se o incentivo à mediação em dissídios individuais por órgãos administrativos dentro da justiça laboral por seus magistrados e servidores. Assim, embora se mantenha a intervenção estatal na lide trabalhista, cede-se espaço para a instaurar a via administrativa junto à jurisdicional.

Por tudo dissertado até o presente momento, pensa-se que uma maneira de romper com a exclusividade estatal, mantendo-se a proteção existente na seara laboral, é promover a mediação-conciliação por entes sindicais, tal como já está permitido na lei das CCPs. Porém, ainda há a necessidade de uma norma jurídica para disciplinar quais direitos podem ser objeto de disposição para haver segurança jurídica.

---

(52) *Vide* art. 8º da Resolução n. 125/2010 do CNJ em: https://atos.cnj.jus.br/atos/detalhar/156. Acesso em: 25 maio 2022.

4.4. *Da arbitragem*[53]

Outra maneira de resolver os conflitos trabalhistas de forma extrajudicial é por meio da arbitragem, em que as partes escolhem e concedem a um terceiro imparcial a solução do litígio (TOLEDO, 2011, p. 48). Essa é uma das vias mais questionadas pela doutrina e pela jurisprudência na seara do direito individual laboral.

No Brasil, a Lei n. 9.307/96 concede ao laudo arbitral a eficácia de sentença. Em outras palavras, tem efeito de título executivo judicial (TOLEDO, 2011, p. 48). Assim, observa-se que, tal como a sentença, a decisão arbitral é impositiva às partes. Por isso, para parte da doutrina essa ferramenta carece de democraticidade.

Considerando que a OIT tem promovido outros métodos de composição de controvérsias, a Recomendação n. 92 da OIT incentiva a adoção da arbitragem de forma facultativa ou voluntária.

Entretanto, o sistema jurídico brasileiro é pacífico quanto à utilização da arbitragem para solucionar disputas coletivas de trabalho. Situação que é permitida pelo próprio texto constitucional no art. 114, § 2º, da CRFB/88 (ALMEIDA, 2022). Ao que diz respeito aos conflitos individuais, não há unanimidade quanto à sua possibilidade, uma vez que o art. 1º da Lei n. 9.307/96 determina que a arbitragem se aplica apenas aos direitos patrimoniais disponíveis (TOLEDO, 2011, p. 48). E, como parte dos direitos trabalhistas constituem patamar civilizatório mínimo, eles não são considerados disponíveis.

A esse respeito, Cappelletti (1988, pp. 81-82) explica que o juízo arbitral possui procedimentos mais informais, julgadores com formação técnica ou jurídica e decisões vinculatórias, sujeitas à possibilidade limitada de recursos. Porém, embora este seja considerado um procedimento mais rápido, pode se tornar muito caro para as partes que terão que arcar com seus custos.

Outro problema no uso da via arbitral a ser evitado é que não se deve afastar da jurisdição causas que, realmente, deveriam ser analisadas por ela (CAPPELLETTI, 1988, p. 92)

A arbitragem é um procedimento que rompe com a exclusividade estatal na distribuição da justiça, pois, por meio dela, controvérsias entre pessoas capazes de contratar e sobre direitos patrimoniais disponíveis são apreciadas fora do âmbito jurisdicional (DISSENHA, 2017, p. 171).

---

(53) Uma parte desse item que discorre acerca da arbitragem trabalhista é a reescrita de um artigo publicado em Revista Jurídica brasileira.

Entretanto, Schiavi (2018, p. 78) defende que, devido ao princípio da inafastabilidade da jurisdição, ninguém pode ser obrigado a usar tal procedimento arbitral no país. Isso porque, caso a via arbitral seja compulsória, e não havendo avença entre os litigantes, o árbitro imporia por meio do laudo uma solução às partes. Nessa hipótese, além de não haver a participação dos envolvidos na disputa, não se pode socorrer ao Poder Judiciário, salvo se houver alguma irregularidade, o que implicaria em nítida violação do acesso ao Poder Judiciário.

No caso brasileiro, não há tradição em dirimir disputas pela arbitragem. O lado positivo desta via apontado pela doutrina diz respeito à agilidade nas decisões e à questão de não existirem recursos, o que contribui com a razoável duração do procedimento na resolução dos litígios (SCHIAVI, 2018, pp. 78-79).

Assim, a arbitragem é um método alternativo extrajudicial de dirimir controvérsias de forma definitiva, por um terceiro imparcial escolhido pelas partes (SCHIAVI, 2018, pp. 77-79).

Parte da doutrina considera que a arbitragem para direitos individuais é constitucional, porque se revela como uma opção feita pelas partes e que ajuda a racionalizar as controvérsias (MILIONI, 2018, p. 449; FICHTNER, 2018, p. 459).

Mas, tradicionalmente, no Brasil, essa via não é admitida para solucionar conflitos individuais trabalhistas, por serem muitos dos direitos nessa hipótese irrenunciáveis, em razão da hipossuficiência do empregado e pelo estado de subordinação inerente à relação empregatícia (SCHIAVI, 2018, pp. 77-79).

Complementa-se, ao fato, a questão de que na esfera trabalhista parte da doutrina entende que a via arbitral acaba por atender apenas aos interesses do tomador de serviços e lesionar o trabalhador (SCHIAVI, 2018, pp. 77-79).

Tal situação acontece em razão do estado de subordinação jurídica do empregado, que o impede de manifestar sem vício de vontade sua adesão à cláusula compromissória, em que ele opta pela arbitragem ao invés da via judicial, caso a disputa surja em momento posterior (SCHIAVI, 2016, p. 56).

Assim, a arbitragem prevista para altos empregados e mediante cláusula compromissória feita no ato da contratação é muito preocupante, já que nesse momento o obreiro necessita de renda e do emprego. E o fato de o trabalhador receber um salário maior do que a média brasileira não elide a assimetria dessa relação jurídica. Ademais, esse instituto é dotado de efeito negativo ao afastar definitivamente a jurisdição (GERMIGNANI, 2018, pp. 355-360).

Nota-se que esse método é considerado um meio de heterocomposição na resolução de conflitos, pois o árbitro profere decisão de caráter obrigatório e vincula às partes.

As divergências no campo doutrinário e jurisprudencial se devem ao fato de que a Constituição brasileira de forma expressa autoriza a via arbitral para dirimir controvérsias coletivas de trabalho. Diante do silêncio constitucional, há dúvidas quanto à sua aplicação para disputas individuais (GARCIA, 2017, pp. 57-61).

Essa é a opinião de Castelo (2017, pp. 113-114), para quem a cláusula de arbitragem por disposição constitucional apenas é autorizada na esfera de direito coletivo, dado que as normas jurídicas trabalhistas são em sua maioria indisponíveis(54).

Entretanto, a Reforma Trabalhista de 2017 passou a admitir o instituto da arbitragem como meio de resolução de conflitos individuais de trabalho, para os denominados na lei de altos empregados(55).

Com a previsão normativa, a via arbitral, portanto, torna-se possível para altos empregados, pessoas cuja remuneração é superior ao da média da população brasileira.

Parte da doutrina, como Schiavi (2016, p. 60), já admitia essa hipótese antes da reforma, para esses empregados que possuem a subordinação mais rarefeita.

Schiavi (2018, p. 80) ainda ressalta que, desde que a arbitragem seja feita após a cessação do contrato de trabalho e desde que seja operacionalizada de forma espontânea à adesão do trabalhador, esse instituto para empregados específicos deve ser admitido, já que a hipossuficiência nessa hipótese é menor.

Nesse mesmo sentido, Dissenha (2017, p. 175) considera que se a arbitragem for realizada ao final do vínculo empregatício, quando o trabalhador passa a ter mais liberdade para expor sua vontade, ela é válida. Entretanto, a reforma trabalhista nada disse a esse respeito.

---

(54) Sabe-se que os direitos trabalhistas são resguardados pela indisponibilidade. Todavia, a Constituição permite a relativização de alguns deles por meio da negociação coletiva. Embora o art. 507-A da CLT preveja a facultatividade da arbitragem para empregados que recebem mais que o dobro dos benefícios do Regime Geral da Previdência Social, parte da doutrina entende que essa via é um mecanismo possível somente para os dissídios coletivos de trabalho por previsão do art. 114, CRFB/88.

(55) Pessoas que possuem uma remuneração superior a duas vezes o limite máximo estabelecido para os benefícios do Regime Geral de Previdência Social.

Desse modo, em que pese a falta de tradição no cenário jurídico brasileiro, há quem defenda o instituto, entre outras razões, por ser mais uma possibilidade de resolver a disputa em tempo razoável e por se verificar que na prática o crédito trabalhista na própria Justiça do Trabalho acaba sendo objeto de ampla composição, o que demonstra haver direitos laborais disponíveis. Posicionam-se nesse sentido Milioni (2018, p. 448) e Monnazzi (2018, p. 469).

Outros doutrinadores adotam posição intermediária, como Germignani (2018, p. 362), que argumenta admitir a via arbitral, porém não de forma irrestrita, tanto em razão de limites legais (Lei n. 9.307/96), quanto das peculiaridades do direito laboral. Isso porque o mero fato do recebimento de salário superior não é capaz de afastar o estado de subordinação. Por esse motivo, de acordo com o autor, seria imprescindível que os sindicatos em ACT/CCT estabelecessem o rito do procedimento e os direitos a serem transacionados a fim de oferecer mais segurança jurídica.

E para outra parte da doutrina trabalhista, a arbitragem se expressa como um empecilho ao acesso à Justiça laboral, já que o requisito da concordância expressa prevista na lei do empregado não teria validade alguma, pois no caso da realidade brasileira haveria nítido vício de consentimento, na medida em que o trabalhador está sujeito a uma imposição patronal, por falta de alternativa de discordar do empregador devido à dependência econômica existente (COSTA, 2018, p. 1463).

Assim, Dissenha (2017, p. 175) afirma que, no sistema protecionista brasileiro, o empregado, independentemente de sua remuneração, fica numa posição de sujeição e de dependência com o tomador de serviço. Tal situação foi acentuada nos últimos anos devido à subida dos índices de desemprego no país.

Outra dificuldade em aceitar esse método no direito individual do trabalho está respaldado na irrenunciabilidade das normas trabalhistas essenciais para a garantia da dignidade humana do trabalhador (SANTOS, 2018, pp. 1228-1229).

Portanto, para parte da doutrina trabalhista, a crise de ineficiência enfrentada pela justiça não pode resultar na criação de meios alternativos de dirimir o conflito, sendo que atribui-se isso ao fato de que no Brasil existe uma enorme desigualdade social, o que torna os cidadãos mais vulneráveis ao serem afastados da justiça estatal (SANTOS, 2018, pp. 1228-1230). O argumento desenvolve-se no sentido de que o instituto da arbitragem é mais aceitável em relações de igualdade, o que no caso da realidade trabalhista, no país, não existe. Alinha-se com esse contexto que no Estado brasileiro não há tradição na utilização da via arbitral, que foi regulamentada pela Lei n. 9.307/96. Observa-se que em vários julgados, antes da reforma trabalhista, o TST não admitia esse método para controvérsias individuais laborais.

Haja vista que, como visto, ao longo dos últimos anos ganhou força a tese de que haveria vício de consentimento do empregado na escolha por esse instituto antes do surgimento do conflito individual, devido à vulnerabilidade e à hipossuficiência (GALVÃO, 2018, pp. 603-604). Além disso, argumenta-se que, em razão do sistema protetivo trabalhista conter normas de ordem pública indisponíveis, a autonomia da vontade encontra limitações (GERMINIANI, 2019, p. 226).

Apesar das várias opiniões expostas, como se pôde perceber, a lei atual permite o uso da via arbitral apenas para altos empregados no caso de litígios individuais do trabalho, pois entende-se que nessa hipótese a subordinação é mais rarefeita. Entretanto, parte da doutrina tem apresentado resistências na sua utilização.

Na realidade, o estabelecimento de cláusula optando pela arbitragem caso o conflito surja antes ou durante o vínculo empregatício, em razão do estado de subordinação na relação laboral, é fator capaz de viciar esse negócio jurídico firmado e de afastar o trabalhador da Justiça do Trabalho, porque não havendo acordo o árbitro emite uma decisão vinculatória às partes. Essa imposição também pode atentar contra valores democráticos.

Nesse sentido, no direito comparado espanhol, Villalón (2020, pp. 13-53) explica que a opção por essa ferramenta depende de um compromisso arbitral após o surgimento do conflito, pois um acordo geral e prévio pode causar renúncia de direitos, o que afeta o acesso à justiça, já que o laudo arbitral é vinculante e possui o efeito negativo de excluir a jurisdição.

Diferente é a situação de previsão normativa de conciliação-mediação prévia ao Poder Judiciário, pois nessa hipótese a avença é facultativa e, não havendo acordo, as partes são livres para ingressar com a ação jurisdicional. Ademais, esse é um procedimento democrático que conta com a participação ativa dos litigantes.

Quanto aos direitos que constituem *patamar civilizatório mínimo*, eles carecem de definição por parte do Poder Legislativo.

5. Pareceres parciais

Tal como aconteceu em outros ordenamentos jurídicos pelo mundo, o direito e o processo do trabalho no Brasil se desenvolveram sob tutela estatal devido aos pilares que sustentam a existência desse ramo específico do direito que são: a hipossuficiência do trabalhador, o princípio da proteção e a presença de direitos indisponíveis.

Entretanto, nos dias atuais, há uma sobrecarga de processos dentro da Justiça do Trabalho que gera uma crise institucional quanto à sua eficiência provocada pela lentidão procedimental, que é acentuada pela alta litigiosidade das partes. Outro ponto de crítica são os amplos acordos que são firmados dentro da justiça. Todos esses fatores atuando em conjunto comprometem o crédito laboral que é verba de natureza jurídica alimentar. Há também uma mudança social, que atravessa a sociedade contemporânea, que traz a necessidade de outros métodos de solução de controvérsias.

Assim, observa-se uma tendência para haver mudança de paradigma, pois o tradicional direito de acesso à justiça, que seria o acionamento ao Poder Judiciário, passa em uma perspectiva mais moderna a ser interpretado como a possibilidade de acessar um método, seja judicial ou extrajudicial, que faça justiça e satisfaça as partes em um tempo oportuno. São exemplos dessa visão: a conciliação judicial, a extrajudicial e a mediação.

O Brasil está tentando nos últimos anos superar a resistência histórica no uso de vias não jurisdicionais para resolver o conflito do trabalho, mas não é um caminho fácil pelos temores em torno da desproteção ao trabalhador e da disposição de direitos indisponíveis. É uma mudança que acontece a passos lentos.

Nessa temática, as alterações feitas na CLT e as resoluções do CSJT e do CNJ demonstram que essa é uma trilha para se avançar, todavia, não a qualquer preço. É preciso romper com a exclusividade estatal na apreciação da lide laboral, sem causar desproteção aos direitos mínimos para não comprometer a dignidade humana.

Desta forma, para buscar alternativas seguras para a abertura do sistema de justiça no Brasil, o direito comparado espanhol será apreciado e servirá de modelo. Assim, feitas as principais considerações acerca da estrutura dos meios de resolução de conflitos trabalhistas no Brasil, passa-se ao estudo do direito comparado espanhol no intuito de encontrar uma luz eficiente para iluminar a possível ampliação do sistema de justiça laboral brasileiro.

Capítulo II

DA DELIMITAÇÃO DO SISTEMA JURÍDICO TRABALHISTA NA ESPANHA

É sabido que grande parte das reformas trabalhistas operacionalizadas no mundo decorre de crises econômicas que acarretam o aumento do desemprego da população e, como medida para entender e solucionar a estagnação econômica[56], procura-se um culpado que, normalmente, é indicado como o sistema de proteção existente no direito do trabalho. Assim, força-se a perda de alguns direitos laborais por meio da flexibilização ou até mesmo da desregulamentação normativa.

Nos Estados brasileiro e espanhol, essa situação não foi diferente: basta analisar o percurso da economia contemporânea em diferentes governos, quando as crises econômicas aconteceram nesses países.

Em virtude dos problemas mais recentes, no ano de 2017, realizou-se no Brasil uma Reforma Trabalhista de feição flexibilizadora (DELGADO, 2017, p. 73). Tal fato acabou impactando em alterações de mais de 100 artigos da norma celetista, transformando, inclusive, as disposições processuais, na medida em que a nova lei fomenta a utilização de meios de composição alternativos de litígios, com o intuito de facilitar o direito de acesso efetivo à Justiça do Trabalho.

Na Espanha não foi diferente, pois nos últimos anos foram feitas importantes mudanças no direito laboral com o arrefecimento da legislação imperativa, o fortalecimento do papel dos convênios coletivos e a valorização da autonomia da vontade individual para resolver a gestão das relações trabalhistas (NIETO, 2020, pp. 219-250).

---

(56) As crises econômicas no mundo podem ser provocadas por fatores diversos, como a inflação, problemas na política, causas naturais como terremoto, por exemplo, entre outros motivos. Dependendo da magnitude da paralização da economia, ela repercute e causa a queda brusca nos empregos, o que pode acarretar no aumento da miséria e da fome, num determinado lugar.

Esse novo cenário de flexibilidade das normas trabalhistas espanholas traz uma modificação na maneira de resolver litígios laborais, em que se passa a buscar a negociação e o equilíbrio de interesses. Atualmente, pode-se afirmar que o modelo clássico de judicialização cede espaço para um modelo participativo e colaborativo, devido às complexidade e flexibilidade crescentes das relações de trabalho e por ser essa relação de caráter permanente, requerendo como primordial que as soluções sejam negociadas (NIETO, 2020, pp. 219-250).

Comparativamente ao que se verifica no Estado brasileiro, observa-se que na Espanha existe uma sistemática mais desenvolvida de resolução de conflitos do trabalho, atuando fora da jurisdição laboral. De modo que órgãos administrativos e autônomos funcionam em parceria com o Poder Judiciário, e isso traz mais agilidade para solver controvérsias.

1. Do acesso à justiça

O acesso à justiça no direito processual do trabalho espanhol compreende muito além do Poder Judiciário, haja vista que, devido às reformas legislativas operacionalizadas, a norma jurídica contempla métodos para evitar o processo visando desobstruir a jurisdição. Assim, como política pública adotada pela Espanha, existe um sistema multiportas para resolver disputas que envolvem o capital *versus* o trabalho que atuam preventivamente.

Quanto às formas previstas na legislação para dirimir conflitos individuais do trabalho, sem que seja preciso sentenciar, interessa especificar a conciliação, a mediação e a arbitragem. As três figuras jurídicas podem ser reguladas em acordos coletivos (denominados "interprofissionais" ou "sobre matérias específicas") ou nos convênios coletivos a que se refere os arts. 83.2 e 3 do ET. De igual modo, a conciliação pode ser praticada perante um serviço administrativo permanente antes do acesso à via judicial, pelo que se denomina "conciliação administrativa" ou "conciliação pré-processual", como se deduz do art. 64 da Lei n. 36/2011, de 10 de outubro, que regula a jurisdição social. Além disso, a partir do momento em que a ação é intentada no tribunal competente, é possível a conciliação judicial, que é efetuada junto do advogado de justiça - não perante o juiz, o que é objeto de crítica por parte da doutrina por se tratar de um ato jurisdicional. É, portanto, um mecanismo de resolução do conflito sem necessidade de decisão no âmbito do processo judicial e está regulamentado no art. 84 da mesma Lei n. 36/2011.

Considerando que a Espanha, como regra geral[57], adotou a passagem prévia obrigatória da controvérsia do trabalho por métodos extrajudiciais antes de acionar o Poder Judiciário, convém descrever neste capítulo as maneiras instituídas no país para resolver a lide individual trabalhista judicial e extrajudicialmente.

Entretanto, frise-se que ainda predomina a utilização do sistema processual neste país, principalmente, no que tange à resolução de litígios individuais do trabalho, por ser considerado de acesso rápido e por existirem certas deficiências na regulamentação dos métodos jurídicos extraprocessuais (UGUINA, [s.d.], p. 90). Nesse mesmo sentido, Valverde (2016, pp. 15-33) relata que, quanto ao sistema autônomo, por exemplo, há déficit normativo para que atue em coordenação com a via jurisdicional e não conflite com ela. Além disso, pode-se dizer que há muito preconceito e desconfianças no entorno do uso de sistemas alternativos (UGUINA, [s.d.], p. 90).

De modo tradicional, a jurisdição é vista como o sistema apropriado para resolver lides individuais trabalhistas sobretudo em decorrência das previsões na norma jurídica da indisponibilidade de direitos (art. 3.5 do ET), da garantia judicial dos direitos (art. 4.2 g) do ET) e em razão do desequilíbrio presente na relação laboral. Assim, existem direitos que não podem ser transacionados ou negociados, e uma boa alternativa é excluir esse tipo de conflito do procedimento extrajudicial (NIETO, 2020, pp. 219-250).

Nesse aspecto, constata-se que, embora haja a previsão constitucional da autonomia coletiva no direito do trabalho espanhol, ainda há uma tendência da solução judicial para resolver conflitos laborais. Isso porque historicamente há uma hegemonia do Poder Judiciário por meio de uma estatização do direito do trabalho, o que deixou à margem a gestão coletiva de sistema de defesa de direitos. E devido à imperatividade normativa existente, a via judicial assumiu naturalmente essa atribuição de resolver as controvérsias trabalhistas (NIETO, 2020, pp. 219-250).

---

(57) Esta conciliação administrativa ou pré-processual não é necessária em: "os processos que exigem o esgotamento da via administrativa [refere-se à reclamação administrativa prévia], se for caso disso, (...) os processos relativos à impugnação do despedimento coletivo pelos representantes dos trabalhadores, gozo de férias (...) mobilidade geográfica, alteração substancial das condições de trabalho, (...), direitos de conciliação da vida pessoal, familiar e laboral referidos no artigo 139 (...), direitos de proteção dos direitos fundamentais e liberdades públicas, processos de anulação de sentenças arbitrais, os de impugnação de acordos de conciliações, de mediações e de transações, bem como aqueles em que se exerçam ações laborais de proteção contra a violência de gênero" (art. 64 da Lei n. 36/2011, de 10 de outubro, reguladora da jurisdição social).

Em que pese o sistema jurídico espanhol ter concentrado no seu modelo histórico no Poder Judiciário laboral a solução das lides, no decorrer do tempo, em razão das modificações sociais modernas e pela sobrecarga da jurisdição, abriu-se a oportunidade de acrescer na legislação métodos de evitação do processo judicial, por mecanismos alternativos prévios de mediação-conciliação, em sistemas administrativos e autônomos. A nível de direito individual, quem tem exercido principalmente essa função é o sistema administrativo, já que quanto ao sistema autônomo nem todas as regiões preveem a apreciação de disputas individuais e ainda existem muitos temores em torno dessa via para gerir a controvérsia.

Há, nas últimas décadas na Espanha, um cenário jurídico favorável à expansão de procedimentos de autocomposição privados (autônomos) para dirimir disputas, com iniciativas legislativas para desenvolver o acesso à resolução alternativa inclusive na seara laboral (NIETO, 2020, pp. 219-250).

No caso da Espanha, igualmente ao que se verifica no Brasil, constata-se que o direito de acesso à jurisdição é um direito humano fundamental à obtenção da tutela judicial efetiva, sendo que se consagra no art. 24.1 da CE, que estabelece o princípio da inafastabilidade do Poder Judiciário (ESCARTÍN, 2020, p. 1151). Percebe-se, pelo que foi exposto, que esse princípio tem se compatibilizado com a criação de outros métodos adequados de solução de controvérsias.

Esse direito à tutela judicial efetiva previsto na Constituição é uma garantia que protege todos os outros direitos, inclusive os laborais. A origem dele está na separação dos Poderes do Estado e no monopólio legítimo conferido ao Estado contra a violência (OLMO, 2021, pp. 48-70). De modo que foi atribuída a um órgão distinto do Legislativo e do Executivo a faculdade de aplicar as leis e resolver as disputas. Assim, surge o direito de todas as pessoas de acionar a jurisdição (OLMO, 2021, pp. 48-70).

É necessário destacar que esse direito de acessar a justiça deve ser visto de maneira a compreender os mecanismos extrajudiciais de resolução de litígios, que são meios que favorecem a efetividade da tutela judicial, por proporcionarem solver a controvérsia em tempo efetivo. São mecanismos de evitação do processo espanhol os sistemas: administrativo e autônomo.

Portanto, neste país, aliado aos mecanismos estatais, promovem-se os meios autônomos para resolver disputas de forma extrajudicial, que se desenvolveram muito em nível de direito coletivo e se estruturaram, basicamente, em torno da mediação, da conciliação e da arbitragem (CASANELLA, 2017, p. 16).

Diante disso, pode-se argumentar que, aos poucos, os sistemas extrajudiciais de solução de controvérsias vão adquirindo mais espaços (UGUINA, [s.d.], p. 91). No que se refere à disputa de caráter individual, ainda falta mais apoio institucional e conscientização dos protagonistas para o seu crescimento em âmbito autônomo. Embora se perceba, nos últimos anos, ainda que timidamente, que o legislador tenta fazer essa promoção, por exemplo, quanto à mediação no âmbito laboral. Todavia, permanece a ausência de cultura no uso dessa via na área do direito individual por receio das partes (ÁLVAREZ, 2016, pp. 159-182).

No âmbito coletivo, as negociações coletivas, tanto no sistema jurídico laboral espanhol, quanto no brasileiro, como se sabe, criam normas para regular as relações trabalhistas, formando uma parte do direito do trabalho[(58)]. E essas mesmas organizações (normalmente entes sindicais) podem gerir os conflitos derivados da relação entre o capital *versus* o trabalho. Esse é um método identificado como célere e econômico de resolução de disputas.

Semelhante ao que ocorre na Espanha, no Brasil essas negociações coletivas (ACT ou CCT) também podem estabelecer direitos para as suas respectivas categorias representadas. E entes sindicais podem formar sistemas de resolução de disputas laborais (CCPs). Por eles, podem-se adotar procedimentos para tentar prevenir e/ou dirimir os conflitos individuais. Entretanto, é importante salientar que não existe uma tradição quanto à sua utilização no Estado brasileiro, primordialmente em razão da decisão emitida pelo STF.

Interessa pontuar que reformas trabalhistas operacionalizadas na Espanha entre 2010 e 2011, decorrentes da crise econômica de 2008, potencializaram os meios autônomos de resolução de controvérsias no país, principalmente a nível coletivo, promovendo o uso do diálogo e do acordo como ferramentas para resolver as discordâncias surgidas na relação de trabalho, com vista a obter uma solução consensual entre trabalhadores e empresários, sendo, portanto, um método considerado como mais democrático.

A Lei n. 36/2011[(59)], por exemplo, busca evitar que apenas a decisão do Tribunal seja a única forma de solucionar as disputas laborais (RENEDO JUÁREZ, 2013, p. 6). A explicação reside no fato de que, na Espanha, a norma jurídica incentiva que antes de iniciar o processo deve-se previamente buscar o acordo entre as partes, sendo essa uma medida obrigatória (BETTENCOURT,

---

(58) Nessas circunstâncias, constata-se que a negociação coletiva exercida pelos sindicatos serve para equilibrar as forças existentes em uma disputa laboral, já que os entes sindicais realizam a negociação entre as partes, estabelecendo diversos direitos. Normalmente, organizações de trabalhadores buscam defender os interesses dos trabalhadores, melhorando suas condições de trabalho e seus salários, assim como as organizações de empregadores tentam maximizar o lucro da empresa. Dessa forma, fica explícito que a finalidade da negociação é chegar a um acordo bom e comum para as partes.

(59) Esta lei que regulamenta a Jurisdição Social traz um título sobre a evitação do processo e prevê a mediação e a conciliação prévias ao processo laboral.

2018, p. 5). Aliás, pode-se dizer que quando o próprio legislador estabelece um requisito prévio para a interposição da demanda judicial, pelo ato de mediação ou conciliação, ele promove que haja uma decisão consensuada (ÁLVAREZ, 2016, pp. 159-182).

A implicação direta desse fato é que se tenha sempre uma atividade prévia realizada pela parte, para somente se necessário socorrer a via jurisdicional. Assim, do ponto de vista de procedimentos prévios, a conciliação pré-processual e a reclamação prévia são exemplos de instrumentos compulsórios que devem ocorrer antes de se iniciar o processo, com o objetivo de evitá-lo (BETTENCOURT, 2018, p. 5).

Lembre-se que no Estado brasileiro existe a previsão legal acerca da conciliação pré-processual por meio das CCPs. Entretanto, em razão do STF ter entendido que a submissão da demanda às CCPs é facultativa, esses instrumentos perderam a efetividade, estando praticamente inutilizados no país.

De modo específico, na Espanha, os conflitos do trabalho podem ser solucionados de forma pública e/ou privada, sendo que a via pública pode acontecer de forma administrativa (vem se tornando cada vez mais não usual para dirimir disputas coletivas) e judicial (ESCARTÍN, 2020, p. 1067).

Por sua vez, segundo os dizeres de Escartín (2020, p. 1067), a solução privada poderá ser realizada pelas próprias partes em conflito ou por um terceiro por instrumentos como a mediação, a conciliação e a arbitragem.

Quanto a essa questão, do ponto de vista histórico, antes do surgimento da via jurisdicional, eram os próprios participantes da controvérsia que a resolviam. Deste modo, a ideia de ampliar a resolução das disputas laborais na Espanha, desenvolvendo-a em âmbito privado (autônomo), foi inicialmente pensada pelo Estado como ferramentas de conciliação, mediação e arbitragem. E, a partir dos anos 90, verifica-se que os acordos interprofissionais assumiram maior autonomia e passaram a contar com mais participação dos interlocutores sociais (ÁLVAREZ DEL CUVILLO, 2016, pp. 1-22), sendo esse mecanismo muito desenvolvido a nível de direito coletivo do trabalho.

Esquematizando, o sistema espanhol de resolução de disputas trabalhistas divide-se da seguinte maneira (ESCARTÍN, 2020, p. 1067):

A) Sistema público:

A.1 Sistema Administrativo

A.2 Sistema Judicial

B) Sistema privado: próprias partes ou através de um terceiro por instrumentos como a mediação, a conciliação e a arbitragem.

Quanto aos institutos de mediação, conciliação e arbitragem, é tênue a linha que diferencia a mediação e a conciliação espanholas, sendo que a distinção básica entre esses dois instrumentos reside no fato de que, na conciliação, o conciliador apenas facilita o contato entre as partes, enquanto que na mediação o mediador poderá formular propostas (ESCARTÍN, 2020, p. 1067).

Outra questão é que a arbitragem é o instrumento por meio do qual um terceiro imparcial produz um laudo arbitral que detém caráter obrigatório para as partes, pese embora o procedimento, salvo raras exceções, seja de caráter voluntário. Em outras palavras, o uso da via arbitral é escolha das partes (ESCARTÍN, 2020, p. 1067), mas o laudo é vinculativo.

Desse modo, a arbitragem é realizada por meio de um terceiro imparcial que impõe uma decisão às partes, embora seja escolha das partes optar por essa ferramenta. Na Espanha não são muito utilizadas, pois as partes gostam de manter o controle da resolução de seus problemas (ÁLVAREZ DEL CUVILLO, 2016, pp. 1-22). Isso também ocorre no Brasil.

Observa-se, nesse ponto, uma diferença conceitual marcante entre o Brasil e a Espanha, dado que os institutos da mediação e da conciliação têm definições opostas nesses dois países quanto à postura do terceiro em fazer propostas ou não. Todavia, a essência dos institutos é a mesma, sendo a conciliação mais direta e a mediação mais humanizada. Quanto à arbitragem, ela tem idêntico conceito jurídico.

O TC espanhol tem se mostrado favorável ao uso de meios privados em matéria laboral, entendendo ser uma expressão do direito de negociação coletiva e um método pacífico, principalmente, no que se refere à resolução de conflitos que versem sobre normas criadas pelas próprias partes (ESCARTÍN, 2020, p. 1067). Isso porque está a se fazer uma compatibilização entre o direito de negociação coletiva previsto no art. 37.1 da CE e o direito à tutela judicial efetiva no art. 24 da CE, para a instalação de mecanismos privados não judiciais, de maneira a harmonizar esses dois direitos constitucionais (VALVERDE, 2016, pp. 15-33)

Deste modo, no ordenamento jurídico vigente existem diversos meios não judiciais criados pelo legislador, sendo que os mais importantes estão no Decreto-Lei de Relações de Trabalho (DLRT) n. 17/1977 e na Lei do Estatuto dos Trabalhadores (ET), (VALVERDE, 2016, pp. 15-33).

Essa expectativa favorável em defesa da solução de disputas no âmbito privado identifica-se como uma proposta que pode ser sugerida posteriormente ao surgimento delas ou durante a criação da negociação coletiva ou mesmo por meio de acordos entre trabalhadores e empregadores em conformidade com o art. 83.2 do Estatuto dos Trabalhadores (ET), (ESCARTÍN, 2020, pp. 1067-1068).

Destaca-se ainda que a legislação tem dado especial importância a esses procedimentos autônomos criados pelas próprias partes (ESCARTÍN, 2020, pp. 1067-1068). Sempre reforçando que há matérias em que não é possível haver avenças por métodos autônomos pelos mais diversos motivos (VILLALÓN, 2018, pp. 61-96).

O fomento da autonomia coletiva favorece o acesso à ordem jurídica justa, na medida em que contribui com a paz social e garante maior eficácia da decisão devido ao encontro das partes, para uma solução em consenso baseada mais adequadamente nas características concretas do conflito (ESCARTÍN, 2020, p. 1068). Além de serem meios mais flexíveis e ágeis que o meio jurisdicional.

Semelhantemente ao que ocorre no Brasil, na Espanha também há um déficit quanto à regulação da arbitragem laboral. Contudo, pode-se afirmar que existe uma ampliação da utilização desses mecanismos privados, criados para contribuir com o andamento do processo e evitar o percurso dele pela via jurisdicional, por meio da indicação dos sistemas jurídicos de mediação e de conciliação com fins pré-processuais (ESCARTÍN, 2020, pp. 1068-1070). No entanto, observa-se um completo fracasso quanto ao uso da via arbitral (BONETE, 2016, pp. 35-51).

Pode-se apontar que persiste na Espanha a falta de regulação jurídica quanto à solução privada de conflitos trabalhistas, o que deverá ser melhorado para garantir a solvência do crédito salarial (ESCARTÍN, 2020, p. 1070). Deve-se ressaltar que o avanço das transformações ocorridas nas sociedades contemporâneas, como explicitado no capítulo anterior deste livro, exige uma mudança de postura quanto aos métodos de solução de disputas sociais. Tanto é verídico que a pesquisa evidencia, comparativamente, que a Espanha tem priorizado as tentativas de resolução extrajudicial de controvérsias (BETTENCOURT, 2018, pp. 1-2). Por essa razão, far-se-á um estudo mais detalhado sobre o uso desses instrumentos nesse sistema jurídico.

Ora, as controvérsias decorrem naturalmente do desenvolvimento das relações laborais devido às desigualdades quanto aos objetivos e aos interesses diferentes, já que o empresário busca a rentabilidade da empresa e o trabalhador melhores condições de vida e meios para sobreviver. Dessa dinâmica oposta, nascem os conflitos de classe. E, naturalmente, as disputas individuais podem se potencializar em controvérsias coletivas (VALVERDE, 2016, pp. 15-33)

Nesse aspecto, explica-se que o conflito individual do trabalho representa a lide entre empregado e empregador, normalmente, resolvida pelo juiz. Já o conflito coletivo se caracteriza por empresários ou seus representantes de um lado e, de outro, um grupo de trabalhadores representados por sujeitos coletivos (VALVERDE, 2016, pp. 15-33). Dessa última interação derivam as negociações coletivas que também podem dirimir disputas trabalhistas. É possível ainda diferenciar conflitos plurais dos coletivos, porque naqueles não há pretensões genéricas, mas de um grupo de trabalhadores com pretensões individuais (NIETO, 2020, pp. 219-250).

Desse modo, os conflitos plurais se situam em uma zona grise (fronteiriça) entre os coletivos e os individuais, não sendo clara a sua concepção. Em certos casos, eles possuem tratamento individual porque afetam pessoas específicas que formam um grupo. Nos sistemas autônomos há acordos, como o Galego, em que eles têm tratamento coletivo. Importa dizer que nessa espécie de disputa, ainda que afetem várias pessoas, a solução jurídica é individual e não coletiva (NAVARRETE, 2020, pp. 79-120).

Por tudo o que foi relatado, pode-se afirmar que tanto a negociação coletiva de trabalho, quanto a jurisdição social são pontos centrais para a solução de controvérsias laborais. Quanto à via judicial, esta não sofreu muitas mudanças desde a reforma processual de 1989-1990. A principal inovação foi a Lei Reguladora da Jurisdição Social (LRJS). Por sua vez, com a Lei n. 11/1994, ampliaram-se os meios de resolução de controvérsias na Espanha (VALVERDE, 2016, pp. 15-33).

Esclarece-se que a legislação processual trabalhista espanhola não está inserida em um Código, mas é formada por diversas leis esparsas, como a Lei de Procedimento Laboral (LPL), o Real Decreto Legislativo n. 02/1995, a Lei Orgânica do Poder Judiciário n. 06/1985, o CPC, a Lei n. 01/2000, a Lei Concursal n. 22/2003 e o Real Decreto Legislativo n. 1/1995 (BETTENCOURT, 2018, p. 4).

É a Lei n. 36/2011 a responsável por regulamentar a jurisdição social espanhola. Essa norma teve diversas novidades, principalmente, no que diz respeito aos procedimentos de mediação e de arbitragem. É uma norma especial por reforçar a necessidade dos mecanismos conciliatórios a qualquer tempo no processo (RENEDO JUÁREZ, 2013, p. 6).

Quanto ao Real Decreto Legislativo n. 2/1995, ele contém as normas do processo do trabalho espanhol e detalha o procedimento, estabelece os princípios, os recursos, entre outras questões necessárias ao desenvolvimento do procedimento judicial (BETTENCOURT, 2018, p. 5).

É nessa legislação processual trabalhista que está a previsão normativa da conciliação extrajudicial, um requisito objetivo para ajuizar a reclamatória trabalhista (BETTENCOURT, 2018, p. 5) que será detalhada a seguir.

Portanto, passa-se à análise da conciliação prévia, que é condição obrigatória para a instauração do processo judicial do trabalho espanhol (RENEDO JUÁREZ, 2013, p. 6). Lembrando que essa ferramenta de evitação do processo, por meio de conciliação-mediação prévias, pode acontecer tanto a nível administrativo quanto a nível autônomo.

2. Da via administrativa

A via administrativa(60), como um meio pré-processual, está cada vez mais a ceder espaço por causa da criação dos meios autônomos de solução de controvérsias, principalmente no tocante a litígios coletivos. Mas essa via predomina na análise prévia de litígios individuais.

Conceituando, a via administrativa de resolução de disputas é um subsistema extrajudicial para apreciar os conflitos laborais (UGUINA, [s.d.], p. 93).

Salienta-se, de acordo com o parecer de Uguina ([s.d.], p. 93), que existem três formas administrativas a serem utilizadas, previamente, no processo judicial laboral:

– a conciliação administrativa prévia;

– a reclamação administrativa prévia;

– e os atos preparatórios ao ajuizamento do processo, como as provas, por exemplo.

Para esse estudo, é importante tecer considerações sobre as duas primeiras. Ressalte-se que o TC espanhol considera a via administrativa prévia como um sistema compatível com o direito à tutela judicial efetiva (RENEDO JUÁREZ, 2013, p. 6). Em outras palavras, entende-se que ela favorece a efetividade do direito de acesso à justiça.

A decisão a respeito desse assunto revela que o TC se posiciona no sentido de não haver vulneração do direito de acesso ao processo, haja vista que a via administrativa visa à celeridade e à economia de energia processual, ao possibilitar um acordo para se evitar o processo. Não se trata, portanto, de um trâmite desproporcionado ou injustificado, pois o intuito é beneficiar as partes e o sistema jurisdicional (CRESPO, 2001, p. 134).

Até mesmo porque a conciliação prévia somente retarda o conhecimento da disputa pelos Tribunais, uma vez que, se não houver avença, a análise do conflito é encaminhada ao Poder Judiciário (CRESPO, 2001, p. 135).

---

(60) Neste livro, quando aparece a expressão "via administrativa" é para referir a conciliação administrativa ou preprocessual. Não abarca a reclamação administrativa prévia.

Convém pontuar que essa primeira etapa preparatória ao processo, classificada como uma via administrativa, possui como característica prestigiar a autonomia da vontade das partes (BETTENCOURT, 2018, p. 16). Gil Pérez (2012, p. 125) disserta que essa é uma via pouco utilizada para os litígios coletivos no país.

Pode-se dizer, portanto, que os mecanismos administrativos de resolução de disputas têm por intuito prestigiar e efetivar a autonomia das partes, evitando a judicialização excessiva dos conflitos, na medida em que se exige a tentativa de conciliação prévia como pressuposto para ingressar na Justiça do Trabalho.

Esse é um meio capaz de proporcionar a solução pacífica das controvérsias. Para Bettencourt, é algo a se pensar em aplicar à realidade brasileira, considerando que o direito comparado atua como fonte subsidiária do direito interno (BETTENCOURT, 2018, p. 21). Hoje, no Estado brasileiro, não há um mecanismo prévio de resolução de disputas de passagem obrigatória. Por isso, a importância da realização dessa pesquisa, com vista a reduzir a morosidade dos processos e buscar um denominador comum e satisfatório para as partes envolvidas.

2.1. Da conciliação, da mediação e da arbitragem

Observa-se, de maneira generalizada, que não é possível ingressar na Justiça Laboral espanhola de modo direto, porque antes de adentrar na via jurisdicional deve-se passar, necessariamente, por um procedimento prévio, caracterizado como de mediação ou como de conciliação perante um serviço administrativo (ESCARTÍN, 2020, p. 1156). Todavia, nesses casos, a legislação autoriza a substituição da conciliação administrativa prévia pela conciliação prévia em sistemas autônomos.

Historicamente, foi o Real Decreto-Lei n. 5/1979 que criou o Instituto de Mediação, Arbitragem e Conciliação (IMAC), sendo este o primeiro organismo responsável por fazer conciliações prévias e obrigatórias no procedimento laboral (AGUDO, 2021, pp. 61-73).

Na época, a legislação fez uma preferência pela conciliação em detrimento da mediação. Posteriormente, o IMAC foi substituído, nas décadas de 80 e 90, por organismos correspondentes nas comunidades autônomas que atualmente realizam a conciliação prévia (AGUDO, 2021, pp. 61-73).

Na maior parte das regiões espanholas, o nome dado à via administrativa é SMAC, são exemplos Madrid e Valencia. Em outras regiões a denominação dada é UMAC (Unidade de Mediação, Arbitragem e Conciliação), como ocorre em: Extremadura e Asturias. Entretanto, há outras denominações, como exemplos, tem-se o IMAC na Galicia e o Tribunal Laboral em Navarra (AGUDO, 2021, pp. 61-73).

Pontue-se que esses organismos administrativos se concentram muito mais na conciliação do que na mediação ou na arbitragem (AGUDO, 2021, pp. 61-73).

O sistema administrativo é público e, por isso, não entra em conflito com a jurisdição social. Ele atua de forma prévia, predominantemente por meio da conciliação e, facultativamente, por meio da arbitragem. Pois, na falta de avença, as partes podem designar árbitros. E esse procedimento administrativo pode ser de âmbito nacional ou periférico, funcionando em coordenação com o Poder Judiciário (art. 17 c/c 25 do DLRT) (VALVERDE, 2016, pp. 15-33).

Assim, essa via administrativa, como decorrência da descentralização territorial, pode funcionar em âmbito nacional e regional, visando conciliar e mediar administrativamente de modo prévio os litígios individuais e coletivos trabalhistas, conforme arts. 63[(61)] e 156 da LRJS (BONETE, 2016, pp. 35-51).

O fato é que, no sistema jurídico laboral espanhol, a chamada conciliação prévia se torna um pressuposto para o acesso à justiça na maior parte das causas judiciais e está disciplinada nos arts. 63/68 da LPL. Dessa forma, verifica-se que ela representa um ato de passagem obrigatória, salvo as exceções legais, cuja finalidade é diminuir a quantidade de processos judiciais existentes (BETTENCOURT, 2018, pp. 15-17).

Isso porque ainda hoje a maior parte dos conflitos que passam pela jurisdição é de natureza jurídica individual, e colocar à disposição das partes as ferramentas de mediação e conciliação na via administrativa faz-se no intuito de descongestionar a via judicial (AGUDO, 2021, pp. 61-73).

Para esclarecer melhor essa questão, a tentativa de conciliação ou mediação administrativa prévia é vista como um requisito compulsório que deve acontecer antes de se iniciar o processo, na medida em que há o intuito de evitá-lo.

---

(61) *"Artículo 63. Conciliación o mediación previas. Será requisito previo para la tramitación del proceso el intento de conciliación o, en su caso, de mediación ante el servicio administrativo correspondiente o ante el órgano que asuma estas funciones que podrá constituirse mediante los acuerdos interprofesionales o los convenios colectivos a los que se refiere el artículo 83 del Texto Refundido de la Ley del Estatuto de los Trabajadores, así como mediante los acuerdos de interés profesional a los que se refieren el artículo 13 y el apartado 1 del artículo 18 de la Ley del Estatuto del trabajo autónomo."* Sobre esse assunto, consultar: https://www.boe.es/buscar/act.php?id=BOE-A-2011-15936. Acesso em: 7 jun. 2022.

Por essa lógica, é importante dissertar que na ausência de tentativa de acordo perante a Administração, não se poderá iniciar o processo judicial (ESCARTÍN, 2020, p. 1156).

Como se sabe, no âmbito do direito do trabalho, igualmente ao que ocorre com o direito civil, é privada a natureza dos direitos, razão pela qual parte da doutrina entende que as partes podem escolher outros meios para solução dos litígios diferentes do Poder Judiciário e, por esse mesmo fundamento, pode-se obrigar a realizar uma conciliação prévia ao processo. Porém, nessas circunstâncias, deve-se sempre respeitar a cláusula de irrenunciabilidade de direitos do trabalhador prevista no art. 3.5 do ET, sendo este o limite para disposição de direitos laborais na Espanha (JIMENÉZ, [s.d.], pp. 189-190).

No direito do trabalho brasileiro também há direitos indisponíveis que devem ser resguardados nas transações entre as partes. Nesse sentido, Saraiva (2018, p. 32) destaca que a existência de normas trabalhistas irrenunciáveis, indisponíveis e inderrogáveis serve para a proteção do empregado frente ao empregador.

O TS espanhol reconhece a compatibilidade do art. 3.5 do ET com a conciliação, desde que seja respeitada a vontade das partes. Assim, entende-se que os conflitos laborais, por estarem em âmbito privado, podem ser solucionados privativamente, inclusive no caso de a disputa ser individual, em que se exige a tentativa de conciliação prévia ao processo do trabalho (JIMENÉZ, [s.d.], pp. 190-191).

É preciso explicar, em conformidade com os estudos de Jimenéz ([s.d.], p. 191), que o processo laboral contém dois tipos de conciliação: a conciliação pré-processual prevista nos arts. 63 a 68 da LPL e a conciliação judicial prevista nos arts. 83 a 89 da LPL, sendo que ambas são caracterizadas como de passagem obrigatória.

Lembre-se que no procedimento jurisdicional laboral brasileiro existem duas tentativas de conciliação obrigatórias, porém, ambas ocorrem dentro do processo do trabalho pelo magistrado.

Caso o processo do trabalho espanhol seja iniciado sem a tentativa de conciliação ou mediação prévia, esse defeito poderá ser sanado no prazo de 15 dias corridos a contar do referido pedido para corrigir esse defeito, com a realização da tentativa conciliatória conforme o art. 81.3 da LRJS.

Como já explicado, essa tentativa de conciliação pode ser realizada perante organismos administrativos com competências em matérias de mediação, conciliação e arbitragem ou perante outro órgão com essas funções, que poderá ser criado por meio de acordos interprofissionais ou convênios coletivos nos moldes do art. 63 da LRJS c/c art. 83 do ET (ESCARTÍN, 2020, p. 1156). Essa segunda hipótese será analisada mais adiante, no decorrer desse trabalho.

Em outras palavras, o órgão competente para atuar como conciliador é o serviço administrativo correspondente, existente em âmbito nacional ou a nível regional, ou um órgão criado pela negociação coletiva. Estes últimos são mecanismos conciliadores instituídos pela via convencional, o que potencializa a autonomia coletiva na forma do art. 63 da LPL (JIMENÉZ, [s.d.], pp. 193 e UGUINA, [s.d.], p. 95).

Tanto a Lei da Jurisdição Social quanto o Estatuto dos Trabalhadores permitem que a conciliação perante a Administração Laboral possa ser substituída por outras maneiras de resolução de conflitos extrajudiciais, desde que pela vontade dos interlocutores sociais. Desse modo, pode haver a substituição pela conciliação disciplinada em acordos interprofissionais ou convênios coletivos, permitindo que os próprios litigantes resolvam a disputa (CASANELLA, 2017, p. 17).

Nesse aspecto, observa-se que em algumas situações as partes necessitam passar pela conciliação pré-processual, em um órgão administrativo, antes de ir ao Poder Judiciário, como o SMAC, por exemplo. Caso não haja acordo, fica claro que elas podem recorrer ao Poder Judiciário, inclusive nesse caso, para realizar a conciliação judicial.

Quanto ao procedimento de conciliação no SMAC de alguma comunidade autônoma da Espanha, entende-se que ele funciona de forma razoavelmente célere e, por isso, é capaz de garantir a paz social (TOLEDO, 2011, pp. 52-56).

Nesse sentido, o procedimento administrativo que poderá ocorrer por meio da mediação, da conciliação ou da arbitragem detém origem nacional e atuação em âmbito territorial (GIL PÉREZ, 2012, p. 87). Isso porque, como relatado, nos anos 80 e 90, a competência do IMAC foi transferida para as comunidades autônomas, em que hoje se realiza a conciliação prévia a nível administrativo, e na prática houve a preferência pela conciliação em detrimento da arbitragem e da mediação (AGUDO, 2021, pp. 65-66).

Entretanto, o art. 64 da LRJS destaca que certos litígios não precisam passar por esta tentativa prévia de conciliação ou mediação devido à urgência que possuem, como no caso dos procedimentos de seguridade social, de impugnação de despedimento coletivo, da matéria eleitoral, de modificação de condições de trabalho, da tutela de direitos fundamentais, entre outros (ESCARTÍN, 2020, p. 1156).

No que diz respeito ao procedimento, primeiramente, essa etapa se concretiza com a apresentação dos pedidos de conciliação com os dados das partes ao órgão estipulado, com destaque à descrição dos direitos envolvidos, realização dos pedidos, entre outras questões importantes a serem registradas ao procedimento. Posteriormente, no prazo máximo de 15 dias, as partes são citadas para firmar o acordo (ESCARTÍN, 2020, p. 1156).

Comparecendo as partes, tenta-se a avença. O não comparecimento do solicitante, nos termos do art. 66.2 da LRJS, gera o arquivamento do ato, salvo justificativa, quando se poderá intentar novo acordo.

Em conformidade com o art. 65 da LRJS[(62)], o pedido de conciliação ou mediação suspende o prazo de caducidade e interrompe a prescrição.

Interessa pontuar que, na Espanha, existe a presença de um terceiro alheio ao conflito, identificado pela figura do conciliador, um funcionário público do serviço administrativo que possui, entre as suas atribuições, a atividade de acertar as posições das partes. Segundo Renedo Juárez (2013, pp. 7-8), esse procedimento é gratuito para as partes.

---

(62) *"Artículo 65. Efectos de la solicitud de conciliación o de mediación previa. Los laudos arbitrales. 1. La presentación de la solicitud de conciliación o de mediación suspenderá los plazos de caducidad e interrumpirá los de prescripción. El cómputo de la caducidad se reanudará al día siguiente de intentada la conciliación o mediación o transcurridos quince días hábiles, excluyendo del cómputo los sábados, desde su presentación sin que se haya celebrado. 2. En todo caso, transcurridos treinta días, computados en la forma indicada en el número anterior, sin haberse celebrado el acto de conciliación o sin haberse iniciado mediación o alcanzado acuerdo en la misma se tendrá por terminado el procedimiento y cumplido el trámite. 3. También se suspenderán los plazos de caducidad y se interrumpirán los de prescripción por la suscripción de un compromiso arbitral, celebrado en virtud de los acuerdos interprofesionales y los convenios colectivos a que se refiere el artículo 83 del Texto Refundido de la Ley del Estatuto de los Trabajadores o de los derivados de los acuerdos de interés profesional conforme al apartado 4 del artículo 18 de la Ley del Estatuto del trabajo autónomo. En estos casos el cómputo de la caducidad se reanudará al día siguiente de que adquiera firmeza el laudo arbitral; de interponerse un recurso judicial de anulación del laudo, la reanudación tendrá lugar desde el día siguiente a la firmeza de la sentencia que se dicte. Igual efecto se producirá aun cuando en el procedimiento arbitral se apreciase la incompetencia, reanudándose el cómputo de la caducidad desde la firmeza de la resolución que pusiera fin al arbitraje. 4. Las acciones de impugnación y recursos judiciales de anulación de laudos arbitrales cuyo conocimiento corresponda al orden social, cuando no tengan establecido un procedimiento especial, incluidos los laudos arbitrales establecidos por acuerdos de interés profesional de los trabajadores autónomos económicamente dependientes, se sustanciarán, a instancia de los interesados, por los trámites del procedimiento ordinario, ante el juzgado o tribunal al que hubiera correspondido el conocimiento del asunto sometido a arbitraje, con fundamento en exceso sobre el arbitraje, haber resuelto aspectos no sometidos a él o que no pudieran ser objeto del mismo, vicio esencial de procedimiento o infracción de normas imperativas. La acción caducará en el plazo de treinta días hábiles, excluidos los sábados, domingos y festivos, desde la notificación del laudo. De formularse la impugnación por el Fondo de Garantía Salarial, en relación con posibles obligaciones de garantía salarial, o por otros terceros posibles perjudicados, se podrá fundamentar en ilegalidad o lesividad y el plazo para el ejercicio de la acción contará desde que pudieran haber conocido la existencia del laudo arbitral."* Sobre esse assunto, *vide*: https://www.boe.es/buscar/act.php?id=BOE-A-2011-15936. Acesso em: 7 jun. 2022.

Na prática, apresenta-se a solicitação de conciliação e agendam-se um dia e um horário para tentar o acordo. Ressalva-se que, nesse caso, o comparecimento das partes é obrigatório como exposto no art. 66.1 da LPL[(63)]. Caso citadas as partes, e elas não comparecerem, arquiva-se o ato, mas, se a outra parte não comparecer, entende-se que o acordo ficou sem efeito (JIMENÉZ, [s.d.], p. 199).

Na situação de ambas as partes comparecem, mas não havendo acordo, o demandante poderá iniciar a demanda judicial. E, havendo acordo entre as partes, este constitui título para iniciar as ações executivas, sem a necessidade de ratificação pelo juiz nos termos do art. 68 da LRJS[(64)].

O acordo firmado na via administrativa pode ser impugnado pelas partes ou por quem possa sofrer algum prejuízo perante o órgão jurisdicional, no prazo de 30 dias da feitura do acordo ou do conhecimento dele, conforme art. 67 da LRJS[(65)].

---

(63) *"Artículo 66. Consecuencias de la no asistencia al acto de conciliación o de mediación. 1. La asistencia al acto de conciliación o de mediación es obligatoria para los litigantes. 2. Cuando estando debidamente citadas las partes para el acto de conciliación o de mediación no compareciese el solicitante ni alegase justa causa, se tendrá por no presentada la papeleta de conciliación o la solicitud de mediación, archivándose todo lo actuado. 3. Si no compareciera la otra parte, debidamente citada, se hará constar expresamente en la certificación del acta de conciliación o de mediación y se tendrá la conciliación o la mediación por intentada sin efecto, y el juez o tribunal impondrán las costas del proceso a la parte que no hubiere comparecido sin causa justificada, incluidos honorarios, hasta el límite de seiscientos euros, del letrado o graduado social colegiado de la parte contraria que hubieren intervenido, si la sentencia que en su día dicte coincidiera esencialmente con la pretensión contenida en la papeleta de conciliación o en la solicitud de mediación."* Mais detalhes sobre a lei espanhola em: https://www.boe.es/buscar/act.php?id=BOE-A-2011-15936. Acesso em: 5 jun. 2022.

(64) *"Artículo 68. Ejecutividad del acuerdo de conciliación o de mediación y de los laudos arbitrales firmes. 1. Lo acordado en conciliación o en mediación constituirá título para iniciar acciones ejecutivas sin necesidad de ratificación ante el juez o tribunal, y podrá llevarse a efecto por los trámites previstos en el Libro Cuarto de esta Ley. 2. Se entenderán equiparados a las sentencias firmes a efectos de ejecución definitiva los laudos arbitrales igualmente firmes, individuales o colectivos, dictados por el órgano que pueda constituirse mediante los acuerdos interprofesionales y los convenios colectivos a que se refiere el artículo 83 del Texto Refundido de la Ley del Estatuto de los Trabajadores, los laudos arbitrales establecidos por acuerdos de interés profesional de los trabajadores autónomos económicamente dependientes conforme al apartado 4 del artículo 18 de la Ley del Estatuto del trabajo autónomo, así como los laudos recaídos en materia electoral, los que pongan fin a la huelga o a conflictos colectivos u otros cuyo conocimiento corresponda al orden social, exclusivamente en los concretos pronunciamientos de condena que por su naturaleza sean susceptibles de dicha ejecución y salvo los pronunciamientos que tengan eficacia normativa o interpretativa."* Lei espanhola em: https://www.boe.es/buscar/act.php?id=BOE-A-2011-15936. Acesso em: 5 jun. 2022.

(65) *"Artículo 67. Impugnación del acuerdo de conciliación o de mediación. 1. El acuerdo de conciliación o de mediación podrá ser impugnado por las partes y por quienes pudieran sufrir perjuicio por aquél, ante el juzgado o tribunal al que hubiera correspondido el conocimiento del asunto objeto de la conciliación o de la mediación, mediante el ejercicio por las partes de la acción de nulidad por las*

E o que for estabelecido na conciliação tem o mesmo valor de um laudo arbitral ou sentença, em razão da força executiva (JIMENÉZ, [s.d.], p. 201).

Renedo Juárez (2013, p. 8) ainda destaca que o acordo de mediação ou conciliação poderá ser impugnado por ação de nulidade em caso de ilegalidade e lesividade.

Há um reforço, na legislação espanhola, à conciliação extrajudicial, pois as partes também podem utilizar a conciliação (ou mediação) de comum acordo nos casos em que ela não seja obrigatória.

Porém, no âmbito da administração nacional, Gil Pérez (2012, pp. 128-130) faz uma crítica ao sistema administrativo e afirma ser baixo o seu índice de eficácia a nível de direito coletivo, por ser escassa a confiança das partes e por ter apenas caráter pré-processual.

A Lei n. 36/2011, que regulamenta os Tribunais do Trabalho, estabelece que a todos os pedidos feitos judicialmente deve estar anexado um certificado que comprove uma tentativa anterior de conciliação ou mediação no serviço administrativo, denominado de SMAC, ou em organismos que exerçam essas atribuições, conforme previsto em acordo coletivo. Entretanto, vale a pena recordar que há os procedimentos específicos que não precisam cumprir esse requisito(66).

A ata de resolução de conflito que firma o acordo nesses mecanismos tem força de título executivo extrajudicial (BETTENCOURT, 2018, p. 17). Esse é, reafirma-se, um mecanismo necessário que, se não observado, o processo judicial não é conhecido (BETTENCOURT, 2018, p. 17).

Portanto, a avença firmada em mediação e conciliação e os laudos arbitrais constituem títulos executivos (RENEDO JUÁREZ, 2013, p. 8). Na prática, isso é importante, porque garante segurança ao que for estabelecido pelas partes ou pelo árbitro.

Parte da doutrina critica a maneira como se desenvolvem os procedimentos em que o trâmite prévio é obrigatório, porque, muitas vezes, ele ocorre de forma mecânica, na medida em que as partes já vão com uma decisão

---

causas que invalidan los contratos o por los posibles perjudicados con fundamento en su ilegalidad o lesividad. 2. La acción caducará a los treinta días hábiles, excluidos los sábados, domingos y festivos, siguientes a aquel en que se adoptó el acuerdo. Para los posibles perjudicados el plazo contará desde que lo pudieran haber conocido." Acerca da lei espanhola em: https://www.boe.es/buscar/act.php?id=BOE-A-2011-15936. Acesso em: 5 jun. 2022.

(66) Informação disponível em: https://e-justice.europa.eu/content_mediation_in_member_states-64-es-maximizeMS-pt.do?member=1. Acesso em: 5 mar. 2021.

tomada, deixando pouca margem para influências do conciliador-mediador (VILLALÓN, 2020, pp. 13-53).

No que se refere ao Estado brasileiro, embora a Lei n. 9.958/2000 tenha instituído a conciliação prévia na norma celetista com semelhanças com a espanhola no que tange aos efeitos de título executivo extrajudicial, o STF, no julgamento da ADI n. 2.139-7, decidiu que ela não representa um requisito obrigatório para se acionar o Poder Judiciário, sendo mera faculdade das partes (BETTENCOURT, 2018, pp. 17-19).

Nessa linha de raciocínio, Bettencourt (2018, p. 19) defende a mudança dessa mentalidade, no Estado brasileiro, a tornar obrigatória a exigibilidade da conciliação prévia para ajuizamento de reclamação trabalhista, como ocorre na Espanha, para diminuir a quantidade de ações trabalhistas no sistema judiciário.

2.2. *Do esgotamento da fase administrativa*

No que tange à reclamação administrativa prévia, esta tem por objetivo esgotar a via administrativa prévia antes de ser proporem ações laborais. No parecer de Escartín (2020, p. 1159), essa é uma via obrigatória para demandar contra o Estado, as comunidades autônomas, as entidades locais ou as entidades de Direito Público com personalidade jurídica própria vinculada ou as entidades dependentes deles.

Portanto, nesse caso específico, o requisito para acionar o Poder Judiciário não é realizar uma conciliação administrativa prévia, como acima estudado, e, sim, o esgotamento da via administrativa prévia à via judicial nos termos do art. 69.1 da LRJS[67] (ESCARTÍN, 2020, p. 1159).

---

(67) *"Artículo 69. Agotamiento de la vía administrativa previa a la vía judicial social. 1. Para poder demandar al Estado, Comunidades Autónomas, entidades locales o entidades de Derecho público con personalidad jurídica propia vinculadas o dependientes de los mismos será requisito necesario haber agotado la vía administrativa, cuando así proceda, de acuerdo con lo establecido en la normativa de procedimiento administrativo aplicable. En todo caso, la Administración pública deberá notificar a los interesados las resoluciones y actos administrativos que afecten a sus derechos e intereses, conteniendo la notificación el texto íntegro de la resolución, con indicación de si es o no definitivo en la vía administrativa, la expresión de los recursos que procedan, órgano ante el que hubieran de presentarse y plazo para interponerlos, sin perjuicio de que los interesados puedan ejercitar, en su caso, cualquier otro que estimen procedente. Las notificaciones que conteniendo el texto íntegro del acto omitiesen alguno de los demás requisitos previstos en el párrafo anterior mantendrán suspendidos los plazos de caducidad e interrumpidos los de prescripción y únicamente surtirán efecto a partir de la fecha en que el interesado realice actuaciones que supongan el conocimiento del contenido y alcance de la resolución o acto objeto de la notificación o resolución, o interponga cualquier recurso que proceda. 2. Desde que se deba entender agotada la vía administrativa el interesado podrá formalizar la demanda en el plazo de dos meses ante el juzgado o la Sala competente. A la demanda se acompañará copia de la resolución denegatoria o documento*

Esse procedimento está regulamentado nos arts. 69-73 do Real Decreto Legislativo n. 2/1995, que o descreve como um requisito necessário quando a parte pretende reclamar contra a Administração Pública ou a Seguridade Social (BETTENCOURT, 2018, p. 19).

Há exceções a essa regra, de forma que, em processos relativos à tutela de direitos fundamentais e às liberdades públicas, entre outras questões específicas detalhadas no art. 70.2[(68)] da LRJS, não há obrigatoriedade de esgotamento da via administrativa.

No que diz respeito ao procedimento, a reclamação deverá ser apresentada ao chefe administrativo ou diretor do organismo ou estabelecimento que preste serviço o trabalhador. O prazo para interpor a reclamação administrativa prévia é o mesmo que se estabelece para as ações laborais, devendo constar as partes, os pedidos, os direitos envolvidos, a assinatura, entre outros fundamentos importantes para o esclarecimento do conflito (ESCARTÍN, 2020, p. 1159).

Essa reclamação administrativa prévia interrompe o prazo de prescrição e suspende o prazo de caducidade (art. 69.1 da LRJS). No caso da outra parte aceitar o pedido, resolve-se o litígio. Se negar a parte o pedido, o ato prévio está cumprido, podendo interpor a ação judicial juntando comprovante desse procedimento prévio (art. 69.2 da LRJS).

Em 2015, a Lei n. 39/2015 realizou uma reforma quanto ao procedimento administrativo comum das Administrações Públicas e suprimiu do texto legal a denominação de reclamações administrativas prévias, tanto no que diz respeito à via cível, quanto à laboral, devido à sua escassa utilidade. Por sua vez, o art. 69. 1 da LRJS também não se refere mais à necessidade de reclamação administrativa prévia, limitando-se a fazer referência ao esgotamento da via

---

acreditativo de la interposición o resolución del recurso administrativo, según proceda, uniendo copia de todo ello para la entidad demandada. 3. En las acciones derivadas de despido y demás acciones sujetas a plazo de caducidad, el plazo de interposición de la demanda será de veinte días hábiles o el especial que sea aplicable, contados a partir del día siguiente a aquél en que se hubiera producido el acto o la notificación de la resolución impugnada, o desde que se deba entender agotada la vía administrativa en los demás casos." Detalhes em: https://www.boe.es/buscar/act.php?id=BOE-A-2011-15936. Acesso em: 8 jun. 2022.

(68) *"Artículo 70. Excepciones al agotamiento de la vía administrativa. No será necesario agotar la vía administrativa para interponer demanda de tutela de derechos fundamentales y libertades públicas frente a actos de las Administraciones públicas en el ejercicio de sus potestades en materia laboral y sindical, si bien el plazo para la interposición de la demanda será de veinte días desde el día siguiente a la notificación del acto o al transcurso del plazo fijado para la resolución, sin más trámites; cuando la lesión del derecho fundamental tuviera su origen en la inactividad administrativa o en actuación en vías de hecho, o se hubiera interpuesto potestativamente un recurso administrativo, el plazo de veinte días se iniciará transcurridos veinte días desde la reclamación contra la inactividad o vía de hecho, o desde la presentación del recurso, respectivamente."* A legislação encontra-se em: https://www.boe.es/buscar/act.php?id=BOE-A-2011-15936. Acesso em: 8 jun. 2022.

administrativa prévia como requisito para demandar a Administração Pública (ROSA MORENO, 2017, p. 224).

Devido a tal fato, para Rosa Moreno (2017, pp. 224-225), a partir dessa reforma legislativa, para demandar na jurisdição social, as entidades acima citadas não precisam mais da reclamação administrativa prévia, tão somente em alguns casos do esgotamento da via administrativa.

Mais especificamente, para Rosa Moreno, a interpretação ao dispositivo legal reformado é a de que, na prática, só há necessidade de esgotar a via administrativa quando atos específicos administrativos exigirem isso (ROSA MORENO, 2017, pp. 224-225).

Importante destacar, quanto à matéria trabalhista, que esta diz respeito às atribuições não administrativas da Administração Pública, quando as mesmas estão sujeitas ao direito laboral por atuarem como empresárias (ROSA MORENO, 2017, pp. 225-227).

Nessas condições, Rosa Moreno (2017) filia-se à corrente doutrinária de que, quando se trata de ato administrativo em matéria laboral e a Administração Pública profere um ato como empregadora, com natureza jurídica trabalhista, salvo exceções legais, não há necessidade de passar, previamente, pela via administrativa. De modo que nessa situação explícita se poderá acionar diretamente o Poder Judiciário.

A rigor, de acordo com a autora, essa deve ser a interpretação mais adequada ao dispositivo legal, a partir da supressão da norma, acerca da necessidade de reclamação administrativa prévia (ROSA MORENO, 2017, pp. 238-240).

Resumidamente, Rosa Moreno afirma, como regra geral, ser desnecessário cumprir qualquer requisito pré-processual de evitação do processo, desde 2016, com a eliminação da via administrativa prévia para atos de natureza trabalhista proferidos pela Administração Pública (ROSA MORENO, 2017, pp. 238-240).

Entretanto, para Escartín (2020, p. 1159), o requisito do esgotamento da via administrativa prévia para demandar em face da Administração Pública em matéria laboral permanece como regra, salvo exceções legais previstas no art. 70 da LRJS, que somente excepciona os direitos fundamentais e as liberdades públicas. Interpretação que parece ter mais proximidade com as disposições normativas e com a efetividade do sistema judicial. Nesse sentido, posiciona-se o TC nas Sentenças n. 355 de 1993 e n. 38 de 1998.

Finalmente, interessa esclarecer que a situação retratada neste item do livro acerca da necessidade ou não de se esgotar a via administrativa prévia, quando a Administração Pública atua na qualidade de empregadora proferindo atos laborais, ocorreu a título de conhecimento da temática sobre as formas de evitação do processo na Espanha. Porém, por se tratar de situação em que empregadores são entes específicos, não há maiores relevâncias para este trabalho.

3. Do Poder Judiciário

A garantia de poder acionar os tribunais é uma ideia inerente ao Estado de direito, no qual sentiu-se a necessidade de que os interesses pudessem ser defendidos perante uma jurisdição pública. Nesse aspecto, o direito à tutela judicial efetiva contempla diversas etapas, como: preparatória, prévias, interlocutórias, finais e posteriores (OLMO, 2021, pp. 48-70).

Mas o direito de acesso à justiça permite uma conexão com as vias de resolução extrajudiciais de conflitos, que são formas proporcionais de solver a disputa. Embora a autotutela não seja admitida, estender a apreciação das controvérsias para mecanismos não jurisdicionais pode complementar a ação do Poder Judiciário e, por isso, são meios considerados adequados. Essa visão promove o princípio da autonomia da vontade, pois concede aos cidadãos a escolha por outra via que não a judicial (OLMO, 2021, pp. 48-70).

Dessa maneira, Olmo (2021, pp. 48-70) descreve que os mecanismos de evitação do processo são constitucionais e favorecem a tutela judicial efetiva prevista no art. 24 da CE.

Historicamente, a Justiça do Trabalho espanhola foi criada em 1912. Nesse período, a composição do órgão era de um juiz de carreira e seis jurados, sendo três representantes de empregados e três de empregadores. Posteriormente, no ano de 1926, regulamentou-se o direto material laboral no Código do Trabalho (FARIAS, 2015, p. 114).

Nos dias atuais, nas juntas de conciliação de natureza administrativa, as disputas devem chegar antes de se acionar a primeira instância do Poder Judiciário (FARIAS, 2015, p. 114).

É de conhecimento notório que a via jurisdicional ainda é a mais escolhida na seara laboral, entre outros fatores, porque há facilidade no seu acesso, o processo é rápido e gratuito e existe uma alta especialização do órgão judicial quanto à matéria social (BONETE, 2016, pp. 35-51).

Compete esclarecer que a organização da jurisdição social espanhola é formada por três instâncias apresentadas abaixo e ordenadas a seguir por grau de competência (BETTENCOURT, 2018, pp. 11-15):

– o primeiro grau, representado pelo juizado social, que atua por meio de juízes e de auxiliares da secretaria;

– o segundo grau, composto por órgãos colegiados instalados nos territórios das comunidades autônomas, constituídos pelas salas ou pelas câmaras do social dos Tribunais Superiores de Justiça (art. 7º, Real Decreto Legislativo n. 02/95), e há, ainda, as salas ou as câmaras do social de Audiência Nacional, utilizados em casos de processos coletivos que abrangem mais de uma comunidade autônoma (art. 8º, Real Decreto Legislativo n. 02/95);

– por fim, o último grau de jurisdição é formado pela sala ou câmara do social do Tribunal Supremo.

Nota-se que essa composição de ordenação de grau por instância possibilita dar uma sequência lógica aos andamentos dos processos.

Como parte do já mencionado, os princípios básicos do processo laboral espanhol foram descritos pelo art. 74 do Real Decreto Legislativo n. 02/95, sendo quatro expostos a seguir (BETTENCOURT, 2018, pp. 15-16): a imediaticidade, a oralidade, a concentração e a celeridade. Nesse quesito, percebe-se uma similaridade com o procedimento jurisdicional brasileiro.

Como visto, o processo laboral se desenvolve em duas etapas: a primeira é identificada como a fase pré-processual, por ser considerada como a etapa preparatória, explicada anteriormente, e a segunda é descrita como a fase do processo em si (BETTENCOURT, 2018, pp. 15-16).

Sabe-se que as controvérsias no direito do trabalho são, basicamente, classificadas como conflitos que derivam de um contrato de trato sucessivo, em que o tomador dos serviços está numa posição de poder (CASANELLA, 2017, p. 14). Dessa oposição inserida na própria relação de trabalho surge, de acordo com Casanella (2017, p. 14), as disputas que derivam de interesses opostos.

No que diz respeito ao procedimento, observa-se de maneira geral que as demandas laborais devem ser escritas, porém, nessa situação não é preciso fazer referência aos fundamentos jurídicos, desde que sejam cumpridos os requisitos do art. 80.1 da LRJS.

Conforme o art. 70 da LRJS, os fatos descritos devem ser aqueles mesmos relatados em reclamação administrativa anterior, salvo os fatos novos ou que não foram, anteriormente, conhecidos.

Assim, no caso de ser admitida a ação, na mesma resolução de admissão são indicados o dia e a hora em que ocorrerão a conciliação judicial e o julgamento, devendo decorrer no mínimo 10 dias entre a citação e a conciliação, conforme o art. 82.1 da LRJS (ESCARTÍN, 2020, p. 1164).

Para a feitura desse livro, interessa descrever sobre o ato de conciliação judicial, analisado no próximo item deste capítulo.

3.1. *Da conciliação judicial*

A conciliação retrata uma forma de resolução autônoma de conflito, sendo caracterizada como um pressuposto processual no processo do trabalho espanhol e estando disponível para as partes, desde o momento em que se inicia a demanda até antes de se pronunciar a sentença (BILBAO, 2017, pp. 62-64).

Bonete (2016, pp. 35-51) explica que a conciliação intraprocessual é uma maneira tradicional de dirimir disputas laborais, podendo acontecer antes do julgamento (art. 84 da LRJS) ou no decorrer dele (art. 85.8 da LRJS). Porém, caso emitida a sentença, ainda cabe avença quando das transações em sede de recurso (art. 235.4 da LRJS) ou na execução (art. 246 da LRJS), embora esses atos não sejam propriamente uma conciliação.

O ato de conciliação é realizado perante o procurador da Administração da Justiça nos termos da previsão legal n. 13/2009 e o julgamento, caso a avença não aconteça, será efetuado pelo magistrado. Isto é, a conciliação e o julgamento são atos sucessivos (ESCARTÍN, 2020, p. 1164).

É válido admitir que a conciliação intrajudicial trabalhista está prevista nos arts. 83 e seguintes da LPL e acontece depois de apresentada a demanda, sendo que o secretário judicial é o agente responsável por tentar o acordo e, caso não se chegue a nenhum consenso, o processo dá prosseguimento (JIMENÉZ, [s.d.], pp. 202-203).

Nesse aspecto, percebe-se uma diferença entre o processo laboral brasileiro e o espanhol, uma vez que a conciliação intrajudicial brasileira é realizada pelo magistrado. Entretanto, como visto, recentemente, o CSJT passou a admitir a criação de centros judiciários de conciliação e mediação nos TRTs, permitindo também ao servidor público a tentativa de avença entre as partes para dissídios individuais em curso no Cejusc.

Jimenéz ([s.d.], pp. 187-188) explica que, na conciliação, o conflito se resolve pelos próprios sujeitos com a intervenção de um terceiro que atua para que as partes cheguem a um consenso. Fundamenta-se basicamente na ideia de que a solução que chega às partes é sempre melhor do que uma decisão imposta por outrem.

Isso porque a conciliação permite uma resolução negociada ou transacional e, por conseguinte, é entendida como melhor do que a sentença proferida pelo magistrado (JIMENÉZ, [s.d.], p. 203).

A nível comparativo, cabe evidenciar que na Espanha o conciliador não faz sugestões e nem propostas para solucionar a disputa, mas favorece a negociação entre as partes (UGUINA, [s.d.], p. 92).

Em linhas gerais, essa conciliação intraprocessual é especificada como um procedimento obrigatório, e, se porventura o demandante não puder comparecer, entende-se que ele desistiu do processo. Caso seja o demandado ausente, não impede o julgamento, pois nessa situação a conciliação fica entendida como sem efeito (JIMENÉZ, [s.d.], p. 203).

Outro fator, segundo dizeres de Jimenéz ([s.d.], p. 204), refere-se ao fato de que o secretário judicial se configura como o agente responsável por tentar conciliar e informar as partes de seus direitos e obrigações. E, nessa função, ele pode não firmar o acordo se entender que uma das partes será lesada, ou que houve fraude ou abuso de direito. Isso se justifica em razão da desigualdade entre empregado e empregador, *a priori*, baseada nas condições socioeconômicas de cada um. No caso de ocorrer a avença, emite-se o decreto, aprovando-a.

Dar essa competência ao secretário judicial, de acordo com Bilbao (2017, pp. 62-64), é uma forma de garantir a imparcialidade e a neutralidade do procedimento, pois ele não pode resolver o mérito do objeto conciliado.

Assim, se verificado, pelo secretário da Administração da Justiça, a existência de fraude ou de outros problemas, não se fará a conciliação, sendo as partes notificadas do dia do julgamento (art. 84.2 da LRJS). Contudo, a avença, se realizada, será levada a efeito por meio dos trâmites de execução de sentença (art. 84.5 da LRJS).

Caso não se chegue a um acordo perante o secretário judicial, ainda é possível um acordo no processo perante o juiz (JIMENÉZ, [s.d.], p. 205).

Resumidamente, as atribuições do secretário judicial englobam os seguintes requisitos (JIMENÉZ, [s.d.], pp. 205-207): intentar a conciliação, advertir as partes de seus direitos e de suas obrigações, tentar a aprovação da avença e, não a obtendo, considerá-la sem efeito.

Todavia, vale a pena abordar que o art. 84.3 da LRJS permite que a conciliação seja feita a qualquer momento no processo, desde que antes da sentença, e realizando-se o acordo, este tem força de título executivo (JIMENÉZ, [s.d.], pp. 205-207).

Nesse aspecto, a conciliação guarda similaridade com o processo laboral brasileiro, já que nesse caso é possível realizá-la em outros momentos do processo, e o magistrado pode não homologar uma avença se entender que há prejuízo ou fraude para alguma das partes.

Não é de estranhar que em certas demandas as partes queiram agilizar a solução da lide, formalizando a conciliação o mais rápido possível (BILBAO, 2017, pp. 62-64), pois o crédito trabalhista detém caráter alimentar, como já discutido neste trabalho.

Nesse quesito, explica-se que os atos de conciliação e julgamento não são suspensos por ausência do réu e as partes podem realizar a conciliação para evitar o julgamento, podendo, até mesmo, comparecer na repartição judiciária sem precisar aguardar a data da nomeação ou mesmo realizar mediação nos termos do art. 63 da LRJS (ESCARTÍN, 2020, pp. 1164-1165).

Na hipótese do não comparecimento do demandante no ato conciliatório, entende-se que ele desistiu da demanda. Por outro lado, a ausência injustificada do demandado não impede os atos de conciliação e julgamento (ESCARTÍN, 2020, p. 1165). Tal fato foi demonstrado também por Jimenéz ([s.d.], p. 203).

Na conciliação, repita-se, o secretário da Administração da Justiça deve advertir as partes de seus direitos e obrigações, chegando-se a um acordo, emite-se um decreto aprovando-o (ESCARTÍN, 2020, p. 1166). Essa conciliação tem efeito jurídico de conciliação judicial - art. 84.1 da LRJS.

Não havendo conciliação, há então julgamento, devendo o demandante ampliar ou ratificar o pedido sem, contudo, alterar demais o caso. Posteriormente, o demandado poderá contestar a ação e, finalmente, o magistrado, depois das provas e antes das conclusões, poderá propor novo acordo para as partes e, caso não haja conciliação, passa-se para o julgamento pelo juiz (ESCARTÍN, 2020, pp. 1167-1168).

Assim, está prevista de forma expressa no art. 85.8 da LRJS a possibilidade de o magistrado realizar uma última tentativa de conciliação, quando esta não for conseguida pelo secretário judicial (CASANELLA, 2017, p. 16).

No caso de a decisão ser proferida pelo juiz, a sentença deverá indicar as questões debatidas no processo, fundamentar a decisão, declarando os fatos que ficaram provados, apresentar o direito em que se baseia e precisar se é ou não definitiva e se cabe ou não recurso. Deverá ainda deixar claras outras questões consideradas importantes para o esclarecimento do processo (ESCARTÍN, 2020, pp. 1175-1176).

Feitas essas considerações acerca da conciliação jurisdicional espanhola, passa-se à análise da viabilidade da mediação judicial trabalhista.

3.2. Da mediação judicial

Inicialmente, é preciso assimilar que a justiça laboral espanhola tem sua organização descrita na Lei de Procedimento Laboral de 1966 e no Texto Articulado do Regime Geral da Segurança Social de 1973 (CORRÊA, 2014, p. 91). E em 2011 entrou em vigor a lei que regulamenta a jurisdição social.

O ordenamento jurídico espanhol contém de modo expresso a mediação no âmbito laboral, sendo que esta está mais desenvolvida no sistema autônomo, a nível regional e a nível nacional pelo SIMA (CORRÊA, 2014, p. 92), o que será estudado no próximo tópico.

Nesse aspecto, convém explicar que a LRJS trouxe importantes modificações na Lei de Procedimento Laboral para que os órgãos jurisdicionais adotassem procedimentos que agilizassem o trâmite processual, reforçando, portanto, institutos como a conciliação extraprocessual, a mediação e a arbitragem, impulsionando, inclusive, a possibilidade de transação a qualquer momento no processo, o que favorece o uso da mediação intrajudicial (CASANELLA, 2017, p. 16).

Conceituando, esse é um mecanismo que se sustenta no diálogo e no acertamento entre as partes, por meio de uma reaproximação. Com efeito, ele se apresenta como um instrumento eficaz quando as partes precisam manter uma relação posterior ao litígio, como no caso da relação de trabalho (BILBAO, 2017, pp. 62-64).

Nesse mesmo sentido, Renedo Juárez (2013, p. 4) disserta que a mediação no sistema espanhol significa um meio-termo entre dois extremos: o capital e o trabalho. Isso quer dizer que se trata de um caminho a ser percorrido pelos envolvidos na disputa e não apenas de um acordo a ser realizado.

A esse respeito, a Lei n. 5/2012 prevê a capacidade de a mediação fornecer soluções práticas e efetivas, haja vista que o profissional neutro facilita a resolução de conflitos pelas próprias partes, permitindo a manutenção da relação entre elas (RENEDO JUÁREZ, 2013, p. 4).

Para esclarecer o impasse entre os envolvidos, ao mediador cabe estudar e analisar as bases da controvérsia para poder propor respostas que devam ser aceitas pelas partes. Com isso, evidenciam-se neste instituto menos formalidades que na conciliação (UGUINA, [s.d.], p. 92).

Apesar de o sistema jurídico espanhol já deter inúmeras formas de resolução de disputas, tais como a arbitragem, a conciliação prévia e a conciliação judicial, em épocas de crise, no intuito de evitar intermináveis processos, surge a possibilidade de se pensar também na mediação intraprocessual (CASANELLA, 2017, p. 13).

Em tempos modernos, o autor Renedo Juárez (2013, p. 4) defende que a mediação intraprocessual se apresenta como uma boa alternativa para solucionar o conflito na jurisdição social, uma vez que ela é efetiva e capaz de trazer o efeito desejado com a resolução do litígio: a paz social.

Isso porque, na perspectiva de Renedo Juárez (2013, p. 22), o serviço de mediação intraprocessual constituído pela Administração Pública a serviço do juiz, respeitando o princípio da legalidade, agilizaria e modernizaria a jurisdição social, na medida em que o terceiro facilitaria a comunicação entre as partes.

Nesse contexto, conceituando a mediação intrajudicial, refere-se à oportunidade oferecida às partes, ainda que em um processo contencioso, de tentarem a solução consensuada com a ajuda de um terceiro. Essa avença pode ser referente a matérias específicas em discórdia ou pode servir para pacificar todo o conflito. Projetos-piloto na Espanha filtram os casos que podem ser objeto de negociação, pois trata-se de uma nova atribuição dos Tribunais de Justiça (CUESTA, 2016, pp. 109-131).

A promoção do entendimento para obter uma solução comum evidencia a necessidade de uma cultura de diálogo entre as partes envolvidas, com vistas a fomentar o consenso para resolver a disputa. Esse mecanismo é detectado por Renedo Juárez (2013, pp. 11-12) como essencial, considerando que nas relações laborais deve-se manter um relacionamento entre as partes após o fim do litígio.

Nesse sentido, é importante esclarecer que a OIT tem incentivado a resolução de disputas de maneira ágil e confidencial (CASANELLA, 2017, p. 14). E, nesse quesito, a comunicação é vista como um canal[(69)] essencial para a resolução de controvérsias de maneira cooperativa, a fim de evitar o desenvolvimento de competitividade (CORRÊA, 2014, p. 85).

É prudente notar que certos países autorizam a realização da mediação pelo magistrado, porém na Espanha não há regulação para isso, pois a lei autoriza o secretariado (RENEDO JUÁREZ, 2013, p. 12). Assim, o art. 84 da LRJS atribui ao secretário judicial a função de conciliar, o que abarca atribuições da mediação. E, como última oportunidade, antes da sentença, o magistrado ou o tribunal, antes das conclusões, poderá suscitar a possibilidade de acordo – art. 85.8 da LRJS (CUESTA, 2016, pp. 109-131).

No caso da mediação no processo, Renedo Juárez (2013, p. 12) explica que o juiz é quem realizaria a valoração prévia e direcionaria as partes para a mediação. O procedimento deve seguir com respeito aos princípios da legalidade e da tutela judicial efetiva e preservar também a disponibilidade dos direitos.

É importante fazer referência aos argumentos de Corrêa, quando ele afirma que há limites à mediação, como a tutela de direitos indisponíveis que não admitem a transação (CORRÊA, 2014, p. 85).

---

(69) Para esse assunto, *vide* estudos de Oliveira (2009), quando o autor relata sobre a importância da comunicação para resolver conflitos internos e externos.

Corroborando com Corrêa (2014), Casanella (2017, p. 15) defende que a mediação deve ser apenas usada para direitos que podem ser negociados e são de natureza disponível.

Sobre essa questão, o art. 3.5 do ET prevê a indisponibilidade de direitos trabalhistas, pois o obreiro é impedido de fazer renúncias ou concessões sobre certas normas jurídicas, haja vista a desigualdade entre as partes da relação de trabalho, o que restringe a autonomia da vontade nesse ramo jurídico. Embasada nisso, parte da doutrina nem mesmo aceita a mediação diante da vulnerabilidade do trabalhador (ÁLVAREZ, 2016, pp. 159-182).

Todavia, essa limitação não deve ser tida por absoluta, porque há certos assuntos que podem ser resolvidos pelas partes. Até mesmo a jurisprudência tem aceitado a transação em matéria trabalhista, mas vedado a mera renúncia (ÁLVAREZ, 2016, pp. 159-182).

Renedo Juárez (2013, p. 15) aborda que a mediação como instrumento de resolução de disputas se torna viável pelo fato de ser caracterizada como um procedimento voluntário, flexível, com custo econômico que cabe aos entes públicos, ser confidencial e favorecer o protagonismo das partes. É também um mecanismo que contribui para a pacificação social na medida em que estimula a comunicação entre os envolvidos no conflito.

Nesse quesito, pondera-se que o magistrado decidiria quais demandas deveriam seguir para mediação, após a propositura da ação, citando as partes para uma primeira informação no Serviço de Mediação sobre a mediação como via alternativa. Também é o magistrado que fixaria, provisoriamente, a data de julgamento, caso as partes decidissem por não utilizar a mediação ou não chegassem a um acordo (RENEDO JUÁREZ, 2013, pp. 17-18).

No que se refere à mediação, ela é um instrumento sério, que deve seguir os princípios da igualdade, da imparcialidade e da confidencialidade e ser realizado por profissionais qualificados (RENEDO JUÁREZ, 2013, pp. 17-18). Portanto, é preciso que o mediador seja um profissional qualificado e que detenha experiência e conhecimentos específicos na área (CORRÊA, 2014, p. 93).

Quanto ao procedimento, na primeira entrevista, deve-se expor as vantagens da mediação e avaliar a voluntariedade das partes e, em caso de aceitação, firma-se o documento que suspende o processo. Em situação oposta à citada acima, segue-se com o processo (RENEDO JUÁREZ, 2013, pp. 19-20).

Com a mediação, as partes seriam convocadas pelo mediador para comparecer ao serviço de mediação. Havendo acordo, este teria força executiva. Se o acordo for parcial, o restante do litígio será resolvido no processo (RENEDO JUÁREZ, 2013, pp. 19-20).

A mediação pode ocorrer em qualquer fase do processo, sendo um instrumento que contribui para o consenso e diminui a litigiosidade, porque são as partes que determinam a solução de seus problemas (RENEDO JUÁREZ, 2013, pp. 19-21).

Para Bilbao, a sua implementação de forma mais ampla no processo espanhol ainda carece de reformas legislativas processuais, em razão do princípio da legalidade (BILBAO, 2017, pp. 62-64).

No caso brasileiro, não existe uma tradição na utilização de mediação como instrumento no processo do trabalho, porém, recentemente, o CSJT tem autorizado que os TRTs criem centros de mediação e conciliação, no âmbito do Tribunal, compostos por magistrados e servidores públicos, em que as partes no processo em curso podem optar por resolver seus conflitos individuais ou coletivos em uma audiência de mediação-conciliação no Cejusc.

4. Do sistema autônomo

No que se refere ao sistema extrajudicial de resolução de conflitos do trabalho espanhol, ele foi criado, inicialmente, de modo estatal, regulamentado pelo legislador. Posteriormente, desenvolveram-se acordos para disciplinar os mecanismos autônomos, o que prestigia a autonomia coletiva (JIMENÉZ, [s.d.], pp. 187-188).

A partir dos anos 90, a autonomia coletiva tomou impulso na consolidação dos procedimentos autônomos no país, pois houve uma intervenção legislativa que em parte ajudou a resolver a problemática da falta de regulamentação jurídica do sistema, ainda que de forma deficiente (NIETO, 2020, pp. 219-250).

Mas a feitura da legislação certamente deu mais segurança jurídica e criou um campo propício para fomentar a via autônoma. Outra medida tomada pelo poder público foi o apoio prestado por meio do financiamento às instituições constituídas. Igualmente, os Acordos Interprofissionais, ao regulamentarem os procedimentos extrajudiciais, tornam o método mais confiável para a população (NIETO, 2020, pp. 219-250).

Assim, em atenção à história desse meio para dirimir controvérsias, primeiramente, notou-se que era preciso fortalecer a representação dos trabalhadores na empresa (1976 e 1980), a negociação coletiva (1980) e a liberdade sindical (1985), para que em outro momento pudesse estabelecer um regime jurídico de resolução extrajudicial de conflitos trabalhistas por meio de acordos interprofissionais com ferramentas de arbitragem, conciliação e mediação (VILLALÓN, 2020, pp. 13-53).

Portanto, pode-se afirmar que a normativa legal, juntamente à negocial, impulsionou o crescimento dos sistemas autônomos. Todavia, dados estatísticos evidenciam que os embates individuais não são muito apreciados e estão ficando à margem de toda essa evolução (NIETO, 2020, pp. 219-250).

A grande vantagem do sistema autônomo é que ele funciona de forma independente à via jurisdicional. Isso significa que ele não é um mero trâmite prévio ao Poder Judiciário, mas deve ser usado com a finalidade de resolver a disputa e colocar termo definitivo a ela (GIL PÉREZ, 2012, pp. 87-110), pois a natureza jurídica da conciliação prévia exigida para acessar a via judicial não deve ser entendida apenas como uma passagem processual, mas como um meio autônomo de resolver a disputa em caráter pleno (AGUDO, 2021, pp. 61-73).

É possível identificar que na Espanha tais acordos de solução extrajudiciais de conflitos, sejam de caráter nacional ou autônomos, surgiram em meados dos anos 80 e ganharam força com a Reforma Laboral de 1994, que estabeleceu a negociação coletiva como um meio privado para resolver controvérsias (ESCARTÍN, 2020, pp. 1079-1080). Assim, com a mudança no Estatuto dos Trabalhadores em 1994, houve o desenvolvimento do sistema autônomo, que colocou limites à jurisdição social, definindo que certas questões poderiam ser negociadas pelas partes (GUTIERRÉZ, 2016, pp. 53-63).

Essa forma de solver controvérsias foi pensada para obter respostas rápidas e ágeis, haja vista que a jurisdição não estava tão bem, devido ao excesso de judicialização das demandas laborais (CIALTI, 2016, pp. 169-211).

São marcos jurídicos para o fomento dos meios alternativos: a Lei n. 11/1994, que inicia uma política normativa para promover esses mecanismos por via convencional; a Lei de Procedimento Laboral de 1995, que passou a incentivar a criação de procedimentos autônomos; e as reformas de 2010, 2011 e 2012, que procuraram soluções rápidas para as disputas laborais no intuito de melhorar a economia e reforçar o papel da via alternativa (CIALTI, 2016, pp. 169-211).

Dessa forma, verifica-se um esforço por parte do legislador para fomentar essa via, e tanto a Lei n. 36/2011 (que regulamenta a jurisdição social e detalha a mediação e a arbitragem) quanto o Estatuto dos Trabalhadores (que contempla o uso dos mecanismos autônomos nos arts. 91 e 83.3 ET e traz acordos sobre matérias concretas que podem ser o estabelecimento de procedimentos extrajudiciais) são fontes jurídicas do sistema autônomo (CIALTI, 2016, pp. 169-211).

Nos dias de hoje, já são mais de 20 anos de experiência em solução autônoma de conflitos do trabalho, sendo que o sistema se baseia essencialmente na negociação coletiva e no diálogo social (GUTIERRÉZ, 2016, pp. 53-63). E a efetividade dos procedimentos autônomos, principalmente a nível coletivo, deve-se a uma dupla atuação: da lei e dos interlocutores sociais (CIALTI, 2016, pp. 169-211).

Dessa maneira, embora os sistemas autônomos tenham se originado na década de 80, somente com a aprovação de 18 acordos interprofissionais, dos quais 17 são regionais e um de âmbito nacional, é que se completou o panorama normativo. De modo que o acordo de âmbito nacional serve de diretriz para os demais, sendo, portanto, uma referência (VILLALÓN, 2020, pp. 13-53).

Pelo exposto, constata-se que esses sistemas são disciplinados por uma normativa esparsa que abrange o direito material (Estatuto dos Trabalhadores), o direito processual (Lei Reguladora da Jurisdição Social) e os próprios acordos interprofissionais com regimes jurídicos próprios, o que dá mais segurança jurídica na sua utilização (VILLALÓN, 2020, pp. 13-53).

Apesar dessas transformações, a discussão que impera é se esses meios alternativos de resolução de disputas podem comprometer o direito judicial à tutela efetiva, previsto no art. 24 da CE. O TC espanhol acredita que não, na medida em que a CE não prevê como única forma de resolver lides trabalhistas a via jurisdicional e a Constituição consagra a autonomia coletiva por meio da negociação coletiva no art. 37.1 da CE (CRESPO, 2001, p. 128).

Assim, o sistema autônomo em nível constitucional é permitido pelos arts. 24 e 37.1 (CIALTI, 2016, pp. 169-211). Além disso, a solução autocompositiva tem amparo constitucional (art. 37.2) e, por essa razão, não se conflitua com o direito à tutela judicial efetiva (NIETO, 2020, pp. 219-250).

À vista disso, é constitucional resolver controvérsias laborais por meios extrajudiciais criados pela autonomia coletiva, porque assim se conhece de perto a realidade da prestação de serviços e as necessidades dos sujeitos em conflito (CRESPO, 2001, p. 128).

Sobre essa questão, Cialti (2016, pp. 169-211) explica que dar espaço à autonomia coletiva não significa desejar que se desapareça com os poderes públicos. Mas o ordenamento jurídico espanhol permite a autonomia coletiva e ela impõe limites ao papel do Estado. De igual maneira, a norma jurídica também admite sindicatos de trabalhadores e empregadores fortes capazes de se auto-organizarem. Nesse sentido, a legislação contribui para que se desenvolvam instituições que possam resolver as controvérsias pelo diálogo. De modo que o próprio Estado espanhol reconhece o papel dos interlocutores sociais para o bom aprimoramento da democracia.

Nesse aspecto, até mesmo a Administração Trabalhista está envolvida na implementação desses procedimentos, pois ela colabora ora fornecendo meios materiais, ora até ajudando com pessoas qualificadas, o que reforça essa via (VILLALÓN, 2020, pp. 13-53).

Portanto, em que pese a origem romano-germânica, na qual predomina a jurisdição na resolução dos conflitos laborais espanhóis, em decorrência da evolução tem-se permitido que a negociação coletiva desenvolva mecanismos extrajudiciais, implicando na redução do âmbito de atuação da heterocomposição pública, principalmente a nível de direito coletivo (CIALTI, 2016, pp. 169-211).

Deste modo, o TC considera que, pela CE, o direito fundamental à tutela judicial efetiva é aquele que se exerce em conformidade à norma jurídica. Nessa situação, fica claro que a legislação pode estabelecer requisitos razoáveis e proporcionais para o exercício desse direito, como, por exemplo, a conciliação pré-processual exercida na via administrativa ou na convencional que, independentemente de qual for utilizada, produz os mesmos efeitos jurídicos (CRESPO, 2001, pp. 128-131).

Sobre essa questão, Villalón (2018, pp. 61-96) descreve que para conflitos individuais vige a regra de submissão prévia obrigatória à conciliação--mediação, sendo este um requisito de trâmite processual que interrompe a prescrição e suspende a caducidade, o que preserva o direito constitucional à tutela judicial efetiva, caso as partes queiram ingressar na via jurisdicional após cumprir essa fase compulsória.

Observa-se que na Espanha a conciliação extrajudicial é um requisito pré-processual para as disputas individuais do trabalho, conforme preceitua o art. 63 da Lei de Procedimento Laboral. Há, portanto, naquele país, dupla instância conciliatória, na medida em que uma delas é desenvolvida perante o serviço administrativo ou perante o órgão que possui essa incumbência, criado por meio de acordos interprofissionais e convênios coletivos, e outra realizada pelo Poder Judiciário (TOLEDO, 2011, pp. 49-52). Nesse contexto, não há ofensa ao direito de acessar a justiça, mas apenas um retardamento para poder acioná-la, caso não haja consenso na outra via.

Pelo que foi detalhado, aponta-se que a negociação coletiva[(70)], ao estabelecer o sistema autônomo, mostra-se como um instrumento eficaz para solucionar, além das disputas coletivas, os conflitos individuais do trabalho

---

(70) No que diz respeito à negociação coletiva, esclarece-se que ela pode se basear nesses acordos ou mesmo ter em seu corpo meios de solução de disputas para resolver os problemas derivados da aplicação ou da interpretação do convênio coletivo (ESCARTÍN, 2020, pp. 1079-1080). É interessante assinalar, pelo parecer descrito por Escartín (2020, pp. 1079-1080), que as partes do acordo coletivo têm obrigação de submeter a solução dos conflitos a esses meios, quando eles existem.

(TOLEDO, 2011, pp. 49-52), pois, pelo contexto, os acordos interprofissionais e os convênios coletivos podem constituir órgãos de conciliação com a mesma eficácia que a conciliação administrativa, conforme preceitua o art. 83 do ET (TOLEDO, 2011, pp. 49-52).

Como se pode notar, é relativamente recente a trajetória dos sistemas autônomos na Espanha, e isso se deve primordialmente à falta de cultura e de tradição em vias extrajudiciais no país. Portanto, há um protagonismo judicial na resolução das controvérsias se comparado com a solução negociada, principalmente, quanto aos conflitos individuais do trabalho (GIL PÉREZ, 2012, p. 111).

No que diz respeito à via autônoma, nas considerações de Uguina ([s.d.], p. 99), os acordos sobre solução extrajudicial de conflitos do trabalho possuem natureza jurídica de acordos a respeito de matéria concreta na forma do art. 83.3 do ET. Na medida em que eles constituem procedimentos privados de resolução extrajudicial e estabelecem regras para o seu funcionamento (UGUINA, [s.d.], p. 99).

Historicamente, foi no Acordo Econômico e Social de 1984 a primeira vez em que se pensou em procedimentos voluntários para a solução de controvérsias na Espanha (GIL PÉREZ, 2012, p. 111). Em 1995, agentes sociais de forte representação nacional fizeram o AI baseado no art. 83.3 do ET. Posteriormente, este deu origem ao Acordo de Solução Extrajudicial de Conflitos I (ASEC I) em janeiro de 1996. Analisa-se que esse acordo sofreu sucessivas renovações até a ASEC IV, com vigência final em 2012. Neste mesmo ano, foi firmado um novo Acordo de Soluções Autônomas de Conflitos V (ASAC V), estando encerrado, portanto, o acordo anterior (GIL PÉREZ, 2012, p. 111). E, em 2020, fez-se novo Acordo (ASAC VI), que está em vigência. Embora ele seja de âmbito nacional, suas normas servem de diretrizes para os sistemas autônomos de âmbito regional, uma vez que o SIMA deve funcionar em interação e coordenação com os organismos regionais (ENCABO, 2020, pp. 55-79).

Resumidamente, ficou constatado pela pesquisa de Gil Pérez (2012, p. 111) que foi no ano de 1996 que se criou, originalmente, um acordo extrajudicial de resolução de disputas sobre matéria concreta denominado de ASEC.

Isso porque na década de 90 houve uma excessiva judicialização dos conflitos laborais, face ao monopólio estatal histórico para solver as lides trabalhistas associado à cultura litigiosa existente. Nesse contexto que se faz o ASEC, no intuito de obter um sistema administrado com autonomia pelos interlocutores sociais, como uma alternativa real às vias públicas, tanto a judicial, quanto a administrativa (GUTIERRÉZ, 2016, pp. 53-63).

De modo específico, observa-se que esse acordo é um convênio coletivo que regulamenta o art. 83.3 do ET e vincula os sindicatos e as organizações mais importantes da Espanha, sendo mais uma das maneiras de se evitar que as disputas de trabalho sejam submetidas ao Poder Judiciário.

Em suma, o ASAC refere-se a um acordo de natureza interprofissional, que incide em território nacional espanhol, e, assim, ele se concretiza a nível do Estado-nação. Para sua incidência, segundo dizeres de Escartín (2020, p. 1097), necessita-se, *a priori*, ter ocorrido um acordo entre representantes dos trabalhadores e empresários ou de seus representantes com legitimidade suficiente para obrigar a submissão ao sistema. Em outras palavras, verifica-se nesse caso que a controvérsia deverá exceder o âmbito de atuação da comunidade autônoma (ESCARTÍN, 2020, p. 1097).

Atualmente, pode-se afirmar que os meios não judiciais iniciados por volta dos anos 80 estão implementados em todas as regiões espanholas. A nível nacional, o ASEC que, posteriormente, passou a ser denominado de ASAC, é responsável por gerir as disputas coletivas de âmbito nacional ou que abrangem mais de uma comunidade autônoma. E as entidades que subscrevem esses acordos são as confederações ou as entidades centrais mais representativas de trabalhadores e empresários (VALVERDE, 2016, pp. 15-33).

Importante mencionar que o ASAC excluiu de seu âmbito de aplicação os conflitos individuais, apesar de consentir a sua previsão em âmbito regional (UGUINA [s.d.], p. 99).

No ASAC VI há referência de que este acordo, que tem origem no art. 83 do ET, possui a mesma eficácia dos convênios coletivos, tendo aplicação geral e direta. De modo que ele detém um caráter mais universal para o uso dos procedimentos de mediação e de arbitragem a todos os setores, sem necessidade de um instrumento de adesão expressa. Todavia, há exceções, pois em conflitos entre empregados públicos e a administração, precisa-se dessa adesão expressa. Igualmente ocorre com trabalhadores autônomos economicamente dependentes (AGUDO, 2021, pp. 89-100).

O fato é que, com a experiência, adquiriu-se certo grau de maturidade social nesse meio de resolução de disputas pela sua atuação em âmbito nacional e regional. Nesse aspecto, a alteração da nomenclatura para autônomos demonstra a intenção de um sistema alternativo e não subsidiário à jurisdição. Essa é uma via que não foi pensada para ser um mero trâmite pré-processual, pois a ideia é atuar de forma alternativa à jurisdição para dirimir a disputa de forma negociada e definitiva (ENCABO, 2020, pp. 55-79).

Em virtude desses acordos durarem muitos anos para se obter uma maior estabilidade e confiança, criou-se o SIMA, que é o Serviço Interconfederal de Mediação e Arbitragem. É o órgão responsável pela gestão dos procedimentos de solução de conflitos coletivos de trabalho estabelecidos no ASAC (UGUINA, [s.d.], pp. 99-100). Na realidade, o SIMA é composto por uma instituição paritária com representação das entidades firmantes do ASAC (UGUINA, [s.d.], pp. 99-100).

No início, o SIMA era constituído apenas com a participação de agentes sociais, entretanto, em 2017, a Administração do Estado também passou a compor a sua estrutura e ele se tornou uma fundação do setor público com a denominação SIMA-FSP, dependente do Ministério do Trabalho e Economia Social. Assim, seus recursos são públicos e sua atuação é gratuita. Logo, é um órgão paritário formado por agentes sociais (empresariais e sindicais) e que conta com a intervenção da Administração Pública. Trata-se de uma instituição tripartida (AGUDO, 2021, pp. 89-100).

Desse modo, com a feitura do VI Acordo, ele passa a ser definido como uma instituição tripartite, porque além da representação patronal e sindical, há também a participação do governo. Esse órgão atua em toda a Espanha e propõe como ferramentas para dirimir as disputas coletivas a mediação, a conciliação e a arbitragem, assegurando a aplicação do Acordo na medida em que confere estabilidade e segurança na sua utilização.

Cabe ainda destacar que a conciliação realizada no SIMA substitui a conciliação administrativa prévia prevista nos arts. 63 e 154 da LPL[(71)], que foi acima estudada (JIMENÉZ, [s.d.], pp. 195).

Constata-se, assim, que o SIMA é um órgão que possui natureza jurídica de fundação e se sustenta por meio de recursos de natureza pública. Por isso, presta atuação gratuita aos usuários como um organismo responsável por realizar a gestão dos procedimentos de solução de conflitos coletivos (V Acordo)[(72)]. Como dito, no VI Acordo (2020) houve algumas alterações e o SIMA passou a ser definido como Fundação do Setor Público do Estado, sendo uma instituição tripartida[(73)] composta, além dos representantes patronais e sindicais, pela Administração Geral do Governo (ENCABO, 2020, pp. 55-79).

---

(71) *"La mediación, que será obligatoria en los supuestos que posteriormente se determinan y siempre que la demande una de las partes del conflicto o actuación, salvo en los casos en que se exija acuerdo entre ambas partes. La mediación ante el SIMA-FSP sustituye a la conciliación administrativa previa a los efectos previstos en los artículos 63 y 156 de la Ley Reguladora de la Jurisdicción Social".* Disponível em: https://www.fsima.es/wp-content/uploads/VI-ASAC.pdf. Acesso em: 9 jun. 2022.

(72) Mais informações sobre o SIMA disponível em: https://fsima.bouge.es/wp-content/uploads/asac-v.pdf. Acesso em: 30 dez. 2020.

(73) *"El Servicio Interconfederal de Mediación y Arbitraje es una Institución tripartita constituida por las organizaciones sindicales y empresariales más representativas firmantes del VI Acuerdo y la Administración General del Estado. Tiene personalidad jurídica y capacidad de obrar y reviste, desde el*

Do ponto de vista jurídico, analisa-se que o SIMA atua em conflitos laborais de âmbito nacional, cujo convênio coletivo é estatal ou abrange mais de uma comunidade autônoma (CASANELLA, 2017, pp. 17-18). Mais explicitamente, Casanella (2017, pp. 17-18) menciona que, pelo fato de o SIMA ser regido pelos princípios da gratuidade, da celeridade, da igualdade, da contradição, da imparcialidade e da audiência das partes, esse órgão procura visar à máxima efetividade e agilidade do procedimento.

Portanto, pode-se dizer que foi o SIMA que consolidou o sistema extrajudicial de solução de conflitos na Espanha, fortalecendo a autonomia coletiva e diminuindo a judicialização (GIL PÉREZ, 2012, pp. 141-186).

Assim, o ASAC revela-se muito importante, mas excluiu as controvérsias individuais das normas do SIMA. Porém, ressalta-se que há acordos interprofissionais de comunidades autônomas que incluíram os conflitos individuais em seus textos, como, por exemplo, as seguintes comunidades autônomas e seus respectivos órgãos: em Aragón (SAMA), em Balears (TAMIB), em Cantabria (ORECLA), em Castilla-La Mancha (Jurado Arbitral), em Madrid (Instituto Laboral), no País Vasco (PRECO), em Navarra (TLN), em La Rioja (TLR) e na Cataluña (TLC) (GIL PÉREZ, 2012, pp. 141-186).

Nesse aspecto, os procedimentos autônomos iniciados nos anos 90 para conflitos coletivos passaram a prever, com o passar do tempo, controvérsias individuais, mas que contam ainda com espaço reduzido. São ao todo 17 Comunidades Autônomas com Acordos Interprofissionais, mas apenas algumas possuem a incorporação dessa temática específica (VILLALÓN, 2018, pp. 61-96).

Desta forma, há acordos autônomos que preveem a solução extrajudicial de conflitos individuais, estendendo seus procedimentos para solucioná-los. Faz-se a ressalva de que isso não se ajusta ao ASAC, uma vez que eles são conflitos locais, cujo âmbito de aplicação fica restrito às comunidades autônomas e, consequentemente, a seus acordos (ESCARTÍN, 2020, pp. 1093-1096).

Especificando, é muito divergente o tratamento nos acordos sobre as disputas individuais, pois há regiões que conhecem de forma prévia a demanda individual que exige conciliação antes da via judicial como, por exemplo, em Cantabria. Mas muitos nem preveem a apreciação de controvérsias individuais, como no caso do SASEC asturiano e do Acordo da Comunidade Valenciana

---

punto de vista jurídico-formal, las características de una Fundación del Sector Público Estatal tutelada por el Ministerio de Trabajo y Economía Social. Sus recursos tienen naturaleza pública y sus actuaciones tienen carácter gratuito para las partes". Disponível em: https://www.fsima.es/wp-content/uploads/VI-ASAC.pdf. Acesso em: 9 jun. 2022.

(ÁLVAREZ, 2016, pp. 159-182). E há ainda acordos que optaram por incorporar a totalidade das disputas jurídicas individuais que possam se submeter à conciliação-mediação pré-processual, substituindo a via administrativa (VILLALÓN, 2018, pp. 61-96).

Sobre o sistema nacional, são técnicas utilizadas para resolver as disputas no SIMA(74) a mediação e a arbitragem(75), regidas, primordialmente, pelos princípios da gratuidade, da celeridade, da igualdade, do contraditório, da audiência das partes(76) e da imparcialidade (UGUINA, [s.d.], p. 101).

Os resultados, analisados nos estudos de Gil Pérez (2012, pp. 128-131), apontam que, no SIMA, a matéria submetida com mais frequência é a interpretação e aplicação das normas, e o procedimento mais utilizado é a mediação, totalizando um montante de 95% dos casos, enquanto a arbitragem somente é usada em 5%. No procedimento de mediação, normalmente, há dois mediadores, mas as partes podem optar por ter um ou até quatro mediadores (GIL PÉREZ, 2012, pp. 128-131).

Entre os anos de 1998 e 2004, o SIMA solucionou cerca de 900 conflitos de caráter coletivo relacionados a problemas de aplicação e interpretação de normas por meio da mediação e, nessa circunstância, ele obteve uma média de 30% de acordos (GIL PÉREZ, 2012, pp. 133-142).

A análise dos indicadores percentuais obtidos pelo SIMA evidencia bons resultados, permitindo a consolidação do sistema extrajudicial de solução de controvérsias por ajudar a diminuir a judicialização no sistema espanhol (GIL PÉREZ, 2012, pp. 133-142).

Dessa forma, considerando o que foi dito até aqui, é imprescindível detalhar que o sistema autônomo ficou estruturado da seguinte maneira: a nível local, quando existe nas comunidades autônomas um sistema de mediação, conciliação e arbitragem laboral; e a nível nacional, quando o SIMA refere-se ao órgão que coloca à disposição dos cidadãos um serviço

---

(74) *"Los procedimientos previstos en el presente Acuerdo se regirán por los principios de gratuidad, celeridad, audiencia de las partes, imparcialidad, igualdad y contradicción, respetándose, en todo caso, el código ético del SIMA-FSP, la legislación vigente y los principios constitucionales".* Disponível em: https://www.fsima.es/wp-content/uploads/VI-ASAC.pdf. Acesso em: 9 jun. 2022.

(75) *"El arbitraje, que sólo será posible cuando ambas partes, de mutuo acuerdo, lo soliciten por escrito".* Disponível em: https://www.fsima.es/wp-content/uploads/VI-ASAC.pdf. Acesso em: 9 jun. 2022.

(76) O direito ao acesso à justiça não é o direito de obter qualquer decisão e, sim, uma decisão justa, de modo que deve ser garantida a efetiva participação das partes para a solução da lide (BUENO, 2018, p. 699).

de mediação, conciliação e arbitragem para gerir conflitos que transcendem a competência das regiões(77).

Esses dois âmbitos territoriais, tanto a nível estatal, quanto a nível de região autônoma, de acordo com Escartín (2020, p. 1086), solucionam de modo diferente as disputas trabalhistas. Já que, a nível nacional, só se resolvem as disputas coletivas, não sendo, portanto, foco de estudo deste livro. Enquanto que, em nível de região autônoma, algumas comunidades já preveem a resolução de disputas trabalhistas individuais fora do âmbito do Poder Judiciário, por meio de soluções extrajudiciais, sendo que esse quesito será objeto de estudo desta pesquisa.

No tocante à questão, Gil Pérez (2012, p. 112) afirma que esses meios proporcionaram soluções mais rápidas e com mais qualidade para as partes em conflito, na medida em que eles têm origem no processo de negociação, no qual os envolvidos tornam-se protagonistas na resolução da controvérsia e, como tal, podem chegar a um consenso.

Observa-se que as organizações sindicais e empresariais mais representativas a nível nacional, e a nível das comunidades autônomas, optaram por estabelecer esses mecanismos em acordos sobre matérias concretas nos moldes do art. 83.3 do ET. Todavia, vale salientar que esses acordos concentram-se muito no âmbito das disputas coletivas, haja vista que alguns acordos excluem os litígios individuais (ESCARTÍN, 2020, p. 1086-1087).

Da leitura do V Acordo(78) de solução autônoma de conflitos laborais entende-se que a aplicação desse procedimento ocorre a nível nacional de maneira bem mais impulsionada e, em âmbito autônomo, verifica-se que esse acordo serve de referência para os demais sistemas.

Levando-se em conta essas questões, percebe-se que esse meio extrajudicial é um instrumento alternativo ao Poder Judiciário que tem se mostrado positivo na Espanha.

A feitura desse V Acordo(79) revela o intuito de tentar maior rapidez e eficácia por meio de negociações trabalhistas para as demandas existentes, objetivando mais participação e protagonismo das empresas e dos trabalhadores, para obter uma decisão equilibrada e que satisfaça a ambas as partes.

---

(77) Mais informações disponíveis em: https://e-justice.europa.eu/content_mediation_in_member_states-64-es-maximizeMS-pt.do?member=1. Acesso em: 5 mar. 2021.

(78) Acordo do SIMA, verificar: https://fsima.bouge.es/wp-content/uploads/asac-v.pdf. Acesso em: 5 jan. 2021.

(79) *Ibidem.*

O V Acordo coloca como foco o fortalecimento desse sistema, uma vez que ele foi detectado e defendido como uma finalidade para os poderes públicos e para os interlocutores econômicos e sociais.

Recentemente, o VI Acordo[80] firmado tem por intuito proporcionar maior visibilidade aos sistemas autônomos, mas sempre respeitando a vontade das partes, pois, caso a controvérsia possa ser resolvida tanto pelo SIMA quanto por outro mecanismo regional em concorrência, cabe às partes em comum acordo decidirem a quem irão submeter o caso (ENCABO, 2020, pp. 55-79).

O ASAC VI ampliou as funções do SIMA no âmbito subjetivo para além do setor privado e passou a abranger empregados públicos. Entretanto, nesse caso específico, precisa-se de um acordo de adesão expresso para a submissão ao sistema (AGUDO, 2021, pp. 95-126).

No geral, verifica-se que esse novo acordo trouxe uma mudança de postura quanto à sua aplicação, porque enquanto o ASAC V o restringe para as partes que o tenham aderido, dando um prazo para a comunicação delas em sentido contrário ao SIMA, o VI parece ter pretensão *erga omnes*, pois não inclui prazo para escolher não aplicar o acordo pelas partes (AGUDO, 2021, pp. 95-126).

Além disso, o ASAC VI também traz a possibilidade de mediações preventivas ao surgimento do conflito, o que favorece as relações de trabalho por meio do diálogo (AGUDO, 2021, p. 130). E prevê a utilização universal de mecanismos de mediação e de arbitragem sem a necessidade de adesão expressa (AGUDO, 2021, pp. 95-126).

Portanto, por toda a história relatada, constata-se que o ASEC de 1996 foi o primeiro acordo de âmbito nacional que estabeleceu o SIMA. Esse acordo, que passou por variadas renovações, sendo que a última ocorreu no ano de 2020, está em vigência e foi elaborada em conformidade com a Constituição, com as convenções internacionais da OIT e com a Carta Comunitária de direitos fundamentais dos trabalhadores, enaltece a prevenção dos conflitos (AGUDO, 2021, pp. 89-100).

---

(80) *"En el Título II se regulan los procedimientos de mediación y arbitraje como herramientas para la prevención y solución de los conflictos, bajo la premisa de que es necesario dotarlos de mecanismos ágiles, rápidos y eficaces, potenciando su cercanía a la empresa y a sus trabajadores y trabajadoras, así como favorecer la presencia de personas mediadoras y árbitros que gocen de la confianza de las partes, a efectos de que puedan contribuir positivamente a gestionar los desacuerdos. Para ello hemos apostado por aligerar los plazos y los trámites a fin de dotar de la máxima celeridad los procedimientos, incrementando también la capacidad decisoria de las partes en el desarrollo de los mismos".* Disponível em: https://www.fsima.es/wp-content/uploads/VI-ASAC.pdf. Acesso em: 9 jun. 2022.

Como dissertado, os meios de solução de conflitos são estipulados na negociação coletiva por meio de um AI ou por convênios coletivos e geridos na maioria das ocasiões por órgãos paritários. Observa-se que os agentes sociais possuem uma participação na direção desse mecanismo (GIL PÉREZ, 2012, pp. 112-113).

Repita-se que, embora não haja uma tradição na utilização de meios autônomos no país, as estatísticas demonstram que tal sistema tem um impacto positivo nas negociações trabalhistas, em decorrência de sua finalidade ser resolver *in definitivo* o problema (GIL PÉREZ, 2012, pp. 87-91).

No que diz respeito aos conflitos individuais, observa-se que o art. 91 do ET possibilita que eles sejam dirimidos por mediação ou arbitragem; quando existe vontade das partes, todavia, por tradição social, ainda concentra essas lides no Poder Judiciário.

Como comentado anteriormente, algumas comunidades autônomas preveem a resolução das disputas individuais, entretanto, ainda falta uma legislação estatal específica para gerir esses conflitos, carecendo de reforma legislativa (GIL PÉREZ, 2012, pp. 87-110).

Além disso, embora o ordenamento jurídico admita a solução consensual, deve-se ter restrição a certos direitos em razão de não serem disponíveis, sendo impossível haver renúncias ilícitas pelo trabalhador. Por isso, há receios quanto ao uso de vias extrajudiciais. Logo, deve a controvérsia ser gerida por um profissional capacitado no órgão administrativo ou convencional (ÁLVAREZ, 2016, pp. 159-182).

Para Nieto (2020, pp. 219-250), não há razões para não incentivar o crescimento do sistema autônomo a nível de direito individual, pois hoje a legislação processual espanhola reconhece ampla margem para avenças pré-processuais (art. 63 da LRJS) e para a conciliação intraprocessual (art. 84 da LRJS).

Assim, Nieto (2020, pp. 219-250) afirma que se no processo os acordos possíveis são amplos, igualmente pode acontecer em vias alternativas, inexistindo razões para não desenvolver um modelo de resolução de conflitos individuais por meio da autonomia coletiva, até mesmo porque ela traz equilíbrio às partes para a composição do litígio.

Constatando a presença de posições divergentes doutrinárias, para esta pesquisa incorpora-se a primeira, porque no âmbito trabalhista é preciso haver limites na conciliação-mediação para resguardar direitos indisponíveis em prol da dignidade humana do trabalhador.

No que concerne às comunidades autônomas, respaldado no art. 83 do ET, constata-se que ele permite a celebração de diversos acordos interprofissionais entre os sindicatos para a solução extrajudicial dos litígios (TOLEDO, 2011, pp. 49-52). Pode-se dizer que esses mecanismos são consequência da evolução social, porque novas formas de trabalho requerem novos meios de solucionar as controvérsias derivadas dessa interação (GIL PÉREZ, 2012, p. 83).

Na realidade, o uso desse método requer a maturidade dos atores sociais na medida em que outorga às próprias partes a capacidade de resolver as disputas surgidas entre elas. Frisa-se também que esse é um procedimento alternativo à via jurisdicional em que terceiros, sejam mediadores ou conciliadores escolhidos pelas partes, resolvem o litígio (GIL PÉREZ, 2012, pp. 87-91).

A OIT fomenta meios extrajudiciais. Na Espanha, eles são caracterizados como um direito reconhecido pela CE, entretanto, em virtude da falta de confiança, constata-se ausência de tradição nessa via (GIL PÉREZ, 2012, pp. 87-91), principalmente a nível de direito individual laboral.

A esse respeito, pode-se dizer que a marginalidade das disputas individuais no sistema autônomo ocorreu por diversos fatores, como pelo fato de que para impulsionar essa via optou-se por normatizar primeiro os conflitos coletivos; outra questão refere-se à especialização e ao baixo custo da via judicial para gerir as controvérsias individuais; além da falta de segurança jurídica e de confiança no sistema extrajudicial e da dificuldade de coordenação dessa via com a jurisdição. Até recentemente, a maioria dos sistemas extrajudiciais excluía a resolução de conflitos individuais. De modo que as vias naturais para apreciar litígios individuais têm sido a administrativa pré-processual e a judicial (NIETO, 2020, pp. 219-250).

Entretanto, como relatado, os Acordos Interprofissionais estão incorporando o tratamento de controvérsias individuais com uma regulação mais detalhada (NIETO, 2020, pp. 219-250).

Villalón (2020, pp. 13-53) faz uma crítica ao procedimento de evitação da sentença espanhol a nível individual, relatando que, embora a norma jurídica dê a impressão de ser uma regra geral, trata-se de exceção, porque, segundo o autor, é elevado o número de casos que não podem passar pelo procedimento prévio à jurisdição (art. 64.2 da LRJS). São excluídos, por exemplo, casos em que não pode haver transação de direitos. E também há conflitos em que a norma exclui a obrigatoriedade do procedimento pré-processual, mas o deixa ser voluntário[81].

Uma das razões pelas quais se entende que a utilização do sistema autônomo é vista como positiva para ambas as partes assenta-se nos seguintes

(81) Pode-se recorrer a esses procedimentos por meio de acordos interprofissionais caso o direito seja passível de transação (art. 64.3 da LRJS), mesmo que não haja compulsoriedade, pois é possível a submissão voluntária de ambas as partes ao sistema (VILLALÓN, 2020, pp. 13-53).

requisitos: a brevidade dos prazos, a flexibilidade e o dinamismo do procedimento, o protagonismo da parte que designa quem irá resolver a disputa e a capacidade de suprir as carências e as insuficiências das vias administrativas e judiciais. De outro lado, um ponto negativo a se levar em conta refere-se à falta de especialização dos terceiros escolhidos pelas partes para resolver o litígio (GIL PÉREZ, 2012, pp. 87-110).

Por essas razões originais, percebe-se que o caminho para a resolução autônoma requer maior maturidade social e sindical devido ao protagonismo das partes (GIL PÉREZ, 2012, pp. 136-141). Gil Pérez conclui que esses procedimentos autônomos contribuem para manter a paz social. Como dissertado, esses sistemas são financiados por governos de distintas regiões e, sob esse aspecto, eles contam com financiamento público para o seu funcionamento, sejam físicos ou por meio de seu pessoal habilitado (GIL PÉREZ, 2012, p. 114).

Além dos mecanismos de mediação, de conciliação e de arbitragem, existem outros procedimentos que resolvem as controvérsias, como as comissões paritárias[82] formadas pelos protagonistas da negociação coletiva que, normalmente, atuam para dirimir as dúvidas sobre a aplicação e a interpretação da CCT (GIL PÉREZ, 2012, pp. 87-110).

Lembre-se que na Espanha existe um direito à tutela jurisdicional efetiva por meio de procedimentos prévios ao processo, como no caso da conciliação ou da reclamação administrativa prévia, de maneira que a instituição de uma comissão paritária pela convenção coletiva vai a esse encontro, como também do princípio da autonomia coletiva e do direito de negociação coletiva (ESCARTÍN, 2020, p. 1081).

Para fins didáticos, de modo geral, o sistema autônomo se divide em três faces para dirimir controvérsias (NAVARRETE, 2020, pp. 79-120):

---

(82) As comissões paritárias são órgãos de composição de conflitos por interpretação e aplicação do convênio coletivo, com previsão no art. 91.1 do ET (NIETO, 2020, pp. 219-250). Assim, a interpretação do convênio coletivo é realizada pelas comissões paritárias, e sob esse quesito, em particular, ressalva-se que elas estão sujeitas ao controle jurisdicional, em caso de ilegalidade ou lesividade (ESCARTÍN, 2020, p. 1082). A título de interesse, esclarece-se que as comissões paritárias são órgãos previstos na negociação coletiva responsável por resolver os litígios, sendo sua competência ampla, porém, dentro de limites preestabelecidos. Sobretudo, no que se refere à maneira de tentar resolver os conflitos que lhe forem submetidos, deve sempre estar subordinada à lei e ao respeito aos direitos indisponíveis (ESCARTÍN, 2020, p. 1080). As causas mais submetidas resultam, certamente, da aplicação e da interpretação dos referidos instrumentos coletivos conforme art. 91 do ET (ESCARTÍN, 2020, p. 1080). Nieto (2020, pp. 219-250) explica que existe uma regra de intervenção prévia da comissão paritária quando a controvérsia for de interpretação e aplicação do convênio coletivo e nele haja a previsão desse tramite pré-processual obrigatório. O autor afirma que isso também se aplica em âmbito individual, mas nessa hipótese detém caráter voluntário nos moldes do art. 91.5 do ET.

A) Comissão Paritária do convênio para resolver disputas coletivas sobre interpretação e aplicação dele.

B) Mediação-conciliação.

C) Arbitragem.

Para esse trabalho acadêmico, por ser relacionado com controvérsias individuais, convém tecer considerações sobre as duas últimas[83].

Por tudo o que foi exposto, a análise demonstra que o objetivo maior dos acordos de resolução extrajudicial de conflitos trabalhistas é fortalecer a autonomia coletiva e, ao mesmo tempo, contribuir para a desjudicialização e a desadministração das disputas laborais (ESCARTÍN, 2020, p. 1083).

Sobre esse fato, Cialti (2016, pp. 169-211) disserta que o direito à tutela judicial efetiva não deixa de ser também o acesso aos sistemas extrajudiciais. Ainda que a mediação ou a conciliação seja procedimento obrigatório prévio antes de acessar a jurisdição, não implica em vulnerar o direito à tutela efetiva, já que o acordo depende de vontade das partes, pois, diante da impossibilidade de consenso, é naturalmente permitido o acionamento do Poder Judiciário (CIALTI, 2016, pp. 169-211).

É bem verdade que não se pode impedir as partes de acionar o Poder Judiciário, porém, é possível condicionar o acesso ao sistema jurisdicional, a passagem prévia por procedimentos de solução extrajudicial, como forma de desobstruir a via jurisdicional (ESCARTÍN, 2020, pp. 1085-1086). Assim, o estabelecimento dessa cultura de negociação favorece o direito de acesso à justiça, porque diminui a quantidade de demandas judiciais, na medida em que o consenso põe fim ao litígio antes que vire um processo judicial (GUTIERRÉZ, 2016, pp. 53-63).

No que tange aos litígios individuais do trabalho, a regra geral refere-se à necessidade de submissão prévia a uma conciliação pré-processual. A negociação coletiva poderá prever que essa conciliação, que normalmente é realizada por um órgão administrativo, seja feita pelos parceiros sociais (ESCARTÍN, 2020, pp. 1085-1086).

A doutrina se revela favorável aos acordos que preveem, expressamente, a substituição da conciliação administrativa pré-processual pela conciliação e mediação previstas nesses procedimentos autônomos, desde que não haja prejuízo à tutela judicial efetiva, que deverá apenas ser retardada. Inclusive,

---

(83) Mais informações no ASAC VI, disponível em: https://www.fsima.es/wp-content/uploads/VI-ASAC.pdf. Acesso em: 10 jun. 2022.

existe um protocolo de colaboração desses sistemas com o Poder Judiciário (ESCARTÍN, 2020, p. 1089).

A pergunta é: o sistema autônomo é de compatibilidade ou de superação do sistema administrativo no qual for instituído?

Em outras palavras, para os conflitos individuais o primeiro questionamento é se o procedimento autônomo, uma vez instituído, seria de passagem obrigatória ou seria uma opção ao sistema administrativo (VILLALÓN, 2020, pp. 13-53).

Quanto ao fato de a norma jurídica citar que o procedimento pré-processual para disputas individuais alterna conciliações-mediações administrativas e autônomas, Villalón (2018, pp. 61-96) relata que uma primeira interpretação leva a acreditar que não se trata de substituição de conciliação administrativa pelos procedimentos autônomos nos quais estes existirem, mas de gestão compartilhada, dando a faculdade de escolha às partes nas quais ambos os sistemas existirem. Outra seria a interpretação se o legislador fizesse a escolha pela substituição da conciliação administrativa pelos procedimentos autônomos.

Todavia, o ordenamento jurídico comporta uma segunda interpretação no sentido de que, tornando-se eficiente o modelo autônomo, ele substituiria e excluiria a via tradicional administrativa. Entretanto, os acordos não são claros nesse aspecto e há quem defenda que se pretende obter uma progressiva substituição até que haja a exclusão da conciliação-mediação administrativa (VILLALÓN, 2018, pp. 61-96). Essa interpretação favorece a autonomia coletiva (VILLALÓN, 2020, pp. 13-53).

Mas o que se verifica na prática, no que tange aos litígios individuais, é que as previsões legais normalmente se referem ao procedimento administrativo de conciliação e mediação pré-processual e deixam em segundo plano os procedimentos autônomos. Além disso, a norma jurídica permite que procedimentos autônomos sejam uma via alternativa à via administrativa, para os procedimentos que necessitam da passagem prévia de conciliação-mediação ao processo laboral (VILLALÓN, 2020, pp. 13-53), sendo uma gestão compartilhada.

Nieto (2020, pp. 219-250) descreve sobre esse assunto e relata que, normalmente, para disputas individuais, a via extrajudicial autônoma de mediação-conciliação é uma opção ofertada às partes para atuar como trâmite obrigatório. Isso se fundamenta no art. 63 da LRJS, que prevê o procedimento extrajudicial como requisito pré-processual obrigatório alternativo à via administrativa para acionar a jurisdição.

No entanto, existem territórios que optaram por substituir a conciliação administrativa ao estabelecer a sua obrigatoriedade no acordo, sendo exemplos: Andalucía, Balears e Cataluña. Essa atitude foi ratificada na STS30-7-2020, Rec.

196/2018. Por essa sentença, a negociação coletiva pode estabelecer um sistema de resolução com eficácia pré-processual e determinar seu caráter obrigatório (NIETO, 2020, pp. 219-250).

Apesar de toda essa discussão acerca do funcionamento do sistema autônomo, que ora atua em gestão compartilhada e ora em substituição ao sistema administrativo, ambas as vias estão consolidadas na doutrina e na jurisprudência por não afetarem o acionamento da jurisdição, pois elas são condições razoáveis, justificadas e proporcionais (dentro das vantagens e dos sacrifícios impostos) para o acesso ao Poder Judiciário (NIETO, 2020, pp. 219-250).

Para Agudo (2021, pp. 151-160), o melhor é que ambos os sistemas (administrativo e autônomo) possam conviver de forma a permitir que a parte opte pelo que lhe convém. Esse parece, assim, ser um entendimento adequado para tratar a questão.

Quanto a esses meios alternativos de solução de disputas existentes na Espanha, ressalte-se que o Estado deve garantir a efetividade dos mecanismos extrajudiciais, assim como deve ser o responsável por zelar pela força obrigatória das decisões e cuidar de habilitar fundos públicos para sustentar o sistema extrajudicial (TOLEDO, 2011, pp. 49-52).

Nesse sentido, as partes possuem mais autonomia para reger suas próprias disputas do que no Brasil. Veja que a atribuição do Estado em custear os sistemas extrajudiciais garante total gratuidade às partes (TOLEDO, 2011, pp. 52-56).

Conforme visto, a jurisdição, tanto no Brasil, quanto na Espanha, possui muitos processos judiciais, pois há um caráter de intervencionismo estatal na legislação laboral desses países, faltando uma normatização ampla para contemplar os mecanismos extrajudiciais para solucionar as disputas laborais individuais (TOLEDO, 2011, pp. 52-56). Nesse aspecto, Gil Pérez (2012, p. 128) aponta ser necessária, urgentemente, uma reforma legislativa na Espanha, para que o sistema autônomo transcorra com mais segurança na condução da resolução de litígios individuais.

Isso porque, desde a reforma laboral de 2012, ampliam-se os meios extrajudiciais de composição também no aspecto individual. Mas, devido à carência normativa, existe uma dificuldade de coordenar os meios extrajudiciais com o sistema judicial. Além disso, deve-se pensar em dar mais estabilidade às decisões emanadas nos métodos alternativos (BONETE, 2016, pp. 35-51).

Atribui-se a crise econômica que a Espanha atravessou ao fator que aumentou, substancialmente, o número de controvérsias individuais submetidas aos meios autônomos, derivados da extinção dos contratos de trabalho.

Dados apontam que a maior parte desses conflitos não utilizou a via arbitral e, sim, a mediação (GIL PÉREZ, 2012, p. 215).

Pelo exposto, é fato notório que o sistema espanhol de solução extrajudicial em demandas trabalhistas está mais desenvolvido do que o sistema existente no Estado brasileiro, pese embora o fato de que o Brasil está abrindo a oportunidade para permitir outras maneiras de dirimir disputas individuais laborais. Existe a necessidade de romper com a quase exclusividade estatal na apreciação de lides trabalhistas e, sob essa questão, os entes sindicais são organismos capazes de equalizar a relação de trabalho e impedir a renúncia de direitos indisponíveis.

Outra é a situação para o caso de procedimentos puramente privados, pois nesta hipótese deve-se passar por uma supervisão ou homologação judicial para conferir se há na avença respeito à ordem pública (ÁLVAREZ, 2016, pp. 159-182).

No ano de 2008, por exemplo, o CNJ no Brasil promoveu um Movimento Nacional pela Conciliação para incentivar a conciliação e garantir a paz social (TOLEDO, 2011, pp. 52-56). Haja vista que não se pode ignorar que meios de soluções extrajudiciais fomentam o interesse público, por agirem com rapidez e eficácia, na análise das demandas que lhe são submetidas (TOLEDO, 2011, pp. 52-56).

E, na solução autônoma, o diálogo é o caminho para se alcançar um acordo, sendo que nesse caso há uma maior responsabilidade das partes, derivada do protagonismo, para se chegar a um entendimento negociado com caráter democrático, que requer maior maturidade dos agentes sociais (GIL PÉREZ, 2012, p. 115).

Até mesmo porque, em decorrência do antagonismo nas relações laborais, existe um palco propício para disputas, por essa razão, pensa-se em outras maneiras de dirimir as controvérsias, com mais dimensão humana. E, em razão de a relação ser de trato sucessivo, um pronunciamento judicial poderá deixar ambas as partes descontentes. Diferentemente ocorre se houver um consenso por meio de mecanismos extrajudiciais, que favorece a paz laboral e, consequentemente, traz melhorias na produtividade da empresa (CIALTI, 2016, pp. 169-211).

Devido à evolução social, sistemas modernos e democráticos para gerir disputas derivadas dessa interação devem ser baseados na autonomia coletiva, que constitui uma forma mais adequada de canalizar esse conflito formado entre dois lados antagônicos (CIALTI, 2016, pp. 169-211). Do ponto de vista jurídico, reconhece-se como três os instrumentos de solução extrajudicial admitidos, que serão analisados mais detalhadamente a seguir, de maneira global, haja vista que sua previsão é similar nos diferentes Acordos Interprofissionais.

4.1. Da mediação-conciliação

Villalón (2020, pp. 13-53) relata que a mediação e a arbitragem para dirimir controvérsias laborais se incorporaram de modo tardio no sistema jurídico espanhol, mas hoje são vistas como peças-chave que contribuem para o bom funcionamento do sistema. Entretanto, existe um escasso número de procedimentos arbitrais. O autor ainda explica que os números fazem sentido, porque o desenvolvimento de procedimentos autônomos deve se orientar muito mais pela mediação, pois ela permite que as partes assumam o protagonismo na tentativa de avença.

No que se refere à base normativa, não existe uma regulação completa que responda a todas as fases dos procedimentos de mediação e de arbitragem. E, no âmbito do direito individual, como visto, há uma influência maior do direito à tutela judicial efetiva, em que se dá primazia para solução judicial, e há a tendência à judicialização dos conflitos (VILLALÓN, 2020, pp. 13-53).

Embora seja preciso, para explicar a definição jurídica de cada modalidade, diferenciar, tecnicamente, a mediação da conciliação, importa destacar que, na prática, grande parte dos acordos tem optado por tratar o assunto como um só. Em outras palavras, há por um lado o procedimento de mediação-conciliação e, de outro, o procedimento de arbitragem, apesar de alguns acordos ainda manterem os três procedimentos (ESCARTÍN, 2020, p. 1101).

Isso acontece, atualmente, porque antes da elaboração da LRJS existia pouca legislação para tratar especificamente da mediação. Somam-se a esse contexto a semelhança entre os institutos da mediação e da conciliação e a escassa eficácia que a conciliação apresentava na prática (ESCARTÍN, 2020, p. 1101).

Salienta-se que a diferença básica entre esses dois institutos reside no fato de que na conciliação um terceiro tem a função de aproximar as partes, criar um ambiente favorável à negociação e proporcionar a oportunidade de firmarem um acordo. Nessa situação, nota-se que o protagonismo do terceiro se torna menor do que na mediação, em consequência da não formalização das propostas (GIL PÉREZ, 2012, pp. 87-110).

Entretanto, a conciliação e a mediação são atos próximos que buscam o mesmo objetivo, que é o consenso. Assim, a diferença entre esses institutos é secundária, pois a legislação processual laboral deu o mesmo tratamento a essas ferramentas para tentar acordo prévio em litígios laborais individuais – art. 63 da LRJS – ou coletivos – art. 156 da LRJS (VALVERDE, 2016, pp. 15-33).

Pode-se dizer que a tentativa de avença prévia no sistema autônomo tem por finalidade resolver o caso de forma definitiva, sem caráter meramente pré-processual, como ocorre com as conciliações administrativas. Para Gil Pérez (2012, p. 125), essa questão demonstra a falta de eficácia do sistema administrativo.

Pelo exposto, a "conciliação-mediação" possui valor para efeitos pré-processuais de tentativa de conciliação, quando se trata dos conflitos individuais. Isso porque, ao optar pelo acordo, a parte substitui a conciliação administrativa pré-processual pela "conciliação-mediação" realizada no procedimento convencional, satisfazendo, assim, o requisito pré-processual (ESCARTÍN, 2020, p. 1102).

Nesse aspecto, a conciliação/mediação como trâmite prévio ao processo é uma característica de feição social que, salvo as exceções legais que não devem passar por esse requisito, contribui para a eficiência do sistema como um todo, pois o acordo feito impede uma nova controvérsia sobre o mesmo tema. Isso se aplica tanto às avenças realizadas na via administrativa, quanto na autônoma (BONETE, 2016, pp. 35-51).

Pode-se apontar que a intervenção privada desses procedimentos pré-processuais interrompe o prazo de prescrição e suspende o prazo de decadência, que só volta a correr a partir do dia seguinte da tentativa de mediação conforme art. 65.1 da LRJS.

Com relação à sua estruturação, esse procedimento deve ser escrito e deve indicar as partes, o objeto do conflito, os fundamentos, o domicílio das partes, a firma delas, entre outras questões. O prazo geral para duração do procedimento varia conforme o acordo, que pode contemplar de 10, 15 e até 25 dias úteis para a sua finalização (ESCARTÍN, 2020, p. 1106).

Esse é um processo estruturado no diálogo, em que o terceiro aproxima as partes para chegarem a um consenso. Todavia, destaca-se que o mediador(84)

---

(84) Na prática, observa-se que, no caso espanhol, o mediador estuda o conflito procurando propor soluções mais assertivas e viáveis às partes. Quanto ao procedimento, ele detém como características ser informal e flexível, e esse profissional necessita assumir uma postura mais neutra, com o dever de confidencialidade. Durante o processo, observa-se que o funcionamento dele poderá ser operado pelas seguintes fases (MOREIRA, 2018, p. 1498): apresentação de mediadores, estreitamento das partes e de seus interesses, interlocução separada das partes para definição de sua posição e para analisar a possibilidade de haver acordo, propostas de acordo e, finalmente, sendo possível, a feitura do acordo. Na mediação laboral, Moreira (2018) faz uma chamada para o cumprimento das seguintes etapas: a preparação (informação do conflito para o mediador), o início (definição das regras do procedimento), a negociação direta (cada parte mostra sua versão dos fatos), a averiguação de interesses e posições (afirmações e desejos das partes), a proposta de acordo, e, havendo acordo, finaliza-se o procedimento. Embora seja sugerida ao mediador uma sequência lógica de etapas idealizadas a serem realizadas, como esse procedimento se dá

possui um protagonismo maior do que o conciliador, pelo fato de propor as soluções às partes, em que pese a decisão final de acontecer um acordo ou não caber às partes. Isso não impede o processo judicial, pelo fato de a intervenção do terceiro não ser caracterizada como vinculante e, portanto, depender de aceitação dos envolvidos da proposta feita. Caso uma das partes não aceite a solução, o conflito permanece (GIL PÉREZ, 2012, pp. 87-110).

São legitimados, nas controvérsias individuais ou plurais, para requerer a instalação do procedimento, os trabalhadores afetados e os empregadores (ESCARTÍN, 2020, p. 1104).

No que diz respeito ao SIMA, as estatísticas revelam que ele utiliza a mediação em torno de 95% dos casos e realiza acordo com 30% desses, mas com a ressalva de que esse órgão apenas resolve disputas coletivas de trabalho (GIL PÉREZ, 2012, pp. 87-110).

Diante desse resultado levantado no SIMA[85], a arbitragem é detectada como uma via residual (GIL PÉREZ, 2012, pp. 87-110). Normalmente, o órgão soluciona conflitos de setor ou de grandes empresas, dos quais 80% estão relacionados à interpretação e à aplicação de CCT (GIL PÉREZ, 2012, pp. 115-116).

Em âmbito coletivo, portanto, a mediação obtém elevado consenso, o que a torna uma ferramenta imprescindível para gerir as relações laborais. Todavia, ainda verificam-se resistências à concretização plena deste sistema, pois a maior parte das disputas coletivas tramitando é sobre interpretação e aplicação de norma jurídica e, em segundo lugar, os casos de greves. Desse modo, para Villalón parece haver alguma falha para permitir a sua implantação definitiva em outros assuntos (VILLALÓN, 2020, pp. 13-53).

---

pela informalidade e é considerado flexível, constata-se que não existe uma obrigação para o cumprimento dessas fases pelo mediador.

(85) *"Dicha mediación será desarrollada preferentemente por un órgano unipersonal o, caso de así elegirlo expresamente las partes, por un órgano colegiado de dos personas que podrá elevarse a tres en los supuestos de comisiones paritarias de convenios que actúen como órganos específicos de mediación, conforme a lo dispuesto en el artículo 6.5, párrafo segundo de este Acuerdo. Las partes del procedimiento de mediación harán constar documentalmente las divergencias existentes y sus antecedentes, y señalarán la cuestión o cuestiones sobre las que versará el procedimiento. En todo caso, los datos e informaciones aportados serán tratados de forma confidencial, y con plena observancia de lo dispuesto en la Ley Orgánica 3/2018, de 5 de diciembre, de Protección de Datos Personales y garantía de los derechos digitales. Instada la mediación ante el SIMA-FSP, la primera reunión se celebrará en el plazo máximo de diez días hábiles. En todo caso, los plazos podrán ser ampliados o reducidos por mutuo acuerdo de las partes. Dentro del ámbito del presente Acuerdo el procedimiento de mediación será obligatorio cuando lo solicite una de las partes legitimadas, salvo en los casos que se exija el acuerdo de ambas partes. En cualquier caso, la mediación será obligatoria, previa a la interposición de demandas de conflicto colectivo ante la jurisdicción social por cualquiera de las partes."* Disponível em: https://www.fsima.es/wp-content/uploads/VI-ASAC.pdf. Acesso em: 9 jun. 2022.

Pelo que foi exposto, constata-se uma preferência pela mediação para resolver litígios do trabalho extrajudicialmente, sendo que os conflitos coletivos habitualmente são objeto de mediação. No que se refere às disputas individuais, em algumas comunidades autônomas esse sistema[(86)] já é utilizado.

Igualmente, Gil Pérez (2012, p. 113) destaca que nesse sistema a mediação é a ferramenta mais utilizada na Espanha. E essa preferência demonstra que as partes gostam de possuir controle sobre suas decisões finais (GIL PÉREZ, 2012, pp. 198-200). Haja vista que esse meio dá protagonismo para os envolvidos na disputa para solucionarem seus próprios problemas (CUESTA, 2016, pp. 109-131). Além de ser um mecanismo rápido, a mediação melhora a relação entre as partes (AGUDO, 2021, pp. 61-73).

Como visto, as partes no procedimento de mediação precisam documentar as divergências existentes e também indicar quem será o mediador ou os mediadores (normalmente profissionais de reconhecida experiência) que devem ser neutros com relação ao conflito. Importante esclarecer, ainda, que nos acordos não há uma solução uniforme quanto ao órgão que realiza a mediação, pois esse pode ser caracterizado como permanente ou constituído em cada caso (ESCARTÍN, 2020, p. 1104).

Entretanto, para facilitar o uso do sistema, há uma lista de mediadores-conciliadores indicados pelas partes firmantes do acordo (ESCARTÍN, 2020, p. 1105).

Como se pode notar, o procedimento é de caráter livre, sendo apenas preestabelecida a necessidade de nomear o mediador e de tentar o acordo. E, nessa circunstância, ele tem possibilidade de ser solicitado por uma das partes, sendo obrigatório para as demais, ou pode ser solicitado por ambas as partes (ESCARTÍN, 2020, pp. 1105-1106).

Na maioria dos organismos autônomos regionais em que a submissão a eles é voluntária e necessita de acordo entre as partes para submissão da controvérsia, por ser um momento em que elas estão disputando, a necessidade de acordo acaba levando à disputa para o âmbito administrativo. Por isso, deveria bastar a solicitação de uma das partes. Tal fato não prejudica a outra parte, já que o serviço é gratuito (AGUDO, 2021, pp. 151-160).

---

(86) Informação sobre a mediação disponível em: https://e-justice.europa.eu/content_mediation_in_member_states-64-es-maximizeMS-pt.do?member=1. Acesso em: 5 mar. 2021.

Certamente, a melhor resolução para os litígios laborais é a negociação direta, porque ela é aceita por ambas as partes, o que favorece o cumprimento voluntário da obrigação (CUESTA, 2016, pp. 109-131)

Percebe-se, então, que a atividade do mediador é muito flexível e começa após sua nomeação, porém, ele precisa respeitar alguns requisitos legais, como: observância de princípios constitucionais, confidencialidade dos dados e a formalização do acordo (ESCARTÍN, 2020, p. 1107). Assim, pode-se afirmar que a mediação é uma ferramenta dinâmica, rápida e flexível que diminui a conflituosidade por proporcionar resoluções consensuais (CUESTA, 2016, pp. 109-131). São princípios da mediação: voluntariedade, igualdade, imparcialidade, neutralidade e confidencialidade (CUESTA, 2016, pp. 109-131).

Na atuação, o mediador possui um papel ativo com a formulação de propostas que necessitam ser aceitas pelas partes (ESCARTÍN, 2020, p. 1107). Se uma ou ambas as partes não comparecem ao procedimento sem justificativa, entende-se por finalizado o procedimento; por sua vez, comparecendo as partes, tenta-se realizar o acordo no todo ou em parte (ESCARTÍN, 2020, p. 1108).

Ressalta-se que se o prazo desse procedimento for esgotado, sem que tenha havido consenso entre as partes, encerra-se a mediação, igualmente como acontece no caso de as partes optarem pela arbitragem (ESCARTÍN, 2020, p. 1108).

Finalmente, cabe ainda esclarecer que os acordos firmados em conflitos individuais têm eficácia contratual entre as partes e possuem os mesmos efeitos executivos da conciliação individual realizada antes do julgamento, conforme os arts. 64/68 da LRJS.

Assim, o art. 68 da LJRS reconhece a executividade das avenças feitas em mediação e conciliação, sem necessidade de homologação judicial (AGUDO, 2021, pp. 89-100).

Portanto, a mediação é uma maneira pacífica de alcançar uma resolução consensuada, em que um terceiro intermedia as partes e contribui para evitar a chegada aos tribunais de uma grande carga de processos. Dessa maneira, ela acaba também por favorecer a tutela judicial efetiva para quem optar por interpor a demanda judicial (CUESTA, 2016, pp. 109-131).

No âmbito individual, a mediação encontra o limite nos direitos irrenunciáveis sobre os quais nunca se pode transacionar. Por isso, os mediadores devem ter formação adequada para propor soluções que respeitem os princípios fundamentais do direito laboral (AGUDO, 2021, pp. 151-160).

Conclui-se que a mediação é um mecanismo vantajoso para as partes, e de fato ela é importante para dar celeridade à utilização desse sistema. Igualmente, os efeitos jurídicos descritos nos arts. 64/68 da LRJS conferem segurança jurídica a essa ferramenta que não impede o acionamento do Poder Judiciário caso as partes não entrem em consenso.

4.2. Da arbitragem

Por definição jurídica, a arbitragem é um método extrajudicial heterônomo de solucionar controvérsias, em que um terceiro, árbitro, impõe uma decisão às partes (CAMPOS, 2016, pp. 133-155). Essa ferramenta é estimulada em âmbito internacional, como prevista na Recomendação da OIT de 1951 sobre conciliação e arbitragem voluntárias e na Carta Comunitária de direitos sociais fundamentais de 1989, que promove o uso da conciliação, da mediação e da arbitragem.

No âmbito normativo interno espanhol, está regulamentada na Lei n. 60/2003 e na Lei n. 11/2011 (NIETO, 2020, pp. 219-250).

A vantagem desse procedimento, segundo a perspectiva de Gil Pérez, é que ele é célere e com decisão considerada definitiva. Contribuem para isso a flexibilidade e a informalidade, sendo o árbitro neutro e profissional habilitado (GIL PÉREZ, 2012, pp. 87-110).

Como resultado, na arbitragem, é possível apontar que o terceiro possui mais faculdades e poder decisório do que diagnosticado na mediação e na conciliação, sendo que sua decisão vincula às partes.

Para que haja a atuação por essa via, depende-se de um compromisso prévio das partes para se submeterem a ela, pois esta não é uma mera prevenção da jurisdição e, sim, uma substituição dela, porque o terceiro impõe uma decisão às partes. A função do árbitro é semelhante àquela do juiz. Desse modo, não se assemelha às atribuições do conciliador ou mediador de aproximar e/ou propor soluções às partes (VALVERDE, 2016, pp. 15-33).

Deve-se destacar que o árbitro tem o encargo de promover o equilíbrio entre as partes (GIL PÉREZ, 2012, p. 304). Ademais, este é um procedimento regulado de forma relativamente uniforme nos sistemas de solução extrajudicial de conflitos, embora esteja subutilizado. Trata-se de um procedimento estabelecido de maneira voluntária pelas partes do conflito, seja individual ou coletivo. Por essa razão, segundo Escartin (2020, p. 1113), essa via não ofende o direito de acionar o Poder Judiciário.

As críticas a esse procedimento arbitral decorrem de seu caráter obrigatório, privado, considerado antidemocrático, havendo desconfiança social por ser uma decisão imposta por um terceiro ao invés de estabelecida pelas próprias partes. Todavia, há quem entenda que ele pode ser visto como mais uma opção de resolução de controvérsias, podendo o compromisso arbitral ser previsto como uma cláusula do contrato de trabalho de acordo com a Lei n. 60/2003 (GIL PÉREZ, 2012, p. 384-386).

Reafirma-se que esse instrumento não é um trâmite prévio obrigatório, pois isso excluiria a jurisdição. Mas a subscrição das partes ao compromisso arbitral tem efeitos sobre os prazos de prescrição e caducidade – art. 65, 3 da LRJS. E os laudos arbitrais são executáveis – art. 68.2 da LRJS (BONETE, 2016, pp. 35-51). Dessa forma, há estabilidade do laudo arbitral, o que dá mais segurança jurídica para o uso da ferramenta (NIETO, 2020, pp. 219-250).

Em suma, enquanto na mediação e na conciliação o negócio jurídico é imputável às partes, na arbitragem ele pode suscitar dúvidas quanto à sua utilização, uma vez que o ato é produzido por um terceiro alheio aos envolvidos na controvérsia (UGUINA, [s.d.], p. 92).

Destaca-se que a lei geral da arbitragem na Espanha é a Lei n. 60/2003, que não prevê a arbitragem laboral. Há, portanto, um déficit na regulamentação (ESCARTÍN, 2020, p. 1113). Nesse mesmo sentido, Villalón (2018, pp. 61-96) disserta que, embora a lei de arbitragem não se aplique ao âmbito laboral, não há norma jurídica proibindo a via arbitral, assim, o autor entende que se as partes podem transacionar, elas também podem submeter a disputa a essa via.

Nesse aspecto, a norma jurídica que prevê a arbitragem é bastante defasada, mas não há norma proibindo-a para litígios individuais. Portanto, para o autor, onde as partes podem transacionar, pode haver arbitragem (VILLALÓN, 2020, pp. 13-53).

Assim, a normativa processual prevê de maneira genérica a arbitragem laboral, para qualquer tipo de disputa, seja coletiva ou individual, nos arts. 2.h, 23.4, 64, 65, 68, 236 da LRJS; art. 33.8 do ET. No art. 68.2 da LRJS e no art. 91.5 do ET, a norma é expressa em prever os laudos arbitrais para conflitos individuais em sistemas autônomos. E nos próprios acordos interprofissionais há previsão genérica da arbitragem sem especificá-la para demandas individuais (VILLALÓN, 2020, pp. 13-53).

O fato é que se constata que a regulamentação e o uso da arbitragem, no sistema autônomo, configuram-se como um instrumento que apresenta maior escassez do que o visualizado na mediação e na conciliação. E para o seu uso é preciso acordo prévio, expresso e voluntário entre as partes (GIL PÉREZ, 2012, p. 345). Essa escassez legal se deve, principalmente, à dificuldade de admitir a arbitragem para dirimir as disputas individuais.

Nesse quesito, as normas autônomas preveem a via arbitral de modo genérico sem se preocuparem em disciplinar a sua aplicação no âmbito individual, haja vista serem praticamente inexistentes às arbitragens individuais (VILLALÓN, 2018, pp. 61-96).

Nesse contexto, verifica-se que a arbitragem é um procedimento pouco escolhido para dirimir os litígios individuais do trabalho, sendo o laudo arbitral obrigatório, enquanto, na mediação e na conciliação, o acordo é voluntário. Essa ferramenta não é um mero trâmite pré-processual e, sim, um procedimento utilizado para se evitar o processo.

Villalón (2020, pp. 13-53) descreve que para se optar por essa via primeiro é necessário um compromisso arbitral, que deve ser feito no momento em que as controvérsias surjam. Isso porque um acordo geral e prévio não é possível, pois poderia causar renúncia de direitos, o que prejudicaria o direito constitucional à tutela judicial efetiva. E, em razão de toda a proteção que acomete a seara laboral, para o autor somente caberiam arbitragens individuais para casos bem específicos ou no caso de altos empregados que detêm mais autonomia de vontade (VILLALÓN, 2020, pp. 13-53).

Quanto aos efeitos, no tocante à subscrição, observa-se que o compromisso arbitral interrompe o prazo de prescrição e suspende a caducidade, conforme art. 65.3 da LRJS. E é possível verificar que a arbitragem conduz para a eficácia do laudo arbitral, pelo fato de ele ser reconhecido como de sentenças firmes com força executiva, conforme art. 68.2 da LRJS. Entretanto, existe exclusividade judicial para executar o julgado.

Desse modo, há um problema constatado no efeito da arbitragem, pois, embora seja obrigatório cumprir o laudo arbitral, observa-se que não existe uma consequência com relação ao seu incumprimento (GIL PÉREZ, 2012, p. 349). A rigor, a publicidade do laudo arbitral quanto aos conflitos coletivos se dá com o depósito na Administração Pública, o que deve ter interpretação extensiva para se aplicar às disputas individuais (GIL PÉREZ, 2012, p. 358).

No geral, em que pese o fato de os acordos de mediação e os laudos arbitrais estarem cobertos por garantias jurídicas, eles estão sujeitos ao controle judicial de legalidade. Todavia, esse tipo de impugnação não é a regra, para não desvirtuar a essência dos procedimentos autônomos e prejudicar o sistema (LARA, 2020, pp. 367-395).

O fato é que as partes podem impugnar na via ordinária o laudo arbitral quando houver violação da lei, lesar terceiros e em caso de vícios de requisitos e formalidades, como descrito no art. 91.2 do ET (GIL PÉREZ, 2012, p. 403).

Cabe salientar que existem limites para utilização dessa via, respaldada pela indisponibilidade de direitos reconhecidos na lei ou na negociação coletiva, conforme art. 3.5 do ET (GIL PÉREZ, 2012, p. 386). Aliás, esse é um dos motivos pelos quais a arbitragem não possui êxito no sistema espanhol, devido ao temor em usar essa via em razão das normas imperativas trabalhistas. Ademais, ela não é vista como uma alternativa real ao processo, pois o substitui (BONETE, 2016, pp. 35-51).

Com base nessas questões, verifica-se que no procedimento arbitral as partes devem dar início de comum acordo e por escrito, designando o árbitro, as questões submetidas à via arbitral e o prazo para decisão junto ao compromisso de cumpri-la, além de conter a assinatura, o endereço, entre outros requisitos relevantes para o desenvolvimento do procedimento (ESCARTÍN, 2020, p. 1114).

Convém relatar que a escolha pela mediação não elimina a possibilidade de arbitragem e vice-versa, porque são meios coordenados. Assim, a arbitragem também pode converter-se em mediação e, caso iniciada a via arbitral, os árbitros também podem desenvolver funções mediadoras (AGUDO, 2021, p. 129).

Formalizado o compromisso arbitral, certifica-se, de acordo com os estudos de Escartín (2020, p. 1114), que as partes se abstêm de utilizar outros meios de resolução de controvérsias.

Na prática, a designação do árbitro é livre e deve recair sobre um terceiro imparcial. O SIMA possui uma lista de árbitros[87] que as partes podem usar se acharem adequado, iniciando sua atividade logo após a sua nomeação (ESCARTÍN, 2020, p. 1115).

Repita-se que o procedimento arbitral é caracterizado como livre, desde que respeite alguns princípios como a igualdade e o contraditório, além do direito à audiência (ESCARTÍN, 2020, p. 1115).

O laudo arbitral deve ser proferido de forma justificada no prazo estabelecido na convenção de arbitragem, que normalmente é de 10 dias úteis da nomeação do árbitro (ESCARTÍN, 2020, p. 1115). Esse laudo, uma vez proferido, é imediatamente notificado às partes, à secretaria do órgão correspondente

---

(87) *"Tanto en la mediación como en el arbitraje, las personas integrantes de las listas deberán actuar de manera imparcial, acreditar disponibilidad, dedicación y conocimiento de la realidad de las empresas y personas trabajadoras. Igualmente deben respetar los principios y normas del Servicio Interconfederal de Mediación y Arbitraje y mostrar su compromiso con el código ético del mismo".* Disponível em: https://www.fsima.es/wp-content/uploads/VI-ASAC.pdf. Acesso em: 9 jun. 2022.

e, havendo necessidade, à autoridade administrativa laboral (ESCARTÍN, 2020, p. 1116).

O art. 65.4 da LRJS detalha que o laudo poderá ser questionado no Judiciário apenas se não houver previsão de órgão específico para essa atribuição (ESCARTÍN, 2020, pp. 1068-1070). O prazo para se impugnar o laudo arbitral é de 30 dias de acordo com o art. 65.4 da LRJS, por meio da via ordinária, quando não se estabelecer outro caminho. São razões para impugnação: o laudo *ultra vires*, a violação de garantias e dos princípios fundamentais, a falta de neutralidade do árbitro, entre outras situações (ESCARTÍN, 2020, p. 1118). Portanto, pode ser invalidado por excessos, por vícios no procedimento ou por infração de normas imperativas (VILLALÓN, 2020, pp. 13-53).

No que se refere aos efeitos jurídicos, conforme o art. 68.2 da LRJS, as sentenças arbitrais, individuais[(88)] ou coletivas, realizadas pelo órgão constituído pela convenção coletiva ou acordos interprofissionais, constituem sentenças definitivas para efeitos executivos (ESCARTÍN, 2020, p. 1159). Portanto, o laudo arbitral tem valor de título executivo semelhante à sentença (VILLALÓN, 2018, pp. 61-96). Assim, embora o juízo arbitral seja privado, o seu laudo produz efeitos equivalentes aos jurisdicionais, desde que haja submissão à via arbitral de forma livre e voluntária e que o objeto da controvérsia seja arbitrável e haja respeito às garantias de igualdade das partes, audiência, contraditório e provas (UGUINA, [s.d.], p. 92).

Todavia, considerando que as relações de trabalho são de trato sucessivo e indefinido, deve-se evitar a solução forçada do conflito individual laboral, seja de um árbitro ou do juiz, para preservar essa relação para o futuro (CAMPOS, 2016, pp. 133-155).

Por isso, a arbitragem é residual em relação a outros meios de solução extrajudicial (conciliação e mediação), porque existe proximidade com a solução judicial, pelo laudo arbitral deter caráter definitivo. Além do que foi exposto, há dificuldade de se fazer o convênio arbitral entre as partes (CAMPOS, 2016, pp. 133-155).

No SIMA foi verificado que o procedimento arbitral deve derivar da vontade voluntária por expresso das partes em dar a um terceiro a solução da disputa, cuja decisão torna-se obrigatória. Instalada a arbitragem, também foi constatado que as partes não podem instalar outros procedimentos.

---

(88) *"Como principal novedad de este apartado, y a la vista de la madurez y consolidación del sistema, las partes firmantes de este Acuerdo hemos apostado por primar la mediación y el arbitraje unipersonales, y la posibilidad de delegar en el SIMA la designación de la persona que llevará a cabo uno u otro servicio, en ausencia de elección por las partes."* Disponível em: https://www.fsima.es/wp-content/uploads/VI-ASAC.pdf. Acesso em: 10 jun. 2022.

Quanto ao procedimento, a apresentação é escrita, descrevendo as partes, as razões, as questões concretas, o compromisso de aceitação da decisão arbitral, entre outras circunstâncias. Nesse caso específico, o árbitro deve ser imparcial e o laudo arbitral é comunicado às partes e ao SIMA, devendo a decisão ser proferida no prazo de 10 dias úteis, podendo por motivo justificado ser prorrogado por até 40 dias úteis(89).

Quanto aos efeitos, a decisão arbitral é vinculante, equivale à sentença firme (VI Acordo)(90). Assim, a arbitragem sempre soluciona o conflito, não permitindo posterior acionamento da via jurisdicional (AGUDO, 2021, p. 129).

Portanto, pela narrativa exposta percebe-se que a via arbitral, embora autorizada no sistema jurídico espanhol para resolver litígios individuais do trabalho, é quase inutilizada em razão primordialmente da falta de tradição e de confiança nessa ferramenta que detém mais aceitação para resolver questões não trabalhistas. Acrescenta-se que o fato da decisão ser impositiva às partes, não é vista como a melhor opção e não pode ser prevista na norma jurídica para atuar compulsoriamente e antes da jurisdição(91), na medida em que a arbitragem substitui o processo e não se trata de um mero trâmite pré-processual.

5. Pareceres parciais

É sabido que é inerente às relações humanas o surgimento de conflitos e, por essa razão, busca-se o desenvolvimento de meios para solucioná-los. Tanto que, no caso brasileiro, observa-se um movimento de democratização desse processo, desde o ano de 2010.

Isso pode ser constatado junto ao CNJ, por meio da Resolução n. 125, que aborda sobre controvérsias e estimula o tratamento destas de modo adequado por meio do incentivo à conciliação e à mediação. Destaca-se ainda que o novo CPC tem fomentado medidas alternativas ao rito processual comum (ALMEIDA, 2018, p. 75).

Visto que se verificou que nos últimos anos a confiança do cidadão com relação ao método estatal acarretou um aumento desproporcional quanto ao número de processos que tramitam no Poder Judiciário. Entretanto, não é

---

(89) *"Mediante el procedimiento de arbitraje, las partes acuerdan voluntariamente encomendar a un tercero y aceptar de antemano la solución que éste dicte sobre el conflicto o cuestión suscitada. Requerirá la manifestación expresa de voluntad de ambas partes de someterse al laudo arbitral que tendrá carácter de obligado cumplimiento".* Disponível em: https://www.fsima.es/wp-content/uploads/VI-ASAC.pdf. Acesso em: 10 jun. 2022.

(90) Para consultar o ASAC: https://www.fsima.es/wp-content/uploads/VI-ASAC.pdf. Acesso em: 11 jun. 2022.

(91) Apesar de na Espanha haver alguns casos em que a lei permite a arbitragem obrigatória.

demasiado lembrar que, desde a antiguidade, a humanidade já estava envolvida em disputas e, muito antes de se estabelecer a resolução estatal, elas já eram solucionadas entre os particulares por meio da negociação (ALMEIDA, 2018, pp. 75-76).

No caso brasileiro, ainda é possível averiguar que, no tocante aos Tribunais Regionais do Trabalho, eles têm buscado realizar campanhas para promover acordos trabalhistas, por meio de semanas de conciliação, e até mesmo se mostram dispostos a instaurar departamentos com o propósito de resolver litígios consensualmente. Tendo em vista o princípio da conciliação, pesquisas apontam que aproximadamente 26% dos processos do trabalho terminam em avenças judiciais (MANSUR, 2018, p. 124).

Por outro lado, salienta-se que o Brasil se mostra atrasado em relação à Espanha no que diz respeito ao uso da conciliação-mediação, como método extrajudicial em matéria laboral, e que apenas a conciliação judicial não é suficiente para desobstruir o sistema judiciário.

No que tange ao estabelecimento, por meio da legislação, da necessidade de submeter o conflito previamente à conciliação, entende-se que é uma boa possibilidade de os sujeitos participantes da controvérsia resolverem por si mesmos suas diferenças, sem a necessidade de intervenção impositiva de um terceiro alheio à disputa (CRESPO, 2001, p. 136).

De acordo com o TC espanhol, trata-se de uma oportunidade concedida às partes para dirimir a disputa pelo consenso, antes de submetê-la ao sistema judicial (CRESPO, 2001, p. 136).

Lembre-se que o art. 64 da LPL traz exceções referentes à necessidade de submissão de conflitos individuais à via prévia administrativa, no que diz respeito aos direitos fundamentais (CRESPO, 2001, p. 143).

Observou-se, ainda, que o atraso do Brasil quanto à utilização de meios extrajudiciais se deve ao fato de que, na história, houve uma desvalorização do instituto das Comissões de Conciliações Prévias, semelhantes aos órgãos designados nos convênios coletivos da Espanha, para promover a conciliação alternativa (MANSUR, 2018, p. 125).

Apreende-se também que essa desvalorização alcançou o art. 625-H da CLT, que preconiza que aos Ninter em funcionamento ou que vierem a ser criados aplicam-se as disposições previstas para as CCPs, desde que observados os princípios da paridade e da negociação coletiva na sua constituição.

Diante desse cenário, constata-se que a Reforma Trabalhista brasileira de 2017 procura abrir o caminho para que outros meios de resolução de disputas na área laboral sejam efetivados, como: a arbitragem, a mediação e os acordos extrajudiciais desde que homologados no Judiciário – art. 855-B da CLT (MANSUR, 2018, p. 125).

Interessa pontuar que a prática da negociação coletiva é incentivada pela OIT, que a considera a melhor forma de solucionar as controvérsias trabalhistas, como descrito na Recomendação n. 92 da OIT, que preceitua acerca da instituição de comissões paritárias para dirimir disputas de forma voluntária entre empregadores e empregados (CORRÊA, 2014, p. 87).

Nessa mesma linha de posicionamento, outros instrumentos internacionais, como a Convenção n. 98 da OIT, dispõem acerca das negociações coletivas, do tripartismo e de mecanismos alternativos de resolução de conflitos. E a Recomendação n. 94 da OIT disciplina acerca de organismos de consulta e colaboração para prevenir litígios e conciliar dentro da empresa (CORRÊA, 2014, p. 87).

Assim, a OIT encoraja a criação de ferramentas de mediação e de conciliação fora do Poder Judiciário por meio de sindicatos e de organizações (SERRÃO, 2018, p. 482). Esse investimento em meios de solução de litígios, realizados de maneira consensual, parece ser um modo de favorecer a tão almejada paz social, uma vez que decorre do diálogo entre os envolvidos, sem incentivar disputas entre as partes.

Importa esclarecer que as CCPs foram criadas pela Lei n. 9.958/2000 para descongestionar o Poder Judiciário brasileiro. Trata-se, na realidade, da possibilidade de os sindicatos estabelecerem câmaras sindicais ou intersindicais de conciliação onde as partes podem levar o litígio e obter acordo (MANSUR, 2018, p. 125). Essas comissões também podem ser constituídas no âmbito da empresa com a fiscalização do sindicato profissional (MANSUR, 2018, p. 125).

A rejeição ao instituto se deve ao fato de os direitos trabalhistas serem considerados irrenunciáveis e em razão do direito de acesso à justiça, sendo que o STF, nas ADIn n. 2.139 e n. 2160, estabeleceu como facultativa a sua utilização e, portanto, afirmou que esse não seria um requisito obrigatório para a propositura da ação trabalhista, como acontece na Espanha (MANSUR, 2018, p. 125).

Considera-se que esse foi um erro do STF, haja vista que as CCPs deveriam constituir um requisito processual para propositura da reclamatória trabalhista, o que não impede o empregado de acionar o Poder Judiciário, mas apenas retarda-o, caso não se tenha interesse de realizar o acordo (MANSUR, 2018, pp. 125-126).

Antes dessa decisão do STF, o TST tinha decidido que a conciliação era um precedente fundamental para o processo trabalhista e, com esse parecer, ele desejava extinguir o processo que não tivesse tentativa de acordo entre trabalhador e empregador na CCP. Haja vista que o objetivo da criação desse instituto era descongestionar o Poder Judiciário e, sob esse aspecto, o TST não enxergava nenhum impedimento ao direito de acesso à justiça, pois, no caso de a conciliação restar frustrada, a parte poderia recorrer ao Poder Judiciário, incluindo até a possibilidade de obter a nulidade do acordo na justiça (SERRÃO, 2018, p. 480), nos casos em que isso fosse necessário.

Não é demasiado lembrar que o TC da Espanha considera constitucional os institutos fundados em bases semelhantes no país, por identificá-los como vias de passagem obrigatória, e não facultativa, como acontece no Brasil.

Após a decisão do STF, as CCPs não obtiveram a confiança dos trabalhadores e das empresas para serem validadas como meio eficiente e seguro, e, por causa disso, caíram em desuso (FARIAS, 2015, p. 112). Nessa situação, deve-se pensar em desenvolver medidas para fomentar o uso desses mecanismos extraprocessuais de composição de litígios, como promover a conscientização sobre os seus benefícios (CORRÊA, 2014, p. 93).

O fato é que esses meios não afetam o direito de acesso à justiça, uma vez que, ocorrendo vício de consentimento no acordo, a parte poderá pleitear a nulidade no Poder Judiciário (MANSUR, 2018, p. 127).

Frente a essas constatações, surge a seguinte indagação: por que continuar a manter a exclusividade estatal na apreciação de litígios individuais trabalhistas no Brasil?

Sendo este um fato histórico, o que se sabe é que grande parte dos conflitos laborais é submetida ao Poder Judiciário por causa do caráter intervencionista estatal que detém a lei trabalhista no Brasil, desde o início de sua criação. E tal situação culminou em um verdadeiro monopólio do Estado (SERRÃO, 2018, p. 482). Ao lado disso, verificou-se que o corporativismo estatal enfraqueceu os entes sindicais no país.

Esse contexto revela a importância de se procurar avançar nessa área para começar a romper com o preconceito e a dificuldade de aceitação de novos meios de resolução de controvérsias, para além da estrutura estatal, com o intuito de buscar a paz social e a realização da justiça social (SERRÃO, 2018, p. 483).

Corroborando com o parecer de Serrão (2018), Almeida (2018) chama a atenção de que não é possível concluir que o Poder Judiciário seja o único capaz de solucionar todos os tipos de disputas laborais. Assim, é importante que existam os sistemas alternativos. Quanto a estes, Almeida (2018, p. 82) ainda menciona que certos países escolhem apenas um único método para servir de alternativa à via jurisdicional, tal como a mediação, por exemplo, e há países que criam um sistema multiportas.

Ora, a finalidade da resolução de conflitos até mesmo pelo sistema jurisdicional é pacificar com justiça, o que não vem sendo possível à máquina judiciária estatal. O Poder Judiciário está ficando desmoralizado perante o povo por causa da demora processual (SERRÃO, 2018, pp. 480-481).

Essa crise que atravessa o sistema judiciário brasileiro também acontece e já existiu em diversos países no mundo. Na Espanha, por exemplo, o incentivo ao crescimento de meios alternativos na seara laboral decorreu da enorme litigiosidade e sobrecarga processual nos anos 90 (AGUDO, 2021). Dessa forma, como política de Estado, o país espanhol, embora também concentre no seio do Poder Judiciário as lides individuais laborais, realizou diversas reformas legislativas, criou a obrigatoriedade de submissão prévia à conciliação administrativa ou autônoma, proporcionou investimentos financeiros e de pessoal para desenvolver outros sistemas de resolução de controvérsias, fortaleceu entes sindicais, definiu o que pode ser negociado e estabeleceu limites para a jurisdição.

O Estado brasileiro, para superar os problemas existentes, está a escolher pelo sistema multiportas de resolução de conflitos, como visualizado no art. 334 do CPC, que estabelece a mediação ou a conciliação no início do procedimento comum, privilegiando, com isso, a cultura de conciliação (ALMEIDA, 2018, pp. 84-86).

Romper com a cultura de judicialização e homenagear o diálogo, com o resgate da autonomia das partes, parece ser um caminho viável para obter uma avença pelos próprios interessados com rapidez e eficácia (SERRÃO, 2018, p. 483).

Na Espanha, igualmente ao que ocorreu em outros países da União Europeia, os meios de resolução de disputas foram se adequando à evolução das relações laborais. De modo que o Estado evoluiu para adotar uma postura permissiva na feitura de pactos e de outras formas de solucionar conflitos, a fim de se evitar o processo (CASANELLA, 2017, p. 13). E, nesse caso, o país fez a opção por implementar um sistema multiportas para solucionar litígios trabalhistas.

Gil Pérez afirma que meios autocompositivos para resolver controvérsias revelam-se uma boa alternativa na medida em que o procedimento é realizado e pactuado pelos agentes sociais (2012, p. 280). Ou seja, as partes são protagonistas do acordo.

Nesse contexto, entende-se como positiva essa participação ativa na solução das disputas que vai ao encontro da cidadania, pois o acesso à justiça não é sinônimo de acesso à tutela jurisdicional do Estado e, sim, sinônimo da obtenção da paz social (SERRÃO, 2018, p. 480).

Na medida em que o principal objetivo do processo é buscar a satisfação das partes e de suas necessidades, tendo como foco desenvolver um trâmite cooperativo para alcançar o acordo por meio da harmonização dos envolvidos (CORRÊA, 2014, p. 85).

Como visto na Espanha, esse sistema autocompositivo autônomo é utilizado na maior parte para resolver conflitos coletivos por meio da conciliação ou da mediação, pois, no caso de disputas individuais, estas são resolvidas em sua maioria pela via jurisdicional, em razão da maior confiança das partes nesse sistema (GIL PÉREZ, 2012, p. 280).

Isso se deve ao fato de existir uma desconfiança social quanto aos meios particulares de resolução de conflitos, sob o argumento de que possam prejudicar os trabalhadores (FARIAS, 2015, p. 107).

No que tange à via administrativa como meio de acesso à via judicial, nota-se que esse trajeto é muito usado, principalmente a nível de disputas individuais, por ser um pré-requisito para acessar o Poder Judiciário (GIL PÉREZ, 2012, p. 287).

Sobre os instrumentos existentes nos sistemas autônomos para resolver disputas trabalhistas individuais, ficou constatado que se faz normalmente a opção pela mediação e conciliação, uma vez que a arbitragem se associa muito mais aos procedimentos e matérias diferentes de assuntos trabalhistas (GIL PÉREZ, 2012, pp. 286-287).

Quanto aos mecanismos autônomos, Gil Pérez (2012, p. 289) relata que eles devem ser analisados como fins e não como meios, já que não se trata apenas de uma fase pré-processual e, como eles estão consolidados para dirimir os conflitos coletivos, não há razão para que não sirvam para resolver controvérsias individuais. Todavia, deve-se salientar a persistência do problema de algumas comunidades autônomas não preverem o conflito individual (GIL PÉREZ, 2012, pp. 283-285).

É, portanto, forte no modelo espanhol a atuação dos sindicatos (principalmente à nível coletivo), sendo de praxe utilizar a composição de disputas por ferramentas de arbitragem ou de mediação, e isso, de certa maneira, interfere positivamente na negociação, fazendo com que o conflito somente seja levado à justiça após a tentativa de avença (FARIAS, 2015, p. 107).

Além disso, afirma-se que esses meios devem ter especial atenção, pois a finalidade do acordo extrajudicial não deve ser deixar o trabalhador em desvantagem (GIL PÉREZ, 2012, p. 289), pois não se pode negociar os direitos indisponíveis ou irrenunciáveis, as normas imperativas e os direitos fundamentais (GIL PÉREZ, 2012, pp. 301-302).

Um problema é que existe ainda no senso comum muita desconfiança quanto à origem negocial dos procedimentos de resolução autônoma, inicialmente criados para a negociação coletiva como descrito pelo art. 83 do ET. Contudo, esse é um sistema considerado muito importante no tocante à resolução do litígio pela questão de não precisar se socorrer junto ao Poder Judiciário. Assim, mesmo considerando o fato de o trabalhador ser hipossuficiente e, portanto, mais vulnerável com relação ao empregador, esses procedimentos autônomos estão em bom estágio de desenvolvimento na Espanha (GIL PÉREZ, 2012, pp. 300-305). Caso não seja realizado o acordo na mediação e na conciliação, a parte poderá aceder ao Poder Judiciário.

Observa-se que o acordo é sempre pautado em limites como a irrenunciabilidade de direitos previstos em lei ou no acordo coletivo nos moldes do art. 3.5 do ET, sendo que, quando esses direitos são respeitados, a indisponibilidade é plenamente compatível com o procedimento de resolução extrajudicial. Caso sejam violados os direitos irrenunciáveis, Gil Pérez (2012, pp. 309-310) disserta que cabe impugnação por ação de nulidade. Cabe ressaltar que tal avença tem força executiva (art. 68 da LRJS).

No caso brasileiro, deve-se tentar obter algum tipo de modernização que favoreça o direito do trabalho e seus princípios (FARIAS, 2015, p. 120). Fato que pesa quando se leva em conta que a finalidade do procedimento ou do processo é sempre efetivar o direito material. Nessa hipótese, o modelo desenvolvido pela Espanha, que se divide em administrativo, autônomo e jurisdicional, serve de norte e deve ser espelhado pelo Estado brasileiro.

Até a Reforma Trabalhista de 2017 no Brasil, foi verificado, com relação ao direito individual do trabalho, que as formas alternativas de resolução de conflitos não eram aceitas pela doutrina e jurisprudência, de maneira que, na prática, concentrava-se, inteiramente, na figura do juiz a resolução do litígio (MOREIRA, [s.d.], p. 2).

Como se sabe, a finalidade do direito é atender aos interesses coletivos e individuais de seus cidadãos, e isso foi realizado por muito tempo por meio da tutela jurisdicional, com juízes investidos pelo Estado, para promover a pacificação social pela sentença ou por meio da conciliação (MOREIRA, [s.d.], p. 3).

Porém, o mundo está mudando rapidamente devido ao impacto tecnológico nas relações laborais, de modo que as decisões necessitam ser mais rápidas e novos tipos de disputas requerem a adaptação do procedimento para resolvê-las, porque a jurisdição somente já não atende aos anseios sociais.

Entretanto, é preciso ainda ter em mente que a existência de uma dupla sede de resolução de disputas laborais, como acontece na Espanha, quais sejam uma judicial e uma extrajudicial (composta de procedimentos administrativos e procedimentos convencionais), não deve gerar a presunção de que o Estado está a abdicar de suas responsabilidades e, sim, possibilitar que a demanda social seja resolvida de maneira justa e efetiva por um sistema que complementa o Poder Judiciário, com a finalidade de favorecer o diálogo (CASANELLA, 2017, pp. 13-14).

O estudo apontou que o fomento do diálogo não foi percebido na jurisdição e na arbitragem, pois nestes meios heterocompositivos as partes assumem uma postura adversarial e buscam com seus argumentos convencer o juiz ou o árbitro. Assim, não há protagonismo nem autoria, pois os envolvidos se submetem a um resultado proferido por outrem (ALMEIDA, 2018, p. 77).

A ideia de se buscar solucionar disputas preferencialmente por meios autocompositivos merece ser considerada, haja vista que os sujeitos da relação de direito material são adequados para resolver seus próprios problemas, porque os conhecem de perto e sabem o que uma possível decisão poderá ocasionar-lhes (ALMEIDA, 2018, p. 77).

Ademais, na sociedade contemporânea surgem problemas cada vez mais complexos, inclusivamente no que tange ao contrato individual de trabalho. Por causa dessa questão e para desobstruir o Poder Judiciário, foram instituídas as Câmaras de Conciliação Prévia pela Lei n. 9.958/2000, apesar de não terem sido incentivadas, como ficou comprovado no decorrer desta investigação.

Não obstante este fato, recentemente, houve um novo incentivo ao uso de métodos alternativos por meio da Lei n. 13.467/2017, que permite a criação de novos mecanismos negociais (MOREIRA, [s.d.], pp. 4-5).

Na época da criação das CCPs, foi verificado que a Confederação Nacional da Indústria, de forma informal, comprometeu-se a implantar nas empresas e nos sindicatos esse instituto, porém, na realidade, não houve o cumprimento dessa promessa (SERRÃO, 2018, p. 477).

Salienta-se que a ideia central para as CCPs era buscar conciliar os conflitos individuais de trabalho entre patrões e empregados por meio da solução extrajudicial, pelo diálogo, sem a intenção de substituir o Poder Judiciário, mas com o propósito de atuar ao lado dele (SERRÃO, 2018, p. 477). Semelhante ao que acontece no modelo espanhol.

Complementa-se ao fato a questão de que a Lei n. 9.958/2000 é um reflexo do que estava a ocorrer no mundo, haja vista que vários países, em razão da morosidade do Poder Judiciário, estavam instituindo os mecanismos de resolução extrajudiciais para lides trabalhistas (SERRÃO, 2018, p. 477).

Diante disso, a Espanha permitiu a negociação de acordos de resolução extrajudiciais de conflitos para prever mecanismos como a mediação, a conciliação e a arbitragem, como medida para diminuir a judicialização das disputas e mitigar a intervenção judicial. É uma maneira autônoma de resolver a disputa laboral.

É inegável o valor positivo que possui o acertamento entre as partes e, neste aspecto, a mediação tem se mostrado um instrumento dinamizador em matéria laboral, com apoio no diálogo social para obter respostas por meio do estabelecimento de confiança entre as partes (UGUINA, [s.d.], pp. 108-110). O caminho favorável parece ser os próprios atores sociais buscarem e elaborarem soluções por meio da escuta recíproca, do respeito e da empatia (UGUINA, [s.d.], pp. 108-110).

Considerando, então, o que foi estudado até este ponto da pesquisa, parte-se da premissa de que os conflitos serão melhor solucionados com o uso dos meios autocompositivos, em especial da mediação e da conciliação, pois acredita-se que o estabelecimento de uma mediação-conciliação compulsória prévia à via judicial no Estado brasileiro poderá auxiliar a combater a crise jurisdicional.

Todavia, não se pode esquecer que a experiência brasileira demonstra que o STF tem resistido à criação de mecanismos que obstem o ingresso imediato na Justiça (ALMEIDA, 2018, pp. 79-80).

Nesse contexto, a experiência internacional demonstra que por receio de a previsão legal de métodos autocompositivos não conseguir gerar a cultura do uso desses mecanismos extrajudiciais, alguns países, como a Espanha, estabeleceram o seu uso obrigatório, fundamentado em um regime compulsório atrelado à atividade jurisdicional (ALMEIDA, 2018, p. 78).

Ao introduzir um dispositivo legal para criar a mediação-conciliação compulsória no Brasil de forma prévia à jurisdição, tenta-se buscar uma saída para provocar a solução consensual e fomentar por meio da lei uma cultura de utilização de métodos autocompositivos (ALMEIDA, 2018, p. 81). Na medida em que a norma jurídica atua como uma aliada para proporcionar que a mediação-conciliação prévia seja difundida em curto espaço de tempo.

Por outro lado, pode haver problemas relacionados à autonomia da vontade e à necessidade de capacitação de profissionais para atender a essa demanda (ALMEIDA, 2018, pp. 81-82).

Para reforçar a fundamentação da escolha pela via autocompositiva, nesse momento, importa especificar os problemas existentes no Brasil e na Espanha, no que diz respeito à utilização de métodos heterocompositivos, desenvolvidos por meio das seguintes vias: a arbitral e a jurisdicional.

No que tange à arbitragem, foi constatado pela investigação, nos dois países analisados, que as dificuldades detectadas nesta via condizem com a sua pouca utilização na área trabalhista, por esse instrumento ser identificado como um método que se associa mais às matérias não laborais.

Outro ponto relevante se associa ao fato de ela ser menos democrática que a mediação-conciliação, já que a decisão é imposta. Alia-se a isso a pouquíssima normatização da arbitragem trabalhista, no Brasil e na Espanha, sendo que no caso brasileiro, embora haja previsão legal desde de 2017, no que concerne a altos empregados, essa disposição normativa ainda é de questionável constitucionalidade. Finalmente, pelo fato de não existir uma tradição nos dois países quanto à sua aplicação prática, nota-se que a falta de confiança dos cidadãos termina impactando esse processo.

No que se refere ao sistema jurisdicional, verificou-se por meio de dados do CNJ que a sobrecarga de processos dificulta a razoável duração dele, comprometendo o acesso à Justiça do Trabalho brasileira pelo cidadão, que tem que esperar longos anos para ter o seu direito satisfeito.

Essa situação acontece porque a litigiosidade das partes decorrente do processo para convencimento do magistrado não se caracteriza como o melhor meio[92], já que o processo deve ser visto de modo mais cooperativo. E esse fato pesa quando se leva em conta que a mudança social provocada pela tecnologia requer novas formas de soluções entre as partes conflitantes para além da sentença, perante as novas demandas que surgem, na era da 4ª Revolução Industrial.

Não é demasiado lembrar que o inchaço da justiça se deve a diversos fatores, como a informalidade e o não registro dos contratos de trabalho com supressão de alguns direitos trabalhistas, e até em razão do aumento das despedidas em consequência da crise econômica.

E essa sobrecarga de processos está prejudicando até mesmo as conciliações feitas na jurisdição, porque não há tempo para desenvolver uma comunicação adequada entre os litigantes e muitas avenças não respeitam os direitos indisponíveis.

---

(92) Nesse aspecto, Calamandrei (1971, pp. 35-36) alerta que o processo não deve ser um campo para o fomento de disputas entre as partes, de modo que não se deve estimular a competição, isso porque a Justiça trata-se da mais elevada função do Estado que deve ser vista como uma atividade estatal séria. Igualmente, Carmo (2014, pp. 1-2) afirma que a decisão jurisdicional deve se atentar para a construção de novas relações humanas e sociais, permitindo que as partes compreendam a realidade por elas vivenciadas.

Outro aspecto que contribui para a demora do processo ocorre pela via da prática processual frente à complexidade do processo em curso.

Soma-se a todos esses fatores a questão de que esses dois métodos heterocompositivos não incentivam, muitas das vezes, o diálogo, na medida em que eles acabam contribuindo para uma postura adversarial entre as partes.

Ademais, a democratização do procedimento contribui para a paz social, pelo fato de que as partes envolvidas tendem a ficar mais satisfeitas, quando elas protagonizam a resolução da demanda, sendo que esse contexto auxilia para o direito de acesso à justiça.

Diante disso, pode-se afirmar que as necessidades sociais já não podem ficar à espera de um Estado retardatário aos fatos sociais. Assim, se há outros meios mais simples de solução de conflitos do trabalho, deve-se apostar neles (SERRÃO, 2018, p. 484).

Explicitamente, para Serrão, passou da hora de acreditar que os sindicatos e os trabalhadores sejam capazes de zelar por sua proteção, haja vista que, na prática, a tão almejada proteção do Estado resta insuficiente, pelo motivo de ela não conseguir passar de um simples acerto de contas entre o empregado dispensado e o empregador (SERRÃO, 2018, p. 484).

Soma-se a essa questão o fato de que os sindicatos possuem o dever constitucional de defender os interesses individuais e coletivos da categoria representada (SERRÃO, 2018, p. 485).

Pelo direito comparado, na Espanha, a pesquisa demonstra que a conciliação-mediação pré-processual é utilizada para evitar que aconteça o processo e, por essa razão, tal instrumento merece ser estudado com mais parcimônia.

Instrumento semelhante no Brasil são as CCPs, que têm este caráter pré-processual e vai ao encontro da Política Nacional de Conciliação no Judiciário brasileiro instituída pelo CNJ (SERRÃO, 2018, p. 482).

Interessa esclarecer que a linha é tênue na diferenciação do que é mediação e do que é conciliação, sendo que há quem as considere sinônimos, pois ambas as técnicas se baseiam nos princípios da informalidade, simplicidade, economia, flexibilidade, celeridade e oralidade. Rompendo, assim, com a mentalidade da litigiosidade (SERRÃO, 2018, pp. 483-484).

Nesse prisma, observa-se que esse é um caminho que contribui, por assim dizer, para a desformalização do processo, por proporcionar maior participação dos interessados, haja vista que os menos favorecidos são os que mais sofrem com a protelação processual, na medida em que conceder direitos e não efetivá-los causa frustração aos cidadãos (SERRÃO, 2018, p. 484).

Quanto ao sistema jurisdicional, verificou-se que na Espanha a conciliação intraprocessual não é realizada somente pelo magistrado, mas também pelo secretário, enquanto no Brasil, embora a conciliação seja feita pelo próprio magistrado, existe um incentivo para que a mediação e a conciliação sejam efetuadas em centros judiciários por funcionários da justiça. Os dois países estimulam a conciliação no curso processual.

Nesse contexto, embora os índices de conciliação intrajudicial sejam bons e haja incentivos de inserção na estrutura do Judiciário dos novos mecanismos para mediação e composição de conflitos pelos núcleos de conciliação, não há motivos para que essas atividades não se desenvolvam também fora da máquina estatal (SERRÃO, 2018, p. 486).

Ao considerar o protagonismo das partes e a existência de instituto semelhante ao sistema autônomo e administrativo espanhol no Brasil, especificamente no que tange às CCPs, entende-se que um estudo mais pormenorizado de como pode ser promovida essa composição por sistemas concretos seria de bastante interesse para a comunidade jurídica.

Conforme estudado no decorrer deste trabalho, a criação de CCPs também não representa um ato inédito na seara trabalhista, já que a origem da Justiça do Trabalho ocorreu com a criação dos Conselhos Permanentes de Conciliação e Arbitragem no Brasil (SERRÃO, 2018, p. 476).

Lembre-se de que o resgate do referido instituto vai ao encontro da política desenvolvida nos últimos anos pelo CNJ, que incentiva métodos autocompositivos (SERRÃO, 2018, p. 475).

É possível sintetizar que o objetivo primordial das CCPs é a resolução de conflitos individuais do trabalho de menor complexidade feita de maneira simples, rápida e barata, com o intuito de aproximar os atores sociais, o tomador de serviços e o empregado, em busca de uma solução por meio do incentivo à parceria ao invés da conflituosidade (SERRÃO, 2018, p. 476).

Assim, cabe tentar analisar no próximo capítulo como vem se desenvolvendo no Brasil e na Espanha a mediação-conciliação na área laboral, objetivando dirimir as disputas trabalhistas individuais, mais especificamente por meio do levantamento de dados estatísticos fornecidos pelos órgãos oficiais espanhóis e brasileiros.

A defesa deste estudo se dá no sentido de procurar, sustentado pelos dados estatísticos, os índices de êxito dos sistemas administrativo, jurisdicional e autônomo de solução de disputas laborais na Espanha, fazendo um paralelo com o que vem ocorrendo no Brasil, com o propósito de verificar o andamento e o desenvolvimento dessas instituições de centros judiciários, no que se refere ao impacto da mediação-conciliação, como via alternativa, e os dados acerca da atuação das CCPs.

Portanto, a investigação será contemplada nessa perspectiva, visando detectar os efeitos provocados com a desformalização do processo pelo uso desses mecanismos na seara laboral.

Frise-se que essa busca por desenvolver sistemas alternativos laborais, dentro de certos limites, vai ao encontro da liberdade sindical(93) defendida no plano jurídico internacional (Pactos Internacionais aprovados em 1966; Convenção Americana de Direitos Humanos de 1969; Protocolo de San Salvador; Declaração de Filadélfia da OIT; Convenção n. 154 da OIT). Além de corresponder às transformações sociais e aos anseios democráticos.

---

(93) Na Convenção n. 87 que dispõe sobre a Liberdade Sindical e a Proteção ao Direito de Sindicalização e na Convenção n. 98 que trata sobre o Direito de Sindicalização e de Negociação Coletiva.

Capítulo III

DA ANÁLISE ESTATÍSTICA DOS SISTEMAS JURÍDICOS BRASILEIRO E ESPANHOL

Neste capítulo do livro, no intuito de obter a real dimensão do desenvolvimento no Brasil e na Espanha da resolução de conflitos individuais do trabalho, sem a decisão final por parte do magistrado (sentença), far-se-á a verificação de dados estatísticos disponibilizados pelos órgãos oficiais de cada país, inclusivamente por meio da análise de relatórios de instituições que atestem a viabilidade do funcionamento dos mecanismos de mediação, de conciliação e de arbitragem.

A comprovação numérica tem a primordial finalidade de aclarar a qualidade das medidas adotadas para resolver as disputas laborais e comprovar se há efetividade e contribuição para diminuir o excesso de judicialização da atualidade.

Nesse aspecto, pontua-se que a estatística diz respeito a um tipo de prova científica capaz de possibilitar a avaliação de um universo de elementos no intuito de se chegar ao entendimento necessário e seguro da matéria estudada (ARENHART, 2019, p. 664).

Pode-se dizer que a análise de dados visa verificar universos e situações de casos semelhantes, por isso não se destina a apreciar apenas um indivíduo singular, já que o objetivo é compreender padrões de comportamentos como um todo (ARENHART, 2019, p. 668).

Dessa forma, busca-se nesse momento avaliar as informações disponibilizadas por órgãos oficiais brasileiros e espanhóis, sobre o funcionamento do sistema de justiça laboral nos dois países, tanto para atestar o que ficou esclarecido nos capítulos anteriores, quanto para adotar um posicionamento com mais segurança para a realização de propostas para a crise enfrentada no Brasil.

1. A crise institucional e os mecanismos de resolução de conflitos individuais no Brasil

Conforme informações do relatório analítico do ano de 2019, realizado para atestar a constituição e o funcionamento da Justiça do Trabalho brasileira, depreende-se que ela é composta por 24 TRTs (Tribunais Regionais do Trabalho) e por 1.587 varas do trabalho espalhadas em todo o país, tendo ao todo 3.955 cargos de magistrados e 43.203 cargos de servidores em ativo. No TST, órgão de cúpula, o número de pessoas em atividade corresponde a 27 ministros e 3 desembargadores convocados, além de 2.119 servidores[(94)] .

Em 2020, a força de trabalho correspondeu a 43.929 magistrados e servidores. Esse quantitativo é 1,0% inferior ao do ano anterior. Dessa forma, a produtividade da Justiça do Trabalho foi 29,5% inferior à alcançada em 2019 [(95)].

Como se pode notar, é uma justiça bastante estruturada e ampla no país. Todavia, dadas as dimensões continentais e populacionais do Estado brasileiro, mesmo sendo uma justiça organizada, ela não está conseguindo atender às demandas propostas em tempo oportuno e razoável.

Nesse sentido, em 2019, a Justiça do Trabalho tinha 20,6 servidores e 1,88 magistrados para cada grupo de 100.000 habitantes[(96)] . Em outras palavras, há menos de dois juízes do trabalho para cada grupo de 100.000 habitantes na sociedade brasileira, o que não se revela apropriado na medida em que o país possui uma cultura de litigar. Portanto, verifica-se que esse é um número baixo que certamente contribui para a morosidade processual.

No ano seguinte, em 2020, a quantidade de magistrados e de servidores para cada grupo de 100.000 habitantes foi de 1,87 magistrado e 20,4 servidores, sendo ainda menor que no ano anterior[(97)] .

No que diz respeito ao tema contido nas ações ajuizadas, insere-se o não cumprimento de obrigações trabalhistas, de forma que a maioria das

---

(94) Essas informações acerca da Justiça Laboral brasileira encontram-se descritas no site: http://www.tst.jus.br/web/estatistica/noticias/-/asset_publisher/bR9D/content/conheca-o-relatorio-geral-da-justica-do-trabalho-2015. Acesso em: 10 jun. 2021.

(95) Mais detalhes da Justiça do Trabalho em: https://www.tst.jus.br/documents/18640430/27418815/RGJT+2020.pdf/a2c27563-1357-a3e7-6bce-e5d8b949aa5f?t=1624912269807. Acesso em: 8 dez. 2021.

(96) Acerca da composição da Justiça do Trabalho, consultar: http://www.tst.jus.br/web/estatistica/noticias/-/asset_publisher/bR9D/content/conheca-o-relatorio-geral-da-justica-do-trabalho-2015. Acesso em: 26 jun. 2021.

(97) Dados da Justiça do Trabalho em: https://www.tst.jus.br/documents/18640430/27418815/RGJT+2020.pdf/a2c27563-1357-a3e7-6bce-e5d8b949aa5f?t=1624912269807. Acesso em: 8 dez. 2021.

ações diz respeito às verbas que deveriam ter sido satisfeitas no decorrer do contrato de trabalho.

Os dados são alarmantes: em 2020 foram instaurados 2.570.708 casos novos. Assim, a cada 100.000 habitantes, 1.214 pessoas entraram com pelo menos uma ação ou um recurso na Justiça do Trabalho brasileira no referido ano(98). Desta forma, percebe-se que é alta a litigância nesta justiça especializada.

Em relação ao total de processos julgados por magistrado, verifica-se que desde 2018 tem havido decréscimos, porque neste ano foram julgados 1.158 processos por magistrado, e em 2020 foram apenas 775, sendo este quantitativo 30% inferior ao do ano anterior(99) .

Por sua vez, o total de processos em 2020 julgados em toda a Justiça Obreira foi de 2.817.002, representando 89% do total recebido(100). Desse modo, constata-se que, embora seja uma justiça muito efetiva, há um resíduo processual.

Como descrito nos capítulos anteriores, o direito de acessar a justiça é humano e fundamental, necessário para efetivar os demais direitos humanos e, por isso, é preciso respeitar um tempo razoável para a duração do processo ainda que com o emprego de métodos alternativos, caso a via jurisdicional esteja deficitária.

Com relação a essa temática, o cômputo médio do tempo processual entre o ajuizamento de uma ação e o seu encerramento no ano de 2019 foi, no TST, de 1 ano, 5 meses e 26 dias; nos Tribunais Regionais do Trabalho, o tempo percorrido foi de 10 meses e 7 dias; e nas Varas do Trabalho, o período computado foi de 7 meses e 28 dias na fase de conhecimento, e de 4 anos, 2 meses e 23 dias na fase de execução.(101)

No ano de 2020, o tempo médio entre o ajuizamento de uma ação e o seu encerramento foi, no TST, de 1 ano, 10 meses e 9 dias; nos Tribunais Regionais do Trabalho, de 10 meses e 19 dias; e nas Varas do Trabalho, de 7 meses e 6 dias na fase de conhecimento, e 2 anos, 7 meses e 10 dias na fase de execução.(102)

---

(98) Acerca da Justiça do trabalho: https://www.tst.jus.br/documents/18640430/27418815/RGJT+2020.pdf/a2c27563-1357-a3e7-6bce-e5d8b949aa5f?t=1624912269807. Acesso em: 9 dez. 2021.

(99) Detalhes numéricos em: https://www.tst.jus.br/documents/18640430/27418815/RGJT+2020.pdf/a2c27563-1357-a3e7-6bce-e5d8b949aa5f?t=1624912269807. Acesso em: 9 dez. 2021.

(100) Mais informações estatísticas em: https://www.tst.jus.br/documents/18640430/27418815/RGJT+2020.pdf/a2c27563-1357-a3e7-6bce-e5d8b949aa5f?t=1624912269807. Acesso em: 9 dez. 2021.

(101) Consultar sobre a Justiça do Trabalho brasileira em: http://www.tst.jus.br/web/estatistica/noticias/-/asset_publisher/bR9D/content/conheca-o-relatorio-geral-da-justica-do-trabalho-2015. Acesso: 25 maio 2021.

(102) Estatística TST: https://www.tst.jus.br/documents/18640430/27418815/RGJT+2020.pdf/a2c27563-1357-a3e7-6bce-e5d8b949aa5f?t=1624912269807. Acesso em: 10 dez. 2021.

A partir dos dados expostos, afere-se que um processo que percorre todas as instâncias e todas as fases procedimentais na justiça laboral brasileira demora longos anos para que o credor tenha seu direito satisfeito, situação que não se mostra adequada aos fins constitucionais, pois compromete a razoável duração do processo.

Por essa razão, neste momento da história brasileira, fomentar ferramentas alternativas, como técnicas de mediação-conciliação, torna-se ação aconselhável para dirimir com mais eficácia litígios laborais, na medida em que resolve a demanda de forma mais rápida e permite o cumprimento pelas partes da avença firmada, geralmente, de maneira espontânea.

Nesse sentido, no próximo item da pesquisa optou-se por colher informações sobre o funcionamento da conciliação jurisdicional no Brasil, no intuito de atestar se ela realmente é capaz de agilizar a resolução processual.

1.1. Do funcionamento da conciliação judicial na esfera trabalhista

Ao longo deste livro tenta-se encontrar soluções para o grande problema enfrentado hodiernamente pela Justiça do Trabalho brasileira, que diz respeito ao excesso de processos. Tal informação é comprovada pelos números abaixo que constatam haver, no ano de 2019, muitos processos aguardando para serem julgados em cada instância[103] :

– no TST: os processos recebidos somados aos pendentes de anos anteriores totalizaram 621.705;

– nos TRTs: os processos recebidos somados aos pendentes de anos anteriores totalizaram 1.610.592;

– e nas Varas do Trabalho: as ações ajuizadas somadas aos processos pendentes de anos anteriores e aos Embargos de Declaração interpostos totalizaram 3.532.107 processos na fase de conhecimento para solução.

Dessa maneira, constata-se que são milhares de processos pendentes de julgamento, certificando um grave problema na Justiça Obreira. Mais precisamente, esse número é de 1.599 processos a serem julgados por cada magistrado na Justiça do Trabalho (excluídos os ocupantes de cargos de direção) no decorrer de 2019. Se dividido por instância, no TST, o total a julgar é de 25.904

(103) Para pesquisar acerca do excesso de judicialização: http://www.tst.jus.br/web/estatistica/noticias/-/asset_publisher/bR9D/content/conheca-o-relatorio-geral-da-justica-do-trabalho-2015. Acesso em: 26 jun. 2021.

processos para cada ministro; nos TRTs é de 3.202 para cada desembargador; e nas Varas é de 1.148 para cada juiz(104) .

Em 2020, o total de processos a serem julgados por magistrado foi de 1.391. Dividido por instância, esse número foi de 32.043 processos para cada ministro no TST, nos TRTs de 2.891 para cada desembargador e nas Varas do Trabalho de 900 para cada magistrado(105) .

Resta indene de dúvidas a existência de uma sobrecarga processual para cada magistrado apreciar devido à grande quantidade de processos esperando para serem solucionados. Esse fato é reforçado pelos dados que serão apresentados a seguir referentes aos índices de produtividade do ano de 2019:

– no TST: foram julgados 331.040 processos, sendo que isso significa o percentual de 53,2% do total a julgar. Dessa forma, verificou-se ao longo do ano que cada um dos ministros julgou, em média, 13.640 processos e, por mês, 1.364.

– nos TRTs: foram julgados 1.093.228 processos, o que representa 67,9% do total a julgar. Isso significa que cada desembargador julgou, em média, 2.173 processos por ano e, por mês, 181.

– nas Varas do Trabalho: na fase de conhecimento foram julgados 2.188.483 processos, de modo que cada juiz solucionou, em média por ano, 653 processos e, por mês, 54. Os processos solucionados juntamente aos 394.447 Embargos de Declaração julgados representaram 73,1% do total a julgar.

Como demonstrado, é produtiva a atuação da via jurisdicional no Brasil, mas, mesmo assim, no ano de 2019, verificou-se um grande resíduo processual a contabilizar: no TST – 342.843 processos, nos TRTs – 470.776 processos, nas Varas do Trabalho na fase de conhecimento um total de 896.185 e os processos pendentes de execução terminaram o ano em 1.950.808(106) .

Esse resíduo processual significa a existência de processos que sobram de um ano para o outro, número resultante da diferença entre os processos recebidos e os julgados. Infelizmente, esse número desde a constituição da Justiça do Trabalho em 1941 vem acumulando. Considerando-se o resíduo de processos de 2019 por magistrado da Justiça do Trabalho, tem-se o número de 1.190 processos. Separadamente por instância, os índices encontrados são

---

(104) Sobre as demandas: http://www.tst.jus.br/web/estatistica/noticias/-/asset_publisher/bR9D/content/conheca-o-relatorio-geral-da-justica-do-trabalho-2015. Acesso em: 27 jun. 2021.

(105) Informação numérica da Justiça em: https://www.tst.jus.br/documents/18640430/27418815/RGJT+2020.pdf/a2c27563-1357-a3e7-6bce-e5d8b949aa5f?t=1624912269807. Acesso em: 10 dez. 2021.

(106) Resíduo processual: http://www.tst.jus.br/web/estatistica/noticias/-/asset_publisher/bR9D/content/conheca-o-relatorio-geral-da-justica-do-trabalho-2015. Acesso em: 28 jun. 2021.

os seguintes: no TST o resíduo foi de 14.285 processos por ministro; na 2ª Instância foi de 936 processos; e na 1ª Instância, de 291 na fase de conhecimento e de 922 na fase de execução[(107)] .

No ano de 2020, o resíduo processual por magistrado foi de 1.394 processos. Isso representa 19,2% superiores ao que foi verificado em 2019. Dividindo-se por instância, foi no TST de 20.225 processos por ministro. Na 2ª Instância, de 784 processos, e na 1ª Instância, de 383 na fase de conhecimento e de 963 na fase de execução[(108)] .

Em relação à produtividade do ano de 2020, no TST foram julgados 335.237 processos, o que significa 1,3% a mais que em 2019 e representa 43,6% do total a julgar. Nos TRTs foram julgados 931.188 processos, o que alcança 64,0% do total a julgar. Na 2ª Instância verifica-se que a produtividade diminuiu 14,8% em relação a 2019. Nas Varas do Trabalho, na fase de conhecimento, 1.260.331 processos foram solucionados, o que representa 42,4% a menos do que em 2019[(109)] .

Percebe-se que a produtividade da justiça, de modo global, foi menor em 2020 do que em 2019, de forma a continuar o acúmulo de acervo processual de um ano para o outro. Esse problema agrava-se, considerando que em 2021 a quantidade de ações trabalhistas ajuizadas de janeiro a junho é 30% maior do que no mesmo período de 2020. Isso em razão das demissões ocorridas durante a pandemia e devido às novas formas de relações de trabalho. Assim, no primeiro semestre de 2021, os cidadãos brasileiros deram entrada em mais de 891.182 processos[(110)] .

Portanto, a partir da constatação de que a justiça é produtiva, mas não está conseguindo resolver os processos em tempo adequado devido à enorme litigiosidade, bem como devido ao acúmulo processual de anos, torna-se preciso incentivar vias alternativas de resolução de disputas laborais no intuito de solucionar a lide de forma mais ágil, inclusivamente para possibilitar diminuir

---

(107) Mais detalhes sobre a quantidade de processos, consultar: http://www.tst.jus.br/web/estatistica/noticias/-/asset_publisher/bR9D/content/conheca-o-relatorio-geral-da-justica-do-trabalho-2015. Acesso em: 30 jun. 2021.

(108) Acervo de 2020 em: https://www.tst.jus.br/documents/18640430/27418815/RGJT+2020.pdf/a2c27563-1357-a3e7-6bce-e5d8b949aa5f?t=1624912269807. Acesso em: 15 dez. 2021.

(109) Sobre a produtividade da Justiça Obreira, acessar: https://www.tst.jus.br/documents/18640430/27418815/RGJT+2020.pdf/a2c27563-1357-a3e7-6bce-e5d8b949aa5f?t=1624912269807. Acesso em: 8 dez. 2021.

(110) Para mais informações do aumento de ações no ano de 2021, consultar: https://www.cnnbrasil.com.br/business/numero-de-processos-trabalhistas-dispara-durante-a-pandemia-de-covid-19/. Acesso em: 16 nov. 2021.

esse resíduo processual. E é isso que vem acontecendo, até mesmo na Justiça do Trabalho brasileira nos últimos anos.

No que se refere às conciliações, como já dito, o índice apresentado revela-se muito positivo e demonstra a eficácia desse meio de resolução de conflitos. Não é por outro motivo que a própria Justiça do Trabalho tem incentivado, por meio das Semanas Nacionais de Conciliações Trabalhistas, o uso dessa ferramenta.

Dados estatísticos da V Semana Nacional da Conciliação Trabalhista(111) demonstra o quão favorável tem sido a realização de acordos para diminuir a quantidade de processos, uma vez que foram homologados 28.636 acordos. A média percentual de acordos homologados em relação às audiências realizadas foi de 43,1%, índice que se revela extremamente positivo.

Somam-se a esse fato as informações contidas no Relatório da Justiça em Números do ano de 2019 do CNJ, que aponta que a Justiça do Trabalho é o ramo do Poder Judiciário brasileiro que mais realiza conciliações. Isso porque, em 2019, foram cerca de 42.9% de conciliações realizadas. E no período de janeiro a julho de 2020, o índice de conciliação geral na Justiça Obreira foi de 39,5%, alcançando cerca de 270,8 mil conciliações(112) .

A esse respeito, dados disponibilizados pelo TST(113) informam o total de homologações feitas de conciliações na Justiça do Trabalho nos últimos anos:

2017: 994.818 acordos;

2018: 884.125 avenças;

2019: 853.741 conciliações;

2020: 510.582 acordos;

2021 até o dia 7 de dezembro: 548.026 conciliações.

Devido ao número ser alto, é fato que a conciliação é ferramenta capaz de contribuir com a diminuição dos processos dentro da própria justiça. Dessa forma, reforça-se que a conciliação tem se mostrado imprescindível ao bom funcionamento da Justiça do Trabalho brasileira, na medida em que há bons

(111) Semana Nacional de Conciliação, verificar: http://www.tst.jus.br/web/estatistica/jt/semana-conciliacao Acesso em: 30 jun. 2021

(112) Detalhes sobre a conciliação trabalhista, consultar: http://www.tst.jus.br/conciliacao. Acesso em: 16 jun. 2021.

(113) Estatísticas de conciliação do TST em: https://www.tst.jus.br/web/estatistica/jt/conciliacoes. Acesso em: 7 dez. 2021.

índices de acordos alcançados, o que contribui para resolver o caso de forma ágil, diminuindo também o número de processos no Poder Judiciário, o que agiliza a via jurisdicional.

Nesse contexto, no intuito de diminuir a litigiosidade, o CSJT, a partir de 2017, passou a fomentar a constituição nas estruturas da Justiça do Trabalho de centros de mediação-conciliação trabalhista, objetivando gerenciar e resolver de forma mais rápida as disputas laborais.

Assim, faz-se necessário apreciar o funcionamento do Cejusc (Centros Judiciários de Métodos Consensuais de Solução de Disputas), que são estruturas administrativas criadas no Poder Judiciário Laboral brasileiro.

1.2. Dos Centros Judiciários de Métodos Consensuais de Solução de Disputas

Recentemente, o CSJT no Brasil passou a incentivar a criação nos TRTs de Centros Judiciários de Métodos Consensuais de Solução de Disputas denominados de Cejusc. Neles, as partes do processo podem tentar a avença por meio de mecanismos de conciliação ou de mediação. E, para que isso seja possível, é preciso a manifestação dessa intenção ao TRT ou ao Centro Judiciário de Métodos Consensuais de Solução de Disputas (Cejusc) ou à Vara do Trabalho em que o processo tramita[(114)].

Especificamente, é bom recordar que o CSJT passou a prever a implementação da Política Pública de Tratamento Adequado das Disputas de Interesses no âmbito da Justiça do Trabalho, por meio da Resolução n. 174 de 2017[(115)]. Todavia, ainda se concentra no magistrado trabalhista a resolução dos conflitos individuais de classe.

De acordo com essa Resolução do CSJT, os Nupemec são criados com o objetivo de realizar o planejamento, a manutenção e o aperfeiçoamento de ações para o cumprimento da política judiciária de tratamento adequado das disputas. Cabe a ele incentivar o desenvolvimento desses métodos a nível individual e coletivo[(116)].

E, por sua vez, o Centro Judiciário de Métodos Consensuais de Solução de Disputas - Cejusc-JT é responsável por promover as sessões e as audiências

---

(114) Para saber mais dos centros de mediação e conciliação na Justiça do Trabalho: http://www.csjt.jus.br/web/csjt/noticias3/-/asset_publisher/RPt2/content/id/7643869. Acesso em: 28 jun. 2021.

(115) Resolução disponibilizada em: https://www.csjt.jus.br/c/document_library/get_file?uuid=235e3400-9476-47a0-8bbb-bccacf94fab4&groupId=955023. Acesso em: 28 nov. 2021.

(116) *Ibidem*.

de conciliação e de mediação de processos em qualquer fase ou instância, inclusive naqueles pendentes de julgamento perante o TST.(117)

Assim, por meio desses núcleos instalados na própria estrutura da Justiça do Trabalho, visa-se obter a conciliação-mediação de forma rápida e eficiente para processos a qualquer tempo, seja na fase de conhecimento ou de execução. Para tanto, deve a parte solicitar o agendamento da audiência para tentativa de conciliação-mediação por meio de petição ou do preenchimento de um formulário específico(118).

Essa conciliação-mediação pode ser realizada com o processo ainda em andamento ou antes de ser ajuizado, o que será explicado mais à frente. E, atualmente, em razão da pandemia, houve um incentivo para a sua feitura por videoconferência.

Aos poucos, constata-se que esse movimento está crescendo na Justiça do Trabalho. É o que se visualiza na Recomendação CSJT.GVP n. 1 do ano de 2020 editada pelo CSJT durante a pandemia e que ampliou a mediação pré-processual para abarcar os conflitos individuais laborais que dizem respeito ao exercício de atividades e ao funcionamento de empresas no contexto dessa situação extraordinária, a fim de possibilitar a solução dos litígios de maneira mais rápida por meio do diálogo.(119) Antes dessa recomendação, somente os litígios individuais que já fossem processos instaurados poderiam ser levados ao Cejusc. De modo que a função pré-processual era restrita para controvérsias coletivas.

A esse respeito, é importante esclarecer que na mediação pré-processual as partes têm a oportunidade de buscar soluções para encerrar o conflito, sem a necessidade de ingressar com uma demanda judicial. De acordo com a Recomendação CSJT.GVP n. 01/2020, a mediação pré-processual pode se dar tanto no 1º grau, quanto no 2º grau de jurisdição, e as reuniões serão realizadas pela via virtual no período da pandemia(120).

Dessa maneira, frisa-se que essa recomendação trouxe um avanço ao orientar os coordenadores dos Nupemec-JT e dos Cejusc a atuarem como

---

(117) Descrições acerca do Cejusc em: https://www.trt20.jus.br/servicos/quero-conciliar. Acesso em: 30 jun. 2021.

(118) Resolução disponibilizada em: https://www.csjt.jus.br/c/document_library/get_file?uuid=235e3400-9476-47a0-8bbb-bccacf94fab4&groupId=955023. Acesso em: 28 nov. 2021.

(119) Sobre a resolução do CSJT: http://www.csjt.jus.br/web/csjt/noticias3/-/asset_publisher/RPt2/content/id/7643869. Acesso em: 1 jul. 2021.

(120) Mais detalhes sobre a recomendação ao Cejusc no período de pandemia: https://portal.trt12.jus.br/mediacao. Acesso em: 30 jun. 2021.

mediadores e conciliadores para conflitos individuais ou coletivos no âmbito pré-processual em razão da pandemia(121).

Portanto, a própria Justiça do Trabalho desde o ano de 2017 está sedimentando, aos poucos, esta estrutura administrativa denominada de Nupemec-JT(122), que é composta por magistrados e servidores ativos designados e treinados em mediação pela Escola Judicial. Essa é uma forma desenvolvida pelo próprio Poder Judiciário para tentar solucionar os conflitos laborais de forma mais ágil(123).

Esse sistema está sendo implementado dentro de cada TRT das 24 regiões da Justiça do Trabalho. A principal atribuição, portanto, é a realização das sessões e audiências de conciliação e mediação de processos em qualquer fase ou instância, inclusive, como já dito, naqueles pendentes de julgamento perante o TST(124).

Essa mudança de paradigma processual na postura estatal tanto institucional quanto legislativa demonstra que o Estado Interventor está cedendo espaço para o Estado Mediador, ou seja, passa-se a investir mais em métodos consensuais para resolver disputas. Assim, toda essa transformação permite que se deixe para trás a visão de que apenas o Estado poderia dirimir as disputas laborais individuais (BRANDÃO, 2018, pp. 140-141). Entretanto, a sedimentação desta nova cultura requer maiores investimentos públicos para atrair a mudança social desejada.

Alguns TRTs têm disponibilizado em seus próprios sites estatísticas sobre o funcionamento do Cejusc em sua região.

O TRT 4, por exemplo, divulgou que em 2021, até a data de 30 de junho do referido ano, realizaram-se neste Tribunal o total de 24.129 conciliações,

---

(121) "Acerca do funcionamento do Cejusc: http://www.csjt.jus.br/web/csjt/noticias3/-/asset_publisher/RPt2/content/id/7643869. Acesso em: 1° jul. 2021.

(122) "Art. 2º Fica instituída a Política Judiciária Nacional de tratamento das disputas de interesses trabalhistas para assegurar a todos o direito à solução das disputas por meios adequados à sua natureza, peculiaridade e características socioculturais de cada Região. Parágrafo único. Para o adequado cumprimento do presente artigo, bem como para a implementação da Política Pública de Tratamento Adequado das Disputas de Interesses no âmbito da Justiça do Trabalho, deverão os Tribunais Regionais do Trabalho instituir um Núcleo Permanente de Métodos Consensuais de Solução de Disputas – Nupemec-JT, assim como instituir Centro(s) Judiciário(s) de Métodos Consensuais de Solução de Disputas – Cejusc-JT." (Resolução n. 174/2016 do CSJT).

(123) Acerca do funcionamento do Cejusc: http://www.csjt.jus.br/web/csjt/noticias3/-/asset_publisher/RPt2/content/id/7643869. Acesso em: 1 jul. 2021.

(124) Informações do Cejusc em: http://www.csjt.jus.br/web/csjt/conciliacao-trabalhista/cejuscs/#TRT3. Acesso em: 26 jun. 2021.

das quais o Cejusc de 1º grau firmou 1.270 conciliações e, o de 2º grau, 172 conciliações(125).

No TRT 3 constata-se que o Cejusc de 1º grau, no ano de 2019, homologou 4.408 acordos obtendo um total de 43,2% de avenças em relação ao total de audiências realizadas(126). E em 2020, no 1º grau, foram 1.850 acordos, representando o percentual de 46,84% em conciliações(127).

Conforme dados do relatório do TRT 1, firmaram-se em 2020 o total de 903 acordos de mediação e 1.352 de conciliação.(128)

Por sua vez, no TRT 6, em 2018, o Cejusc de 1º grau realizou 6.315 conciliações, alcançando um percentual de efetividade de avenças de 56,12% do total.(129)E no 2º grau foram 270 conciliações obtidas(130).

O TRT 12 disponibilizou que no ano de 2019 foram firmadas 7.469 conciliações, com um total de 42,3% de avenças conseguidas(131). E em 2020 foram acordadas no Cejusc de 1º grau, na fase de conhecimento, 4.140 conciliações, obtendo o índice de 44,1% de avenças(132). E no de 2º grau, em 2020, foram ao todo 489 conciliações na fase de conhecimento, com o percentual de 43,5% de avenças conseguidas(133).

No TRT 17, no ano de 2018, quando instalado o Cejusc, de abril a dezembro foram realizados 661 acordos. O percentual de conciliações-mediações foi de 39,32%.(134)

---

(125) Dados do TRT 4 disponíveis em: https://dados.trt4.jus.br/extensions/conciliometro/conciliometro.html. Acesso em: 29 jun. 2021.

(126) Cejusc do TRT 3 disponível em: https://portal.trt3.jus.br/internet/institucional/corregedoria/downloads/atas-correicao/2020/CEJUSC_1o_Grau.pdf. Acesso em: 29 jun. 2021.

(127) Cejusc do TRT 3 pode ser consultado em: https://portal.trt3.jus.br/internet/institucional/corregedoria/downloads/atas-correicao/2021/CEJUSC_DE_1a_GRAU.pdf. Acesso em: 29 jun. 2021.

(128) Sobre Cejusc do TRT 1: https://www.trt1.jus.br/documents/22128/18048693/CEJUSC/267c320f-c0b3-81b7-9d6d-292f4f96927f?version=1.0. Acesso em: 1 jul. 2021.

(129) Índices do Cejusc do TRT 6 em: https://www.trt6.jus.br/portal/sites/default/files/documents/2018_g_1_1.pdf. Acesso em: 29 jun. 2021.

(130) Mais detalhes Cejusc do TRT 6: https://www.trt6.jus.br/portal/sites/default/files/documents/2018_g_2_1.pdf. Acesso em: 29 jun. 2021.

(131) Cejusc do TRT 12 em: https://portal.trt12.jus.br/sites/default/files/2020-06/AcumuladoAnual-CEJUSC-2019v2.pdf. Acesso em: 30 jun. 2021.

(132) Informações Cejusc do TRT 12: https://portal.trt12.jus.br/sites/default/files/2021-01/Acumulado-Anual-CEJUSC-202012.pdf. Acesso em: 30 jun. 2021.

(133) Mais informações do Cejusc do TRT 12: https://portal.trt12.jus.br/sites/default/files/2021-01/CEJUSC%202G%20-%202020.pdf. Acesso em: 30 jun. 2021.

(134) Cejusc do TRT 17: https://www.trtes.jus.br/principal/atividade-judiciaria/semana-nacional-da-conciliacao. Acesso em: 30 jun. 2021.

Já no TRT 20, o Cejusc de 1º grau realizou em 2020 ao todo 775 acordos. (135)

No TRT 15, o Cejusc de 1º e 2º graus no ano de 2021, no pequeno período de janeiro a abril, conseguiu realizar avenças em 1.632 processos na fase de conhecimento, sendo que o índice de conciliação de todos os processos na fase de conhecimento, liquidação e pré-processual alcançou a percentagem de 43,4%.(136)

No TRT 24, o Cejusc firmou mais de 1.000 acordos em menos de 2 anos de funcionamento, contribuindo para desobstruir o Poder Judiciário e para reduzir o tempo de espera pela audiência inaugural que antes era de 1 ano e passou a ser de 60 dias(137).

O TRT 23 disponibilizou informações em seu site, que datam de 18.08.2020, citando que houve 1.020 audiências e foram realizados 363 acordos desde a inauguração do Cejusc de 1º grau. Além disso, esclareceu que as audiências têm sido realizadas no formato virtual em razão do coronavírus.(138)

Os dados não detalham quantos foram os conflitos individuais e quantos foram os coletivos resolvidos pelos Cejusc, por isso não se fez a diferenciação. Fato é que, apesar de ser um projeto embrionário e a grande quantidade de conciliações ser realizada pelos próprios juízes do processo jurisdicional, eles possuem bons índices de acordos realizados em relação ao total de audiências feitas. Assim, entende-se que são meios capazes de contribuir para que a prestação jurisdicional se desenvolva de maneira célere e efetiva. Todavia, carecem de maiores incentivos para seu desenvolvimento e crescimento.

---

(135) Quanto à atuação do Cejusc do TRT 20 em: https://www.trt20.jus.br/noticias/10-noticias/12517-cejusc-do-1-grau-celebra-775-acordos-em-2020-totalizando-mais-de-r-7-milhoes. Acesso em: 2 jul. 2021.

(136) Sobre o Cejusc do TRT 15, acessar: https://trt15.jus.br/sites/portal/files/fields/v_estatistica_cic_cejusc/2021/dados-acumulados//cejusc_jan-abr2021.pdf. Acesso em: 2 jul. 2021.

(137) Para consultar mais do Cejusc do TRT 24: http://www.trt24.jus.br/web/guest/pesquisa?p_p_id=101&p_p_lifecycle=0&p_p_state=maximized&p_p_mode=view&_101_struts_action=%2Fasset_publisher%2Fview_content&_101_returnToFullPageURL=http%3A%2F%2Fwww.trt24.jus.br%2Fweb%2Fguest%2Fpesquisa%3Fp_auth%3DC27CdXx5%26p_p_id%3D3%26p_p_lifecycle%3D1%26p_p_state%3Dnormal%26p_p_state_rcv%3D1&_101_assetEntryId=1399940&_101_type=content&_101_urlTitle=cejusc-atinge-a-marca-de-mil-acordos-em-menos-de-dois-anos-de-funcionamento&redirect=http%3A%2F%2Fwww.trt24.jus.br%2Fweb%2Fguest%2Fpesquisa%3Fp_p_id%3D3%26p_p_lifecycle%3D0%26p_p_state%3Dmaximized%26p_p_mode%3Dview%26_3_keywords%3Dcejusc%26_3_groupId%3D0%26_3_struts_action%3D%252Fsearch%252Fsearch&inheritRedirect=true. Acesso em: 3 jul. 2021.

(138) No que se refere ao Cejusc do TRT 23: https://portal.trt23.jus.br/portal/noticias/cejusc-de-cuiab%C3%A1-realiza-mais-de-mil-audi%C3%AAncias-de-concilia%C3%A7%C3%A3o-e-363-acordos-em-2020. Acesso em: 3 jul. 2021.

Conforme a Resolução n. 174 do CSJT, identifica-se que esses centros são regidos pelos princípios da independência, da autonomia, do respeito à ordem pública e às leis vigentes, do empoderamento das partes, entre outros ditos como fundamentais. Entretanto, há limites na atuação do Cejusc, como no caso de não cumprimento voluntário do acordo pelas partes, em que não é possível a ele propor medidas executivas, devendo tal fato ser apreciado pelo Poder Judiciário.

Constata-se que ainda é uma quantidade pequena de procedimentos tramitando nesses núcleos em relação ao total de demandas existentes na Justiça Obreira, mas eles têm contribuído para diminuir a sobrecarga do Poder Judiciário, na medida em que já resolvem milhares de processos e, por isso, deve-se fomentar a sua expansão.

Verifica-se que o desenvolvimento da aceitação social e da comunidade jurídica vem se consolidando por etapas. A partir de 2021 permite-se a solução dos conflitos individuais laborais de forma preventiva de modo geral, o que contribui para alcançar a pacificação social por meio de um atendimento humanizado e do favorecimento do diálogo, inclusive por meio do uso de plataformas digitais como o WhatsApp.[139] Esse é um grande avanço.

Sobre esse assunto, depreende-se que a evolução tecnológica proporcionada pela 4ª Revolução Industrial tem impactado o processo, sendo capaz de permitir mais celeridade aos trâmites procedimentais por meio dos recursos digitais fornecidos pelas novas tecnologias e pela inteligência artificial, favorecendo o desenvolvimento da chamada 4ª onda renovatória do acesso à justiça.

Assim, no aspecto tecnológico, é importante pontuar que nos tribunais muitas audiências têm sido realizadas virtualmente por meio de plataformas digitais em razão da Covid[140].

Reafirma-se que esses núcleos foram criados e permitem que, antes mesmo de ajuizar uma ação judicial, seja possível solicitar à Justiça do Trabalho a

---

(139) Aprofundar estudos do Cejusc: https://trt15.jus.br/conciliar/nupemec. Acesso em: 4 jul. 2021

(140) Durante a pandemia, primeiramente, houve a suspensão dos atos presenciais por meio da Resolução n. 313 do CNJ em 19.03.2020. Posteriormente, em 31.03.2020, a Portaria n. 61 CNJ disciplinou a Plataforma Emergencial de Videoconferência com a permissão para a realização de audiências e sessões de julgamento do Poder Judiciário. Em 17.04.2020 foi publicado o Ato Conjuntivo CSJT.GP.GVP.CGJT n. 5 com regras sobre o tema para a Justiça do Trabalho que posteriormente foi substituído pelo Ato n. 6 em 5.5.2020 que previu a necessidade de distanciamento social e a feitura de audiências telepresenciais. Na data de 7.10.2020 foi publicada a Resolução n. 341/2020 no CNJ disciplinando que os Tribunais devem disponibilizar salas de videoconferência. Em 9.10.2020, a Resolução n. 345/2020 permitiu o juízo 100 % digital. E, em 29.12.2020, o zoom tornou-se plataforma obrigatória da Justiça do Trabalho no Ato Conjuntivo n. 54 CSJT.GP. GVP.CGJT.

mediação-conciliação de questões trabalhistas, inclusive de forma virtual. No caso de conflitos coletivos, o pedido de mediação pré-processual é feito por meio do sistema do Poder Judiciário eletrônico (PJe), conforme autorizado pela Resolução n. 174/2017, do CSJT [(141)]. E, em 2021, a Resolução n. 288/2021 do CSJT passou a admitir também que, antes do ajuizamento de um processo judicial, sejam mediados perante a Justiça do Trabalho conflitos individuais[(142)]. Essa resolução tem uma abrangência mais ampla e passa a abarcar não somente disputas individuais que decorrem da pandemia, mas controvérsias individuais de modo generalizado.

Dessa forma, é possível aferir que se está tratando neste livro de uma reestruturação de todo o sistema processual que perpassa pela aceitação e adoção de novas formas de resolver os litígios, mas também pela implementação de um sistema eletrônico que racionaliza e favorece no tempo de duração da tramitação processual (BRANDÃO, 2018, p. 140). Como é o caso do uso de audiências on-line intensificadas durante a pandemia.

Os avanços nessa área têm sido muitos. A Resolução n. 326 do CNJ de 2020[(143)], por exemplo, prevê a possibilidade de criar plataformas digitais para a feitura de mediação e conciliação pré-processuais no âmbito da justiça comum. Igualmente, nesse aspecto, a Resolução n. 345 do ano de 2020 do CNJ passou a prever a possibilidade de o juízo ser 100% digital para que todos os atos processuais sejam feitos de forma eletrônica e as audiências sejam realizadas por videoconferência, desde que por escolha das partes. Essa resolução aplica-se à seara laboral no intuito de alcançar a celeridade processual.[(144)]

Aliás, durante a pandemia, foi a digitalização do processo que permitiu a continuidade da prestação jurisdicional e, neste período, consolidou-se a feitura das audiências por videoconferência para conciliação e mediação

---

(141) Acerca do funcionamento do Cejusc: https://www.trt9.jus.br/portal/pagina.xhtml?secao=22&pagina=mediacao%20Pre-Processual. Acesso em: 4 jul. 2021.

(142) Mais informações do funcionamento do Cejusc: https://www.trt9.jus.br/portal/pagina.xhtml?secao=22&pagina=Mediacao%20Pre-Processual. Acesso em: 4 jul. 2021.

(143) Art. 6º, X – "criar Sistema de Mediação e Conciliação Digital ou a distância para atuação pré-processual de conflitos e, havendo adesão formal de cada Tribunal de Justiça ou Tribunal Regional Federal, para atuação em demandas em curso, nos termos do art. 334, § 7º, do Código de Processo Civil de 2015 e do art. 46 da Lei n. 13.140, de 26 de junho de 2015 (Lei de Mediação); (Redação dada pela Resolução n. 326, de 26.6.2020)". Disponível em: https://atos.cnj.jus.br/files/compilado160204202007225f1862fcc81a3.pdf. Acesso em: 25 de nov. 2021.

(144) Acerca do Juízo 100% digital: https://www.cnj.jus.br/wp-content/uploads/2020/10/WEB_cartilha_Juizo_100porcento_digital_v3.pdf. Acesso em: 16 nov. 2021.

de disputas individuais. Tudo isso vai ao encontro do projeto "Justiça 4.0" desenvolvido pelo CNJ(145).

Desse modo, as audiências telepresenciais impulsionadas em face da Covid-19 e possibilitadas pela tecnologia foi uma forma que o Poder Judiciário encontrou para continuar funcionando e prestando serviços ao jurisdicionado por meio de uma "rede" virtual criada por meio de links como o Meet e o Zoom, por exemplo. Isso se estende também ao Cejusc.

Pode-se dizer que o Brasil é um país pioneiro na implementação de tecnologia em processos judiciais pelo Poder Judiciário Eletrônico (PJe). E, atualmente, com o desenvolvimento do sistema audiovisual, permite-se o interrogatório das partes ou que se inquira as testemunhas por videoconferência, o que está regulamentado na Resolução n. 222/2016 do CNJ. Tudo isso facilita o acesso à justiça para as pessoas que não possam comparecer presencialmente.

Sobre essa questão, entende-se que a tecnologia tem contribuído para prestar melhor atendimento ao jurisdicionado, proporcionando eficácia e celeridade processuais (COLNAGO, 2020, pp. 111-114). Nesse sentido, é preciso afirmar que o processo judicial eletrônico é um meio que facilita o acesso à justiça, podendo até mesmo ser considerado como a quarta onda renovatória de acesso ao Poder Judiciário (COLNAGO, 2020, p. 111).

Em que pesem as audiências remotas terem se tornado necessárias principalmente durante a pandemia, essa é uma realidade com tendência para se concretizar face à revolução tecnológica, para atuar ao lado das presenciais, tanto na via judicial quanto na administrativa (Cejusc).

Feita a análise de como está a realização das conciliações-mediações na Justiça do Trabalho brasileira por meio de núcleos administrativos, passa-se ao estudo de como têm sido desenvolvidas essas ferramentas alternativas para fora do âmbito estatal.

1.3. Dos mecanismos extrajudiciais de resolução de conflitos laborais

No que diz respeito aos procedimentos extrajudiciais de resolução de conflitos laborais brasileiros estudados no capítulo I, por serem procedimentos realizados fora do âmbito estatal, faltam dados estatísticos em órgãos oficiais que possibilitem a análise de seu funcionamento e efetividade de forma pormenorizada.

Quanto ao procedimento arbitral, por exemplo, não foram encontrados índices oficiais capazes de avaliar como tem sido a sua utilização no país após

(145) Para estudar sobre a Justiça 4.0, verificar: https://www.cnj.jus.br/tecnologia-da-informacao-e-comunicacao/justica-4-0/. Acesso em: 22 nov. 2021.

a modificação legal ocorrida com a reforma trabalhista em 2017. Aliás, nem mesmo se sabe se o instituto está sendo usado no direito individual, já que não detém aceitação social. Igualmente, não há jurisprudência sedimentada a esse respeito.

Todavia, pensa-se que a tendência é haver a aceitação jurisprudencial em conformidade com a disposição normativa para altos empregados, embora não haja tradição e confiança social nesta ferramenta. Esse inclusive é um dos fatores que contribuem para que esse procedimento não seja visto como a solução para os problemas enfrentados pelo Poder Judiciário para o excesso de demandas, além dos temores em relação à sua constitucionalidade e falta de democraticidade.

Com relação à possibilidade de homologação de acordos extrajudiciais pela Justiça do Trabalho, que também é fruto da reforma trabalhista, esse procedimento de jurisdição voluntária é na verdade a administração judicial de interesses privados.

Em razão da sua recente incorporação no ordenamento jurídico, não há qualquer informação numérica dos tribunais que ateste acerca de como tem sido a sua utilização. Mas convém esclarecer que, a priori, esta não é a solução para o excesso de processos que tramitam na justiça, na medida em que se torna mais um procedimento no seio do Poder Judiciário, que deverá avaliar o acordo celebrado extrajudicialmente para homologá-lo ou não.

Quanto às CCPs (incluindo o Ninter), da mesma maneira, não foi detectado nenhum órgão oficial nacional que colha índices estatísticos acerca do seu funcionamento. Isso pode ser atribuído ao fato de haver previsão normativa permitindo a pulverização dessa ferramenta no Brasil, haja vista que ela pode ser instalada na empresa ou nos sindicatos (146) ou em ambos.

Além disso, as CCPs estão em inatividade após a decisão do STF e a consulta a milhares de sindicatos ou empresas, para saber se eles têm ou não esse instrumento instalado, tornaria esse trabalho inviável. Mas o fato é que a decisão do STF no sentido de não ser obrigatória a passagem por elas, para não prejudicar o direito de acesso à justiça, esvaziou o instituto e não se tem notícias sobre o funcionamento recente de CCPs no país.

Portanto, infelizmente, em razão da sua quase inutilização, não foram obtidos quaisquer índices oficiais acerca do desenvolvimento de mecanismos extrajudiciais laborais brasileiros a atuar fora do controle do Estado. Reforçando

---

(146) São mais de 17.000 sindicatos com registro ativo no país. Existe este cadastro para preservar a unicidade sindical. Disponível em: https://www.gov.br/trabalho-e-previdencia/pt-br/servicos/sindicatos/cadastro-de-entidades/arquivos-entidade-sindical-registrada/arquivos-entidade-sindical-registrada. Acesso em: 1º jul. 2022.

a necessidade de defender o desenvolvimento de métodos de resolução de disputas para fora do Poder Judiciário Laboral.

2. Considerações sobre as informações numéricas

As recentes reformas operacionalizadas na norma trabalhista em 2017, que foram realizadas pelo Poder Legislativo e sancionadas pelo Poder Executivo para incorporar instrumentos de resolução de conflitos alternativos para além do seio estatal, evidenciam uma preocupação do Estado brasileiro com a sobrecarga processual existente.

Igualmente, o fomento dos instrumentos de mediação-conciliação na própria estrutura da Justiça do Trabalho pelos Cejuscs a partir de 2017, para solucionar conflitos laborais, evidencia que os problemas acarretados pela litigiosidade excessiva da via jurisdicional é uma questão a ser resolvida pelos três Poderes Republicanos.

Resta claro que a criação pelo próprio Poder Judiciário de centros de mediação e conciliação trabalhistas, que atuam em caráter preventivo ou durante o curso processual, para auxiliar as partes e dirimir disputas individuais e coletivas, foi estabelecida no intuito de diminuir a quantidade de acervo processual.

Quanto a isso, pensa-se que essa medida adotada é necessária e se mostra fundamental. Dados estatísticos explícitos demonstram a sua viabilidade no que tange aos acordos realizados. Assim, o Cejusc é capaz de contribuir com a diminuição de processos por proporcionar a feitura de uma solução mais rápida.

Portanto, é notório que as conciliações-mediações feitas nesses centros, somadas às conciliações realizadas pelo próprio magistrado no curso do processo, ajudam a desobstruir a justiça.

Porém, os Cejuscs não são capazes de solucionar, por si só, toda essa crise social existente. Ainda mais considerando que eles são de uso facultativo.

O melhor caminho encontrado para esse problema perpassa pela ferramenta da mediação-conciliação, mas não somente no Poder Judiciário por meio de seus servidores e juízes, mas com o incentivo a mecanismos de solução de disputas extrajudiciais para além do Poder Judiciário, como no caso das CCPs, por exemplo.

É preciso repensar a decisão emanada pelo STF que definiu ser o estabelecimento de uma condição obrigatória de passar pela CCP prejudicial ao direito de acessar a justiça, quando o que se busca é justamente contribuir para a diminuição do excesso de demandas e favorecer a razoável duração do processo. Aliás, doutrinariamente, percebeu-se que é isso o que acontece no sistema jurídico laboral espanhol.

Por essa razão, neste momento, realizar-se-á uma análise comparativa com a Espanha para buscar soluções para o Brasil. Passa-se à verificação de como tem sido o funcionamento de mecanismos de evitação da sentença, inclusive realizados por sistemas autônomos e pela via administrativa no sistema jurídico espanhol para resolver litígios individuais do trabalho.

Pretende-se aferir se o estabelecimento da obrigatoriedade de mediação-conciliação pré-processual tem favorecido o direito de acessar o Poder Judiciário Laboral espanhol.

3. Do sistema jurídico espanhol

O objetivo primordial deste tópico da investigação é verificar, por meio de informações disponibilizadas por órgãos oficiais espanhóis, como está o desenvolvimento do sistema jurídico de resolução de conflitos laboral espanhol.

Mais precisamente, busca-se avaliar a eficiência, a partir de dados estatísticos, das ferramentas usadas para dirimir as disputas individuais do trabalho nos sistemas administrativo, jurisdicional e autônomo sem que seja necessária a sentença.

3.1. Particularidades sobre a mediação-conciliação administrativa

Sabe-se que foi o Real Decreto-Lei n. 5/1979 que criou o IMAC, sendo este um organismo administrativo responsável por promover a conciliação antes do início do processo judicial, atuando de maneira obrigatória na maior parte das demandas do trabalho (ÁLVAREZ, 2014, p. 6).

Convém recordar que a atuação de organismos administrativos públicos extrajudiciais juntamente à jurisdição, historicamente, serviu para retardar o desenvolvimento de mecanismos privados extrajudiciais de resolução de disputas individuais do trabalho nos órgãos autônomos, sendo este desenvolvido pelos próprios agentes sociais (GARCÍA ÁLVAREZ, 2015, pp. 8-9).

A esse respeito, os órgãos administrativos foram criados exclusivamente pelo poder público, central e/ou autônomo, sem a participação dos agentes sociais (GARCÍA ÁLVAREZ, 2015, pp. 8-9). Atualmente, estão em funcionamento na Espanha os três modelos para resolver disputas individuais do trabalho: administrativo, judicial e autônomo. Sendo que, na esfera administrativa, o IMAC cedeu espaço para organismos administrativos criados nas regiões espanholas.

Feita essa breve explicação sobre a correlação entre os sistemas administrativo, jurisdicional e autônomo, pretende-se neste tópico da pesquisa realizar uma avaliação acerca da eficácia da mediação-conciliação administrativa em disputas individuais do trabalho, por meio da apreciação de informações fornecidas pelo Ministério de Emprego e Seguridade Social (147) da Espanha, mais precisamente por meio das estatísticas alcançadas e disponibilizadas pelas Unidades de Conciliação, de Mediação e de Arbitragem dependentes da autoridade laboral de cada comunidade autônoma.

De acordo com o relatório oficial do Ministério de Emprego e Seguridade Social, os números disponibilizados contemplam também a conciliação, a mediação e a arbitragem de organismos autônomos que atuam em caráter administrativo, integrados por organizações empresariais e sindicais para a resolução extrajudicial do conflito.

Especificamente, os órgãos autônomos de resolução extrajudicial de Balears (TAMIB) e Cantabria (ORECLA) possuem competência para conciliação-mediação de assuntos correspondentes a uma unidade administrativa no que tange aos conflitos individuais e coletivos de trabalho, por isso seus dados estão incluídos no sistema administrativo na tabela que será anexada adiante nesta pesquisa. Essa justificativa encontra-se no relatório oficial.

Sobre esse assunto, Agudo (2021, pp. 151-160) relata que, nas Illes Balears (TAMIB), a previsão de submeter à conciliação-mediação com caráter prévio ocorre em qualquer tipo de conflito jurídico laboral, individual ou plural, inclusive para cumprir o requisito prévio à via judicial. De modo que a intervenção do TAMIB substitui a tentativa de conciliação na via administrativa.

Igualmente, o ORECLA da Cantabria atua em caráter prévio à via judicial e possui competência ampla para conhecer todos os conflitos jurídicos laborais individuais ou plurais, o que cumpre o requisito da conciliação prévia da LRJS. Nesse organismo, as partes de comum acordo podem substituir o procedimento de mediação por uma arbitragem (AGUDO, 2021, pp. 151-160).

Entretanto, Agudo (2021, pp. 151-160) defende que não é ideal que esses organismos autônomos assumam e substituam as funções dos serviços administrativos de conciliação-mediação, tal como o ORECLA e o TAMIB, pois é importante manter ambas as opções (administrativa e autônoma), de maneira que as partes em uma disputa individual possam escolher se preferem utilizar o serviço administrativo ou o autônomo.

Para a autora, conflitos mais complexos deveriam se submeter ao sistema autônomo por necessitarem de maior tempo para a mediação, já que os serviços administrativos têm se valido mais da conciliação, que é uma ferramenta mais rápida (AGUDO, 2021, pp. 151-160).

Mas houve jurisprudência favorável à tendência de incorporação de controvérsias individuais por sistemas autônomos em prejuízo do sistema

---

(147) Mais detalhes sobre os dados estatísticos, consultar: https://www.poderjudicial.es/cgpj/es/Temas/Estadistica-Judicial/Estadistica-por-temas/Medios-alternativos-de-resolucion-de-conflictos/Mediacion--Arbitraje-y-Conciliacion-laborales/. Acesso em: 20 jun. 2021.

administrativo, privilegiando a autonomia coletiva, a STS 729/2020 (NAVARRETE, 2020, pp. 79-120). A ideia defendida por parcela da doutrina é a de que o sistema autônomo não fique retido a uma lógica pré-processual, como ocorre com a via administrativa, mas que possa atuar como um mecanismo de substituição do processo judicial, em coordenação com este, resolvendo em definitivo o problema (NIETO, 2020, pp. 219-250).

Entretanto, nos dias atuais, como o tratamento de conflitos individuais como trâmite prévio é diferente nas regiões no sistema autônomo, sendo que algumas proíbem e outras permitem somente em certos assuntos, no geral, a sua utilização deve ser voluntária às partes (AGUDO, 2021, pp. 61-73). De modo que se pode escolher entre o sistema administrativo e o autônomo.

A seguir, a tabela numérica contendo especificações sobre o desenvolvimento dos sistemas administrativo e autônomo:

MEDIACIÓN, ARBITRAJE Y CONCILIACIÓN
Año 2019

Conciliaciones y mediaciones terminadas, por unidad de resolución y tipo

	VALORES ABSOLUTOS		VARIACIONES SOBRE EL AÑO ANTERIOR					
			Absolutas			Relativas en porcentaje		
	2018	2019	2017	2018	2019	2017	2018	2019
TOTAL	449.521	463.771	10.408	-3.187	14.250	2,5	-0,7	3,2
RESUELTAS POR LAS UNIDADES ADMINISTRATIVAS DE MEDIACIÓN, ARBITRAJE Y CONCILIACIÓN (1)	428.893	443.712	-638	11.195	14.819	-0,2	2,7	3,5
Conciliaciones individuales	428.228	443.056	6.476	11.174	14.828	1,6	2,7	3,5
Con avenencia	135.590	144.949	2.302	9.638	9.359	1,8	7,7	6,9
Sin avenencia	134.810	147.489	-5.988	-4.808	12.679	-4,3	-3,4	9,4
Intentadas sin efecto y otras (2)	157.828	150.618	10.162	6.344	-7.210	6,7	4,2	-4,6
Conciliaciones colectivas	665	656	6	21	-9	0,9	3,3	-1,4
Con avenencia	100	69	-2	15	-31	-2,4	17,6	-31,0
Sin avenencia	450	461	14	28	11	3,3	6,6	2,4
Intentadas sin efecto y otras (2)	115	126	-42	14	11	-41,6	13,9	9,6
RESUELTAS POR LOS ÓRGANOS AUTONÓMICOS DE RESOLUCIÓN EXTRAJUDICIAL DE CONFLICTOS	17.445	20.059	521	3.794	2.614	4,0	19,0	15,0
Conciliaciones individuales	12.552	15.017	329	3.792	2.465	3,9	22,9	19,6
Conciliaciones colectivas y Mediaciones	4.850	5.016	200	-273	166	4,3	0,2	3,4
Con acuerdo	1.511	1.511	27	-9	0	1,9	4,2	0,0
Sin acuerdo	2.565	2.527	168	-174	-38	6,9	-0,1	-1,5
Intentadas sin efecto y otras (2)	774	978	5	-90	204	0,6	-5,6	26,4
Mediaciones	43	26	-8	2	-17	-16,3	2,4	-39,5

(1) Se incluye las conciliaciones colectivas e individuales resueltas por los Órganos Autonómicos de Resolución Extrajudicial de Baleares (TAMIB) y Cantabria (ORECLA)

(2) Incluye también las "tenidas por no presentadas", "desistidas" y "otros tipos".

Tabela: Fornecida pelo Poder Judiciário Espanhol

Observa-se pelas informações presentes na tabela inserida no site de órgão oficial do Poder Judiciário espanhol, acerca de 2019 [148], que foram ao todo 443.056 tentativas de solução de disputas individuais laborais por meio de conciliação administrativa ao longo do ano, das quais 144.949 obtiveram resultado positivo. Esse índice é bastante elevado, o que demonstra muita efetividade do sistema administrativo espanhol.

No ano de 2018, também não foi diferente, uma vez que foram propostas 428.228 tentativas de conciliações individuais administrativas, das quais 135.590 obtiveram avença.

Pela análise da atuação do sistema administrativo nos anos verificados alhures, entende-se que ele possui um desempenho satisfatório e eficiente, demonstrando ser esse mecanismo pré-processual capaz de contribuir com a diminuição do excesso de demandas na via jurisdicional.

A esse respeito, o próprio relatório aponta que a principal causa de acionamento do Poder Judiciário refere-se às conciliações infrutíferas a nível de conflitos laborais de caráter individual em sede administrativa.

Sobre esse assunto existem críticas doutrinárias. Para Agudo (2021, p. 31-48), mesmo havendo a previsão de obrigatoriedade de passar pela conciliação-mediação prévia, o número de litígios instaurados na via judicial ainda revela ser muito alto. Isso ocorre, segundo a autora, porque essa passagem prévia ocorre basicamente por meio da conciliação, como um mero trâmite processual. Assim, Agudo (2021) defende que se deve fomentar outras ferramentas, para evitar a saturação dos tribunais por acúmulo de procedimentos, como a mediação, por exemplo. Igualmente, Gil Perez (2012) faz esse questionamento sobre o sistema administrativo ser um mero trâmite procedimental.

Para essa autora, a mediação é o instrumento com mais possibilidade de êxito do que a mera conciliação, de modo que a legislação deveria trazer uma regulação mais completa e prever a ferramenta como medida preferencial ao mesmo tempo em que deve excluir da mediação matérias irrenunciáveis, como: salário mínimo, intervalo intrajornada, entre outros assuntos de direito fundamental (AGUDO, 2021, p. 31-48).

Considerando que para a maioria dos conflitos individuais é preciso conciliação prévia, mas muitos não fazem a avença, deve-se repensar o procedimento, pois somente a conciliação utilizada na maior parte das vezes não

(148) Para saber mais do sistema administrativo: https://www.poderjudicial.es/cgpj/es/Temas/Estadistica-Judicial/Estadistica-por-temas/Medios-alternativos-de-resolucion-de-conflictos/Mediacion--Arbitraje-y-Conciliacion-laborales/. Acesso em: 25 jun. 2021.

resolve a situação. É preciso investir mais na mediação em matéria trabalhista (AGUDO, 2021, p. 31-48).

No que se refere às conciliações individuais realizadas em sede de mecanismos autônomos de resolução extrajudiciais de controvérsias, como se pode observar na tabela detalhada a seguir, foram terminadas ao longo do ano de 2019 [(149)] cerca de 15.017 conciliações de conflitos trabalhistas individuais. Mais à frente haverá um estudo mais pormenorizado de cada sistema autônomo com informações disponibilizadas por eles.

A tabela a posteriori refere-se ao funcionamento do sistema autônomo em matéria de disputas individuais do trabalho:

Conciliaciones, mediaciones y arbitrajes terminadas en los órganos autonómicos de resolución extrajudicial de conflictos, empresas y trabajadores por Comunidad Autónoma

	CONCILIACIONES COLECTIVAS Y MEDIACIONES			CONCILIACIONES INDIVIDUALES (1)	ARBITRAJES		
	Número	Empresas	Trabajadores	Número	Número	Empresas	Trabajadores
CONCILIACIONES COLECTIVAS Y MEDIACIONES	5.016	140.634	4.963.941	15.017	26	14.161	86.477
Andalucía	808	14.052	399.573	2.037	0	0	-
Aragón	129	0	71.530	8.504	0	0	-
Asturias (Principado de)	167	503	58.833	-	0	0	-
Balears (Illes) (2)	-	0	0	-	0	0	-
Canarias	200	321	233.067	-	1	1	102
Cantabria (2)	-	0	0	-	0	0	-
Castilla-La Mancha	216	12.277	109.696	-	0	0	-
Castilla y León	281	4.178	87.504	-	0	0	-
Cataluña	908	11.324	289.769	96	9	108	14.724
Comunitat Valenciana	332	5.052	106.459	-	1	1	36
Extremadura	57	3.271	94.449	-	1	14.000	65.000
Galicia	82	1.849	49.917	-	7	7	2.129
Madrid (Comunidad de)	747	1.653	379.502	-	0	0	-
Murcia (Región de)	126	8.711	117.383	-	0	0	-
Navarra (Comunidad Foral	25	23	3.769	2.809	0	0	-
País Vasco	492	645	116.618	-	2	2	186
Rioja, La	14	16	1.048	1.571	0	0	-
Interautonómico (SIMA)	432	76.759	2.844.824	-	5	42	4.300

(1) En las comunidades autónomas en las que no figura dato, los órganos de resolución extrajudicial de conflictos no dirimen casos en materia de conflictos individuales.

(2) Las conciliaciones individuales resueltas por los Órganos Autonómicos de Resolución Extrajudicial de Baleares (TAMIB) y Cantabria (ORECLA) se incluyen en los datos facilitados por las unidades administrativas.

.. Dato no disponible

Tabela: Fornecida pelo Poder Judiciário Espanhol

---

(149) Relatório estatístico, consultar: https://www.poderjudicial.es/cgpj/es/Temas/Estadistica-Judicial/Estadistica-por-temas/Medios-alternativos-de-resolucion-de-conflictos/Mediacion--Arbitraje-y-Conciliacion-laborales/. Acesso em: 20 jun. 2021.

Nota-se, pelos números apresentados, que o sistema privado é mais desenvolvido a nível de direito coletivo de trabalho, atingindo milhares de empresas e trabalhadores, porém, esse não é o foco deste trabalho.

A nível de conflito individual do trabalho, pela tabela exposta, não são todas as comunidades autônomas que atuam na área. Outra constatação é o fato de que, comparando-se a atuação do sistema administrativo e do sistema autônomo, aquele ainda supera e muito a apreciação de disputas individuais laborais.

Entretanto, o desenvolvimento mais preciso acerca da efetividade do organismo autônomo de resolução de conflitos individuais trabalhistas será feito em momento oportuno neste livro, de forma mais pormenorizada.

No que diz respeito à atuação do mecanismo administrativo na solução de disputas individuais laborais, apesar das críticas doutrinárias, as informações numéricas expressam que ele é eficiente e capaz de contribuir para facilitar o direito de acesso à justiça.

Entretanto, Agudo (2021, p. 31-48) disserta que o fato desse sistema se empenhar mais com conciliação prejudica o seu funcionamento, pois deveria investir mais na mediação para melhorar o desempenho. Como visto, em apenas duas regiões espanholas os serviços autônomos assumiram a função de avaliar toda espécie de disputas individuais laborais de forma prévia e, nesta hipótese, se tem mais tempo para realizar a mediação.

Assim, deve-se pensar em maneiras de desenvolver cada vez mais a resolução prévia para conseguir um maior número de acordos e diminuir as ações judiciais.

E, nesse aspecto, Agudo (2021, p. 31-48) explica que uma forma de se fazer essa mudança é melhorar o procedimento mais usado, a conciliação, e investir mais na sua substituição pela mediação para reduzir a alta conflituosidade.

3.2. Da apreciação da jurisdição social espanhola

Historicamente, o Poder Judiciário espanhol é o que tradicionalmente resolve as disputas laborais, pois há um intervencionismo público na medida em que o direito do trabalho tem por intuito proteger o trabalhador, a parte mais vulnerável da relação trabalhista (ÁLVAREZ, 2014, p. 4). Tal fato verifica-se também no Estado brasileiro.

Ressalta-se que a relação de trabalho é assimétrica e o objetivo do direito do trabalho é tentar harmonizar esses interesses conflitantes, já que representa um território apto para controvérsias. E em razão do caráter de imperatividade das normas trabalhistas, que não podem ser transacionadas, muitas vezes os recursos aos tribunais são vistos como a única opção (MARQUES, 2022, pp. 210-240)

Portanto, há uma intervenção do Estado nas relações de trabalho, por meio das vias administrativa e judicial, o que gerou no decorrer da história muita desconfiança quanto à possibilidade de se desenvolverem outras maneiras para dirimir as controvérsias protagonizadas pelos próprios agentes sociais (GARCÍA ALVAREZ, 2015, p. 10).

Entretanto, os tribunais acabam, muitas das vezes, por acarretar um ambiente competitivo em que cada litigante busca alcançar seu próprio interesse e, por outro lado, os meios alternativos são vistos como mais flexíveis, com menor custo, mais céleres e informais (MARQUES, 2022, pp. 210-240), além de serem uma prioridade política para muitos países.

Nesse sentido, verifica-se que a União Europeia tem desenvolvido normas harmônicas para permitir a resolução extrajudicial rápida e econômica, a fim de garantir a efetividade e a confiança social, principalmente nas searas civil e comercial (CES, 2022, pp. 9-38).

É importante notar, conforme esclarece Álvarez (2014, p. 4), que se uma sociedade possui a cultura de litigiosidade e não busca outras formas alternativas para resolver seus problemas, o tribunal será considerado o meio mais aceito para tutelar direitos, ainda mais na seara laboral em que há certa desconfiança social quanto a outros métodos devido à assimetria entre os sujeitos da relação de trabalho.

Entretanto, mais recentemente, a Lei n. 3 de 2020 realizou uma reforma legislativa na Espanha em razão da pandemia e propôs uma série de medidas para agilizar a Administração da Justiça. Isso evidencia, mais uma vez, que existem certas ineficiências e até deficiências na satisfação das demandas, tornando necessárias reformas procedimentais para serem superados os problemas (NAVARRETE, 2020, p. 82), que certamente foram agravados devido à Covid-19.

No dia 14 de março de 2020, a Espanha declarou estado de alarme em razão da Covid-19 (Real Decreto n. 463/2020), no intuito de gerir a crise sanitária e, portanto, suspendeu os prazos processuais, exceto na área laboral quanto a alguns procedimentos, como: conflitos coletivos, direitos fundamentais e liberdades públicas. Assim, com a paralização da jurisdição social, quase total, de cerca de três meses, acumularam-se muitos processos (ENCABO, 2020, pp. 55-79).

Por outro lado, a pandemia trouxe um aspecto positivo, porque acelerou o processo de digitalização dos procedimentos que já estava em curso. Entretanto, essa virtualização tecnológica encontra um limite: o ser humano que se mantém como peça fundamental para planejar e tomar decisões. De modo que o sistema computacional é apenas um mero meio auxiliar. Isso porque ainda são muito caros os custos da implementação da inteligência artificial e a tecnologia da informação concentra-se basicamente em proporcionar facilidades de comunicação e troca de informações (MARQUES, 2022, pp. 210-240), o que tem facilitado e muito o acesso à justiça.

Em razão dessa acumulação processual, o Conselho Geral do Poder Judiciário aprovou o Plano de Choque da Administração da Justiça, que entre as suas propostas visou estabelecer a comunicação telemática nos serviços de mediação, ampliar prazos de caducidade em mediação-conciliação pré-processual para obter efetividade, promover mais atos de conciliação em juízo e contar com apoio extraordinário por meio de recursos financeiros, humanos e materiais. Dessa maneira, neste plano, mesmo que indiretamente, houve a inclusão da autonomia coletiva, já que eles participam da mediação-conciliação extraprocessual (ENCABO, 2020, pp. 55-79).

Esse plano foi aceito pelo Governo no RDL n. 16/2020 de forma parcial, no intuito de agilizar os processos que se acumularam durante o estado de emergência que acarretou aumento da litigiosidade. Entre as medidas adotadas de salutar relevância estão a organização e a digitalização procedimental, tal como a celebração telemática de atos processuais (ENCABO, 2020, pp. 55-79). Esse é um grande avanço.

Assim, nos tribunais, com a aprovação do Real Decreto-Lei n. 16/2020, a Administração da Justiça optou por celebrar atos processuais de forma telemática em razão da Covid-19 (GÓMEZ, 2020, pp. 121-158). Nesse aspecto, Encabo (2020, pp. 55-79) explica que a crise econômica decorrente da Covid-19, somada à acumulação de processos e ao aumento da litigiosidade, pode ser uma oportunidade também para que os próprios agentes sociais impulsionem a concretização de mecanismos autônomos para resolver controvérsias individuais, inclusive por meios virtuais.

Isso porque, embora falte uma norma mais atualizada que corresponda às necessidades atuais quanto à virtualização do procedimento de mediação-conciliação em outras vias que não a jurisdicional, não existe proibição na norma jurídica à virtualização desses procedimentos (AGUDO, 2021, pp. 61-73).

No que se refere ao funcionamento da via jurisdicional, de acordo com informações disponibilizadas no relatório de 2020 e nos quadros pelo Conselho Geral do Poder Judiciário da Espanha sobre questões laborais e sociais, tramitaram no sistema jurisdicional espanhol em 2019 ao todo 252.753 ações envolvendo conflitos individuais do trabalho e 2.031 ações de conflitos coletivos[150]. No ano de 2020, foram 214.614 ações de disputas individuais laborais e 2.162 ações de disputas coletivas.[151]

Como já explicado, esses dados relacionam-se com os fornecidos no item anterior, haja vista que o número de ações judiciais está diretamente conectado com as conciliações não realizadas na via administrativa.

Quanto às maneiras de resolver os conflitos no âmbito do Poder Judiciário, o relatório descreve duas possibilidades: a sentença, quando o órgão jurisdicional decide definitivamente o pleito; e a conciliação, que é o acordo realizado pelas partes em audiência pública na presença do órgão judicial[152].

E, dentro do processo, o art. 84 da LRJS regulamenta a conciliação reconhecendo ao secretário judicial esse papel de conciliador, mas o próprio juiz pode tentar a avença evitando dar a sentença (AGUDO, 2021, pp. 61-73).

No ano de 2019, constata-se pela tabela anexada que foram resolvidos por sentença 155.254 conflitos laborais, dos quais 81.075 obtiveram resultados favoráveis ao trabalhador. E solucionaram-se por meio da conciliação 83.272 disputas. Nota-se que, assim como acontece no Brasil, na Espanha também é elevado o índice de conciliações dentro do Poder Judiciário.

Posteriormente, no ano de 2020, foram resolvidos por sentença 119.259 dos conflitos de trabalho e, destes, 62.557 obtiveram resultados favoráveis ao trabalhador, sendo que foram solucionados por meio da conciliação 72.283 processos[153].

---

(150) Importa explicar que conforme o relatório, os conflitos coletivos referem-se àqueles que abarcam interesse genérico dos trabalhadores, principalmente quanto à aplicação e interpretação de normas coletivas de trabalho. Por sua vez, os conflitos individuais laborais referem-se àqueles que podem interessar a um trabalhador específico ou de forma plural a um grupo de trabalhadores, entretanto, com cada um afetado singularmente. Disponível em: https://www.poderjudicial.es/cgpj/es/Temas/Estadistica-Judicial/Plan-Nacional-de-Estadistica-Judicial/Actividad-Judicial/Asuntos-Judiciales-Sociales. Acesso em: 15 jun. 2021.

(151) O funcionamento do Sistema Jurisdicional espanhol encontra-se disponível em: https://www.poderjudicial.es/cgpj/es/Temas/Estadistica-Judicial/Plan-Nacional-de-Estadistica-Judicial/Actividad-Judicial/Asuntos-Judiciales-Sociales. Acesso em: 15 jun. 2021.

(152) *Ibidem.*

(153) Mais detalhes sobre a conciliação intraprocessual em: https://www.poderjudicial.es/cgpj/es/Temas/Estadistica-Judicial/Plan-Nacional-de-Estadistica-Judicial/Actividad-Judicial/Asuntos-Judiciales-Sociales. Acesso em: 5 jul. 2021.

Veja o quadro a seguir:

	VALORES ABSOLUTOS		VARIACIONES SOBRE EL AÑO ANTERIOR					
			Absolutas			Relativas En porcentaje		
	2019	2020	2018	2019	2020	2018	2019	2020
ASUNTOS RESUELTOS								
Total	**339.108**	**282.153**	**-1.290**	**5.674**	**-56.955**	**-0,4**	**1,7**	**-16,8**
Por sentencia	155.254	119.259	-2.371	758	-35.995	-1,5	0,5	-23,2
Favorable al trabajador	81.075	62.557	-72	1.706	-18.518	-0,1	2,1	-22,8
Favorable en parte al trabajador	16.140	12.464	-936	-957	-3.676	-5,2	-5,6	-22,8
Desfavorable al trabajador	58.039	44.238	-1.363	9	-13.801	-2,3	0,0	-23,8
Por conciliación	83.272	72.283	2.878	5.039	-10.989	3,8	6,4	-13,2
Por desistimiento	81.871	70.749	-3.462	-115	-11.122	-4,1	-0,1	-13,6
Por otras causas	18.711	19.862	1.665	-8	1.151	9,8	0,0	6,2

Tabela: Poder Judiciário Espanhol

Portanto, pode-se afirmar que a Justiça Social Laboral espanhola, assim como a Justiça do Trabalho brasileira, é conciliadora, e isso contribui para a celeridade processual na medida em que há a resolução de forma mais rápida da disputa.

No que tange aos conflitos individuais do trabalho, em 2019, foram apresentados 252.753 processos, dos quais foram 92.123 resolvidos por sentença, e destas houve resultado favorável ao trabalhador em 58.138 casos. Por sua vez, foram solucionadas por conciliação 82.541 disputas individuais.

Referente a esses mesmos critérios, no ano de 2020, de um total de 214.614 conflitos individuais laborais, foram 70.964 disputas resolvidas por sentença, sendo que, destas, 44.954 obtiveram resultados favoráveis ao trabalhador. E foram solucionadas por conciliação 71.759[(154)].

Assim, pode-se dizer que aproximadamente um terço das disputas individuais laborais espanholas propostas judicialmente é solucionado por meio da conciliação intraprocessual, o que demonstra ser esse mecanismo

(154) Acerca da conciliação intraprocessual: https://www.poderjudicial.es/cgpj/es/Temas/Estadistica--Judicial/Plan-Nacional-de-Estadistica-Judicial/Actividad-Judicial/Asuntos-Judiciales-Sociales. Acesso em: 5 jul. 2021.

essencial para o bom funcionamento da justiça social na Espanha. Confira as informações disponibilizadas na tabela:

	TOTAL		CONFLICTOS COLECTIVOS		CONFLICTOS INDIVIDUALES		SEGURIDAD SOCIAL	
	2019	2020	2019	2020	2019	2020	2019	2020
ASUNTOS RESUELTOS								
Total	**339.108**	**282.153**	**2.031**	**2.162**	**252.753**	**214.614**	**84.324**	**65.377**
Por sentencia	155.254	119.259	1.021	1.087	92.123	70.964	62.110	47.208
Favorable al trabajador	81.075	62.557	440	431	58.138	44.954	22.497	17.172
Favorable en parte al trabajador	16.140	12.464	64	63	13.034	10.048	3.042	2.353
Desfavorable al trabajador	58.039	44.238	517	593	20.951	15.962	36.571	27.683
Por conciliación	83.272	72.283	230	182	82.541	71.759	501	342
Por desistimiento	81.871	70.749	620	681	62.711	55.315	18.540	14.753
Por otras causas	18.711	19.862	160	212	15.378	16.576	3.173	3.074

Tabela: Poder Judiciário espanhol

Portanto, verifica-se pelos índices de conciliação em relação ao total de ações apresentadas nos anos de 2019 e 2020 que essa ferramenta contribui para o acesso à justiça por tornar a resolução da disputa laboral mais rápida e eficaz, por evitar recursos e demais fases processuais.

No que diz respeito à mediação intrajudicial trabalhista, dados do relatório de 2015 do Conselho Geral do Poder Judiciário espanhol conceitua que havia dois projetos em andamento, na Catalunha e na Granada, enquanto se aguardava a possível incorporação dos Juizados Sociais de Burgos(155).

Informações estatísticas mais recentes sobre seu funcionamento no ano de 2021 destacam que foram finalizadas com avença as mediações intrajudiciais(156) , com os seguintes índices numéricos: em Andalucía 206, em Illes Balears 531, em Castilla y León 194, na Cataluña 47, Navarra 1, Comunitat Valenciana 193 e no País Vasco 2, somando um total de 1.174 (157).

Como já explicado ao longo desta dissertação, a mediação prevista na Lei n. 5/2012, que trata de assuntos civis e mercantis, excluiu sua aplicação do âmbito laboral espanhol, o que não significa que essa ferramenta é proibida

(155) Sobre a mediação, consultar: file:///C:/Users/User/Downloads/20160422%20Datos%20resultantes%20de%20la%20mediaci%C3%B3n%20intrajudicial%202015%20(1).pdf. Acesso em: 6 jul. 2021.

(156) Não há na tabela a diferenciação de quantas foram as individuais e quantas foram as coletivas.

(157) Dados numéricos em: https://www.poderjudicial.es/cgpj/es/Temas/Estadistica-Judicial/Estadistica-por-temas/Medios-alternativos-de-resolucion-de-conflictos/Mediacion--Arbitraje-y-Conciliacion--laborales/. Acesso em: 23 ago. 2022.

nessa seara, mas apenas que tal lei não se aplica no direito e no processo trabalhista (GARCÍA ALVAREZ, 2015, pp. 17-18). Tal fato é semelhante ao que ocorreu no Brasil.

Da análise conjunta do funcionamento dos sistemas administrativo e judicial verifica-se que são milhares de processos anualmente resolvidos por avenças na seara laboral, o que certamente contribui para uma resposta em tempo razoável ao cidadão, favorecendo a paz social.

Comparando a atuação do Poder Judiciário com a via administrativa referente ao ano de 2019, naquele foram dirimidas mais de 174.000 controvérsias individuais do trabalho, seja por sentença, seja por conciliação, e acrescentando outros tipos de resultados tem-se mais de 250.000 disputas solucionadas, enquanto que nesta foram resolvidos por avença mais de 144.000 conflitos laborais. Percebe-se pelos índices numéricos que a jurisdição continua sendo aonde mais se resolvem as disputas individuais do trabalho na Espanha.

3.3. Dados sobre o funcionamento do sistema de solução extrajudicial

A expressão "autônomos" refere-se à grande importância que tem a autonomia da vontade nesse sistema jurídico, uma vez que os próprios sujeitos são os responsáveis por resolver seus conflitos (MUÑIZ, [s.d.], pp. 2-4). Nessa forma de solucionar disputas, privilegia-se o protagonismo das partes.

De início, em 1996, utilizava-se a denominação "extrajudiciais", porém, no intuito de não serem mais vistos como subsidiários e dependentes da via jurisdicional, modificou-se o nome para "autônomos" (NAVARRETE, 2020, pp. 85-87).

Isso porque a expressão extrajudicial ligava-os ao processo judicial e, para romper com essa identificação, alterou-se a nomenclatura para "autônomos", que hoje é predominante nos mecanismos existentes (NAVARRETE, 2020, pp. 79-120).

Esse é um método de dirimir controvérsias realizado pelos agentes sociais, sendo incentivado em âmbito internacional por meio da Recomendação n. 92 da OIT desde 1951.

Além da OIT, a União Europeia e o Conselho da Europa promovem a feitura de um sistema que seja efetivo de gestão de conflitos nos países, que seja capaz de reduzir os custos e o tempo do procedimento, para institucionalizar uma maneira pacífica de gerir as controvérsias laborais. De modo geral, existe um grande consenso sobre as vantagens da justiça sociolaboral autocompositiva em relação à jurisdição, já que aquela é um mecanismo ágil e que pode aliviar a sobrecarga judicial (NAVARRETE, 2020, pp. 79-120).

Em âmbito nacional, foi o estabelecimento de um regime democrático na CE que tornou possível o desenvolvimento da autonomia individual e coletiva. Com essa medida, favoreceu-se no país a fixação de procedimentos privados e de autocomposição para resolver disputas laborais, sendo que ainda nos dias atuais estão bem mais acentuados em âmbito coletivo (ÁLVAREZ, 2014, p. 5).

Portanto, foi com a CE, em seu art. 37, que houve o reconhecimento do direito à negociação coletiva e à criação do procedimento autônomo para resolver controvérsias laborais coletivas. E foi na década de 80 que se formaram diversos acordos interprofissionais (AGUDO, 2021, pp. 89-100). Assim, constata-se que desde essa época as normas trabalhistas espanholas têm privilegiado o crescimento de mecanismos privados (GELABERT, 2007, p. 24).

Esses sistemas, como já dissertado, são protagonizados pela autonomia coletiva, possuem caráter democrático (firmado no autogoverno dos conflitos para obter uma justiça social eficaz e para garantir a paz social) e contam com fortes investimentos públicos, tanto de pessoal qualificado, quanto financeiro (NAVARRETE, 2020, pp. 79-120).

Percebe-se ao longo da história espanhola que houve uma movimentação dos poderes públicos em parceria com os interlocutores sociais para institucionalizarem os mecanismos autônomos, pois eles foram promovidos por reformas legislativas associadas às contribuições públicas. Além disso, os acordos interprofissionais cuidaram de regulamentar e trazer mais segurança jurídica em seu uso.

Entretanto, alguns fatores atrasaram o desenvolvimento desse tipo de resolução de conflitos, como: o forte intervencionismo público em material laboral, a desconfiança existente na utilização de vias extrajudiciais e a falta de regulamentação (MUÑIZ, [s.d.], p. 4).

Sobre esse assunto, Navarrete (2020, pp. 79-120) disserta que o Poder Legislativo não definiu uma política estável quanto a esses sistemas, porque apresenta, para o autor, uma ambivalência no tratamento deles nas reformas laborais de sucessivos governos (2010-2011 e 2012-2013). Mais recente, em razão da Covid-19, o autor fez uma crítica pelo fato de que o legislador cuidou de fazer reformas na norma jurídica para agilizar soluções judiciais (Lei n. 3/2020), ao invés de sedimentar os organismos autônomos como ferramenta favorável às próprias partes e ao desenvolvimento da jurisdição por aliviar a carga de trabalho.

Historicamente, na Espanha, foi o art. 83.3 do ET que impulsionou a criação de mecanismos alternativos no país, principalmente porque a Lei de Bases de Procedimento Laboral n. 7/1989 concedeu aos acordos realizados nessa via os mesmos efeitos da conciliação administrativa prévia (ÁLVAREZ, 2014, p. 6). Posteriormente, a Lei n. 11/1994 permitiu submeter os conflitos individuais aos procedimentos de mediação e de arbitragem. Nesse aspecto, pode-se afirmar que, desde a reforma laboral de 1994, o ordenamento jurídico espanhol passou a incentivar mecanismos privados de resolução de disputas como uma via alternativa à jurisdicional (LÓPEZ, 2009, p. 211).

Entretanto, as disputas individuais não foram pensadas originalmente para esses métodos autônomos. No entanto, nos dias de hoje, ela é apreciada em alguns desses sistemas, ainda que haja maiores reservas do que com relação às disputas de caráter coletivo. De modo que parte dos acordos já inclui o direito individual não apenas como uma possibilidade, mas em funcionamento (NAVARRETE, 2020, pp. 79-120).

Deste modo, foi em 1996 que se realizou o ASEC para fomentar os procedimentos autônomos de resolução de conflitos. Esse acordo foi renovado sucessivas vezes, verificando-se desde então a instalação de mecanismos autônomos nas comunidades autônomas, o que resulta progressivamente na sua consolidação no país (ÁLVAREZ, 2014, p. 7). Pontua-se que não há concorrência de competência entre o SIMA e outros métodos autônomos regionais, pois aquele tem atuação para controvérsias de âmbito nacional, enquanto estes para disputas locais (NAVARRETE, 2020, p. 95).

Apesar do seu crescimento e de hoje estarem instalados nas regiões espanholas, o funcionamento efetivo de organismos autônomos e a sua concreta sedimentação no país carece de regulação normativa mais densa (ÁLVAREZ, 2014, p. 8). Em que pese o Poder Legislativo modificar o ordenamento jurídico espanhol desde os anos 90 e empreender esforços para desenvolver formas para que sejam resolvidas as disputas de trabalho de maneira autocompositiva e sem o acesso direto à via jurisdicional (MUÑIZ, [s.d.], p. 4).

A esse respeito, em 1991, em uma decisão paradigma, o TC espanhol se posicionou favorável aos mecanismos extrajudiciais. Foi feita uma análise de que eles podem solucionar de forma mais rápida o conflito entre as partes e desobstruir a jurisdição(158):

> *Pero es que, además, la necesidad de que sea la propia autonomía colectiva la que cree medios propios y autónomos de solución de los conflictos laborales no es sólo sentida por aquellas organizaciones, sino que es buscada y fomentada por el legislador y en general por los poderes públicos, por su potencial carácter beneficioso para el sistema de relaciones laborales.*

---

(158) Decisão do TC em: https://hj.tribunalconstitucional.es/es-ES/Resolucion/Show/1856. Acesso em: 28 nov. 2021.

O apoio dado por um TC, como se verifica na Espanha, revela-se de suma importância para a sedimentação de outras formas de dirimir disputas laborais em um país. O mesmo ocorre quando há apoio do Poder Legislativo, porque, posteriormente, as reformas trabalhistas de 2010 e 2011 vieram no intuito de descongestionar o Poder Judiciário. Igualmente, a Lei Reguladora da Jurisdição Social impulsionou o uso de outros meios de solução de controvérsias na Espanha (MUÑIZ, [s.d.], p. 5). Dessa maneira, verifica-se que a ampliação do sistema de justiça espanhol decorre de uma política de Estado que conta com o amparo dos três poderes.

A verdade, conforme disciplina Muñiz ([s.d.], p. 5), é que apostar nos meios autônomos tem em vista proporcionar que as decisões sejam mais rápidas e que contem com a participação das partes por meio do diálogo, o que favorece a convivência laboral, pois a via privada mostra-se ágil e econômica e ajuda a melhorar o funcionamento do Poder Judiciário. Soma-se a esse contexto o fato de que neste âmbito as técnicas de mediação são boas para resolver problemas que envolvem relações contratuais complexas e duradouras, como no caso das interações laborais (NIETO, 2020, pp. 219-250).

Na realidade, a ideia desses sistemas de autocomposição é intervir em todas as fases possíveis do processo jurisdicional: antes (atuação por prevenção), depois e até dentro (modelo da Galicia). Mas a função preventiva revela-se a mais especial por contribuir com a eficácia, o tempo e o custo procedimental (NAVARRETE, 2020, pp. 79-120).

Recentemente, alguns métodos autônomos regionais sofreram mudanças para se adaptarem à realidade fática, podendo-se citar: Murcia (ASECMUR, 2020), Galicia (AGA, 2020) e Andaluz (SERCLA, 2018), entre outros. Quanto ao Acordo Galego (AGA), essa última modificação colocou ênfase na função preventiva da controvérsia ao invés da reativa, que é mais eficaz e de menor custo. Tal fato tem acontecido em diversos acordos à medida que eles se renovam e porque está ocorrendo uma expansão nesse segmento (NAVARRETE, 2020, pp. 79-120).

Nesse sentido, apesar de não ser o direcionamento desta pesquisa o funcionamento do SIMA [(159)], em razão de ele se concentrar somente em resolver disputas coletivas de trabalho, far-se-á neste tópico uma pequena apreciação de seus dados, na medida em que suas diretrizes servem de balizas para todo o sistema autônomo.

---

(159) Em 2020 foi firmado o VI Acordo. Disponível em: https://www.boe.es/buscar/doc.php?id=BOE-A-2020-16881. Acesso em: 25 nov. 2021.

3.3.1. Do Serviço Interconfederal de Mediação e Arbitragem (SIMA)

Da análise estatística disponibilizada pelo SIMA constata-se que tramitaram no ano de 2019, ao todo, 424 conflitos coletivos de trabalho. Das matérias mais abordadas, aproximadamente 80,9% foram a respeito da interpretação e da aplicação de normas jurídicas na forma estabelecida pelo art. 153 do LRJS. Por focarem disputas coletivas de trabalho, verifica-se um alcance grande envolvendo cerca de 4.822.850 trabalhadores que prestaram serviços em 165.318 empresas [(160)].

Pelos números acima expostos, percebe-se que a atuação do SIMA tem sido muito abrangente e abarca milhares de trabalhadores e empresas. Tal fato demonstra que o órgão tem contribuído para diminuir a judicialização do conflito coletivo laboral na Espanha.

Esclarece-se que o mecanismo de mediação, de acordo com o relatório de 2019, foi o procedimento mais utilizado, sendo a opção feita pelas partes em 99,3% dos expedientes. Isso revela haver mais confiança dos envolvidos na disputa por essa ferramenta do que com relação à via arbitral. A arbitragem, por sua vez, somente foi usada em 3 procedimentos ao longo de todo o ano, constatando o seu desuso na seara laboral no país[(161)].

No que diz respeito aos procedimentos solucionados, por acordo ou por laudo arbitral, esse índice foi de 30,6% dos expedientes[(162)], sendo satisfatório.

A tabela inserida subsequentemente, disponibilizada pelo SIMA, abrange o período de 1998 até 2016[(163)] e comprova que a mediação é o procedimento mais requisitado pelas partes ao longo de toda a história do órgão.

Isso porque o quadro a seguir evidencia que a mediação foi a opção preferida em mais de 95% dos casos, sendo que nos anos de 2001, 2012 e 2015 essa ferramenta foi escolhida em 100% dos casos para dirimir controvérsias coletivas laborais.

Por outro lado, os índices comprovam que o procedimento arbitral está quase inutilizado na Espanha para dirimir conflitos de trabalho, mesmo no que se refere aos coletivos em que a ferramenta geralmente é mais aceita, pois abrange apenas cerca de 1% ou menos dos procedimentos instaurados no SIMA nos últimos anos.

---

(160) Dados retirados do relatório SIMA 2019, disponível em: https://www.fsima.es/. Acesso em: 3 jul. 2021.

(161) SIMA 2019: https://www.fsima.es/. Acesso em: 3 jul. 2021.

(162) Relatório SIMA 2019: https://www.fsima.es/. Acesso em: 3 jul. 2021.

(163) Tabela do SIMA no site: https://fsima.bouge.es/datos-de-actividad/archivo-historico/. Acesso em: 3 jul. 2021.

Com relação aos procedimentos solucionados por meio de acordos em sede de mediação para controvérsias coletivas de trabalho ao longo dos anos, os números são bons, haja vista que abrangem aproximadamente 24% ou mais dos procedimentos.

Nesse aspecto, pode-se verificar pelo percentual de avenças obtidas, desde o início do funcionamento do SIMA, que esse órgão tem sido importante para evitar a judicialização em matéria de direito coletivo, conforme demostrado na tabela a seguir:

FUNDACIÓN SIMA

Evolución de conflictos tramitados en el SIMA (1998 a 2016)

	1998(*)	1999	2000	2001	2002	2003	2004	2005	2006	2007	2008	2009	2010	2011	2012	2013	2014	2015	2016
TOTAL PROCEDIMIENTOS	49	97	121	125	153	182	168	249	241	217	225	294	264	243	348	537	387	422	398
	%	%	%	%	%	%	%	%	%	%	%	%	%	%	%	%	%	%	%
AMBITO DEL CONFLICTO																			
Empresa	84%	94%	88%	89%	86%	95%	89%	96%	92%	93%	91%	84%	85%	90%	90%	91%	94%	91%	89,5%
Sector	16%	6%	12%	11%	14%	5%	11%	4%	8%	7%	9%	16%	15%	10%	10%	9%	6%	9%	10,5%
TIPO DE CONFLICTO																			
Interpretación y Aplicación	80%	79%	70%	75%	77%	81%	77%	82%	82%	83%	82%	87%	78%	73%	74%	70%	72%	74%	78,0%
Huelga	4%	2%	3%	0%	1%	3%	4%	3%	4%	2%	3%	3%	17%	20%	19%	19%	20%	20%	18,1%
Bloqueo negociación	16%	19%	27%	24%	21%	15%	18%	15%	14%	14%	15%	10%	5%	6%	1%	3%	1%	3%	0,8%
Bloqueo en Comisión Paritaria	0%	0%	0%	1%	1%	1%	0%	0%	0%	0%	0%	0%	0%	1%	0%	0%	0%	0%	0,0%
Servicios Seguridad y Manten.	0%	0%	0%	0%	0%	0%	1%	0%	0%	0%	0%	0%	0%	0%	0%	0%	0%	0%	0,0%
Impugnación convenio colectivo	0%	0%	0%	0%	0%	0%	0%	0%	0%	0%	0%	0%	0%	0%	1%	1%	1%	2%	2,0%
Periodo de consultas	0%	0%	0%	0%	0%	0%	0%	0%	0%	0%	0%	0%	0%	0%	4%	5%	4%	1%	0,5%
Bloqueo negociación acuerdo-pacto	0%	0%	0%	0%	0%	0%	0%	0%	0%	0%	0%	0%	0%	0%	0%	0%	1%	0%	0,3%
Inaplicación del CC (descuelgue)	0%	0%	0%	0%	0%	0%	0%	0%	0%	0%	0%	0%	0%	0%	1%	2%	1%	0%	0,3%
TIPO DE PROCEDIMIENTO																			
Mediación	96%	97%	95%	100%	97%	95%	98%	99%	99%	99%	99%	99%	99%	97%	100%	99%	99%	100%	99,5%
Arbitraje	4%	3%	5%	0%	3%	5%	2%	1%	1%	1%	1%	1%	1%	3%	0%	1%	1%	0%	0,5%
RESULTADO																			
Acuerdos en mediación	25%	36%	25%	25%	25%	29%	30%	38%	38%	33%	38%	26%	34%	28%	26%	24%	27%	26%	23,6%
Laudos arbitrales	4%	3%	4%	0%	3%	5%	2%	1%	1%	1%	1%	1%	1%	3%	0%	1%	1%	0%	0,5%
Total conflictos solucionados	29%	39%	29%	25%	28%	34%	32%	39%	39%	34%	39%	27%	35%	31%	26%	25%	28%	26%	24,1%
Sin acuerdo	51%	44%	56%	65%	63%	58%	58%	50%	51%	53%	50%	61%	53%	62%	63%	62%	62%	64%	66,8%
Total desacuerdo	51%	44%	56%	65%	63%	58%	58%	50%	51%	53%	50%	61%	53%	62%	63%	62%	62%	64%	66,8%
Intentado sin efecto	14%	13%	9%	9%	8%	6%	4%	6%	6%	7%	9%	7%	10%	4%	8%	8%	7%	6%	5,8%
Archivado	6%	4%	6%	1%	1%	2%	2%	6%	5%	4%	6%	5%	2%	3%	3%	5%	3%	4%	3,3%
Total otros resultados	20%	17%	15%	10%	9%	8%	10%	11%	10%	13%	11%	12%	12%	7%	11%	13%	10%	10%	9,0%
En trámite	0%	0%	0%	0%	0%	0%	0%	0%	0%	0%	0%	0%	0%	0%	0%	0%	0%	0%	0%

(*) Fecha de comienzo de actividad: 9 de febrero de 1998

Fonte: tabela fornecida pelo SIMA

Dessa forma, é indene de dúvidas que o SIMA, ao resolver milhares de conflitos coletivos, favorece o acesso ao sistema de justiça laboral na medida em que ajuda a desobstruir a via jurisdicional. Somando-se a esse contexto, no que diz respeito à revolução digital, o SIMA já tem oferecido a possibilidade da apresentação telemática dos procedimentos, e isso facilita a acessibilidade na resolução das disputas relacionadas ao trabalho, que se faz de maneira mais rápida.(164)

(164) Informação contida no site: https://www.fsima.es/presentacion-telematica-de-procedimientos/. Acesso em: 2 dez. 2021.

Como já afirmado no corpo deste trabalho, os procedimentos de solução privada de controvérsias têm sua gênese na negociação coletiva, o que contribui para a feitura do acordo pelas próprias partes envolvidas na disputa (GIL PÉREZ, 2018, pp. 99-100). Sendo, portanto, uma forma de privilegiar a decisão realizada por elas.

Gil Pérez (2018, pp. 99-100) aponta ser positivo o uso de sistemas autônomos na Espanha, tanto para disputas de caráter coletivo, quanto individuais, principalmente no que diz respeito às situações que demandem capacidade de negociação por meio do diálogo.

Apesar de o SIMA não apreciar litígios individuais, em algumas comunidades autônomas o AI firmado os inclui. Todavia, não há tratamento uniforme sobre esse assunto, razão pela qual passa-se ao estudo desse método de resolução de disputa em cada região.

3.3.2. Dos mecanismos existentes no âmbito autônomo

Pode-se dizer que os procedimentos autônomos não foram pensados originalmente para dirimir questões de natureza individual, mas nos dias atuais existe previsão em muitas regiões espanholas e busca-se o seu crescimento, embora haja reservas para a apreciação dessa matéria (NAVARRETE, 2020, pp. 101-102).

De maneira geral, observa-se que os sistemas privados têm dado abertura para expandir ainda mais sua atuação para disputas individuais, entretanto há receios, porque eles aguardam um diagnóstico favorável da experiência. Em recentes revisões de acordos, passaram a permitir a inclusão de controvérsias individuais: Murcia (2020), Galicia (2020) e Castellanoleonés (2017-2019) (NAVARRETE, 2020, pp. 79-120).

No sistema Galego, por exemplo, o título I se dedica às disputas individuais com grande extensão e deixa espaço para a inclusão de outras matérias. Esse acordo adotou o caráter voluntário em relação ao sistema administrativo e, por consequência, não o substituiu (NAVARRETE, 2020, pp. 79-120).

Todavia, no âmbito nacional (SIMA), no Vasco e no Valenciano não há a pretensão de ampliar a apreciação de controvérsias para abarcar as de natureza individual (NAVARRETE, 2020, pp. 79-120). Deste modo, não existe homogeneidade no tratamento dessa matéria.

Entretanto, Encabo (2020, pp. 55-79) explica que cada atualização do acordo demostra um compromisso dos interlocutores sociais para com o crescimento do sistema autônomo, visando melhorias a partir das experiências adquiridas e para a diminuição da conflituosidade social.

Dessa forma, pode-se notar que o sistema autônomo está tentando desenvolver um mecanismo de resolução de conflitos que seja equilibrado para as partes, por meio da mediação-conciliação e da arbitragem. Sempre no intuito de contribuir para evitar a judicialização, proporcionando a resolução de forma mais rápida, eficaz e econômica (GIL PÉREZ, 2018, pp. 99-100). Esse sistema privado certamente vai ao encontro da democracia participativa por "empoderar" as partes para que, por meio do seu protagonismo, encontre-se uma solução para a disputa estabelecida.

Quanto aos conflitos individuais, eles podem ser de interesse ou jurídico, sendo estes últimos a maior parte das reivindicações. Por sua vez, são ferramentas para solucioná-los: a conciliação, a mediação e a arbitragem, que devem atuar em coordenação com o processo, conforme arts. 63 e seguintes da LRJS (NIETO, 2020, pp. 219-250).

Para controvérsias individuais, assim como se constatou com as coletivas, a ferramenta mais escolhida é a conciliação-mediação. A arbitragem é quase inexistente. Pelas estatísticas, o número desses expedientes tramitando é alto em Aragón, Balears, Cantabria, La Rioja e Navarra (NIETO, 2020, pp. 219-250). E quanto aos índices de avenças obtidas, Nieto (2020, pp. 219-250) informa que são acima de 85% em Aragón, em torno de 70% na Cataluña, 60% em Balears, 50% em Cantabria e aproximadamente 40% em Navarra.

A marginalidade da via arbitral para conflitos individuais se deve a sua proximidade com a solução judicial (NIETO, 2020, pp. 219-250). Além disso, ela é rara porque existe muita desconfiança social e há constantes impugnações aos laudos arbitrais judicialmente, o que não traz segurança jurídica (NAVARRETE, 2020, pp. 79-120).

Observa-se que não há um tratamento uniforme nas comunidades autônomas no que tange às controvérsias individuais laborais. Em um quadro normativo histórico, o primeiro impulso para desenvolver o sistema autônomo para apreciar disputas individuais aconteceu com o art. 63 da LPL, que colocou este método como alternativo à via administrativa para cumprir o requisito pré-processual obrigatório.

Posteriormente, isso foi reforçado com as reformas na LPL e no ET em 1994 e na LRJS (Lei n. 36/2011). Assim, pode-se dizer que, a partir de 1994, amplia-se a base normativa que contempla a possibilidade de haver a submissão de controvérsias individuais em vias de conciliação, mediação e arbitragem em procedimentos extrajudiciais, dando maior solidez jurídica (NIETO, 2020, pp. 219-250). Além da base jurídica editada pelo Poder Legislativo, há também detalhamento do funcionamento desse mecanismo nos acordos interprofissionais.

Mas a falta de homogeneidade no tratamento de disputas de natureza individual no âmbito das comunidades autônomas tem gerado um problema para a sedimentação dessa via extrajudicial diante do panorama disperso, fragmentado e desigual[165]. De modo que as estatísticas demonstram que o sistema não é ainda muito utilizado, por preferirem as partes se socorrer no Poder Judiciário (GARCÍA ALVAREZ, 2015, p. 12).

Pode-se dizer que cada mecanismo em nível regional detém características próprias quanto ao ritmo e às suas prioridades. De maneira geral, possuem mais semelhanças do que divergências, já que o ASAC-VI serve como um marco referencial unitário, mas não uniforme. Entretanto, quando o assunto são controvérsias individuais, há muitas diferenças entre eles (NAVARRETE, 2020, pp. 79-120).

Foi por volta do ano 2000 que as Administrações Públicas e os agentes sociais começaram a pensar na inclusão de disputas individuais. Dessa forma, quanto aos conflitos individuais no organismo privado, o tratamento é muito variável conforme a região, porque há desde uma proibição absoluta até a obrigação como mecanismo de mediação-conciliação prévia (AGUDO, 2021, pp. 151-160).

No que se refere à competência do sistema autônomo, ele abrange, normalmente, as relações de trabalho assalariadas. Há poucas exceções quanto a isso, como no caso do SERCLA que prevê a ampliação para solucionar disputas do empregado público laboral. E a maior parte dos organismos é composta por fundações de gestão bipartida autônoma e que contam com recursos públicos para poderem existir (NAVARRETE, 2020, pp. 79-120).

Outra questão que os diferencia é que o tempo de duração desses acordos é variável (art. 86 do ET), uns optam pela duração infinita e outros por um período temporal. Todavia, independentemente disso, as instituições para dirimir controvérsias são criadas para ser permanentes e estáveis. Por exemplo, são de vigência indefinida o PRECO-III e o TAMIB, e temporal o ASAC-V e o valenciano. Mas muitos acordos preveem a prorrogação automática. Recentemente, vários acordos que tinham vigência temporária estão fazendo a opção por terem tempo indefinido como o AGA e o SERCLA, haja vista que a ideologia é que esses sistemas assumam dimensão institucional (NAVARRETE, 2020, pp. 79-120).

---

(165) A primeira diferença que se faz diz respeito à constituição, enquanto uns são fundações públicas (SIMA), outros são entidades integradas pelos Conselhos de Relações Laborais de suas comunidades autônomas. (AGUDO, 2021, pp. 151-160).

Pelo exposto, verifica-se que não existe uniformidade nas regiões espanholas quanto à matéria de direito individual, entretanto, os acordos de maneira geral não abarcam pretensões de seguridade social, matéria eleitoral e controvérsias sobre direitos fundamentais (NIETO, 2020, pp. 219-250). Isso ocorre porque esses temas são de ordem pública e, portanto, não comportam transação (NAVARRETE, 2020, pp. 79-120).

A esse respeito, Navarrete (2020, pp. 79-120) descreve que a própria autonomia desse método leva a essa diversidade normativa. Todavia, o mais relevante é pontuar que há um crescimento no volume de procedimentos, o que ajuda a sedimentar a cultura de autocomposição de controvérsias que, por sua vez, leva à diminuição da judicialização.

Entretanto, ainda precisa haver uma mudança legislativa que respeite a autonomia coletiva e dê mais autoridade jurídica e institucional a esses organismos, a partir de financiamentos, promoção e capacitação. Seria uma legislação negociada por envolver o legislador e os interlocutores sociais (NAVARRETE, 2020, pp. 79-120)

Tomando como referência os últimos anos, grande parte das disputas individuais instauradas refere-se às questões de classificação profissional, mobilidade funcional e geográfica, modificação substancial, redução de jornada, entre outros temas. Na prática, em Aragón, Balears, Cantabria e Navarra concentram-se os conflitos individuais de despedimentos e reclamações de quantias. Em Andalucía, o assunto mais tratado é sobre modificações substanciais nas condições de trabalho (NIETO, 2020, pp. 219-250).

Embora algumas dessas matérias, no art. 64 da LRJS[(166)], excluam da obrigatoriedade de conciliação prévia, as partes podem voluntariamente optar

---

(166) "*Artículo 64. Excepciones a la conciliación o mediación previas. 1. Se exceptúan del requisito del intento de conciliación o, en su caso, de mediación los procesos que exijan el agotamiento de la vía administrativa, en su caso, los que versen sobre Seguridad Social, los relativos a la impugnación del despido colectivo por los representantes de los trabajadores, disfrute de vacaciones y a materia electoral, movilidad geográfica, modificación sustancial de las condiciones de trabajo, suspensión del contrato y reducción de jornada por causas económicas, técnicas, organizativas o de producción o derivadas de fuerza mayor, derechos de conciliación de la vida personal, familiar y laboral a los que se refiere el artículo 139, los iniciados de oficio, los de impugnación de convenios colectivos, los de impugnación de los estatutos de los sindicatos o de su modificación, los de tutela de los derechos fundamentales y libertades públicas, los procesos de anulación de laudos arbitrales, los de impugnación de acuerdos de conciliaciones, de mediaciones y de transacciones, así como aquellos en que se ejerciten acciones laborales de protección contra la violencia de género. 2. Igualmente, quedan exceptuados: a) Aquellos procesos en los que siendo parte demandada el Estado u otro ente público también lo fueren personas privadas, siempre que la pretensión hubiera de someterse al agotamiento de la vía administrativa y en ésta pudiera decidirse el asunto litigioso. b) Los supuestos en que, en cualquier momento del proceso, después de haber dirigido la papeleta o la demanda contra personas determinadas, fuera necesario dirigir o ampliar la misma frente a personas distintas de las inicialmente demandadas. 3. Cuando por la naturaleza*

por submeter ao sistema extrajudicial, quando, pela natureza jurídica relativa aos direitos, seja possível a transação (NIETO, 2020, pp. 219-250):

> *Los AI excluyen la obligatoriedad de la conciliación en el caso de las excepciones previstas en el art. 64 LRJS, acogiéndose no obstante a la regla del art. 64.3 LRJS que mencionamos a continuación (Andalucía, Aragón, Galicia). Como se sabe, el art. 64.1 LRJS exceptúa del requisito del intento de conciliación o, en su caso, de mediación, entre otros, los procesos que versen sobre disfrute de vacaciones, movilidad geográfica, modificación sustancial de las condiciones de trabajo, suspensión del contrato y reducción de jornada por causas económicas, técnicas, organizativas o de producción o derivadas de fuerza mayor, derechos de conciliación de la vida personal, familiar y laboral a los que se refiere el artículo 139 y los de tutela de los derechos fundamentales y libertades públicas. Esta previsión es relevante porque, como vemos, afecta a temáticas que son comunes en los conflictos individuales sometidos a la conciliación extrajudicial. No obstante, hay que tener en cuenta la previsión del art. 64.3 LRJS, que da cobertura a los supuestos en que se imponga la conciliación. En efecto, conforme a esta norma, cuando por la naturaleza de la pretensión ejercitada pudiera tener eficacia jurídica el acuerdo de conciliación o de mediación que pudiera alcanzarse, aun estando exceptuado el proceso del referido requisito del intento previo, si las partes acuden en tiempo oportuno voluntariamente y de común acuerdo a tales vías previas, se suspenderán los plazos de caducidad o se interrumpirán los de prescripción en la forma establecida en el artículo 65 LRJS.*

De acordo com Gil Pérez (2018, pp. 99-100), somente as comunidades de Navarra, Balears, Aragón e Cataluña tiveram previsões desde a sua gênese quanto ao tratamento de disputas individuais laborais. Entretanto, como mencionado, outras regiões passaram a prever este tipo de embate no decorrer dos anos ou mesmo sinalizaram essa intenção de ampliar seu âmbito de atuação.

Desse modo, há uma expansão, e em algumas regiões já tramitam procedimentos individuais, como, por exemplo: Aragón, Balears, Cantabria, Cataluña e La Rioja. Observa-se que nos últimos anos outras incluíram controvérsias individuais, como: Castilla y León, Galicia, Madrid e Andalucía. Também está ocorrendo uma regulamentação mais detalhada (NIETO, 2020, pp. 219-250).

---

de la pretensión ejercitada pudiera tener eficacia jurídica el acuerdo de conciliación o de mediación que pudiera alcanzarse, aun estando exceptuado el proceso del referido requisito del intento previo, si las partes acuden en tiempo oportuno voluntariamente y de común acuerdo a tales vías previas, se suspenderán los plazos de caducidad o se interrumpirán los de prescripción en la forma establecida en el artículo siguiente." Mais informações em: https://www.boe.es/buscar/act.php?id=BOE-A-2011-15936. Acesso em: 6 jun. 2022.

Entretanto, permanece significativo o número de acordos que excluem os conflitos individuais ou suspendem a aplicação do regulamento (Canarias, Castilla-La Mancha, Comunidad Valenciana, Extremadura, País Vasco) (NIETO, 2020, pp. 219-250).

Apesar da falta de homogeneidade, constata-se que o poder público territorial tem tido um forte impacto no incentivo ao desenvolvimento de sistemas autônomos, tanto que todas as comunidades autônomas têm um acordo de resolução extrajudicial em seu território (MUÑIZ, [s.d.], p. 12).

Além das normas editadas pelo Poder Legislativo, é preciso regulação pela autonomia coletiva por meio de AI. Portanto, o legislador desenvolve uma política de apoio e de organização jurídica dos sistemas extrajudiciais (NIETO, 2020, pp. 219-250). E esses também realizam uma regulamentação própria.

Tenta-se fomentar na Espanha, assim como no Brasil, outras formas de acessar a justiça para além do seio do Poder Judiciário, na medida em que este está abarrotado de processos retardando a entrega da prestação jurisdicional. Porém, na Espanha, esse caminho vem sendo traçado desde a década de 80. No Brasil, com a inutilização do instituto das CCPs criado em 2000, a partir de 2010 o CNJ tem se preocupado em promover mecanismos de mediação e conciliação extraprocessuais. Mas, no âmbito laboral, é a partir de 2017 que se percebe a abertura pela reforma trabalhista ao uso de outras vias diante da sobrecarga do Poder Judiciário, o que favoreceu a feitura da Resolução do CSJT para incentivar internamente o estabelecimento do Cejusc, que realiza a mediação e a conciliação extrajudicial.

Na gestão do conflito individual de maneira autônoma, conforme preceitua Gil Pérez (2018, pp. 99-100), deve-se ter o cuidado de jamais deixar os trabalhadores em desvantagem em relação ao uso da via jurisdicional. Nesse sentido, não se pode jamais perder de vista, quando do desenvolvimento de um mecanismo alternativo, que a origem do direito do trabalho é baseada na disparidade econômica das partes, na vulnerabilidade e na hipossuficiência do trabalhador. Além de conter a presença de direitos indisponíveis[(167)] que fazem do sistema laboral protetivo.

Para melhor compreender o funcionamento da via autônoma de resolução de disputas trabalhistas de caráter individual na Espanha, far-se-á

---

(167) Sobre esse assunto, o art. 3.5 do ET da Espanha dispõe que: "*Los trabajadores no podrán disponer válidamente, antes o después de su adquisición, de los derechos que tengan reconocidos por disposiciones legales de derecho necesario. Tampoco podrán disponer válidamente de los derechos reconocidos como indisponibles por convenio colectivo*". Informação disponível em: https://www.boe.es/buscar/act.php?id=BOE-A-2015-11430. Acesso em: 6 jun. 2022.

neste momento uma pesquisa pormenorizada nas comunidades autônomas que preveem os conflitos dessa natureza, tomando como referência a atuação nos últimos anos. Entretanto, informa-se que ela não será muito abrangente e profunda nas regiões que não são muito atuantes para a apreciação desse tipo de litígio. O critério utilizado para a exposição que se segue é a ordem com que as citadas Comunidades Autônomas têm aplicado aos procedimentos de solução extrajudicial os conflitos individuais. Por isso, se inicia com os casos de Aragón, Balears, Cantabria, Cataluña, Navarra, La Rioja e Andalucía; posteriormente, nessa ordem cronológica, por estarem em zona limítrofe, sucedem Galicia[(168)], Madrid[(169)], Castilla y León [(170)]. Por último, se conclui com as que continuam com os procedimentos predominantemente de conflitos coletivos, mesmo que algumas detenham competência para apreciar disputas plurais e/ou individuais, em particular: Asturias, Canarias, Castilla-La Mancha, Comunidad Valenciana, Extremadura, Murcia e País Vasco.

3.3.2.1. Serviço Aragonés de Mediação e Arbitragem (SAMA)

Nesta Comunidade Autônoma, o I Acordo de Solução Extrajudicial de Conflitos Laborais realizou-se em 1996. Na realidade, ele é uma referência no fomento ao diálogo social e na gestão autônoma de conflitos laborais, haja vista que ao longo dos anos já tramitaram aproximadamente 100.000 disputas individuais. Destaca-se que desde a sua origem neste I Acordo já havia a previsão sobre embates de natureza jurídica individual (GIL PÉREZ, 2018, p. 106).

Historicamente, em outubro de 1997, foi criado o Serviço Aragonés de Mediação e Arbitragem, financiado pelo governo autônomo com a finalidade de impulsionar e contribuir para o desenvolvimento da análise das controvérsias laborais de forma extrajudicial (GIL PÉREZ, 2018, p. 107).

Devido aos resultados positivos alcançados, ampliou-se a competência deste organismo, que passou a abarcar quase a totalidade das disputas individuais, com exceção das que versavam sobre questões específicas, como: seguridade social, matéria eleitoral, liberdade sindical, entre outros direitos fundamentais (PÉREZ, 2017, p. 21).

Hodiernamente, existe uma grande quantidade de controvérsias tramitando no SAMA, o que, de acordo com Gil Pérez (2018, p. 108), demonstra idoneidade e confiança no sistema que se baseia no tratamento individualizado da disputa e atenção personalizada às partes que dela participam.

---

(168) Incorporou recente as controvérias individuais em seu Acordo (2020), de forma que é esperado o desenvolvimento da atividade prática na apreciação desse tipo de conflito.

(169) É muito baixo o percentual de disputas individuais nessa Comunidade.

(170) Nesse sistema há disputas coletivas e plurais tramitando.

No que diz respeito ao instrumento de mediação, este ganha caráter universal no SAMA tanto para resolver conflitos individuais, quanto para solucionar os coletivos (GIL PÉREZ, 2018, pp. 110-111).

Interessa ainda acrescentar que para o melhor desenvolvimento deste método alternativo de resolução de disputas trabalhistas, visando facilitar o acesso à justiça, desde 2006, o SAMA tem ofertado a possibilidade dos procedimentos serem submetidos eletronicamente(171).

Pode-se dizer que as atividades realizadas pelo SAMA se tornaram incessantes principalmente a partir da feitura do IV Acordo(172), porque as estatísticas informam que foram mais de 25.000 expedientes que tramitaram entre os anos de 2014 e 2017. Constata-se, portanto, um compromisso social com o diálogo e a preocupação por permitir que haja outras maneiras de dirimir questões trabalhistas (GIL PÉREZ, 2018, pp. 110-111).

Dessa forma, pelo exposto, percebe-se que Aragón é uma região muito ativa no tratamento de controvérsias de natureza jurídica individual laboral. Destaca-se, nesse aspecto, os números do ano de 2019(173), que demonstram ser a mediação individual o procedimento mais utilizado, pois alcançou 8.504 expedientes de um total de 8.633 que tramitaram. Além disso, nota-se que não houve a instauração de nenhuma arbitragem individual neste período, como verifica-se a seguir:

	MEDIACIONES INDIVIDUALES	MEDIACIONES COLECTIVAS	ARBITRAJES INDIVIDUALES	ARBITRAJES COLECTIVOS	TOTAL
ZARAGOZA	7.207	120	-	1	7.328
HUESCA	904	6	-	-	910
TERUEL	393	2	-	-	395
ARAGÓN	**8.504**	**128**	**-**	**1**	**8.633**

Fonte: relatório anual do SAMA 2019

(171) Sobre o SAMA: http://www.fundacionsama.com/presentacion-registro-online/. Acesso em: 2 dez. 2021.

(172) *IV Acuerdo sobre Solución Extrajudicial de Conflictos Laborales de Aragón de mayo de 2013.*

(173) Dados do SAMA: http://www.fundacionsama.com/. Acesso em: 10 jul. 2021.

Este é um organismo que está em constante crescimento: no ano de 2019, conforme relatório anual do SAMA, foi o segundo maior em números de conflitos tramitando e o primeiro com relação ao número de procedimentos de despedimentos mediados. Isso se deve primordialmente à confiança depositada por trabalhadores e empresários no sistema, devido ao fato de a experiência ter demonstrado que ele alcança resultados satisfatórios para os envolvidos na disputa(174).

Assim, é notório o crescimento nos últimos anos, principalmente no que se refere à resolução de disputas de caráter individual. Números do relatório anual de 2019 apontam que, desde a inauguração do SAMA em 1999 até 2019, tramitaram ao todo 125.017 expedientes e, destes, 124.999 foram de mediação e apenas 18 foram procedimentos de arbitragem. E das mediações realizadas, 122.442 corresponderam a conflitos individuais ou plurais, enquanto apenas 2.557 referiam-se a conflitos de caráter coletivo. *Vide* a seguir:(175)

SOLICITUDES PRESENTADAS EN ARAGÓN 1999-2019

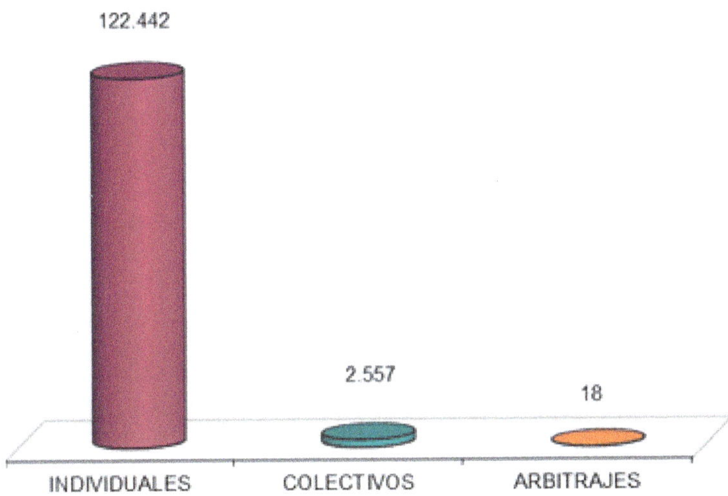

Fonte: relatório anual do SAMA 2019

Assim, as mediações em caráter individual correspondem a 98,51% dos expedientes totais deste organismo. E a arbitragem é um procedimento minoritário e residual, situação semelhante ao que se passa com a maioria dos sistemas de soluções extrajudiciais trabalhistas espanhóis(176).

---

(174) Maiores detalhes sobre o SAMA, consultar: http://www.fundacionsama.com/. Acesso em: 18 jun. 2021.

(175) Acerca dos dados do SAMA, *vide*: http://www.fundacionsama.com/. Acesso em: 10 jul. 2021.

(176) *Ibidem*.

Nesse contexto, o gráfico anexado [177] a posteriori demonstra o desuso da via arbitral ao longo dos anos. Isso porque, na maior parte do período de 1999 a 2019, tem-se apenas uma arbitragem, e somente em 2000 houve mais procedimentos arbitrais, somando ao todo três. Assim, entende-se que não há tradição na escolha por esta via no SAMA, haja vista que houve anos em que ela sequer foi utilizada.

EVOLUCIÓN DE LOS ARBITRAJES TRAMITADOS EN ARAGÓN 1999-2019

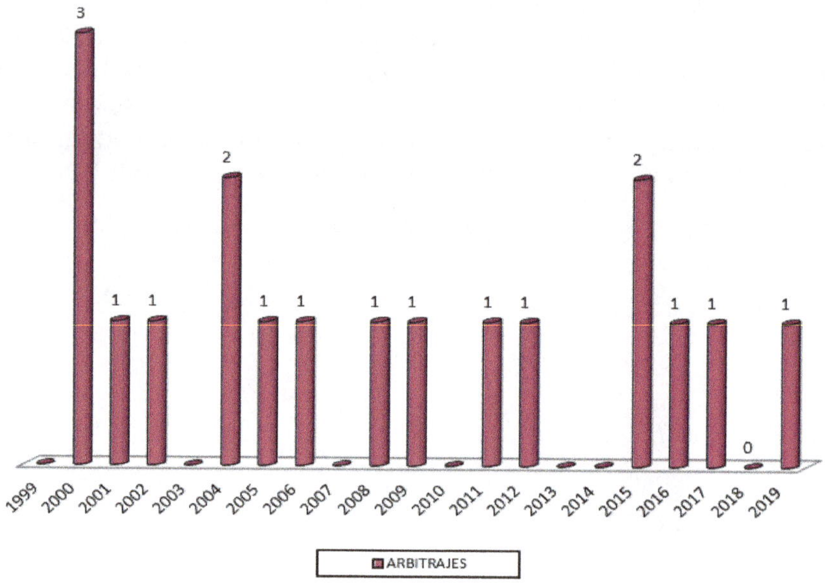

Fonte: relatório anual do SAMA 2019

No que diz respeito às mediações individuais efetivas (aquelas em que a mediação é ativamente realizada) do ano de 2019, estas foram em Aragón de 88,58%[178]. O relatório aponta também que se verifica, nos últimos anos, uma tendência na alta do percentual de concordância nos dissídios individuais pelo sétimo ano consecutivo, alcançando, em Aragón, 70,04% do total. [179] Índice que se revela muito positivo.

Nesse mesmo sentido, por exemplo, os acordos alcançados nos procedimentos de mediação de despedimento (representa o maior número de conflitos individuais tramitando, em torno de 84,07% do total) no ano de 2019, no SAMA, foram de 76%, o que se mostra muito satisfatório [180].

(177) *Ibidem.*

(178) Estatísticas do SAMA, acessar: http://www.fundacionsama.com/. Acesso em: 7 jul. 2021.

(179) *Ibidem.*

(180) *Ibidem.*

O gráfico [181] inserido comprova a eficiência do sistema de mediação e acordos realizados ao longo do período de 1999 a 2019 nos procedimentos de despedimento:

EVOLUCIÓN DE LOS RESULTADOS DE LOS PROCEDIMIENTOS INDIVIDUALES POR DESPIDO ARAGÓN 1999-2019

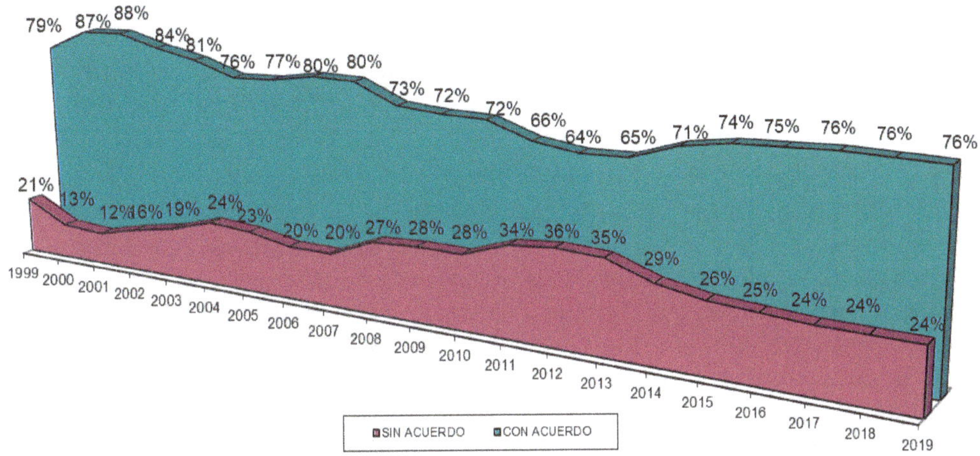

Fonte: relatório anual do SAMA 2019

Pelo gráfico acima, não há dúvidas de que as avenças firmadas em procedimentos de despedimento foram muito elevadas. Tal fato comprova ser a mediação do procedimento autônomo SAMA, para resolver questões de direito individual do trabalho, muito eficiente e capaz de contribuir para evitar a excessiva judicialização do conflito laboral.

É imperioso notar que o SAMA é o mais atuante em dirimir questões a nível de direito individual laboral e sua atuação vai ao encontro do direito de acesso à justiça. Entretanto, apesar dos bons índices de acordos obtidos, deve-se pensar em formas de proporcionar o seu crescimento para abarcar mais procedimentos, haja vista que muitas ações ainda são propostas no Poder Judiciário.

3.3.2.2. Tribunal de Arbitragem e Mediação das Illes Balears (TAMIB)

Em 20 de dezembro de 1995, a comunidade autônoma de Balears firmou o I Acordo de Resolução Autônoma de Conflitos Laborais e estabeleceu competências para o TAMIB de solucionar dissídios coletivos e, excepcionalmente, dissídios individuais e plurais [182].

Sabe-se que, face à dinâmica da relação de trabalho, não há como evitar que surjam disputas entre empresas e trabalhadores, e por isso esse é um

(181) Estatísticas do SAMA, acessar: http://www.fundacionsama.com/. Acesso em: 7 jul. 2021.

(182) Mais informações sobre o TAMIB em: https://www.tamib.es/wp-content/uploads/2021/05/memo-tamib2020.pdf. Acesso em: 6 jul. 2021.

organismo extrajudicial necessário, autônomo e paritário que visa obter uma resposta, por meio da mediação ou da arbitragem, de maneira ágil, célere, gratuita e eficaz para diferentes controvérsias laborais. O seu funcionamento foi pensado com vistas a minimizar o impacto social e econômico. Interessa ainda esclarecer que o TAMIB iniciou efetivamente sua atividade somente em 25 de setembro de 1997(183).

Historicamente, um novo acordo foi realizado em janeiro de 2005, denominado II Acordo (184) de Renovação e Potencialização do TAMIB . Este documento é importante, pois possibilita ao TAMIB(185) analisar qualquer tipo de conflito individual desde que este não esteja expressamente excluído no AI laboral (GIL PÉREZ, 2018, pp. 116-118).

Portanto, hodiernamente, a competência do TAMIB é ampla para resolver quaisquer demandas entre empresários e trabalhadores que digam respeito a conflitos plurais, individuais ou coletivos. Entretanto, esse organismo não tem competência, igualmente ao que acontece com os demais sistemas autônomos, para apreciar questões que envolvam liberdade sindical, direitos fundamentais, entre outras situações específicas (186). Agudo (2021, pp. 151-160) igualmente disserta que o sistema tem ampla competência para apreciar disputas individuais e substitui a via administrativa na tentativa de avença prévia à jurisdição.

Referente aos conflitos individuais do trabalho tramitando nesse mecanismo, Gil Pérez (2018, p. 120) informa ter havido um aumento crescente ao longo dos anos. Isso é resultante do compromisso assumido pelo TAMIB no intuito de dirimir disputas laborais e também se deve ao fato de ter sido elaborado o II Acordo em 2005, uma vez que neste mesmo ano tramitaram mais de 5.400 expedientes que posteriormente dobraram no ano de 2008 devido à crise econômica.

No período de 2009 a 2020 se verificará a posteriori que, em razão da eficácia do sistema e por ele abranger muitas categorias, houve mais de 10.000 expedientes de caráter individual instaurados no TAMIB.

Dados mais atuais do relatório anual de 2020 demonstram que as reclamações mais instauradas no TAMIB de caráter individual dizem respeito à extinção do contrato de trabalho (67%), seguidas de reclamações salariais (19%) (187).

---

(183) *Ibidem.*

(184) *II Acuerdo Interprofesional para la renovación y potenciación del Tribunal de Arbitraje y mediación de las Islas Baleares de 2005.*

(185) Sobre os Acordos do TAMIB: https://www.tamib.es/las-7-cuestiones/. Acesso em: 6 jul. 2021.

(186) Acerca da competência: https://www.tamib.es/las-7-cuestiones/#1525682827579-8af98595-c697. Acesso em: 7 jul. 2021.

(187) Dados do ano de 2020 em: https://www.tamib.es/wp-content/uploads/2021/05/memotamib2020.pdf. Acesso em: 7 jul. 2021.

Os expedientes individuais que tramitaram nos anos de 2019 e 2020 foram acima de 10.000, número bem superior aos expedientes coletivos que não chegam a 80 nos respectivos anos. Além disso, interessa pontuar que nesse período não houve nenhum procedimento arbitral, o que demonstra que o procedimento está em desuso, conforme se verifica na tabela do relatório anual 2020 a seguir:(188)

EXPEDIENTES TRAMITADOS EN BALEARS: COMPARATIVA

2020-2019

	2020	2019
INDIVIDUALES	11683	14398
COLECTIVOS	63	76
ARBITRAJES	0	0

Fonte: relatório TAMIB

Os dados acima informam que o TAMIB é muito atuante em mediações de conflitos individuais laborais. E, no que se refere ao índice de acordos alcançados no ano de 2020 em mediações individuais realizadas, este mostra-se extremamente positivo, por ser de 57% (189).

Veja abaixo:

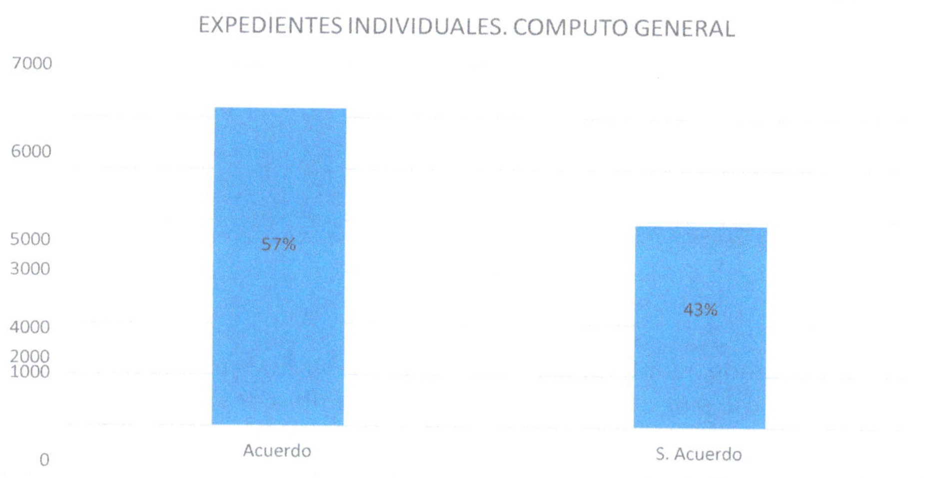

Fonte: relatório TAMIB

(188) Estatísticas do ano de 2020 disponibilizadas em: https://www.tamib.es/wp-content/uploads/2021/05/memotamib2020.pdf. Acesso em: 7 jul. 2021.

(189) Informações estatísticas de 2020, consultar: https://www.tamib.es/wp-content/uploads/2021/05/memotamib2020.pdf. Acesso em: 7 jul. 2021.

Considerando-se por matéria, no índice de acordos firmados em mediações efetivamente realizadas em tramitações de extinção contratual, esse número sobe e alcança o patamar de 69% do total, evidenciando a excelência do sistema.

O gráfico disponibilizado adiante refere-se à evolução do TAMIB no período de 2000 a 2020. Por meio dele, nota-se o crescimento do organismo, que desde o ano de 2009 passou a ter mais de 10.000 procedimentos. (190) Observe:

ANÁLISIS HISTÓRICO: EXPEDIENTES TRAMITADOS POR EL TAMIB: 2000-2020

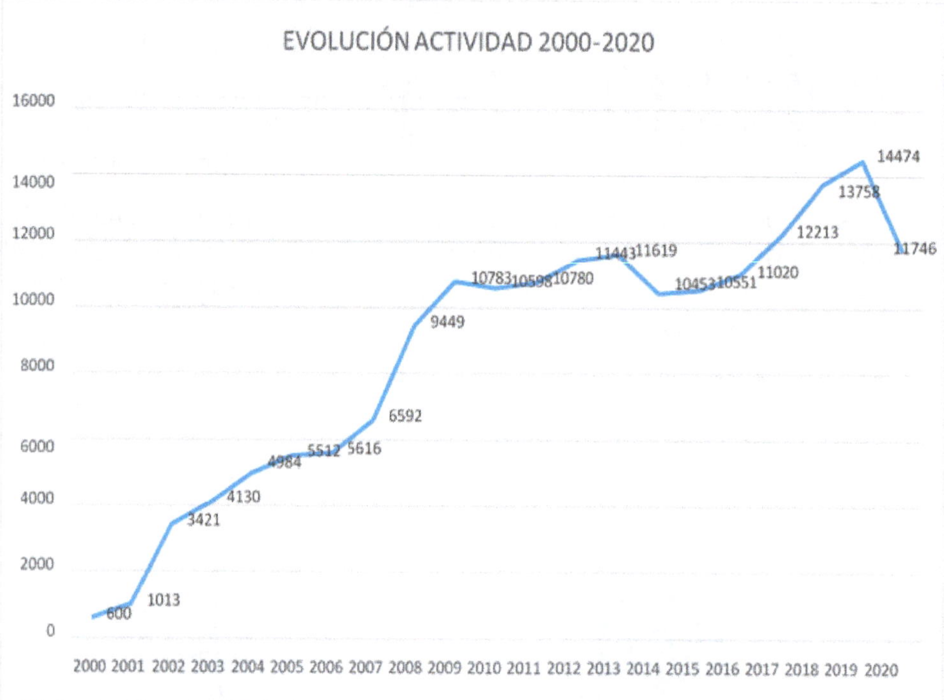

Fonte: relatório TAMIB

Essa grande quantidade de mediações individuais instauradas somada aos elevados índices de avenças obtidas é, sem sombra de dúvidas, contributo para a evitação do processo jurisdicional. Por conseguinte, é indene de dúvidas que o TAMIB favorece a resolução da disputa laboral de forma mais rápida e efetiva, e ao mesmo tempo fomenta a melhora da via jurisdicional laboral para aqueles que optarem por utilizá-la.

(190) Relatório do TAMIB do ano de 2020 disponível em: https://www.tamib.es/wp-content/uploads/2021/05/memotamib2020.pdf. Acesso em: 7 jul. 2021.

No que se refere ao uso do procedimento de mediação relacionando-o conforme o resultado alcançado no período de 2000 a 2020, o relatório comprova uma grande quantidade de acordos realizados, pois ao longo dos anos houve um crescimento contínuo quanto ao número de avenças que passou a superar os resultados obtidos sem acordo [(191)].

Chega-se à compreensão de que, quanto ao funcionamento do TAMIB, constata-se a consolidação da mediação como via alternativa ao sistema jurisdicional como capaz de favorecer o entendimento entre as partes em disputas individuais do trabalho e, com isso, melhorar o acesso à justiça. A arbitragem, como dito, está em desuso.

3.3.2.3. Organismo de Resolução Extrajudicial de Conflitos Laborais de Cantabria (ORECLA)

A Fundação Cantabria para as Relações Laborais originou-se em 1996 com o objetivo primordial de melhorar as relações de trabalho em âmbito individual e coletivo [(192)].

Constata-se que nesse mesmo ano foi firmado o I AI da Comunidade de Cantabria. Posteriormente, o II Acordo realizou-se em dezembro de 1997. Esclarece-se que essa foi uma das primeiras regiões espanholas a desenvolver serviços de soluções autônomas de conflitos na área laboral (GIL PÉREZ, 2018, pp. 126-127).

ORECLA significa Organismo de Resolução Extrajudicial de Conflitos Laborais de Cantabria. Conforme informações disponíveis no site do sistema, ele dedica-se à solução extrajudicial de disputas trabalhistas por meio de mecanismos de mediação, de conciliação e de arbitragem [(193)].

São seus princípios básicos: a gratuidade, a igualdade processual, a imparcialidade e a flexibilidade do procedimento. Ressalta-se, ainda, que ele tem como finalidade primordial resolver as controvérsias de forma ágil, simples e eficaz, respeitando a Lei n. 36/2011 que regulamenta a Jurisdição Social e o AI da Cantábria de 2010, que foi assinado pelas organizações empresariais e sindicais mais representativas desta região [(194)].

Historicamente, foi em abril de 1999 que se firmou o III Acordo responsável por ampliar o âmbito da competência material do ORECLA. Mas a

---

(191) Relatório do TAMIB do ano de 2020 disponível em: https://www.tamib.es/wp-content/uploads/2021/05/memotamib2020.pdf. Acesso em: 7 jul. 2021.

(192) Sobre a fundação do ORECLA: http://www.orecla.com/secciones-comunes/estructura-de-la-fundacion/. Acesso em: 10 jul. 2021.

(193) ORECLA: http://www.orecla.com/secciones-comunes/estructura-de-la-fundacion/. Acesso em: 15 jul. 2021.

(194) Detalhes sobre o ORECLA, verificar: http://www.orecla.com/secciones-comunes/estructura-de-la-fundacion/. Acesso em: 15 jul. 2021.

feitura do IV Acordo é que permitiu a intervenção em todo tipo de embate individual. É importante esclarecer que esse é um organismo que possui também ação preventiva no intuito de evitar a via jurisdicional (GIL PÉREZ, 2018, pp. 127-128).

Assim, a apreciação de controvérsias individuais é ampla, atuando inclusive por meio de conciliações prévias (PÉREZ, 2017, p. 23). Hodiernamente, está em vigor o VI Acordo [(195)] firmado em 2010 que possui o compromisso de estabelecer e consolidar um sistema preferencialmente preventivo, imparcial, transparente e maduro o suficiente para a resolução de disputas laborais [(196)].

Verifica-se, à vista disso, que a finalidade dessa instituição é ser um canal natural para solucionar controvérsias derivadas de relações de trabalho por meio da negociação realizada pelas próprias partes, no intuito de evitar ao máximo a judicialização. Isso porque, somente se for estritamente necessário, deve haver o engajamento no poder judiciário [(197)].

Ao longo dos anos, as disputas individuais no ORECLA aumentaram consideravelmente, conforme apontam os índices retirados de relatórios oficiais desse organismo disponibilizados mais à frente neste livro.

Esse fato se deve principalmente à crise econômica que gerou muita conflituosidade nas relações trabalhistas. Assim, dados estatísticos expedidos pelo ORECLA demonstram que desde o ano de 2012 há um aumento com relação ao número de embates individuais instaurados, sendo esta uma tendência muito positiva no mecanismo.

Portanto, de modo geral, pode-se afirmar que esse é um organismo bastante atuante. O relatório de 2016 aponta que tramitaram ao todo 4.694 expedientes de mediação, de conciliação e de arbitragem que afetaram cerca de 46.700 trabalhadores e 5.800 empresas. Desse total de procedimentos, 4.566 foram focados em resolver controvérsias individuais e 128 em solucionar disputas coletivas de trabalho [(198)].

Igualmente, este relatório também disciplina que a média de acordos obtidos em demandas de natureza individual entre os anos de 2012 e 2016 foi de 33,79%, mas, considerando-se apenas os expedientes em que o ORECLA

---

(195) *VI Acuerdo Interprofesional de Cantabria sobre resolución extrajudicial de conflictos laborales de 2010.*

(196) Informações sobre o ORECLA em: http://www.orecla.com/wp-content/uploads/2015/07/acuerdo.pdf. Acesso em: 6 dez. 2021.

(197) Dados retirados da Memoria de la Fundación para las Relaciones Laborales de Cantabria 2016. Acesso em: 7 jun. 2021.

(198) Estatísticas ORECLA em: http://orecla.com/memoria_anual.pdf. Acesso em: 21 jun. 2021.

efetivamente interveio, em outras palavras, mediações que não foram arquivadas previamente ou em que não houve incomparecência, os acordos obtidos giraram em torno de 44,90%, como demonstrado mais detalhadamente na tabela a seguir. Pontue-se que esses números são extremamente positivos:(199)

AÑO	Con Avenencia		Sin avenencia		Total General
2012	1722	40,34%	2547	59,66%	4269
2013	1859	43,38%	2426	56,62%	4285
2014	1702	44,52%	2121	55,48%	3823
2015	1692	47,10%	1900	52,90%	3592
2016	1692	49,16%	1750	50,84%	3442
MEDIA		44,90%		55,10%	19411

Fonte: relatório anual do ORECLA

Com relação às matérias mais questionadas de caráter individual, o relatório aponta que predominam os expedientes de despedimentos e de quantias, alcançando um total de mais de 80% dos assuntos provocados (200).

Por sua vez, constata-se que, entre os anos de 2008 e 2018, o número de avenças obtidas em relação ao total de expedientes finalizados (considerando-se somente os procedimentos que efetivamente tramitaram), tanto a nível coletivo quanto a nível individual, foi superior a 40% em todos os anos, índice que demonstra eficiência, como se pode verificar na tabela apresentada.

---

(199) Estatísticas ORECLA em: http://orecla.com/memoria_anual.pdf. Acesso em: 21 jun. 2021.

(200) Mais esclarecimentos sobre o relatório anual em: http://orecla.com/memoria_anual.pdf. Acesso em: 10 jul. 2021.

Observe:

AÑO	TOTAL EXPEDIENTES FINALIZADOS	EXPEDIENTES EFECTIVAMENTE TRAMITADOS (*Se excluyen ISE y Archivos y en trámite)		
		PORCENTAJE SOBRE TOTAL	CON ACUERDO	SIN ACUERDO
2008	6174	64,67%	48,31%	51,69%
2009	6776	61,98%	45,12%	54,88%
2010	5938	63,99%	44,89%	55,11%
2011	5783	66,49%	43,07%	56,93%
2012	5819	75,10%	40,16%	59,84%
2013	5811	76,34%	43,01%	56,99%
2014	5241	74,97%	43,90%	56,10%
2015	4876	75,86%	46,53%	53,47%
2016	4694	76,44%	48,91%	51,09%
2017	5112	74,41%	49,19%	50,81%
2018	**4488**	**75,02%**	**46,77%**	**53,22%**

Fonte: relatório anual do ORECLA

Para finalizar, no que se refere à atuação do ORECLA, afirma-se que a informação numérica fornecida pelo organismo, quanto à quantidade de acordos obtidos em procedimentos de mediação-conciliação de conflitos individuais de trabalho, demonstra que o sistema autônomo é eficiente e capaz de servir como via alternativa à jurisdicional, e, com isso, favorecer o direito de acessar a justiça.

Sobre a arbitragem para disputas individuais, não foi fornecido qualquer dado, o que comprova, mais uma vez, que tradicionalmente não há o costume de utilizá-la nesse mecanismo extrajudicial para dirimir essas questões.

Apesar do ORECLA conter bons índices de acordos realizados, necessita de maior crescimento para que atue de forma mais ampla a nível individual para possibilitar a diminuição da enorme quantidade de ações judiciais que ainda são instauradas.

3.3.2.4. Tribunal Laboral da Cataluña (TLC)

O AI sobre Solução Extrajudicial de Conflitos da Cataluña foi publicado em 1991. Posteriormente, criou-se o TLC com a finalidade de resolver as disputas trabalhistas por meio das próprias partes envolvidas. Tudo isso com vistas a obter agilidade e eficácia nas decisões. (201)

Assim, mecanismos de mediação, de conciliação e de arbitragem foram colocados à disposição para dirimir conflitos coletivos, plurais e individuais em matéria de trabalho, privilegiando a autonomia coletiva, desde que haja voluntariedade na opção pela submissão do expediente a esse sistema.(202)

Compreende-se que esse é um organismo que reconhece as disputas individuais, porém não detém competência para apreciar expedientes de regime disciplinário, reclamações de quantias e de liberdade sindical. Entretanto, o Comitê de Seguimento pode habilitar o conhecimento dessas exceções (AGUDO, 2021, pp. 151-160).

Com o passar do tempo e o crescente impacto proporcionado pela tecnologia e pela modernização nas relações laborais, sentiu-se a necessidade de atualizar as maneiras de solucionar as controvérsias derivadas dessa interação. Desse modo, em setembro de 2005, firmou-se novo acordo para reger os anos de 2005 a 2007, privilegiando ainda mais a negociação coletiva.(203)

Mais à frente, em 2011, devido à crise econômica instalada, entendeu-se, mais uma vez, pela necessidade de firmar novo AI favorecendo o uso do sistema autônomo para atravessar essa situação. Na medida em que o diálogo social e o desenvolvimento de alternativas para a manutenção e a criação de postos de trabalho são excelentes soluções para enfrentar o problema, em um momento em que a taxa de desemprego abrangia 19,43% na Catalunha (204).

Recentemente, no ano de 2015 (205), incluíram-se novas matérias na competência do organismo em razão da reativação da economia. Essa ampliação foi feita também no intuito de abarcar as mudanças sociais contemporâneas derivadas das novas tecnologias.

Dessa forma, foi estabelecido novo acordo para os anos de 2015 a 2017 com vistas a alcançar a função social, a igualdade de gênero, a flexisegurança, entre outras questões inovadoras, inclusive por meio da criação de comissões técnicas específicas no TLC para assessorar nessas circunstâncias (GIL PÉREZ, 2018, pp. 139-140).

---

(201) Acerca do TLC, consultar: http://www.tribulab.cat/articles/. Acesso em: 10 jul. 2021.

(202) Para maior conhecimento do TLC, acessar: http://www.tribulab.cat/articles/. Acesso em: 16 jul. 2021.

(203) Sobre o Acordo de 2005: http://www.tribulab.cat/aic-2005-2007/. Acesso em: 16 jul. 2021.

(204) Acerca do Acordo de 2011: http://www.tribulab.cat/aic-2011-2014/. Acesso em: 17 jul. 2021.

(205) Mais detalhes do Acordo de 2015: http://www.tribulab.cat/wp-content/uploads/2016/05/AIC2015DOGCCATALA.pdf. Acesso em: 17 jul. 2021.

E, em 2018 [206], entrou em vigor na Catalunha novo acordo [207]. Com relação à análise estatística do ano de 2020, as tramitações efetivas dos conflitos individuais do trabalho no TLC tiveram um índice muito positivo no que se refere às avenças alcançadas em procedimentos de mediação-conciliação.

De acordo com a tabela anexada, foram ao todo 82 acordos realizados em mecanismos de conciliação, o que representa 79,61% do total de procedimentos submetidos a conciliações, e foram 7 avenças feitas em mediações, representando 63,64% do total de expedientes mediados.

Somando as duas ferramentas, tem-se um percentual de 78,07% do total de mediações-conciliações que obtiveram resultado acordado, alcançando 89 procedimentos, dado extremamente favorável, como pode ser contemplado na tabela a seguir.[208]

ANY 2020		INDIVIDUALS					
		CONCILIACIONS		MEDIACIONS		CONC/MED	
TRAMITACIONS EFECTIVES	Amb avinença	82	79,61 %	7	63,64 %	89	78,07 %
	Avinença parcial	1	0,97 %	0	0,00 %	1	0,88 %
	Sense avinença	20	19,42 %	4	36,36 %	24	21,05 %
	TOTAL	103	100,00 %	11	100,00 %	114	100,00 %
TRAMITACIONS NO EFECTIVES	ISE	6	66,67 %	1	50,00 %	7	63,64 %
	Desistits	3	33,33 %	0	0,00 %	3	27,27 %
	Arxius	0	0,00 %	1	50,00 %	1	9,09 %
	TOTAL	9	100,00 %	2	100,00 %	11	100,00 %
TOTAL		112		13		125	

Fonte: relatório TLC

No que diz respeito à resolução de controvérsias individuais por meio de novas tecnologias, o relatório aponta que na mediação-conciliação foram 67 acordos obtidos em procedimentos on-line, contando ainda com 1 acordo parcial. Assim, somente em 23 avenças foram necessários atendimentos presenciais. À

(206) Informações mais precisas sobre o Acordo de 2018: http://www.tribulab.cat/wp-content/uploads/2019/01/AICDOGCCAT.pdf. Acesso em: 18 jul. 2021.

(207) *Acuerdo Interprofesional de Cataluña para los años 2018-2020 y Reglamento de funcionamiento del Tribunal Laboral de Cataluña.*

(208) Para ampliar o conhecimento do TLC: http://www.tribulab.cat/wp-content/uploads/2021/01/ANY-2020.pdf. Acesso em: 7 jun. 2021.

vista disso, há eficiência no procedimento on-line e a utilização de meios eletrônicos nos dias atuais certamente irá continuar a se desenvolver.[209]

No ano de 2019, a quantidade de conflitos individuais instaurados não foi muito diferente de 2020, pois abrangeu apenas 96 procedimentos [210]. E, em 2020, das controvérsias que tramitaram no TLC, somente 7 passaram pelo procedimento arbitral, havendo 825 conciliações-mediações [211].

Observe a tabela a *posteriori*:

CATALUNYA	TLC	PROCEDIMENTS	ARBITRATGES	CONCILIACIONS / MEDIACIONS	CONCILIACIONS	MEDIACIONS	ANY 2020
	NÚMERO	832	7 0,84 %	825 99,16 %	610 73,94 %	215 26,06 %	
	EMPRESES AFECTADES	884	7	877	650	227	
	TREBALLADORS AFECTATS	183.939	619	183.320	134.546	48.774	

Fonte: tabela TLC

Mais uma vez, constata-se que o procedimento arbitral está em desuso no sistema autônomo, perfazendo em 2020 a escolha de menos de 1% dos conflitos instaurados. Parece haver o entendimento implícito de que, quando as partes optam por outra via que não a jurisdicional, é para terem mais autonomia na decisão.

Dessa maneira, verifica-se que existe uma preferência das partes pelas ferramentas de mediação-conciliação que possuem ao todo o índice de 99,16% dos procedimentos tramitados. Tal fato pode ser atribuído à maior segurança que elas têm em escolher mecanismos que favoreçam o seu protagonismo na solução da disputa laboral por meio do diálogo.

Constatou-se, também, por meio do relatório anual, que a resolução de conflitos coletivos ainda abarca a maior parte dos procedimentos do TLC. A sua atuação em disputas individuais ainda é tímida e abrange poucos expedientes. Entrementes, pode-se afirmar que, embora evoluindo aos poucos, a experiência tem oportunizado bons índices de acordos em procedimentos individuais do trabalho, como o que foi aferido em 2020.

---

(209) *Ibidem.*

(210) Detalhes do TLC em: https://www.poderjudicial.es/cgpj/es/Temas/Estadistica-Judicial/Estadistica--por-temas/Medios-alternativos-de-resolucion-de-conflictos/Mediacion--Arbitraje-y-Conciliacion-laborales/. Acesso em: 20 jun. 2021.

(211) *Ibidem.*

Certamente, isso é fruto de uma democracia social participativa, que permite a negociação realizada entre as partes como forma de garantir a tão almejada paz social e possibilitar o desenvolvimento de um método eficaz, econômico, equilibrado e flexível.

3.3.2.5. Tribunal de Soluções de Conflitos Laborais Navarra (TLN)

No ano de 1996 foi firmado o AI sobre procedimentos extrajudiciais de soluções de conflitos laborais de Navarra. O objetivo principal foi estabelecer um sistema autônomo para resolver as disputas derivadas das relações de trabalho que se denominou TLN (212). Atualmente, está em vigor o Acordo de 2013 (213).

A competência material estabelecida para esse organismo é ampla por abranger tanto controvérsias coletivas, quanto individuais laborais. Porém, assim como acontece nos demais sistemas autônomos, houve uma limitação para não abarcar determinadas matérias como liberdade sindical, seguridade social, entre outros assuntos de direitos fundamentais (214). Mas entende-se que a previsão do Acordo de 2013 abarca de forma geral as disputas individuais (AGUDO, 2021, pp. 151-160).

São princípios básicos que regem esse sistema: a gratuidade, a igualdade, a imparcialidade, a independência, a oralidade, a audiência e o contraditório. (215)

No que diz respeito aos conflitos individuais do trabalho, dados do relatório do ano de 2020 apontam que tramitaram um total de 2.560 expedientes no período e que optaram pela ferramenta da mediação-conciliação para solucionar as disputas. E houve acordo em 1.157 procedimentos, o que representa 45% dos casos. Todavia, esse índice sobe para 60% considerando-se somente aqueles expedientes em que realmente o sistema atuou(216).

O referido relatório esclarece ainda que a maior parte das matérias instauradas no sistema autônomo de Navarra envolveu despedimentos. Além disso, informa que foram apenas 11 conflitos coletivos de trabalho instaurados em 2020, mas que tiveram grande abrangência, pois eles afetaram ao todo 1.238

---

(212) No que diz respeito à criação do TLN: https://www.tlnavarra.es/wp-content/uploads/2018/02/Memoria-actividad-2020.pdf. Acesso em: 24 jun. 2021.

(213) *Acuerdo Interprofesional sobre Procedimientos Extrajudiciales de Solución de Conflictos Laborales de la Comunidad Foral de Navarra de 2013.*

(214) *Ibidem.*

(215) Memória do TLN em: https://www.tlnavarra.es/wp-content/uploads/2018/02/Memoria-actividad-2020.pdf. Acesso em: 9 jun. 2021.

(216) Mais informações sobre o TLN: https://www.tlnavarra.es/wp-content/uploads/2018/02/Memoria-actividad-2020.pdf. Acesso em: 24 jun. 2021

trabalhadores. Demais disso, não há qualquer referência acerca da utilização da via arbitral.(217)

Constata-se que essa é uma das comunidades autônomas mais atuantes em solução de litígios de natureza jurídica individual, ao lado das regiões de Andalucía, Aragón e Rioja. Em 2019, foram ao todo 2.809 expedientes desse tipo instaurados.(218)

Destarte, pela maior quantidade de expedientes individuais laborais tramitando em comparação com os demais mecanismos privados, e que obtiveram avença, percebe-se que o organismo está desenvolvido e tem contribuído para evitação da via jurisdicional, mas ainda não é o suficiente, pois é alta a conflituosidade no poder judiciário e há espaço para o seu crescimento como forma de evitar o processo judicial.

3.3.2.6. Tribunal Laboral de La Rioja (TLR)

O Acordo de La Rioja data de 1994 (219) e busca, similarmente ao que já se verificou nos demais sistemas autônomos, obter a resolução dos conflitos laborais de maneira mais rápida e eficaz por meio do consenso e do protagonismo das partes.

Assim, o TLR é classificado como um órgão extrajudicial para dirimir controvérsias trabalhistas individuais, plurais ou coletivas por meio de mecanismos de conciliação, de mediação e de arbitragem nos moldes da LRJS (220). Esse tribunal também pode atuar para solucionar conflitos, seja de natureza individual ou coletiva, como órgão de conciliação prévia ao processo judicial (221).

Convém dissertar que, no caso de mediação-conciliação de disputas individuais, o acordo porventura firmado tem força executiva entre os intervenientes, sem a necessidade de homologação pelo juiz ou tribunal (222).

---

(217) *Ibidem.*

(218) Sobre os expedientes individuais em Navarra: https://www.poderjudicial.es/cgpj/es/Temas/Estadistica-Judicial/Estadistica-por-temas/Medios-alternativos-de-resolucion-de-conflictos/Mediacion--Arbitraje-y-Conciliacion-laborales/. Acesso em: 20 jun. 2021.

(219) *Acuerdo Interprofesional de La Rioja de 1994 y Reglamento de funcionamiento del Tribunal laboral de CMA de La Rioja de 2006.*

(220) Mais informações sobre o TLR: https://www.tlrioja.com/. Acesso em: 25 jun. 2021.

(221) Acerca da atuação do TLR: https://www.tlrioja.com/conciliaci%C3%B3n-mediaci%C3%B3n-arbitraje/. Acesso em: 24 jun. 2021.

(222) Detalhes sobre esse sistema em: https://www.tlrioja.com/. Acesso em: 25 jun. 2021.

São princípios fundamentais do TLR: a voluntariedade, a gratuidade, a igualdade, a imparcialidade, a autonomia, a urgência, a audição e o contraditório das partes [(223)].

Mais detalhadamente, o regulamento desse organismo prevê a possibilidade de instauração de conflitos individuais desde que haja petição escrita do trabalhador e do empregador afetados. Isso porque o sistema requer voluntariedade das partes. Além disso, como foi visto em outros mecanismos privados, há restrição quanto às matérias que podem ser veiculadas, uma vez que não se permite a apreciação de questões como a tutela da liberdade de associação sindical e demais direitos fundamentais [(224)].

Destaca-se, ainda, que neste momento está se desenvolvendo no TLR um serviço ofertado de mediação telemática que favorece a realização da conciliação-mediação por meio das novas tecnologias, permitindo, assim, adaptar esses mecanismos às necessidades sociais. Essa situação foi fomentada principalmente em decorrência da Covid-19. [(225)]

No que se refere ao número de expedientes tramitando no TLR, dados do relatório anual de 2020 apontam um incremento de 9,38% com relação a 2018 e de 40,63% em relação aos últimos cinco anos. Assim, constata-se um crescimento no número de conflitos tramitando no TLR.

No ano de 2019, por exemplo, conforme tabela abaixo, foram 1.316 conflitos de natureza individual e 13 conflitos de natureza coletiva instaurados.

	Nº Exptes Tramitados	Nº Exptes Individuales	Nº Exptes Colectivos
Año 2015	945	934	11
Año 2016	997	982	15
Año 2017	1.045	1.023	22
Año 2018	1.215	1.203	12
Año 2019	1.329	1.316	13

Fonte: relatório do TLR

O relatório informa também que em 2019 foram resolvidas disputas que envolveram ao todo 1.495 empresas e afetaram 2.426 trabalhadores. Da análise dos números expostos acima resulta que esse organismo é atuante no que se refere à solução de controvérsias do trabalho individuais.

---

(223) *Ibidem*.

(224) Aprofundar no conhecimento do TLR, consultar: https://www.tlrioja.com/conciliaci%C3%B3n-mediaci%C3%B3n-arbitraje/, Acesso em: 24 jun. 2021.

(225) Detalhes sobre esse sistema em: https://www.tlrioja.com/. Acesso em: 25 jun. 2021.

Destarte, pode-se notar que o referido mecanismo abrange milhares de empresas e trabalhadores, de maneira que tem contribuído para resolver discussões laborais evitando a judicialização excessiva dos conflitos e favorecendo, desta maneira, o acesso à justiça. Essa é uma das comunidades autônomas mais operantes em matéria de direito individual laboral.

Todavia, como permanece a excessiva judicialização de disputas individuais, há campo para que tenha um maior desenvolvimento deste sistema para tentativa de acordos, evitando-se o processo. Até mesmo porque, se for comparada a atuação do organismo privado em relação ao administrativo, este possui abrangência bem mais larga.

3.3.2.7. Sistema Extrajudicial de Resolução de Conflitos Laborais de Andalucía (SERCLA)

É interessante retratar que o primeiro órgão de solução de conflitos coletivos de trabalho desta região foi decorrência do "AI para a Constituição do Sistema de Resolução Extrajudicial de Controvérsias Coletivas de Trabalho da Andaluzia" e foi criado em 1996 (226).

Todavia, somente em 2005 (quase dez anos depois) houve a incorporação dos conflitos individuais de trabalho a este organismo, denominado de Sistema Extrajudicial de Resolução de Conflitos Laborais de Andalucía (GIL PÉREZ, 2018, pp. 100-101). Entrementes, ele foi um dos pioneiros em acrescentar a análise de disputas individuais laborais em seu funcionamento (NAVARRETE, 2020, p. 103).

Historicamente, a incorporação desse tipo de matéria aconteceu de maneira gradual. O primeiro ano em que houve a apreciação de conflitos individuais em caráter experimental abrangeu apenas a província de Sevilla. E somente em 2009 se consolidou em todo o território de Andaluz a competência para apreciar essas questões (GIL PÉREZ, 2018, pp. 100-101).

Dessa forma, em relação às controvérsias de âmbito individual, houve uma maior incorporação entre os anos de 2005 e 2009, quando se concretizou por toda a comunidade autônoma e passou a envolver diversas matérias, como: a classificação profissional, a mobilidade funcional, as licenças, a redução de jornada, entre outras situações (PÉREZ, 2017, p. 20).

---

(226) Mais detalhes sobre o SERCLA disponível em: https://www.juntadeandalucia.es/empleo/carl/portal/web/guest/sercla/presentacion. Acesso em: 27 nov. 2021.

Em 2015 publicou-se novo acordo (227) contemplando tanto conflitos coletivos, quanto individuais (AZNARTE, [s.d.], p. 26; AGUDO, 2021, pp. 151-160). Tal fato é positivo na me dida em que, como se sabe, o objetivo primordial desse meio de resolução de disputas laborais é promover o diálogo entre os interlocutores sociais e, com isso, favorecer a paz social.

Esclarece-se que o acordo prevê como mecanismos de resolução de disputas tanto a mediação-conciliação quanto a arbitragem, podendo substituir a conciliação ante o SMAC. De acordo com dados recolhidos do relatório anual do SERCLA do ano de 2019, registrou-se ao todo 2.126 solicitações de mediações em conflitos laborais individuais. Aproximadamente 1.172 a mais que em 2018. Esse aumento é apontado pelo SERCLA no fato de que em outubro de 2018 houve a ampliação da competência material do sistema para abarcar controvérsias em matéria de regime disciplinar, todavia, sem incorporar a sanção por despedimento (228).

Destes 2.126 expedientes, a distribuição por província foi a seguinte: Almería - 187, Cádiz - 334, Córdoba - 61, Granada - 203, Huelva - 140, Jaén - 84, Málaga - 669 e Sevilla - 448.

O referido relatório aponta que a maior parte dos conflitos individuais instaurados versou sobre Regime Disciplinar Laboral, somando um total de 1.326. O segundo maior em número de procedimentos individuais refere-se à modificação substancial das condições de trabalho, um total de 283 expedientes. Em seguida é a classificação profissional, com 228 procedimentos e, por fim, a conciliação da vida pessoal, familiar e profissional com 93 casos.

No período de 2011 a 2017, Gil Pérez (2018, p. 104) aponta que a matéria mais abordada de caráter individual foi a modificação das condições de trabalho, perfazendo cerca de 50% das disputas instauradas. Entretanto, como visto acima, isso se modificou em razão da ampliação da competência material ocorrida em 2018.

Acerca de expedientes que obtiveram tramitação efetiva (aquela em que a mediação é ativamente realizada) no SERCLA no ano de 2019, esse número alcançou o percentual de 66,74% do total. E somente ficaram sem efeito 443

---

(227) *Acuerdo Interprofesional sobre Sistema Extrajudicial de Conflictos Colectivos Laborales de Andalucía de de 2015, y Reglamento de funcionamiento y procedimiento del Sistema Extrajudicial de Resolución de Conflictos Laborales de Andalucía.*

(228) Todos os dados expostos constam do relatório da SERCLA. Disponível em: https://www.juntadeandalucia.es/empleo/carl/portal/c/document_library/get_file?uuid=f9c00bc0-ce9e-4ab4-9533-736305210b0b&groupId=10128. Acesso em: 19 maio 2021.

expedientes, ou seja, 20,84% do total, sendo este número inferior ao de 2018, que foi de 24,47% (229).

Da análise da tabela abaixo, observa-se que foram 351 casos resolvidos com compromisso, representando 24,74% do total de 1.419 procedimentos tramitados efetivamente. Deve-se ressaltar que em Cádiz o índice foi maior porque houve aproximadamente 35,90% de acordos efetivados: (230)

RESULTADOS POR PROVINCIAS				
SEDES	EXPEDIENTES CON AVENENCIA	%	TRAMITACIÓN NO EFECTIVA	%
ALMERÍA	17	11,64	129	88,36
CÁDIZ	75	30,36	172	69,64
Algeciras	16	27,12	43	72,88
Cádiz	28	35,90	50	64,10
Jerez de la Ftra.	31	28,18	79	71,82
CÓRDOBA	9	20,00	36	80,00
GRANADA	25	19,08	106	80,92
HUELVA	29	32,58	60	67,42
JAÉN	8	16,00	42	84,00
MÁLAGA	126	28,64	314	71,36
SEVILLA	62	22,88	209	77,12
TOTAL	351	24,74	1068	75,26

Fonte: relatório anual do SERCLA do ano de 2019

Assim, considerando o total de 1.419 procedimentos de mediações instauradas para dirimir conflitos individuais do trabalho com tramitação efetiva no SERCLA em 2019, pode-se ter como satisfatório o índice de avenças realizadas perfazendo 24,74%.

Observa-se, por consequência, que há eficiência na mediação para dirimir conflitos individuais neste sistema autônomo, todavia, o número de procedimentos tramitando para esta matéria ainda é bem baixo em comparação ao que é instaurado administrativamente. E não se tem notícias de arbitragens individuais realizadas.

---

(229) *Ibidem*.

(230) Informações sobre o SERCLA em: https://www.juntadeandalucia.es/empleo/carl/portal/c/document_library/get_file?uuid=f9c00bc0-ce9e-4ab4-9533-736305210b0b&groupId=10128. Acesso em: 5 jul. 2021.

Mas o SERCLA se comprometeu a ampliar a apreciação das controvérsias individuais, pois ele é efetivo (GÓMEZ, 2020, pp. 121-158). Nos últimos anos, em decorrência da Covid-19 e da necessidade de não parar o mecanismo com o confinamento imposto, houve uma adaptação no funcionamento do SERCLA por meio de um projeto-piloto para promover sessões seguras de mediações virtuais. Apesar de ter se originado em caráter excepcional, deve permanecer para o futuro como uma opção aos interessados junto às mediações presenciais (GÓMEZ, 2020, pp. 121-158).

A primeira mediação telemática ocorreu em 30 de abril de 2020 e, posteriormente, ocorreram diversas outras. Esse sistema mostra-se seguro, viável e satisfatório aos usuários. As atuações telemáticas e as mediações on-line foram adotadas como prioritárias diante da crise sanitária (GÓMEZ, 2020, pp. 121-158).

3.3.2.8. Serviço de Solução de Conflitos do Conselho Galego de Relações Laborais

Desde a sua origem, o AI Galego comprometeu-se a elaborar uma proposta acerca dos conflitos individuais do trabalho. Entretanto, muitos anos se passaram sem que fosse feita qualquer disposição nesse sentido (GIL PÉREZ, 2012, p. 181). Essa circunstância somente foi resolvida no ano de 2020 (231).

Interessa ainda informar que o Acordo Galego possui vigência indefinida, em outras palavras, firma-se por períodos anuais e prorroga-se pelo mesmo período de tempo (NAVARRETE, 2020, p. 111). E seu âmbito de competência está direcionado basicamente para atuar na resolução de disputas de caráter coletivo do trabalho (GIL PÉREZ, 2012, p. 182).

Entretanto, em 2020, percebe-se que houve um interesse maior em tentar desenvolver sua função para gerir controvérsias individuais laborais. Isso porque o título I do Acordo dedica-se inteiramente a esse tipo de controvérsia, prevendo a sua expansão, mas sem esgotar as matérias que podem ser alcançadas por ele (NAVARRETE, 2020, pp. 102-103).

Casas Baamonde (2018, pp. 9-59) considera positiva a integração dos embates individuais nos procedimentos extrajudiciais na Galicia. Reafirma-se que essa intenção não é recente, pois há muito tempo já tem sido demonstrada essa vontade.

A bem da verdade é que a experiência adquirida pelos agentes sociais ao longo dos anos comprova a eficácia do AGA e sua utilidade para gerir e

(231) *Acuerdo Interprofesional Gallego sobre Procedimientos Extrajudiciales de Solución de Conflictos de Trabajo de 2019.*

dirimir conflitos coletivos, razão pela qual ele é um meio seguro e legítimo para incorporar as disputas individuais. As vantagens são inúmeras como a celeridade, a gratuidade, a resolução feita e aceita pelas partes, a imparcialidade, a igualdade, a celeridade, a audiência, entre outras (CASAS BAAMONDE, 2018, pp. 9-59).

Pode-se afirmar que a ausência de controvérsias individuais era um déficit no AGA e o XVII Encontro Galego de Relacións Laborais realizado em 2018 se propôs a debater esse assunto para posterior adesão do tema de forma gradual, conforme a prática demonstre a efetividade do sistema (CASAS BAAMONDE, 2018, pp. 9-59).

Desse modo, em 2020, passou a haver previsão sobre a possibilidade de mediação voluntária para resolver disputas individuais do trabalho no mecanismo Galego. Ressalte-se que essa renovação do acordo coloca ênfase na resolução preventiva dos conflitos, que é mais eficaz e possui menos custos, tal como já ocorre no TAMIB (NAVARRETE, 2020, pp. 102-107). Quanto à arbitragem, o Acordo Galego possui uma peculiaridade, pois tem um regime próprio para o caso de disputas individuais (NIETO, 2020, pp. 219-250).

Todavia, neste mesmo ano, entendeu-se por bem adiar a análise das controvérsias individuais até o registro de quem será responsável por apreciar esse tipo de disputa dentro do AGA [(232)].

Isso porque, para a ampliação do organismo, deve-se contar com pessoas capacitadas, com experiência na resolução de disputas do trabalho e com amplo conhecimento especializado e ético. Além do mais, deve haver formação profissional por meio, por exemplo, de uma escola de mediadores e árbitros (CASAS BAAMONDE, 2018, pp. 9-59).

Existe ainda uma preocupação específica de evitar consequências negativas que possam prejudicar o direito à tutela judicial efetiva, de forma que há que se garantir que serão cumpridos os requisitos legais a fim de assegurar a suspensão do prazo de caducidade para proteger o direito de ação (CASAS BAAMONDE, 2018, pp. 9-59). Essa medida visa assegurar que o sistema autônomo funcione de forma coordenada com a jurisdição.

Esse problema de desconexão entre as vias se intensifica quando a mediação é voluntária e prévia, porque nessa hipótese existe um déficit legal e o AI pode regulamentar a questão para evitar comprometer o direito à tutela judicial efetiva garantindo a suspensão do prazo de caducidade e prescrição

(232) Mais detalhes em: https://www.cgrl.gal/cgrl-2/actividade-do-consello/. Acesso em: 2 dez. 2021.

nos termos do art. 65 da LRJS, ainda que a matéria esteja excetuada da compulsoriedade do trâmite pré-processual (CASAS BAAMONDE, 2018, pp. 9-59).

Essa preocupação dos participantes do XVII Encontro é extremamente relevante na medida em que a suspensão dos prazos de caducidade visa resguardar o direito de interpor ação judicial submetidas a prazos curtos. Até mesmo pode haver acordo do Conselho Galego de Relações Laborais com o Conselho Geral do Poder Judicial para conceder mais segurança jurídica e fixar prazos máximos para atuação de procedimentos extrajudiciais (CASAS BAAMONDE, 2018, pp. 9-59).

Certamente, a abertura do organismo privado para a apreciação de litígios individuais requer cautela e comprometimento, haja vista que essa dificuldade de coordenação entre os mais diversos mecanismos de justiça existentes na Espanha é um problema real que afeta o cidadão e compromete a confiança da sociedade nos métodos alternativos, que será mais detalhada no capítulo IV.

Para Casas Baamonde (2018, pp. 9-59), necessita-se de uma reforma na norma jurídica para incluir um novo capítulo acerca dos procedimentos autônomos para dirimir controvérsias individuais, plurais e coletivas para proporcionar maior confiança social.

Referente ao desenvolvimento do sistema digital, existe a previsão de mediações remotas enquanto durar a pandemia da Covid-19 [(233)]. Tal fato vai ao encontro da Revolução 4.0 e do direito de acessar a justiça.

Quanto ao seu funcionamento, igualmente o que se verificou nos demais sistemas autônomos, no ano de 2019, a ferramenta mais escolhida foi a mediação, perfazendo um total de 526 procedimentos que afearam 72.875 empresas e 423.779 trabalhadores. E a arbitragem foi utilizada em 184 casos, que envolveram 22.358 empresas e 116.277 trabalhadores [(234)]. É aferível que a via arbitral Galega, em que pese residual, foi mais operada do que nos demais organismos autônomos. Percebe-se que esse sistema favorece a desjudicialização de conflitos laborais na medida em que atinge milhares de empresas e trabalhadores a nível de direito coletivo do trabalho.

Assim como ocorre para litígios coletivos, a mediação certamente será ferramenta essencial para resolver as disputas individuais extrajudicialmente na Galicia. Existe ainda uma intenção de no futuro o AGA substituir o serviço administrativo, entretanto, para que tal fato ocorra, é preciso haver mais

---

(233) Maiores informações sobre o funcionamento do AGA no ano de 2020 está em: https://www.cgrl.gal/cgrl-2/actividade-do-consello/. Acesso em: 1 dez. 2021.

(234) Informações do sistema Galego disponível em: https://www.cgrl.gal/aga-2/estadisticas/. Acesso em: 1 dez. 2021.

recursos humanos e materiais. Incialmente será implementado um sistema alternativo na Galicia (CASAS BAAMONDE, 2018, pp. 9-59).

3.3.2.9. Instituto Laboral da Comunidade Autônoma de Madrid

Igualmente ao que se verificou nas demais regiões, o AI de Madrid surgiu contando com um esforço mútuo entre trabalhadores e empresários, objetivando pacificar as relações laborais. Este acordo (235) foi renovado em 2018 (236).

A Fundação Instituto Laboral constituída na comunidade de Madrid é formada por organizações sindicais e empresariais. Ela foi criada no intuito de proporcionar, por meio dos procedimentos de mediação e de arbitragem, soluções rápidas, eficazes e aceitáveis às partes da negociação (237).

Essa opção foi pensada porque, ao longo dos anos, a excessiva judicialização das disputas laborais estava a comprometer o diálogo social e contribuir para o empobrecimento das relações de trabalho. Assim, visando melhorar o sistema de resolução de controvérsias, em março de 1995 firmou-se um convênio de colaboração entre as partes denominado Acordo da Comunidade de Madrid, com o propósito de que o Instituto Laboral tivesse recursos necessários humanos e econômicos para o funcionamento do sistema extrajudicial (GIL PÉREZ, 2018, p. 143).

Neste mesmo ano, a gênese da Fundação do Instituto Laboral da Comunidade de Madrid detém uma competência material ampla para abarcar tanto conflitos coletivos, quanto individuais e plurais no âmbito das relações laborais (238).

O Instituto Laboral é uma fundação com personalidade jurídica própria, sem fins lucrativos e de caráter sociolaboral. O intuito desse organismo, reafirme-se, é resolver extrajudicialmente controvérsias derivadas da relação de trabalho contando com mecanismos de mediação e arbitragem. Além disso, são garantias desse sistema a gratuidade, a igualdade das partes, a autonomia, a celeridade e a rapidez procedimental. (239)

---

(235) *Acuerdo Interprofesional entre empresarios y sindicatos sobre la creación del Sistema de Solución Extrajudicial de Conflictos y del Instituto Laboral de la Comunidad de Madrid y Reglamento de Funcionamiento del Sistema de Solución Autónoma de Conflictos Laborales y del Instituto Laboral de la Comunidad de Madrid de 2018.*

(236) Mais detalhes sobre a constituição do Instituto Laboral, acessar: https://www.institutolaboralmadrid.org/quienes-somos/. Acesso em: 7 jul. 2021.

(237) *Ibidem.*

(238) Informações mais precisas sobre a competência material do Instituto Laboral em: https://www.institutolaboralmadrid.org/quienes-somos/. Acesso em: 8 jul. 2021.

(239) Relatório do ano de 2020 disponível em: https://www.institutolaboralmadrid.org/2021/05/13/memoria-de-actividades-2020/. Acesso em: 8 jul. 2021.

Especificamente, com relação ao tratamento das disputas individuais, Gil Pérez (2018, p. 143) aponta que o acordo teve uma certa prudência, uma vez que permitiu a sua análise por meio da mediação, da conciliação ou da arbitragem apenas um ano depois da sua feitura. Assim, esse sistema pode conhecer disputas individuais e plurais, mas não tem abrangência para apreciar controvérsias que envolvem empregados públicos, extinção de contratos, regime disciplinário, reclamações de quantias superiores a 6.000 euros e a tutela de liberdade sindical (AGUDO, 2021, pp. 151-160).

Isso ocorre porque, para a análise das controvérsias individuais, deve-se ter sempre uma certa cautela, haja vista que o sistema não pode ser utilizado para causar ao trabalhador um prejuízo maior ao que se quer solucionar (GIL PEREZ, 2012). Por essa razão, há matérias que não são apreciadas pela via extrajudicial, como: a tutela da liberdade sindical, o regime disciplinário, entre outros direitos fundamentais [(240)].

Dados do relatório anual de 2020 demonstram que durante os 25 anos de funcionamento desse organismo foram ao todo apreciados cerca de 13.670 expedientes, incluindo as mediações e as arbitragens. A percentagem de acordos obtidos foi em torno de 42% sobre as mediações efetivamente realizadas[(241)]. Índice que se revela muito positivo.

Constata-se, ainda, que o instrumento de mediação é o principal mecanismo do Instituto Laboral. Entretanto, a maioria dos conflitos submetidos ao procedimento de mediação é de caráter coletivo. No que se refere às disputas individuais, elas também podem ser instauradas desde que haja voluntariedade das partes e esteja dentro do regulamento [(242)].

Em razão da crise sanitária instaurada no ano de 2020 pelo mundo devido à pandemia da Covid-19, investiu-se muito no desenvolvimento tecnológico para possibilitar a realização de mediações por meios telemáticos. Dessa maneira, promoveu-se uma capacitação profissional financiada pelo SIMA destinada aos responsáveis por organismos autônomos de mediações laborais (curso denominado de "*El ABC de la resolución de conflictos a distancia*"), no intuito de permitir a resolução de disputas on-line [(243)]. Todos esses investimentos tiverem a intenção de colaborar com o direito de acessar a justiça em sua visão ampla aos cidadãos nesse tempo de instabilidade social.

---

(240) Dados numéricos do Instituto Laboral, consultar: https://www.institutolaboralmadrid.org/2021/05/13/memoria-de-actividades-2020/. Acesso em: 8 jun. 2021.

(241) *Ibidem.*

(242) *Ibidem.*

(243) *Ibidem.*

Portanto, houve um impulso à digitalização, inclusive com a renovação da página da web para permitir a solicitação de mediações, sem a necessidade de comparecimento pessoal das partes. Deste modo, aos poucos, abre-se cada vez mais esse caminho de fomentar a realização de mediações por meios telemáticos de forma segura.(244) Não fosse assim, durante esse período de crise ocasionada pelo coronavírus, devido à falta de vacinas que perdurou longo tempo e aos riscos de contágio, o sistema iria parar.

Em 2020, tramitaram ao todo nesse organismo 570 expedientes, dos quais a maior parte foi referente a conflitos coletivos de interpretação e aplicação de normas jurídicas. Por sua vez, constata-se que durante todo o ano somente houve um conflito individual instaurado e não houve nenhum procedimento arbitral. O gráfico a seguir anexado neste trabalho demonstra que o percentual com relação à instauração de disputas de natureza jurídica individual foi 0.17% do total.

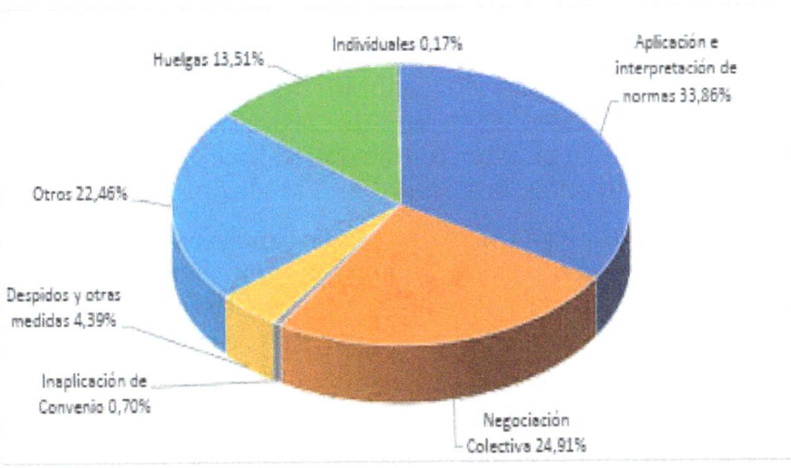

Fonte: relatório do Instituto Laboral

Como pode-se notar, é extremamente baixo o número de expedientes individuais tramitando na Comunidade de Madrid, demonstrando ausência de tradição nesse quesito. Igualmente, como percebido ao longo deste livro, há um temor em avançar na análise dessas controvérsias, face à hipossuficiência do trabalhador e à existência de direitos indisponíveis.

O sistema, entretanto, tem se mostrado extremamente eficiente para solucionar disputas coletivas trabalhistas por meio de mediações, pois a percentagem de acordos alcançados foi de 35,28%, como indicado a seguir.

(244) Relatório anual de 2020 disponível em: https://www.institutolaboralmadrid.org/2021/05/13/memoria-de-actividades-2020/. Acesso em: 8 jun. 2021.

Tipo de procedencia	Expedientes	Mediaciones efectivas	% Avenencias
Expedientes presentados	**570**	**411**	**35,28**
Organizaciones sindicales firmantes del Acuerdo	274	184	32,04
Comités de Empresa o Delegados de Personal	155	118	42,4
Otras organizaciones	128	98	30,6
Conjuntas	8	6	50
Representación de las Empresas	4	4	50
Individuales y Plurales	1	1	100

Fonte: relatório do Instituto Laboral

Assim, entende-se como motivos que dificultam estabelecer e desenvolver a resolução de disputas laborais individuais de forma extrajudicial: a falta de tradição e os receios de não prejudicar o trabalhador quanto a direitos indisponíveis. Destarte, apenas um conflito individual/plural tramitou e obteve avença, representando por isso 100% de efetividade do sistema nesse quesito.

No que diz respeito à arbitragem, mais uma vez ela está em desuso, já que no ano de 2020 não houve nenhum procedimento arbitral. Esse fato pode ser atribuído à preferência das partes por dirimirem seus problemas ao invés de terem uma decisão imposta por outrem, pois para isso existe o Poder Judiciário.

Pelo exposto, constata-se como relevante a informatização dos procedimentos prestados que permitiu a realização de mediações on-line. Portanto, possibilitar a realização de acordos em procedimentos não presenciais por meio da digitalização do sistema de resolução de disputas é algo que está se consolidando. Por outro lado, é urgente investir no crescimento do Instituto Laboral no âmbito individual para que possa colaborar com a desobstrução da justiça neste quesito.

3.3.2.10. Serviço Regional de Relações Laborais da Comunidade Autônoma de Castilla y León (SERLA)

O primeiro acordo sobre soluções de conflitos nesta comunidade autônoma foi realizado em setembro de 1996. E a fundação do SERLA foi outorgada em 1997. [245]Atualmente, está em vigor o Acordo III [246].

(245) Sobre o SERLA, verificar: https://www.serla.es/es/fundacion-serla. Acesso em: 9 jun. 2021.
(246) *III Acuerdo Interprofesional sobre Procedimientos de Solución Autónoma de Conflictos Laborales y Determinados Aspectos de la Negociación Colectiva en Castilla y León de 2015.*

O SERLA é uma fundação sem fins lucrativos. É um organismo responsável pela gestão dos procedimentos de mediação-conciliação e de arbitragem, com o intuito de possibilitar a resolução das controvérsias laborais de maneira mais rápida, econômica e eficaz.(247)

Tanto os conflitos individuais, quanto os plurais e os coletivos estão no âmbito de atuação do SERLA (248). A experiência tem demonstrado que esse mecanismo possibilita uma atuação com bastante fluidez e eficácia para solucionar disputas de trabalho por meio da negociação das partes. (249) Corrobora desse entendimento Agudo (2021, pp. 151-160), que relata a possibilidade de haver a apreciação de controvérsias individuais por esse organismo, porém, com algumas exceções.

No que diz respeito à análise dos dados estatísticos, nos anos de 2015 e 2019, eles apontam que a arbitragem não tem sido utilizada nesse sistema. Esse fato demonstra, mais uma vez, que o procedimento não é de uso comum habitual na seara laboral na Espanha. Sendo assim, há mais confiança das partes na escolha de procedimentos de mediação-conciliação extrajudiciais que possibilitam a feitura da decisão por elas próprias. Estes somaram ao todo 243 expedientes em 2015, havendo avença em torno de 34%, o que se revela bem positivo.(250)

Referente ao ano de 2019, o relatório anual demonstra que a maior parte dos conflitos coletivos apresentados foi de interpretação e de aplicação de normas jurídicas. Não há conflitos individuais do trabalho nos dados estatísticos do relatório, de maneira a detectar que a atividade do SERLA concentra-se ainda em conflitos coletivos e plurais, em que pese haja a competência para apreciação de controvérsias individuais.(251)

Pela tabela anexada, pode-se notar que a quantidade de acordos realizados em 2019 nesse sistema é alta (252):

---

(247) *Ibidem.*

(248) Acerca do Acordo firmado no SERLA, observar: https://www.serla.es/es/iii-acuerdo-interprofesional-procedimientos-solucion-autono. Acesso em: 23 jun. 2021.

(249) Mais informações do SERLA: https://www.serla.es/es/fundacion-serla. Acesso em: 9 jun. 2021.

(250) Memórias anuais, consultar: https://www.serla.es/es/memorias-anuales. Acesso em: 23 jun. 2021.

(251) A respeito de dados estatísticos, analisar: https://www.serla.es/es/estadisticas/estadisticas-trimestrales. Acesso em: 23 jun. 2021.

(252) *Ibidem.*

COMPARATIVO-ACUMULADO POR RESULTADOS

RESULTADO	2018	2019
Acuerdo	72	64
Archivado por desistimiento	18	15
Desacuerdo	117	108
En tramitación		12
Intentado sin efecto	3	
Otras causas de archivo	6	6
Archivado por incompetência	8	3
En suspenso		2
Total general	**224**	**210**

Fonte: relatório do SERLA

Dessa maneira, esse é um sistema amplo e eficiente que abrange inúmeros trabalhadores e empresas, como verificado no relatório de 2019, que aponta serem os conflitos apresentados capazes de afetar 1.215 empresas e 76.687 trabalhadores.(253)

Mas, infelizmente, o SERLA ainda não tem a tradição de dirimir disputas individuais do trabalho, apesar de deter competência para isso e haver inclusive a possibilidade de apresentação telemática (254). Todavia, em razão da eficiência demonstrada na resolução de disputas coletivas do trabalho, esse organismo tem ferramentas capazes de dar segurança às partes e passar a abarcar de maneira concreta a resolução de controvérsias individuais laborais, necessitando avançar nesse sentido.

3.3.2.11. Serviço Asturiano de Solução Extrajudicial de Conflitos (SASEC)

O Acordo de Asturias foi realizado em 2003 (255) e teve por intuito criar um mecanismo extrajudicial para resolver problemas entre trabalhadores e empresários, a nível coletivo e/ou plural, no âmbito laboral no território de Asturias. Igualmente ao que se verifica nos demais, o objetivo era desenvolver um meio que fosse ágil, simples e eficaz (256).

---

(253) Estatísticas do SERLA disponíveis em: https://www.serla.es/es/estadisticas/estadisticas-trimestrales. Acesso em: 7 jul. 2021.

(254) Sobre a parte tecnológica: https://www.serla.es/es/conciliacion-mediacion-individual. Acesso em: 22 nov. 2022.

(255) *Acuerdo Interprofesional sobre Solución Extrajudicial de Conflictos Laborales de Asturias de de 2003 y Reglamento de Funcionamiento del Servicio Asturiano de Solución Extrajudicial de Conflictos de 2005.*

(256) Acerca da fundação da SASEC, consultar: http://www.sasec.es/fundacion. Acesso em: 5 jul. 2021.

Este organismo passou a ser denominado de Serviço Asturiano de Solução Extrajudicial de Conflitos (SASEC) e contém em seu corpo instrumentos de mediação e de arbitragem disponibilizados para as partes (257).

Nota-se que não houve a inclusão de conflitos individuais no I Acordo, e isso se deveu a uma certa prudência dos agentes sociais, haja vista ser a matéria ainda muito divergente no que se refere à aceitação. Todavia, considerando que as controvérsias plurais são a soma de disputas individuais, há uma certa abertura para que estes possam ser tratados e incorporados posteriormente (GIL PÉREZ, 2018, pp. 115-116). De igual maneira, Agudo (2021, pp. 151-160) disserta que a inclusão de conflitos plurais não deixa de ser um conjunto dos individuais.

O SASEC tem natureza jurídica de Fundação e foi constituído pelo Governo do Principado das Astúrias, pela FADE, pela União Geral de Trabalhadores e pelas Comissões de Trabalhadores das Astúrias (258).

Assim como acontece com os outros organismos, há limites no que tange às questões que podem ser apreciadas por esse sistema. Ele não contempla direitos fundamentais, despedimentos, sanções, reclamações de Seguridade Social, entre outras situações (259).

Infelizmente, constata-se que o número de processos plurais tramitando ao longo dos anos foi bem baixo: de 2012 a 2013 houve apenas 6 processos desse tipo e, em 2016, apenas 1 (GIL PÉREZ, 2018, p. 116).

Estatísticas recentes referentes ao período de janeiro a novembro do ano de 2020 (260) informam que não houve nenhum procedimento plural tramitando, conforme pode ser verificado no quadro anexado:

Situación hasta 30 de noviembre de 2020. Total de expedientes, trabajadores y empresas afectadas

DATOS ANUALES			
	TOTAL	Trabajadores	Empresas
Conflictos Colectivos	134	45.485	152
Huelgas	55	22.660	76
Plurales	-	-	-
Totales	189	68.145	228

Fonte: relatório SASEC

(257) Acerca da fundação da SASEC, consultar: http://www.sasec.es/fundacion. Acesso em: 5 jul. 2021.

(258) Sobre o SASEC, conferir em: http://www.sasec.es/. Acesso em: 5 jul. 2021.

(259) Limites materiais, verificar: http://www.sasec.es/fundacion. Acesso em: 5 jul. 2021.

(260) Informações estatísticas deste organismo disponíveis em: http://www.sasec.es/assets/documents/dbdc8-estadistica-acumulada-de-enero-a-noviembre-2020-web.pdf. Acesso em: 5 jul. 2021.

Pode-se concluir que não há uma tradição na utilização desse organismo para solucionar conflitos plurais. Entretanto, o sistema mostra-se atuante para dirimir disputas de âmbito coletivo, haja vista que 134 conflitos atingiram mais de 45.000 trabalhadores em 152 empresas.

No que diz respeito ao índice de avenças obtidas nesse sistema, uma análise comparativa de conflitos coletivos e plurais presentes no relatório do período de 2016 a 2020 aponta que houve acordo em mais de 20% dos expedientes que tramitaram ao longo dos anos. (261) Verifique a tabela a seguir:

COMPARATIVA DE CONFLICTOS COLECTIVOS Y PLURALES AÑOS 2020-2019-2018-2017-2016	Año 2020		Año 2019		Año 2018		Año 2017		Año 2016	
CON AVENENCIA	29	22%	29	24%	22	22%	41	33%	23	21%
NO AVENENCIA	77	57%	69	58%	66	64%	66	53%	74	67%
SIN EFECTO	12	9%	12	10%	7	7%	11	9%	4	4%
ARCHIVO	16	12%	9	8%	7	7%	6	5%	10	8%
PENDIENTE	-	0%	-	0%	-	0%	-	0%	-	0%
CONFLICTOS	134		119		102		124		111	

Fonte: relatório SASEC

Apesar de ser boa a percentagem de acordos obtidos no SASEC, quase não há conflitos plurais que tramitaram no período em amostra, de maneira que ele se mostra efetivo para evitar a judicialização de demandas de caráter coletivo.

Em razão da competência material do SASEC não abranger disputas individuais, não há motivos para maior aprofundamento desse sistema.

3.3.2.12. Tribunal Laboral Canario (TLC)

O AI da comunidade Canaria foi firmado em maio de 1995. Ele contém, desde a sua origem, disposições acerca da resolução de litígios de natureza jurídica individual, prevendo que sua análise se daria de forma progressiva, por meio dos mecanismos de mediação e de arbitragem (LÓPEZ, [s.d.], pp. 2-6).

(261) Maiores detalhes estatísticos do SASEC em: http://www.sasec.es/assets/documents/c0b9c-estadistica-acumulada-de-enero-a-noviembre-2019-web.pdf. Acesso em: 5 jul. 2021.

Assim, destacam-se como funções desse organismo: a conciliação, a mediação e a arbitragem em conflitos de trabalho individual, plural ou coletivo (LÓPEZ, [s.d.], pp. 2-8; GIL PÉREZ, 2018, p. 124).

No que diz respeito à criação desse sistema, foi a Resolução de 30 de setembro de 1997 que tornou pública a constituição do TLC e suas competências [(262)].

Posteriormente, com o IV Acordo [(263)] houve a consolidação e a modernização do TLC. Por ele, visou-se desenvolver e evoluir na apreciação dos conflitos individuais, sendo este um passo importante para possibilitar a abertura do caminho para a inclusão de mais matérias trabalhistas (GELABERT, 2007, p. 16; GIL PÉREZ, 2018, p. 124-125).

Apesar da competência ampla, são matérias excluídas do TLC: questões relacionadas a direitos fundamentais e seguridade social, entre outras disposições específicas (GIL PÉREZ, 2018, p. 126). Tal situação não é novidade, já que outros organismos de resolução de disputas laborais de caráter autônomo das demais regiões também excluem esses assuntos de seu âmbito de atuação.

Infelizmente, em que pesem as boas intenções desse sistema quanto às questões de direito individual, ele atualmente está direcionado para solucionar disputas coletivas laborais. No ano de 2019, foram instaurados 200 conflitos de caráter coletivo que atingiram 321 empresas e 233.067 trabalhadores. Houve apenas uma arbitragem que atingiu somente uma empresa e ao todo 102 obreiros [(264)].

Dessa forma, mesmo estando reconhecida nos acordos a solução dos conflitos individuais desde 1995, não há tramitação deles no TLC (GIL PÉREZ, 2012, p. 214). Em razão da inatividade do TLC com relação às controvérsias jurídicas individuais, não há dados recentes divulgados pelo organismo a esse respeito.

3.3.2.13. Jurado Arbitral da Comunidade Autônoma de Castilla-La Mancha

A finalidade deste sistema autônomo, assim como acontece com os outros, é a de resolver controvérsias de trabalho por meio da autonomia das partes, sem a necessidade de se recorrer ao Poder Judiciário [(265)].

---

(262) Informação sobre a instituição do TLC em: http://www.gobiernodecanarias.org/boc/1997/132/pda/014.html. Acesso em: 5 dez. 2021.

(263) *Acuerdo Interprofesional Canario por el que se modifican y refunden los Acuerdos sobre procedimientos extrajudiciales de solución de conflictos de trabajo de 2004.*

(264) Relatório estatístico em: https://www.poderjudicial.es/cgpj/es/Temas/Estadistica-Judicial/Estadistica-por-temas/Medios-alternativos-de-resolucion-de-conflictos/Mediacion--Arbitraje-y-Conciliacion--laborales/. Acesso em: 20 jun. 2021.

(265) Mais detalhes em: https://www.castillalamancha.es/gobierno/economiaempresasyempleo/estructura/dgtfsl/actuaciones/jurado-arbitral-laboral-de-castilla-la-mancha. Acesso em: 7 jun. 2021.

Historicamente, foi em 1997 que se criou a Fundação Júri Arbitral do Trabalho de Castilla-La Mancha. Desde a sua gênese, ela tem a atribuição de conciliar, de mediar e de arbitrar em matéria laboral, em benefício das empresas e dos trabalhadores castelhanos de La Mancha [(266)].

O objetivo primordial desse mecanismo autônomo é o mesmo verificado nas demais regiões, qual seja, obter soluções ágeis, eficientes e econômicas por meio, inclusivamente, do fomento de mediações on-line que passaram a ser permitidas a partir de fevereiro de 2021, para adequar esse organismo às novas realidades sociais derivadas das mudanças tecnológicas e em razão da crise ocasionada pelo coronavírus.[(267)]

O I AI de Solução Extrajudicial de Conflitos Laborais de Castilla-La Mancha desenvolveu-se em 1996. A feitura desse sistema autônomo teve por finalidade resolver conflitos individuais e coletivos de trabalho, principalmente aqueles derivados da interpretação e da aplicação de normas de convênios [(268)]. Atualmente, está em vigor o III Acordo [(269)], realizado em 2014. [(270)]

No que se refere ao conhecimento de disputas trabalhistas individuais realizadas por meio do procedimento de mediação, durante o seu funcionamento ela foi muito satisfatória, o que possibilitou, em 2011, a cogitação em ampliar essa competência. Todavia, infelizmente, por dificuldades econômicas e materiais, a partir de 2012 houve a suspensão da análise das controvérsias individuais nesse organismo. [(271)]

Assim, inicialmente, informações disponibilizadas por esse sistema autônomo relatam que a experiência com relação às disputas individuais originou-se somente para aquelas sem um conteúdo econômico direto, de maneira que reclamações de quantias e de despedimentos ficaram de fora da competência material. [(272)] Isso porque, como já constatado ao longo deste estudo, ainda existe muito temor em utilizar vias extrajudiciais em matéria de

---

(266) Para conhecer o Jurado Arbitral, ver: https://www.castillalamancha.es/gobierno/economiaempresasyempleo/estructura/dgtfsl/actuaciones/jurado-arbitral-laboral-de-castilla-la-mancha. Acesso em: 7 jun. 2021.

(267) *Ibidem.*

(268) Noções sobre o Jurado Arbitral, verificar: https://castillalamancha.ccoo.es/f91ab18d872177541d268693a1526c24000052.pdf. Acesso em: 6 jul. 2021.

(269) *III Acuerdo sobre Solución Autónoma de Conflictos Laborales de Castilla-La Mancha.*

(270) Informações mais específicas em: https://www.castillalamancha.es/gobierno/economiaempresasyempleo/estructura/dgtfsl/actuaciones/jurado-arbitral-laboral-de-castilla-la-mancha. Acesso em: 6 jul. 2021.

(271) Aprofundar e pesquisar o tema em: https://castillalamancha.ccoo.es/f91ab18d872177541d268693a1526c24000052.pdf. Acesso em: 6 jul. 2021.

(272) Averiguações sobre o Jurado Arbitral em: https://castillalamancha.ccoo.es/f91ab18d872177541d268693a1526c24000052.pdf. Acesso em: 7 jun. 2021.

direito individual do trabalho devido à vulnerabilidade do trabalhador e da existência de direitos indisponíveis.

Em razão de ele não contemplar mais a análise e a resolução de embates trabalhistas individuais, não há dados estatísticos atuais para avaliação. Apenas a título explicativo, este Jurado Arbitral mostra-se atuante para dirimir conflitos coletivos, haja vista que em 2019 foram 216 conflitos instaurados, que atingiram 12.277 empresas e 109.696 trabalhadores (273). Por envolver milhares de empresas e trabalhadores, o sistema se mostra eficiente em solucionar questões de direito coletivo laboral e contribui para desobstruir a via jurisdicional.

3.3.2.14. Tribunal de Arbitragem Laboral da Comunidade Valenciana (TAL)

O primeiro acordo desta comunidade autônoma foi realizado em 1993, sendo que posteriormente foram firmados outros acordos para melhorar o funcionamento desse sistema extrajudicial (GIL PÉREZ, 2012, p. 175). Todavia, esse acordo não prevê em seu âmbito de competência as disputas laborais individuais e, mesmo para conflitos coletivos, tem atuação em matérias mais restritas (GELABERT, 2007, p. 17).

Nesse aspecto, o VI Acordo (274) de resolução autônoma de conflitos laborais (2017-2019) excluiu expressamente a apreciação de controvérsias individuais de seu domínio de aplicação (NAVARRETE, 2020, p. 102). Nesse sentido, também, Agudo (2021, pp. 151-160) disserta que esse organismo não tem competência para apreciar disputas individuais.

No que diz respeito à sua atuação coletiva, percebe-se que é uma região operante, haja vista que em 2019 foram ao todo 332 mediações-conciliações coletivas instauradas, abarcando 5.052 empresas e atingindo ao todo 106.459 trabalhadores. E houve somente um procedimento arbitral que tramitou durante todo o ano (275).

Como a análise de disputas de caráter coletivo não é o foco deste trabalho, não há razões para mais considerações sobre o TAL, pese embora ele contribua efetivamente para o acesso à justiça por dirimir disputas que envolvem milhares de empresas e trabalhadores.

---

(273) Consultar sobre Jurado Arbitral em: https://www.poderjudicial.es/cgpj/es/Temas/Estadistica-Judicial/Estadistica-por-temas/Medios-alternativos-de-resolucion-de-conflictos/Mediacion--Arbitraje-y--Conciliacion-laborales/. Acesso em: 20 jun. 2021.

(274) *VI Acuerdo de Solución Autónoma de Conflictos Laborales de 2017.*

(275) Dados estatísticos TAL em: https://www.poderjudicial.es/cgpj/es/Temas/Estadistica-Judicial/Estadistica-por-temas/Medios-alternativos-de-resolucion-de-conflictos/Mediacion--Arbitraje-y-Conciliacion--laborales/. Acesso em: 20 jun. 2021.

3.3.2.15. Fundação de Relações Laborais de Extremadura

O AI (276) sobre solução extrajudicial de conflitos laborais de Extremadura (ASEC-EX) prevê a possibilidade de serem utilizados meios autocompositivos tanto para dirimir controvérsias individuais, como coletivas do trabalho. A finalidade é alcançar uma resposta rápida e eficaz por meio do diálogo e do protagonismo das partes (GIL PÉREZ, 2012, p. 180).

Entrementes, no que diz respeito às disputas de caráter individual, existe apenas um compromisso de estudar e buscar implementar o procedimento extrajudicial, mas que ainda não se concretizou (PÉREZ, 2017, p. 25). Tal fato se dá em razão da falta de tradição das vias alternativas à jurisdicional em questões de direito individual do trabalho e também devido à hipossuficiência do trabalhador e da existência de direitos indisponíveis.

Todavia, esse sistema revela-se atuante no que diz respeito a conflitos coletivos, de modo que em 2019 foram propostas 57 conciliações-mediações que atingiram 3.271 empresas e afetaram 94.449 trabalhadores. Houve apenas uma arbitragem instaurada (277).

Em razão de não abranger disputas de caráter individual laboral, não há razões para maiores considerações sobre esse organismo, pese embora ele estar contribuindo para a melhora do direito de acesso à justiça.

3.3.2.16. Oficina de Resolução de Conflitos Laborais da Comunidade de Murcia

O primeiro acordo desta região foi publicado em 1997 com vistas a desenvolver decisões baseadas no consenso e no diálogo das partes. Esse AI inicial não previa a possibilidade de apreciar disputas de caráter individual, mas possibilitava a sua inclusão no futuro (GIL PÉREZ, 2012, pp. 182-183). O Acordo atual em vigor data de 2020 (278).

Pode-se dizer que, recentemente, em 2020, o sistema sinalizou o interesse em avançar na resolução de controvérsias individuais (NAVARRETE, 2020, p. 102). E inclui essa matéria no último acordo (279) firmado neste mesmo ano. Acerca de sua atuação coletiva, no ano de 2019 (antes da incorporação de disputas individuais) foram instaurados 126 procedimentos de mediação-conciliação, que afetaram 8.711 empresas e atingiram 117.383 trabalhadores. É,

---

(276) *Acuerdo Interprofesional sobre Solución Extrajudicial de Conflictos Laborales de Extremadura de 1998.*

(277) Dados estatísticos em: https://www.poderjudicial.es/cgpj/es/Temas/Estadistica-Judicial/Estadistica-por-temas/Medios-alternativos-de-resolucion-de-conflictos/Mediacion--Arbitraje-y-Conciliacion--laborales/. Acesso em: 20 jun. 2021.

(278) *III Acuerdo sobre Solución Autónoma de Conflictos Laborales de la Región de Murcia.*

(279) Mais informações sobre o III Acordo em: https://www.fundacionrlm.org/asacmur-iii/. Acesso em: 3 out. 2023.

por consequência, bem abrangente e contribui com o Poder Judiciário para o direito coletivo, todavia, carece de mais desenvolvimento a nível individual [280].

3.3.2.17. Conselho de Relações Laborais do Governo Vasco (PRECO)

Este foi um acordo pioneiro, pois data de 1984 e visou permitir a resolução extrajudicial das controvérsias contando com o diálogo e a negociação coletiva. De início enfrentou muitos problemas, pois somente com a reforma laboral de 1994 houve o fomento na criação de meios autônomos de resolução de conflitos na Espanha (GIL PÉREZ, 2012, pp. 177-178). O acordo atual data de 2000 [281].

Assim, esta foi a primeira região a desenvolver um sistema autônomo em 1984, seguida da Cataluña em 1990 e da Galicia em 1992 (AGUDO, 2021, pp. 151-160).

Entretanto, apesar de antigo, está voltado para a apreciação de conflitos coletivos do trabalho. No que se refere às disputas individuais, ele é muito restrito, na medida em que o regulamento apenas prevê a apreciação de controvérsias que envolvam a interpretação e a aplicação do convênio e desde que haja previsão nesse sentido (GELABERT, 2007, p. 18). Deste modo, embora haja a competência para apreciar conflitos coletivos e individuais laborais, quanto a estes ela é limitada para abarcar apenas a interpretação e a aplicação de convênio ou acordo coletivo que se decidiu submeter ao PRECO (PÉREZ, 2017, p. 27).

A respeito de sua atuação, no ano de 2019 foram 492 mediações-conciliações coletivas instauradas que envolveram 645 empresas e atingiram 116.618 trabalhadores. A via arbitral foi acionada duas vezes [282].

Portanto, o sistema revela-se eficiente em seu desenvolvimento a nível coletivo e é capaz de atuar como contributo para melhoria da via jurisdicional na medida em que favorece a desobstrução da justiça. Entretanto, precisa ser fomentado a nível de direito individual.

4. Pareceres parciais

Por tudo o que foi exposto, é aferível que na Espanha, igualmente ao que está acontecendo no Brasil, o sistema jurisdicional trabalhista demonstra

---

(280) Mais informações sobre o III Acordo em: https://www.fundacionrlm.org/asacmur-iii/. Acesso em: 3 out. 2023.

(281) *III Acuerdo Interprofesional sobre procedimientos voluntarios para la resolución de conflictos laborales de 2000.*

(282) Dados estatísticos em: https://www.poderjudicial.es/cgpj/es/Temas/Estadistica-Judicial/Estadistica-por-temas/Medios-alternativos-de-resolucion-de-conflictos/Mediacion--Arbitraje-y-Conciliacion--laborales/. Acesso em: 20 jun. 2021.

sinais de esgotamento devido à alta litigiosidade. Assim, há problemas de celeridade e de eficácia no procedimento judicial (ÁLVAREZ, 2014, pp. 9-10).

A esse respeito, tradicionalmente, o acesso à justiça tem sido compreendido como o bom funcionamento da via jurisdicional e, apesar de todas as reformas processuais feitas nos últimos anos na Espanha, a justiça continua não sendo muito ágil. Aliás, esse é um problema que abrange vários países. Por essa perspectiva, modernamente, o acesso à justiça passa a ser visto de forma mais ampla a abranger novas maneiras de resolver os litígios individuais laborais (GARCÍA ALVAREZ, 2015, p. 3).

Dessa forma, para superar esse problema e efetivar a prestação jurisdicional, dois caminhos estão sendo adotados: a ampliação do sistema de justiça e a incorporação de novas tecnologias.

4.1. Da ampliação do sistema de justiça

A evolução no conceito de acessar a justiça exige o desenvolver de uma nova visão, compreendendo o direito como uma resolução justa e eficiente dos conflitos. Isso vai ao encontro dos anseios de justiça social e dos Direitos Humanos. Assim, a compreensão passa a abarcar, além da via estatal, outros meios informais de resolver controvérsias que fazem uso, por exemplo, da mediação (GARCÍA ALVAREZ, 2015, pp. 3-4).

De modo que o sistema de justiça laboral espanhol está estruturado em três vias, sendo duas estatais (administrativa e judicial) e outra privada formada por agentes sociais (autônoma). E, ainda, as vias administrativa e autônoma podem fazer uso de três ferramentas: conciliação, mediação e arbitragem.

Notou-se que a arbitragem é figura escassa no sistema laboral espanhol, enquanto a mediação parece ser o caminho mais escolhido no organismo autônomo, sendo adequada para tratar de assuntos trabalhistas, até mesmo porque se aproxima da cultura de negociação presente nas relações de trabalho (ÁLVAREZ, 2014, pp. 10-12). No âmbito jurisdicional e administrativo, predomina o uso da conciliação em detrimento da mediação.

Percebe-se haver na Espanha uma desconfiança geral acerca da arbitragem, haja vista que muitos laudos arbitrais já foram questionados e invalidados judicialmente (NAVARRETE, 2020, pp. 110-116). Além disso, há também a dificuldade de achar um árbitro que agrade e gere confiança em ambas as partes. Outra questão que preocupa as pessoas é o fato de que quase não há recursos contra o laudo arbitral e ele torna-se definitivo. E, finalmente, atribui-se a falta de cultura processual que valide a opção por essa via à quase falência do instituto (GELABERT, 2007, pp. 18-20).

Em razão da crise do modelo clássico, não há dúvidas sobre a necessidade de se estabelecerem métodos mais flexíveis e rápidos de solução de conflitos laborais (PÉREZ, 2017, p. 4). Nesse sentido, a mediação, enquanto negociação assistida, desenvolvida por meio do diálogo, parece ser a alternativa correta ao processo (ÁLVAREZ, 2014, p. 12). Entrementes, não se pode deixar de considerar que ainda há muita desconfiança social e jurídica quanto ao estabelecimento de mecanismos alternativos para dissídios individuais fora do âmbito estatal. Isso se deve primordialmente em razão da assimetria das partes e da indisponibilidade dos direitos trabalhistas (ÁLVAREZ, 2014, p. 14).

Nesse aspecto, quando do desenvolvimento de vias alternativas, deve-se sempre respeitar normas de caráter público, podendo, inclusive, haver controle judicial sobre o resultado acordado, até mesmo porque falta uma legislação sólida a esse respeito (ÁLVAREZ, 2014, p. 14). Quanto a essa preocupação, o Poder Legislativo optou por excluir as matérias controvertidas do cumprimento do requisito prévio de conciliação-mediação (LARA, 2020, pp. 367-395).

Apesar de o tema ser controvertido, é preciso ter em mente que a definição de justiça é sempre relativa e varia em tempo e espaço. Nesse contexto, a mesma sociedade, que estabelece que uma decisão dada por um magistrado é justa, pode evoluir e concluir que também há justiça em uma resolução feita pelas próprias partes (GARCÍA ALVAREZ, 2015, p. 7).

Dessa forma, é inegável que o desenvolvimento dos sistemas privados de composição de controvérsias laborais da Espanha ocorrido nos últimos anos é fruto dessa nova mentalidade e foi impulsionado ao mesmo tempo em que contribui com a democratização da justiça por favorecer a participação dos interlocutores sociais. Porém, é igualmente inegável que ainda falta muito para ser sedimentado, na medida em que carece de maiores investimentos públicos e de uma legislação sólida para discipliná-lo (LÓPEZ, 2009, pp. 220-221).

Assim, os meios extrajudiciais autônomos se mostram adequados para funcionar ao lado dos sistemas administrativo e judicial, porque eles favorecem um bom clima nas relações laborais contínuas, haja vista que sua principal ferramenta é a mediação (AGUDO, 2021, p. 31-48).

Conforme os dados e as informações recolhidas neste tópico da pesquisa, verificou-se que a justiça social da Espanha privilegia a conciliação das partes que tem colaborado para a diminuição do número de processos a serem sentenciados. No que diz respeito à mediação intrajudicial, apesar de já estar bastante desenvolvida no âmbito civil e penal, parece encontrar resistências na seara trabalhista. Na medida em que ainda não há a confiança necessária das partes no seio processual para a adoção desse procedimento, o que dificulta a sua implantação.

Por sua vez, na via administrativa comprovaram-se milhares de processos que passam obrigatoriamente por ela e que terminam em avenças feitas em procedimentos prioritariamente de conciliação. Portanto, ela revela ser um caminho eficaz para o acesso à justiça e para a diminuição no número de demandas que passam na via jurisdicional.

Dados estatísticos referentes ao ano de 2020 publicados pelo Governo Espanhol [(283)] abrangendo a atuação do SMAC e dos organismos de resolução de litígios individuais das comunidades autônomas de Andalucía, Cataluña, La Rioja e Navarra demonstram que, nos dias atuais, a atuação administrativa supera e muito a autônoma. Diante disso, foram 293.878 conciliações individuais intentadas no SMAC, das quais 100.863 (34,3%) resultaram acordadas. Por sua vez, nos organismos autônomos específicos indicados foram iniciadas apenas 14.765 conciliações individuais. No ano de 2019 [(284)], os números são parecidos, sendo que, referente ao SMAC, este resolveu ao todo 367.459 conciliações individuais, das quais em 122.129 (33,2%) foram feitos acordos.

Dados mais gerais envolvendo todos os sistemas extrajudiciais das comunidades autônomas de 2019 esclarecem que a divisão foi a seguinte: 432 conflitos coletivos de trabalho que afetaram 76.759 empresas e 2.844.824 trabalhadores; e, por sua vez, instauraram-se somente 15.017 conflitos individuais; e 26 arbitragens, que afetaram 14.161 empresas e 86.477 trabalhadores [(285)].

Portanto, no que diz respeito à atuação do sistema autônomo de resolução de disputas laborais do trabalho, a nível coletivo e individual, que se originou na década de 1980 na Espanha, verifica-se que, hodiernamente, ele está consolidado para dirimir disputas coletivas laborais em todas as comunidades autônomas. A nível individual, ele precisa ser mais desenvolvido.

Mas em razão da boa experiência demonstrada pela autonomia coletiva, esse sistema certamente também é capaz de trazer efetividade aos procedimentos de controvérsias de caráter individual (ÁLVAREZ, 2014, p. 14). Isso porque tal fato pode acarretar em segurança social às pessoas para utilizá-lo e também porque a mediação, principal forma adotada por esses organismos, busca pela humanização da controvérsia, respeitando os envolvidos.

---

(283) Informações do Governo Espanhol em: file:///C:/Users/User/Desktop/3%20ano%20USC/dezembro/mac_12_20.pdf. Acesso em: 26 nov. 2021.

(284) Maiores detalhes em: https://www.mites.gob.es/estadisticas/Mac/mac19octpublicacion/mac_10_19.pdf. Acesso em: 26 nov. 2021.

(285) Relatório estatístico, acessar: https://www.poderjudicial.es/cgpj/es/Temas/Estadistica-Judicial/Estadistica-por-temas/Medios-alternativos-de-resolucion-de-conflictos/Mediacion--Arbitraje-y-Conciliacion-laborales/. Acesso em: 20 jun. 2021.

Pode-se afirmar que a maturidade sindical e a histórica negociação dos dissídios coletivos são fatores que contribuíram para o maior desenvolvimento dos mecanismos extrajudiciais a nível coletivo do que a nível individual (ÁLVAREZ, 2014, p. 8). Soma-se a este fato a questão de que na Espanha, na esfera do direito individual, não há incentivos claros para o uso de outras vias privadas para dirimir disputas e as partes tendem a ter mais confiança no magistrado (ÁLVAREZ, 2014, pp. 8-9). Por essa razão, entende-se que reformas legislativas para modernizar o sistema são necessárias a fim de desenvolver e consolidar, por exemplo, a mediação com vantagens econômicas, temporais e efetivas frente ao processo (ÁLVAREZ, 2014, pp. 9-10).

Para além disso, os temores em torno das vias alternativas envolvem a indisponibilidade de direitos laborais. Tanto que em âmbito nacional o ASAC excluiu o procedimento a nível individual (ÁLVAREZ, 2014, pp. 8-9). Assim, passadas cerca de três décadas da instauração do sistema autônomo, não restam dúvidas do fato de ele possuir um bom desempenho, todavia, ainda não conseguiu alcançar com fervor o seu objetivo principal, ou seja, a redução da judicialização dos conflitos laborais, principalmente de direito individual (NAVARRETE, 2020, p. 117).

Entretanto, esse sistema autônomo certamente guarda especial relevância, já que adquire diversas funções, entre elas, funcionar com a finalidade de evitar um procedimento judicial (pré-processual) ou até mesmo de o substituir (LARA, 2020, pp. 367-395). E essa autonomia coletiva para dirimir controvérsias laborais é de suma importância para a democracia e para a justiça social. Entretanto, no que diz respeito a resolver disputas individuais, seu avanço está a passos lentos, não apresentando ainda o desenvolvimento necessário (NAVARRETE, 2020, pp. 117-119).

Mas por tudo o que foi constatado, pode-se afirmar que os sistemas autônomos estão em expansão e favorecem a criação de uma cultura de autocomposição, porém, não estão a atuar de forma suficiente para a efetiva desjudicialização dos litígios individuais. Entrementes, principalmente a nível coletivo, ajudam a diminuir a quantidade de processos judiciais (NAVARRETE, 2020, p. 119).

Esses mecanismos, como dissertado, têm como base o diálogo social e o apoio público, e contam com três protagonistas principais: patronal, sindicatos e o Estado. Eles estão presentes em todas as regiões e persistem mesmo com as mudanças políticas e econômicas (GÓMEZ, 2020, pp. 121-158).

Assim, de modo geral, a balança dos últimos 30 anos de funcionamento do sistema autônomo se mostra muito positiva, pois eles estão institucionalizados e em desenvolvimento contínuo, além de serem efetivos. Essa é uma instituição jurídico-laboral e socioeconômica de êxito, embora ainda não tenha alcançado sua maior finalidade, que é a redução notável da judicialização das disputas trabalhistas, principalmente a nível individual (NAVARRETE, 2020, pp. 79-120). Pois, nessa hipótese, a via administrativa e a judicial continuam resolvendo a maior parte dos procedimentos (GÓMEZ, 2020, pp. 121-158).

Dessa maneira, no que se refere às disputas de natureza jurídica individual do trabalho, constatou-se o seu estabelecimento com mais efetividade somente em algumas regiões no sistema privado, embora muitas possuam previsão normativa para a sua apreciação. Com relação às comunidades autônomas que possuem a atribuição de gerenciar conflitos de caráter individual e que o estão a fazer, as avenças alcançadas são muito positivas e superam as expectativas, o que indica a necessidade de continuar investindo nessa forma de solucionar conflitos laborais por meio do diálogo e da participação ativa das partes.

Além disso, pode-se dizer que a promoção da resolução autônoma por meio da mediação-conciliação laboral vai ao encontro da ODS 16 da Agenda 2030 da ONU (286) para promover a paz e a justiça, devendo o mediador/conciliador ter conhecimento jurídico e proporcionar o desenvolvimento de uma boa comunicação por meio da empatia e de propostas de soluções, arrefecendo a tensão existente na dinâmica laboral.

Como já afirmado no início deste estudo acadêmico, a sociedade está em constantes mudanças em razão das inovações tecnológicas que requerem novos instrumentos para gerenciar conflitos que porventura possam surgir. Por essa razão, deve-se estimular a intervenção dos parceiros sociais nas disputas, para que elas se solucionem de maneira mais rápida. Nesse contexto, a utilização de sistemas autônomos na Espanha busca contribuir para facilitar o acesso à justiça.

Da verificação dos índices estatísticos fornecidos por órgãos oficiais, entende-se que tem aumentado nesses organismos a procura pela apreciação de conflitos individuais, porque eles têm adquirido mais maturidade em decorrência da experiência vivenciada, o que fornece credibilidade à sociedade quanto ao seu funcionamento.

Portanto, está ocorrendo um desenvolvimento ao longo dos anos das vias prévias de resolução de disputas, inclusivamente para abarcar outras controvérsias que possam surgir em momentos de crise econômica. E tanto a via administrativa como a autônoma (essa mais a nível coletivo) têm ajudado a obter o consenso e a solucionar milhares de processos, o que ajuda a desobstruir a via judicial. Igualmente ao que se verifica com a conciliação no seio do

---

(286) Agenda da ONU 2030 em: https://brasil.un.org/. Acesso em: 24 nov. 2021.

Poder Judiciário, que é uma maneira mais rápida de dirimir a disputa dentro do processo se comparada com a sentença.

A esse respeito, decisão do TC tem estimulado o alargamento do sistema de acesso à justiça, pois ele entende que o meio autônomo não implica em renunciar à via judicial, até porque pode haver a recorribilidade das decisões dadas nos procedimentos, ainda que a norma jurídica restrinja os motivos (LARA, 2020, pp. 367-395).

Quanto à apreciação numérica, constatou-se que a mediação e a conciliação são as ferramentas mais requeridas pelas partes para dirimir seus problemas nas vias autônoma e administrativa, respectivamente. Tal situação demonstra a confiança social na escolha por esses mecanismos que são mais democráticos em detrimento do uso da arbitragem. Além disso, a opção mediação-conciliação apresenta elevados índices de avenças realizadas e, por isso, é meio viável para resoluções de disputas laborais.

A esse respeito, apesar da previsão normativa, a arbitragem mostrou ser pouco ou mesmo inutilizada em diversos sistemas para a apreciação de disputas laborais individuais. Dados oficiais espanhóis comprovam que a via arbitral está praticamente em desuso para tratar essas questões. Esse contexto revela a preferência da população por meios de dirimir as controvérsias em que elas possam contribuir e participar mais ativamente.

Haja vista que diferentemente da conciliação-mediação, de modo geral, a via arbitral não é tida como um mecanismo prévio e específico de evitar o processo judicial, embora exista a arbitragem pré-processual, em que as partes fazem essa escolha de dirimir a sua disputa por esse meio. Mas, repita-se, não é um trâmite prévio ao processo, porque se revela alternativo a ele, na medida em que o laudo arbitral é vinculativo às partes e por causa disso exclui a jurisdição (LARA, 2020, pp. 367-395).

Desse modo, pensa-se que a mediação-conciliação é o caminho fundamental a ser adotado pelos sistemas extrajudiciais e a arbitragem é residual e raramente escolhida no âmbito laboral espanhol. Em outras palavras, não há a cultura de se optar pela via arbitral, embora ela esteja formalizada, enquanto a mediação está normalizada (NAVARRETE, 2020, pp. 110-116), ao lado da conciliação.

Esse crescimento da cultura de autocomposição de conflitos a nível de mediação, por exemplo, certamente melhora as relações de trabalho nas empresas, diminuindo o tempo perdido em discussões, e estimula a cultura de acordo, tendo como consequência, no decorrer do tempo, alcançar a tão desejada desjudicialização das controvérsias (NAVARRETE, 2020, pp. 79-120).

Entretanto, para haver crescimento do sistema autônomo necessita-se de uma reforma laboral na Espanha para promoção e incentivo desse organismo por meio da legislação e também de mais investimento institucional, financeiro e de capacitação profissional (NAVARRETE, 2020, p. 120). O ideal é que os sistemas regionais de forma ampla passem a abarcar conflitos individuais para atuarem como alternativa à via administrativa (AGUDO, 2021, pp. 151-160).

Por tudo o que foi relatado, apesar dos apontamentos feitos quanto à necessidade de crescimento de mecanismos autônomos a nível de disputa individual, dados numéricos comprovam que o fato de haver estímulo pelos poderes públicos (previsão na norma jurídica e apoio do TC), para a passagem prévia obrigatória pelas vias administrativas e autônomas em procedimentos de mediação-conciliação, têm alargado os procedimentos de justiça, ao mesmo tempo em que contribui para a melhora da prestação jurisdicional. Isso porque a atuação conjunta da via administrativa que realiza milhares de avenças a nível de disputas individuais, com a atuação autônoma que aprecia e faz acordos em muitos procedimentos, principalmente coletivos, torna a jurisdição mais eficiente por colocar fim a muitos conflitos antes que cheguem ao Poder Judiciário, pese embora ainda haja muita litigiosidade na justiça, entretanto, poderia ser bem pior se não tivesse esses mecanismos de evitação do processo.

4.2. Da incorporação de novas tecnologias

Por sua vez, como contributo para o acesso à justiça, recentemente, constata-se haver maior incremento da tecnologia aos procedimentos, fomentado pela Covid-19, o que tem proporcionado maior agilidade e eficiência aos mesmos. Na medida em que, com a pandemia e o distanciamento social consequente, sentiu-se que era preciso estimular os mecanismos virtuais para a apreciação das controvérsias (AGUDO, 2021, pp. 147-151).

A esse respeito, convém esclarecer que a Espanha há muito tempo investe no desenvolvimento da ciência na ordem judicial. A Lei orgânica n. 16 de 1994 já previa o uso da informática. E, em 2002, a "Carta de los Ciudadanos ante la Justicia" (287) igualmente permitiu que com o emprego de novas tecnologias houvesse um sistema mais efetivo. Posteriormente, a Lei n. 18 de 2011 passou a regulamentar de forma mais pormenorizada o processo eletrônico no sistema jurisdicional espanhol permitindo, inclusive, a videoconferência.

---

(287) Mais detalhes sobre a Carta em: http://www.juntadeandalucia.es/institutodeadministracionpublica/anuario/articulos/estudios/estudios4/estudios06.htm. Acesso em: 24 nov. 2021.

E, em 2020, publicou-se o Real Decreto-Lei n. 16/2020, que contém medidas para organização processual frente à pandemia, no intuito de que todos os atos se realizem preferencialmente por sistemas telemáticos (AGUDO, 2021, pp. 147-151). Como se pode perceber, a Administração da justiça tem incorporado a tecnologia, o que é importante para superar as mais diversas barreiras, como no caso da necessidade de comparecimento pessoal, já que em meios virtuais não há limites geográficos (CES, 2022, pp. 9-38).

O Real Decreto elaborado para gerenciar a situação pandêmica é um marco para a alteração da tradicional Administração da Justiça, embora este seja um caminho longo a ser percorrido, pois o ordenamento jurídico não está totalmente pronto e ainda faltam mais investimentos tecnológicos (CES, 2022, pp. 9-38).

Comparativamente à norma editada para gerir o Poder Judiciário, verifica-se que não foi feita uma normativa similar para permitir a virtualização em sistemas alternativos, especialmente no que se refere às avenças prévias nas vias administrativas e autônomas (AGUDO, 2021, pp. 147-151). Mas parece lógico que se pode virtualizar procedimentos judiciais, o mesmo ocorre com procedimentos alternativos para se evitar essa via. E mais, em razão do desenvolvimento tecnológico atual, a virtualização dos procedimentos de resolução de controvérsias, que foi tão necessária em caráter de urgência durante a pandemia, é uma realidade dos sistemas como um todo, o que certamente irá permanecer para conviver com as ferramentas presenciais (AGUDO, 2021, pp. 147-151).

Com toda essa evolução tecnológica que está virtualizando o procedimento de modo contínuo, surgem outras indagações, como, por exemplo, se no futuro passaremos a adotar programas inteligentes para substituir a ação humana.

Nessa situação, a tecnologia adquiriria um papel de protagonista na solução do conflito, pois faria propostas de acordos que seriam enviadas pela programação. De início, os algoritmos receberiam as posições das partes e, posteriormente, ofereceriam automaticamente uma resolução para o acertamento delas. Assim, a inteligência artificial assumiria o caso para oferecer uma negociação automatizada. Para Diz (2022), sobre esse tipo de comportamento tecnológico, em que pese ser factível, o fato é que o comportamento humano sempre estará por trás da máquina para solver algum tipo de problema, até mesmo porque ela é criação humana (DIZ, 2022, pp. 279-305).

Além disso, não há na atualidade respostas para entender até que ponto o software poderá se comportar como humano e se no futuro a máquina poderá formar pensamentos críticos ou será capaz de equilibrar com eficiência os direitos, embora não exista lei que impeça que quem administre o conflito seja um robô, essa questão não é tão simples (DIZ, 2022, pp. 279-305). O que se revela mais tangível em um futuro próximo pelo atual desenvolvimento da tecnologia é que a inteligência artificial esteja somente auxiliando e não decidindo a resolução de disputas (CES, 2022, pp. 9-38).

Embora não se tenha a noção de como será o avanço tecnológico, um software não terá um nível de interpretação, percepção, compreensão e empatia com as emoções e explicações como um ser humano é capaz de ter, o que é fundamental para resolver disputas, principalmente de modo consensual. Outras questões comprometedoras são falhas mecânicas, o fato de os usuários não se sentirem confortáveis e não se adaptarem às máquinas, além do alto investimento econômico necessário (DIZ, 2022, pp. 279-305).

Aliadas a esses fatores, as funções de interpretar e aplicar leis, e interagir com outras pessoas para a resolução judicial ou extrajudicial de litígios, são tidas como complexas. E ainda que os robôs tenham formas humanas para interagir com os indivíduos, a fim de dar mais confiança aos usuários, não devem ter o poder decisório (DIZ, 2022, pp. 279-305).

Assim, nesse momento não é aconselhável que softwares substituam o ser humano, porque há limitações à inteligência artificial, como questionamentos internos e subjetivos sobre o caso, que é um processo humano que permite a escolha de decidir ou assistir em um dado sentido. Outra questão é que o ser humano é flexível diante de imprevistos e a máquina não. Além disso, a sociedade confia muito mais no fator humano (DIZ, 2022, pp. 279-305).

Todavia, apesar dos limites à incorporação de ferramentas inteligentes, o uso da tecnologia nos procedimentos de justiça revela-se essencial para evitar a deslocação das partes e permitir a flexibilização do tempo. Igualmente se pode aplicar os mesmos princípios e técnicas dos procedimentos presenciais. Assim, sistemas on-line incorporados na atualidade favorecem o direito de acesso à justiça (AGUDO, 2021, pp. 147-151). Isso porque o processo eletrônico permite a rapidez, a eficiência e a economia (CES, 2022, pp. 9-38).

Soma-se a essa nova realidade, o fato de que as tecnologias de informação e da comunicação favorecem o desenvolvimento de outras maneiras de administrar as controvérsias e de solucioná-las, por essa compreensão, os mecanismos extrajudiciais representam essa mudança derivada da necessidade social por soluções efetivas e que podem dispor das vantagens proporcionadas pela virtualização dos procedimentos (CES, 2022, pp. 9-38).

E, para permitir o acesso à tutela judicial efetiva, deve-se garantir a participação das partes por sistemas fáceis de usar e que, além disso, nas sedes institucionais tenham a assistência telemática para quem precisar. A identificação dos participantes pode ser feita pela câmera e ser até gravada, desde que haja conhecimento e consentimento expresso das partes (AGUDO, 2021, pp. 147-151).

Nesse sentido, também Ces (2022, pp. 9-38) afirma que deve ser garantido que as partes tenham acesso aos meios tecnológicos para poder participar dos atos virtuais. Ele disserta que existe certa desconfiança no sistema telemático, por essa razão deve haver respeito aos princípios básicos e deve-se garantir a identidade dos envolvidos. Igualmente, as partes podem acordar que todos os atos ou só alguns ocorram por meio eletrônico.

Desse modo, a incorporação de novas tecnologias aos procedimentos favorece a flexibilidade, o tempo e a acessibilidade à justiça. Aliado a esse desenvolvimento, o autor relata que no futuro pode ser que a inteligência artificial possa dar apoio aos sistemas de justiça, oferecendo dados, por exemplo. Mas o fato é que a máquina sempre será controlada e supervisionada pelo ser humano (CES, 2022, pp. 9-38).

Em que pesem os sistemas telemáticos encurtarem as distâncias, é impensável a substituição da figura humana, seja para decidir ou intermediar as pessoas, por um sistema digital, na medida em que se deve primar pela humanização do conflito. E, nos dias atuais, ainda não existe uma inteligência artificial com capacidade totalmente autônoma para conduzir todo o procedimento. Assim, a virtualização encontra limites, já que sistemas inteligentes sempre devem ter atuação de suporte em coordenação com ações humanas, de forma a colaborar com o ser humano para obter maior celeridade (MARQUES, 2022, pp. 210-240).

Isso porque um robô não tem sentimentos, empatia e sua noção de justiça subjetiva é restrita aos dados que lhe foram armazenados. Além disso, eles só são capazes de oferecer uma assistência ou decisão muito objetivizada, leia-se, sem alma, podendo até ser injusta. De modo que nesse momento da história não se pode dar a um robô as decisões de litígios, mas se pode contar com as máquinas em caráter assistencial (DIZ, 2022, pp. 279-305).

Ora, sabe-se que o direito é criação humana e não da máquina, ou seja, de quem vive em sociedade, e as necessidades sociais, por sua vez, são imprevisíveis e dinâmicas, de maneira que só o conhecimento humano pode ir adaptando o direito às alterações sociais. A inteligência artificial, como se visualiza hoje, é limitada para acomodar a realidade que é mutante à norma, para interpretar e aplicar ao caso concreto (DIZ, 2022, pp. 279-305).

Mas pode ser que no futuro haja um modelo híbrido entre humanos e máquinas, porém, sempre garantindo o controle humano e o software prestando somente auxílio, pois parece ser complicado conceber a máquina para a tomada de decisões. E certamente essa interação carece de mais planejamento jurídico (DIZ, 2022, pp. 279-305). De modo que o Estado deve promover mais formações por meio da educação para que haja o procedimento virtual com maior qualidade nos serviços, já que com a tecnologia a comunicação deve ser instantânea, concisa e clara para evitar desavenças. Deve-se ainda usar a técnica de escuta ativa, para conhecer as emoções e os sentimentos dos envolvidos na situação (CES, 2022, pp. 9-38).

Portanto, verifica-se que, apesar da virtualização do procedimento e da circunstância de contar com os amparos tecnológicos sejam essenciais à justiça nos dias de hoje, a inteligência artificial está longe de substituir o ser humano, pelos mais diversos motivos apontados, todavia, pode auxiliá-lo.

E o fato de haver a prestação do serviço de justiça de forma total ou parcialmente eletrônica, inclusive por vias alternativas que complementam a jurisdição, não é para substituir ou excluir a via judicial, mas para complementá-la, sempre que a matéria for de livre disposição. A experiência demonstra que as avenças costumam ser cumpridas pelas partes (CES, 2022, pp. 9-38). E, mesmo com a virtualização do procedimento, devem-se garantir direitos fundamentais dos cidadãos, tais como a tutela judicial efetiva, a ampla defesa e o acesso aos meios digitais (DIZ, 2022, pp. 279-305).

4.3. Obiter dicta *sobre o sistema jurídico espanhol*

Sobre as melhorias no sistema de justiça, verifica-se que, juntamente à informatização procedimental, a Espanha tem investido ao longo das últimas décadas no aprimoramento dos mecanismos administrativo e autônomo, porque eles contribuem para desobstruir a via jurisdicional. Abre-se um caminho para que a confiança das partes nesses sistemas aumente no decorrer da experiência social, devido aos altos índices de avenças obtidas, o que favorece a sua implementação.

E, para o fomento de vias alternativas na seara laboral, deve-se ter o cuidado de respeitar o caráter tuitivo do direito do trabalho e valorar os seus limites, na medida em que, quanto a estes, não pode haver transações. Entretanto, essa interpretação pode ser flexível para permitir a compatibilidade de direitos irrenunciáveis com a utilização de outros meios de solução de controvérsias (AGUDO, 2021, pp. 61-73).

No que diz respeito à viabilidade e ao desenvolvimento do sistema de justiça a nível autônomo, ele depende, sem sombra de dúvidas, da experiência adquirida, da maior maturidade dos agentes sociais e da feitura de uma regulação clara, principalmente para os conflitos individuais. Além disso, o uso de meios tecnológicos, materiais e humanos também se revelam fundamentais para o seu bom funcionamento.

Quanto à via administrativa, consta-se já haver bom desempenho, que se deve ao fato de que milhares de processos devem obrigatoriamente passar por uma via prévia de resolução de disputas. E, por haver bons índices de acordos obtidos, o estabelecimento da obrigatoriedade de mediação-conciliação pré-processual tem favorecido o direito de acessar o Poder Judiciário Laboral espanhol, ajudando a desobstrui-lo, pois ele é a via tradicionalmente aceita para dirimir disputas individuais.

A partir da análise dos dados estatísticos, é possível concluir que a mediação-conciliação, independentemente das diferenças conceituais entre elas, tem proporcionado o enfrentamento da crise jurisdicional, possibilitando a diminuição do acervo processual por meio de uma solução em tempo razoável.

Assim, em análise comparativa, no caso brasileiro, considerando que a conciliação já está bastante desenvolvida na Justiça do Trabalho e que a mediação está sendo feita por meio do Cejusc em um projeto ainda embrionário que surgiu em 2017, o estabelecimento da mediação-conciliação como condição obrigatória de acessar a justiça, por sistemas administrativos e extrajudiciais, semelhante ao que ocorre na Espanha, poderá contribuir para o rápido andamento das lides laborais. Além disso, permitirá que o Poder Judiciário desenvolva um tratamento mais pormenorizado e adequado para lides mais complexas e que envolvam direitos fundamentais.

Como já dito no corpo deste livro, a sociedade está em movimento e estas mudanças geradas principalmente pelas novas tecnologias requerem que as soluções de conflitos acompanhem seu ritmo. Não é mais admissível esperar longos anos para obter a resolução de uma disputa, o que torna necessário investir em novas formas de pacificar as relações sociais.

Portanto, os meios prévios obrigatórios autocompositivos juntamente ao uso de novas tecnologias parecem ser a promessa para melhorar o excesso de demandas ajuizadas todos os anos no Brasil, de modo a efetivar o direito de acesso à justiça. É preciso incentivar que outras vias, além do Poder Judiciário, apreciem os litígios laborais, assim como acontece na Espanha em que os sistemas administrativo e autônomo têm se revelado eficientes. Devem-se superar os preconceitos da seara laboral acerca da utilização de métodos de resolução de disputas para fora do Estado.

Capítulo IV

PROBLEMAS DETECTADOS NOS MÉTODOS PARA SE EVITAR A SENTENÇA NO ESTADO ESPANHOL

A instituição de métodos para evitar a sentença no ordenamento jurídico espanhol aconteceu com o intuito de diminuir a litigiosidade existente no Poder Judiciário e agilizar a resolução das disputas laborais, seja na jurisdição, seja por vias não judiciais.

Diversas reformas legislativas foram pensadas e realizadas, com o apoio dos Poderes Públicos, para ampliar o sistema, de modo a ajudar na Administração da Justiça. E as novas ferramentas disponibilizadas aos cidadãos têm cumprido o seu propósito de melhorar a prestação jurisdicional, todavia, não se revelam perfeitas, razão pela qual se fará um apontamento quanto a alguns dos problemas detectados em seu funcionamento.

Apesar das transformações da norma jurídica, nos dias atuais, existe uma carência quanto a uma normatização mais densa para disciplinar os métodos de evitação da sentença, de forma a dar mais segurança jurídica à sociedade.

A esse respeito, os meios alternativos, para serem válidos e efetivos, devem oferecer às partes semelhante qualidade e proteção daquelas que lhes são ofertadas na jurisdição e não podem impedir que esta seja acionada (art. 24 da CE).

A pergunta que surge: será que o direito à tutela judicial efetiva tem sido respeitado pelos diferentes métodos informais na Espanha?

Diante da presença de lacunas legais, aparecem questionamentos quanto à possibilidade de acarretar vulneração a direitos indisponíveis, sobre a existência de possíveis falhas na apreciação do objeto litigioso, sobre se há ou não comprometimento da justiça, quando detectados problemas na apreciação de provas, e por certas decisões se basearem em um juízo de equidade, entre outras circunstâncias.

Além disso, é perceptível uma dificuldade de coordenação entre os mais diversos mecanismos de justiça, o que pode comprometer o direito das partes a ter o mérito (questão de fundo) da sua demanda apreciada pelo Poder Judiciário, por já ter expirado o prazo quando da proposta da ação judicial.

Uma questão que fere o acesso à justiça e afeta a razoável duração do processo é o retardamento da entrega da prestação jurisdicional quando necessária a anulação pelo Poder Judiciário da decisão emanada por outras ferramentas.

Todos esses fatores que podem prejudicar a legitimidade do sistema de justiça serão detalhados a seguir.

1. Da tutela judicial, como direito fundamental, e os métodos de solução extrajudicial de conflitos

Na história, o ordenamento jurídico laboral espanhol é marcado por forte intervencionismo estatal na resolução do litígio do trabalho baseado tanto na lei, quanto na resolução pública (administrativa ou judicial) da controvérsia. Porém, com a Constituição de 1978 e a transição política democrática, esse modelo foi repensado para abrir espaço para a criação de organismos autônomos (GARCÍA ÁLVAREZ, 2015, pp. 36-59).

Em razão da crise na Administração da Justiça, foram feitas transformações nas leis processuais no intuito de modernizar e agilizar os procedimentos para os cidadãos e para os próprios magistrados. Nesse aspecto, ampliou-se a visão de acesso à justiça, que deixou de ser considerado somente no fato de aceder aos tribunais, para abarcar outras formas, capazes de dar uma resolução justa e eficiente para as disputas, o que compreende tanto os mecanismos formais, quanto os informais (GARCÍA ÁLVAREZ, 2015, pp. 36-59).

Todavia, devido à existência do direito à tutela judicial efetiva previsto na Carta Constitucional espanhola, a ampliação do sistema de justiça deve ser feita em harmonia com essa garantia fundamental (GRANADOS ROMERA, 2007, pp. 184 a 190).

Por essa visão, a interpretação a ser dada ao direito de tutela judicial efetiva previsto no art. 24 da CE, que contempla o livre acionamento aos órgãos jurisdicionais no propósito de obter proteção, ocorre no sentido de ser inconstitucional a norma jurídica que excluir ou obstar a via judicial (GRANADOS ROMERA, 2007, pp. 184 a 190).

Portanto, é lícito que haja a previsão de condicionamentos para provocar o Poder Judiciário, como veremos em alguns julgados que serão apreciados neste capítulo, sendo ilícito eliminar o acesso à jurisdição.

Desse modo, o direito de acionar os tribunais pode ser compatibilizado com o estabelecimento de mecanismos extrajudiciais. Nesse propósito, o que não se permite é obstar a jurisdição em caso de disputa jurídica (RODRÍGUEZ-PIÑERO; FERRER, 2003, pp. 33-42).

O direito à tutela judicial efetiva compreende, além da provocação do Poder Judiciário, a obtenção de uma análise de mérito (questão de fundo) da demanda. Entretanto, para que tal apreciação seja possível, devem-se cumprir os requisitos processuais fixados na norma jurídica para aceder à via jurisdicional (GRANADOS ROMERA, 2007, pp. 184 a 190). Como exemplo, a passagem por procedimentos prévios obrigatórios previstos na lei ou no acordo coletivo, sob pena de extinção do processo judicial sem apreciação do mérito.

Essa avaliação, quanto ao cumprimento de pressupostos formais e prévios para aceder à jurisdição, não pode ser arbitrária e desproporcional, porque, caso seja realizada dessa forma, impedirá o acesso à justiça. Assim, o vício, acaso existente nos requisitos processuais, deve ser sanado sempre que possível para permitir a apreciação do mérito e resguardar a efetividade do direito da tutela judicial (GRANADOS ROMERA, 2007, pp. 184 a 190).

Desse modo, no emprego de métodos alternativos e no respeito aos requisitos pré-processuais, não são admissíveis interpretações desarrazoadas e desproporcionais que vedem o acionamento da jurisdição.

Sobre esse assunto, o TC entende que os meios autônomos não implicam em renúncia ao direito constitucional à tutela judicial efetiva, pois admite questionar judicialmente, por exemplo, os laudos arbitrais, mesmo não exigindo o TC que na via arbitral haja o respeito às garantias do art. 24 da CE (LARA, 2020, pp. 367-383).

Isso porque o direito previsto no art. 24.1 da CE contempla os recursos aos tribunais, possibilitando o controle de legalidade, ainda que de maneira restrita, das decisões dadas nos procedimentos autônomos. Na medida em que, tanto os acordos de mediação, quanto os laudos arbitrais devem respeitar as garantias jurídicas formais do procedimento (LARA, 2020, pp. 367-383).

Assim, embora os procedimentos privados detenham autonomia, não devem dar espaço para arbitrariedades, como impedir o direito de defesa e o contraditório das partes.

Todavia, o assunto é polêmico em razão de um controle restrito pelo Poder Judiciário quando da impugnação de um acordo realizado nos procedimentos de mediação e de conciliação, já que o órgão judicial somente pode apreciar questões formais e não pode conhecer o mérito (fundo) do assunto, o que pode comprometer o direito à tutela judicial efetiva (GRANADOS ROMERA, 2007, pp. 231-232). Tal fato é semelhante ao que se constata na arbitragem, em que a norma jurídica apenas admite a revisão do laudo arbitral em hipóteses pontuais.

Essa problemática acentua-se, pois há um prazo exíguo para a impugnação judicial de avenças em mediação e conciliação feitas na via autônoma, que, além de ser de cognição limitada, tem prazo de caducidade de 30 dias úteis (LARA, 2020, pp. 367-383).

Mas existe uma explicação para essa interpretação restrita realizada pelo TC, porque, se o controle jurisdicional for muito amplo e abarcar a revisão judicial de fundo, ele converterá a jurisdição em uma mera via ordinária de recurso, o que desvirtuará a essência do sistema autônomo (LARA, 2020, pp. 367-383).

Sobre esse assunto, o TC somente tem sido a favor do controle judicial do mérito (questões de fundo), a respeito da adequação normativa do laudo arbitral, quando se trata de arbitragem obrigatória, sendo que nessa hipótese a fiscalização do Poder Judiciário não se limita a aspectos externos do procedimento (cumprimento dos requisitos formais) (LARA, 2020, pp. 367-383).

Dessa maneira, o que a norma jurídica prevê é a impugnação de acordos e laudos arbitrais, por meio de um controle de mera legalidade ou no caso de lesão a interesses de terceiros, sem adentrar no fundo do conteúdo da solução acordada (RODRÍGUEZ-PIÑERO y BRAVO-FERRER, 2003, pp. 33-42).

Quanto à arbitragem, além de ela não ser muito aceita na seara laboral, por ser um mecanismo interventivo, existe uma desvantagem no seu uso no fato de que, ao se optar por ela, não se poderá mais questionar a justiça sobre a solução adotada pelo árbitro para as partes de forma impositiva, haja vista que não é admitido apreciar essa mesma controvérsia na via jurisdicional, salvo incumprimento de normas procedimentais legais e constitucionais ou pactuadas (GRANADOS ROMERA, 2007, pp. 203-232).

Assim, uma decisão dada pelo árbitro por meio de seu juízo de equidade, mesmo que ambas as partes se sintam injustiçadas, permanecerá, pois o TC entende que não é necessário que o procedimento arbitral cumpra os mesmos requisitos exigidos para a validade de uma decisão judicial, porque somente esta deve respeitar o art. 24 da CE.

Para a arbitragem voluntária, como é livre a vontade das partes em firmar o compromisso arbitral, existe apenas o controle quanto ao cumprimento de requisitos formais, por incongruência ou excesso do laudo arbitral. O controle de fundo (mérito) só se admite quando a decisão arbitral vulnera normas de direito necessário (LARA, 2020, pp. 367-383).

Por todos esses argumentos expostos, o procedimento arbitral, previsto em convenção coletiva para resolver disputa coletiva, deve ser voluntário, para não ferir a tutela judicial efetiva e impedir o acesso aos tribunais. Entretanto, ainda há o problema de que se a vontade manifesta for dos sujeitos coletivos (art. 91.3 do ET), e não dos indivíduos, pode comprometer a tutela judicial efetiva, porque os sujeitos individuais serão atingidos pela decisão dos representantes que, ao escolherem a via arbitral, excluíram o Poder Judiciário (GRANADOS ROMERA, 2007, pp. 203-207).

Nesse contexto, a arbitragem coletiva, ainda que mais aceita do que para direitos individuais, enfrenta essa problemática de acabar por sacrificar o direito à tutela judicial efetiva dos sujeitos individuais afetados pelo conflito coletivo, na medida em que, pela natureza da via arbitral, a jurisdição fica impedida de conhecer a fundo o assunto decidido extrajudicialmente (GRANADOS ROMERA, 2007, p. 211).

Outra questão atinente à tutela judicial efetiva é saber até onde o interesse é coletivo e onde começa o individual. Isso porque de um único conflito podem derivar ações individuais, plurais e coletivas. Granados Romera (2007, p. 208) explica que se o caso se tratar de um plano geral, sem adentar em questões particulares, será uma ação coletiva, porém não se podem valorizar as circunstâncias particulares.

Entrementes, muitas das vezes, as disputas estão interligadas, haja vista que as decisões coletivas são capazes de afetar o direito à tutela judicial de sujeitos particulares.

Mas a doutrina faz uma distinção entre condições de trabalho de caráter individual que têm feição singular e que devem ser objeto de tratamento pelas próprias partes do contrato de trabalho, e a representação coletiva que possui caráter coletivo e que pode, por meio de um acordo coletivo, pactuar normas trabalhistas que possuem eficácia sobre os contratos de trabalho individuais (RODRÍGUEZ-PIÑERO y BRAVO-FERRER, 2003, pp. 33-42).

Nesse sentido, a autonomia coletiva é fonte e também meio de resolução de disputas, sendo que a solução extrajudicial depende do espaço em que foi dada a autonomia privada. Nessa hipótese, o legislador reconhece que a jurisdição não é necessariamente a sede de resolução dos conflitos coletivos e, por isso, reduziu a norma legal inderrogável, fornecendo mais margem para a disponibilidade coletiva de direitos, o que afeta reflexamente a possibilidade de dispor de direitos individuais (RODRÍGUEZ-PIÑERO y BRAVO-FERRER, 2003, pp. 33-42).

Por esse aspecto, o direito à tutela judicial efetiva de indivíduos singulares, em determinadas circunstâncias, é afetado por decisões tomadas a nível coletivo, que atingem os contratos de trabalho particulares.

Sobre esse tema, na fundamentação do julgamento do TSJ de Madrid de 16 de novembro de 2015[(288)], consta que o legitimado coletivo atua em substituição processual legal, por esse motivo não se deve falar em ofensa ao art. 24 da CE, já que ele está autorizado por lei a agir em nome coletivo.

Além do que já foi relatado, o acesso à justiça se refere à ideia de obter uma decisão justa, por meio dos mais diversos procedimentos, sejam formais ou informais, e que devem funcionar de forma coordenada (GARCÍA ÁLVAREZ, 2015, pp. 36-59), para que não obstem o acionamento aos tribunais e comprometam o direito à tutela judicial efetiva.

O sistema de justiça ao longo dos anos tem apresentado falhas nessa coordenação que serão vistas em alguns julgados, assim, nesse sentido é urgente cuidar de compatibilizar os métodos alternativos com o direito de aceder ao Poder Judiciário.

Na ausência de norma jurídica estatal, tanto na jurisprudência, quanto nas decisões de tribunais, consta na fundamentação dos julgamentos certos limites fixados para que no uso dos mecanismos alternativos não haja impedimento às partes de propor ação no Poder Judiciário, para não ferir o art. 24 da CE.

Na sentença n. 174/1995, a Corte Constitucional disserta que o direito fundamental de obter uma tutela efetiva de juízes e tribunais pode ser disciplinado pela legislação, desde que não se imponha um obstáculo que impeça o acionamento à jurisdição. Em outras palavras, o legislador pode prever requisitos para aceder aos tribunais, mas não pode violar o núcleo essencial deste direito. Dessa forma, desde que não institua um obstáculo arbitrário para a concretização da tutela judicial efetiva, é possível ao Poder Legislativo estabelecer condições para aceder ao Poder Judiciário. Haja vista que, devido à saturação dos tribunais, o fomento de meios alternativos é feito com a perspectiva de combater essa disfuncionalidade.

Todavia, existem qualidades a serem observadas pelos métodos extrajudiciais e validadas no sistema jurídico, principalmente no tocante às formalidades procedimentais de ordem pública (o contraditório, a motivação, a ampla defesa, entre outras características) e à proteção que detém os direitos fundamentais indisponíveis.

---

(288) TSJ de Madrid de 16 de novembro de 2015 (AS 2016, 294).

Há ainda que se ter o respeito com a concretização do direito à tutela judicial efetiva, devendo haver coordenação adequada entre os métodos extrajudiciais e a jurisdição, de maneira a não criar requisitos desproporcionais para aceder aos tribunais, entre outras situações que podem prejudicar a democracia e o Estado de Direito, que serão analisadas a seguir.

1.1. *Da conciliação/mediação prévia nas vias autônoma e administrativa*

O estabelecimento de condição para aceder aos tribunais espanhóis é, segundo o TC, requisito compatível com o direito à tutela judicial efetiva, o que será apreciado em vários julgados expostos neste item do livro.

Sobre esse assunto, para a Corte Constitucional, o art. 24.1 da CE permite a criação de requisitos prévios para aceder ao Poder Judiciário (sentença n. 355 de 1993), como é o caso da passagem pela via administrativa ou autônoma, por instrumentos de mediação/conciliação.

Nesse sentido, o TS, em sentença de 22 de julho de 2015[289], quanto ao julgamento acerca da modificação das condições de trabalho decorrente do período de consulta, dispôs que o art. 12.4 do ASAC V, que prevê o trâmite pré-processual obrigatório por meio da mediação no SIMA para resolver as discrepâncias desse período, ocorre conforme a LRJS.

Assim, esse trâmite prévio de mediação no SIMA antes da interposição da demanda de conflito coletivo é legítimo (art. 153 da LRJS) e não ofende o direito ao acesso aos tribunais, haja vista que a conciliação administrativa pode ser substituída pela mediação extrajudicial. Todavia, há limites a serem observados, já que não se pode vulnerar o direito de liberdade sindical e a negociação coletiva.

Desse modo, a mediação perante o SIMA vale como requisito pré-processual para interpor um conflito coletivo, pois até mesmo é permitido ao empresário e à representação dos trabalhadores acordar em substituir o período de consultas pelo procedimento de mediação para facilitar o acordo sobre medidas de flexibilidade interna.

Entretanto, a negociação no SIMA deve possibilitar que todos os sujeitos legitimados dela participem, independentemente da representatividade, já que o diálogo deve ser intenso entre todos os interessados, não bastando a mera ratificação posterior, que não é considerada negociação.

---

(289) TS 22 de julho de 2015 (RJ 3950).

No caso, o tribunal chegou à conclusão de que no caso concreto houve um desconhecimento das regras que regulam a mediação ante o SIMA, que acabou por levar a uma negociação sobre as matérias controvertidas, com exclusão de alguns entes sindicais.

Consta da fundamentação do tribunal que as comissões negociadoras se distinguem das aplicadoras, porque só aquelas modificam ou criam regras novas, e por isso devem participar todos os sindicatos legitimados a negociar, enquanto para estas o objetivo é aplicar e interpretar as cláusulas do convênio coletivo, podendo restringir-se a quem firmou do acordo.

Nessa situação, no caso em análise, o TS decidiu que não é possível que em trâmite de mediação pré-processual no SIMA, quanto às medidas de flexibilidade interna adotadas sem acordo no período de consultas, se proceda a negociar apenas com sindicatos maioritários, excluindo os demais, pois se refere a instrumentos coletivos de eficácia geral, e por essa razão deve ser garantida a presença de todos os sindicatos legitimados na deliberação.

Percebe-se que os tribunais têm exercido o controle formal das questões litigiosas advindas do funcionamento de mecanismos informais, sendo que nessa hipótese o TS garantiu que deve haver a participação de sindicatos menos representativos no conteúdo da mediação realizada no organismo extrajudicial, por ter natureza jurídica de negociação coletiva. Essa decisão está em concordância com a democracia participativa, o direito de acesso à justiça e às normas constitucionais.

Igualmente, a impugnação judicial da mediação do SIMA ocorreu em respeito ao direito de acionar os tribunais (art. 24 da CE), o que traçou requisitos formais para que os interessados tivessem a participação assegurada no conteúdo da negociação conforme os direitos de liberdade sindical e de negociação coletiva.

Além disso, verifica-se, no que se refere à ampliação do sistema de justiça, especificamente quanto ao funcionamento da via autônoma, que faltam informação e norma jurídica que disciplinem de forma mais adequada e pormenorizada a sua atuação em coordenação com a jurisdição e com a via administrativa, o que às vezes prejudica o direito à tutela judicial efetiva das partes.

Exemplo disso é quando os litigantes tentam a solução autônoma antes de ajuizar a ação judicial, em circunstâncias em que a via prévia não era obrigatória e, nessa hipótese, por não suspender o prazo de caducidade para a ação judicial, o acesso à jurisdição posteriormente fica prejudicado.

A sentença de 27 de fevereiro de 2017 da AN[290], acerca de conflito coletivo, trata dessa situação. Como se sabe, a regra geral é a necessidade de passar por conciliação ou mediação prévia na seara laboral, entretanto, há também regra especial que traz exceção ao cumprimento das exigências pré-processuais prevista no art. 64.1 da LRJS, como no caso da modificação substancial das condições de trabalho. Essa previsão específica é decorrente da celeridade que esse tipo de procedimento requer.

No contexto fático em apreço, por ter sido proposta primeiro a mediação no SIMA, quando em momento posterior foi apresentada a demanda judicial, esta já havia caducado, pois o prazo de 20 dias úteis seguintes à notificação da decisão de alteração das condições de trabalho, aos trabalhadores e a seus representantes, para impugná-la (art. 138.1 da LRJS), já havia se extinguido.

Isso porque consta da fundamentação deste julgado que foi inadequado o uso da via pré-processual que, por tal razão, não suspendeu o prazo de caducidade de 20 dias úteis para o exercício do direito de ação.

No caso *sub judice*, a mediação no SIMA restou sem acordo e, quando do ajuizamento de ação judicial, ela já estava caducada, visto que não foi suspenso o prazo, já que não havia a necessidade de trâmite prévio.

Quando da interposição da demanda judicial, eles pleiteavam a nulidade das modificações das condições de trabalho realizadas, sob o argumento de que não foi aberto o período de consulta com os representantes dos trabalhadores e não houve justificativa para as alterações realizadas.

Percebe-se nesta situação que a falta de uma coordenação adequada entre o funcionamento das vias autônoma e judicial comprometeu o direito à tutela judicial efetiva das partes, por fulminar o direito de ação, impedindo a obtenção de uma resposta de mérito (de fundo) para a questão controvertida.

Não é adequado que a parte, ao optar pelo sistema autônomo, ainda que feito de forma opcional, tenha prejudicado o seu direito de ação quanto ao enfrentamento pelo Poder Judiciário de seu problema para lhe dar uma resposta de mérito. Esse fato afeta a funcionalidade do sistema de justiça, haja vista que neste caso concreto não houve qualquer solução, seja judicial ou extrajudicial, para a controvérsia.

Desse modo, poderia se pensar, por exemplo, em acrescentar na legislação processual a extensão do prazo para a propositura da ação judicial, em caso de não ser obtida a avença na via autônoma, mesmo que não seja o caso de trâmite prévio obrigatório ou mesmo em uma previsão de tempo razoável

---

(290) AN 27 de fevereiro de 2017 (JUR 2017, 64603).

para a atuação do sistema privado, que deve acontecer em prazo adequado para cumprir os propósitos legais de não criar um obstáculo ao acesso à justiça pelas partes ao não terem a questão de fundo do conflito apreciado e resolvido.

Essa necessidade de coordenação é de suma importância quando se fala de inclusão no organismo autônomo de disputas individuais. Agudo (2021, p. 153) disserta que se deve atentar para que no uso desta via para a resolução das disputas seja respeitado o tempo necessário para não comprometer o direito de acionar a justiça, ou seja, para que não caduque ou prescreva o direito das partes, caso não alcançado o acordo.

Assim, mesmo que a LRJS já garanta a suspensão dos prazos em determinadas hipóteses, é preciso que a atuação dos organismos autônomos ocorra de forma a fazer com que a norma jurídica surta efeitos (AGUDO, 2021, p. 153).

No julgado relatado, por não ser hipótese legal de suspensão do prazo de caducidade, a tentativa de dirimir a disputa pela via extraprocessual prejudicou o direito à tutela judicial efetiva da parte que não teve o objeto do litígio resolvido nem no organismo autônomo, porque não houve avença, nem na jurisdição, porque foi caducado o direito, comprometendo a confiança social para a escolha de mecanismos extrajudiciais.

Observa-se que nos dois processos analisados quanto à modificação das condições de trabalho, o que fez a mediação ser obrigatória no primeiro julgado foi a possibilidade de negociação dessas medidas que restaram sem acordo no período de consulta, de maneira que a falta de clareza e informação para as partes quanto às consequências do uso da via extrajudicial (por exemplo, quanto a não suspensão do prazo decadencial que prejudica a ação judicial), bem como por não haver a adequada coordenação entre o sistema autônomo e judicial no âmbito de resolução de controvérsias, decorrentes primordialmente de falha na norma jurídica estatal, são fatores que prejudicam o direito à tutela judicial efetiva dos cidadãos de boa-fé.

Como se pode perceber pelo próprio nome, o mecanismo autônomo foi pensado para ser independente da via jurisdicional e não para ser um mero trâmite pré-processual para aceder à jurisdição. Por esse motivo, deve ser utilizado para resolver o caso em definitivo. Porém, na praxe, muitas pessoas ainda o buscam como via prévia (GIL PÉREZ, 2012, p. 95) e o conflito não é resolvido extrajudicialmente.

Apesar dos fins intentados, deve-se dar atenção para adequar o funcionamento dos meios extrajudiciais com a jurisdição, para que, no caso de não ser solucionada a questão com o método alternativo, a parte tenha o direito de obter uma resolução de fundo (mérito) pelo Poder Judiciário preservado.

Dessa maneira, o fato de os cidadãos optarem pela via alternativa antes da judicial, ainda que a atuação seja independente e extrajudicial, não deve impedir o funcionamento coordenado com os outros sistemas de justiça (judicial e administrativo), a fim de não obstruir o direito à tutela judicial efetiva e afetar a boa-fé objetiva, a confiança social e a segurança jurídica.

Nesse sentido, Nieto (2020, pp. 219-250) atribui como questões a serem superadas para a ampliação da via extrajudicial a falta de segurança jurídica e de confiança social decorrentes, entre outros fatores, da dificuldade de coordenação dessa via com a jurisdição. A possibilidade de perda do direito à tutela judicial efetiva causa temor e reforça, para García Alvarez (2015, pp. 36-59), a excessiva confiança na resolução judicial.

Igualmente, Gil y Gil (2008, pp. 121-155) relata que, por existirem prazos fugazes para a caducidade da ação judicial e que somente são suspensos nos casos previstos em lei, sem que haja a interrupção, prejudica o direito de acessar o Poder Judiciário.

E, quando em um mesmo território, são competentes para tratar de forma compartilhada e prévia sobre um determinado assunto a via administrativa pública e a privada, qual delas é competente? As duas?

Assim, surgem mais perguntas, em que, diante da existência de lacunas legais, a jurisprudência e os tribunais têm assumido o papel de colmatar o vazio normativo.

Sobre esse assunto, na análise sobre a conciliação extrajudicial de acordo coletivo, o TSJ de Castilla y León (Valladolid), de 19 de março de 2018[(291)], decidiu que, quando existirem duas vias prévias, sendo uma administrativa e outra autônoma, é possível tentar a conciliação prévia tanto no órgão administrativo, quanto no criado pela negociação coletiva, bastando uma das tentativas conciliatórias para cumprir o trâmite procedimental, sendo suspensa a caducidade da ação com a primeira solicitação válida de conciliação.

Consta na fundamentação que esse entendimento vai ao encontro do direito constitucional à tutela judicial efetiva, pois a existência de vários serviços, sejam públicos ou privados, não pode criar obstáculos injustificados para aceder aos tribunais. No caso, admitindo-se a pluralidade de serviços conciliatórios prévios e a possibilidade de aceder a mais de um, estar-se-ia diante de uma barreira à tutela judicial efetiva.

Assim, para garantir o direito de acesso aos tribunais, diante da ausência de norma jurídica para coordenar o funcionamento entre os sistemas

---

(291) TSJ de Castilla y León (Valladolid) de 19 de março de 2018 (AS 2018, 1099).

administrativo e autônomo, o Poder Judiciário espanhol, perante os casos concretos, tem emitido decisões, o que ocorre às vezes tardiamente, quando já caducado o direito de ação.

É primordial recordar que o TS, em 17 de julho de 2014[292], definiu que a conciliação prévia perante a via autônoma, para ser válida e não vulnerar o direito à tutela judicial efetiva, deve possibilitar maiores garantias para a satisfação da finalidade de se evitar o processo do que o trâmite tradicional administrativo.

Dessa forma, nessa decisão, o tribunal se posicionou no sentido de que a via autônoma somente se justifica quando garante maiores possibilidades de acordo do que a via administrativa. Igualmente, firmou entendimento no sentido de que ela se revela uma boa alternativa para solver discrepâncias quanto à interpretação e aplicação do próprio convênio coletivo, por haver maior conhecimento pelos agentes sociais do que se passa na realidade fática.

Observa-se que nessa decisão o tribunal criou uma justificativa a ser cumprida para a ampliação do sistema de justiça, que é a via autônoma mais eficiente do que as vias tradicionais, ou seja, deve prestar um serviço melhor ou ao menos igual ao que já é oferecido na administração e na jurisdição.

Detalhadamente, quanto ao caso do TSJ de Castilla y León, o autor apresentou no SMAC papeleta para conciliação contra sanção laboral, porém, a notificação por correio do autor para o ato de conciliação foi devolvida indicando ausência, mas ainda assim foi celebrado o ato de conciliação com incomparecência da parte. No mesmo mês, ele apresentou outra papeleta de conciliação pelo mesmo motivo no SERLA, tendo comparecido ambas as partes no ato para tentativa de avença, que restou infrutífera. A demanda judicial foi apresentada posteriormente.

No caso *sub judice*, a parte alega que o ato de conciliação do serviço administrativo é inválido, porque foi indevidamente citada e, por essa razão, não compareceu, e postulou a violação da tutela judicial efetiva (art. 24 da CE), na medida em que a sentença declarou que a ação judicial caducou.

A sentença admitiu que os efeitos suspensivos do prazo de caducidade da ação judicial decorrem do serviço administrativo (SMAC), pois ocorreu antes da modificação do III AI que visa a substituição do serviço administrativo pelo SERLA (representa um desapoderamento do sistema administrativo na região).

(292) TS de 17 de julho de 2014 (recurso 2013, 133).

No caso concreto, em razão da existência de duas vias prévias na região, a parte tentou atos de conciliação em ambas, uma no serviço administrativo e uma no SERLA, de maneira que coube ao Poder Judiciário a definição de qual seria considerada válida, a do SMAC ou do SERLA, para efeitos de suspensão da caducidade para a propositura da ação judicial.

O tribunal explicou que a função administrativa, atribuída inicialmente ao IMAC, foi assumida pela comunidade autônoma de Castilla y León, o que torna preciso que a legislação vigente, *Real Decreto-Ley* n. 5/1979, seja derrogada para a substituição de suas funções pelo sistema autônomo, de modo que não basta a previsão em acordo coletivo. E, como a norma legal que atribui à Administração essas funções encontra-se vigente, ela deve ser respeitada. Acrescentou que, como a solicitação da conciliação foi dirigida ao serviço administrativo, os efeitos legais previstos na norma jurídica, inclusive o efeito de suspender o transcurso do prazo de caducidade para as ações judiciais, se aplicam ao caso.

Posicionou-se no sentido de que não cabe interpretação de que o III Acordo revogou o art. 5 do *Real Decreto-Ley* n. 5 de 1979 (norma legal), o que não é possível em razão de o convênio coletivo estar subordinado à lei e não o inverso.

Entretanto, abrem-se parênteses para pontuar que essa questão não é pacífica e a pergunta a ser respondida é se a legislação processual autoriza que a negociação coletiva possa desapoderar a administração. A previsão legal está nos arts. 83 e 63 da LRJS e comporta dois entendimentos que foram retirados do corpo da fundamentação deste julgamento:

> *Dicho artículo puede ser interpretado de dos formas distintas: a) En el sentido de que la asunción de competencias de conciliación previa por los órganos resultantes de la negociación colectiva supone la correlativa derogación de la atribución de tal competencia a la Administración Laboral; b) En el sentido de que la asunción de competencias de conciliación previa por los órganos resultantes de la negociación colectiva no supone tal desapoderamiento de la Administración Laboral, sino que en el caso de que los interlocutores sociales creen, como ha sucedido, órganos de mediación y conciliación a los que atribuyan la posibilidad de realizar la conciliación prejudicial preceptiva, los justiciables se encontrarán ante la posibilidad de acudir a estos órganos o ante los órganos administrativos.*

Pelo exposto, nota-se que essa questão é objeto de divergências doutrinárias e jurisprudenciais e requer que sejam sopesados diversos valores como os antecedentes históricos, legislativos, a realidade social e a finalidade da norma, que neste caso o tribunal entendeu pelo segundo posicionamento, porque a norma jurídica dá validade à conciliação celebrada em ambos os serviços: administrativo e autônomo. Não havendo razões para se falar em monopólio no exercício desta atividade. Essa visão permite a expansão da consciência do direito de acesso à justiça.

A Corte dissertou ainda que, para haver respeito ao direito de acionar os tribunais, a convocação para o ato conciliatório deve seguir a Lei n. 39/2015 que rege o procedimento administrativo. Haja vista que, se não seguir norma jurídica, a parte não estará citada e não se reiniciará o prazo de caducidade para a ação. Igualmente, explicou que a omissão da conciliação na via prévia é um requisito sanável nos tribunais, bastando à parte apresentar a papeleta de conciliação para realização do ato omitido ou retificação do defeito, não impedindo o acesso ao processo.

Isso porque não se podem colocar travas injustificadas no acesso à tutela judicial efetiva e, se esse fato acontecer, a ação deve ser proposta para não haver perda do direito de ação. Em outras palavras, apresentada a demanda judicial quando diante de um silêncio da administração (art. 65.2 da LRJS), que não tentou realizar a conciliação prévia, dá-se por cumprido o trâmite pré-processual e não há impedimento para a ação judicial, na medida em que deve-se preservar a tutela judicial efetiva.

No caso *sub judice*, como o correio falhou e não publicou a convocatória no boletim oficial do Estado, esse ato de convocação para a conciliação no serviço administrativo não é válido, de modo que não se computou o reinício do prazo para a ação judicial nesse momento.

Mas o art. 65.2 da LRJS possibilita iniciar o processo judicial diante de qualquer eventualidade que impeça de celebrar o ato conciliatório prévio, salvo se for imputável exclusivamente ao solicitante. E, se não for apresentada a ação judicial devido ao silêncio administrativo dentro do prazo legal, resta caducado o direito. Nesse caso, o tribunal determinou que incide essa norma especial em que o prazo é de 15 dias úteis do silêncio administrativo, contados da apresentação do procedimento, para ajuizar a ação, e posicionou-se no sentido de que caducou o direito de ação.

A Corte relatou que não se pode considerar que era necessário ajuizar demanda no SERLA, já que pela redação do art. 63.1 da LRJS basta tentar a conciliação em uma das vias prévias, o que foi feito de forma administrativa, já que qualquer obstáculo à tutela judicial efetiva deve se realizar de maneira proporcional, e não se deve admitir uma interpretação em que o convênio coletivo prevaleça sobre a lei e exclua a via administrativa.

Da análise desse caso concreto é aferível que diante da existência de duas vias prévias na mesma Comunidade Autônoma, da previsão no III Acordo quanto à substituição do serviço administrativo pelo autônomo, por faltar regulamentação para disciplinar a coordenação entre as três vias existentes, causou confusão e insegurança jurídica para a parte que, devido à não citação e ao silêncio administrativo, entendeu que deveria tentar outro ato conciliatório prévio no SERLA, ao invés de ajuizar a ação jurisdicional, acreditando que era o correto a se fazer, o que culminou na perda do seu direito de acionar os tribunais.

A decisão do TSJ foi feita no intuito de preservar a tutela judicial efetiva, no sentido de que apenas uma via prévia é admitida, porém, acabou tendo como resultado neste caso concreto a fulminação do direto de ação do autor que estava de boa-fé e não teve sua questão de fundo (mérito) dirimida em nenhum dos sistemas de justiça.

Certamente, a insegurança jurídica que norteia essa situação específica deve atingir tantas outras, quanto à falta de norma jurídica para coordenar os métodos judiciais e extrajudiciais, sendo fonte de preocupação, porque é capaz de prejudicar o direito à tutela judicial efetiva dos cidadãos.

Quanto a esse assunto, o TS, na sentença de 30 de julho de 2020[(293)], posicionou-se de forma contrária à fundamentação do TSJ e decidiu que é lícito o III AI de Castilla y León atribuir ao SERLA a competência exclusiva para resolver todo tipo de disputa como via única para o cumprimento do trâmite pré-processual disciplinado no art. 63 da LRJS.

No caso concreto, houve impugnação quanto ao teor do AI e o TSJ declarou a nulidade parcial do III Acordo sobre solução autônoma de conflitos laborais, dando validade e legalidade às conciliações solicitadas e alcançadas ao SMAC administrativo. Assim, os artigos 2.3, 16.1 e 25.1 do Acordo foram anulados no TSJ.

A título de conhecimento, o art. 2.3 prevê:

> *"3. Las conciliaciones y mediaciones desarrolladas o intentadas conforme a este Acuerdo sustituyen a todos los efectos al intento de conciliación ante el servicio administrativo que el art. 63 y 156 de la LRJS exige como requisito previo a todo procedimiento judicial de conflicto individual o colectivo. Será por tanto necesario agotar el trámite mediador-conciliador ante el SERLA como requisito previo a la presentación en Castilla y León de una demanda judicial por los conflictos laborales contemplados en el artículo 8 de este Acuerdo."*

Outro artigo do III Acordo questionado é o art. 25, que ampliou o âmbito de atuação do SERLA para incluir as controvérsias individuais, excepcionando determinadas matérias:

> *"1. La conciliación-mediación ante el SERLA es preceptiva en los conflictos individuales incluidos en el ámbito de este Acuerdo que requieran el intento de conciliación previo a la vía judicial de conformidad con los establecido en el artículo 63 de la Ley Reguladora de la Jurisdicción Social, incluidos los conflictos que puedan conllevar la extinción de la relación laboral."*

---

(293) TS de 30 de julho de 2020 (RJ 3991).

A ação judicial se fundamentou no fato de que o SERLA não pode prever que substituirá imperativamente o serviço público, porque acarreta a vulneração do direito à tutela judicial efetiva. O TSJ entendeu que os interlocutores sociais estão revogando o art. 5 do RDL n. 5/1979, o que não pode ser feito por convênio coletivo, e manteve a faculdade das pessoas de optarem entre a via de conciliação que lhes pareça mais adequada, seja administrativa ou convencional.

A questão a ser resolvida é se a negociação coletiva, além de estabelecer um sistema com eficácia pré-processual, pode fixá-lo como obrigatório. Trata-se de interpretar a legislação processual, que abriu espaço para a intervenção de agentes sociais fixar procedimentos de mediação e conciliação e criar órgãos competentes para essas funções.

Para o TS, a atribuição dos agentes sociais é constitucional e está prevista nos arts. 37.1 e 2 da CE. Para além disso, é um objetivo da OIT, sendo fomentada pelos Poderes Públicos por beneficiar o sistema de relação de trabalho. Tanto que a LRJS trouxe a novidade da mediação como método alternativo de resolução de controvérsias devido à promoção dada a essa ferramenta pela União Europeia (Diretiva 2008/52).

Dessa maneira, para essa Corte, o AI é a expressão máxima da vontade dos representantes dos trabalhadores e empresários, derivada da autonomia coletiva, com eficácia geral e aplicação direita frente a terceiros. Por isso, fixou que esse acordo é obrigatório para todas as organizações empresariais e sindicais, para todas as empresas e todos os trabalhadores de qualquer setor em atividade em Castilla y León, e tanto as conciliações quanto as mediações desse acordo substituem em todos os efeitos o serviço administrativo como requisito prévio ao procedimento judicial de conflito individual ou coletivo.

Pela fundamentação do julgado, é possível aferir que se as partes podem pactuar a submissão de controvérsias a um organismo autônomo, e este pode atuar de maneira pré-processual, nada impede que o pacto seja incondicionado e obrigatório em todo o caso.

De acordo com o art. 63 da LRJS, quem regulamenta a via autônoma é o acordo coletivo, de forma que o tribunal entendeu que a interpretação do art. 5 do RDL n. 5/1979, apesar de não estar revogado, deve ocorrer em conformidade com o art. 63 da LRJS, de maneira que se a negociação coletiva reconhece sistemas de conciliação e de mediação que substituem os serviços administrativos implantados pelo RDL, bem como define regras de funcionamento, não cabe dizer que esse contexto é contrário ao direito somente porque a instituição não é pública.

Aliás, consta da fundamentação que a substituição dos serviços administrativos pelos criados em acordos coletivos não é novidade, sendo uma realidade vista em outros acordos coletivos, como Acordos de Andalucía e da Cataluña e no VASAC, sendo que este último estabelece: "*... la mediación será preceptiva como requisito preprocesal para la interposición de demandas de conflicto colectivo ante la jurisdicción social por cualquiera de las partes y sustituye, por tanto, a la conciliación administrativa previa*" (art. 12.4).

Por essa decisão contrária da vista anteriormente, o TS adotou um posicionamento no sentido de que o acordo coletivo pode contemplar a substituição da via administrativa pela autônoma.

Nota-se que os tribunais têm tentado, por meio das suas decisões, amenizar os problemas decorrentes da falta de norma jurídica. Quanto à dificuldade presente na coordenação dos três sistemas de justiça, ficou comprovado que ela compromete o acesso aos tribunais, diante da obscuridade e da falta de clareza para a sociedade quanto ao funcionamento da justiça, que pode ter como consequência caducar o direito de ação, impedindo a apreciação do mérito (questão de fundo) da disputa.

1.2. Da conciliação extrajudicial obrigatória nas comissões paritárias

Pelo ordenamento jurídico espanhol, é atribuição da comissão paritária aplicar e interpretar o convênio coletivo. Tratando-se de conflito coletivo, ela deve intervir previamente ao judiciário, de forma obrigatória, quando previsto esse requisito na norma coletiva, sob pena de nulidade das atuações jurisdicionais.

Dessa forma, prevalece o entendimento no Poder Judiciário de que esse requisito pré-processual estabelecido na norma coletiva, se for razoável e proporcional, não é incompatível com o direito à tutela judicial efetiva (art. 24 da CE).

Como se sabe, as comissões paritárias são sede extrajudicial de resolução de controvérsias coletivas e podem estar disciplinadas como trâmite prévio de conflito jurídico. Essa função é vista pela doutrina e pela jurisprudência como uma manifestação do princípio da autonomia coletiva que busca evitar o processo, sendo favorável tanto para as partes quanto para o próprio sistema judicial (STC 217/1991) (RODRÍGUEZ-PIÑERO y BRAVO-FERRER, 2003, pp. 33-42).

Desse modo, a norma jurídica outorga às comissões paritárias um papel de interpretação e administração das disputas coletivas, pois cabe a elas dizer qual é a correta aplicação do convênio coletivo. O objetivo desse mecanismo pré-processual é reduzir a judicialização, especialmente no que se refere à resolução de controvérsias jurídicas (RODRÍGUEZ-PIÑERO y BRAVO-FERRER, 2003, pp. 33-42).

Rodríguez-Piñero y Bravo-Ferrer (2003, pp. 33-42) dissertam que, por meio das comissões paritárias ou dos mecanismos de resolução de conflitos, há amplo poder de disposição coletiva que atinge as relações individuais de trabalho, ao menos no viés de fonte regulamentadora.

O problema que se detecta, semelhante ao verificado no item anterior, é quanto à ausência de norma jurídica mais detalhada sobre o funcionamento dessas comissões. Em razão disso, os tribunais têm exercido o papel de disciplinar o que é preciso para que o requisito de passar previamente pela comissão paritária previsto em norma coletiva não ofenda o direito à tutela judicial efetiva.

Entende-se que esse requisito pré-processual deve ser razoável e proporcional, não se admitindo interpretações que causem empecilho à apreciação pelos tribunais da questão de fundo (mérito), como acontece quando a comissão nem mesmo existe no plano fático ou não aprecia em tempo oportuno, sem qualquer justificativa, o procedimento, para fazer caducar o direito de ação.

Igualmente, há restrições à atuação da comissão paritária que pode sofrer controle jurisdicional por não lhe ser permitido realizar nova negociação coletiva[294], já que é sua atribuição interpretar e não negociar novamente o que está disciplinado na norma coletiva, pois, se ocorrer nova negociação em sede de comissão paritária do acordo coletivo, ela estará atuando de modo arbitrário e fora das suas competências, usurpando as funções dos agentes sociais e afetando o acesso à justiça prestado no método extrajudicial para as partes envolvidas na disputa.

Assim, tem sido incumbência dos tribunais estabelecer a coordenação entre as mais diversas vias extrajudiciais e a jurisdição perante os casos concretos para que o cumprimento de requisitos prévios não fulmine o acesso ao Poder Judiciário e/ou comprometa a justiça a ser prestada.

Por sua vez, há também o fato de que sindicatos se sentem cerceados no seu direito de ação judicial, por terem que cumprir com a norma convencional quanto à passagem obrigatória pela comissão paritária, mesmo que não tenham tido participação na sua feitura, o que tem ficado a cargo do Poder Judiciário solucionar. Dito isso, passa-se à análise de alguns julgados.

---

(294) As comissões paritárias não podem assumir funções negociadoras, elas estão vinculadas ao convênio coletivo, devendo somente interpretá-lo e esta interpretação vincula os órgãos judiciais (MARTÍN, 2018, p. 144).

No processo que tramitou no TSJ do País Vasco em 2 de março de 2021[(295)], o sindicato dos trabalhadores ajuizou demanda de conflito coletivo, sendo que a sentença de primeiro grau julgou procedentes seus pedidos. Entretanto, em recurso, a outra parte alega que não foi satisfeito o requisito convencional sobre o esgotamento da via pré-processual na comissão paritária, que é trâmite prévio e obrigatório decorrente da autonomia e do direito de negociação coletiva.

O TSJ se posicionou no sentido de que a passagem prévia pelas comissões paritárias é congruente com a finalidade do ordenamento jurídico quanto à criação de mecanismos de evitação de pronunciamentos judiciais. E, além disso, por meio delas se preservam as finalidades constitucionais, na medida em que elas conhecem de perto a realidade e as necessidades do meio em que se desenvolvem.

Por outro lado, o TSJ esclareceu que está excetuada da passagem prévia, a fim de não ferir o direito à tutela judicial efetiva pela fixação de um obstáculo intransponível ao direito de acesso à justiça, quando o convênio não prevê a submissão obrigatória ou quando a atuação dela for ou se tornar impossível (seja porque a comissão não foi estabelecida ou quando se verificar que a comissão paritária atua e retarda de forma indefinida e injustificadamente o seu pronunciamento, entre outras situações pontuais).

Assim, na fundamentação desse processo, o tribunal, cuidando de harmonizar o princípio da conservação da ação e a finalidade buscada pela norma coletiva, de modo a preservar os princípios da economia e da rapidez processual, declarou a nulidade desde a apresentação da demanda e concedeu um prazo de quatro dias para a parte autora apresentar a consulta prévia à comissão paritária – art. 81.1 da LRJS – para satisfazer esse requisito e possibilitar, caso não exista acordo, que haja tempo de se proceder novamente com a ação judicial, a fim de não afetar o direito à tutela judicial efetiva.

Percebe-se por esse julgamento que o TSJ, diante da falta de coordenação adequada entre o mecanismo extrajudicial e jurisdicional, embora tenha declarado a nulidade da ação por não ter passado pelo trâmite prévio, fixou um prazo na própria decisão judicial para que fosse cumprido o requisito no intuito de a parte não ver caducado o seu direito de ação e com isso ter um impedimento ao acionamento do Poder Judiciário.

Com igual posicionamento, o TSJ de Galicia, sentença de 11 de fevereiro 2021[(296)], decidiu que deve primeiro esgotar o trâmite prévio obrigatório na

---

(295) TSJ do País Vasco de 2 de março de 2021 (JUR 176923).

(296) TSJ de Galicia de 11 de fevereiro de 2021 (JUR 119639).

comissão paritária, por ela ser responsável por interpretar e aplicar o convênio, antes de acionar a justiça, no caso de disputa decorrente de convênio coletivo, conforme art. 91 do ET. Com base nesse fundamento, o TSJ confirmou a sentença que desestimou a demanda judicial.

A autora recorreu, alegando violação ao art. 24 da CE, pois a sentença não analisou a questão de fundo (meritória) em razão do não cumprimento de requisito processual, relativa à passagem pela comissão paritária previamente. Assim, requereu a análise de fundo (mérito) da ação.

Entretanto, o TSJ entende que é preciso esgotar a solução extrajudicial prevista pelos próprios negociadores, porque a finalidade de utilizar essa via é bem mais ampla que a própria resolução da disputa em si. Dessa forma, esclareceu que a constitucionalidade das comissões paritárias detém plena justificativa, porque elas buscam dirimir a controvérsia por meio dos meios autônomos, próprios da autonomia coletiva, e que conhecem de perto a realidade dos envolvidos e as necessidades do meio em que operam, principalmente se a disputa diz respeito à mera interpretação do próprio convênio coletivo, já que a comissão é designada pelas partes que o negociaram.

Para o TSJ, somente seria possível acionar diretamente o Poder Judiciário se o convênio coletivo não tivesse previsão da passagem obrigatória pela comissão paritária, ou no caso de impossibilidade quando a comissão não está constituída, ou quando a comissão retarda injustificadamente a resolução do conflito, ou também na circunstância de ela já ter interpretado a questão em outro caso, o que não se verificou nessa hipótese. Nas exceções descritas acima, a não permissão de aceder à via judicial representa um obstáculo no acesso ao Poder Judiciário.

Nesse mesmo viés, o TSJ da Cataluña, em 2 de dezembro de 2016[(297)], pronunciou que a falta de submissão prévia à comissão paritária estabelecida em convênio coletivo prejudicava a análise do mérito da demanda devido à questão processual irregular.

Na fundamentação desse julgamento consta que, conforme o art. 91 do ET, cabe à comissão paritária fazer a interpretação e a aplicação do convênio coletivo e este, segundo o TC na sentença do pleno de 30 de abril de 1985, possui força vinculante quanto ao seu conteúdo normativo para as relações laborais.

Dessa maneira, o TSJ entende que o requisito prévio estabelecido não impede posterior acesso à justiça e é constitucional nos moldes do art. 24 da CE.

---

(297) TSJ de Cataluña de 2 de dezembro de 2016 (AS 2017, 69).

Igualmente, o TSJ de Andalucía (Sevilla), em 28 de novembro de 2019[298], fixou que deve ser respeitado o que for disciplinado no convênio coletivo firmado entre as partes, bem como a negociação coletiva e a sua força vinculante (art. 37 da CE).

Portanto, para o TSJ é constitucional o esgotamento prévio do trâmite obrigatório ante a comissão paritária e, se não passar pela via pré-processual prevista no convênio coletivo formada pela comissão paritária, a demanda judicial deve ser inadmitida. De maneira que deve haver um procedimento de mediação, arbitragem ou conciliação obrigatório e prévio à interposição da demanda de conflito coletivo, não podendo diretamente acionar o SERCLA ou a via judicial. E apenas no caso de não haver avença que se torna possível interpor ação judicial.

No TSJ de Aragón, sentença de 27 de julho de 2020[299], também houve decisão de que deve haver intervenção prévia da comissão paritária para interpretação do convênio coletivo conforme previsão estatutária antes de interpor ação judicial, nos moldes do art. 91.3 do ET, sendo esse um requisito de procedibilidade da demanda que, se ausente, gera a sua desestimulação, para se buscar primeiro a resolução por quem tem legalmente a competência para apreciar o convênio coletivo.

Na fundamentação desse julgado consta que o TC, na sentença n. 217/1991 de 14 de novembro (RTC\1991\217), entendeu ser correto e não afetar a tutela judicial efetiva, não analisar o fundo da questão (mérito) em procedimento de controvérsia coletiva, quando não for formulada reclamação prévia na comissão paritária do convênio coletivo.

Nesse caso concreto, o sindicato alegou que não foi parte firmante do convênio coletivo e que devido a essa razão teria o direito de acionar diretamente os tribunais, sob pena de violar sua liberdade sindical, porque um sindicato não deve sofrer ingerências de outros, o que comprometeria o direito à tutela judicial efetiva. Ademais, relata que a decisão da comissão, por ser uma interpretação autêntica do convênio coletivo, vincula o tribunal, e que o fato de o sindicato não ser parte na comissão o prejudicaria, já que não poderia argumentar o seu direito. Haja vista que, segundo o sindicato, a comissão paritária tem natureza proporcional às partes negociadoras do convênio coletivo e, no caso de um sindicato que não negociou, ele não está representado na dita comissão, o que afrontaria os arts. 24.1 e 28.1 da CE.

---

(298) TSJ de Andalucía (Sevilla) de 28 de novembro de 2019 (AS 2020, 1004).
(299) TSJ de Aragón de 27 de julho de 2020 (JUR 298682).

Sobre esse assunto, Rodríguez-Piñero y Bravo-Ferrer (2003, pp. 33-42) dissertam que a atuação da comissão paritária pode excluir o processo judicial se houver entendimento entre as partes por meio do acordo.

E considerando que, nesse caso concreto, o sindicato não é membro da comissão paritária, uma vez que não firmou o convênio coletivo, e havendo avença extrajudicial pela comissão, poderia ter seu direito à tutela judicial efetiva cerceado, por não poder propor a ação judicial.

O TC posiciona-se no sentido de que não é inconstitucional o convênio coletivo ter eficácia geral para todos os incluídos em seu âmbito de aplicação, conforme art. 82.3 do ET, e tenham sido ou não partes firmantes dele. De modo que para o TC nada impede o sindicato de ajuizar a ação de conflito coletivo desde que cumpra previamente o requisito processual de passar antes pela comissão paritária, por esse entendimento não há que se falar em ofensa ao art. 24 da CE.

Embora o sindicato alegue que a passagem pelas comissões paritárias prévias seja um trâmite não previsto em lei, o TC já declarou a compatibilidade de vias prévias com o direito à tutela judicial efetiva, porque elas não excluem a via judicial e são proporcionais e justificadas por resolverem de forma mais rápida e extrajudicialmente a controvérsia. Ademais, consta da fundamentação do julgamento do TC que os convênios coletivos também podem estabelecer um requisito processual para acionar a jurisdição, mesmo que para um sindicato não firmante, não havendo violação ao direito fundamental de obter a tutela judicial efetiva.

O tribunal argumenta que a intervenção da comissão paritária é uma manifestação da autonomia coletiva e da negociação coletiva que deve criar meios de resolução de conflitos por incentivo do legislador e dos Poderes Públicos. Nesse sentido, é vontade da lei favorecer a criação de meios autônomos, e o ET busca superar o papel marginalizado das comissões paritárias e quer incrementar a atuação dos meios autônomos, sendo essencial para isso que se crie uma nova articulação entre as soluções judiciais e extrajudiciais.

Portanto, além do papel assumido pelos tribunais de determinar em que circunstâncias esse requisito pré-processual estabelecido por convênio coletivo é interpretado de forma razoável, proporcional e válida para não ofender o direito à tutela judicial efetiva, as decisões judiciais também têm fixado o alcance da competência da comissão paritária prevista na norma coletiva para atingir sindicatos que não negociaram o convênio coletivo, que por essa razão não têm representação paritária na comissão e mesmo assim deverão cumprir com o requisito pré-processual, sem que esse contexto represente ofensa ao acionamento aos tribunais.

O TC adota uma posição por meio de uma visão macro de promoção dos mecanismos extrajudiciais e cumprimento de requisitos prévios, para que o convênio coletivo tenha eficácia geral para todos os incluídos em seu âmbito de aplicação conforme art. 82.3 do ET, pese embora o sindicato específico, nesse caso concreto, tenha sentido que foi cerceado em seu direito de propor ação judicial e de participar na resolução do mérito, tendo que cumprir um requisito prévio proposto em uma negociação coletiva da qual não participou.

Outra competência assumida pelo Poder Judiciário é controlar, após a decisão emitida pela comissão paritária, se ela extrapolou ou não as suas incumbências, haja vista que ela não pode realizar nova negociação coletiva, mas somente interpretá-la.

No TS, sentença de 6 de junho de 2017[(300)], em uma ação de conflito coletivo contra a interpretação de comissão paritária feita sobre o convênio coletivo, pleiteou-se a declaração de nulidade do que foi decidido extrajudicialmente. Foram colhidas provas e declarações. Na sentença, confirmada pelo tribunal, ficou decidido que a comissão paritária não realizou atividade negociadora (que não lhe é permitida), e que apenas realizou a interpretação e aclaração do texto pactuado, de forma razoável e proporcional, o que é autorizado pelo próprio convênio coletivo. De modo que, para o TS, a atuação da comissão paritária ocorreu dentro de suas atribuições de apenas interpretar e não negociar, pois ela não contrariou o que foi pactuado no convênio coletivo.

De igual maneira, na AN, em 22 de novembro de 2017[(301)], houve a declaração da validade do acordo feito pela comissão paritária em relação à interpretação do conteúdo do art. 13 do convênio coletivo. A jurisdição entendeu que não houve nova negociação coletiva na atuação da comissão paritária e, sim, a adaptação do convênio, e que por tal razão não se exigia a participação do sindicato demandante.

Haja vista que, em caso de nova negociação coletiva, os sindicatos devem estar presentes, mas, no caso de interpretação do acordo coletivo que já foi pactuado, essa atribuição pode ser realizada pela comissão paritária.

Em outras palavras, a comissão paritária apenas clareou o conteúdo do acordo coletivo e não houve nova negociação ou modificação das condições pactuadas na norma coletiva. A interpretação dada no caso concreto foi de conceder proporcionalmente o *plus* salarial em relação ao tempo de realização das funções, o que para o Poder Judiciário é uma interpretação razoável e

---

(300) TS de 6 de junho de 2017 (RJ 3096).
(301) AN de 22 de novembro de 2017 (JUR 2018, 2546).

pertinente do convênio coletivo, pois somente deve ser devido integralmente o *plus* no caso de o trabalhador desenvolver o serviço com habitualidade.

Assim, fica explícito que a comissão paritária não pode exercer funções negociadoras, o que não foi feito, porque não houve alteração substancial do outrora acordado coletivamente, não afetando a liberdade sindical e a negociação coletiva.

Pelo exposto em todos esses julgados, compreende-se que os tribunais têm aceitado a compatibilidade do requisito prévio obrigatório fixado no convênio coletivo de passar pela comissão paritária, haja vista que ela é que tem melhores condições de interpretar o convênio coletivo por conhecer de perto a realidade social.

De maneira que o próprio TC tem promovido as vias extrajudiciais para atingir todos que estão no âmbito de aplicação do convênio coletivo, mesmo que não o tenha firmado, sob o argumento de que não há violação ao direito à tutela judicial efetiva pela não análise do mérito da demanda judicial, caso não seja cumprido o requisito prévio de passagem pela comissão paritária, devendo ser primeiro solucionada essa questão processual.

A bem da verdade é que ainda carece de norma jurídica, e em suas decisões o Poder Judiciário tem tentado resolver os vazios legislativos, de forma a dar interpretações para o cumprimento do requisito prévio que não represente impedimento ao acesso à jurisdição. Por esse motivo, entende-se que se as comissões não existirem ou se elas não apreciarem a questão em um tempo razoável, a condição processual estará sanada, podendo a parte propor ação judicial.

De igual maneira, no caso de um sindicato não negociante, o tribunal preferiu a interpretação no sentido de que ele deve cumprir o requisito de passagem pela comissão paritária por estar submetido ao previsto no convênio coletivo do seu âmbito de aplicação, e que isso não viola o seu direito à tutela judicial efetiva.

De igual maneira, o papel dos tribunais vai além da interpretação do requisito prévio, pois existe um controle jurisdicional quanto ao conteúdo da atuação dessas comissões que não podem exceder de suas atribuições de somente clarear o texto convencional, pois não podem realizar nova negociação coletiva, para não usurpar a competência dos agentes sociais que devem estar presentes quando da feitura das normas em um acordo coletivo que irá atingir os contratos individuais de trabalho de seus representados.

O fato é que ainda existem conteúdos em aberto e que aos poucos vêm sendo apreciados pela jurisprudência e pelas decisões judiciais, como uma tentativa de melhorar a articulação entre as vias alternativas e a jurisdicional.

Nesse viés, visando compatibilizar o sistema de justiça, há decisões do Poder Judiciário que fixam um prazo para o cumprimento do requisito processual prévio no método privado, para que, caso não seja resolvido o conflito na comissão paritária, a parte não perca o direito de obter uma resolução de mérito judicialmente.

1.3. *Da reclamação administrativa prévia*

Conforme o que está sendo exposto ao longo deste capítulo, no que diz respeito às formas de evitação do processo, na sentença n. 355 de 1993, o TC relata que o art. 24.1 da CE é compatível com o estabelecimento de requisitos prévios para o acionamento da jurisdição, visto que não se trata de uma exclusão da via judicial, mas de um adiamento, havendo harmonia com a proteção de outros interesses constitucionais.

Portanto, o TC detém posicionamento no sentido de que a reclamação administrativa prévia ao exercício de ações laborais se coaduna com o direito da tutela judicial efetiva, sendo ela feita para que a Administração Pública tenha conhecimento da pretensão formulada e possa evitar a judicialização da controvérsia.

Entretanto, como visto nos demais tópicos, a jurisprudência tem se firmado para que tanto a interpretação quanto a criação de condições para acionar o Poder Judiciário, como no caso do requisito da reclamação administrativa prévia, não sejam feitas de maneira excessiva e obstativa do acesso à jurisdição, devendo acontecer de forma razoável e proporcional.

No caso concreto do processo em análise, o demandante solicitou à Administração Pública a recomposição de gastos efetuados, por meio de petição que teria valor de reclamação prévia, sendo que ela conheceu a petição e negou o ressarcimento ao interessado. Assim, rechaçada a pretensão no procedimento administrativo, ele entrou com ação no juízo social, que não a aceitou por falta de esgotamento da via prévia.

Todavia, a Corte Constitucional entendeu que foi satisfeito o requisito pré-processual e a não apreciação das questões de fundo (mérito), sob a justificativa de inobservância de trâmite processual, viola no caso *sub judice* o direito à tutela judicial efetiva, pois as finalidades materiais da reclamação prévia foram satisfeitas, e a Administração, pelo seu silêncio, denegou a pretensão do demandante e, deste modo, não evitou o processo.

O TC defende que as medidas de evitação do processo para não contrariarem o direito de acesso à justiça devem ocorrer de forma a alcançar a finalidade da norma jurídica, ou seja, proporcionar a tentativa de avença antes da justiça, mas não devem ser admitidas interpretações meramente formais que criem uma barreira ao processo, por incorrer em afronta ao art. 24 da CE.

Nesse mesmo sentido, a sentença n. 38/1998 que se refere à compatibilidade do uso da reclamação prévia com o acionamento da via judicial, em que o TC considera que a reclamação para o esgotamento da via administrativa prévia ao processo é compatível com o art. 24.1 da CE.

Na fundamentação do *decisium*, o TC expressa que essa maior dificuldade para aceder ao tribunal não representa um impedimento e se justifica devido à Administração Pública ter que cumprir especiais funções e tarefas, sendo-lhe oferecida a oportunidade de resolver diretamente o litígio, evitando-se a via judicial. Uma vez cumprido esse requisito, o direito fundamental à tutela judicial efetiva nos tribunais não admite interpretações desarrazoadas e desproporcionais que impeçam o acesso à jurisdição.

De igual modo, na sentença n. 14/1993 do TC consta que o direito fundamental de obter a tutela efetiva não é satisfeito apenas com a atuação de juízes e tribunais, pois ele é efetivado com a garantia da indenização devida, seja na via judicial, seja por meios preparatórios prévios, como no caso da reclamação administrativa prévia.

Dessa forma, o direito à tutela judicial efetiva é perfeitamente compatível com o estabelecimento de atos preparatórios como condição para o acesso à justiça e com a exigência de esgotar a via administrativa. Mas o TC definiu que a efetividade do sistema de justiça somente se torna possível se não houver punições impostas quando se faz uso de qualquer dos meios de resolução de conflitos.

No caso *sub judice*, a trabalhadora sofreu represálias por parte da Administração Pública por utilizar da reclamação administrativa prévia para o reconhecimento de sua relação laboral, sendo esta denegada pela Administração, e ainda houve atitude punitiva com a resolução do vínculo de trabalho. Para o TC, este tipo de penalização, além de discriminatória, ofende o direto do art. 24 da CE, pois a trabalhadora foi dispensada por aceder ao sistema de justiça, após interpor reclamação administrativa, no intuito de ter reconhecida sua relação laboral, o que lhe é legítimo.

No caso, a Corte compreende que não deve haver represálias ao trabalhador em razão do exercício da tutela a seus direitos, como, por exemplo, não pode haver dispensa de funcionário por tentar acionar o tribunal ou por usar as vias prévias, sendo nula a atitude punitiva, por violar o direito de acesso à justiça previsto no art. 24.1 da CE devido ao seu conteúdo discriminatório, pois não se pode admitir obstáculo que impeça o acesso dos funcionários da

Administração Pública aos tribunais e ao sistema de justiça como um todo, ao incutir medo neles de serem dispensados se acionarem a justiça.

Consta da fundamentação do TC que métodos prévios devem obedecer às garantias necessárias para a tutela judicial efetiva, não podendo dificultar a efetividade dos direitos, como ocorreu nesse caso. Devem atuar em conformidade com a Constituição, pois do contrário eles, ao invés de contribuírem com o sistema de justiça, acabam comprometendo a sua integridade devido ao tratamento punitivo.

É aferível, neste caso concreto, que existem algumas falhas no funcionamento de mecanismos alternativos, que comportam controle pelo Poder Judiciário a fim de não impedir a eficácia do art. 24 da CE, todavia, essa fiscalização não ocorre de maneira absoluta, tendo por intuito evitar desproporcionalidades e ilegalidades, como veremos abaixo.

Quanto à revisão de questões que já foram decididas, na sentença n. 95/1993, o TC emitiu posição de que somente é possível controlar a norma aplicada pelas instâncias ordinárias se houver arbitrariedade, irrazoabilidade e erro patente que causem violação ao direito da tutela judicial efetiva. Desse modo, definiu que o desrespeito ao art. 24 da CE acontece quando se exigem condicionantes que dificultem o acesso à jurisdição e que prejudiquem o efetivo exercício do direito pelo titular.

Sobre esse assunto, o TC, na sentença n. 120/1993, considerou legítima a reclamação prévia exigida pelo legislador para que a Administração Pública possa conhecer a pretensão formulada, evitando-se a via judicial. Na medida em que a reclamação administrativa prévia equivale à função da conciliação pré-processual, quando o demandado é a Administração Pública.

Entretanto, o TC entende que não cabe interpretação formalista e desproporcional para apreciação desse requisito processual, que não deve ser feita com excessivo rigor quanto à exigência do seu cumprimento, pois quando a finalidade da regra é atendida, apesar de haver um pequeno defeito processual, deve-se dar por satisfeita a condição processual, sob pena de vulnerar o direito de obter a tutela judicial efetiva de juízes e tribunais.

Isso porque, no caso *sub judice*, a Administração Pública teve a oportunidade de se defender na reclamação administrativa prévia, mas não o fez, preferiu o silêncio, pelo que a parte ajuizou a ação judicial antes de completar um mês desde a formulação administrativa (faltava um dia), assim, o reconhecimento pelo juízo social de falta de esgotamento da via prévia nessa situação é uma decisão meramente formalista e de excessivo rigor, haja vista que a finalidade da norma foi cumprida.

Não cabe interpretação desproporcional das normas processuais, para não comprometer o art. 24 da CE e o acesso aos tribunais. No caso concreto, a Administração poderia pelo procedimento prévio ter evitado o processo, porém não se moveu para isso.

Sobre a previsão legal da reclamação administrativa prévia, na sentença n. 122/1993, como verificado em tantos outros julgados, o TC fixou que a considera compatível com o acesso à justiça previsto no art. 24.1 da CE, sendo o requisito cumprido quando a Administração tem o conhecimento da pretensão e a oportunidade de solver a controvérsia na via administrativa com a finalidade de evitar o processo.

Desse modo, o TC entende que, para o Poder Judiciário declarar a falta de esgotamento da via administrativa prévia, sempre é preciso ponderar as circunstâncias concretas que concorrem em cada caso em relação ao mesmo objeto de exigência legal, tais como a boa-fé, a diligência da parte, a proteção dos direitos fundamentais, bem como a integridade do processo.

O TC não adere à interpretação meramente formalista do art. 49 da LPL por violar o art. 24.1 da CE, e dá-se por cumprido o requisito de esgotar a reclamação prévia sempre que o juízo for instaurado depois de um mês do prazo existente para a Administração contestar na via administrativa. Essa compreensão vai ao encontro da efetividade e do direito de aceder aos tribunais, ao conceder uma posição quanto ao uso da reclamação prévia de modo compatível com o direito fundamental de obter uma tutela efetiva dos juízes e tribunais.

Isso porque, se a Administração teve a oportunidade e tempo de se defender e de firmar acordo na via administrativa para evitar o processo, que é o objetivo dessa norma jurídica, e mesmo assim não o fez, a finalidade da existência da via prévia deve ser tida como satisfeita.

Diante dos processos relatados, a jurisprudência do TC tem sido firmada para que o requisito da reclamação administrativa prévia seja cumprido em harmonia com o art. 24 da CE, de maneira a não impedir o acesso aos tribunais, razão pela qual não comporta exigências meramente formalistas, quando alcançada a finalidade da existência da norma jurídica, que é a de possibilitar que a Administração Pública evite o processo e solucione a questão, caso queira.

Da mesma maneira, procedimentos prévios devem atuar de modo a ser eficientes aos cidadãos e para a justiça, não obstaculizando o acionamento à jurisdição, por essa razão não comportam atos punitivos e entendimentos arbitrários que podem ser anulados e revisados pelo Poder Judiciário, por ferir o bom funcionamento do sistema de justiça.

Portanto, o TC tem fiscalizado e revisado interpretações judiciais que, quanto ao cumprimento de requisitos prévios, podem impedir o acesso aos tribunais.

1.4. Da arbitragem

Além das formas extrajudiciais listadas acima, convém tecer comentários sobre a via arbitral, porque na sentença n. 174/1995 de 23 de novembro (RTC\1995\174) o TC definiu que, se ela for imperativa, haverá violação à CE por suprimir a voluntariedade das partes, na medida em que nessa hipótese não se trata de uma conciliação prévia, e sim, da arbitragem que, se imposta coativamente, substitui e exclui a jurisdição.

Entretanto, consta na fundamentação desse julgamento que o direito do art. 24.1 da CE não é absoluto, de maneira que o legislador pode regulamentar as condições para seu exercício desde que o faça de modo proporcional e de forma que não impeça o acionamento aos tribunais.

Assim, no que se refere à compatibilidade da via arbitral com o acesso aos tribunais, a arbitragem é válida como meio de jurisdição privada voluntária reconhecida constitucionalmente, assegurando-se o controle judicial de suas decisões.

No caso concreto em análise, o TC declarou a inconstitucionalidade da norma que previa, para causas de determinado valor, a submissão obrigatória à arbitragem, salvo se houvesse ajuste expresso em contrário. Na medida em que tal previsão exclui a jurisdição.

Nesse sentido, também as sentenças n. 128/2014 de 28 de fevereiro de 2014 e n. 580/2013 de 27 de novembro de 2014 do TSJ Aragón[(302)], que dispõem acerca da voluntariedade e da facultatividade do procedimento arbitral, para não constituir objeção à competência judicial.

Portanto, o TC relata que forma um obstáculo ao Poder Judiciário condicionar o acionamento aos tribunais quanto a determinadas matérias a um consentimento da outra parte ou a um pacto expresso entre as partes, havendo afronta ao art. 24.1 da CE, ao art. 10 da DUDH e ao art. 14.1 do Pacto de Direitos Civis e Políticos, por privar as partes da tutela dos órgãos judiciais.

---

(302) TSJ Aragón 28 de fevereiro de 2014 (AS 2014, 738). TSJ Aragón 27 de novembro de 2014 (AS 2014, 308).

Outra questão problemática acerca da arbitragem refere-se à impugnação de seus laudos nos tribunais, porque, muitas vezes, ambas as partes se veem insatisfeitas com a decisão proferida pelo árbitro.

Na sentença n. 17/2021 de 15 de fevereiro (RTC\2021\17), por exemplo, houve um pedido de anulação do laudo arbitral por valoração deficitária, arbitrária e parcial. A sentença de Madrid anulou o laudo proferido pelo árbitro por afronta ao direito à tutela judicial efetiva (art. 24,1 da CE), no seu viés específico quanto ao direito à obtenção de uma resolução motivada e despicienda de arbitrariedades.

De maneira que o tribunal em Madrid emitiu o argumento de que o árbitro deve motivar a decisão baseando-se em parâmetros de razoabilidade, congruência e lógica, ainda que a motivação não seja de índole jurídica.

Nesse contexto, definiu que a decisão, mesmo que seja feita por um juízo de equidade, deve estar de acordo com as regras gerais do direito e da boa-fé. Considerou, ainda, que no caso concreto o laudo não foi suficientemente motivado e não ponderou as provas adequadamente.

O TC entende que essa é uma questão constitucional, porque afeta o direito à tutela judicial efetiva quanto à necessidade de motivação. A Corte Constitucional emite parecer em que, no caso de uso de métodos alternativos, deve haver respeito aos princípios processuais, tais como: da igualdade, da audiência e do contraditório. Além disso, há a exigência de motivação do laudo que tem caráter imperativo, por isso pode haver controle judicial, já que não se admite que ele seja irracional e arbitrário.

Nesse aspecto, o TC posiciona-se por um controle judicial restrito, que não deve implicar em nova análise do assunto submetido à arbitragem, mas se ater à regularidade e legalidade da via arbitral. Portanto, limitado quanto à violação de normas processuais como o contraditório, a igualdade e a motivação, que são garantias fundamentais.

Assim, a problemática se insere na arbitragem, porque a motivação para o laudo arbitral é bem mais tênue do que a exigida na via jurisdicional, entretanto, ainda assim, é imprescindível o conhecimento das razões da decisão (exposição da motivação), sob pena de violar o direito fundamental à tutela judicial efetiva.

O TC decidiu que o laudo arbitral não pode ser anulado por insuficiência de motivação como fez o tribunal de Madrid, pois a anulação só pode dizer respeito a erros *in procedendo* e não para revisar a aplicação do direito. Na medida em que isso implicaria em nova análise da questão de fundo (mérito) e desvirtuaria a própria essência e natureza das alternativas extrajudiciais.

Desse modo, pelo que se verifica na fundamentação da sentença n. 17/2021, o TC considera que basta motivação no laudo arbitral, não podendo haver revisão de seu conteúdo pelo Poder Judiciário, o que pode ocasionar em injustiças para uma das partes ou até para ambas.

Nesse aspecto, a sentença n. 65/2021 de 15 de março do TC (RTC\2021\65), em que ele expressa que a motivação constante do laudo arbitral é mais branda do que a exigida na jurisdição, porque a ele se aplica o art. 37.4 da Lei de Arbitragem e não às exigências do art. 24 da CE.

Dessa maneira, para o TC, embora a arbitragem seja constitucional e semelhante à decisão judicial, ela não precisa cumprir as exigências do direito à tutela judicial efetiva do art. da 24 CE, pois se submete às normas estabelecidas na lei da arbitragem.

Por tal razão, para o TC, o controle judicial do laudo arbitral é muito limitado, não podendo entrar em questões de fundo, valorar a prova, as razões jurídicas e as suas conclusões, haja vista que, pelo art. 37.4 da LA, basta ao laudo estar fundamentado de modo que, ainda que considerada incorreta a motivação pelo juiz que irá resolver a impugnação do laudo judicialmente, ele não poderá alterar e revisar o conteúdo da decisão dada em juízo de equidade arbitral.

Nesse mesmo aspecto, o TC, na sentença n. 13/1997 de 27 de janeiro (RTC\1997\13), esclarece que na arbitragem não há as mesmas garantias do direito fundamental à tutela judicial efetiva, de forma que, se a resposta dada for razoável e motivada, já é o bastante para que não seja anulado o laudo arbitral na via judicial, uma vez que somente no processo judicial são exigíveis as garantias do art. 24 da CE.

Diante dos casos ditados, é possível aferir que a via arbitral não possui idênticas garantias e a mesma proteção conferida às partes pelo Poder Judiciário, bastando ao árbitro o cumprimento de requisitos formais e a motivação da decisão prolatada. Entretanto, em razão de a resolução do litígio se basear em um juízo de equidade impositivo às partes, a decisão arbitral proferida poderá ser insatisfatória para todos os envolvidos e a revisão de seu conteúdo na via jurisdicional, por ser extremamente limitada e ocorrer em raras exceções, poderá perpetuar com situações de injustiças.

Esses fatores apontados quanto à dificuldade de revisão de um laudo arbitral, o juízo baseado na equidade, a imposição do *decisium* e a falta de garantias do art. 24 da CE são alguns dos motivos pelos quais esse procedimento é quase inutilizado para a resolução de controvérsias laborais na Espanha, por alcançar baixa confiança e segurança social.

2. Da indisponibilidade de direitos mínimos e básicos: onde se determinam?

É de conhecimento notório que foi a partir da Revolução Industrial e do surgimento da sociedade capitalista que se originou a classe trabalhadora, composta por pessoas que vivem do trabalho livre e por conta alheia (GRANADOS ROMERA, 2007, pp. 31-39).

Nesse novo contexto social, eclodiu a consciência de classe que repercutiu no conflito industrial. Devido aos temores da época, no início foram proibidas as associações de trabalhadores que eram vistas como perigosas para a estabilidade do Estado e da sociedade (GRANADOS ROMERA, 2007, pp. 31-39).

Contudo, com o tempo, em razão da incapacidade de conter as forças sociais, disposições administrativas passaram a admitir a disputa coletiva e criaram-se comissões mistas (compostas de obreiros e fabricantes) para resolvê-la. Esse é um antecedente remoto, mesmo que distante, do sistema autônomo vigente nos dias atuais na Espanha (GRANADOS ROMERA, 2007, pp. 31-39).

Dessa maneira, o aparecimento do direito do trabalho está intrinsicamente vinculado com a instalação de instrumentos extrajudiciais para dirimir as controvérsias laborais, estabelecidos por iniciativa dos Poderes Públicos (era interesse do Estado que esses litígios fossem solucionados pacificamente) ou pela própria autonomia coletiva. Nessa época, havia um entendimento de que as disputas de classes deveriam ter tratamento fora dos tribunais (RODRÍGUEZ-PIÑERO; FERRER, 2003, pp. 23-33).

Assim, entendia-se que conflitos do trabalho não deveriam ser apreciados pela justiça civil que era burguesa, inaugurando-se os sistemas de conciliação e arbitragem, formados por organismos de representação paritária de trabalhadores e empregadores. Anos mais tarde, com a evolução do mecanismo extrajudicial, instalaram-se os órgãos judiciais paritários, ou formados por juízes togados e juízes leigos, compostos por trabalhadores e empresários, e foi feita uma regulamentação processual para o processo do trabalho (RODRÍGUEZ-PIÑERO; FERRER, 2003, pp. 23-33).

Nos dias atuais, pelo texto da CE (art. 37.2), é permitido que trabalhadores e empresários estabeleçam seus próprios meios para dirimir suas controvérsias, o que tem feição histórica (GRANADOS ROMERA, 2007, pp. 191-194). Apesar disso, a maior parte das disputas trabalhistas individuais é judicializada.

No ano de 1985 se detectou uma tendência excessiva à judicialização das controvérsias laborais, decorrente da falta de formas extrajudiciais (mediação, conciliação e arbitragem) para resolver inclusive os conflitos coletivos, sendo esse fato atribuído à própria passividade existente nas organizações sindicais e também aos poderes públicos (RODRÍGUEZ-PIÑERO y BRAVO-FERRER, 2003, pp. 23-33).

Todavia, um contexto marcado pelo monopólio da Justiça Laboral em uma sociedade democrática não é adequado, haja vista que, conforme dados históricos, a resolução extrajudicial tem grande importância para a autonomia coletiva e para a autossuficiência das relações trabalhistas (RODRÍGUEZ-PIÑERO y BRAVO-FERRER, 2003, pp. 23-33).

Dessa forma, diversas reformas processuais visaram modernizar e agilizar a Administração da Justiça e deram à ideia de acesso à justiça uma concepção mais ampla, como um direito a uma solução justa e eficiente, seja por mecanismos formais, seja por informais (GARCÍA ÁLVAREZ, 2015, pp. 36-59).

Nesse sentido, torna-se notório que o conceito do que é visto como justo revela-se indeterminado e varia conforme a cultura e a sociedade, pois é o povo que estabelece de quem é a atribuição de fazer justiça (do juiz, das próprias partes, e/ou de outros agentes) (GARCÍA ÁLVAREZ, 2015, pp. 36-59).

A bem da verdade é que, em um Estado Democrático, a exclusividade da resolução jurisdicional não corresponde aos anseios do Estado quanto à democracia participativa que contempla a autonomia privada (coletiva ou individual) (RODRÍGUEZ-PIÑERO y BRAVO-FERRER, 2003, pp. 23-33).

Assim, na sociedade contemporânea espanhola, a jurisdição guarda importância, mas passa a dividir o seu espaço com outros mecanismos de autocomposição, tanto a nível individual, quanto coletivo (RODRÍGUEZ-PIÑERO y BRAVO-FERRER, 2003, pp. 23-33).

Então, rompe-se com o monopólio estatal, porque existe base legal e constitucional para a resolução extrajudicial de conflitos que conta também com o protagonismo dos agentes sociais e de seus acordos, bem como com o apoio da Administração Pública central e regional (RODRÍGUEZ-PIÑERO y BRAVO-FERRER, 2003, pp. 33-42).

No entanto, apesar de estar em funcionamento há longos anos, a via autônoma ainda detém déficits normativos, e um dos temas mais controvertidos diz respeito ao conteúdo do que pode ser objeto de acordo extrajudicial entre as partes, mais precisamente reside no fato de definir quais seriam os limites da autonomia privada em matéria laboral. Essa questão tem dificultado a incorporação das disputas individuais no sistema autônomo.

Em razão da carência de disposições normativas, juízes do trabalho e a jurisprudência assumiram um importante papel na elaboração do direito do trabalho, e ainda há grande judicialização dos litígios (RODRÍGUEZ-PIÑERO y BRAVO-FERRER, 2003, pp. 23-33).

Sabe-se que na Espanha o conceito de indisponibilidade de direitos está previsto no art. 3.5 do ET, que prediz que o trabalhador não pode dispor de direitos considerados necessários por disposição legal ou que sejam reconhecidos como indisponíveis no convênio coletivo:

> *Los trabajadores no podrán disponer válidamente, antes o después de su adquisición, de los derechos que tengan reconocidos por disposiciones legales de derecho necesario. Tampoco podrán disponer válidamente de los derechos reconocidos como indisponibles por convenio colectivo.*[(303)]

Observe que o art. 3.5 do ET contempla, por uma leitura contrária, a possibilidade de o convênio coletivo reconhecer quais direitos são disponíveis, sendo que o limite da indisponibilidade de direitos tem como destinatário o obreiro individual (RODRÍGUEZ-PIÑERO y BRAVO-FERRER, 2003, pp. 33-42).

Como apreciado em outros capítulos, o direito laboral é marcado pela redução da liberdade contratual, em razão de haver normas jurídicas, sejam legais ou convencionais, consideradas como mínimo indisponível pelo trabalhador (RODRÍGUEZ-PIÑERO y BRAVO-FERRER, 2003, pp. 23-33).

Na realidade, esses direitos não podem ser renunciados, pois são um patrimônio jurídico que integra o contrato de trabalho e que limita a autonomia da vontade, porque o Estado impede o trabalhador de liberar o empregador de cumprir com essas obrigações do contrato de trabalho para proteger a dignidade humana (RODRÍGUEZ-PIÑERO y BRAVO-FERRER, 2003, pp. 23-33).

Em outras palavras, o ET, quando relata sobre a indisponibilidade de direitos, refere-se à inderrogabilidade da norma legal ou coletiva, que afeta a possibilidade de disposição sobre o direito considerado inderrogável (RODRÍGUEZ-PIÑERO y BRAVO-FERRER, 2003, pp. 23-33).

Entretanto, pairam dúvidas sobre qual é o alcance desse artigo (3.5 do ET) e isso reflete diretamente no funcionamento do mecanismo alternativo extrajudicial, já que não se sabe ao certo qual é a restrição que atinge os direitos fundamentais e não há uma norma jurídica qualificando expressamente quais seriam esses direitos mínimos (GRANADOS ROMERA, 2007, pp. 191-194).

A normativa legal simplesmente prediz que deve-se respeitar os direitos de ordem pública, qualificados como mínimos, necessários e absolutos. E, nessa hipótese, deve-se garantir o acesso direto ao Poder Judiciário, sob pena

---

(303) Estatuto do Trabalhador disponível em: https://www.boe.es/biblioteca_juridica/abrir_pdf.php?id=PUB-DT-2022-139. Acesso em: 18 set. 2022.

de vulnerar o direito à tutela judicial efetiva (GRANADOS ROMERA, 2007, pp. 191-194).

Percebe-se que a definição do conteúdo do termo direito necessário/mínimo é importante para aferir a competência e as atribuições do sistema extrajudicial.

De modo geral, o que é direito mínimo pode ser definido pela norma jurídica estatal e/ou pela norma convencional, mas considerando que a conciliação extrajudicial deve versar sobre direitos disponíveis, e que não há uma qualificação legal sobre quais seriam eles, e no intuito de preservar a dignidade humana, surgem dois posicionamentos:

a. uma interpretação mais rigorosa expressa que não podem ser objeto de conciliação ou transação extrajudicial os direitos necessários, aqueles previstos na lei (ET) e/ou definidos como tais no convênio coletivo. Dessa forma, o art. 3.5 do ET seria válido para proibir qualquer ato que possa diminuir o patrimônio jurídico do trabalhador, quanto a esses direitos.

b. outra interpretação é a de que, na ausência de norma jurídica estatal ou convencional, definindo quais seriam esses direitos, é possível haver a transação (cessões recíprocas) de direitos trabalhistas, até mesmo porque a conciliação é um princípio perseguido no processo judicial laboral. Porém, não se admite a mera renúncia. Esta última é a visão dos tribunais espanhóis, já que o ET permite conciliações.

Ora, quanto à necessidade detectada nesta pesquisa sobre ser preciso ampliar o sistema de justiça para os litígios individuais, é um problema a ser enfrentado, o que se refere à necessidade de se definir a abrangência da indisponibilidade dos direitos laborais para não desproteger e afetar a dignidade humana do trabalhador.

Entretanto, considerando que existem mecanismos conciliatórios na seara laboral, até no Poder Judiciário, é porque o ordenamento jurídico admite a disposição de direitos (RODRÍGUEZ-PIÑERO y BRAVO-FERRER, 2003, pp. 33-42).

Ao mesmo tempo em que se busca outras maneiras de dirimir as controvérsias, com a ampliação do organismo autônomo, é preciso ter o cuidado de desjudicializar a disputa trabalhista sem desproteger e desregulamentar esse ramo jurídico. Isso porque, para preservar a legislação laboral, há uma especial proteção que coloca um freio na autonomia privada da vontade, o que impede a negociação sobre determinadas matérias.

O tema é controvertido e, ao longo dos anos, na Espanha, constata-se haver muita divergência sobre o funcionamento dos mecanismos autônomos, já que há regiões em que a proibição é total para a apreciação de litígios individuais fora das vias públicas, e em outras ela é permitida de forma ampla ou com ressalvas.

Sobre esse assunto, parte da doutrina fundamenta a criação de um sistema privado pela diferenciação entre conflitos jurídicos e de interesse. Nos jurídicos existe uma preexistência do direito que deve ser aplicado, enquanto que nos de interesse o objetivo é modificar, criar ou extinguir uma realidade laboral que, normalmente, ocorre por meio de convênio coletivo (GIL PÉREZ, 2012, pp. 68-95).

Nesse viés, a controvérsia individual decorrente do contrato de trabalho pode ser jurídica ou de interesse, e, no caso desta última, de acordo com Gil Pérez (2012), ela não pode ser resolvida no judiciário, já que não diz respeito à interpretação de um direito (lei ou convenção coletiva preexistente), mas se refere à própria criação dele. Dessa distinção doutrinária de disputas jurídicas e de interesses percebe-se que nem todos os conflitos podem ser objeto de judicialização, porque a função primordial dos tribunais é aplicar e interpretar normas e não criar o direito (GIL PÉREZ, 2012, pp. 68-95).

Dessa maneira, as reclamações para alteração ou elaboração da norma, que são disputas de interesse, devem ser dirimidas por negociação coletiva e, o acordo entre as partes, fora da via judicial (GIL PÉREZ, 2012, pp. 68-95). Por esse argumento, verifica-se uma justificativa para a ampliação do sistema de justiça.

Todavia, essa visão não é pacífica, porque embora o processo de uma forma tradicional aprecie disputas laborais jurídicas, sejam elas individuais ou coletivas, em atenção ao direito fundamental à tutela judicial efetiva e por faltar uma cultura de negociação, progressivamente também se incorporaram na jurisdição conteúdos de controvérsias de interesse, pela conciliação e pela mediação (CASAS BAAMONDE, [s.d.], pp. 5-15).

Granados Romera (2007, p. 169), do mesmo modo, disserta que os conflitos jurídicos são derivados da norma jurídica e os de interesse são os de regulamentação nova, como, por exemplo, a previsão de direitos no acordo coletivo. Para Granados Romera (2007, pp. 191-194), o sistema autônomo não pode contemplar disputas jurídicas (de direito) individuais, mas apenas de interesse, sob pena de impedir o direito à tutela judicial efetiva.

Isso porque, para essa doutrina tradicional, a desjudicialização de litígios individuais é somente para quem pode ter soluções adaptadas aos interesses das partes, o que não contemplaria os direitos já previstos em convenção coletiva e na lei (ET).

Para Casas Baamonde ([s.d.], pp. 5-15), no que se refere às disputas plurais e individuais que estão sendo incorporadas progressivamente pelos procedimentos autônomos, somente podem se submeter à mediação-conciliação as controvérsias que podem ser decididas mais por equidade do que por direito ou que sejam conflitos de interesse, ou se for jurídico que tende a se dissolver em uma controvérsia de interesse, sendo que muitas dessas matérias incluem aquelas excepcionadas do trâmite de passagem prévia obrigatória.

Portanto, parcela da doutrina, com base no art. 117.3 da CE, considera que exclusivamente é atribuição de juízes e tribunais resolverem disputas jurídicas, o que intensificou a sua judicialização ao longo dos anos (GARCÍA ÁLVAREZ, 2015, pp. 36-59).

Entretanto, apesar dessa visão tradicional, percebe-se que no campo das controvérsias jurídicas existe a autocomposição pré-processual obrigatória ou voluntária, neste último caso, desde que por acordo entre as partes e se for a pretensão de natureza disponível (CASAS BAAMONDE, [s.d.], pp. 5-15). Isso demonstra que se pode extrajudicialmente apreciar os conflitos jurídicos.

Lembre-se que a própria lei equipara a conciliação prévia administrativa com a que for criada por acordos interprofissionais (GARCÍA ÁLVAREZ, 2015, pp. 36-59). Assim, uma outra doutrina firma posicionamento de que podem ser objeto de negociação extrajudicial os litígios de interesse ou jurídicos, desde que estes digam respeito a direitos de ampla disponibilidade (LÓPES ÁLVAREZ, 2014, pp. 26-30).

Na falta de norma jurídica do Estado definindo os direitos necessários, alguns acordos coletivos têm apreciado a matéria para enunciar aqueles considerados mínimos (não disponíveis) e que ficarão fora do âmbito de competência do sistema autônomo.

De modo geral, devem ficar excluídos pelos AI, como já acontece, a seguridade social, a tutela de direitos de liberdade sindical, entre outros ditos fundamentais, porque não se podem abarcar as disputas jurídicas com pouca ou nenhuma capacidade de negociação, até mesmo por afetarem terceiros, como acontece com a seguridade social (LÓPES ÁLVAREZ, 2014, pp. 26-30).

Na realidade, a matéria não é pacífica e não é tratada de forma homogênea pelos diferentes AI. De modo que alguns delimitam quais são as disputas individuais ou plurais sujeitas à mediação-conciliação, abrangendo tanto os conflitos jurídicos, quanto os de interesses (CASAS BAAMONDE, [s.d.], pp. 5-15). Enquanto que em outros acordos opta-se por excluir a apreciação de disputas individuais.

Pela discussão exposta, constata-se que o tema ainda é muito controvertido. A pergunta central é: considerando-se que todas as disputas jurídicas individuais devem ser de apreciação direta dos tribunais, não estaríamos inviabilizando o sistema autônomo de crescer?

Ora, mesmo diante da existência de posições doutrinárias extremas, não há como negar que existe marguem para a transação individual e para a disponibilidade de direitos trabalhistas, e elas estão sujeitas em maior ou menor medida às restrições legais ou convencionais (LÓPES ÁLVAREZ, 2014, pp. 26-30).

Entretanto, no que se refere às controvérsias individuais, é limitada a capacidade de disposição das normas laborais em razão da desigualdade dos contratantes, pois o direito do trabalho reduz a autonomia privada das partes, na medida em que prevê normas imperativas, que não podem ser derrogadas *in pejus* (LÓPES ÁLVAREZ, 2014, pp. 26-30).

Nessa medida, ao trabalhador são garantidos os direitos legais e convencionais, sendo impedido, de modo geral, de renunciar, e até mesmo, para parte da doutrina, de fazer concessões quanto a eles, nos termos do art. 3.5 do ET. Isso certamente reduz consideravelmente a possibilidade de negociação em caso de conflito individual (LÓPES ÁLVAREZ, 2014, pp. 26-30).

Nesse sentido, o art. 3.5 do ET veda a renúncia pelo trabalhador de seus direitos. Acontece que esse artigo comporta mais de uma interpretação, pois ele pode ter uma visão com largo alcance no sentido de impedir qualquer disposição de direitos (incluindo os negócios bilaterais, como na transação) e outra que veda somente os atos de mera renúncia. Nessa primeira hipótese, havendo uma disputa, está limitada à faculdade de negociação e de um acordo sobre o litígio (LÓPES ÁLVAREZ, 2014, pp. 26-30).

Assim, pela interpretação restritiva, limita-se consideravelmente a autonomia da vontade, somente admitindo-a para estabelecer condições mais benéficas de origem contratual (LÓPES ÁLVAREZ, 2014, pp. 26-30).

Entretanto, apesar dessa visão tradicional, nos últimos anos, decorrente da flexibilização, verifica-se uma aposta em ampliar a disposição e a gestão individual na seara laboral, ainda que haja o temor de desproteger o trabalhador, principalmente pelo fato de que cada vez mais há trabalhadores singulares com condições de negociar frente ao empregador (LÓPES ÁLVAREZ, 2014, pp. 26-30).

Dessa forma, nos dias atuais, tanto por meio da lei, quanto especialmente por meio do convênio coletivo, ampliou-se o papel regulador do contrato, permitindo mais autonomia da vontade, por meio de uma administração de feição individual das condições de trabalho. Tal fato repercute na resolução das controvérsias trabalhistas (LÓPES ÁLVAREZ, 2014, pp. 26-30).

Portanto, aumenta-se o papel da autonomia privada, o que contribui para desenvolver os meios autônomos de resolução de litígios. No plano individual, esse contexto é apreciado com a revalorização do contrato de trabalho e da liberdade contratual, assim como com o aumento do poder de disposição das partes, para conceder mais espaço para soluções autocompositivas (RODRÍGUEZ-PIÑERO y BRAVO-FERRER, 2003, pp. 23-33).

Sobre esse assunto, há parcela da doutrina que se posiciona para o fomento de vias extrajudiciais também quanto aos direitos indisponíveis e a justificativa ocorre em razão do caráter incerto dos direitos e da eliminação dos custos processuais. Porém, é certo que na maioria das vezes as matérias submetidas a esses métodos referem-se a direitos disponíveis (ALVAREZ DEL CUVILLO, 2015, pp. 13-54).

A bem da verdade, a realidade laboral mudou, o modelo de produção está modificado, o que ocasiona novos conflitos que precisam de novas maneiras de ser resolvidos. Por tal razão, aposta-se nos mecanismos autônomos como resposta aos avanços sociais (GIL PÉREZ, 2012, pp. 68-95). A resolução de disputas individuais por essa via poderá inclusive melhorar a realidade coletiva, complementando-a (GIL PÉREZ, 2012, pp. 68-95).

Quanto a esse tema, a jurisprudência tem sido mais rigorosa com atos de renúncia (que são proibidos) do que de transação, de forma que, sendo a matéria discutível e havendo concessões recíprocas, é possível obter avença, inclusive extrajudicial. Essa postura dos tribunais favorece o acordo negociado e a própria legislação incentiva a conciliação ao prevê-la como requisito obrigatório prévio, e ela ainda é tentada várias vezes durante o processo jurisdicional (LÓPES ÁLVAREZ, 2014, pp. 26-30).

Dessa forma, é necessária a compreensão de que a possibilidade de disposição por meio de transação não se trata de renúncia quando existirem contrapartidas e o intuito for evitar o litígio judicial sobre questões duvidosas (RODRÍGUEZ-PIÑERO y BRAVO-FERRER, 2003, pp. 23-33).

Sobre esse assunto, na fundamentação do TSJ de Madrid em 16 novembro de 2015[304], há o esclarecimento de que a natureza jurídica da transação é de um contrato entre as partes sobre direitos incertos:

> *La conciliación (o transacción) sea extrajudicial o judicial es resultado del acuerdo, Documento de un contrato, y produce el efecto de sustituir una relación jurídi-*

(304) TSJ de Madrid de 16 novembro de 2015 (AS 2016, 294).

ca controvertida por otra cierta y no controvertida, extinguiendo los derechos y acciones en que trae causa y originando nuevos vínculos y obligaciones. En cualquier caso, es ante todo y sobre todo un contrato mediante el que las partes sacrifican recíprocamente determinados intereses involucrados en una situación litigiosa con el objeto o causa de extinguir ese estado de litigiosidad (art. 1809 CC).

Assim, pela decisão, a transação extrajudicial pode abranger direitos incertos, sendo vedada a renúncia.

Entretanto, para haver transação, requer-se que a natureza do direito seja disponível, de modo que a problemática se insere em definir esses direitos, para saber quais disputas podem ser apreciadas extrajudicialmente.

Ocorre que o conceito de indisponibilidade é de caráter genérico, não havendo na norma legal, no caso o ET, a delimitação dos direitos básicos para compreender até onde pode ceder o trabalhador. Essa é uma questão controvertida na doutrina e na jurisprudência, já que, ao mesmo tempo que se deve assegurar direitos mínimos ao obreiro, deve-se cuidar para não inviabilizar a ampliação da sistemática da justiça por meio de métodos alternativos.

Os mecanismos de resolução de litígios individuais extrajudiciais, baseados na autocomposição, têm sua raiz fincada na autonomia privada, já que pode haver uma avença pelas partes de forma adequada aos seus interesses. Nesse viés, eles atuam conforme a margem deixada para a disposição de direitos e para a autonomia privada com relação às disputas jurídicas (RODRÍGUEZ-PIÑERO y BRAVO-FERRER, 2003, pp. 23-33).

Lópes Álvarez (2014, pp. 26-30) disserta que, se almejando o respeito à ordem pública e aos direitos necessários, deve-se estabelecer uma medida para se valorar a obediência aos requisitos formais e materiais no Poder Judiciário, sem que isso implique em conhecer o fundo da questão para não ferir a liberdade de negociação extrajudicial.

Observa-se que na Espanha a legislação trabalhista confere um relevante papel para os trâmites conciliatórios, sejam prévios ou dentro do processo, como uma alternativa eleita pela norma jurídica como preferida em relação à sentença. Portanto, o legislador promove a autocomposição de forma prévia ou sucessivamente no processo, entretanto, percebe-se que não incentiva do mesmo modo as soluções extrajudiciais dos litígios (RODRÍGUEZ-PIÑERO y BRAVO-FERRER, 2003, pp. 23-33).

Rodríguez-Piñero y Bravo-Ferrer (2003, pp. 23-33) apontam que, no geral, os acordos realizados pelas partes na justiça são feitos sem juízo de valor sobre a avença e com ampla liberdade de transigir dentro do processo jurisdicional. Ele parte da premissa de que se pode conciliar, pode-se transigir, e, se isso é possível no processo, também pode ser feito fora dele, sendo que a solução conciliada judicialmente é uma manifestação de disponibilidade pelas partes do objeto laboral controvertido.

Para o autor, se não há obstáculos na via jurisdicional aos acordos realizados, tampouco o devem existir na via extrajudicial, sendo que o TC já declarou que os efeitos do sistema privado são benéficos para diminuir a carga de trabalho dos tribunais (RODRÍGUEZ-PIÑERO y BRAVO-FERRER, 2003, pp. 23-33).

Ao longo desta investigação, constatou-se que a negociação coletiva permite privatizar a resolução do conflito, sem afetar o art. 24 da CE, porque não se impede o acesso aos tribunais, apenas fixa uma condição prévia de passar por um trâmite privado extrajudicial, à semelhança da via administrativa (GARCÍA ÁLVAREZ, 2015, pp. 36-59).

Dessa forma, chega-se ao entendimento de que as composições de controvérsias individuais baseadas na autonomia privada, com certas garantias, não são incompatíveis com a indisponibilidade de direitos do trabalhador, ainda que o contrato de trabalho deva respeitar limites legais ou convencionais, na medida em que há um espaço para a autodeterminação e a disposição própria por acordos privados (RODRÍGUEZ-PIÑERO y BRAVO-FERRER, 2003, pp. 23-33).

É fato que o acordo deve preservar a irrenunciabilidade de direitos prevista em lei ou no acordo coletivo nos moldes do art. 3.5 do ET, para que a (in)disponibilidade seja compatível com o procedimento de resolução extrajudicial. Se forem violados os direitos irrenunciáveis, Gil Pérez (2012, pp. 309-310) afirma que a avença pode ser impugnada por ação de nulidade.

Desse modo, por essa interpretação, não se admite a mera renúncia de direitos trabalhistas, sendo permitida a disposição de certos direitos por meio da transação, ressalvados aqueles em que a norma jurídica ou convencional defina como indisponível em caráter absoluto, por serem normas de caráter necessário.

Entrementes, diante da ausência de lei estatal definindo os direitos mínimos, atualmente, a matéria é tratada de forma distinta nos mais diversos AI das comunidades autônomas. Devido ao temor e às divergências no entorno da temática, alguns acordos excluem de modo total do seu âmbito de atuação os conflitos individuais (GARCÍA ÁLVAREZ, 2015, pp. 36-59).

Assim, o panorama existente nas regiões é fragmentado, disperso, desigual e de difícil compreensão, por isso permanece a insegurança jurídica, já que falta homogeneidade no tratamento do assunto (GARCÍA ÁLVAREZ, 2015, pp. 36-59).

Mais especificamente, alguns acordos proíbem de forma total a análise de disputas individuais, enquanto outros a admitem e excluem algumas matérias, e ainda há outros que possuem atuação ampla com processo obrigatório de mediação e conciliação prévia à via judicial (AGUDO, 2021, p. 154-160).

Exemplo dessa última hipótese é o TAMIB, que aprecia qualquer tipo de conflito jurídico laboral individual ou plural quando é exigível a apreciação preliminar e atua em substituição ao serviço administrativo. Igual competência possui o ORECLA, para de maneira preceptiva conhecer de forma abrangente os litígios jurídicos laborais, individuais ou plurais, nos casos em que deve haver o procedimento prévio (AGUDO, 2021, p. 154-160).

A questão é a de que se o patrimônio jurídico mínimo é o que está previsto no ET e nos convênios coletivos, essas controvérsias jurídicas não poderiam ser negociadas no sistema autônomo em ferramentas de mediação, arbitragem e conciliação, de modo que o organismo extrajudicial não abarcaria as disputas jurídicas individuais.

Entrementes, no TAMIB e no ORECLA, a realidade existente demonstra que a atribuição deles ocorre de maneira ampla, contemplando tanto conflitos jurídicos quanto de interesse, e que suas funções substituíram o serviço administrativo nas respectivas regiões, com o apoio do próprio Poder Judiciário, no caso, o TC.

Por outro lado, outras regiões não abarcam as controvérsias individuais, porque permanece a insegurança jurídica sobre quais seriam os direitos laborais transacionáveis.

Nesta pesquisa adota-se uma posição intermediária para que o trabalhador possa transacionar direitos laborais, mas não disponha de normas mínimas, consideradas básicas e necessárias para preservar a sua dignidade humana. Mas que normas jurídicas seriam essas?

Como não há uma descrição normativa no ET sobre quais são os direitos mínimos, certas convenções coletivas de trabalho, ao mesmo tempo que ampliam o sistema autônomo extrajudicial para apreciação de litígios individuais, tratam desse assunto e optam por excluírem determinadas matérias de seu âmbito de aplicação compulsória, como no caso de direitos fundamentais, eleitorais, entre outros.

Percebe-se uma necessidade de estabelecer um filtro normativo para que haja o respeito à ordem pública e ao direito necessário. O panorama hoje existente é de uma falha normativa, pois o art. 64 da LRJS prevê situações excepcionadas da obrigatoriedade de passar pela conciliação-mediação prévia, mas apenas em alguns casos esse dispositivo foi feito em razão da impossibilidade de dispor do direito (LÓPES ÁLVAREZ, 2014, pp. 26-30).

Isso porque, apesar da existência do art. 64 da LRJS, que exclui certos casos da obrigatoriedade de se submeter à conciliação-mediação pré-processual, é possível que as partes voluntariamente utilizem essa via prévia para essas mesmas matérias, quando não há impedimento à transação pela essência do direito (CRUZ VILLALÓN, 2020, pp. 46-53). Para isso, basta que os envolvidos na disputa voluntariamente e em tempo oportuno façam essa opção de comum acordo (AGUDO, 2021, pp. 35-37).

Assim, essa responsabilidade de definir o *patamar civilizatório mínimo* tem sido colocada no âmbito dos AI, que excluem certas matérias como a seguridade social, a tutela de direitos de liberdade sindical e outros direitos fundamentais decorrentes de disputas em que é difícil haver negociação por ser quase nula a capacidade de disposição pelas partes (LÓPES ÁLVAREZ, 2014, pp. 26-30).

Portanto, verifica-se um déficit normativo disciplinando os direitos indisponíveis, que não poderiam ser objeto de transação extrajudicial nem por escolha das partes, na medida em que a própria essência do direito não admite negociação.

Para Agudo (2021, p. 154-160), a competência do organismo privado autônomo deve ser ampla, não fazendo sentido que, nos dias de hoje, haja a exclusão de matérias como reclamações de quantias, sanções, entre outras, pois a sua atuação poderia contribuir para a efetividade do sistema de justiça, ao lado da via administrativa.

Para essa autora, a mediação é a ferramenta mais apropriada para resolver as disputas do que a conciliação e deveria ter uma regulação mais completa até para excluir as matérias irrenunciáveis, como: salário mínimo, intervalo intrajornada, etc. (AGUDO, 2021, p. 31-48).

Neste estudo, como afirmado anteriormente, adota-se uma posição intermediária em que, ao mesmo tempo que se busca a ampliação do sistema de justiça, entende-se por resguardar os direitos indisponíveis.

Pelo exposto, em razão da norma estatal não definir expressamente os direitos mínimos, verificou-se que na prática alguns AI, ao contemplarem o litígio individual para a resolução autônoma, têm excluído do seu âmbito de aplicação aqueles que eles acreditam ser direitos de conteúdo necessário.

Como apreciado, o tratamento de controvérsias individuais e plurais tem sido muito heterogêneo no âmbito dos procedimentos extrajudiciais, pelo que eles se submetem ao sistema conforme a previsão do AI (CASAS BAAMONDE, [s.d.], p. 8).

De forma que o acordo pode incluir a resolução de todos, alguns ou de nenhum conflito individual, sendo o panorama existente distinto em cada região, o que afeta o princípio da igualdade (GARCÍA ÁLVAREZ, 2015, pp. 36-59).

No geral, visualiza-se que os acordos não conhecem qualquer tipo de disputa individual, porque normalmente excluem normas que versam sobre direitos fundamentais, liberdade sindical e regime disciplinário (GRANADOS ROMERA, 2007, pp. 381-382). Na medida em que optam por preservar os direitos indisponíveis ou irrenunciáveis, as normas imperativas e os direitos fundamentais (GIL PÉREZ, 2012, pp. 301-302).

Daí surge o questionamento: o instrumento coletivo pode tratar acerca de quais seriam os direitos fundamentais?

A resposta a essa pergunta é positiva, haja vista a existência de capacidade normativa dos representantes dos trabalhadores e empregadores derivada do art. 37 da CE, que atribui a eles autonomia coletiva para reger as relações laborais e criar o direito por meio do convênio coletivo (GRANADOS ROMERA, 2007, p. 170).

Sabe-se que a convenção coletiva regulamenta as condições de trabalho com caráter de norma jurídica, sendo fonte do direito, e deve obedecer à hierarquia normativa, formada pela lei e pela Constituição (art. 85 do ET). Todavia, essa subordinação não é plena, porque existe um espaço para a autonomia coletiva (GRANADOS ROMERA, 2007, pp. 175-184).

Na fundamentação do TSJ de Cataluña, sentença de 2 de dezembro de 2016[(305)], consta como restrição a autonomia coletiva às normas de direito necessário que devem ser respeitadas: "(...) *no viola norma alguna de derecho necesario, que es el único límite que tiene el carácter vinculante de los convenios, como ha recordado también el Tribunal Supremo al decir en su Sentencia de 30 junio 1984, entre otras muchas*".

Igualmente, além de não poder violar direitos mínimos, o TC na sentença n. 58/1985 (RTC1985/58) declarou que da Constituição não há nenhum princípio que subtraia da negociação coletiva a regulamentação do exercício de direitos fundamentais.

Dessa forma, constata-se que a negociação coletiva não pode afrontar normas de direito necessário, contudo, é permitido disciplinar sobre o assunto em seu conteúdo.

(305) TSJ de Cataluña de 2 de dezembro de 2016 (AS 2017, 69).

Entretanto, apesar de os acordos coletivos poderem definir a matéria, permanecem as dúvidas quanto ao que é direito necessário, já que o tema é tratado de modo diferente pelos agentes sociais.

Esse é um conceito jurídico genérico e, diante da omissão do Poder Legislativo para determinar os direitos indisponíveis à transação individual trabalhista, persiste na Espanha a insegurança jurídica quanto à solução privada de conflitos trabalhistas (ESCARTÍN, 2020, p. 1070). Tal realidade acarreta desconfiança social, que tem retardado o desenvolvimento do sistema autônomo para apreciação de disputas laborais individuais (MUÑIZ, [s.d.], p. 4).

Há muito temor quanto à inclusão de controvérsias individuais na via autônoma para não desproteger o trabalhador, e muitos organismos privados a excluíram, como ocorreu com o ASAC.

Em contrapartida, na prática, o próprio Poder Judiciário (STS n. 729/2020) sinaliza no sentido de permitir que o mecanismo autônomo atue de maneira ampla e venha a substituir o administrativo, caso haja essa previsão no próprio convênio coletivo. Percebe-se que os poderes públicos têm dado um impulso para haver maior autonomia privada em matéria laboral.

Dessa forma, a negociação coletiva, fonte do estabelecimento do sistema privado, pode prever a substituição do organismo administrativo pelo autônomo para atuar de forma prévia, conforme as condições e o alcance do pactuado. Entretanto, também há regiões que possuem a via administrativa e a autônoma, porque se pactuou a privatização somente de certos tipos de assuntos (GARCÍA ÁLVAREZ, 2015, pp. 36-59).

A nível individual há essa atribuição ampla e de substituição da via administrativa: o TAMIB e o ORECLA. Embora não se esteja defendendo a substituição administrativa e, sim, a atuação como alternativa, Agudo disserta que deve haver a extensão do que é verificado nesses dois organismos às outras regiões, para que possam apreciar todos os conflitos individuais de qualquer matéria (AGUDO, 2021, p. 160).

Apesar de toda a discussão doutrinária travada neste tópico quanto ao funcionamento do método privado a nível de disputa individual poder abarcar conflitos jurídicos e/ou de interesse, na prática, diante da ausência de norma legal para disciplinar os direitos fundamentais necessários que devem ficar a cargo da jurisdição, os próprios acordos coletivos o estão fazendo e possuem aval do próprio Poder Judiciário, inclusive para o caso de haver previsão para competência funcional ampla.

Devido à insegurança jurídica que norteia o assunto, acredita-se que a edição pelo Poder Legislativo de uma norma definindo os direitos fundamentais mínimos resolveria essa questão e possibilitaria o tratamento igualitário nas diferentes regiões espanholas.

Aliás, a nível coletivo, as reformas legislativas operacionalizadas a partir dos anos 90 foram determinantes para impulsar os procedimentos privados no país (NIETO, 2020, pp. 219-250). Algo semelhante poderá ser necessário para promover os organismos autônomos a nível de direito individual.

Não se está propondo a desregulamentação ou a desproteção do trabalhador, porque se acredita que a feitura de uma norma jurídica que especifique os direitos considerados mínimos fundamentais, para que fiquem a cargo dos tribunais, trará segurança jurídica para a ampliação da via autônoma quanto às disputas individuais e à homogeneidade aos sistemas privados implantados em cada região.

Nesse sentido, frisa-se que não se está propondo a ampliação da justiça laboral a nível individual por qualquer mecanismo privado. Propõe-se o desenvolvimento de organismos de base originária sindical e que historicamente possuem essas atribuições.

Haja vista que o intuito de utilizar uma via extrajudicial não é para deixar o trabalhador em desvantagem e fragilizado, e sim, para obter um método efetivo (GIL PÉREZ, 2012, p. 289).

Nesse aspecto, o art. 24 da CE deve ser interpretado de forma a garantir a proteção por meio da jurisdição dos direitos nos casos que são justificados e a considerar que a criação de mecanismos extrajudiciais é válida desde que não impeça o exercício da tutela judicial (GRANADOS ROMERA, 2007, p. 175).

Pelo art. 53 da CE, é a lei que deve regulamentar o conteúdo essencial dos direitos fundamentais. De modo que cabe ao Poder Legislativo estabelecer a restrição que se aplica aos direitos fundamentais e pontuar o seu conteúdo essencial e indisponível (GRANADOS ROMERA, 2007, pp. 175-184).

Da mesma forma, o instrumento coletivo pode regulamentar determinados aspectos dos direitos fundamentais, desde que preserve seu conteúdo essencial (TC na sentença n. 58/1985), (GRANADOS ROMERA, 2007, pp. 175-184).

E, uma vez definido o conteúdo dos direitos indisponíveis pela norma jurídica e/ou pelo acordo coletivo, para Agudo (2021), os funcionários da via autônoma devem deter formação adequada para assegurar o respeito a essas restrições de direitos trabalhistas (AGUDO, 2021, p. 154).

Portanto, há uma necessidade urgente de o Poder Legislativo definir o alcance do art. 3.5 do ET para dar segurança jurídica para que os mecanismos autônomos apreciem as disputas individuais.

Enquanto pende de inércia legislativa, verifica-se a tendência adotada pelo tribunal espanhol de considerar constitucional a substituição da via administrativa pela autônoma, permitindo uma atuação ampla privada, para apreciar tanto controvérsias de interesse quanto as jurídicas, conforme o definido no AI.

Ora, se o próprio Poder Judiciário compreende que a função desse método privado pode ser abrangente, e tanto o TAMIB, quanto o ORECLA possuem bons resultados nessa atribuição, não há motivos para que não se estenda de maneira mais ampla a apreciação de litígios individuais para as demais regiões, devendo, até que sobrevenha lei a esse respeito, que os próprios acordos cuidem, como já estão fazendo, excluir determinadas matérias que entendem haver pouca ou nenhuma possibilidade de disposição pelas partes.

Obviamente, como constatado, os AI têm excluído os conflitos jurídicos onde se tem pouca ou quase nenhuma capacidade de negociação, porque não são disputas que devem ser contempladas pelos métodos extrajudiciais, haja vista que a ideia de evitar os tribunais é dirimir a controvérsia por meio de conciliação-mediação, razão pela qual os mecanismos não jurisdicionais, como é o caso da via autônoma, devem abarcar litígios, seja de interesse ou jurídicos, em que há possibilidade de negociação (MUÑIZ, 2018, p. 86).

Consta dos dados fornecidos pelo governo espanhol que em 2021 houve o total de 332.424 conciliações individuais intentadas no serviço administrativo, 120.900 avenças, sendo que em Balears foram propostos 11.731 procedimentos e restaram conciliados 5.228 (o que representa em torno de 44,56%), e em Cantabria, de 6.213 procedimentos, restaram acordados 1.711 (aproximadamente 27,53%). Nos órgãos autônomos esse número é de 17.947 conciliações individuais.(306)

Nota-se que ainda é baixo o número de procedimentos individuais tramitando nos serviços privados, porque prevalece a atuação administrativa, sendo que os dados numéricos do TAMIB e do ORECLA foram computados com a via administrativa porque a substituíram, sendo bons os índices de conciliação obtidos em ambos os organismos.

Por outro lado, a nível coletivo em que a atuação é ampla, foram em 2021 ao todo, no sistema autônomo, 4.564 procedimentos de conciliações e mediações que afetaram 300.825 empresas e 4.994.330 trabalhadores(307).

---

(306) Informações disponíveis em: https://www.poderjudicial.es/cgpj/es/Temas/Estadistica-Judicial/Estadistica-por-temas/. Acesso em: 15 set. 2022.
(307) *Ibidem.*

Como muitas disputas individuais ainda são resolvidas judicialmente, seja por meio de sentença ou pela conciliação, existe espaço para o crescimento do sistema privado tal como ocorrera a nível coletivo. Entretanto, é preciso ter segurança jurídica.

Certamente, a regulamentação do método privado para abarcar embates individuais do trabalho é uma questão urgente e que visa possibilitar que haja um controle posterior adequado sobre a mediação-conciliação para não haver desvirtuação da sua essência, até mesmo porque métodos informais não devem estar à margem da lei (MUÑIZ, 2018, p. 86).

Com a feitura da norma jurídica a disciplinar, sobre o direito necessário que deve ficar a cargo da jurisdição, acredita-se que haverá mais segurança jurídica para adesão de organismos autônomos a atuar em disputas individuais como uma alternativa à via administrativa, em harmonia com o direito à tutela judicial efetiva.

3. Da intervenção do letrado da administração da justiça e os atos jurisdicionais

Em 2011, foram feitas reformas processuais e a nova lei de jurisdição social concedeu aos letrados da administração da justiça (secretários judiciais) atribuições que antes eram apenas dos magistrados, como a organização dos órgãos judiciais.

Como já foi dissertado ao longo deste capítulo, no procedimento laboral há um esforço dentro da jurisdição para a realização da negociação. Nesse viés, a LRJS ampliou as faculdades atribuídas ao secretário e ao magistrado para alcançar a conciliação intraprocessual, dando mais estímulo para que as próprias partes resolvam por si mesmas a disputa (GARCÍA ÁLVAREZ, 2015, pp. 36-59).

Por essa nova visão, a intervenção judicial pela sentença somente se justifica se ela puder estabelecer algo melhor que o acordo a ser realizado (GARCÍA ÁLVAREZ, 2015, pp. 36-59).

Assim, a LRJS acrescentou outras possibilidades de obter a avença intrajudicial por meio da intervenção na negociação judicial, porque concedeu mais atribuições ao secretário. De modo que, nos dias atuais, discussões sobre o teor do acordo judicial podem ser feitas tanto pelo magistrado, quanto pelo secretário da justiça (GARCÍA ÁLVAREZ, 2015, pp. 36-59). Sobre esse assunto, existe crítica de parcela da doutrina na medida em que o secretário judicial passa a ter atribuições jurisdicionais, apesar de não ser juiz.

Portanto, pela disposição da norma jurídica, o secretariado judicial poderá realizar funções mediadoras ou conciliadoras para chegar a uma resolução do conflito, quando o assunto já estiver na jurisdição. Nessa hipótese, não se trata propriamente de mediação, porque a disputa está judicializada e os terceiros não estão alheios ao procedimento (GARCÍA ÁLVAREZ, 2015, pp. 36-59).

Pela previsão legal, no processo jurisdicional, o secretário ou o letrado judicial pode aprovar o acordo de mediação/conciliação das partes, antes do dia indicado para os atos de conciliação e julgamento, tendo o efeito de conciliação judicial, com força de execução de sentença, que pode ser impugnado em 30 dias do ato de sua celebração (art. 84 da LRJS) (CASAS BAAMOND, [s.d.], pp. 13-15):

> *"La acción para impugnar la validez de la conciliación se ejercitará ante el mismo juzgado o tribunal al que hubiera correspondido la demanda, por los trámites y con los recursos establecidos en esta Ley. La acción caducará a los treinta días de la fecha de su celebración. Para los terceros perjudicados el plazo contará desde que pudieran haber conocido el acuerdo. Las partes podrán ejercitar la acción de nulidad por las causas que invalidan los contratos y la impugnación por los posibles terceros perjudicados podrá fundamentarse en ilegalidad o lesividad."*

Especificamente, pela LRJS na conciliação intrajudicial, que tramita perante o secretário judicial, pode o profissional valer-se de ferramentas mediadoras. No procedimento, o secretário ou o letrado judicial deve aprovar o acordo de mediação alcançado pelas partes, antes do dia marcado para os atos de conciliação e julgamento, documentando-o com efeitos de conciliação judicial (CASAS BAAMONDE, [s.d.], pp. 5-15).

Na prática, os programas de mediação têm por finalidade colaborar com o juízo e, por isso, devem acontecer em harmonia com o fluxo processual, sem que haja interrupções ou suspensões diferentes das legalmente previstas ou negociadas (GARCÍA ÁLVAREZ, 2015, pp. 36-59).

Dessa forma, caso as partes aceitem a suspensão do procedimento judicial para início do procedimento de mediação, por exemplo, firmada a avença, o órgão judicial deve aprovar e decretar o arquivamento das atuações (CASAS BAAMOND, [s.d.], pp. 13-15).

De outro lado, como já explicado, a ação para impugnar a validade da conciliação ou mediação intrajudicial e da conciliação judicial caduca em 30 dias da celebração, e, para terceiros, essa data conta-se a partir do dia do conhecimento e deve ser interposta perante o mesmo juízo ou tribunal que correspondeu à demanda (CASAS BAAMONDE, [s.d.], pp. 5-15).

São motivos para impugnar a avença as causas que invalidam os contratos, ou no caso dos terceiros, as alegações de ilegalidade ou lesividade (art. 84.6 da LRJS) (CASAS BAAMONDE, [s.d.], pp. 5-15).

A crítica se insere na doutrina, entre outros motivos, no fato de que a regulamentação da LRJS sobre a mediação intrajudicial é insuficiente, o que pode acarretar problemas no procedimento (CASAS BAAMOND, [s.d.], pp. 13-15).

Sobre esse assunto, Casas Baamonde ([s.d.], pp. 5-15) disserta que a carência de regulamentação da LRJS sobre a mediação intrajudicial não permite que essa ferramenta se encaixe corretamente, uma vez nascido o processo judicial.

Para a autora, não parece acertada a LRJS ter concedido uma opção às partes de facultativamente se submeter de mútuo acordo a um procedimento de mediação autônomo, antes do julgamento, perante o secretário judicial, e não perante o órgão judicial. Ela explica que o TSJ de Navarra foi pioneiro nesta prática e acabou por firmar um protocolo de colaboração com o Tribunal de Solução de Conflitos Laborais de Navarra para as disputas que derivarem dos procedimentos judiciais (CASAS BAAMONDE, [s.d.], pp. 5-15).

Portanto, as partes podem subscrever ante o secretário judicial um acordo de suspensão do procedimento judicial de duração não superior a 20 dias úteis, salvo prorrogação autorizada pelo órgão judicial, para iniciar a mediação. Se for feito o acordo de mediação, o órgão judicial aprovará a avença e arquivará a ação. Se não for aceita a proposta dos mediadores, o órgão judicial decretará a conclusão da mediação e, consequentemente, o retorno do processo (CASAS BAAMONDE, [s.d.], pp. 5-15).

A questão é: será constitucional essa atribuição conferida aos secretários pela LRJS para realizarem a justiça intrajudicial? Ou eles estão usurpando as competências dos magistrados?

Como já afirmado anteriormente, a definição do que é justo é muito subjetivo e comporta diferentes entendimentos, variando de cultura para cultura e dependendo do contexto fático, por essa razão não compreende uma definição universal e permanente, podendo essa atribuição ser conferida a outras pessoas para além da figura do juiz (GARCÍA ÁLVAREZ, 2015, pp. 36-59).

Nas mais diversas sociedades, o que a norma jurídica faz é estabelecer uma autoridade para realizar a justiça, que no caso jurisdicional espanhol foi atribuída ao magistrado pelo art. 117. 3 da CE: "*El ejercicio de la potestad jurisdiccional en todo tipo de procesos, juzgando y haciendo ejecutar lo juzgado, corresponde exclusivamente a los Juzgados y Tribunales determinados por las leyes, según las normas de competencia y procedimiento que las mismas establezcan*" (GARCÍA ÁLVAREZ, 2015, pp. 36-59).

Em razão desse artigo constitucional, parte da doutrina interpreta que apenas os juízes e tribunais podem resolver conflitos jurídicos, entretanto, para García Álvarez (2015), o povo, titular da justiça, pode estabelecer outras pessoas para dirimir as disputas, inclusive as próprias partes (GARCÍA ÁLVAREZ, 2015, pp. 36-59).

Desse modo, diversas funções jurisdicionais que antes eram somente do magistrado passam a ser assumidas diante da alteração normativa pelo secretário judicial. Entretanto, são atribuições essenciais do Poder Judiciário pertencentes originalmente ao magistrado, e que por esse motivo sofre críticas de parte da doutrina que acredita que elas não deveriam ser delegadas a outrem.

Todavia, há entendimentos diversos, como o expresso pelo TSJ de Madrid em 16 de novembro de 2015[(308)], em processo de impugnação da despedida coletiva baseada em causas econômicas e organizativas, em que se questiona o alcance da conciliação judicial firmada. Consta na fundamentação desse julgamento sobre a atribuição do secretário judicial de que as avenças realizadas por ele têm natureza jurídica contratual, e não de exercício potestativo jurisdicional, como ocorre com a sentença:

> *La transacción es ante todo y sobre todo un contrato, aunque se homologue judicialmente. La sentencia, por el contrario, está dictada por un órgano jurisdiccional del Estado en el ejercicio de la potestad jurisdiccional consagrada constitucionalmente (art. 117 CE). La conciliación aprobada mediante decreto por el secretario, en contraste, no es una muestra de ese ejercicio de "juzgar y ejecutar lo juzgado" propio de jurisdicción contenciosa que solo corresponde a Jueces y Magistrados. La vinculación de las partes a la transacción, en la que nada se ha juzgado, no deriva del acatamiento al resultado del ejercicio de la potestad jurisdiccional sino de su vinculación a lo convenido o contrato.*

Percebe-se que a doutrina se divide, enquanto que para uns a conciliação judicial é uma atividade processual do magistrado, para outros, trata-se de um negócio jurídico transacional em que, apesar da presença judicial no ato, ela não é uma atuação judicial própria ou heterocompositiva, mas um método autocompositivo dentro do órgão judicial (GIL y GIL, 2008, pp. 121-155).

Mesmo havendo essa dissonância encontrada na doutrina e na jurisprudência, é fato que hoje o secretário tem exercido atribuições que lhe foram conferidas pela norma jurídica e a problemática se insere porque, em determinados casos, têm sido constatadas falhas na atuação dos secretários da justiça.

---

(308) TSJ de Madrid de 16 de novembro de 2015 (AS 2016, 294).

A crítica feita pela doutrina baseia-se no fato de que existe uma má delimitação na lei acerca da atuação do letrado, o que ocasiona dificuldades e problemas decorrentes de sua função. Haja vista que, ao mesmo tempo em que a legislação amplia suas atribuições, deve a norma jurídica prever as responsabilidades por seus atos. Ademais, existe uma certa desconexão entre o que é realizado pelos letrados e o exercício da função jurisdicional (NAVARRETE, 2014, pp. 53-62).

Nesse sentido, o TC entente que os juízes podem rever a decisão do secretário judicial para não vulnerar o direito à tutela judicial efetiva (art. 24 da CE). Certamente, a negligência e os erros cometidos pelo letrado comprometem o direito do cidadão a um processo justo (NAVARRETE, 2014, pp. 53-62).

Portanto, existem acordos firmados perante o letrado da administração da justiça que são anulados por posterior sentença judicial, diante da produção de uma decisão que não é correta e que foi homologada, sendo que as partes não se veem satisfeitas.

Nessa hipótese, constata-se que pode existir uma ameaça à tutela dos direitos fundamentais que deveriam ser preservados judicialmente, tanto pela prestação de um serviço inadequado e injusto, quanto pelo retardamento da prestação jurisdicional.

Um exemplo disso é a decisão do TSJ de Navarra de 2020[(309)], em que há o pedido de nulidade da conciliação judicial, porque o advogado do trabalhador realizou um acordo com a empresa sem tê-lo informado das suas consequências, do seu alcance, do conteúdo e sem obter o seu consentimento. Assim, o obreiro alega que há um vício na avença e pede o retorno dos autos para momento anterior ao acordo conciliatório.

O caso teve início com a apresentação da demanda pelo trabalhador contra a empresa requerendo quantias. Posteriormente, as partes chegaram a um acordo de conciliação judicial perante o letrado da administração da justiça, mas quem participou da avença foi o advogado do trabalhador, que tinha poderes amplos. No mês seguinte, o obreiro formulou demanda de nulidade desta avença por vício de consentimento.

O advogado do autor confessou que firmou o acordo sem que o representado tivesse autorizado. A parte contrária, em sua defesa, disse que foram conferidos ao advogado amplos poderes, inclusive para firmar acordo, pelo que não há consentimento viciado, sob pena de afronta à segurança jurídica.

---

(309) TSJ de Navarra de 2020 (JUR 2021, 3213).

Na decisão, o TSJ esclareceu que a ação para impugnar a conciliação judicial dá-se no mesmo juízo ou tribunal que processou a demanda e caduca em 30 dias. E relatou que o negócio jurídico para ser válido precisa de consentimento, sendo que, no caso *sub judice*, a sua falta ocorreu pelo uso incorreto do mandato, pois o representante para agir necessitava de autorização de quem lhe conferiu o poder. Desse modo, o TSJ julgou procedente a nulidade da conciliação judicial, porque um dos elementos essenciais do negócio jurídico, que é o consentimento, não foi dado.

Essa falta de consentimento do representante para a feitura do acordo é um vício que retarda a prestação jurisdicional devido à postulação de nulidade da avença e que poderia ter sido evitado, se o letrado tivesse tomado as devidas precauções, antes de realizar a conciliação com o representante. Como exemplo, poderia ter consultado a parte representada.

De igual maneira, na decisão da Comunidade Autônoma Castilla-La Mancha em 2020(310), a conciliação judicial ora firmada foi declarada nula por erro de consentimento quanto às quantidades acordadas, haja vista que a diretora da empresa pública, Sra. Mariola, que tinha acesso aos documentos e sabia que os valores devidos aos demandados eram inferiores ao que estava sendo pleiteado, induziu a erro a advogada da entidade local ao enviar-lhe um e-mail ratificando as quantias reclamadas como coincidentes com os documentos.

Pela legislação, a nulidade pode ser alegada em 30 dias da celebração do acordo (art. 84.6 da LRJS), o que foi respeitado. Na decisão judicial, firmou-se entendimento de que se a advogada soubesse que as quantias devidas eram menores, a entidade local não teria firmado a conciliação, por essa razão houve erro de consentimento capaz de gerar a anulação do acordado.

Assim como aconteceu no processo anterior, esse vício também poderia ter sido evitado por meio de uma simples conferência documental, o que impediria a formação de um acordo incorreto.

Em outro caso(311), em fevereiro de 2012, foi realizada conciliação judicial pelo letrado entre a empresa e os trabalhadores, na qual se entendeu pelo reconhecimento da improcedência dos despedimentos e pelo pagamento de abono indenizatório com entrega de bens. Todavia, o Fundo de Garantia Salarial (FGS) impugnou o ato de conciliação, por ser lesivo a seu interesse, já que houve uma avença sem a sua intervenção, sendo ele afetado no que diz respeito aos salários não pagos pela empresa.

---

(310) Julgado do Social Comunidade Autônoma Castilla-La Mancha em 2020 (JUR 2020, 269335).
(311) TSJ de Murcia em 2013 (JUR 2013, 183149).

In casu, foi proposta demanda por despedimento coletivo frente a uma primeira empresa, mas foi solicitada a ampliação do polo passivo, por sucessão empresarial, para abarcar uma segunda empresa. Entretanto, firmou-se conciliação judicial com a primeira empresa onde se reconheceu a improcedência do despedimento e o pagamento de indenização em bens. Assim, houve, por parte do FGS, impugnação a esse acordo judicial, na qual se requereu a declaração de nulidade por lesividade das atas de conciliação.

Por meio de sentença foi declarada a nulidade das atas de conciliação feitas entre os trabalhadores e a empresa por haver lesividade para o FGS. Contra a decisão houve recurso pelos trabalhadores. O FGS impugnou o recurso e se opôs ao mesmo.

Sobre esse assunto, como já abordado anteriormente, o art. 84.6 da LRJS permite que terceiros, que se consideram prejudicados em seus interesses por acordos alcançados em ata de conciliação, possam impugná-los por ilegalidade ou lesividade no mesmo juízo ou tribunal responsável pela demanda, no prazo de 30 dias do conhecimento pelo terceiro.

Nessa circunstância, a justiça entende que é importante averiguar se houve ilegalidade ou lesividade na conciliação judicial alcançada sem intervenção de terceiros, como para o FGS, frente aos salários que não foram pagos. No caso em análise, o acordo judicial feito pelo letrado da administração da justiça, sem a presença do FGS, também impede que se ventile em juízo a indicada sucessão empresarial.

Deste modo, o fato de impedir à avença alcançada a possibilidade de decidir sobre a sucessão empresarial, o que o FGS pretendia suscitar em juízos por despedimentos, faz com que manter o acordo possa gerar dano a ele, de maneira que foi acolhida a nulidade alegada.

O TSJ de Murcia, em 8 de abril de 2013[(312)], considerou nula a conciliação judicial por ser prejudicial, ilegal ou lesiva ao FGS. A ação de nulidade foi intentada no prazo legal de 30 dias do conhecimento do acordado.

Semelhante aos outros casos citados, bastava uma simples constatação de que havia interesse de terceiros para se evitar o erro na feitura de um acordo em prejuízo alheio, o que retarda a prestação jurisdicional devido ao pedido de anulação judicial da avença.

Por sua vez, no TSJ de Andalucía (Málaga) em 2014[(313)], no processo decorrente de despedimento por causas econômicas, com alegação de vulneração de direitos fundamentais, realizou-se acordo judicial em

(312) TSJ de Murcia em 2013 (JUR 2013, 183149).
(313) TSJ de Andalucía (Málaga) em 2014 (JUR 2014, 277173).

2013, aprovado por decreto da secretaria judicial, por meio de um ato de conciliação celebrado com caráter prévio ao ato de julgamento, em que se estabeleceu indenização complementária.

Posteriormente, o autor apresentou demanda individual executiva, mas o tribunal esclareceu que a empresa na conciliação judicial se comprometeu a pagar um determinado valor, com indenizações fixadas em teor acima das previstas na lei, e que ela cumpriu o acordado, por isso determinou que não procede a ação individual de execução judicial, já que não há inadimplência com relação ao título executivo.

Por essa decisão, verifica-se que há o reconhecimento pelo TSJ da eficácia dos acordos realizados pelos secretários judiciais, que devem ser cumpridos conforme o que foi determinado neles, devido à sua força executiva, razão pela qual houve o desestímulo ao ajuizamento de ação que visava executar algo diverso do que foi pactuado:

> *El artículo 84.5 de la Ley Reguladora de la Jurisdicción Social establece que la conciliación y los acuerdos entre las partes aprobados por el secretario judicial o, en su caso, por el juez o tribunal se llevarán a efecto por los trámites de la ejecución de sentencias. Por su parte, el artículo 241.1 de la Ley Reguladora de la Jurisdicción Social señala que la ejecución se llevará a efecto en los propios términos establecidos en el título que se ejecuta, esto es la sentencia firme o el acuerdo alcanzado en el acto de conciliación; consagrando este precepto el principio de congruencia de lo ejecutado con lo previsto en el título ejecutivo, sin que en esta fase de ejecución pueda analizarse el mayor o menor acierto del título objeto de la misma.*

O TSJ determinou que o acordo formulado perante o secretário judicial detém força executiva e somente poderia ser desfeito se houvesse impugnação no prazo legal. Assim, se a empresa cumpriu a avença, não procede a execução individual pleiteando algo diverso do que foi acordado.

Na fundamentação dessa decisão consta que se o trabalhador não tinha noção dos limites determinados no acordo judicial quando da feitura da avença, infelizmente esse fato não poderá recair contra a empresa ou sobre o FGS:

> *Ahora bien, si al fijar la indemnización a percibir por el trabajador no se tuvieron en cuenta los límites antes reseñados, resulta evidente que las consecuencias de ello no pueden ahora recaer ni sobre el Fondo de Garantía Salarial, el cual por expreso mandato legal no puede abonar indemnizaciones por encima de esos límites, ni tampoco sobre la empresa, la cual se comprometió a abonar una indemnización por cierto bastante superior a la prevista legalmente para los supuestos de despido objetivo.*

Percebe-se nesse caso concreto a insatisfação da própria parte alcançada pela avença feita perante o secretário judicial, por lhe faltarem informações mais precisas sobre os parâmetros acordados, e que, se as soubesse, talvez não teria realizado o acordo, já que por esse motivo buscava na execução conseguir algo diverso do que foi conciliado.

Nos processos relatados alhures, é aferível que houve acordos realizados entre as partes após a instauração do processo jurisdicional que não foram válidos, entre outros fatores, pela falta de apreciação de provas simples, tais como verificar se quem está firmando a avença possui autorização do representado, por não analisar que havia interesse de terceiros e até mesmo por falta de conferência de provas documentais. De igual maneira, a informação correta do teor da avença para os envolvidos evita a insatisfação por equívoco das partes.

A arguição posterior de nulidades, seja porque o consentimento encontra-se viciado, seja porque atinge terceiro, mostra que há afetação quanto ao direito das partes de terem na jurisdição a prestação de um serviço adequado, por ter sido feita uma avença injusta ou incorreta.

Entretanto, em todos os casos, uma simples verificação antes de firmar a conciliação entre as partes da veracidade das alegações (por interrogatório das partes ou testemunhas ou pela apreciação de documentos), bem como a informação prestada corretamente quanto ao alcance da avença (afetação sobre a própria parte), traria segurança jurídica ao procedimento e impediria a produção de ato viciado dentro da própria jurisdição. Isso porque estas são circunstâncias que podem ser evitadas e que comprometem o direito à tutela judicial efetiva.

A insatisfação quanto à conciliação firmada perante o letrado também pode advir da parte empresarial. Esse caso trata-se de uma dispensa coletiva que tramitou no TS em 16 de junho de 2015[314], onde se reconheceu a inadequação do procedimento e a falta de legitimação do empresário para impugnar o acordo judicial alcançado por todos os sujeitos coletivos envolvidos no despedimento.

De forma breve, houve uma conciliação judicial coletiva alcançada ante a AN pelo letrado em 2013 envolvendo a empresa, a representação dos trabalhadores e a federação em procedimento de impugnação de despedimento coletivo (que foi efetuado pela empresa, porém concluído sem avença). Nesse acordo judicial, fixou-se uma indenização pela dispensa coletiva com plena validade e eficácia.

---

(314) TS de 16 de junho de 2015 (RJ 2015, 3561).

Entretanto, antes da judicialização, em 2011, em razão da convocatória de greve foram firmados acordos. Depois, em outubro de 2012, o empresário iniciou o período de consultas para adoção das medidas de despedimento coletivo que terminou sem acordo. Por isso, foram apresentadas demandas de despedimento coletivo ante a justiça.

Parte dos recursos contra a avença realizada ante o letrado se concentrou em determinar o alcance da conciliação judicial no procedimento de despedimento coletivo iniciado pela representação sindical dos trabalhadores. Assim, restou decidido, a solução judicial adotada é válida e eficaz e se aplica aos trabalhadores abarcados no processo de despedimento coletivo, sem que lhes sejam de aplicação os acordos de 2011.

Quanto ao questionamento feito pela parte empresarial, nessa situação, é interessante detalhar que o período de consulta do despedimento coletivo terminou sem acordo e não foi a empresa quem interpôs a demanda coletiva para que as dispensas fossem declaradas nulas. Posteriormente, foi firmado acordo judicial ante a AN para atenuar as consequências do despedimento coletivo e esse acordo foi convalidado e declarado firme em sede judicial.

Ora, se a empresa e os outros sujeitos coletivos reconheceram e aceitaram a causa e se já foi transcorrido o prazo para impugnação sem que qualquer sujeito haja peticionado no tempo oportuno, o empresário carece de legitimação ativa para impugnar em outro momento o acordo judicial que foi subscrito por todos os sujeitos coletivos daquele despedimento. De forma que, se o acordo conciliatório foi convalidado e declarado firme em sede judicial, já não pode ser impugnado.

Nessa situação, apesar da empresa que participou do acordo judicial demonstrar insatisfação com o ato conciliatório posteriormente, pois visava esclarecer pontos que ficaram obscuros, o fez em momento inoportuno, perdendo o direito de anulá-lo. De maneira que, em mais um caso, constata-se a insatisfação da própria parte com a conciliação judicial ora firmada por faltar informações precisas sobre o alcance de seus termos, o que é capaz de comprometer o direito à tutela judicial efetiva.

Há ainda o fato de haver déficit de coordenação no Poder Judiciário entre a atuação do secretário da justiça e o funcionamento da jurisdição, porque, no caso de ser realizada a conciliação perante o secretário da justiça, esta pode não ser de conhecimento do juízo e deve ser informada a tempo de evitar que haja mais de uma resolução sobre o mesmo objeto litigioso, capaz de atingir as mesmas partes, haja vista que esse contexto compromete o direito à tutela judicial efetiva, ensejando a impugnação para revisão judicial da nova resolução.

A questão quanto à existência de falha de comunicação do que foi decidido pelo secretário judicial pode ser constatada na sentença de 27 de janeiro de 2016, em processo que tramitou no TSJ de Madrid(315).

No caso, houve uma conciliação judicial firmada perante o secretário na justiça social em maio de 2015, em procedimento de extinção de contrato de trabalho cumulado com reclamação de quantias, por vontade dos trabalhadores, devido à falta de pagamento dos salários. Isso ocorreu antes de ser iniciado o procedimento concursal, por esse motivo não houve a suspensão dessa demanda nos moldes do art. 64.10 da Lei Concursal.

É sabido que a conciliação judicial vincula as partes, de forma que, se ela não foi impugnada dentro do prazo, não há como ir contra o acordado (art. 84.6 da LRJS). Por essa razão, o TSJ determinou que deve haver respeito quanto à avença feita na justiça social pelo Administrador Concursal.

Nessa conciliação judicial ficou estabelecida uma indenização de 30 dias para os trabalhadores, mas, posteriormente, em menos de um mês, a empresa alegou em sede de falência que rechaçava o acordo anterior, oferecendo então aos trabalhadores a indenização mínima prevista na lei.

A Comunidade de Madrid, Área de Relações Laborais, emitiu o informe n. 44/2015 de julho de 2015 desfavorável à proposta da empresa no expediente de extinção coletiva de oferecer 20 dias de indenização aos trabalhadores, já que tal atitude não era congruente com sua postura anterior, uma vez que, no ato de conciliação judicial na justiça social, ofereceu acordo legal (30 dias), pelo que deve cumprir o acordado.

Desse modo, o TSJ fundamentou na sua decisão que não é possível que o administrador da falência faça um acordo prejudicial aos trabalhadores já contemplados na conciliação judicial da justiça social, pois isso compromete a tutela de direitos fundamentais na via judicial. Ademais, a administração da falência devia ter ciência do alcance do acordo feito na justiça social e não pode ignorar o relatório emitido pela autoridade laboral (informe n. 44/2015).

Nesse sentido, o TSJ decidiu que o conteúdo da conciliação realizada ante o secretário judicial tem efeito judicial, e vincula as partes se não for impugnado, e manteve a extinção dos contratos de trabalho e a indenização à razão de 30 dias de salário por ano de serviço para os respectivos trabalhadores.

Isso porque uma postura contrária afetaria o direito fundamental à tutela judicial efetiva dos trabalhadores que já tinham a questão resolvida no juízo do social e de forma melhor do que o acordo proposto no juízo de

---

(315) TSJ de Madrid de 27 de janeiro de 2016 (JUR 2016, 55513).

falência. Igualmente, constata-se que o não cumprimento da avença feita no juízo social por uma das partes, na intenção de firmar conciliação diversa em outro juízo, forçando a outra parte a apresentar ação judicial para o cumprimento do outrora acordado, retarda a prestação jurisdicional e compromete o acesso à justiça.

Outra questão que envolve o funcionamento da justiça é saber se a conciliação firmada perante o secretário judicial pelo ente coletivo compromete o direito à tutela judicial efetiva dos indivíduos singulares, que serão atingidos pela coisa julgada da ação coletiva e se veem impossibilitados de ter uma resolução de fundo para a sua demanda singular. Do mesmo modo, deve-se garantir a correta coordenação entre a demanda coletiva e as individuais propostas, para uma adequada prestação jurisdicional.

Porque, enquanto nos conflitos individuais o problema é saber se o direito pode ser objeto de disposição, nas controvérsias coletivas questiona-se a legitimidade coletiva para dispor de direitos dos trabalhadores para uma composição coletiva da disputa jurídica ou de interesse. Mas também a disponibilidade coletiva não pode alcançar normas legais inderrogáveis (RODRÍGUEZ-PIÑERO y BRAVO-FERRER, 2003, pp. 33-42)

Nesse sentido, no TSJ de Madrid, em 16 de novembro de 2015(316), foi compreendido que a decisão coletiva produz o efeito de coisa julgada sobre as reclamações individuais dos trabalhadores, de forma que a quantia indenizatória a ser paga deve ser a prevista nos pactos coletivos subscritos entre a empresa e os representantes dos trabalhadores, e que não há ofensa ao art. 24 da CE.

Consta da fundamentação que a conciliação feita na justiça tem natureza jurídica contratual e pode ser invalidada pelas causas que invalidam os contratos, se for ilegal ou se lesiva a terceiros:

> *La eficacia de la cosa juzgada de la conciliación judicial no es sin embargo totalmente idéntica a la de la sentencia firme (y en esto convenimos con el impugnante) porque aquella deriva y tiene que ser conjugada con su naturaleza contractual: la imposibilidad de replantear las cuestiones transigidas o conciliadas no significa que sea invulnerable, ya que su validez y eficacia puede impugnarse por las causas que invalidan los contratos (pudiendo fundamentarse por los terceros perjudicados en ilegalidad o lesividad, art. 84.6 LRJS precepto que evidencia su capacidad de producir efectos frente a terceros y que viene a ser la réplica adaptada del art. 1817 CC).*

(316) TSJ de Madrid de 16 de novembro de 2015 (AS 2016, 294).

No caso em apreciação, a obreira foi despedida, sob justificativas econômicas, entre os 129 trabalhadores dispensados. Os representantes dos trabalhadores apresentaram demanda frente à dispensa coletiva requerendo a nulidade, em que foi celebrado um acordo conciliatório judicial em 2013 com o seguinte teor:

> *En tercer lugar, se describe las consecuencias del despido colectivo dependiendo de los años del trabajador (trabajadores con 58 años y el resto). Para el resto de trabajadores se acuerda una indemnización de 38 días por año trabajado como máximo 24 mensualidades. "Adicionalmente se abonará una indemnización complementaria equivalente a la mitad del salario mensual fijo del trabajador en la fecha de extinción del contrato"; se establece tope de suma de indemnizaciones.*

Entretanto, apesar da avença coletiva, havia ações individuais tramitando de alguns trabalhadores dispensados em que era solicitada uma indenização maior do que aquela pactuada no acordo judicial pelo ente coletivo.

O TSJ entendeu que o acordo judicial feito ante à secretaria judicial na demanda coletiva em 2013 colocou fim ao litígio perante a AN, sendo documentado como conciliação judicial realizada, que constitui título executivo.

O tribunal esclareceu que o processo individual de dispensa se suspende até a resolução da demanda coletiva com efeito de coisa julgada frente às demandas individuais, para não impedir a eficácia da conciliação coletiva realizada pelos representantes que negociaram de boa-fé:

> *Por consiguiente cuando el art. 124.13 LRJS en la redacción aplicable al supuesto de autos establecía que el proceso individual de despido se suspende hasta la resolución de la demanda formulada por los representantes de los trabajadores, sin especificar que necesariamente deba producirse por sentencia, y que una vez firme tiene la eficacia de cosa juzgada, debe entenderse que esta eficacia deriva tanto de la sentencia que resuelve la demanda de despido colectivo como del acuerdo de conciliación que sustituye a la sentencia y que también resuelve la demanda de despido colectivo. La conciliación judicial, se insiste, aunque no igual es sustitutiva de la sentencia.*

Assim, o TSJ aplicou a solução coletiva à autora, pois, segundo o tribunal, a transação realizada pelo secretário tem efeito de coisa julgada e, nesse caso, não se trata de afetar terceiros prejudicados (estes poderiam invalidar o acordo), mas da aplicação dos arts. 124.6 e 160 da LRJS que preceituam o efeito de coisa julgada da demanda coletiva (solucionada por sentença ou acordo) sobre processos individuais pendentes sobre o mesmo objeto.

Percebe-se que ainda existe muita insegurança jurídica quanto ao tema e, nesse caso concreto, na fundamentação, o TSJ concedeu a interpretação de que a conciliação judicial realizada no processo coletivo, embora não seja igual à sentença, produz os mesmos efeitos jurídicos sobre as demandas individuais.

O tribunal ressaltou que deve haver uma coordenação entre o decidido na demanda coletiva e as ações individuais e revelou que não houve ofensa à tutela judicial efetiva, porque o sujeito coletivo está legitimado legalmente para propor a ação coletiva que terá efeitos sobre a totalidade dos trabalhadores afetados. Trata-se de uma substituição processual autorizada pelo ordenamento jurídico:

> *Tampoco estimamos que la extensión del concepto de cosa juzgada en relación con la pretensión de la demanda que fue declarada en la conciliación judicial a los trabajadores afectados se pueda alegar como lesiva del art. 24.1 CE al considerar que se priva al trabajador individual del derecho a una defensa plena y en libertad de argumento y pruebas. Nótese que con ello lo que se alega es la falta de identidad subjetiva la cual además tiene conexión no solo con el derecho constitucional de acceso a los Tribunales, sino también con la representación y función de los representantes legales de los trabajadores y de los sindicatos con implantación suficiente y con la regulación positiva del propio proceso de conflicto de despido colectivo y de conflicto colectivo en general. Los sindicatos y los representantes legales tienen legitimación para los procesos colectivos conforme al art. 124.1 y 154 LRJS asumiendo así legalmente la defensa de todos los trabajadores afectados por cuanto la ley les otorga una específica capacidad y poder de representación. Se trata, por tanto, de una concepción de representación procesal que es diferente a la que es propia del derecho privado (civil). Esta última es la que se esgrime en el escrito de impugnación cuando se alude a la falta de identidad subjetiva. Sin embargo, aquí nos encontramos con otra representación procesal que surge de la capacidad y el poder de representación de aquellos no solo de los afiliados sino también de todos los trabajadores a los que puede alcanzar el proceso colectivo. Es a través de esta especial representación procesal como se produce el acceso a los tribunales y, por ende, se preserva el art. 24 CE, adquiriendo los trabajadores una peculiar condición de parte.*

Assim, o acordo judicial alcançado ante o secretário judicial tem natureza jurídica de conciliação judicial (art. 84.1 da LRJS) e possui efeito positivo de coisa julgada, razão pela qual, no caso *sub judice*, prevaleceu a indenização fixada judicialmente sobre o acordo coletivo firmado em 2011.

O tribunal explicou que, embora haja o argumento de que a fixação de indenizações não é uma questão afeta ao objeto de despedimento coletivo, e que o acordo de conciliação perante o secretário judicial teria excedido os limites do processo, o fato é que o pagamento da indenização de 45 dias, prevista no acordo de 2011, foi alegado nas demandas que impugnaram a dispensa coletiva sob a justificativa de que a empresa, no descumprimento, agiu de má-fé e com abuso de direito.

Por isso, o TSJ confirmou que a conciliação judicial nessa hipótese pode adentrar no *quantum* indenizatório e versar sobre um aspecto que era objeto de litígio judicial, já que o conteúdo do pacto realizado em 2011 estava controvertido e, assim, ajuizou-se ação no tribunal para que houvesse uma resolução. E reforçou que esse acordo judicial feito pelo ente coletivo alcançado ante o secretário judicial somente pode ser anulado por impugnação do art. 84.6 da LRJS.

Desse modo, o tribunal fundamentou que a avença judicial tem plenos efeitos por ter sido firmada pelos representantes legais dos trabalhadores devidamente assessorados, ainda que alcançada quantia indenizatória menor do que a prevista no pacto de 2011. Igualmente argumentou pela necessidade de coordenação entre as demandas coletivas e individuais, razão pela qual afirma que não há ofensa à tutela judicial dos indivíduos singulares, aplicando-lhes a coisa julgada coletiva, pois os representantes coletivos têm autorização legal para firmar acordo em nome dos representados.

Compreende-se por esse julgamento que, ainda que a demanda coletiva afete as demandas individuais impedindo o conhecimento do mérito (do fundo) delas, e apesar de poder ocasionar nos indivíduos a não continuidade de suas ações individuais em que pleiteavam indenização superior àquela estabelecida na conciliação judicial feita pelo ente coletivo, o tribunal posiciona-se no sentido de que a solução firmada pelo ente coletivo alcança, com apenas uma decisão, diversos procedimentos, contribuindo para a razoável duração do processo e para o acesso à justiça.

Além de resguardar o princípio da igualdade para as pessoas envolvidas no mesmo conflito, devendo-se atentar para que haja a correta coordenação entre o que for decidido no litígio coletivo pelo secretário judicial e as ações individuais.

No caso relatado alhures, percebe-se que a autonomia coletiva predomina sobre a individual quando se trata de questões coletivas do contrato de trabalho e ela contempla a disponibilidade coletiva, tanto para autorregular, quanto para a autocomposição da disputa laboral (RODRÍGUEZ-PIÑERO y BRAVO-FERRER, 2003, pp. 33-42).

De forma que a conciliação firmada perante o secretário judicial pelo ente coletivo acaba por atingir as demandas judiciais individuais, abrindo espaço para o questionamento quanto à afetação ao direito à tutela judicial efetiva de indivíduos singulares.

Todavia, constata-se que, para a doutrina e a jurisprudência, se predominar o assunto coletivo, e sendo o ente coletivo legitimado constitucionalmente, a conciliação judicial ante ao secretário da justiça atinge as demandas individuais em curso que deverão respeitar o ora estabelecido, salvo se exercerem a tempo a impugnação. De forma que deve-se ter uma coordenação entre a ação coletiva e as ações individuais.

Nessas circunstâncias, por predominar a discussão coletiva sobre a individual, para o tribunal não há ofensa à tutela judicial efetiva dos indivíduos singulares.

Caso semelhante ao verificado acima é o que se passou no TS em 19 de outubro de 2017[317], em que tramitou um processo sobre despedimento coletivo, onde surgiram divergências no entorno da necessidade de estabelecer como se daria a execução do acordo judicial coletivo, se de forma individual ou coletiva.

Isso porque foi realizado um acordo perante o letrado da administração da justiça sobre o despedimento coletivo que consistiu na empresa demandada reconhecer a nulidade da rescisão contratual dos trabalhadores e se comprometer em readmiti-los no prazo de um mês a contar da conciliação judicial, bem como proceder ao pagamento dos salários desde o acordo até a readmissão.

Haja vista que, para a validade do despedimento coletivo, há que se cumprir certos requisitos legais, como o empresário realizar o período de consultas ou entregar a documentação do art. 51.2 do ET, entre outras formalidades previstas na norma jurídica, sob pena da sentença declarar a reincorporação dos trabalhadores a seus postos de trabalho.

Posteriormente, surgiu divergência sobre como se daria a execução deste acordo judicial, se de forma individual ou coletiva. A Sala de Sevilla entendeu que não havia lugar para a execução coletiva por faltar dados detalhados de cada um dos trabalhadores. Nesse sentido, se posicionou pelos processos individuais por parte dos trabalhadores para obter seus elementos essenciais e particulares. Contra essa decisão foi interposto recurso de cassação por quebra das normas essenciais ao juízo e das garantias processuais, que foi admitido.

O TS estabeleceu que o acordo judicial coletivo feito ante o letrado constitui título executivo suscetível de execução direta. Em outras palavras, a sentença que declara nulo o despedimento coletivo é diretamente executável para evitar o sobrestamento dos tribunais com demandas individuais na forma da LRJS. De modo que, os títulos executivos que reconhecem o direito à readmissão dos trabalhadores no seio do processo de despedimento coletivo são executáveis e a falta de dados precisos de cada um dos trabalhadores no processo coletivo não deve gerar a impossibilidade de sua execução, pois não tem essa exigência na legislação.

---

(317) TS em 19 outubro 2017 (RJ 2017, 5038).

Portanto, ainda que falte certos elementos, eles podem ser obtidos no processo executivo, sem haver uma impossibilidade material manifesta. Desta forma, foi emitida a ordem de execução coletiva a favor dos trabalhadores afetados pelo despedimento coletivo nulo, calculada provisoriamente, sem prejuízo de posterior liquidação:

> *Por tanto, la ejecución solicitada debe efectuarse por cuanto que no resulta procedente remitir a la vía de las impugnaciones individuales que prevé el artículo 124.13 LRJS cuya consecuencia, una vez ha clarificado la ley la posibilidad de ejecución directa de las sentencias de nulidad del despido colectivo, conduciría al absurdo de tener que seguir un proceso declarativo para la obtención de un título ejecutivo que habría que ejecutar; título cuyo contenido ya está predeterminado, puesto que la cuestión de fondo ya está total y absolutamente decidida por la sentencia colectiva que aquí se ejecuta.*

Nesse sentido, apesar das dúvidas que envolveram esse processo, o TS fixou que a execução da conciliação judicial firmada ante o letrado sobre despedimento coletivo declarado nulo deve seguir o trâmite da execução das sentenças e não a via individual, sempre que a execução tenha por objeto o próprio fato da readmissão ou as circunstâncias e as condições básicas inerentes a mesma, assim como a quantificação dos salários em tramitação, ainda que tais elementos não figurem no título executivo, haja vista que este procedimento se adequa à norma jurídica, além de garantir o cumprimento com celeridade da decisão emitida e de evitar o sobrestamento da justiça pelo ajuizamento de inúmeras ações individuais.

Considerando todos os processos analisados, a bem da verdade é que existe a necessidade de uma norma jurídica para detalhar mais o procedimento exercido pelo secretário da justiça, assim como sobre suas responsabilidades, na medida em que a feitura de um acordo que não é correto compromete a credibilidade da justiça e viola o direito à tutela judicial efetiva, razão pela qual, quando da mediação-conciliação intrajudicial, deve haver o respeito às questões básicas do direito quanto à informação correta para as partes do teor da avença, acerca da avaliação de provas, para aferir se quem realiza o ato conciliatório detém competência para isso (documento que prove) e se a avença respeita normas legais mínimas, pois as funções do secretário da justiça não podem ficar à margem da lei.

Na mesma medida, quando se tratar de ação coletiva, deve-se ter o cuidado de que haja a coordenação adequada entre a conciliação-mediação realizada pelo secretário judicial em uma dada demanda coletiva, com relação às ações individuais em curso a respeito do mesmo objeto litigioso, para evitar decisões contraditórias. Tal fato também deve ser observado quando forem duas demandas coletivas propostas em juízos diversos sobre o mesmo objeto litigioso.

Deve-se garantir, dentro do Poder Judiciário, que haja um procedimento seguro, adequado e coordenado, a ser realizado pelo secretário judicial no intuito de contribuir com a prestação de um serviço de justiça efetivo.

4. Dos meios eletrônicos de prova e do seu acesso na jurisdição social

Nesta era digital, o emprego da informática tem sido essencial para a melhoria da prestação dos serviços de justiça e para a tutela dos direitos fundamentais, tendo um impacto drástico no processo do trabalho.

Ao lado do contributo para o acesso à justiça, o desenvolvimento tecnológico também se apresenta carregado de incertezas, quanto à segurança e confiança que se pode dar às informações colhidas virtualmente.

Entretanto, é fato que a era digital tem ajudado a dirimir diversas questões por meio dos dados, como o uso da imagem de câmeras, por exemplo, em que se podem desvendar crimes que em outras épocas seriam impossíveis.

No ambiente de trabalho, permite-se a conferência da lisura de certas informações prestadas pelas pessoas, porque a videovigilância na empresa é considerada lícita (decisão de 13 de outubro de 2021 do TS).

No mesmo sentido, no acórdão do TS de 7 de julho de 2016[(318)], definiu-se que o uso adequado da videovigilância implementada na empresa em área não privada, como banheiros e vestiários, é válido para a proteção do patrimônio do empregador e apto a provar fatos em juízo, como os motivos para a demissão do empregado, desde que o sistema esteja ajustado aos requisitos razoáveis de respeito à privacidade da pessoa[(319)].

Assim, quando a videovigilância é de conhecimento do trabalhador (dever de informação) e a medida é justificada, não é necessário especificar a finalidade exata desse controle empresarial, já que o processamento de dados pessoais do trabalhador em decorrência da vigilância por vídeo trata-se do cumprimento do contrato de trabalho e dos poderes legais de controle do empregador, e não requer o consentimento do trabalhador (Acórdão do TS, n. 817/2021, de 21 de julho)[(320)].

Constata-se que a tecnologia modificou substancialmente as interações humanas, inclusive no ambiente laboral.

---

(318) TS de 7 de julho de 2016 (n. 630/2016).

(319) Sobre a jurisprudência, ver: Jurisprudência sobre o valor probatório das provas digitais na ordem social | Iberley. Acesso em: 15 set. 2022.

(320) *Ibidem*.

Nessa medida, visualiza-se que as cartas de papel foram substituídas pelo correio eletrônico, os telefonemas pelas mensagens instantâneas, seja de texto, vídeo ou áudio, sendo que todo esse contexto social digitalizado reflete no processo e na feitura das provas judiciais (PASTORE, 2020, pp. 63-79).

Nos últimos anos, quanto à informalização, em razão da pandemia, assistiu-se a uma aceleração na adoção de meios de comunicação virtuais, para possibilitar a continuidade da prestação dos serviços públicos durante o período de isolamento social (SOUZA JÚNIOR, 2020, p. 15).

O lado bom da tecnologia associada ao sistema de justiça é que ela evita o deslocamento das partes e flexibiliza o tempo por meio das videoconferências (AGUDO, 2021, pp. 148-150).

Todavia, tanto no Brasil quanto na Espanha faltam normas jurídicas para disciplinar com mais precisão a virtualização procedimental da justiça.

Na Espanha, a legislação é deficitária quanto à incorporação no processo da prova digital e, sendo todos os meios de prova previstos na norma legítimos, isso faz com que surjam questionamentos quanto à necessidade de garantir a integridade do dado virtual diante da sua volatilidade. Sendo que essa veracidade, muitas das vezes, é feita por meio da prova pericial, já que os magistrados não têm formação em tecnologia.

Percebe-se que a virtualização da informação e da comunicação impactou drasticamente o sistema de justiça, razão pela qual precisa-se repensar a teoria das provas também no Brasil para adaptar o processo a essa nova realidade. Haja vista a falta de disciplina legal, já que as normas são insuficientes para a complexidade das questões que estão aparecendo (MIZIARA, 2022).

Esse espaço deixado pela norma jurídica tem sido preenchido por meio das decisões judiciais que, por vezes, mostram-se contraditórias (MIZIARA, 2022).

Especificamente, no país espanhol, nem a Lei n. 36/2011 (LRJS) e nem a Lei n. 1/2000 (LEC) do processo civil, aplicadas subsidiariamente na seara laboral, contemplam de modo expresso a prova eletrônica. Entretanto, o art. 90 da LRJS admite o uso de diversos tipos de provas, sendo que seu valor probatório depende das garantias de sua autenticidade (ROJAS, 2016).

Portanto, a LRJS admite qualquer meio de prova, incluindo aqueles que reproduzem a palavra, a imagem, o som e os dados (art. 90 da LRJS) (COLÀS-NEILA, 2020, pp. 35-67).

De modo detalhado, a LEC se refere aos meios, procedimentos e instrumentos que possibilitam arquivar e conhecer a informação digital, mas falta norma jurídica precisa quanto à prova virtual, o que faz a jurisprudência social tecer interpretações a esse respeito (COLÀS-NEILA, 2020, pp. 35-67).

Um dos desafios atuais é o de compatibilizar a busca da verdade processual, os dados digitais e os direitos fundamentais das partes (MIZIARA, 2022).

Desse modo, desde a sua produção até a incorporação no processo, há que se verificar a validade da evidência virtual. A fase de obtenção do dado deve ser lícita e haver respeito aos direitos fundamentais, e, quando da incorporação ao procedimento judicial, assim como acontece com as demais provas, deve ser útil para demonstrar os fatos e ser íntegra.

Quase todos os tipos de provas são válidos, contudo, não é permitido que sejam produzidos com violação aos direitos fundamentais (art. 90 da LRJS). Como exemplo, não é lícito acessar e-mails particulares do empregado sem sua permissão.

Há muitas dúvidas sobre o alcance das provas digitais e as decisões dos tribunais têm assumido o papel de sanar as lacunas legais. No acórdão do TSJ de Madrid, de 25 de janeiro de 2019[(321)], ficou estabelecido que os e-mails podem compor o processo para ser elemento de convicção conjuntamente às outras provas do processo[(322)].

A jurisprudência também tem se posicionado sobre as gravações ou as conversas virtuais serem admitidas como provas, desde que a parte participe delas, não havendo necessidade de notificar a outra de que a conversa está sendo gravada. No caso de conversas de WhatsApp, elas podem ser atestadas como verídicas pelo notário ou por um advogado da administração da justiça (ARADAS, 2022).

O registro notarial no documento (que contempla e-mail ou mensagens instantâneas) ou o registro realizado no próprio tribunal pelo advogado da Administração da Justiça (ex-secretário judicial) confere fé pública e, por essa razão, a princípio, não é passível de impugnação. Entretanto, deve-se ter a atenção de registrar, além do conteúdo do documento, as identidades dos interlocutores e o dispositivo móvel utilizado (ROJAS, 2016).

De maneira geral, os tribunais não consideram que há violação aos direitos fundamentais quando se capturam telas de sites ou de aplicativos de mensagens, se de acesso público ou se feito por um dos participantes da conversa (VIDAL LOPEZ, 2019).

---

(321) TSJ de Madrid de 25 de janeiro de 2019 (n. 83/2019).

(322) Mais detalhes em: Jurisprudência sobre o valor probatório das provas digitais na ordem social | Iberley. Acesso em: 15 set. 2022.

Mas surgem dúvidas principalmente no tocante à autenticidade das provas produzidas por meios virtuais, pois se elas forem falsas comprometem o direito à tutela judicial efetiva. Essa problemática acentua-se para os mecanismos não jurisdicionais, que por serem informais costumam aceitar todos os tipos de provas, salvo se houver convencionado de forma diversa.

Quanto aos métodos extrajudiciais, quando se pensa em maneiras de assegurar a fidelidade da prova a ser produzida, como, por exemplo, a garantia da identificação dos participantes em uma videoconferência, para tanto, pode-se requerer a apresentação do documento de identificação na câmera ou realizar pelo vídeo o reconhecimento de cada pessoa, devendo este ato ser preferencialmente gravado, desde que haja o consentimento expresso dos participantes (AGUDO, 2021, pp. 148-150).

Portanto, no que se refere às provas produzidas no sistema de justiça como um todo, é cada vez mais comum o uso de meios digitais, porque na busca pela verdade conta-se com o auxílio da tecnologia. Entrementes, esse é um cenário ainda nebuloso devido aos problemas que surgem quanto à autenticidade e integralidade da prova virtual.

Na Justiça do Trabalho espanhola são considerados meios de prova previstos na lei de jurisdição cível que complementa a laboral: a perícia, o interrogatório das partes, os documentos públicos e privados, a inquirição de testemunhas e o reconhecimento judicial.

A natureza jurídica do documento eletrônico é controvertida. Há posicionamentos nos tribunais que negam ser prova documental: os e-mails, a captura de tela e outros semelhantes (VIDAL LOPEZ, 2019).

Sobre esse assunto há divergências, pois, para parte da doutrina, o art. 90 da LRJS permite interpretação de que as evidências digitais (que são as provas virtuais) sejam inseridas no processo como um documento privado ou público. Sendo o documento privado extraído de um dispositivo eletrônico, a sua veracidade deve ser analisada em conjunto às demais provas presentes nos autos (MARTÍNEZ, 2019, pp. 38-56).

Na medida em que os outros meios de prova existentes podem ser utilizados para conferir autenticidade e integridade à prova digital conforme definido na sentença do TS de 19 de maio de 2015 (VIDAL LOPEZ, 2019).

Entretanto, para outra parte da doutrina, a prova eletrônica não deve ser reduzida a uma mera evolução da prova documental, pois deve ser tratada como uma nova modalidade independente (MARTÍNEZ, 2019, pp. 20-22).

Nesse sentido também há decisões judiciais, como o acórdão do TS de 15 de janeiro de 2020[(323)], que considerou que a gravação de áudio e vídeo não tem a natureza das evidências documentais nos termos do art. 193, b) da LRJS. Apesar de constar no art. 90 que os meios mecânicos de reprodução da palavra, da imagem e do som são admitidos como prova, não há definição da sua natureza e do tratamento que deve ser dado a eles, sendo preciso conferir a legislação cível e a Lei n. 1/2000, que confere tratamento autônomo a esse meio de prova, diferenciando-o da evidência documental[(324)].

Essa questão é muito divergente na doutrina e na jurisprudência, e o problema se insere porque a norma jurídica prevê que a revisão dos fatos comprovados no primeiro grau de jurisdição ocorre por meio de documentos e das provas periciais. Então, se evidências eletrônicas forem tipos autônomos e não documentos, significa que não estarão aptas a revisar os fatos.

Assim, a natureza jurídica dada ao meio probatório afeta a possibilidade de revisão dos fatos declarados na sentença de primeira instância, já que o recurso somente pode se basear em provas documentais e periciais nos moldes do art. 193 da LRJS (COLÀS-NEILA, 2020, pp. 35-67).

Por essa razão, o acórdão do TS de 23 de julho de 2020[(325)] considerou ser o e-mail prova documental e demonstrou preocupação em razão de haver jurisprudência contraditória que se posiciona por ser meio autônomo de evidência.

Ficou definido nessa decisão que a caracterização de documento deve ser ampla e abarcar os dados eletrônicos, já que o progresso tecnológico fez com que os documentos se materializassem por meios virtuais, que devem continuar a ter a natureza de prova documental, ainda que seja preciso haver adaptações, como no caso da necessidade de comprovação da autenticidade.

Tudo isso na medida em que, para o tribunal, se o conceito for restrito de documento, haverá um momento em que a revisão dos fatos se tornará esvaziada por estar limitada aos documentos escritos cada vez mais escassos[(326)].

Não existe procedimento probatório com o nome de prova digital, por esse fato, também se pode entender que é um meio de prova autônomo, conforme o decidido na sentença do TS de 16 de junho de 2011, apesar de na

---

(323) TS de 15 de janeiro de 2020 (n. 31/2020).

(324) Informações sobre as decisões judiciais em: Jurisprudência sobre o valor probatório das provas digitais na ordem social | Iberley. Acesso em: 15 set. 2022.

(325) TS de 23 de julho de 2020 (n. 706/2020).

(326) Mais informações em: Jurisprudência sobre o valor probatório das provas digitais na ordem social | Iberley. Acesso em: 15 set. 2022.

prática a prova virtual ser apresentada em juízo por meio da captura do conteúdo exibido na tela do computador com as informações transcritas para o papel (VIDAL LOPEZ, 2019).

A questão é muito dissonante, pois no acórdão do TSJ da Galicia, de 28 de janeiro de 2016[327], ficou definido que o WhatsApp pode ter valor probatório, em que pese não estar contemplado na LRJS. Para ser considerado um documento para fins de processo trabalhista, deve haver não somente cópia em papel do *print* (captura) da tela, mas também a transcrição da conversa e a verificação do telefone e do número. E, para que as conversas instantâneas sejam aceitas como documento, deve-se cumprir alguma dessas quatro premissas: o interlocutor não contestar a conversa; ou a reconhecer como verídica; ou ela, quando comparada com outro terminal envolvido, for tida por verdadeira; ou quando é praticado um teste pericial que comprove a autenticidade[328].

Entrementes, pouco tempo depois, no TSJ da Galicia, tiveram decisões no sentido de que o WhatsApp não é documento, não sendo prova habilitada para efeitos de revisão do julgamento, apesar de poder ser admitida como prova e valorada no primeiro grau (COLÀS-NEILA, 2020, pp. 35-67).

Em que pese toda essa discussão sobre a natureza jurídica da prova digital, se documental ou autêntica, o fato é que para ela ser admitida no processo judicial é imperiosa a comprovação da sua autenticidade, integridade e confiabilidade. O que poderá ser feito de diversas formas, por exemplo, para se ter a certeza dos autores do fato virtual, o certificado digital (afasta possíveis fraudes e adulteração dos documentos eletrônicos) é um meio válido para atingir esse fim (BERBERI, 2021, pp. 137-165).

O problema se agrava, porque a questão não é tão simples de ser solucionada e ainda pende de maiores investigações para ser dirimida, na medida em que o tradicional documento de papel é carregado de mais estabilidade quanto ao seu conteúdo, contendo maior confiança do que o documento produzido por meio eletrônico, por ser mais fácil de ser adulterado e não apresentar igual segurança para fins de prova no sistema de justiça (PASTORE, 2020, pp. 63-79).

No caso do processo brasileiro, mesmo o documento de papel, para servir de prova, normalmente por cautela, deve ser lavrado por escritura pública ou deve-se comprovar os originais ou as cópias autenticadas pelo tabelião (PASTORE, 2020, pp. 63-79). Todavia, é bem mais simples a verificação da sua

---

(327) TSJ da Galicia de 28 de janeiro de 2016 (n. 556/2016).

(328) *Ibidem.*

veracidade do que a do documento eletrônico, que pode ser mais facilmente modificado e depende de conhecimento técnico para essa constatação.

São provas realizadas por meio digital: as mensagens de e-mail, de WhatsApp ou de Instagram, entre outras redes sociais, os dados ou os vídeos extraídos da internet e que visam demonstrar a ocorrência de um determinado fato, razão pela qual para parte da doutrina no Brasil também possuem natureza jurídica de prova documental (BERBERI, 2021, pp. 137-165).

A esse respeito, apesar de na jurisdição brasileira serem aceitas as provas documentais, ainda existem divergências de quais meios eletrônicos podem ser fidedignos para comprovar a verdade dos fatos. De modo geral, os tribunais têm admitido os correios eletrônicos, porém, não há a mesma aceitação quanto às mensagens trocadas pelo aplicativo de WhatsApp.

Diante desse cenário, em que os procedimentos de resolução de conflitos (formais e informais) estão cada vez mais entranhados com as ferramentas digitais, falta regulamentação normativa para disciplinar quais provas realizadas em ambientes virtuais são consideradas válidas e legítimas para comprovar a verdade dos fatos. Tal situação se complica, considerando-se os meios extrajudiciais, que por serem mais informais aceitam, de forma mais ampla, os mais diversos tipos de provas.

Como pode ser notado, o impacto tecnológico no processo tem modificado substancialmente a Administração da Justiça. No caso da Espanha, o Expediente Judicial Eletrônico (EJE) refere-se à materialização digital do processo, pois representa um conjunto de documentos e de dados eletrônicos (qualquer que seja a informação contida nele) que compõe o procedimento judicial. Tem previsão na Lei n. 42/2015 (MARTÍNEZ, 2019, pp. 38-56).

A bem da verdade, em que pese a revolução tecnológica ser essencial para facilitar o acesso à justiça, muitas questões ainda não estão esclarecidas e nem normatizadas, sendo urgente uma nova legislação para garantir segurança jurídica, já que a prova é essencial para encontrar a verdade dos fatos e obter uma decisão justa no processo. Uma prova adulterada pode levar a uma decisão incorreta, o que compromete o direito à tutela judicial efetiva.

De modo geral, também na jurisdição brasileira, faltam critérios que permitam ao magistrado verificar a autenticidade e a integralidade das provas digitais, o que pode dar azo a equívocos na apreciação dos fatos no próprio Poder Judiciário, de forma a comprometer a obtenção de uma decisão que seja justa (PASTORE, 2020, pp. 63-79).

Da mesma maneira, semelhante ao que ocorre no Brasil, na Espanha, nesse novo tempo, diagnosticado com o desaparecimento do papel, surgem dúvidas quanto à integridade, à identidade e à conservação dos novos documentos eletrônicos que formam o EJE (MARTÍNEZ, 2019, pp. 38-56).

Entretanto, a realidade é que o conteúdo de qualquer documento, virtual ou não, somente detém força probante diante da comprovação da veracidade, credibilidade e fidelidade das informações que carrega (PASTORE, 2020, pp. 63-79).

E uma das questões a ser identificada para a validade da prova digital é que ela deve estar em conformidade com a norma jurídica e não pode afetar direitos fundamentais (MARTÍNEZ, 2019, pp. 38-56). Portanto, mesmo que realizada virtualmente, a prova não está à margem do direito, assim como acontece com qualquer outro tipo de prova.

No Brasil, decisão do TRT da 10ª Região entendeu que a prova digital, como as conversas de WhatsApp, deve respeitar o direito à intimidade, razão pela qual ficou definido nesta decisão pela necessidade de autorização judicial para ser incorporada no processo[(329)]. Entretanto, há divergências no tocante ao tema.

Na Espanha, como já afirmado, a produção de provas eletrônicas também deve observar os direitos fundamentais, como a intimidade. Exemplificando, a gravação de conversa ambiental, se for feita por um dos interlocutores para fins de prova laboral, é considerada lícita (STS n. 678/2014 de 20 de novembro).

Percebe-se que, diante da falta de uma normatização mais densa nos dois países para reger as provas virtuais, os tribunais, inclusive pela jurisprudência, têm colmatado as lacunas legais, fixando parâmetros para a aceitação de meios virtuais para fins de prova no processo.

É fato que existem maiores dificuldades para examinar a veracidade de um documento eletrônico, que pode ser adulterado mais facilmente, diferente do que ocorre em um documento escrito.

Isso porque a informação digital pode ser transportada para outro meio em que pode ser alterada, sendo esta circunstância difícil de detectar. Pode-se ainda editar e adulterar as imagens presentes no computador ou no celular (PASTORE, 2020, pp. 63-79).

---

(329) Informação disponível em: https://www.jusbrasil.com.br/jurisprudencia/trt-10/652050180. Acesso em: 9 set. 2022.

Porém, outra forma de comprovar a integridade da prova digital é, em caso de impugnação da parte contrária, exigir que se comprove a sua autenticidade (MARTÍNEZ, 2019, pp. 38-59).

A lei brasileira também prevê que provas digitais têm valor desde que não haja impugnação, cabendo, se for o caso, a comprovação da autenticação eletrônica ou a realização de perícia (art. 422 do CPC). Assim, em caso de dúvidas, deve-se realizar prova técnica pericial para não induzir o juiz a erro quanto à realidade (PASTORE, 2020, pp. 63-79).

Nesse sentido, no Brasil, embora o tema seja divergente, há decisão do Tribunal de Justiça do Distrito Federal que considera legítima a prova de conversas de aplicativo de WhatsApp, se não forem impugnadas pela parte contrária.(330)

Sobre o processo digital, a previsão na Lei n. 18/2011 espanhola não é suficiente para a regulamentação da matéria (MARTÍNEZ, 2019, pp. 38-56). No Brasil, a questão é semelhante e, por conta disso, a jurisprudência tem traçado caminhos para disciplinar requisitos para a validade da prova virtual no processo.

Pelo que foi exposto no *Auto de la Sala de lo Civil del TS de 21 de marzo de 2013*, para que a prova digital seja admitida no processo, ela deve respeitar certos requisitos estabelecidos na jurisprudência como, por exemplo, os limites existentes no direito probatório, por isso, deve ser útil e pertinente para comprovar os fatos narrados e deve estar dentro dos parâmetros legais, sendo produzida com respeito aos direitos fundamentais.

Consta também da fundamentação desse julgamento que se deve assegurar a sua veracidade, como por meio do uso da firma eletrônica, para conferir certeza aos documentos virtuais (certificado digital que reforça o valor probatório do documento).

No caso de documentos digitais, a assinatura eletrônica com certificado digital é uma forma de lhes garantir a autenticidade, porque o documento não pode ser alterado sem que a assinatura fique prejudicada (PASTORE, 2020, pp. 63-79).

Dessa maneira, chega-se à conclusão de que nem toda informação contida no suporte eletrônico é considerada prova digital, pois é preciso que tenham sido analisadas a sua validez e eficácia. Em outras palavras, depende da integridade demonstrada do documento virtual (MARTÍNEZ, 2019, pp. 38-56).

---

(330) Sobre essa decisão, ver: https://www.jusbrasil.com.br/jurisprudencia/tj-df/1308110568. Acesso em: 10 set. 2022.

Entre demais formas, a dúvida gerada sobre a autenticidade da prova digital pode ser dirimida por meio de certificado emitido pelo responsável pela extração dos dados eletrônicos ou pela própria extração de dados acompanhada por notário ou por perícia (PASTORE, 2020, pp. 63-79).

Ressaltando que a integridade da prova fica comprometida quando há adulteração intencional dos documentos eletrônicos, como a ocultação de parte da conversa de WhatsApp que induz a erro o juízo. Para evitar esse tipo de situação, tem-se preferido aceitar a ata notarial com *print screen* das telas, considerando a fé pública que possui o tabelião, do que a mera captura da imagem (BERBERI, 2021, pp. 137-165).

Dessa forma, a ata notarial pode ser uma maneira de dar autenticidade à prova digital, como ocorre com as conversas de WhatsApp. O problema é que no Brasil ela costuma ser uma alternativa cara e também detém um aspecto subjetivo, porque trata de uma informação elaborada conforme os sentidos do declarante.

Por tudo o que foi relatado, diante de uma evidência eletrônica, deve-se pesquisar para aferir se houve manipulação ou não da informação contida, haja vista que, se não for possível garantir a sua integridade, não será considerada prova para fins processuais.

Há outros programas que avaliam se a prova está inalterada, como o código de *hash*, em que um algoritmo matemático realiza, sobre um conjunto de dados presentes em um dispositivo, a avaliação da autenticidade. E outra maneira de checar o documento é por meio da perícia técnica (GARCIA ÁVILA, 2019, pp. 19-21).

Assim, o *print* da tela de um celular, contendo imagens ou conversas, para fins processuais, depende da demonstração da sua regularidade, que pode ser feita por meio da verificação da integralidade pelo código de *hash* e pelo atendimento das regras de identificação e coleta da prova, bem como pela análise do próprio dispositivo eletrônico e até mesmo por outros meios de provas, como ocorre com o interrogatório dos interlocutores (MORAIS DA ROSA, 2022).

Nesse sentido, convém explicar que a extração do código de *hash* sobre a cópia feita é um método para atestar a integridade do documento, que avalia se ele é um espelho idêntico ao original (BERBERI, 2021, pp. 137-165).

De maneira semelhante ao que ocorre no Brasil, no processo do trabalho espanhol existe a impugnação de documentos. Pelo que se compreende, caso ela não seja feita, a prova deve ter pleno valor, embora sempre se admita fazer prova em sentido contrário (MARTÍNEZ, 2019, pp. 38-56).

Os correios eletrônicos, como uma forma de comunicação da sociedade contemporânea, são muito importantes e aceitos como meio de prova, pois ao serem incorporados ao procedimento jurisdicional assumem feição documental (MARTÍNEZ, 2019, pp. 26-30).

Igualmente, a gravação de som é admitida desde que não seja manipulada e preserve a intimidade, por esse contexto não são válidas aquelas feitas por um terceiro alheio à conversa ou quando há violação da esfera pessoal (MARTÍNEZ, 2019, pp. 26-30).

A validade da prova digital também pode ser comprovada pela perícia que atesta sua originalidade, em que é feita a verificação sobre o conteúdo dos dispositivos eletrônicos para aferir se houve a manipulação de arquivos (MARTÍNEZ, 2019, pp. 38-56).

Para Pastore (2020, pp. 63-79), o dado eletrônico deve ser investigado:

> A proposição que se extrai dessas premissas é de que a produção de prova digital depende, quando indisponíveis os direitos em litígio, inclusive no processo criminal, ou quando impugnada a reprodução, de escorreita demonstração de autenticidade e integridade, a ser assegurada por meios técnicos adequados, sob pena de o elemento de prova obtido de fonte digital não carregar eficácia probatória.
>
> Tais meios não se restringem à previsão legal de assinatura digital de documentos eletrônicos, com o uso de certificado emitido no âmbito da Infraestrutura de Chaves Públicas Brasileira – ICP-Brasil, mas alcançam também quaisquer outros mecanismos que, pelo uso adequado da tecnologia, possam garantir, ainda que parcialmente, os mesmos atributos (...)

Nesse sentido, o TSJ da Galicia, de 28 de janeiro de 2016, decidiu que para as mensagens de WhatsApp (conversação instantânea), a serem usadas para fins processuais, é preciso, além da cópia impressa da tela, a transcrição da conversa e a comprovação de que ela corresponde ao telefone e ao número indicado, o que pode ser atestado por meio de fé pública por ata notarial ou pelo advogado da administração da justiça.

No Brasil, decisão do TRT da 2ª Região foi no sentido de que a juntada de *prints* de tela de conversa de WhatsApp, como qualquer outra prova digital, se for isoladamente considerada, não configura meio de convencimento eficaz. Dessa forma, o tribunal entendeu que não basta capturar a tela, devem também ser comprovadas a integridade da comunicação e a sua autenticidade[(331)].

---

(331) Mais detalhes em: https://www.jusbrasil.com.br/jurisprudencia/trt-2/1568826221. Acesso em: 11 set. 2022.

O assunto é muito dissonante e, recentemente, o Superior Tribunal de Justiça (STJ) brasileiro decidiu que não podem ser usadas como provas as mensagens obtidas por meio do *print screen* da tela da ferramenta WhatsApp Web[(332)], por considerar inválida a prova obtida pelo espelhamento de conversas nessas circunstâncias, já que a ferramenta permite o envio de novas mensagens e a exclusão de mensagens antigas ou recentes, e, quando se apaga, não deixa vestígio no aplicativo ou no computador.[(333)]

Entretanto, esse posicionamento não é pacífico, porque há quem entenda que, pela prova digital ser aceita no ordenamento jurídico brasileiro, o *print screen* de conversas em aplicativos também deve ser válido, salvo se constatadas a ilicitude e a adulteração (BERBERI, 2021, pp. 137-165):

> O *print screen* das mensagens de aplicativos trocado entre as partes, desde que um deles seja o participante da conversa, também tem sido aceito pelo Poder Judiciário. Não é exigido que tais informações sejam registradas por meio de ata notarial, exceto se a parte adversa alegar manipulação ou omissão de informações.

Outra maneira de garantir a segurança do dado virtual se dá pelo histórico dele, na confiança aferida de todo o fluxo de informações disponíveis (BERBERI, 2021, pp. 137-165).

Porém, apesar dos requisitos apontados na jurisprudência e na doutrina para a apreciação da integridade da prova digital, é fato que essa questão precisa de maiores apreciações por parte do legislador, pois ela tem se intensificado nos últimos anos nos procedimentos de justiça (BERBERI, 2021, pp. 137-165).

A segurança da autenticidade dos documentos virtuais é de suma importância para que não se desvirtue a verdade dos fatos, seja no setor público, seja no privado (BERBERI, 2021, pp. 137-165).

Desse modo, percebe-se que é delicada a incorporação da prova eletrônica na justiça, pois ainda se carece de um estatuto jurídico próprio, tanto no Brasil, quanto na Espanha. O cenário atual é de insegurança jurídica, principalmente devido às facilidades de manipulação que o elemento eletrônico possui.

Observa-se que, diante da inércia legislativa, em âmbito processual, nos dois países, os tribunais têm fixado limites para as provas incorporadas no processo jurisdicional no intuito de evitar fraudes.

---

(332) Decisão em RHC 99.735 STJ.

(333) Sobre esse assunto: https://www.stj.jus.br/sites/portalp/Paginas/Comunicacao/Noticias/09032021-Sexta-Turma-reafirma-invalidade-de-prova-obtida-pelo-espelhamento-de-conversas-via-WhatsApp-Web.aspx. Acesso em: 11 set. 2022.

Assim, a diligência realizada por meio do letrado da administração da justiça, da ata notarial, da perícia, do reconhecimento judicial, entre outras formas, é para assegurar que a prova digital não foi manipulada (COLÀS-NEILA, 2020, pp. 35-67).

Entretanto, para métodos extrajudiciais, devido à informalidade do procedimento, as provas costumam ser aceitas de forma mais ampla, se não tiver previsão convencional diversa, o que pode comprometer a lisura do procedimento, principalmente o arbitral, já que nessa hipótese o árbitro vai impor uma decisão às partes em substituição à via judicial, que, se for baseada em prova adulterada, será equivocada.

E, conforme estudado neste capítulo, o laudo arbitral, quando questionado na justiça, não comporta revisão do fundo da questão decidida, já que o juízo arbitral não está submetido ao art. 24 da CE, podendo fundamentar sua decisão por equidade, o que pode gerar injustiças, caso seja apreciada pelo árbitro uma prova que não é íntegra, comprometendo o direito à tutela judicial efetiva.

Ao longo deste trabalho acadêmico defendeu-se que a conciliação-mediação é a forma mais correta e democrática a ser utilizada na via extrajudicial, e não a arbitragem. E, nessa hipótese, caso uma das partes apresente uma prova que não é autêntica, a outra está livre para não firmar a avença e ajuizar a demanda judicial.

Porém, há circunstâncias em que pode haver fraudes nas provas apresentadas também no ato conciliatório, até mesmo de difícil detecção se não houver impugnação da outra parte. Como exemplo, o documento digital pode estar adulterado para atestar a identidade das partes, a abrangência da representação ou a comprovação de algum fato, entre outros problemas.

Por essa razão, quando da feitura de uma legislação para tecer parâmetros para conferir a validade dos dados eletrônicos, ela deve visar atingir o sistema de justiça como um todo, pois a integridade da prova digital permite a prestação adequada da tutela judicial efetiva.

São critérios traçados nas decisões judiciais que podem ser incorporados na norma jurídica para a verificação da sua autenticidade: a não impugnação da parte contrária ou o seu reconhecimento como verdadeiro; a comprovação de autenticidade por perito ou por outros meios de prova, como a ata notarial.

Desse modo, considerando que a lisura das provas pode comprometer o sistema de justiça, incluindo os métodos extrajudiciais, para não prejudicar o direito de acesso à justiça, o ordenamento jurídico deve tecer limites para a apreciação do dado virtual a ser observado tanto pelos métodos formais, quanto informais, que devem cuidar de emitir decisões ou de firmar acordos baseados em provas verídicas.

5. Pareceres parciais

Neste livro, foi aferido que, para dirimir as disputas individuais trabalhistas na Espanha, predomina o funcionamento do Estado por meio dos sistemas administrativo e jurisdicional, ambos atuando com excelentes números de conciliação.

Embora a via administrativa seja efetiva (em 2021, alcançou 120.900 avenças individuais), permanecem sendo judicializados milhares de procedimentos individuais (em 2019: 252.753 disputas; e em 2020: 214.614) que, posteriormente, dentro do Poder Judiciário, são resolvidos por meio de conciliação judicial (em 2019, foram mais de 80.000 e, em 2020, superior a 70.000)[334].

Por esses dados, compreende-se que essas conciliações realizadas dentro da jurisdição poderiam ser feitas externamente, se houvesse o incentivo ao desenvolvimento do mecanismo autônomo a nível individual por meio da conciliação e, principalmente, da mediação, que detém um viés mais humanizado.

Até mesmo poder-se-ia imaginar que do total de processos judicializados em 2020, sendo de disputas individuais 214.614, se os organismos autônomos tivessem funcionamento em todas as regiões contemplando esse tipo de controvérsia e se estivessem suficientemente desenvolvidos, poderia ter havido até mesmo mais resoluções conciliadas-mediadas extrajudicialmente do que aquela verificada no Poder Judiciário, evitando-se a provocação da jurisdição.

O fato é que ainda são muitos processos instaurados, havendo margem para mais transações fora do Poder Judiciário.

Para conflitos coletivos, o organismo privado está presente em diferentes regiões. No ano de 2019, por exemplo, dos 5.016 procedimentos instaurados, restaram acordados 1.511. Consequentemente, neste mesmo ano, foram judicializadas 2.031 demandas desse tipo, das quais obtiveram sentença 1.021; acordos judiciais foram somente 230. Constata-se que, pelo bom índice de conciliações-mediações feitas extrajudicialmente, o funcionamento do mecanismo privado a nível coletivo tem sido apropriado ao fim para que foi criado, já que são poucas avenças realizadas a nível judicial.

Ademais, é notório que o mecanismo privado para conflito coletivo superou em números a jurisdição e a via administrativa (em 2019, foram 656 controvérsias coletivas, com avença em 69), em termos de disputas tramitando.

---

(334) Dados do Poder Judiciário presentes no capítulo III.

Assim, a incorporação de outras formas de resolver as controvérsias laborais para além do Poder Judiciário no sistema jurídico espanhol tem acarretado melhorias evidentes pelos próprios dados numéricos da justiça social.

Entre os métodos de evitação da sentença existentes, pensa-se que a nível individual melhorará a prestação jurisdicional o crescimento dos mecanismos autônomos em diferentes regiões espanholas de forma mais igualitária, porque as muitas avenças judiciais que ainda são feitas podem ter apreciação em ferramentas de mediação-conciliação extrajudicial, evitando-se a judicialização da controvérsia. Os dados informam que o sistema autônomo para disputas individuais tem baixa representatividade em comparação com as vias administrativa e judicial, sendo em 2019 apenas 15.017 conciliações.

Mas como fomentar de forma segura o desenvolvimento dos organismos privados para dirimir disputas individuais?

Certamente é necessário fornecer mais confiança à sociedade para optar por esse meio e também aos próprios agentes sociais para a incorporação em seus AI desse tipo de disputa.

Por uma visão realista, constata-se que os métodos alternativos, na prática do dia a dia, não são perfeitos, apesar de serem compatíveis com o direito à tutela judicial efetiva prevista no art. 24 da CE. Contudo, não é por esse motivo que devem ser invalidados, já que qualquer tipo de órgão apresentará defeitos e qualidades.

Longe de uma compreensão idealizada, mesmo apresentando falhas, não se pode concluir que a ampliação do sistema de justiça é ruim. Isso porque o rompimento com o monopólio jurisdicional na apreciação de lides individuais laborais é essencial e tem ajudado a Administração da Justiça quanto à excessiva litigiosidade.

Diante da ausência de uma normatização mais ampla a contemplar os mais diversos métodos extrajudiciais, visando proporcionar a sua coordenação com o Poder Judiciário, os tribunais assumiram o papel de fixar requisitos para que eles funcionem em harmonia com o direito do art. 24 da CE e não criem obstáculos intransponíveis ao acesso à justiça.

Porém, é urgente que sejam feitas reformas legislativas para sedimentar o sistema de justiça formal e informal, garantindo mais segurança social, no intuito de resolver os problemas detectados quanto ao seu funcionamento, porque é primordial que se forneçam maiores garantias aos cidadãos quanto à prestação de um serviço que seja adequado, justo e não comprometa o direito à tutela judicial efetiva.

Desse modo, acredita-se que a feitura de uma norma jurídica mais detalhada seja essencial para a coordenação entre todos os métodos de justiças existentes nas esferas administrativa, autônoma e jurisdicional, visando a que nenhuma das partes se veja prejudicada em ter fulminado seu direito de acesso ao Poder Judiciário, ao optar primeiro pela via alternativa, devido à expiração do prazo legal para ajuizar a ação judicial.

É fato que não se pode admitir a pluralidade da obrigatoriedade de serviços conciliatórios prévios (passagem por mais de um), para não criar uma barreira à jurisdição, mas essa circunstância deve estar disciplinada na lei para que não cause insegurança jurídica nas pessoas sobre o que fazer.

Não é compatível com o Estado Democrático de Direito que o cidadão, valendo-se de meios de dirimir disputas que lhe são ofertados como legítimos pelo Estado, veja-se prejudicado no seu direito de ação por ser surpreendido com a declaração de caducidade ou prescrição que inviabilizará a resolução do mérito (questão de fundo) na jurisdição.

Ademais, a circunstância fática de algumas pessoas terem perdido o direito de ter seu conflito apreciado pelo Poder Judiciário é fator negativo que causa temor social na escolha pelo método alternativo.

Talvez deveria haver uma alteração legislativa para conceder um prazo maior para ajuizar a demanda judicial em caso de uso das vias prévias, como exemplo, ampliar prazos de caducidade em mediação-conciliação pré-processual para obter efetividade (ainda que não seja a passagem obrigatória) ou, quem sabe, uma norma jurídica que preveja um prazo razoável e proporcional para a resolução da demanda fora da jurisdição (independentemente da existência de um prazo nos AI) que, se não for respeitado, permite a interposição da ação judicial para não prejudicar o direito à tutela judicial efetiva.

Outra medida seria ampliar o prazo para impugnar os acordos realizados para permitir o controle judicial.

Da mesma forma, a legislação, para dar mais segurança jurídica ao funcionamento harmônico da justiça, deve incorporar a jurisprudência e passar a prever que a análise do cumprimento dos requisitos processuais prévios, como é a conciliação-mediação administrativa ou autônoma, as comissões paritárias e a reclamação administrativa, não comporta interpretações arbitrárias e desproporcionais que impeçam o acesso à justiça. Bastando assim, no caso de passagem prévia obrigatória, da comprovação fática de que foi tentado solucionar previamente na via alternativa a controvérsia, e que não houve colaboração da outra parte, para dar por cumprido o requisito prévio e, com isso, não impedir o acionamento da jurisdição.

Pelo TC, a exigência desse requisito processual não admite interpretações meramente formalistas e desproporcionais, feitas com excessivo rigor quando a finalidade da regra é atendida, devendo-se dar por satisfeita a condição processual, para não vulnerar o direito de obter a tutela judicial efetiva de juízes e tribunais.

Desse modo, sempre que possível, devem ser sanados os vícios processuais no Poder Judiciário para permitir a análise de fundo (mérito), no intuito de resguardar o acesso à justiça aos cidadãos.

Quanto à arbitragem, ela não se revela o melhor meio de resolução de disputas laborais, pois, além de ser uma decisão impositiva, exclui a jurisdição e não detém as mesmas garantias do art. 24 da CE. Além disso, a revisão judicial das decisões arbitrais é extremamente restrita, limitando-se à verificação quanto à exposição da motivação e o cumprimento de requisitos formais, o que pode perpetuar com injustiças.

Entrementes, como já detalhado ao longo de toda a dissertação, não se defende o uso da arbitragem na seara laboral, por não ser o meio mais adequado, e por ir contra os anseios democráticos se imposta de forma coercitiva previamente.

Por outro lado, as ferramentas de conciliação-mediação, em mecanismos alternativos, embora de controle restrito também nos tribunais quanto ao conteúdo do que foi conciliado, revelam-se positivas, porque fornecem mais autonomia às partes de decidirem entre firmar a avença ou não. Sendo possível a fiscalização judicial quanto ao respeito de garantias legais do procedimento, como, por exemplo, se existe vício de consentimento e prejuízo a terceiros.

Entretanto, o controle do mérito é possível se vulnerar normas de direito necessário.

Assim, a conciliação-mediação revela-se uma boa ferramenta de justiça, pois, caso um dos envolvidos na controvérsia não concorde com o que for apresentado pelo outro, ele pode se negar a firmar o acordo e ajuizar a ação judicial.

Da mesma maneira, a norma jurídica, para dar mais segurança e confiança ao desenvolvimento dos mecanismos autônomos, principalmente por meio da mediação-conciliação, tem que disciplinar os direitos mínimos que devem ficar a cargo do Poder Judiciário, para permitir que haja confiança social para o seu uso a nível individual e de forma semelhante nas diferentes regiões espanholas.

Também foi verificado que, dentro do Poder Judiciário, as competências do secretário da justiça, conferidas pelas reformas processuais no intuito de diminuir a sobrecarga do magistrado, trazem benefícios para a razoável duração do processo, em que pese haver, em alguns casos, a feitura de acordos incorretos que são posteriormente anulados.

Por serem equívocos que podem ser resolvidos com simples precauções, sugere-se uma normatização para a atuação intrajudicial do secretário da justiça, traçando conteúdos básicos para evitar equívocos, a prever mais garantias e formalidades a serem seguidas pelo secretário na realização da conciliação-mediação, no que diz respeito à prestação de informação correta aos envolvidos na disputa (quanto ao conteúdo e alcance da conciliação) e na apreciação das provas que envolvem os fatos relatados, antes de firmar o acordo, para evitar a feitura de avença nula, sob pena de haver responsabilidade do funcionário que atue incorretamente. Além de ser necessária a adequada capacitação desses profissionais.

Também a ampliação do prazo para a impugnação de acordos realizados é medida necessária para preservar a justiça.

Igualmente, a norma jurídica processual, visando promover a justiça, deve dispor acerca do controle de qualidade da prova eletrônica nos diferentes sistemas de justiça. Isso porque, em que pese a existência de mecanismos informais, eles não devem atuar à margem da lei e dos valores do Estado Democrático de Direito, sob pena de comprometer o acesso à justiça.

Uma vez disciplinadas essas novas questões, deve-se permitir ao controle judicial abranger a nulidade processual do acordo ou laudo arbitral por falta de integridade da prova virtual, se esta for a base da fundamentação, porque a decisão restará injusta e equivocada por ter se firmado em prova falsa.

Do mesmo modo, se no mecanismo extrajudicial tiver havido a apreciação e a transação dos direitos fundamentais que devem ficar a cargo do Poder Judiciário, poderá haver o pedido de nulidade, por se tratar de uma fiscalização quanto ao respeito da norma jurídica essencial, sendo a transação nula.

Todos esses fatores combinados - a observância dos direitos indisponíveis, a prestação de informações corretas para as partes, o cuidado quanto à veracidade das alegações feitas e a integridade das provas, a motivação do que foi decidido, juntamente à coordenação necessária entre os procedimentos de resolução de conflitos existentes - são condições essenciais para que a Administração da Justiça não fique comprometida e prejudique o direito à tutela judicial efetiva dos cidadãos de terem a análise de fundo de sua controvérsia resolvida de maneira correta.

Na medida em que, se violadas as garantias jurídicas processuais e materiais mínimas, como os direitos necessários, se a resolução se basear em provas falsas ou em consentimento viciado, se não houver motivação básica que permita às partes conhecerem e entenderem o teor da decisão ou se não houver qualquer coordenação entre as vias a ponto de fulminar o direito de ação, dará azo a injustiças, o que não é a intenção quando se instala e se promove a ampliação do sistema de justiça.

Portanto, propõe-se uma alteração normativa em diversas vertentes para que o cidadão possa se sentir mais protegido ao optar pelos métodos de evitação da sentença, tanto quanto se sente na jurisdição, e para que haja a garantia do direito à tutela judicial efetiva previsto no art. 24 da CE.

Feitas as alterações legislativas, deve-se permitir que o Poder Judiciário valore se está havendo respeito aos requisitos formais e materiais mínimos, quanto aos direitos necessários, haja vista que se a avença extrajudicial for sobre esses direitos já há nulidade, pois devem ficar a cargo da jurisdição. Isso porque deve-se compatibilizar a autonomia dos meios alternativos com o controle de legalidade, para que acordos realizados em mediação-conciliação e os laudos arbitrais não afrontem as garantias jurídicas necessárias para a efetividade do sistema de justiça.

Mesmo que restrito, o controle de legalidade realizado pelo Poder Judiciário é uma forma de impedir arbitrariedades em vias informais em respeito ao art. 24 da CE, principalmente no tocante às formalidades procedimentais, garantindo a observância das normas de ordem pública e a proteção que detém os direitos fundamentais indisponíveis.

CAPÍTULO V

DA REAÇÃO LEGISLATIVA NECESSÁRIA PARA O ENFRENTAMENTO DA CRISE INSTITUCIONAL NO DIREITO AO ACESSO À JUSTIÇA DO TRABALHO NO ESTADO BRASILEIRO, À LUZ DO DIREITO COMPARADO ESPANHOL

Em linhas gerais, nas palavras de Mauro Schiavi (2015, p. 117), o direito processual do trabalho tem por escopo a solução, com justiça, do conflito trabalhista, seja ele individual, seja ele coletivo. Isso quer dizer que o direito processual foi criado para servir ao direito material.

E para que se atinja esse propósito de resolver as controvérsias laborais de maneira adequada e justa, não é novidade a necessidade de desenvolver outras formas de acesso ao sistema de justiça, rompendo com a quase exclusividade da via estatal na seara trabalhista brasileira.

É sabido que essa não é uma discussão nova, pois, logo após a 2ª Guerra Mundial, a Declaração Universal dos Direitos Humanos de 1948[335] promoveu o direito de acesso à justiça na ordem jurídica internacional, por meio da previsão da proteção à dignidade humana[336] e do direto à reparação dos danos perante os tribunais contra atos que violem direitos fundamentais.

A esse respeito, Canotilho (2003, pp. 491-492) explica que tradicionalmente o direito de acionar os tribunais tem por objetivo proteger garantias

(335) Declaração disponível em: https://declaracao1948.com.br/declaracao-universal/declaracao-direitos-humanos/?gclid=Cj0KCQjwub-HBhCyARIsAPctr7wEx5BW48FLmr5p0-10f5LH_M_cWO88vPxSA-PqvNyNdk9-XEHFbfSkaAs4NEALw_wcB. Acesso em: 15 jul. 2021.

(336) A dignidade humana, além de ser um valor expressamente previsto na Constituição de 1988, é resguardada no cenário jurídico internacional no art. 1º da DUDH de 1948 e no art. 5º da Convenção Americana dos Direitos Humanos. Está também prevista em vários outros instrumentos jurídicos importantes.

fundamentais dos cidadãos. E é atribuição do Poder Legislativo indicar a competência e a forma de como será o desenvolver do procedimento.

Assim, o legislador possui a atribuição para estabelecer como será o sistema de justiça em um determinado país.

Garth e Cappelletti, em 1988, já dissertavam acerca da necessidade de se ampliar o acionamento à justiça, uma vez que, para eles, a resolução de conflitos nos tribunais é muito dispendiosa, o que faz com que os litigantes tenham um risco acentuado no processo judicial (CAPPELLETTI, 1988, pp. 15-20).

Por essa razão, na sociedade contemporânea entende-se que o princípio da inafastabilidade do Poder Judiciário deve ser compreendido conforme valores e princípios vigentes na atualidade, ou seja, por meio da disponibilidade, ao cidadão de um país, de uma justiça que seja eficaz e efetiva (SENA, 2007, pp. 93-114).

Nessa linha de raciocínio, de acordo com o que foi pesquisado neste trabalho, no Brasil e na Espanha, o Estado por meio do Poder Judiciário[(337)] laboral é o habitual responsável por solucionar as disputas sociais do trabalho. Haja vista que o Poder Legislativo[(338)] atribuiu usualmente à jurisdição a resolução de controvérsias laborais e a função de tutelar direitos trabalhistas.

Entretanto, é preciso compreender que a justiça não está somente em obter uma decisão judicial, na medida em que ela pode ser feita de outras maneiras como, por exemplo, por meio da autocomposição das partes. Deste modo, ferramentas de mediação ou de conciliação também são úteis para dar uma resposta justa ao conflito (PEDUZZI, 2021, p. 21).

Na área trabalhista, as formas de resolução de controvérsias podem ser divididas em: autotutela (como exemplo, a greve), autocomposição (como exemplos, o Acordo Coletivo e a Convenção Coletiva, a CCP e a Mediação) e heterocomposição (como exemplos, o dissídio individual e o coletivo e a arbitragem para dissídio coletivo e individual) (GERMIGNANI, 2018, pp. 355-360; MONNAZZI, 2018, pp. 462-464).

Todavia, apesar de haver todas essas previsões normativas, a realidade fática demonstra que hoje o espaço para autocomposição extrajudicial

---

(337) A Constituição brasileira prevê no art. 5º, XXXV, CRFB/88: "a lei não excluirá da apreciação do Poder Judiciário lesão ou ameaça a direito". Disponível em: http://www.planalto.gov.br/ccivil_03/constituicao/constituicao.htm. Acesso em: 24 nov. 2021.

(338) Neste aspecto, pode-se afirmar que no Estado de Direito um procedimento considerado justo do ponto de vista formal diz respeito somente à observância do que está descrito na lei, entretanto, na perspectiva material seria o direito a um processo não apenas legal, mas também justo e adequado (CANOTILHO, 2003, p. 494). Portanto, parece que essa última visão é uma finalidade a ser apropriada e alcançada.

de direitos individuais é mínimo. Por sua vez, a reforma trabalhista ampliou um pouco esse cenário e passou a admitir a altos empregados a negociação direta com o empregador no art. 444, parágrafo único, da CLT, por eles serem considerados hipersuficientes(339), e previu outras hipóteses, como o acordo extrajudicial que depende de chancela judicial (a avença deve ser homologada pelo juiz).

De modo que o legislador, em 2017, com a criação desses institutos, sinalizou a tendência à ampliação da autonomia da vontade na seara laboral.

Quanto ao instituto das CCPs, em que pese a previsão normativa desde 2000, elas se tornaram letra morta (FICHTNER, 2018, p. 459). Nesse quesito, considerando que a autocomposição é o modelo em que as próprias partes resolvem seus problemas e decorre da evolução natural da sociedade para encontrar a pacificação social, e que a CCP foi criada em 2000 com esse propósito, sendo que ela possui composição paritária e sua criação é facultativa, cujo objetivo é desafogar o Poder Judiciário, esse instituto deve ser reavivado.

Entretanto, existe muita divergência doutrinária em torno da CCP, já que para parte da doutrina não há violação ao exercício do direito de ação, pois, se não realizada a avença, pode ser ajuizada a petição inicial. Já a outra considera que a sua obrigatoriedade viola o direito de ação, sendo que na história brasileira prevaleceu o segundo entendimento, matando o instituto (AMARAL, 2018, pp. 427-430).

Feita essa breve explicação acerca da justiça, no Brasil, a doutrina atribui ao advento da Carta Constitucional de 1988, que contém vários artigos inspirados na DUDH de 1948, o crescimento enorme da litigiosidade derivada primordialmente da redemocratização do país e da previsão de diversos direitos e garantias fundamentais aos cidadãos neste diploma normativo (BARROSO, 2005, pp. 14-15).

Igualmente, o fato de a Constituição ter força normativa contribuiu para a atual crise da justiça devido à expansão da jurisdição constitucional (BARROSO, 2005, p. 15). Dessa maneira, a previsão de inúmeros direitos e garantias fundamentais na Carta Magna é um dos fatores responsáveis pelas pessoas acionarem mais o Poder Judiciário no intuito de implementarem seus direitos. Tal situação é causa e contribui para a obstrução no sistema de justiça brasileiro.

---

(339) Com a reforma trabalhista, estabeleceu-se um critério econômico e intelectual arrefecendo o princípio da proteção para dar ao empregado maior autonomia para negociar – art. 444, CLT (FICHTNER, 2018, p. 456).

Por isso, torna-se urgente pensar em medidas para enfrentar a falta de efetividade na via jurisdicional brasileira que serão propostas no decorrer deste capítulo, principalmente considerando a necessidade de haver um diálogo institucional entre os Poderes Republicanos na democracia, a fim de implementar o direito fundamental ao acesso à justiça.

Em análise ao direito comparado, verificou-se que a Espanha, por volta da década de 90, enfrentou um cenário jurídico parecido com o que se depara o Brasil, de alta litigiosidade e sobrestamento jurisdicional, e, para melhorar o sistema jurídico, impulsionou por meio de reformas legislativas e investimentos públicos os métodos alternativos, administrativo e autônomo, que atuam obrigatoriamente com ferramentas de mediação-conciliação antes do acionamento da via judicial. Sendo que estas medidas têm contribuído para romper com o monopólio estatal jurisdicional na apreciação de lides trabalhistas, como demonstrado nos capítulos anteriores.

No que se refere às controvérsias individuais, o sistema autônomo carece de mais desenvolvimento, mas o administrativo está em bom funcionamento. A atuação de ambos os mecanismos alternativos é instrumento para a eficácia do acionamento à justiça, porque, por meio da conciliação-mediação, resolvem-se milhares de disputas antes que elas cheguem ao Poder Judiciário.

1. Métodos para superar a crise no sistema de justiça

Embora a crise institucional abarque tanto a justiça comum quanto as justiças especiais, no que se refere ao direito material e processual do trabalho, não é diferente, pois constatou-se que na via jurisdicional laboral brasileira e espanhola se concentra a maior parte das lides individuais trabalhistas, que podem ser resolvidas com a conciliação ou pela sentença.

Entrementes, o método de decisão impositiva formada por um modelo adversarial não corresponde aos anseios democráticos. Ele apresenta o problema de ser dependente da preservação da memória dos fatos. Por esse contexto, quanto mais demorada é a decisão, menor é a confiança na justiça dela. Tal questão acentua-se quando a morosidade é identificada como um problema estrutural, porque surge uma desconfiança social geral com relação ao sistema vigente (SANTOS, 2011, pp. 41-42). É o que ocorre no Brasil.

Por essa razão, Santos (2011, p. 43) entende que uma justiça mais rápida, que se preocupa não apenas com o tempo, mas também com a qualidade da prestação jurisdicional, é dita cidadã.

Nesse sentido, verifica-se que a concentração histórica de lides no seio estatal tem contribuído para o sobrestamento da via jurisdicional. Paralelamente a esse problema, identifica-se que o fato de a Espanha ter tornado obrigatória a conciliação-mediação prévia ao Poder Judiciário laboral, por meio de sistemas administrativos e autônomos, tem contribuído para a melhora na resolução de disputas no campo trabalhista, para que aconteça em tempo razoável. Esse fato foi ratificado pela Suprema Corte espanhola.

A esse respeito, Santos (2011, p. 14) explica que se deve fazer uma crítica a essa postura de monopólio estatal e científico do direito, na medida em que é necessário desenvolver outras alternativas ao dogmatismo jurídico, a fim de incentivar o pluralismo jurídico. Na visão deste doutrinador, é preciso ter uma perspectiva mais política do direito para que se obtenha um conteúdo mais plural, presente em diferentes formas de sociabilidade.

Nesse sentido, acredita-se que, à luz do que foi estudado no direito comparado espanhol, para melhorar a prestação do serviço da Justiça do Trabalho brasileira, três medidas são inevitáveis: o fim do monopólio estatal na apreciação de lides trabalhistas, a continuidade de incorporação de novas tecnologias ao procedimento e a abertura para a mediação-conciliação obrigatória prévia ao processo, como se verá a seguir.

1.1. Da necessidade de romper com a exclusividade estatal na apreciação de lides individuais trabalhistas

Hodiernamente, face às múltiplas relações laborais existentes na sociedade, é de suma importância pensar em uma forma mais abrangente de resolver os litígios, que dê a possibilidade de participação aos próprios envolvidos, de forma prévia, no intuito de buscar soluções mais humanizadas (SCHIMIDT, 2017, pp. 314-319). Desse modo, depreende-se que a atividade jurisdicional, que consiste em aplicar o direito ao caso concreto, não deve ser entendida como monopólio estatal (VASCONCELOS, 2000, pp. 161-163).

Deve-se admitir a ideia de justiça coexistencial ao lado da justiça estatal. Por isso, a jurisdição em sentido amplo deve ser vista como a arte de dizer o direito, até mesmo pelas partes na autocomposição, pois elas normalmente se baseiam no sentido que possuem de norma jurídica para chegar a uma avença (VASCONCELOS, 2000, pp. 161-163).

Embora tradicionalmente tenha sido concentrada no seio do Poder Judiciário a resolução de litígios individuais laborais, é preciso aceitar as mudanças sociais e passar a entender que o acesso à justiça possui facetas endoprocessuais e extraprocessuais, abarcando, inclusive, a necessidade de um processo colaborativo no qual ambas as partes ganham por contribuírem em entrar em consenso por meio de uma negociação (MORAIS, 2018, pp. 321-330).

Ora, sabe-se que o direito é dinâmico e, por essa compreensão, sempre requer novos padrões para deliberar acerca dos litígios, por meio da participação democrática, com respaldo normativo, sem prejuízo das formas clássicas da Justiça do Trabalho (sentença e conciliação). E sem descuidar da preservação dos direitos fundamentais (SCHIMIDT, 2017, pp. 314-319).

Em apreciação na história, pode-se dizer que o liberalismo reduziu o direito ao Estado, o que culminou na despolitização do direito. Por essa razão, entende-se que é de suma importância reconfigurar o papel dos tribunais na sociedade atual. De igual maneira, deve-se ampliar a visão jurídica para que esta seja um instrumento de transformação social politicamente legítima e capaz de alcançar grupos e classes oprimidas (SANTOS, 2011, pp. 14-15).

Dessa forma, Santos (2011, p. 16) afirma que a revolução democrática da justiça deve ter como premissa a valorização da diversidade jurídica, na medida em que o direito, para funcionar de maneira democrática, deve ser resultado dessa cultura que resguarda valores da democracia.

Como relatado acima, o fenômeno do expansionismo do Poder Judiciário brasileiro, assumindo-se como um poder político, deve-se basicamente aos seguintes fatores: garantia de vários direitos na Carta Magna, controle de legalidade dos abusos de poder e da judicialização da política. Assim, a redemocratização do país, associada à nova Constituição brasileira de 1988, fomentou o uso da via jurisdicional para satisfação dos direitos (SANTOS, 2011, pp. 22-25).

Entretanto, em razão da crise pela qual atravessa a justiça nos dias atuais, reformas foram e ainda precisam ser feitas no intuito de se obter mais eficiência e desenvolver um sistema mais célere (SANTOS, 2011, pp. 34-35). A respeito desta temática, Canotilho (2003, p. 496) explica que, inicialmente, pensava-se ser necessária a intervenção estatal para defender direitos de um particular contra outro, entretanto, com o tempo, face à evolução social, foram criadas outras formas de tutela jurídica fora de esquemas estatais.

Nessa medida, o ilustre doutrinador relata que, na atualidade, o direito a um procedimento justo perpassa inclusive por um procedimento comunicativamente e informativamente justo que possa tornar obrigatória, por exemplo, a criação de comunicações pré-procedimentais com fases preliminares e/ou consultas por meio da cooperação (CANOTILHO, 2003, p. 514).

Nesse sentido, existe no Brasil a Meta n. 09, que é uma estratégia para integrar a Agenda 2030[(340)] da ONU ao Poder Judiciário brasileiro no intuito de fomentar medidas de prevenção de litígios e de judicialização. Neste tópico,

(340) Esta agenda das Nações Unidas tem por objetivo proporcionar a sustentabilidade econômica, social e ambiental e, para que isso seja possível, ela prevê 17 objetivos globais a serem alcançados.

observa-se tratar do Objetivo de Desenvolvimento Sustentável (ODS) n. 16[(341)], que diz respeito ao estabelecimento da paz, da justiça e de instituições eficazes.

Assim, não se pode ignorar que nesse momento da história brasileira está a ocorrer uma reforma processual marcada pela mudança de um Estado Interventor que, pouco a pouco, cede espaço para um Estado Mediador. Tanto que uma das marcas da Reforma Trabalhista de 2017 é a prevalência do negociado sobre o legislado e a busca pela intervenção mínima estatal na vontade coletiva (BRANDÃO, 2018, p. 144).

Portanto, o rompimento da exclusividade estatal na apreciação de lides laborais é um caminho necessário e que já está sendo buscado para melhoria da prestação jurisdicional. Entretanto, deve haver limites à autonomia privada na seara trabalhista, como se verá mais à frente.

Outra medida imprescindível é a incorporação de novas tecnologias ao procedimento, ampliando o acesso à justiça, situação a ser apreciada no próximo item da pesquisa.

1.2. *Da virtualização procedimental: contributo para a melhora no acesso à justiça*

Não restam dúvidas, por tudo o que foi exposto, de que se está vivenciando uma transformação profunda na justiça, que conta com a implantação do sistema judicial eletrônico, com a instituição de plataformas digitais, como recomendado pelo CNJ na Resolução n. 125[(342)], para possibilitar a mediação e a conciliação virtual no Brasil.

Dessa maneira, o uso de novas tecnologias por meio de ferramentas como o WhatsApp, por exemplo, ou mesmo de outras plataformas digitais, serve à realização de acordos trabalhistas por facilitarem a comunicação virtualmente e em tempo real[(343)] (MORAIS, 2019, pp. 227-259).

Interessa pontuar que essa digitalização procedimental foi permitida pela norma processual depois que as mudanças tecnológicas já haviam impactado favoravelmente as interações sociais humanas, como no caso da comunicação cotidiana desenvolvida entre os indivíduos.

---

(341) *Vide* a ODS 16 em: https://unric.org/pt/objetivo-16-paz-justica-e-instituicoes-eficazes/. Acesso em: 10 fev. 2022.

(342) Resolução disponível em: https://atos.cnj.jus.br/files/compilado160204202007225f1862fcc81a3.pdf. Acesso em: 24 nov. 2021.

(343) Destaca-se que a medição por meio do uso da informática, on-line, está autorizada no Brasil no art. 46 da Lei n. 13.140/2015: "a mediação poderá ser feita pela internet ou por outro meio de comunicação que permita a transação à distância, desde que as partes estejam de acordo".

O contributo da incorporação de novas tecnologias para o acesso à justiça está sendo muito positivo, tanto que nesse período pandêmico[(344)] a prestação jurisdicional pelo mundo só se fez possível em razão do sistema virtual, que permitiu o trabalho em *home office* de juízes e servidores. Assim, visualiza-se no campo das comunicações a quebra das barreiras de espaço e tempo (DELGADO, 2019, p. 112).

Ora, a alta taxa de contaminação do vírus e a necessidade de isolamento social impediram a continuidade dos trabalhos presenciais nos tribunais[(345)]. Tal fato acentuou a necessidade de desenvolver vias digitais na justiça, tanto no Brasil quanto na Espanha, inclusive por meio de avenças realizadas on-line, que se mostraram eficazes e capazes de favorecer a justiça.

Portanto, é indene de dúvidas o quanto a 4ª Revolução Industrial tem permitido fomentar a chamada 4ª onda[(346)] de acesso à justiça, pois, com a Covid-19[(347)], não restaram alternativas a não ser realizar audiências telepresenciais, conforme já era permitido na lei (art. 334, § 7º[(348)] do CPC).

Dessa forma, se ainda existiam resistências sociais à realização de audiências telepresenciais e às tentativas de acordos de maneira virtual, pode-se afirmar que, ante a necessidade social decorrente da pandemia[(349)], o sistema não teve outra alternativa a não ser se moldar à realidade fática para continuar funcionando.

---

(344) Em meados de março de 2020, a OMS (Organização Mundial da Saúde) decretou a situação de pandemia no mundo em razão do coronavírus. No mesmo mês, o Brasil reconheceu o estado de calamidade pública. Mais detalhes em: https://www.unasus.gov.br/noticia/organizacao-mundial-de-saude-declara-pandemia-de-coronavirus. Acesso em: 23 fev. 2022.

(345) Nesse aspecto, o CNJ editou a Portaria n. 61 em março de 2020 para videoconferência em plataforma emergencial. Posteriormente, a Resolução n. 322 permitiu o retorno em junho daquele ano aos trabalhos presenciais, todavia com preferência aos serviços prestados virtualmente. Informação disponível em: https://atos.cnj.jus.br/atos/detalhar/3266. Acesso em: 21 fev. 2021.

(346) Não foi prevista pelos doutrinadores italianos, mas é como a doutrina moderna tem denominado o grande favorecimento que o impacto tecnológico tem causado ao processo.

(347) Nesse sentido, importa destacar que o Ato Conjunto CSJT.GP.GVP.CGJT 6, publicado em maio de 2020, proibiu a realização de expediente presencial e estabeleceu no art. 3º que haveria "a realização das audiências e sessões telepresenciais de julgamento e os serviços de apoio correlatos". Disponível em: https://www.csjt.jus.br/documents/955023/7642229/Ato+006.20+05.05.20.pdf/2c8d04ff-32dd-925e-6402-74befc60069a?t=1588710352086. Acesso em: 6 fev. 2022.

(348) A audiência de conciliação ou de mediação pode realizar-se por meio eletrônico, nos termos da lei. Disponível em: http://www.planalto.gov.br/ccivil_03/_ato2015-2018/2015/lei/l13105.htm. Acesso em: 17 fev. 2022.

(349) Nesse período pandêmico as mediações e conciliações na Justiça foram eficientes graças à tecnologia incorporada ao processo. Disponível em: https://www.tst.jus.br/-/especial-avan%C3%A7os-e-investimento-tecnol%C3%B3gico-marcam-o-anivers%C3%A1rio-de-80-anos-da-justi%C3%A7a-do-trabalho. Acesso em: 22 fev. 2022.

Essa circunstância impulsionou ainda mais a virtualização da justiça[350], já que nesse período o uso de tecnologias nos procedimentos de solução de controvérsias revelou ser muito adequado. Nesse viés, ferramentas como a *web* e os ciberespaços contribuem para obter meios mais rápidos, dinâmicos e eficientes em dirimir disputas laborais. Esse avanço tecnológico também se verifica na Espanha, como discorrido em capítulo anterior, que permite mediações-conciliações nos sistemas digitais, impulsionado e desenvolvido em razão da Covid-19[351].

No contexto pandêmico, portanto, a Justiça do Trabalho brasileira tem possibilitado mediações-conciliações virtuais por meio de videoconferência, de forma pré-processual, em lides individuais e coletivas. Isso amplia o acesso à justiça e impede a judicialização de todo e qualquer tipo de conflito (HOFFMANN, 2020). Na medida em que a Recomendação CSJT.GVP n. 01/2020[352] abriu espaço para a utilização da mediação e da conciliação em controvérsias individuais e coletivas no Cejusc, tanto na fase processual, quanto na fase pré-processual por videoconferência, considerando a necessidade de distanciamento social.

A ideia dessa recomendação foi permitir a resolução de disputas que envolvessem saúde e segurança do trabalho em serviços essenciais[353], mas ela trouxe uma novidade, que foi a possibilidade de mediação pré-processual em dissídios individuais nesta hipótese, o que até então só estava sendo feito a nível de conflitos coletivos (HOFFMANN, 2020). Abre-se então um caminho para o avanço do sistema pré-processual[354].

---

(350) Mais detalhes sobre a informatização da Justiça do Trabalho em seus 80 anos de funcionamento, acessar: https://www.tst.jus.br/-/especial-avan%C3%A7os-e-investimento-tecnol%C3%B3gico-marcam-o-anivers%C3%A1rio-de-80-anos-da-justi%C3%A7a-do-trabalho. Acesso em: 22 fev. 2022.

(351) Durante a pandemia foi preciso tomar diversas medidas para assegurar a prestação jurisdicional como adotar plenários virtuais e julgamento telepresencial. Disponível em: https://www.tst.jus.br/-/especial-avan%C3%A7os-e-investimento-tecnol%C3%B3gico-marcam-o-anivers%C3%A1rio-de-80-anos-da-justi%C3%A7a-do-trabalho. Acesso em: 24 fev. 2022.

(352) Acerca da Recomendação do CSJT, verificar: https://juslaboris.tst.jus.br/handle/20.500. 12178/169693. Acesso em: 14 fev. 2022.

(353) Esclarece-se que esse ato normativo teve por intuito fazer com que os conflitos de classes não inviabilizassem a prestação desses serviços e atividades essenciais (HOFFMANN, 2020).

(354) "Art. 12. Podem ser submetidos ao procedimento de mediação pré-processual os conflitos individuais e coletivos, a cargo dos respectivos Cejuscs-JT de primeiro e segundo graus, bem como aos Nupemecs-JT, conforme o caso, mediante registro próprio no Sistema PJe-JT, e com garantia de cômputo na produtividade do respectivo magistrado condutor do procedimento. I - Na hipótese de êxito na mediação pré-processual, deverá ser convertido o procedimento (ou efetuado o registro), com os mesmos efeitos da classe Homologação de Transação Extrajudicial (HTE), no Sistema PJe-JT. II - Caso o trabalhador e/ou empregador estejam sem assistência de advogado, na mediação pré-processual, a condução do procedimento deverá ser feita, necessariamente, pelo juiz supervisor do Cejusc-JT respectivo." Informação

Nesse aspecto, Hoffmann (2020) relata que:

> A Recomendação CSJT.GVP n. 01, de 25 de março de 2020, evidencia o fortalecimento de uma tendência de o Poder Judiciário reconhecer métodos alternativos/adequados como instrumentos de acesso amplo e efetivo à justiça. É certo que o ato refere-se a momento transitório e de crise, mas não menos verdadeiro é que ele também inova ao permitir a mediação pré-processual de conflitos específicos do trabalho. Se antes a mediação pré-processual já vinha sendo utilizada pela Justiça do Trabalho para compor conflitos coletivos, agora a mediação prévia ao ajuizamento da reclamatória trabalhista passa a ser admitida no período de combate da pandemia.

E, em 2021, nova resolução do CSJT passou a permitir não somente que conflitos individuais decorrentes da pandemia sejam submetidos previamente, mas que todo tipo de controvérsia individual possa ser apreciado antes de virar um processo em curso. E, no que se refere à revolução tecnológica, neste período de crise sanitária apenas foi possível prestar serviços de justiça aos jurisdicionados, seja no Poder Judiciário, seja no Cejusc, por meio de plataformas digitais. A tecnologia incorporada ao procedimento de justiça associada a essa nova mentalidade, decorrente da própria justiça emanada pelo CSJT no sentido de permitir a instauração prévia de disputas individuais no Cejusc, vai ao encontro do direito de acesso à justiça.

Nessa conjuntura, além da virtualização da justiça já ser realidade e estar normatizada juridicamente nos dois países, não há dúvidas de que este é um avanço imprescindível à concretização de um sistema de justiça efetivo. A tendência é sempre desenvolvê-la, conforme mostrar-se indispensável ao bom funcionamento dos meios de resolução de controvérsias.

Nesse sentido, a informação disponibilizada pelo TST(355) demonstra que:

> O uso da tecnologia pelo Poder Judiciário é um caminho sem volta e a Justiça do Trabalho já conta com sistemas que utilizam softwares de ponta para garantir julgamentos e serviços cada vez mais céleres e eficientes, a maioria, desenvolvidos pela equipe do TST.

Esse contexto torna-se mais delicado considerando-se as modificações no modo de produção e na organização social proporcionadas pelas novas

---

disponível em: https://juslaboris.tst.jus.br/bitstream/handle/20.500.12178/184270/2021_res0288_csjt.pdf?sequence=1&isAllowed=y. Acesso em: 1 mar. 2022.

(355) Mais detalhes em: https://www.tst.jus.br/-/especial-avan%C3%A7os-e-investimento-tecnol1%C3%B3gico-marcam-o-anivers%C3%A1rio-de-80-anos-da-justi%C3%A7a-do-trabalho. Acesso em: 22 fev. 2022.

tecnologias. Pelo motivo de que as pessoas já não estão acostumadas com longas esperas, pois muitas questões são resolvidas virtualmente e de forma rápida, já que as informações são acessadas em milésimos de segundos. Toda essa mudança social e digital, como dito, tem reflexos processuais, na medida em que torna realidade a ampliação do sistema de justiça existente na seara trabalhista, porque a morosidade processual representa tratamento injusto às partes que litigam e confiam no Estado para solucionar o seu problema.

Sobre essa questão, é indispensável a leitura do artigo de Faria (2003), em que o autor descreve o quanto a 4ª Revolução Industrial tem contribuído para a adoção de meios plurais de resolução de controvérsias, fazendo com que o Judiciário perca o monopólio adjudicatório:

> Em termos de *jurisdição*, como o aparato judicial foi organizado para atuar dentro de limites territoriais precisos, no contexto de exclusividade da atuação estatal, seu alcance tende a diminuir na mesma proporção em que a expansão da informática e das comunicações permite aos atores econômicos estabelecer múltiplas redes de interação. Quanto maior é a velocidade desse processo, mais o Judiciário é atingido pelo pluralismo regulatório e pela emergência de mecanismos menos institucionalizados de resolução de conflitos, que deslocam a procura dos tribunais para outras instâncias decisórias – as justiças emergentes tanto nos espaços infraestatais (as locais, com forte influência comunitária) quanto nos espaços supraestatais (as justiças de caráter internacional e transnacional).

Desse modo, a tecnologia impacta no processo de maneira a romper com a exclusividade estatal para dirimir os litígios. E nota-se que é imprescindível que o procedimento trabalhista se adeque à realidade social na qual ele está inserido, agregando outras formas de autocomposição fora do Poder Judiciário, a fim de não ficar defasado e cometer injustiças com um tratamento prestado além do tempo.

Não é por outro motivo que a inserção das novas tecnologias, manuseadas no dia a dia das pessoas, na máquina judiciária, tem sido a fórmula encontrada para colmatar o direito processual à realidade social e continuar a satisfazer os anseios sociais[356]. E igualmente, como dito acima, ela traz a necessidade de ampliação dos mecanismos que podem ser utilizados para se fazer justiça.

---

(356) Foi preciso abandonar os velhos papéis e digitalizar as peças para que a justiça se tornasse mais eficiente, tanto por meio da permissão ao acesso dos operadores jurídicos em qualquer tempo do dia quanto por meio do acesso em qualquer espaço geográfico que se encontre no globo terrestre. Mais detalhes em: https://www.tst.jus.br/-/especial-avan%C3%A7os-e-investimento-tecnol%C3%B3gico-marcam-o--anivers%C3%A1rio-de-80-anos-da-justi%C3%A7a-do-trabalho. Acesso em: 23 fev. 2022.

É, portanto, indene de dúvidas que a inserção digital nos procedimentos para resolver litígios por meio da norma jurídica é um avanço indispensável e que contribui com o acesso à justiça[357]. Nesse aspecto, a implementação do procedimento eletrônico corresponde a essa finalidade de colaborar com a democratização e a publicização do processo, de forma a tutelar os direitos fundamentais em tempo razoável (MORAIS, 2019, pp. 227-229).

Especificamente, não se pode perder de vista que, entre os problemas relatados na Justiça Laboral brasileira, está o fato de que a quantidade de juízes hoje no Brasil não é proporcional à demanda processual ajuizada (MORAIS, 2019, pp. 230-231). Por esse motivo, é preciso buscar meios para melhorar a prestação jurisdicional, como é o caso do uso das novas tecnologias. Nessa medida, afirma-se que o processo judicial eletrônico tem impactado de forma positiva a efetivação da tutela jurisdicional (MORAIS, 2019, pp. 230-231). Mas, assim como acontece no seio jurisdicional, as mudanças tecnológicas têm afetado as mais diversas formas de dirimir controvérsias, ao mesmo tempo em que fortalece o desenvolvimento desses outros mecanismos para resolver disputas entre o capital e o trabalho.

Está cada dia mais comum a feitura de videoconferências, o que evita deslocamentos, diminui os custos e favorece o sistema de justiça (MORAIS, 2019, p. 259). Essas facilidades proporcionadas pela 4ª Revolução Industrial têm influência positiva em todos os mecanismos de resolução de controvérsias laborais, seja a nível judicial, administrativo[358] ou sindical.

---

(357) Nesse aspecto, a Justiça do Trabalho tem aderido ao programa do CNJ Justiça 100% digital, que permite todos os atos processuais por meio eletrônico, sem nem mesmo precisar de comparecer fisicamente, o que contribui com o acesso à justiça. Disponível em: https://www.tst.jus.br/-/especial-avan%C3%A7os--e-investimento-tecnol%C3%B3gico-marcam-o-anivers%C3%A1rio-de-80-anos-da-justi%C3%A7a-do--trabalho. Acesso em: 23 fev. 2022.

(358) No caso do Cejusc no Brasil, observa-se que: "Art. 9º A audiência de mediação e conciliação trabalhista poderá ser realizada de forma presencial ou por meios telemáticos e se dividirá em tantas sessões quantas forem necessárias para viabilizar a solução consensual, sem prejuízo das providências jurisdicionais que evitem o perecimento do direito, estas a serem tomadas pelo Juízo a que distribuída a ação. I - As audiências por meios telemáticos serão realizadas por iniciativa do Juiz coordenador e/ou supervisor do Cejusc-JT, ou mediante requerimento de partes, procuradores e terceiros interessados, observado sempre o grau de inserção digital dos seus participantes. II - As audiências por meios telemáticos serão realizadas através da plataforma digital eleita pela Justiça do Trabalho para tanto, ressalvado o uso emergencial de meios alternativos em casos de impossibilidade de conexão, desde que permitam a comunicação inequívoca entre os seus participantes. III - As audiências por meios telemáticos poderão ser realizadas de forma integralmente telepresencial ou de maneira híbrida, esta quando um ou mais participantes estão fisicamente presentes no local da sua realização e outros estão por meio de plataforma digital. IV - As audiências realizadas por meios telemáticos poderão ser gravadas, nos termos da legislação específica. V - Serão observados os requisitos de segurança da informação e de proteção de dados pessoais estabelecidos na legislação específica, em especial na Lei n. 13.709/2018." Informação disponível em: https://juslaboris.tst.

1.3. *Do uso de métodos consensuais*

Como demonstrado no item anterior, a tecnologia tem tornado o sistema de justiça mais eficiente, além de tornar necessário o estabelecimento de outras maneiras de solucionar os conflitos de classes derivados da interação social laboral, na medida em que a difusão informática permite a interação on-line mundial, o que rompe com as barreiras do monopólio judicial, por facilitar a resolução de controvérsias por meio de plataformas digitais.

Nesse viés, corroborando com o que está sendo relatado, Habermas(359) (1929, p. 260) explica que os desdobramentos no modo de interação social fazem surgir novos problemas que, por sua vez, necessitam de novas formas de solução. Assim, o autor disserta que o desenvolvimento social passa a ser notado pelo surgimento de controvérsias e de necessidades ocasionadas pelos avanços evolucionários (HABERMAS, 1929, p. 261).

Tal qual está acontecendo com a 4ª Revolução Industrial, na qual novas formas de interações sociais digitais fazem com que a sociedade não aceite longas demoras e, por isso, buscam-se outras maneiras de resolver mais rápido as disputas de classes associadas às novas tecnologias.

Habermas defende que os desdobramentos das forças produtivas são muito importantes e contribuem para o desenvolvimento da sociedade, porque a organização do trabalho exige regras de interação entre os indivíduos que devem ser estabelecidas primordialmente por meio do uso da linguagem e da comunicação (1929, pp. 209-235). Para ele, o progresso pode ser obtido por meio do entendimento sem que haja coerção, em outras palavras, por meio da ação consensual que se utiliza da comunicação (HABERMAS, 1929, p. 64). E agir de maneira consensual requer o uso da linguagem (HABERMAS, 1929, p. 477).

Ora, não há como discordar de Habermas, é fato que os conflitos derivados da interação entre o capital *versus* o trabalho na base produtiva podem ser melhor solucionados se houver diálogo entre as pessoas, ao invés do rompimento.

Essa é aliás uma das atribuições originárias dos entes sindicais, em que organizações de trabalhadores devem dialogar com os detentores do modo de produção em favor de melhores condições de trabalho. Em um primeiro momento, a consciência de classe permitiu a conquista de direitos de índole individual e depois foram normatizados os direitos coletivos. Posteriormente,

---

jus.br/bitstream/handle/20.500.12178/184270/2021_res0288_csjt.pdf?sequence=1&isAllowed=y. Acesso em: 27 fev. 2022.

(359) Este autor pertence à Escola de Frankfurt e busca criar alternativas para as ideias de Marx no século XX.

na história, verificou-se a necessidade da estatização do direito do trabalho(360). Mas, novamente, considerando ser a história da humanidade pendular, torna-se preciso resgatar formas embrionárias de resolução de controvérsias por meio da comunicação entre os indivíduos.

Dessa maneira, a racionalização, segundo o autor, consiste em eliminar relações de poder que atrapalham a comunicação no seio produtivo e impedem uma resolução consensual das controvérsias (HABERMAS, 1929, p. 63).

Pode-se dizer que Karl Marx(361), ao visualizar a posição antagônica entre as classes laborais, acertou ao dissertar que a história da humanidade se revela por ela, entretanto, não se deve incentivar o rompimento entre o trabalhador e os detentores dos meios de produção, já que um necessita do outro. Por isso, promover o diálogo entre eles é a melhor forma de resolver as controvérsias advindas dessa interação social do trabalho.

Na realidade, entende-se que nenhuma ditatura é boa, seja ela da classe dominante, seja ela do proletariado. O melhor sistema que se visualiza até este momento na história da humanidade é, sem sombra de dúvidas, a social democracia, que garante mais liberdade aos indivíduos ao mesmo tempo que lhes concede direitos sociais mínimos(362).

Ora, por que não incorporar normativamente no Brasil essa ideia?

---

(360) Na história, o ano de 1848, em que se publicou o *Manifesto de Marx e Engels* sob o pensamento socialista, foi marcado por movimentos de massa em pressão coletiva contra o empresário para reivindicar interesses coletivos e os operários lutavam contra a ordem institucional vigente (DELGADO, 2019, pp. 108-110). Nos anos seguintes até a Primeira Guerra Mundial é marcado por avanços e recuos do movimento socialista e sindical. E, após a guerra, ocorre a institucionalização do direito do trabalho com a criação da OIT e as Constituições de Weimar e Mexicana (DELGADO, 2019, pp. 108-110). Veja que o direto do trabalho se instituiu e oficializou em ordens jurídicas de países democráticos permitindo a produção de normas por uma dinâmica negocial autônoma e por uma heterônoma vinda do Estado. Tudo isso foi intensificado nas décadas seguintes após a Segunda Guerra Mundial com a constitucionalização do direito laboral e o Estado do Bem-Estar Social (DELGADO, 2019, pp. 108-110). A Constituição Democrática da Espanha, por exemplo, incorporou normas justrabalhistas de valorização do trabalho humano na década de 1970 (DELGADO, 2019, pp. 108-110). No Brasil, o corporativismo estatal sufocou o crescimento sindical e a forte estatização do direito do trabalho judicializou os conflitos.

(361) Mais detalhes sobre esse pensador em: https://pt.wikipedia.org/wiki/Karl_Marx. Acesso em: 10 fev. 2022.

(362) Não se pode esquecer que historicamente o constitucionalismo social que permitiu a inserção de direitos sociais dentro do texto da Constituição foi criado no intuito de afastar os anseios socialistas que à época ameaçavam o sistema capitalista, que até então estava a explorar a mão de obra trabalhadora perversamente, sem a garantia de direitos mínimos. Assim, pode-se dizer que consagrar direitos sociais no capitalismo se deu no intuito de evitar uma revolução socialista. Inicia-se o Estado de bem-estar social, garantindo direitos sociais à classe trabalhadora. Tem-se como dois marcos históricos: Constituição Mexicana de 1917 e Constituição Alemã de 1919 (DELGADO, 2017, pp. 24-25). Nessa época funda-se a OIT em 1919.

Se na base produtiva a comunicação é de suma importância para a interação entre os indivíduos e se o processo do trabalho serve ao direito material do trabalho, parece que institucionalizar formas de resoluções consensuais de disputas de classes, por meio da linguagem, é o caminho adequado.

Como dissertado, a 4ª Revolução Industrial já tem modificado a organização no modo de produção, e isso está trazendo reflexos também na forma de interação cotidiana, demonstrando inúmeros avanços sociais. Esse desenvolvimento da sociedade também ocasiona novos tipos de conflitos que, por sua vez, precisam de outras maneiras de solução que não as vias tradicionais utilizadas nos últimos anos. Métodos esses que são mais rápidos e democráticos.

E, apesar de terem sido catastróficas as previsões quanto à 4ª Revolução Industrial, de uma sociedade sem trabalho, o fato é que, após mais de três décadas do início dessa crise, a relação de trabalho permanece no mundo atual e o direito laboral também, embora com flexibilizações (DELGADO, 2019, pp. 112-113).

E considerando que o movimento da história da humanidade é pendular, necessita-se retornar à origem do surgimento do direito do trabalho, porém, aprendendo com todos os fatos sociais que se passaram para chegar ao momento presente. No intuito de evitar que sejam cometidos erros do passado, propõe-se no Brasil o incentivo ao desenvolvimento do movimento sindical para dirimir disputas entre o capital e o trabalho, mas limitado a direitos disponíveis apenas. Isso porque direitos considerados mínimos para que o indivíduo preserve sua humanidade deverão ficar a cargo do Poder Judiciário, por necessitarem de uma tutela maior à semelhança do que se passa na Espanha.

2. Da mudança normativa para democratizar a justiça

Neste livro, verificou-se que na Espanha as reformas legislativas operacionalizadas foram muito importantes para ampliar o sistema de justiça laboral e para permitir que novas ferramentas pudessem dirimir esse conflito. Comparativamente, no Brasil, para que seja possível empregar e desenvolver ferramentas de comunicação entre o capital e o trabalho, por meio da mediação-conciliação pré-processual compulsória na seara laboral fora da via jurisdicional, não se visualiza outra maneira a não ser a mudança normativa, a fim de modificar os rumos do Estado e da sociedade brasileira.

Sobre essa questão, Habermas (1929, p. 65) explica que, ao impulsionar a base normativa, permite-se a evolução social, pois novos princípios de organização social presentes na norma influenciam outras formas de integração social. Pelo preceito de Habermas, chega-se à compreensão de que, no atual estágio do desenvolvimento social, revela-se imperioso adequar os institutos jurídicos à realidade social democrática brasileira e vice-versa. Portanto, trata-se de um movimento simbiótico em que as normas jurídicas influenciam na base social e esta também influencia na feitura daquelas.

Complementando essa ideia, nunca se pode esquecer de que as fontes materiais do direito se relacionam diretamente com os fatores sociais, econômicos e políticos que interferem na feitura de uma norma (MIESSA, 2021, pp. 47-48). Desse modo, elas atuam como vetores determinantes para a atualização da norma jurídica. E, uma vez editada a legislação, ela igualmente passa a ser influenciadora da realidade social.

Nesse sentido, para obter uma reestruturação no sistema de Justiça Laboral brasileira, de modo a favorecer as resoluções das disputas de maneira mais ágil, entende-se pela elaboração de uma norma jurídica constitucional que discipline de forma segura a via obrigatória da mediação-conciliação pré-processual na seara laboral.

Essa modificação normativa constitucional irá influenciar e determinar a conduta das pessoas, de maneira a contribuir com a formação de uma nova cultura para dirimir as disputas individuais trabalhistas no Brasil. Por tudo que foi até aqui pesquisado, é essencial uma mudança de mentalidade social e jurídica para favorecer o aproveitamento de formas alternativas para solucionar conflitos individuais no campo trabalhista.

Nesse sentido, falar em uma revolução democrática da justiça vai muito além de realizar reformas processuais; é preciso haver transformações mais profundas no sistema jurisdicional. É necessário criar uma nova cultura jurídica por meio da política (SANTOS, 2011, p. 38). E, para que tal fato seja possível, deve-se desenvolver um novo conceito acerca do acesso ao direito e à justiça, de forma a mudar a noção de justiça a que se tem acesso. Trata-se de uma alteração de postura jurídico-política que pode contribuir para que outros mecanismos e novos protagonistas sejam instituídos na norma jurídica para fazer justiça (SANTOS, 2011, p. 39).

Santos (2011, p. 39) explica que, além das reformas processuais, deve-se investir em uma nova organização judiciária, na modificação da formação dos profissionais do direito, na ampliação de uma cultura democrática e em outras questões que possam impactar o sistema de justiça.

Assim, é imprescindível uma transposição de mentalidade na seara laboral brasileira, tal qual já está ocorrendo na Espanha, de forma a abarcar e abraçar novos meios de solução de conflitos que privilegiem a razoável duração do processo prevista no art. 5º da Carta Magna. E, desta maneira, busca-se romper com a quase exclusividade estatal na apreciação de lides individuais do trabalho.

A implantação de um sistema judicial democrático exige ainda articulação com instituições sociais para estabelecer o que deve ter relevância política (SANTOS, 2011, p. 40). Esse fato foi verificado na Espanha, em que a abertura do sistema de justiça laboral conta com a articulação dos poderes constituídos e com o fortalecimento dos agentes sociais.

Em um conceito amplo de acesso à justiça, os tribunais têm que ser vistos como um componente de um conjunto integrado de meios de resolução de controvérsias, que sejam mais democráticos, de forma a aproximar a justiça da cidadania (SANTOS, 2011, p. 49-71). A esse respeito, Maia (2021, p. 206) explica que fortalecer institutos já existentes no Brasil, como as CCPs por meio da atuação sindical, por exemplo, poderia contribuir para se obter uma judicialização mais racional.

Em outras palavras, o Judiciário passaria a intervir somente nas causas que fossem necessárias a sua atuação, pois primeiramente buscar-se-ia uma forma de solucionar a controvérsia de maneira amigável antes que virasse um processo jurisdicional.

Sobre esse assunto, na Espanha, constatou-se que, embora existam outros organismos que desenvolvam a mediação, para funcionar como trâmite prévio obrigatório para aceder à via judicial, somente cumpre este requisito a conciliação-mediação perante órgãos administrativos ou entidades criadas no AI ou convênio coletivo (AGUDO, 2021, pp. 61-73).

No Brasil, uma proposta parecida perpassaria pelo requisito compulsório de mediação-conciliação ser cumprido pelo Cejusc (via administrativa) e pelas CCPs sindicais (incluído o Ninter).

Portanto, parece ser adequado promover a pacificação social[363] por meio do estímulo aos sindicatos de criarem, pela negociação coletiva[364], normas e mecanismos extrajudiciais para resolver as disputas das respectivas categorias[365]. Tudo isso está, inclusive, sob o manto de comandos normativos constitucionais na medida em que a Carta Magna atribui aos sindicatos a representação da categoria e a feitura da negociação coletiva (VASCONCELOS, 2000, pp. 194-195).

---

(363) A esse respeito, esclarece-se que no Ninter a mediação é composta por representantes de trabalhadores e dos empregadores indicados pelos sindicatos respectivos de forma paritária para que através do diálogo alcancem um possível acordo (VASCONCELOS, 2000, pp. 173-174).

(364) A legitimidade ordinária para negociar e formalizar os instrumentos coletivos é do sindicato, conforme previsto na Constituição Federal. Todavia, a CLT prevê que na falta de entes sindicais outras duas entidades poderão celebrar instrumentos coletivos: a federação e confederação (CORREIA, 2021).

(365) Na vinculação por categoria, entende-se que os empregados não serão agrupados pela profissão que exerçam, pois a vinculação ocorre à atividade econômica dos empregadores (DELGADO, 2019, p. 1471).

Além de ir ao encontro da história do próprio surgimento do direito do trabalho e do sindicalismo pelo mundo, porque, quando nem mesmo existia Justiça do Trabalho e normas laborais, eram as organizações de trabalhadores as responsáveis por tutelar e proteger os trabalhadores, reivindicar seus direitos e promover o entendimento entre o capital *versus* o trabalho.

Nesse viés, Santos (2011, p. 77) explica que as reformas destinadas à organização e à administração da justiça são essenciais para melhorar a eficácia do sistema como um todo. É forçoso investir em métodos de trabalho, gerenciar os fluxos processuais e fomentar a articulação do Poder Judiciário com outros serviços capazes de complementar a justiça.

E por que não reformular e promover mecanismos que já compõem a legislação, porém não possuem efetividade prática? Esse é o caso da previsão normativa das CCPs no Brasil que poderá ser modificada para se adequar aos anseios sociais e democráticos atuais. E para que essa ideia se torne real, a partir deste momento, passa-se à discussão de pontos específicos a serem superados no Estado brasileiro para o alargamento do sistema de justiça laboral à semelhança do que se tem implementado na Espanha.

2.1. Da feitura da norma infraconstitucional para definir limites à disponibilidade dos direitos trabalhistas

É sabido que em ambos os países, Brasil e Espanha, as Justiças Laborais inserem-se no seio da justiça social como justiças conciliadoras. E, como já discorrido ao longo deste capítulo, a origem do direito do trabalho fundamenta-se na necessidade de conciliar os conflitos de classes, como forma de alcançar o desenvolvimento sustentável das empresas sem, contudo, afetar a dignidade humana(366) dos trabalhadores.

Nesse aspecto é que Habermas (1929) propõe o desenvolvimento da comunicação como uma boa ferramenta para obter a resolução consensual das disputas surgidas na interação derivada da organização laboral.

Historicamente, a gênese do direito do trabalho se estrutura nessa dinâmica de tentar equilibrar as partes que compõem essa relação. E, devido à grande disparidade econômica, o direito laboral trouxe uma superioridade jurídica ao trabalhador, para evitar a exploração do capital sobre o trabalho(367)

---

(366) Muitas normas jurídicas internacionais, como dito, promovem a dignidade do ser humano como é o Pacto de Direitos Econômicos, Sociais e Culturais e o Pacto de Direitos Civis e Políticos, ambos de 1966.
(367) Sobre essa questão, Habermas (1929, p.237) afirma que na sociedade capitalista a apropriação pelos detentores do modo de produção em forma de mercadoria da força de trabalho alheia é assegurada tanto pela norma por meio da feitura do contrato de trabalho quanto pela economia.

(SARAIVA, 2018, p. 30). Por isso, muitas normas jurídicas trabalhistas tornaram-se de caráter público[368], de forma a não haver a possibilidade de transação sobre elas, no intuito de não transformar o ser humano trabalhador em mera coisa[369] (BARROS, 2016, p. 126).

Esse, aliás, é um dos fundamentos utilizados por parte da doutrina e da jurisprudência para refutar a mediação-conciliação fora da via estatal no direito individual do trabalho.

Entrementes, modernamente, o direito processual laboral deve estar em harmonia com o interesse social que existe por trás da satisfação do crédito trabalhista. Por esse motivo, tem-se falado acerca do princípio da função social do processo laboral, na medida em que ele deverá estar em constante evolução, no intuito de efetivar os direitos fundamentais e possibilitar o acesso do trabalhador à justiça (SCHIAVI, 2016, pp. 135-136).

Nesse contexto, mudanças procedimentais se fazem necessárias conforme a sociedade vai avançando, para que não haja o distanciamento entre o processo e a realidade material existente. Como é o caso da incorporação de novas tecnologias nos procedimentos judiciais.

No que diz respeito à indisponibilidade de direitos trabalhistas, verificou-se que na Espanha, em razão da deficiência da norma legal, os AI têm cuidado de excepcionar da passagem prévia obrigatória a mediação-conciliação de determinadas matérias que devem acionar diretamente o Poder Judiciário. Apesar de esse não ser o cenário ideal, não está impedindo a instalação de um sistema prévio de mediação-conciliação de lides individuais do trabalho no país, com o objetivo de obter em prazo razoável a satisfação do crédito trabalhista, embora necessite de mais segurança jurídica.

Mais precisamente sobre esse assunto, a Lei n. 5/2012, que trata da mediação civil e mercantil espanhola, por exemplo, excluiu a mediação laboral do seu âmbito de aplicação para que houvesse uma regulação própria. Isso porque entende-se que existem assuntos de natureza indisponível e irrenunciável que dizem respeito a matérias de ordem pública presentes neste ramo jurídico, como, por exemplo, o trabalho do menor, o limite da jornada, o descanso e as medidas de seguridade (CASAS BAAMONDE, 2015, pp. 15-17).

---

(368) A esse respeito a doutrina aponta como fundamentos legais ao princípio da indisponibilidade/irrenunciabilidade os arts. 9º, 444 e 468 da CLT.

(369) A Declaração de Filadélfia disserta que o ser humano não pode ser tratado como mera mercadoria. Consultar: https://www.ilo.org/wcmsp5/groups/public/---americas/---ro-lima/---ilo-brasilia/documents/genericdocument/wcms_336957.pdf. Acesso em: 4 fev. 2022.

Nesse aspecto, a separação da mediação laboral de outros ramos jurídicos se deve ao fato de que, apesar de ser possível desjudicializar determinados assuntos que podem ter uma solução mais adaptada às vontades das partes, neste ramo jurídico, não é todo tipo de matéria que pode se sujeitar à mediação (CASAS BAAMONDE, 2015, p. 17). Na medida em que existem restrições à autonomia da vontade face à vulnerabilidade do trabalhador (GERMINIANI, 2019, p. 226).

Há, portanto, um limite material no que se refere aos direitos que podem ser objetivo de mediação-conciliação em razão do princípio da indisponibilidade[(370)]. Ora, não é novidade que o direito do trabalho restringe a capacidade do trabalhador de dispor de seus próprios direitos, devido à histórica desigualdade existente neste ramo jurídico e social, o que faz com que haja normas imperativas que não podem ser objeto de autorregulação, renúncias ou concessões (ÁLVAREZ, 2014, pp. 25-27).

Esse princípio está presente no art. 3.5 do ET[(371)] espanhol, que destaca a impossibilidade do trabalhador de dispor validamente de direitos, o que limita a capacidade de negociação e acordo sobre questões litigiosas individuais (ÁLVAREZ, 2014, p. 27).

Dessa forma, no cenário existente, apesar de se verificar que se está vivenciando uma transformação profunda do Estado pela experimentação política, por meio da promoção de diferentes soluções institucionais multiculturais democráticas, ao mesmo tempo visualiza-se ser importante garantir padrões mínimos de inclusão necessários para a democracia[(372)] no intuito de satisfazer preceitos da justiça social (SANTOS, 2011, p. 79). Em outras palavras, deve-se proteger normas de ordem pública.

Entrementes, como constatado na Espanha, a conciliação prévia laboral tem a finalidade de evitar o processo judicial. E, nessa atuação, os resultados são muito positivos no que diz respeito ao tempo curto de duração e aos custos para

---

(370) Esse princípio visa evitar as mais diversas formas de aviltamento do trabalho humano, como, por exemplo, o tratamento degradante, humilhante, escravocrata, entre outras situações danosas à integridade física e psíquica humana. Assim, assegurar direitos humanos nas relações privadas como no caso do direito do trabalho visa preservar a dignidade da pessoa humana trabalhadora (eficácia horizontal dos direitos fundamentais) (OLIVEIRA, 2017, pp. 451-453). Lembre-se que essa eficácia é dita diagonal nas relações laborais em razão da assimetria existente entre o empregado e o empregador.

(371) "3.5. Os trabalhadores não poderão dispor validamente, antes ou depois da sua aquisição, dos direitos que tenham reconhecido por disposições legais de direito necessário. Também não podem dispor validamente dos direitos reconhecidos como indisponíveis por acordo coletivo." Disponível em: https://www.boe.es/buscar/act.php?id=BOE-A-2015-11430. Acesso em: 23 fev. 2022.

(372) É sempre bom lembrar que a democracia é vista como um direito humano de 4ª dimensão, conforme descrito por Paulo Bonavides.

as partes, até mesmo em razão da urgência[373] com que necessita ser resolvida a lide laboral (MOÑINO, 2016, pp. 20-30).

Destaca-se que no direito espanhol tem-se tentado ampliar esses espaços de disposição e gestão individual do contrato de trabalho, ainda que exista muito receio quanto a uma possível desproteção ao trabalhador (ÁLVAREZ, 2014, pp. 27-28). Aliás, esse temor é amplo e acontece também no Brasil, na medida em que os direitos trabalhistas compõem o rol dos Direitos Humanos fundamentais previstos na Constituição e em tratados internacionais. Assim, são considerados *patamar civilizatório mínimo*[374] e não podem ser objeto de derrogação total (PAES, 2018, p. 157).

Quanto a esse fato, Álvarez (2014, pp. 27-28) entende que na sociedade plural nos dias de hoje há trabalhadores que possuem poder negocial frente ao empregador[375], de forma que não há que se colocar todos submetidos às mesmas regras gerais. Segundo o autor, há que se abrir um espaço para a feitura de normas mais individualizadas de contratos de trabalho e, igualmente, para serem possíveis a transação[376] e a realização de acordos.

Entretanto, destaca-se que a jurisprudência não tem aceitado atos de mera renúncia de direitos, porém, a transação tem sido recepcionada desde que a matéria seja discutível e tenham concessões recíprocas (ÁLVAREZ, 2014, p. 28). Isso porque, de acordo com Barros (2016, p. 126), o princípio da irrenunciabilidade restringe a autonomia da vontade para proteger o trabalhador, na medida em que, diante da vulnerabilidade do obreiro, ele poderia se sentir pressionado a despojar de direitos pelo simples temor reverencial de perder o emprego.

Portanto, a dificuldade de implantação de um sistema fora do Estado está no fato de que no direito do trabalho, embora seja um ramo privado e suas verbas sejam patrimoniais, os direitos não são em regra disponíveis. Apesar disso, não se pode desconsiderar que há direitos laborais passíveis de negociação (VASCONCELOS, 2000, p. 178).

---

(373) O crédito trabalhista detém caráter alimentar e tem como função garantir a sobrevivência do ser humano trabalhador.

(374) Direitos essenciais para que o ser humano seja tratado com dignidade e não perca sua condição de ser humano.

(375) A Reforma Trabalhista de 2017 trouxe essa previsão na norma celetista acerca do empregado hiperssuficiente que poderá negociar diretamente com o empregador questões de trabalho. Essa disposição consta no art. 444, CLT.

(376) A transação trata-se de ato bilateral que recai sobre direitos disponíveis e duvidosos das partes. Assim, há que se fazer concessões recíprocas.

Assim, pode-se constatar que o princípio da proteção coloca um limite à autonomia da vontade, mas não a suprime (MILIONI, 2018, pp. 446-447). Da mesma maneira, apesar do caráter protetivo do direito laboral, verifica-se que o estímulo à conciliação demonstra que nem todos os direitos são indisponíveis (FALCÃO, 2018, pp. 440).

Nota-se que, na prática, a maior parte dos direitos tidos como irrenunciáveis no curso do contrato torna-se em um momento posterior passível de transação quando convertida em créditos. Nesse sentido, Garcia (2018) afirma que, se fosse pacífica a ideia de indisponibilidade, não haveria dentro da própria justiça e da norma celetista o incentivo à conciliação, e conclui dizendo que se pode conciliar é porque há direitos disponíveis (GARCIA, 2018, pp. 404-407).

Álvarez (2014, pp. 29-30) esclarece que, por meio da feitura de uma lei, pode-se dar mais segurança jurídica na utilização de métodos alternativos ao estabelecer as matérias que podem ser objeto de mediação-conciliação por envolverem direitos que as partes podem dispor. De forma que a disponibilidade de direitos pelas partes ficaria restrita ao disposto na norma legal ou convencional.

Ao longo deste livro se contemplou que, em análise ao direito comparado espanhol, quanto à solução de conflitos individuais do trabalho, o sistema jurisdicional espanhol é o meio tradicionalmente escolhido pelas partes, à semelhança do que ocorre no Brasil. Todavia, a lei espanhola colocou como condição obrigatória para se acessar a via judicial laboral a passagem prévia por uma conciliação-mediação que, nos dias atuais, desenvolve-se por meios administrativos e autônomos. Essa previsão normativa impulsionou a instalação do sistema administrativo e, aos poucos, vem ajudando a desenvolver a via autônoma para disputas de caráter individual laboral. Todavia, quanto a esta última, ainda carece de uma lei específica que defina os direitos que poderiam ser passíveis de negociação.

Constatou-se que esse pré-requisito não impede a passagem pelo Poder Judiciário que pode ser acionado caso não haja avença entre as partes ou mesmo em situações de fraude no acordo realizado. E, quanto ao uso das vias prévias, notou-se que a via administrativa no campo de direito individual do trabalho é bem mais utilizada que a via autônoma, mas que ambas possuem bons índices numéricos no que tange à percentagem de acordos realizados. A doutrina espanhola aponta na falta de normatização específica a causa para a insegurança das pessoas em usar o sistema autônomo para litígios individuais.

Por outro lado, a via autônoma encontra-se consolidada para dirimir disputas de âmbito coletivo de trabalho e vem, pouco a pouco, substituindo a via administrativa nesse quesito. Nesse aspecto, verifica-se que o sistema autônomo é mais atuante que o administrativo para a resolução de conflitos coletivos do trabalho.

A ideia de continuar o desenvolvimento do sistema autônomo no direito individual laboral espanhol, com a sua implantação progressiva nas comunidades autônomas que não o preveem, principalmente por meio da atuação estatal que poderá fazer uma lei para trazer mais segurança jurídica à sociedade na escolha por essa via, parece ser o caminho a ser trilhado na Espanha para continuar a contribuir com soluções rápidas dos litígios derivados da relação de trabalho. Apesar de o sistema autônomo ainda estar em crescimento para avaliar controvérsias individuais laborais na Espanha, ele é eficiente em algumas regiões.

Quanto aos conflitos individuais do trabalho, constatou-se que o desempenho prévio dos sistemas administrativo e autônomo, analisando o funcionamento em conjunto, tem ajudado a diminuir a quantidade de processos existentes na Justiça Laboral espanhola, pois eles resolvem diversos procedimentos por meio de acordos prévios. À luz do que se verifica no sistema espanhol, como possibilitar o desenvolvimento no Brasil de um sistema semelhante sem ferir a indisponibilidade de direitos trabalhistas?

No que tange à modificação e à implementação de outras formas de resolução de controvérsias no Brasil, observa-se, nos últimos anos, um esforço institucional e político para abarcar um método adequado de solução de conflitos, por meio do empoderamento das partes e da sua participação de forma mais ativa. Inicialmente, parte-se da colaboração dentro do próprio Poder Judiciário, impulsionado a partir de 2017, com a criação dos Cejuscs, órgãos de caráter administrativo para fomentar avenças pré-processuais e intraprocessuais, para resolver de forma mais rápida as controvérsias laborais individuais e coletivas.

No caso, a consolidação desse sistema, que vem sendo sedimentada aos poucos, está ocorrendo de forma gradativa. Haja vista que antes de 2017 só se admitia ao Poder Judiciário, com a exceção das CCPs que não têm efetividade, a resolução das disputas laborais individuais no Brasil. A partir de então, em um primeiro momento, aos Cejuscs[(377)] só foi permitido conciliar ou mediar conflitos laborais individuais que já fossem processos judiciais instaurados. Porém, em 2020, impulsionado pela pandemia, operou-se uma mudança de

---

(377) Quanto a esse tema, já foi esclarecido neste trabalho acadêmico que historicamente se permite a mediação-conciliação fora do Poder Judiciário para lides coletivas trabalhistas nos moldes do art. 114 da Constituição. Há a previsão legal do instituto das CCPs para lides individuais, mas destituído de efetividade prática. A criação do Nupemec pela Resolução n. 174/2016 do CSJT atualmente atribui a servidores e a magistrados ativos a feitura de mediações e acordos de maneira administrativa nos Tribunais. Os servidores sempre são supervisionados por um magistrado e este deve homologar a avença realizada para que ela tenha validade.

mentalidade para possibilitar a apreciação administrativa pelos Cejuscs de maneira pré-processual de disputas individuais do trabalho em determinadas hipóteses. Essa é uma grande conquista, que foi ampliada em 2021 por meio da Resolução n. 288 do CSJT(378).

Todavia, é preciso haver maiores avanços sociais e jurídicos para expandir para além das fronteiras estatais a resolução de controvérsias trabalhistas individuais no Brasil e na Espanha, de modo a proporcionar e sedimentar a mediação-conciliação extraprocessual para direitos disponíveis para obter uma solução pacífica. Essa nova visão, entretanto, não retira do Poder Judiciário a palavra final, ou seja, caso entendido que houve renúncia de direitos indisponíveis, pode o trabalhador se socorrer na via estatal para anular a avença.

Como adaptar o que foi estudado no direito comparado espanhol à realidade fática e jurídica brasileira? E quais seriam os limites para a transação de direitos laborais brasileiros?

Uma doutrina mais flexível, como Mansur (2018, p. 129), por exemplo, relata que, depois de encerrado o contrato de trabalho, todos os eventuais créditos devidos ao empregado tornam-se disponíveis, uma vez que só ele pode ir a juízo buscar a satisfação e, se não for ao Poder Judiciário, ocorre a disposição do direito.

Até mesmo como já informado nesta pesquisa, muitas vezes, o próprio Poder Judiciário tem realizado acordos sem respeitar os direitos indisponíveis em razão da enorme quantidade de processos existentes (BRANDÃO, 2018, p. 146). Aliás, a esse respeito, é preciso esclarecer que a aplicação do princípio da proteção ao processo do trabalho é mitigada, cabendo principalmente ao legislador fazer esse papel de equilibrar as partes em desnível. Dessa forma, a existência de transações dentro do próprio Poder Judiciário trabalhista demonstra que o princípio da indisponibilidade de direitos é arrefecido no campo processual. Nesse viés, esclarece-se que a natureza cogente da norma trabalhista e a sua inderrogabilidade não são fatores que impedem a disposição de direitos em acordos judiciais (ORSINI, 2021, p. 32).

---

(378) "Art. 12. Podem ser submetidos ao procedimento de mediação pré-processual os conflitos individuais e coletivos, a cargo dos respectivos Cejuscs-JT de primeiro e segundo graus, bem como aos Nupemecs-JT, conforme o caso, mediante registro próprio no Sistema PJe-JT, e com garantia de cômputo na produtividade do respectivo magistrado condutor do procedimento. I - Na hipótese de êxito na mediação pré-processual, deverá ser convertido o procedimento (ou efetuado o registro), com os mesmos efeitos da classe Homologação de Transação Extrajudicial (HTE), no Sistema PJe-JT. II - Caso o trabalhador e/ou empregador estejam sem assistência de advogado, na mediação pré-processual, a condução do procedimento deverá ser feita, necessariamente, pelo juiz supervisor do Cejusc-JT respectivo." Disponível em: https://juslaboris.tst.jus.br/bitstream/handle/20.500.12178/184270/2021_res0288_csjt.pdf?sequence=1&isAllowed=y. Acesso em: 23 fev. 2022.

Sobre isso, Faria (2015, p. 119) discorre que a realidade forense prova que muitas empresas preferem se arriscar a condenações na Justiça do Trabalho brasileira a pagar seus débitos trabalhistas na vigência do contrato de trabalho, pois sabem que na justiça poderão obter um vantajoso acordo com o parcelamento e a redução de encargos, o que é prejudicial aos empregados. Nessa trilha de raciocínio, sabe-se que o acordo judicial confere às partes autonomia de vontade, de modo a haver autorregulação de seus interesses com a chancela do Estado e o manto da coisa julgada. Tal fato evidencia que não há absoluta indisponibilidade de direitos laborais (ASSUNÇÃO, 2021, pp. 503-506), na medida em que se verifica na prática que o próprio Poder Judiciário trabalhista tem mitigado a indisponibilidade de direitos na realização de acordos judiciais.

Especificamente no que tange à indisponibilidade de direitos laborais, é importante o estudo da doutrina de Delgado (2019). De acordo com o Delgado (2019, pp. 252-254), no direito individual do trabalho não é vedado todo tipo de supressão de direitos trabalhistas, sendo exemplo disso a prescrição e a decadência. De igual maneira, a indisponibilidade divide-se em: absoluta e relativa. Assim, no direito coletivo permite-se a transação a ser realizada pelas partes quanto a direitos de indisponibilidade relativa.

Portanto, de acordo com o doutrinador, quanto às parcelas de indisponibilidade absoluta, por dizerem respeito a interesse público que são *patamares civilizatórios mínimos*, não poderia haver disposição a fim de proteger a dignidade humana. Exemplifica-se com as normas de saúde e segurança do trabalho, o salário mínimo e a assinatura da carteira de trabalho (DELGADO, 2019, pp. 252-254). Essa divisão feita pela doutrina, quanto à natureza jurídica do direito material, aplica-se tanto para negociações coletivas como serve de norte para transações na área do direito individual, enquanto não há uma norma específica disciplinando a matéria.

Sobre esse assunto, recentemente em 2022, em sede de repercussão geral, o STF definiu que: "são constitucionais os acordos e as convenções coletivas que, ao considerarem a adequação setorial negociada pactuam limitações ou afastamentos de direitos trabalhistas independentemente da explicitação especificada de vantagens compensatórias desde que respeitados os direitos absolutamente indisponíveis".

Tomando esse referencial, porque existem direitos de indisponibilidade relativa e porque o princípio da proteção é mitigado na seara processual, é possível haver métodos adequados de solução de conflitos individuais do trabalho no Brasil. Até mesmo porque eles já são permitidos normativamente (CCP), porém, não possuem aplicação prática.

Ademais disso, a existência de normas de ordem pública no direito do trabalho não pode servir para refutar em absoluto outros meios adequados de resolução de controvérsias, sendo possível a via alternativa para dirimir lides menos complexas e que envolvem direitos disponíveis.

Defende-se a importância da mediação-conciliação não somente para resolver disputas coletivas do trabalho, mas também para solucionar embates de natureza individual, de maneira a compatibilizar o princípio da proteção com outros métodos de resolução de controvérsias laborais. Isso, aliás, repita-se, já é permitido legalmente no Brasil com as CCPs, só que não há uma cultura e tradição na sua utilização. A esse respeito, o STF, apesar de ter afastado a obrigatoriedade de submissão prévia a essa via, considerou-a adequada e constitucional[(379)] para dirimir disputas laborais a nível individual.

Nessa medida, compreende-se que o fato de haver a indisponibilidade de direitos laborais não implica em reconhecer a impossibilidade de conciliar/mediar, haja vista que um dos princípios principais do processo do trabalho é o da conciliação, razão pela qual é possível compatibilizar o princípio da proteção com a feitura da avenças laborais, mesmo que fora do seio estatal.

Historicamente, sabe-se que foram repudiados no Brasil os institutos da arbitragem e da mediação quanto a direitos individuais laborais. Por esse fato, ainda hoje, o Poder Judiciário concentra quase a totalidade da apreciação das lides individuais. Entretanto, como já relatado, em 2017, a lei infraconstitucional passou a admitir a arbitragem para altos empregados, na própria Justiça do Trabalho criou-se o Cejusc[(380)] e se passou a admitir a mediação. Assim, abre-se um caminho para que se busquem outros meios de resolver litígios, inclusive para concretização das CCPs/Ninter[(381)] no país.

Na realidade, ao longo dos anos, as CCPs acabaram por receber inúmeras críticas por fraudes e flexibilização de direitos trabalhistas. Portanto, o mais razoável é pensar na ampliação e sedimentação de meios adequados de resolução de litígios por meio dos sindicatos de forma ética, legal e coerente

---

(379) Para leitura da decisão da Suprema Corte brasileira, consultar: http://www.stf.jus.br/arquivo/informativo/documento/informativo909.htm. Acesso em: 4 fev. 2022.

(380) Esclarece-se que pelos dados estatísticos fornecidos pelos TRTs quanto à atuação do Cejusc não foi possível distinguir quantos foram os conflitos individuais e quantos foram os conflitos coletivos apreciados, uma vez que os números foram gerais. Entrementes, foi possível constatar que houve abertura dentro da própria Justiça do Trabalho para que por meio de seus magistrados e servidores haja a mediação-conciliação individual ou coletiva no sistema administrativo criado.

(381) Sobre essa questão, não é demais lembrar que a Constituição de 1988 conferiu amplos poderes aos sindicatos para regulamentarem as relações laborais por meio da autonomia coletiva, por meio de acordos e convenções coletivas (art. 8º, da CRFB/88). Disponível em: http://www.planalto.gov.br/ccivil_03/constituicao/constituicao.htm. Acesso em: 5 fev. 2022.

(SENA, 2007, pp. 93-114). Como se sabe, os sindicatos têm o poder de regulamentar a categoria por meio de produção de normas autônomas, razão pela qual deve-se incentivar a instituição de mecanismos autônomos de solução de disputas individuais do trabalho pela negociação coletiva. Essa é a via capaz de vincular a própria categoria e permitir o surgimento de um diálogo de forma permanente (VASCONCELOS, 2000, pp. 161-162).

Lembre-se que a terceira "onda" de acesso à justiça dos reformadores modernos trata-se dessa tentativa de impulsionar acordos extrajudiciais para evitar litígios judiciais, até mesmo com a possibilidade de penalizar a parte por recusa de conciliar sem uma justificativa razoável (CAPPELLETTI, 1988, pp. 87-89).

Nesse sentido, observa-se que em ambos os países já está consolidada a possibilidade da mediação-conciliação para resolver disputas coletivas do trabalho, pois o sindicato é atuante na proteção coletiva dos trabalhadores. Tal fato contribui para a razoável duração do processo. Entretanto, necessita-se avançar no Brasil quanto à aceitação social e jurídica no desenvolvimento de outros métodos para dirimir disputas individuais do trabalho. Esse contexto também se verifica na Espanha quando do uso da via autônoma, porém, o país encontra-se mais à frente nesse caminho que o Brasil.

O fato de existirem direitos trabalhistas de indisponibilidade relativa permite que haja a solução de controvérsias fora do âmbito estatal. Entrementes, é essencial que seja feita uma lei infraconstitucional específica[(382)], a fim de dar segurança jurídica às partes, para se saber ao certo quais direitos podem ser objeto de transação pela mediação-conciliação. A regulamentação dessa matéria é primordial para trazer confiança no uso desse método.

Haja vista que parcela da doutrina espanhola também atribui a grande resistência existente quanto à aplicação, por exemplo, da mediação[(383)] fora do monopólio estatal, ao fato de que ainda não se sabe ao certo os seus riscos na área laboral (ÁLVAREZ, 2014, p. 28). Por essa razão, defende-se ser preciso normatizar os direitos a serem assegurados nesse procedimento. Além disso, deve-se assegurar um mediador neutro e qualificado, o assessoramento jurídico às partes durante a negociação e se deve entender que a mediação em

(382) Esclarece-se que conforme art. 22, I, CRFB/88 é competência privativa da União para legislar sobre direito processual. Isso porque a Justiça do Trabalho é uma justiça pertencente à União Federal de modo que seu procedimento deve ser unificado a nível nacional.

(383) Ademais, se se quer o respeito a direitos de ordem pública, deve-se pensar em uma forma de colocar um filtro que permita fiscalizar o cumprimento de requisitos formais e materiais da mediação, sem que intrometa na negociação das partes (Álvarez, 2014, p. 28). Uma boa forma de fazer isso é sempre permitir o questionamento da parte que se sentir lesada na via jurisdicional.

um contexto totalmente privado não é a melhor alternativa na seara laboral (ÁLVAREZ, 2014, p. 28).

Nesse sentido, é forçoso reconhecer que o sistema extrajudicial a nível sindical revela-se mais apropriado do que a nível empresarial, já que historicamente os sindicatos são responsáveis por tutelar a categoria e resolver as controvérsias advindas da relação capital *versus* trabalho.

Nessa hipótese, compreende-se que o princípio da proteção no campo processual, que visa possibilitar a isonomia material[(384)], tem aplicação ao legislador que deve tentar equilibrar esse desnível econômico entre as partes e estabelecer quais matérias podem ser objeto de conciliação/mediação de forma extrajudicial.

Enquanto pende de inércia legislativa, o art. 611-B da CLT[(385)], incorporado pela Reforma Trabalhista, pode servir de parâmetro por estabelecer um rol de direitos que constituem *patamar civilizatório mínimo* e sobre os quais não é possível haver disposição na área do direito coletivo (BRANDÃO, 2018, p. 146). A partir dessa alteração legislativa, constata-se uma diminuição na imperatividade das normas laborais, entretanto, normas básicas de proteção devem ser mantidas para preservar a dignidade humana, pois o art. 611-B traz as hipóteses de indisponibilidade absoluta para transações coletivas, e, por outro lado, o rol do art. 611-A da CLT[(386)] é meramente exemplificativo (CORREIA, 2021), de modo que se visualiza com a reforma trabalhista que as normas de indisponibilidade relativa foram ampliadas para possibilitar maior transação coletiva (DELGADO, 2019, p. 1692). Igualmente disserta Germignani (2018), citando que o art. 611-A da CLT serve de diretriz ao permitir a solução negocial de algumas matérias e que o art. 611-B disciplina sobre o que é objeto ilícito de supressão e redução de diretos, podendo servir de baliza para além das CCT/ACT, no intuito de alcançar outras formas de transações (GERMIGNANI, 2018, pp. 355-360).

---

(384) Tratar igualmente os iguais e desigualmente os desiguais na medida em que se desigualam – art. 5º, CRFB/88.

(385) O art. 611-B CLT representa direitos correspondentes ao mínimo existencial, ou seja, direitos que não podem ser objeto de negociação pelos sindicatos. Assim, traz parâmetros para a negociação coletiva (quais direitos podem e quais não podem ser reduzidos por negociação coletiva) e, por não haver norma para limites a negociação de direitos individuais, até que essa seja feita, pode servir de baliza para acordos de caráter individual. Artigo disponível em: http://www.planalto.gov.br/ccivil_03/decreto-lei/del5452.htm. Acesso em: 18 de fev. 2022.

(386) A prevalência da negociação coletiva sobre o legislado previsto no art. 611-A da CLT visa dar maior representação sindical e poder de negociação, pois o artigo prevê hipóteses em que ela prevalecerá sobre a lei ainda que for prejudicial. Na relação jurídica coletiva assegura-se a transação com mais liberdade, pois há o sindicato profissional. Entretanto, sempre poderá haver controle da atividade sindical pelo MPT ou pela Justiça do Trabalho para evitar prejuízos aos trabalhadores.

Todavia, reafirma-se que a feitura de uma lei específica brasileira em matéria laboral para conflitos individuais pode disciplinar de forma mais detalhada quais direitos poderiam ou não ser apreciados, proporcionando maior confiança e segurança jurídica na feitura de acordos a nível extrajudicial.

No que diz respeito à negociação coletiva prevalecer sobre a legislação, em 2022, o STF[387] definiu que é possível desde que sejam respeitados os direitos trabalhistas previstos na Constituição, em normas de tratados internacionais incorporados pelo Brasil e em normas infraconstitucionais que preveem garantias mínimas. Nesse aspecto, adota-se uma posição de possibilitar uma maior autonomia da vontade na seara coletiva trabalhista desde que preservados direitos indisponíveis.

No que se refere à ampliação da autonomia privada[388] em matéria laboral, recentemente, na ADI n. 6.363[389] sobre a MP n. 936 de 2020, o STF considerou, em sede de medida cautelar, constitucional a redução salarial e da jornada de trabalho por mero acordo individual entre empregado e empregador no período de pandemia, devendo tal fato ser comunicado ao sindicato posteriormente, mas prevalecendo válido o acordado no caso de inércia deste. Aliás, não é de hoje que a Suprema Corte tem se posicionado no intuito de sobrevalorizar a autocomposição das partes. É o que se verifica no julgamento do RE 590415[390], com repercussão geral reconhecida e que atingiu milhares de processos. O STF decidiu que no Plano de Demissão Voluntária é válida a cláusula com quitação ampla e irrestrita de todas as parcelas do contrato de trabalho, se estiver prevista na negociação coletiva de trabalho realizada pelo sindicato da categoria, bem como nos outros instrumentos assinados pelo empregado.

Assim, a nível da Suprema Corte brasileira está havendo uma ampliação da autonomia privada[391] em matéria trabalhista, relativizando o princípio da irredutibilidade salarial previsto no art. 7º, VI, CRFB/88. Antes, a diminuição

---

(387) Decisão do STF em: https://portal.stf.jus.br/noticias/verNoticiaDetalhe. asp?idConteudo=488269 &ori=1. Acesso em: 26 dez. 2022.

(388) A autonomia privada tradicionalmente é entendida no sentido de que o particular pode fazer tudo aquilo que não estiver vedado na lei. No âmbito trabalhista ela sofre limitações em razão do princípio da proteção e da hipossuficiência do trabalhador.

(389) Sobre a ADI n. 6.363, consultar: http://portal.stf.jus.br/processos/downloadPeca.as p?id=1534505 9901&ext=.pdf. Acesso em: 13 dez. 2021.

(390) Sobre o posicionamento do STF, verificar em: http://www.stf.jus.br/portal/cms/verNoticiaDetalhe. asp?idConteudo=290618. Acesso em: 6 fev. de 2022.

(391) No que se refere à autonomia privada laboral, é preciso relatar que a Reforma Trabalhista de 2017 trouxe a figura do empregado hiperssuficiente que é aquele que recebe acima de duas vezes o teto dos benefícios do RGPS e possui ensino superior completo, permitindo-o negociar diretamente com o empregador sem assistência sindical as suas condições de trabalho. Houve uma flexibilização do princípio da proteção para estes empregados. Previsão no art. 444, parágrafo único, CLT. Disponível em: http://www. planalto.gov.br/ccivil_03/decreto-lei/del5452.htm. Acesso em: 17 fev. 2022.

salarial precisava impreterivelmente da participação sindical, entretanto, em razão da negociação coletiva demorar e a situação pandêmica ser urgente, entendeu-se por bem permitir o acordo individual. Igualmente, essa tendência está expressa em diversos artigos celetistas após a reforma de 2017, tanto no âmbito individual quanto coletivo.

Portanto, verifica-se uma mudança de mentalidade jurídica ao permitir a ampliação da autonomia da vontade em direitos individuais laborais pelo próprio STF e pelo legislador reformista. Entretanto, é urgente a feitura de uma norma infraconstitucional que esclareça quais direitos podem ser objeto de conciliação-mediação extrajudicial por serem disponíveis. Tudo está sendo pensado no intuito de resguardar os princípios da proteção e da indisponibilidade dos direitos trabalhistas ao mesmo tempo em que se expande para além da via judiciária a apreciação de lides individuais laborais.

2.2. Do estabelecimento de uma nova cultura democrática na seara trabalhista brasileira

É sabido que no campo trabalhista no Brasil a intervenção estatal teve por intuito refrear a atuação sindical em razão do modelo corporativista[392] adotado no país. Tal fato, posteriormente, foi arrefecido com a criação das CCPs. Porém, como é cediço, elas não tiveram o resultado esperado pelo legislador por decisão do STF nas ADIs ns. 2.139 e 2.160 (ZANGRANDO, 2018, p. 224).

Já se passaram mais de 20 anos desde a tentativa de implantação, sem sucesso, no Brasil, das CCPs. Por esse motivo, é urgente a reformulação desse instituto.

Contextualizando, a resistência histórica em aceitar outras formas de solucionar disputas individuais laborais é aferível, por exemplo, na Resolução n. 125/2010 do CNJ que trata de mediação e conciliação em todo o Judiciário, salvo para a Justiça do Trabalho. Para esta foi editada a Resolução n. 174/2017 do CSJT, que prevê mecanismos consensuais de solução de litígios na justiça por meio de seus magistrados e servidores somente. De igual modo, em que pese ser possível a autocomposição quanto a direitos disponíveis, a Lei n. 13.140/15, no art. 42, dispôs que "a mediação nas relações de trabalho será regulada por lei própria", o que pende de inércia do Poder Legislativo.

Essa circunstância fática é devido, conforme já explicado, à existência de toda uma dificuldade em permitir a mediação-conciliação no campo

(392) O sistema coletivo de trabalho no Brasil teve inspiração fascista na *Carta Del Lavoro* de origem italiana.

trabalhista para fora do Poder Judiciário, que se assenta principalmente na hipossuficiência material do obreiro e no princípio da proteção.

No intuito de ampliar o sistema de justiça e ir ao encontro de um modelo cooperativo(393), é preciso combater preconceitos e mitigar interpretações rígidas para possibilitar a implantação definitiva de vias alternativas e adequadas para dirimir disputas individuais do trabalho no Brasil.

E deverá haver políticas públicas advindas do próprio Estado para promover uma cultura de diálogo e ampliar o direito de acesso à justiça (POMPEU, 2014, p. 241). Nesse aspecto, é perceptível que todo o sistema de justiça, o ensino e a formação não foram estabelecidos para possibilitar um processo de inovação e ruptura, mas tão somente tiveram por objetivo a continuidade e a melhoria do que já existe (SANTOS, 2011, p. 81).

Pompeu (2014, pp. 244-248) disserta que incentivar, por meio da educação nas escolas jurídicas, outros meios de resolução de controvérsias fomenta a transformação cultural. Deste modo, a autora defende a inclusão da disciplina de mediação de forma obrigatória nas grades curriculares das faculdades de Direito, a fim de se desenvolver uma cultura de pacificação no país, pois a democratização da justiça perpassa pela educação e por uma mudança no ensino fornecido para a formação dos operadores jurídicos. Todos esses fatores devem ser promovidos com o intuito de contribuir com a feitura de uma cultura mais democrática ao invés de burocrática, com uma instrução mais humanística (SANTOS, 2011, pp. 82-89).

Assim, é preciso compreender que aceitar ou não outras maneiras de solver as controvérsias, como a mediação trabalhista, por exemplo, é uma decisão política de abertura democrática para permitir a interlocução das partes (SCHIMIDT, 2017, pp. 312-314).

Um problema detectado nesta pesquisa foi a cultura generalista baseada na ideia de que apenas o magistrado teria a competência para solucionar todos os litígios, porque o senso comum entende que, se a lei que é utilizada para a solução de conflitos revela-se geral e universal, a atribuição do juiz também deve ser a mesma, geral e universal (SANTOS, 2011, p. 84).

Sobre essa questão, Süssekind (1999, pp. 118-123) esclarece que apesar da estrutura do sistema jurisdicional trabalhista depender de circunstâncias típicas de cada país, de maneira geral, a competência dos Tribunais do Trabalho é mais ampla quando existe maior intervencionismo estatal. Em outras

---

(393) Quando se pensa em justiça restaurativa, maiores detalhes podem ser encontrados na Resolução n. 2002/2012 editada pelo Conselho Econômico e Social da ONU e no Brasil na Lei n. 12.594/2012 que incentiva a cooperação processual entre as partes e uma possível reconciliação.

palavras, acredita-se que com o fortalecimento dos entes sindicais costuma-se diminuir a intervenção estatal. Isso porque o engrandecimento sindical é capaz de equilibrar o desnível existente na relação laboral.

A esse respeito, no Brasil, existe a possibilidade de estabelecer as CCPs sindicais e o Ninter[394] (VASCONCELOS, 2000, pp. 163-164). Dessa forma, o incentivo ao fortalecimento dos entes sindicais é primordial para quebrar o monopólio estatal na seara trabalhista.

Adentrando nessa questão, sabe-se que o Ninter pode ser formado por sindicatos representantes de uma ou mais categorias profissionais e econômicas e de um ou vários setores econômicos, de forma a vincular as categorias representadas (VASCONCELOS, 2000, pp. 163-164). Assim, por já possuírem essa qualidade de atuar como representantes de classes e ter a atribuição de firmarem negociação coletiva, os sindicatos são os entes adequados para desenvolverem a resolução de conflitos na via extraprocessual. Entretanto, deve-se pensar numa forma de incentivar que os sindicatos de trabalhadores e empregadores instituam essas comissões de conciliação (SÜSSEKIND, 1999, p. 125).

Ora, infelizmente, o espírito corporativista contribui para o isolamento social do Poder Judiciário, distanciando-o da realidade social (SANTOS, 2011, pp. 99-101). O que se mostra insuficiente nos tempos democráticos atuais. Na medida em que os mecanismos oficiais judiciais de resolução de controvérsias têm se revelado deficitários, morosos e dispendiosos (VASCONCELOS, 2000, p. 156).

Outra manifestação dessa cultura intervencionista que se encontra defasada é a supervalorização institucional e burocrática, com a consequente aversão a medidas alternativas. Outro reflexo é o distanciamento com a realidade e com as pessoas que sofreram e foram injustiçadas (SANTOS, 2011, pp. 85-86).

É isso o que se verifica no Brasil, em que há uma forte estatização nas relações de trabalho, tanto no que diz respeito à criação de normas quanto à solução de disputas por meio do estabelecimento de uma cultura de litigiosidade (VASCONCELOS, 2000, p. 155).

Dessa maneira, por estar tão enraizada a litigiosidade, é preciso entender que sem uma nova cultura jurídica não se faz uma reforma. Portanto, torna-se necessária a criação de uma cultura capaz de permitir que os cidadãos estejam mais próximos do sistema de justiça (SANTOS, 2011, p. 124).

---

(394) Este é pessoa jurídica de direito privado de caráter suprasindical, criado por negociação coletiva, à semelhança dos mecanismos autônomos sindicais espanhóis, que visa prevenir e solucionar extrajudicialmente conflitos laborais no âmbito da respectiva categoria profissional (VASCONCELOS, 2000, pp. 163-164).

É certo que existe certo grau de discricionariedade ao Poder Legislativo na escolha da melhor estratégia a fim de enfrentar os desafios contemporâneos para possibilitar a solução pacífica dos conflitos (SCHIMIDT, 2017, pp. 314-319). Mas mesmo o legislativo deve respeito aos valores e princípios constitucionais vigentes na sociedade, como no caso dos arts. 7º e 8º da Carta Magna.

Conforme proposto por Santos (2011, p. 125), a revolução democrática da justiça requer o pensamento de que "sem direitos de cidadania efetivos a democracia é uma ditadura mal disfarçada".

Na realidade, esse velho discurso de que o Poder Judiciário é o único capaz de dirimir disputas laborais individuais já não se encaixa mais na sociedade atual. A autocomposição deve ser incentivada e, excepcionalmente, quando se verificarem vícios, deve-se permitir a intervenção de um terceiro (BRANDÃO, 2018, p. 152).

Assim, investir no desenvolvimento de métodos consensuais com a participação ativa das partes favorece a cidadania e a democracia. Soma-se o fato de que um sistema de mediação-conciliação formado pelo sistema sindical ou pelo Cejusc demanda menos tempo às partes. Situação extremamente favorável ao trabalhador, que precisa ter acesso em um tempo razoável ao crédito trabalhista que detém caráter alimentar.

A partir da análise do direito comparado espanhol, percebe-se que os métodos alternativos ao Poder Judiciário espanhol têm contribuído para a solução mais rápida das demandas de natureza jurídica individual do trabalho, na medida em que tanto o sistema administrativo como o autônomo, embora este esteja em fase de implementação, apresentam bons índices de avenças obtidas em seus procedimentos de mediação-conciliação.

Nessa medida, em atenção ao direito comparado, permitir o enfrentamento do problema pelas próprias partes, de forma colaborativa, por meio de métodos autocompositivos com o auxílio de um terceiro, parece ser o único caminho a contribuir com a tão almejada paz social e capaz de favorecer o desenvolvimento da democracia. Aliás, a própria essência da interação capital *versus* trabalho sempre foi a tentativa de conciliar as classes para atingir a paz social.

Em 1999, Süssekind (1999, p. 125) já apontava como uma das causas de hipertrofia da justiça laboral brasileira a não existência de procedimentos prévios de mediação e conciliação para dissídios individuais, além de outros fatores como, por exemplo, o desemprego.

Atualmente, a criação a partir de 2017 do Cejusc, dentro da própria estrutura da Justiça do Trabalho para funcionamento em sede administrativa de magistrados e servidores, para realizar mediação-conciliação e, em 2020, a possibilidade de atuar para realizar a mediação-conciliação antes de virar um processo para conflitos individuais laborais, demonstram que a mentalidade da sociedade jurídica trabalhista brasileira está mudando, mesmo que a passos lentos.

Todavia, refirma-se, é preciso ampliar o que já está sendo aceito e realizado na estrutura administrativa do judiciário trabalhista, para permitir a instauração e sedimentação de uma via alternativa fora do Estado, por meio das CCPs sindicais.

Igualmente, tal como verifica-se na Espanha, torna-se necessário que a mediação-conciliação prévia ao processo se consolide no país. Não pairam dúvidas de que sempre houve muita resistência doutrinária e jurisprudencial em admitir a conciliação-mediação prévia e extraprocessual trabalhista no Brasil para direitos individuais.

Entretanto, não se deve perder de vista que na sua gênese os conflitos laborais eram resolvidos por meio de acordos realizados pelos agentes sociais. Então, por que não fomentar essa atribuição no Estado democrático brasileiro?

Nesse aspecto, verificou-se que a decisão emanada pelo STF no passado, no sentido de tornar facultativa a passagem pelas CCPs no Brasil, esvaziou o instituto criado para proporcionar a diminuição de demandas judiciais.

É forçoso reconhecer que a conciliação privilegia a própria atividade estatal na medida em que a diminuição processual favorece a prestação de um serviço público com melhor qualidade. E para que essa mudança seja possível, para o estabelecimento de uma nova cultura democrática, requer-se o empenho e os incentivos dos poderes públicos, com feitura de normas, alteração na educação jurídica, financiamentos e também uma postura mais ativa dos agentes sociais.

Nesse sentido, se os próprios sindicatos de trabalhadores e empregadores estiverem dispostos a superar a cultura adversarial para a implantação de uma cultura negocial, há um palco propício para a instituição de mecanismos de resolução de disputas para fora do âmbito estatal (VASCONCELOS, 2000, p. 155). Para tanto, os sindicatos deveriam promover campanhas para conscientizar a sociedade da sua atuação conciliatória sem a participação judicial como forma de favorecer o acesso à justiça por meio de soluções consensuais (MAIA, 2021, p. 211).

Em que pese a liberdade sindical no país não ser plena, já que não houve ratificação da Convenção n. 87 da OIT(395), e o fim da contribuição sindical

(395) Convenção n. 87 da OIT, consultar: https://www.ilo.org/brasilia/temas/normas/WCMS_239608/lang--pt/index.htm. Acesso em: 19 jul. 2021.

compulsória ocorrida em 2017 não ser capaz de solucionar, por si só, o problema do corporativismo presente na legislação brasileira, pois permanecem a unicidade e a filiação sindical por categoria[396], ainda assim os sindicatos são os entes mais aconselháveis a realizar a mediação-conciliação extraprocessual, por serem os únicos responsáveis constitucionalmente pela negociação coletiva e por ser a pacificação da interação entre as classes a sua atribuição histórica.

Nessa medida, os problemas de pulverização sindical no Brasil e os direitos mínimos que devem ser assegurados aos trabalhadores não podem servir de empecilho à sedimentação de mecanismos autônomos para solucionar disputas laborais ao lado de sistemas estatais (VASCONCELOS, 2000, p. 192).

A esse respeito, não se pode esquecer que o cenário existente hoje no Brasil é de uma pulverização de sindicatos quase na mesma proporção da proliferação de municípios (SIQUEIRA NETO, 2018, pp. 543-544). Desse modo, constata-se que é enorme o número de sindicatos no país, aproximadamente 19 mil, o que faz com que eles percam certa representatividade. Essa situação diferencia-se da ocorrida na Europa, em que os sindicatos são organizados por cúpulas (SIQUEIRA NETO, 2018, pp. 543-544).[397]

No Brasil, o problema da pulverização sindical faz com que o instituto das CCPs também seja diluído. Uma solução para esta questão, segundo Siqueira Neto (2018, p. 546), seria promover a reforma sindical no Brasil como proposta no Fórum Nacional do Trabalho com o adensamento por meio das centrais sindicais.

Em análise ao direito comparado, como já afirmado no corpo deste livro, na Espanha, a Corte Constitucional entendeu que as conciliações prévias obrigatórias favorecem o direito de acesso à justiça, o que tornou necessário, antes de ingressar com a demanda judicial, passar por uma tentativa de conciliação-mediação na via administrativa ou na via autônoma. Percebe-se que o apoio do

---

(396) Reforma Trabalhista, vide: http://www.planalto.gov.br/ccivil_03/_ato2015-2018/2017/lei/l13467.htm. Acesso em: 19 jul. 2021. Sobre o assunto, é sempre bom lembrar que o sindicalismo brasileiro teve forte inspiração na *Carta del Lavoro* italiana de origem fascista, como pode-se perceber em: https://pt.wikipedia.org/wiki/Carta_do_Trabalho. Assim, existe um dirigismo estatal no âmbito sindical brasileiro. Acesso em: 2 fev. 2022.

(397) Sabe-se que o Brasil não ratificou a Convenção n. 87 da OIT que permite a liberdade sindical plena. Assim, apesar do fim da contribuição sindical obrigatória com a aprovação da Reforma Trabalhista do ano de 2017, não se sabe ao certo se não irá enfraquecer o sistema sindical brasileiro e diminuir a sua força representativa inclusive para a feitura da negociação coletiva. Na medida em que ainda permanece a unicidade sindical que não permite que haja efetiva representatividade sindical no país. Isso porque entende-se que uma estrutura mais centralizada sindical se mostra imprescindível para um sindicato forte, efetivo e representativo e para a feitura da negociação coletiva que decorre da organização sindical (SIQUEIRA NETO, 2018, pp. 542-544). Conforme afirmado por Siqueira Neto (2018, pp. 543-546), não é possível haver negociação coletiva forte com sindicatos fracos que se tornam incapazes de resolver um conflito trabalhista.

TC está sendo fundamental para a mudança na cultura espanhola, quanto ao desenvolvimento do sistema alternativo[398], para dirimir disputas individuais do trabalho, contribuindo para a desobstrução da justiça social espanhola.

A esse respeito, verifica-se que em regra a via extrajudicial sindical espanhola não exclui as vias públicas administrativa e jurisdicional, mas apenas as complementa, favorecendo o alívio da carga processual. Ora, o mundo do trabalho se modificou, o que requer outras maneiras de resolução de controvérsias que sejam mais rápidas, menos burocráticas e mais flexíveis (GELABERT, 2007, p. 1).

Nesse aspecto, no cenário jurídico internacional, tanto a Recomendação n. 92 da OIT quanto a Declaração Sociolaboral do Mercosul[399] incentivam a autocomposição em matéria laboral de forma preventiva. A OIT até lançou uma cartilha para incentivar mecanismos de prevenção e resolução de conflitos do trabalho visando fortalecer a mediação pelo consenso, de modo a fazer com que os interlocutores sociais procurem menos a via jurisdicional. São alguns dos parâmetros da OIT: a atuação preventiva, a gratuidade, a informalidade, a inovação, a independência, os recursos de apoio e a confiança dos usuários[400]

A OIT preceitua que uma vez definida como política pública a reestruturação do modo de resolução de disputas laborais para a atuação preventiva, além da divulgação, faz-se necessária a mudança na legislação para que essas medidas se tornem efetivas por meio da imposição de obrigações jurídicas. É uma maneira de dar foco a uma nova forma de gerir as controvérsias e estabelecer a autoridade competente e independente para essa atribuição.[401]

Nesse quesito, não é demasiado lembrar que o costume social, como fonte formal do direito, constitui-se a partir do momento em que há repetição de uma conduta em razão de sua convicção de obrigatoriedade (MIESSA, 2021, pp. 51-52). Esse contexto pode acontecer a partir de uma disposição normativa (*Secundum legem*).

---

(398) Quanto a esta questão, resta esclarecer que não se deve confundir procedimento extrajudicial autônomo com o administrativo, pois este também é realizado pelo Estado, enquanto aquele é feito por iniciativa privada. Entrementes, ambos servem para evitação do processo.

(399) Declaração em que o art. 12 prevê: "Os Estados Partes comprometem-se a propiciar e desenvolver formas preventivas e alternativas de autocomposição dos conflitos individuais e coletivos de trabalho, fomentando a utilização de procedimentos independentes e imparciais de solução de controvérsias". Disponível em: http://www.dhnet.org.br/direitos/deconu/a_pdf/dec_sociolaboral_mercosul.pdf. Acesso em: 26 nov. 2021.

(400) Diretrizes da OIT para melhorar os sistemas de resolução de conflitos laborais: https://www.ilo.org/wcmsp5/groups/public/---ed_dialogue/---dialogue/documents/publication/wcms_337941.pdf. Acesso em: 1 dez. 2021.

(401) *Ibidem.*

Assim, a OIT[402] tem fomentado a adoção por lei ou por convenção coletiva[403] de procedimentos prévios de conciliação para dirimir controvérsias individuais trabalhistas (SÜSSEKIND, 1999, pp. 118-123).

Portanto, a autocomposição de conflitos favorece os preceitos da democracia brasileira por meio do diálogo e da participação ativa das partes, indo também ao encontro de disposições normativas internacionais. Compreende-se ser essa uma desejável solução para a intitulada crise da justiça, o que contribui para angariar maior satisfação popular.

Dessa maneira, torna-se indefensível a ideia de que o magistrado é o único capaz de resolver disputas individuais laborais. De modo que para o estabelecimento dessa nova cultura, adaptando a realidade brasileira ao que foi estudado no direito comparado, a norma jurídica precisa, assim como ocorre na Espanha, tornar obrigatória a passagem por um procedimento de mediação-conciliação prévia à via jurisdicional, seja de forma administrativa pelos Cejuscs, seja de forma autônoma pelas CCPs a nível sindical, em que elas tenham sido constituídas.

Dessa forma, defende-se o desenvolver de um modelo que também possibilita a ampliação da autonomia privada a nível sindical, preparando as pessoas para essa nova cultura e sempre reservando ao Estado a resolução de questões mais complexas (VASCONCELOS, 2000, p. 157).

É preciso arrefecer, portanto, o monopólio estatal, e o melhor caminho para se criar uma nova cultura é pela norma jurídica a todos imposta, haja vista que o TC brasileiro não colaborou com essa questão, diferentemente do que aconteceu na Espanha.

O incentivo à cultura democrática conta com ampla participação dos poderes públicos para definição da política a ser adotada pelo Estado, com a modificação constitucional, juntamente à reformulação da educação nas escolas de Direito, e que deve, por meio dessa nova postura legislativa, incentivar os próprios sindicatos a assumirem um maior protagonismo no cenário brasileiro.

---

(402) Diretrizes da OIT para melhorar os sistemas de resolução de conflitos laborais: https://www.ilo.org/wcmsp5/groups/public/---ed_dialogue/---dialogue/documents/publication/wcms_337941.pdf. Acesso em: 29 nov. 2021.

(403) A convenção coletiva é firmada por duas entidades sindicais, mas vinculam a todos que compõem uma dada categoria como previsto no ordenamento brasileiro. Essa irradiação de efeitos da norma para a categoria é um pilar do direito laboral que requer melhoria das condições de vida (SILVA, 2010, pp. 145-146). Assim, a norma coletiva é aplicada a todos os trabalhadores, sendo eles filiados ou não ao sindicato (CORREIA, 2021).

Assim, fora do âmbito estatal (judicial e administrativo), a atuação sindical deve ser privilegiada, uma vez que por meio dos sindicatos[(404)] é possível uma aproximação com a realidade da categoria representada, adequando a lei às peculiaridades regionais e às singularidades de cada setor econômico (VASCONCELOS, 2000, pp. 193-194).

Para que tudo o que está sendo pensado seja possível, resta agora adentrar em um estudo de controle de constitucionalidade brasileiro para tentar transpor o entendimento adotado pelo Pretório Excelso acerca da não obrigatoriedade de passar pelas CCPs para o ajuizamento da demanda trabalhista.

Para sobrepor a jurisprudência do STF, que é vinculativa para a Administração Pública e para os demais membros do Poder Judiciário, propõe-se uma reação legislativa do Poder Legislativo para incorporar na Constituição Federal essa matéria. É o que se verá a seguir.

2.3. Como compatibilizar a criação de uma nova norma jurídica com a decisão adotada pelo STF sobre essa temática

No passado, há cerca de 20 anos, observou-se uma tentativa frustrada do Poder Legislativo brasileiro em estabelecer um procedimento prévio obrigatório à via jurisdicional laboral para dirimir disputas individuais do trabalho.

Na decisão emanada pelo STF nas ADIns ns. 2.139, 2.160 e 2.237, a Corte Suprema brasileira determinou que, embora na lei conste a palavra de conotação *obrigatória (será e não poderá)*, a interpretação adequada ao dispositivo normativo seria no sentido de que somente haveria a faculdade de passar pela via alternativa prévia, devido ao preceito constitucional do art. 5º, inciso XXXV, dispor que "a lei não excluirá da apreciação do Poder Judiciário lesão ou ameaça a direito". Trata-se de uma cláusula pétrea[(405)].

Esse posicionamento adotado pelo Pretório Excelso contribuiu para não criar no Brasil uma cultura para utilização de meios prévios[(406)] ao sistema Judiciário nas lides individuais laborais. Tanto é que as CCPs caíram em desuso no país.

---

(404) Para obter mais conhecimento sobre a origem e desenvolvimento do movimento sindical, pode-se visualizar em: https://pt.wikipedia.org/wiki/Revolu%C3%A7%C3%A3o_Industrial#:~:text=Os%20primeiros%20sindicatos%20nasceram%20na,da%20m%C3%A3o%2Dde%2Dobra. Acesso em: 24 fev. 2022.

(405) Essa cláusula refere-se a uma limitação material ao poder de reforma da Constituição Federal, em outras palavras, uma emenda à Constituição não poderá inviabilizar o acesso à justiça. Vide: https://pt.wikipedia.org/wiki/Cl%C3%A1usula_p%C3%A9trea. Acesso em: 22 fev. 2022.

(406) Para Morais (2017), na Constituição de 1988 não existe obrigatoriedade de esgotar a instância administrativa para acessar o Poder Judiciário.

Recentemente, o Plenário do STF, no ano de 2018, emitiu nova decisão sobre esse tema e confirmou nas ADIns ns. 2.139, 2.160 e 2.237 as medidas cautelares concedidas anteriormente. Dessa maneira, ele julgou parcialmente procedentes os pedidos formulados nessas três ações diretas de inconstitucionalidade para dar interpretação conforme a Constituição ao art. 625-D, §§ 1º a 4º, da Consolidação das Leis do Trabalho (CLT).

No julgamento, o Pretório Excelso reconheceu que a CCP constitui meio legítimo, mas não obrigatório, de solução de conflitos. Essa situação ocorre, de acordo com a Corte Constitucional, no intuito de resguardar o acesso à justiça para quem deseja ajuizar demandas diretamente no órgão judiciário competente. Na decisão, o STF também afirmou que a autocomposição é meio apto e legítimo para a busca da pacificação social na seara laboral(407).

Depreende-se desse julgado que em 2018 o plenário do STF(408) conferiu interpretação sistemática à previsão legal de eficácia liberatória geral da avença firmada em CCP, para relacioná-la somente com o que é objeto da conciliação. Em outras palavras, apenas aos títulos e às parcelas que foram submetidas à CCP. Portanto, não há que se falar em quitação geral e indiscriminada de verbas trabalhistas decorrentes do contrato de trabalho. Sobre essa questão, entende-se adequada a decisão da Suprema Corte brasileira em razão da existência de verbas indisponíveis no direito do trabalho.

Mais detalhadamente, na ADI n. 2.139(409) do ano de 2018, firmou-se o entendimento de que não cabe à legislação infraconstitucional expandir o rol de exceções ao direito de acesso à jurisdição previsto na Carta Magna, que são apenas as negociações coletivas(410) antes de dissídios coletivos e a justiça desportiva. O STF consolidou a tese de que contraria a Constituição Federal designar por meio de lei infraconstitucional a CCP como requisito prévio obrigatório para ajuizar a ação(411).

O ministro Luiz Fux em seu voto, acompanhando a relatora, dissertou que, em razão de a justiça estar abarrotada de processos, a análise econômica

---

(407) Mais sobre a decisão das CCPs: http://www.stf.jus.br/arquivo/informativo/documento/informativo909.htm. Acesso em: 16 jul. 2021.

(408) Sobre a decisão do STF, acessar: https://redir.stf.jus.br/ paginadorpub/paginador.js p?docTP=TP&docID=749177939. Acesso em: 16 jul. 2021.

(409) Estudo mais aprofundado sobre o julgamento do STF: https://redir.stf.jus.br/paginadorpub/paginador.jsp?docTP=TP&docID=749177939. Acesso em: 16 jul. 2021.

(410) Entende-se que na área laboral a descentralização de poder perpassa pela negociação coletiva e pelo sindicato para equânime distribuição de poder, não devendo ficar a cargo da sociedade civil (DELGADO, 2019, pp. 1748-1753).

(411) ADI n. 2.139 disponível em: https://redir.stf.jus.br/paginadorpub/paginador.jsp?docTP=TP&docID=749177939. Acesso em: 8 dez. 2021.

do direito busca a criação de meios alternativos à solução judicial. Acrescentou que a OIT tem defendido esses meios prévios de conciliação para litígios individuais. É o que se verifica nesta investigação, que está ocorrendo na Espanha. Ele ainda esclareceu que não permitir a conciliação prévia é o mesmo que obrigar a ingressar em juízo[412].

Assim, a tese sedimentada e que prevaleceu no STF é a de que as comissões são meios aptos a incentivar a desjudicialização dos conflitos, mas não constituem meios capazes de obrigar a passagem prévia à via jurisdicional, uma vez que não há essa obrigação no texto da Carta Magna e deve-se sempre resguardar o acesso à justiça. Deste modo, ficou definido que norma infraconstitucional não pode trazer exceção ao direito constitucional de acionar diretamente os tribunais.

A questão com que se depara, portanto, é tentar encontrar subterfúgios para superar esse posicionamento recente da Corte Constitucional brasileira, que data de 2018. Isso porque, infelizmente, por meio dessa postura, o STF tem estabelecido um empecilho à democratização da Justiça do Trabalho no Brasil.

É necessário compreender, como afirma Santos (2011, p. 114), que a visão de exclusividade do direito estatal resta por legitimar o "juricídio" massivo. Atualmente, como as sociedades são plurais, o sistema jurídico estatal, muitas das vezes, não é adequado para solucionar o litígio. Nessa medida, como já discorrido ao longo de toda esta dissertação, o acesso à justiça deve ser entendido não como o direito ao ajuizamento de uma ação, mas principalmente como um direito à obtenção da pacificação social, com respeito aos valores fundamentais e humanos (SENA, 2007, pp. 93-114).

Dessa maneira, na perspectiva do cidadão, acionar o sistema de justiça é ter a garantia de poder falar e ser ouvido, e na dimensão social é a necessidade de se obter uma tutela efetiva e eficaz (SENA, 2007, pp. 93-114). Sempre com respeito a um tempo razoável.

Um ponto necessário para superar a decisão emanada pelo Pretório Excelso é a feitura de uma proposta de alteração do texto constitucional por meio de uma PEC (Proposta de EC), na medida em que, depois do entendimento sedimentado pela Suprema Corte brasileira, qualquer lei infraconstitucional com o mesmo teor editada pelo Poder Legislativo nasce com presunção de inconstitucionalidade, embora necessite da proposição de nova ADI para sua avaliação (LENZA, 2020, pp. 75-76). Para que essa alteração seja possível, propõe-se desde logo a mudança no próprio texto constitucional.

---

(412) Essa decisão sobre as CCPs encontra-se em: https://redir.stf.jus.br/paginadorpub/paginador.jsp?docTP=TP&docID=749177939. Acesso em: 17 jul. 2021.

Para entender melhor e com mais profundidade a temática, convém tecer considerações acerca do controle de constitucionalidade brasileiro.

2.3.1. Da feitura da Proposta de Emenda à Constituição Federal

No sistema jurídico brasileiro, as autoridades legiferantes devem editar as leis com respeito aos direitos e às garantias fundamentais previstos na Carta Constitucional. Mas sempre é resguardado o controle judicial sobre atos do Legislativo, realizado por juízes baseados em princípios constitucionais de justiça (CANOTILHO, 2003, pp. 494-495). Trata-se do conhecido sistema de freios e contrapesos existente entre os Poderes Republicanos.(413)

Portanto, o legislador está atrelado às normas (princípios e regras) constitucionais, quando da edição de uma norma infraconstitucional ou caso for produzir uma emenda ao texto da Carta Magna, sob pena de declaração de inconstitucionalidade (CANOTILHO, 2003, p. 510). No constitucionalismo, limita-se o exercício de um poder em respeito aos direitos fundamentais descritos na Carta Suprema. E, no caso de controle de constitucionalidade das normas, ele ocorre primordialmente no Brasil pela atuação do STF, considerado o intérprete da Constituição (BARROSO, 2012, p. 28).

Entretanto, demais órgãos do Poder Judiciário podem analisar a inconstitucionalidade incidental diante de um caso concreto no processo (LEITE, 2018), na medida em que o sistema jurídico de controle de constitucionalidade no Brasil é misto, como se verá a seguir.

Nesse contexto, o sistema de freios e contrapesos recíprocos acontece com a separação e a interdependência entre os Poderes da República, o que permite a fiscalização mútua do Legislativo, do Executivo e do Judiciário (CANOTILHO, 2003, pp. 550-551). Tudo em prol de evitar um exercício arbitrário de poder capaz de violar os preceitos da democracia. Haja vista que deve haver equilíbrio entre os Poderes da República.

Nesse sentido, o Estado legislador tem o dever de agir com responsabilidade ao editar uma lei, tanto que algumas leis podem ser declaradas inconstitucionais(414) por violarem direitos fundamentais(415) (CANOTILHO,

---

(413) Art. 2º da CRFB/88 dispõe: "São Poderes da União, independentes e harmônicos entre si, o Legislativo, o Executivo e o Judiciário". Disponível em: http://www.planalto.gov.br/ccivil_03/constituicao/constituicao.htm. Acesso em: 3 fev. 2022.

(414) Às vezes, o STF não declara ser a norma infraconstitucional inconstitucional, mas dá a ela uma interpretação adequada ao texto legal para que permaneça em vigor. Isso foi o que ocorreu no julgamento visto no item anterior acerca da não obrigatoriedade de passagem prévia pelas CCPs.

(415) São Direitos Humanos inseridos no corpo constitucional.

2003, p. 510). Em outras palavras, o legislador não é inteiramente livre, mas está atrelado à conformação da nova norma com o normativo-constitucional (CANOTILHO, 2003, p. 519).

No Brasil, como dito, existe um controle misto de constitucionalidade das normas jurídicas, no qual se permite avaliar a constitucionalidade das leis tanto de forma abstrata (concentrada) por um órgão de cúpula, no caso o STF, quanto de forma concreta (difusa) por qualquer juiz ou tribunal (LEITE, 2018). A forma incidental ou difusa do controle de constitucionalidade tem origem americana e, por sua vez, o modelo concentrado tem inspiração europeia (BARROSO, 2012, pp. 23-31).

Desse modo, verifica-se que no Estado brasileiro o sistema é híbrido, pois há a possibilidade de avaliar a constitucionalidade de normas das duas formas descritas acima, misturando-se um pouco do controle americano e um pouco do europeu.

No que tange ao modelo de inspiração europeia, dito concentrado, ele é realizado por um órgão de cúpula que julga definitivamente acerca da constitucionalidade de uma norma para eliminar atos normativos contrários à Constituição do ordenamento jurídico (CANOTILHO, 2003, p. 898).

O STF pode, ainda, quando a norma comportar mais de um significado, deixá-la permanecer no ordenamento desde que haja uma interpretação válida. Trata-se de técnica de decisão dita *interpretação conforme a Constituição* (LENZA, 2020, pp. 135-137).

Neste livro, interessa tecer maiores considerações sobre o controle concentrado exercido pelo STF, que é o Tribunal Constitucional brasileiro. A ele cabe processar e julgar originariamente a ADI[416] de lei ou ato normativo federal ou estadual para retirar da ordem jurídica o que for incompatível com a Carta Magna. O julgamento é feito pelo plenário do STF e deve obter o voto da maioria absoluta dos ministros para que haja a declaração de inconstitucionalidade com efeitos, em regra, *erga omnes* e *ex tunc*[417] (MORAIS, 2017, pp. 530-543).

Dessa forma, a decisão de mérito na ADI produz efeitos para todos (*erga omnes*) e, portanto, vincula os demais órgãos do Poder Judiciário e da Administração Pública. Destaca-se, todavia, que esse *decisium* não vincula o Poder Legislativo (CLÈVE, 2014, p. 406).

---

(416) No Brasil é a Lei n. 9.868/1999 que disciplina o procedimento do controle de constitucionalidade no STF por meio da ADI, veja: http://www.planalto.gov.br/ccivil_03/leis/l9868.htm. Acesso em: 3 fev. 2022.

(417) Como trata-se da declaração de inconstitucionalidade, os efeitos, em regra, são retroativos, pois a lei ou ato normativo é nulo desde a origem.

No que se refere à técnica de interpretação conforme a Constituição utilizada em sede de ADI, o STF, ao invés de tirar do ordenamento jurídico a norma plurissignificativa, opta sempre que for possível por "salvar" a norma e dar a ela uma interpretação constitucional (LENZA, 2020, pp. 135-136).

Entretanto, uma vez declarada pelo STF a inconstitucionalidade da norma ou estabelecida qual deve ser a sua adequada interpretação, devem obediência a essa decisão o Poder Judiciário e a Administração Pública nas esferas municipal, estadual e federal (LEITE, 2018). No que tange ao próprio STF, caso ocorram mudanças no cenário político, econômico ou social, poderá haver modificação de seu entendimento.

Sobre o julgamento da ADI 2.139[(418)] com relação à CCP, o Pretório Excelso permitiu que a norma continuasse válida no ordenamento jurídico desde que tivesse uma interpretação conforme a Carta Constitucional. Aprecia-se abaixo parte da decisão:

> ADI julgada parcialmente procedente para dar interpretação conforme a Constituição aos §§ 1º a 4º do art. 625-D da Consolidação das Leis do Trabalho, no sentido de assentar que a CCP constitui meio legítimo, mas não obrigatório de solução de conflitos, permanecendo o acesso à justiça resguardado para todos os que venham a ajuizar demanda diretamente ao órgão judiciário competente.

Portanto, a norma em análise continua válida desde que seja adotado pelo Poder Judiciário e pela Administração Pública esse entendimento emanado na decisão exposta acima. Todavia, sublinhe-se, não vincula o Poder Legislativo, sendo possível a edição de uma nova norma jurídica com igual teor daquela declarada inconstitucional. Tratar-se-ia de um "saudável diálogo constitucional" entre os Poderes Republicanos (LENZA, 2020, pp. 75-76), o que torna possível, *in casu*, a propositura da obrigatoriedade de utilização da mediação-conciliação prévia laboral por meio de PEC, privilegiando a solução dos conflitos antes que virem um processo no Judiciário.

Pelo sistema brasileiro, uma vez editada uma nova norma tratando do mesmo tema já declarado inconstitucional pelo STF, é necessária a propositura de nova ADI para questioná-la. Assim, a Reação Legislativa, seja por lei ou EC, é uma forma de o Congresso Nacional tentar superar uma interpretação dada pelo STF ou provocar que o tribunal se pronuncie novamente sobre o tema

---

(418) Informações sobre o julgamento do STF com relação às CCPs em: https://redir.stf.jus.br/paginadorpub/paginador.jsp?docTP=TP&docID=749177939. Acesso em: 25 fev. 2022.

em face de novos argumentos propostos pelo legislador, para poder mudar a decisão anterior (LENZA, 2020, pp. 75-76).

Mas, é provável que uma nova lei infraconstitucional sobre essa questão seja declarada inconstitucional, porque o ato legislativo nasce com essa presunção de inconstitucionalidade (LENZA, 2020, pp. 75-77). Por esse motivo, pensa-se ser necessário para superar o problema a modificação do texto constitucional por meio da feitura de uma EC, como será explicado adiante.

Ao fazer isso, incorpora-se no próprio texto da Constituição mais uma exceção ao acionamento direto da via jurisdicional, o que é perfeitamente permitido e, desse modo, supera-se o entendimento da Corte Suprema.

Tal fato torna-se possível, porque na sociedade democrática contemporânea os Poderes Republicanos possuem uma atuação conjunta, de maneira que em uma democracia a interpretação constitucional cabe a todos que devem atuar em um verdadeiro diálogo institucional. Assim, nos tempos atuais, a supremacia judicial tradicional cede espaço para a democracia deliberativa. Entende-se que a interpretação constitucional nunca é finalizada, pois, ainda que o STF se posicione acerca de um determinado assunto, há sempre a possibilidade de abrir o espaço para o debate público, conforme dissertado pelo próprio ministro do STF nos fundamentos da ADI 5.105[419]:

> Destarte, a interpretação do sentido e do alcance das disposições constitucionais não pode ser vista como apanágio exclusivo do STF, em uma leitura anacrônica e arrogante do princípio da separação de poderes. Ao revés, a interpretação constitucional passa por um processo de construção coordenada entre os poderes estatais – Legislativo, Executivo e Judiciário – e os diversos segmentos da sociedade civil organizada, em um processo contínuo, ininterrupto e republicano, em que cada um destes *players* contribui com suas capacidades específicas no embate dialógico, no afã de avançar os rumos da empreitada constitucional, sem se arvorar como intérprete único e exclusivo da Carta da República e no aperfeiçoamento das instituições democráticas.

Mais precisamente, na fundamentação desse mesmo acórdão[420] do STF, tem-se uma explicação positiva de um de seus ministros acerca da superação

---

(419) Decisão disponível em: https://redir.stf.jus.br/paginadorpub/paginador.jsp?docTP=TP&docID=10499116. Acesso em: 24 fev. 2022.

(420) Mais detalhes em: https://redir.stf.jus.br/paginadorpub/paginador.jsp?docTP=TP&docID=10499116. Acesso em: 25 fev. 2022.

da jurisprudência pela norma jurídica, pela aprovação de uma EC em uma democracia deliberativa:

> O debate travado na presente ADI envolve, porém, uma terceira forma de diálogo institucional, que é a superação da jurisprudência. O STF profere decisão em determinado sentido, endossando determinada interpretação da Constituição, e o Congresso, oferecendo argumentos em resposta à Corte, edita ato normativo em sentido diverso.
>
> Essa manifestação de diálogo pelo Congresso pode se dar por EC ou por lei. A regra é que dê por emenda, como ocorreu, por exemplo, em relação: (i) à taxa municipal de iluminação pública (EC 39/2002); (ii) à progressividade das alíquotas do IPTU (EC 29/2000); (iii) à cobrança de contribuição previdenciária de servidores inativos (EC 41/2003); e (iv) ao número de vereadores por Município (EC 58/2009). Aprovada a emenda, prevalecerá a palavra do Congresso, salvo se a matéria for protegida por cláusula pétrea. Portanto, em rigor, não há supremacia judicial, pelo menos nas questões que possam ser tratadas por emenda à Constituição.

De forma mais explicada, no caso, como a ratificação da decisão acerca das CCPs pelo STF foi bem recente, datando de 2018, e estabeleceu que lei ordinária não pode aumentar o rol de exceções ao acesso à via jurisdicional previsto na Carta Magna, a fim de evitar a declaração de inconstitucionalidade de uma nova lei infraconstitucional específica sobre esse tema, propõe-se que seja realizada uma proposta de emenda para alteração do texto constitucional (PEC).

É preciso salientar que para a feitura da PEC deve haver respeito aos limites do art. 60, CRFB/88[421] (cláusulas pétreas) e ao procedimento formal (LENZA, 2020, pp. 75-77). Por tudo o que foi dito, somente a PEC seria capaz de superar a interpretação conforme estabelecida pelo STF sobre o tema.

Nesse aspecto, para mais esclarecimentos, de acordo com Morais (2017, p. 486), a proposta de alteração constitucional é um processo mais dificultoso do que a mudança da legislação ordinária, razão pela qual a Constituição brasileira é tida como rígida de forma a conservar íntegros seus valores propostos pelo Poder Constituinte Originário[422] (PCO).

---

(421) A Constituição brasileira está disponível em: http://www.planalto.gov.br/ccivil_03/constituicao/constituicao.htm. Acesso em: 2 fev. 2022.

(422) O Poder Constituinte Originário é um poder político responsável por definir a Constituição de um determinado país, inaugurando uma nova ordem jurídica, e é justificado na soberania popular (NOVELINO, 2017, pp. 71-73).

Assim, a PEC[423] (Proposta de Emenda Constitucional) não é um direito irrestrito, pois os parlamentares ficam sujeitos aos limites definidos constitucionalmente. Todavia, podem acrescentar algo à proposição original desde que preservem seus valores.

A emenda à Constituição, após sua aprovação, passa a ser norma constitucional de mesma hierarquia das disposições constitucionais originárias, só cabendo controle de constitucionalidade se desrespeitados os preceitos do art. 60 da CRFB/88 (MORAIS, 2017, p. 486).

Quanto às limitações materiais[424], o art. 60 da Carta Magna dispõe que não podem ser objeto de propostas de emendas as tendentes a abolir a forma federativa de Estado; o voto direito, secreto, universal e periódico; a separação dos poderes e os direitos e garantias individuais. Estes são o núcleo intangível constitucional, chamado de cláusulas pétreas[425] (MORAIS, 2017, pp. 486-489).

É fato que o princípio da inafastabilidade do Poder Judiciário é cláusula pétrea e, portanto, não pode ser abolido. Haja vista que por meio desse direito efetivam-se demais os direitos humanos e fundamentais. Entretanto, criar um requisito prévio ao acesso, mas que não impede o acionamento aos tribunais, não tem o condão de extirpar ou prejudicar esse direito.

No que se refere aos limites circunstanciais, a Constituição não pode ser emendada em situações anômalas, como no estado de defesa, de sítio e de intervenção federal. E, por fim, quanto às limitações formais, estas referem-se às regras do procedimento legislativo específico que devem ser seguidas para a feitura de uma norma constitucional (MORAIS, 2017, pp. 486-489).

Desse modo, defende-se que uma PEC[426], ampliando o sistema de acesso à justiça para resolver dissídios individuais laborais, não teria o condão de abolir o acesso à via jurisdicional, mas, ao revés de ampliar esse direito, inclusivamente por outros meios adequados e sempre resguardando o direito de acionar o Poder Judiciário a todo tempo, no caso de não realização de avença ou mesmo em caso de vícios e/ou irregularidades na negociação havida entre as partes.

---

(423) O Poder Constituído Derivado Reformador trata-se da possibilidade de alteração formal da Constituição no intuito de ajustar seu texto com as mudanças sociais ocorridas para que haja consonância com a realidade (MASSON, 2021, p. 115).

(424) São restrições à alteração da Carta Constitucional no intuito de assegurar valores que formam o Estado Democrático brasileiro como foi idealizado pelo Poder Constituinte Originário.

(425) Essa limitação material à modificação ao conteúdo constitucional é uma opção do Poder Constituinte Originário no intuito de proteger valores e regras essenciais ao funcionamento do Estado, de permanência de sua identidade constitucional e do regime democrático adotado (NOVELINO, 2020, p. 83).

(426) A doutrina defende que é possível haver PEC sobre cláusulas pétreas desde que não violem seu núcleo intangível (NOVELINO, 2020, p. 83).

Tratar-se-ia, portanto, de uma terceira exceção ao direito de acionar diretamente a via jurisdicional incorporada ao próprio texto constitucional, indo ao encontro do entendimento da Suprema Corte ao acrescentá-la para se juntar às outras duas ressalvas já existentes: justiça desportiva e negociação coletiva antes dos dissídios coletivos.

2.3.2. Da mudança na Constituição brasileira e na lei infraconstitucional à luz do que se passa na norma jurídica espanhola

Para fins de PEC, pode-se em análise ao direito comparado obter como parâmetro o ordenamento jurídico espanhol para editar algo parecido com o que está previsto no art. 63 do Real Decreto Legislativo n. 2/1995:

> *será requisito previo para la tramitación del proceso el intento de conciliación ante el servicio administrativo correspondiente o ante el órgano que asuma estas funciones, pudiendo constituirse mediante los acuerdos interprofesionales o los convenios colectivos a que se refiere el art. 83 del ET.*(427)

Historicamente, a origem da conciliação obrigatória prévia extrajudicial espanhola decorreu da antiga conciliação sindical regulada pela Lei de Bases da Organização Sindical de 1940 (MOÑINO, 2016, pp. 20-30). Porém, seu estabelecimento efetivo no país ocorreu em 1979, com a criação do IMAC, que era um organismo dependente do Ministério do Trabalho com a atribuição de realizar a conciliação prévia obrigatória. Posteriormente, essa atividade também passou a ser desenvolvida a nível de comunidade autônoma. Trata-se, assim, de um pressuposto processual a ser cumprido antes de se socorrer pela via jurisdicional (MOÑINO, 2016, pp. 20-30).

Na Espanha, a mediação-conciliação é uma alternativa ao processo e permite obter um resultado positivo por meio de um acordo. Ela pode ocorrer de forma extrajudicial(428) e sua grande relevância certamente está em ser um meio de resolução pré-processual obrigatório (CASAS BAAMONDE, 2015,

---

(427) Tradução: "Artigo 63. Será condição para a tramitação do processo a tentativa de conciliação perante o serviço administrativo correspondente ou perante o órgão que assuma essas funções, que poderão ser constituídos através de acordos interprofissionais ou acordos coletivos referidos no artigo 83º do texto consolidado da Lei do Estatuto dos Trabalhadores". Informação disponível em: https://www.boe.es/buscar/doc.php?id=BOE-A-1995-8758. Acesso em: 3 mar. 2022.

(428) Pode-se dizer que desde a década de 80 acentuou-se a utilização da mediação no país espanhol, por meio de procedimentos extrajudiciais e autônomos, principalmente porque o legislador incentivou o uso de procedimentos autônomos de resolução de controvérsias, o que conferiu segurança jurídica na escolha dessa ferramenta (CASAS BAAMONDE, 2015, p. 7). Nesse aspecto, também é a Diretiva 2008/52/CE que admite a possibilidade de estabelecer mediação obrigatória desde que não impeça as partes de acessar o sistema judicial.

pp. 2-6). Isso porque, por meio desse pressuposto processual, resolvem-se milhares de disputas laborais antes que se tornem um procedimento jurisdicional.

Corroborando com o que é proposto nesta pesquisa, Álvarez (2014, p. 15) acredita que, em países em que não há tradição quanto à utilização de métodos extrajudiciais, impor o seu uso contribuiria para a expansão do sistema e aceitação pelas partes.

Nesse viés, na situação brasileira, recomenda-se a apresentação de uma PEC prevendo a necessidade de instauração prévia e obrigatória, para solver disputas individuais do trabalho, salvo quando a matéria envolver direitos indisponíveis, em sistemas de mediação-conciliação administrativo (Cejusc) ou nas CCPs sindicais, em que tiverem sido constituídas.

A PEC é necessária no intuito de constitucionalizar e incentivar o desenvolvimento do sistema extrajurisdicional. Esse funcionamento, como definido, abrangerá apenas os direitos laborais disponíveis permitidos na norma infraconstitucional.

Enfatiza-se que não há que se falar em ofensa ao direito de acessar a justiça, na medida em que as partes não são obrigadas a conciliar, mas apenas a passar pelo prévio procedimento. Assim, trata-se da criação de um pressuposto processual.

E exigir um pressuposto processual para se socorrer pela via jurisdicional não significa impedir e vedar o direito de ação. De modo que, ao impor que se passe por uma fase conciliatória para só então propor a demanda, é somente mais um pressuposto processual entre tantos outros existentes (DAMIANO, 2002, pp. 152-153).

Ora, defende-se que o marcante intervencionismo estatal brasileiro fez com que a ordem jurídica perdesse eficácia, razão pela qual a Constituição e a lei ordinária devem ser alteradas a fim de afastar todo intervencionismo inútil (VASCONCELOS, 2000, pp. 193-194).

Sobre essa questão, Leite (2018) disserta que a ciência jurídica não é algo isolado do contexto social, econômico e político e deve sempre se comunicar com a realidade para a correta compreensão do litígio e para a busca de soluções adequadas para ele.

Portanto, é preciso superar o modelo centrado no Poder Judiciário de resolução de controvérsias, pois ele já não atende mais aos anseios sociais de uma sociedade democrática. De modo que a institucionalização de mecanismos alternativos é a maneira adequada para estabelecer uma cultura de maior independência para as partes (VASCONCELOS, 2000, p. 194). É urgente centralizar nos tribunais principalmente os litígios de alta intensidade (SANTOS, 2011, p. 78).

Nesse contexto, a OIT defende a normatização dessa matéria e discorre que a feitura de uma norma favorece a liberdade criativa. Acrescenta-se ainda que essa legislação deve conter o propósito claro de implementar essa nova política estatal para a resolução de disputas laborais. Deve-se, também, definir uma autoridade para realizar essa atribuição[429].

Desse modo, a mediação-conciliação realizada por um organismo formado fora do Estado, no caso por entes sindicais e seus representantes, é capaz de trazer equilíbrio na desigualdade material entre as partes, tal como ocorre com o Poder Judiciário. Haja vista que, por atribuição constitucional aos sindicatos, cabe a defesa dos direitos coletivos e individuais da categoria (art. 8º, CRFB/88). E, por isso, conhecem de perto o dia a dia da categoria representada. Aliás, quando nem mesmo existia Justiça do Trabalho, foi na base sindical[430] que se reivindicaram os primeiros direitos trabalhistas e também foi ela a responsável por dirimir os primeiros conflitos surgidos da interação entre o capital *versus* o trabalho[431].

Logo, juntamente à PEC, como já esclarecido em outro tópico, deve-se fazer uma reforma na lei infraconstitucional. Considerando que as CCPs[432]

---

(429) Acerca da Cartilha da OIT, ver: https://www.ilo.org/wcmsp5/groups/public/---ed_dialogue/---dialogue/documents/publication/wcms_337941.pdf. Acesso em: 1 dez. 2021.

(430) Para mais informações sobre o papel dos entes sindicais: https://pt.wikipedia.org/wiki/Sindicato. Acesso em: 20 fev. 2022.

(431) O direito do trabalho é produto do século XIX marcado pela Revolução Industrial e pelo sistema capitalista, onde o trabalho subordinado é a base do processo produtivo. Do ponto de vista social, a concentração proletária foi fundamental para o surgimento do direito do trabalho, devido à formação de identidade de classe profissional. E do ponto de vista político, o desenvolver de estratégias coletivas por meio de organizações de trabalhadores deram origem aos entes sindicais. No âmbito da sociedade civil surge um direito autônomo em relação ao Estado para gerir controvérsias laborais decorrentes do sistema produtivo por meio de acordos coletivos fruto das mobilizações obreiras. Assim, o ente sindical permitiu que os trabalhadores agissem coletivamente em relação à empresa e o direito do trabalho surge dessa luta por melhores condições de vida (DELGADO, 2019, pp. 99-105).

(432) Para maior conhecimento dos dispositivos da CLT sobre as CCPs, veja: "Art. 625-A. As empresas e os sindicatos podem instituir Comissões de Conciliação Prévia, de composição paritária, com representante dos empregados e dos empregadores, com a atribuição de tentar conciliar os conflitos individuais do trabalho. Parágrafo único. As Comissões referidas no caput deste artigo poderão ser constituídas por grupos de empresas ou ter caráter intersindical. Art. 625-B. A Comissão instituída no âmbito da empresa será composta de, no mínimo, dois e, no máximo, dez membros, e observará as seguintes normas: I - a metade de seus membros será indicada pelo empregador e outra metade eleita pelos empregados, em escrutínio, secreto, fiscalizado pelo sindicato de categoria profissional; II - haverá na Comissão tantos suplentes quantos forem os representantes titulares; III - o mandato dos seus membros, titulares e suplentes, é de um ano, permitida uma recondução. § 1º É vedada a dispensa dos representantes dos empregados membros da Comissão de Conciliação Prévia, titulares e suplentes, até um ano após o final do mandato,

não têm efetividade social no Brasil, pois, em que pese a existência da lei, ela não é operacionalizada, sendo ideal a reformulação do instituto.

Deve ser editada norma infraconstitucional para alterar o instituto das CCPs para possibilitar que somente seja requisito processual a atuação de forma compulsória prévia de comissões a nível sindical e intersindical em sede de conciliação-mediação.

Quanto às comissões empresariais, a norma pode prever que as partes podem facultativamente instaurar um procedimento nessa comissão e, nessa hipótese, a avença depende de homologação sindical ou judicial, à semelhança do art. 855-B da CLT, já que esta desenvolve-se em âmbito privado.

Além disso, a norma infraconstitucional deverá esclarecer expressamente que o termo de conciliação dá quitação somente das parcelas transacionadas, não havendo eficácia liberatória geral, indo ao encontro da decisão do STF e do princípio da proteção.

E no caso de existir tanto Cejusc quanto CCP sindical para apreciar o conflito, caberá às partes escolherem a quem submeterão a disputa. Além

---

salvo se cometerem falta grave, nos termos da lei. § 2º O representante dos empregados desenvolverá seu trabalho normal na empresa afastando-se de suas atividades apenas quando convocado para atuar como conciliador, sendo computado como tempo de trabalho efetivo o despendido nessa atividade. Art. 625-C. A Comissão instituída no âmbito do sindicato terá sua constituição e normas de funcionamento definidas em convenção ou acordo coletivo. Art. 625-D. Qualquer demanda de natureza trabalhista será submetida à Comissão de Conciliação Prévia se, na localidade da prestação de serviços, houver sido instituída a Comissão no âmbito da empresa ou do sindicato da categoria. § 1º A demanda será formulada por escrito ou reduzida a termo por qualquer dos membros da Comissão, sendo entregue cópia datada e assinada pelo membro aos interessados. § 2º Não prosperando a conciliação, será fornecida ao empregado e ao empregador declaração da tentativa conciliatória frustrada com a descrição de seu objeto, firmada pelos membros da Comissão, que devera ser juntada à eventual reclamação trabalhista. § 3º Em caso de motivo relevante que impossibilite a observância do procedimento previsto no caput deste artigo, será a circunstância declarada na petição da ação intentada perante a Justiça do Trabalho. § 4º Caso exista, na mesma localidade e para a mesma categoria, Comissão de empresa e Comissão sindical, o interessado optará por uma delas submeter a sua demanda, sendo competente aquela que primeiro conhecer do pedido. Art. 625-E. Aceita a conciliação, será lavrado termo assinado pelo empregado, pelo empregador ou seu proposto e pelos membros da Comissão, fornecendo-se cópia às partes. Parágrafo único. O termo de conciliação é título executivo extrajudicial e terá eficácia liberatória geral, exceto quanto às parcelas expressamente ressalvadas. Art. 625-F. As Comissões de Conciliação Prévia têm prazo de dez dias para a realização da sessão de tentativa de conciliação a partir da provocação do interessado. Parágrafo único. Esgotado o prazo sem a realização da sessão, será fornecida, no último dia do prazo, a declaração a que se refere o § 2º do art. 625-D. Art. 625-G. O prazo prescricional será suspenso a partir da provocação da Comissão de Conciliação Prévia, recomeçando a fluir, pelo que lhe resta, a partir da tentativa frustrada de conciliação ou do esgotamento do prazo previsto no art. 625-F. Art. 625-H. Aplicam-se aos Ninter em funcionamento ou que vierem a ser criados, no que couber, as disposições previstas neste Título, desde que observados os princípios da paridade e da negociação coletiva na sua constituição".

disso, como a norma celetista prevê nas CCPs somente comissões de conciliação, deverá ser acrescido da palavra *mediação*(433), sendo esta última privilegiada face à humanização do procedimento.

Quanto aos artigos da CLT, eles disciplinam a comissão empresarial(434) e remetem ao ACT e à CCT a regência das comissões sindicais, o que deve ser mantido (art. 625-C da CLT). A criação de comissões sindicais deverá continuar a ser facultativa, já que o poder público não deve interferir na autonomia sindical(435), impondo-lhe a criação de institutos, porém, a lei poderá prever incentivos financeiros ou de pessoal.

Assim, propõe-se a mudança no art. 625-D da CLT para que a obrigatoriedade de submissão prévia se restrinja às comissões criadas pelos entes sindicais e a alteração do parágrafo 4º para descrever que, havendo tanto Cejusc quanto CCP sindical, a parte deverá optar por qual meio irá submeter a demanda. Igualmente, a reforma legal deverá abranger o art. 625-E, que deve prever que a eficácia liberatória conferida será apenas das parcelas expressamente transacionadas, conforme decisão do Pretório Excelso.

A alteração na CLT pode acrescentar um artigo parecido com o 165 do CPC(436) para que os tribunais criem e/ou estendam os Cejuscs para atuação prévia obrigatória ao processo em litígios individuais.

No caso dos entes sindicais, cabe a eles a iniciativa de constituição das CCPs/Ninter em razão da autonomia coletiva (MOREIRA JÚNIOR, 2018, p. 297) e mais detalhes devem ser descritos na negociação coletiva. Isso não inibe a

(433) A diferença no espectro brasileiro reside no fato de que na conciliação o conciliador sugere soluções às partes, mas não pode impor a decisão, enquanto que na mediação o mediador apenas auxilia as partes, sem fazer sugestões (MONNAZZI, 2018, pp. 462-464).

(434) Pela lei atualmente vigente, as comissões criadas a nível empresarial não precisam ter envolvimento sindical e, por sua vez, as comissões intersindicais envolvem categorias profissionais e econômicas e poderão envolver uma ou várias categorias (DAMIANO, 2002, pp. 148-149).

(435) Pelo princípio da autonomia sindical é livre a administração interna sindical, que não deve ter intervenção do Estado.

(436) "Art. 165. Os tribunais criarão centros judiciários de solução consensual de conflitos, responsáveis pela realização de sessões e audiências de conciliação e mediação e pelo desenvolvimento de programas destinados a auxiliar, orientar e estimular a autocomposição. § 1º A composição e a organização dos centros serão definidas pelo respectivo tribunal, observadas as normas do Conselho Nacional de Justiça. § 2º O conciliador, que atuará preferencialmente nos casos em que não houver vínculo anterior entre as partes, poderá sugerir soluções para o litígio, sendo vedada a utilização de qualquer tipo de constrangimento ou intimidação para que as partes conciliem. § 3º O mediador, que atuará preferencialmente nos casos em que houver vínculo anterior entre as partes, auxiliará aos interessados a compreender as questões e os interesses em conflito, de modo que eles possam, pelo restabelecimento da comunicação, identificar, por si próprios, soluções consensuais que gerem benefícios mútuos." Disponível em: http://www.planalto.gov.br/ccivil_03/_ato2015-2018/2015/lei/l13105.htm. Acesso em: 21 jun. 2022.

possibilidade de apoio do poder público (VASCONCELOS, 2000, p. 158). Como pesquisado, esse investimento tem sido fundamental para a consolidação do sistema autônomo na Espanha.

Assim, é aferível que as reformas legislativas, tanto do texto constitucional quanto da norma infraconstitucional, são primordiais para afastar toda insegurança jurídica que norteia esse tema no país.

A ideia proposta visa obter um diálogo constante e equilibrar os três Poderes Republicanos[(437)], o que é primordial para o bom desenvolvimento da democracia brasileira, de modo a não haver a sobreposição de um poder sobre o outro.

Isso porque, no fundo, todos os atos do Estado decorrem de um Poder que é uno, indivisível e indelegável emanado do povo brasileiro e dividido em três órgãos distintos: Legislativo, Executivo e Judiciário (LENZA, 2020, p. 378).

Portanto, embora tradicionalmente seja atribuição do Poder Judiciário realizar a interpretação normativa, incorpora-se na democracia brasileira a ideia de sociedade aberta de intérpretes constitucionais, em que em uma sociedade plural a interpretação constitucional deve ser democrática, realizada inclusivamente pela própria população (HABERLE[(438)]). De modo que não deverá ser vista como atribuição exclusiva do Poder Judiciário, mas responsabilidade dos três Poderes Republicanos e do povo brasileiro.

2.4. Da alteração legislativa para o fortalecimento dos sindicatos no Estado brasileiro para viabilizar as Comissões de Conciliação Prévia sindicais

O sindicato é aquele que representa e age na defesa[(439)] dos interesses de seus representados (categoria), podendo ser conceituado nas palavras de Orlando Gomes (2008, p. 565) como:

> Sindicato é o agrupamento estável de várias pessoas de uma profissão, que convencionam colocar, por meio de uma organização interna, suas atividades e parte de seus recursos em comum, para assegurar a defesa

---

(437) É sabido que Aristóteles previu a divisão do poder em três funções ainda quando o Estado era absolutista em sua obra *Política*. Posteriormente, Montesquieu aprimorou essa teoria e a identificou como três poderes distintos e independentes entre si. Mais informações em: https://pt.wikipedia.org/wiki/Montesquieu. Acesso em: 27 fev. 2022.

(438) Mais detalhes sobre a ideia desse doutrinador em: https://pt.wikipedia.org/wiki/Peter_H%C3%A4berle. Acesso em: 27 fev. 2022.

(439) Art. 8º, III, da CRFB/88: "ao sindicato cabe a defesa dos direitos e interesses coletivos ou individuais da categoria, inclusive em questões judiciais ou administrativas".

e a representação da respectiva profissão, com vistas a melhorar suas condições de vida e trabalho.

Percebe-se, portanto, que o ente sindical é responsável por defender e gerenciar as disputas advindas da interação laboral da categoria representada sempre com vistas a alcançar melhores patamares de trabalho.

Eles demonstram ter importância, pois o Brasil possui realidades muito diferentes em cada região dos pontos de vista político, social e econômico (VASCONCELOS, 2000, p. 193), entretanto, esse fator nunca foi considerado normativamente, já que a lei trabalhista é a mesma em todo o território nacional por ser feita pela União[(440)]. Nessa medida, o sindicato cumpre esse papel de aproximar a norma jurídica da realidade vivenciada pela categoria representada. Isso porque os sindicatos econômicos e profissionais conhecem de perto a veracidade da vida daqueles a quem representam e, por esse motivo, possuem a competência de estabelecer normas autônomas para eles (VASCONCELOS, 2000, p. 193).

Dessa forma, pode-se aferir que pela Carta Magna os sindicatos sempre foram vistos como gestores de crise. E, certamente, são as entidades mais indicadas fora do Estado para resolver as controvérsias do capital *versus* o trabalho nesse tempo de ampliação da autonomia privada na relação laboral pelos poderes públicos.

Mais especificamente, o art. 8º, III, da CRFB/88, garante aos sindicatos ampla autonomia negocial para representar sua categoria, por meio de acordos e de convenção coletiva[(441)], podendo regulamentar procedimentos de resolução de conflitos para a efetivação de direitos, até mesmo por meio da criação de um ente coletivo de caráter supra-sindical com personalidade jurídica própria (VASCONCELOS, 2000, p. 185).

Nesse aspecto, Delgado (2019, p. 1749) disserta sobre as CCPs:

> A descentralização de poder tentada pela Lei n. 9.958, de 2000, conferindo ao documento conciliatório extrajudicial eficácia liberatória geral, passa, necessariamente, no Direito brasileiro, pela negociação coletiva trabalhista (art. 8º, VI, CF/88). É que a Constituição, sensatamente, não conferiu, no plano juslaborativo, a qualquer entidade ou processo inerente à sociedade

---

(440) Art. 22 da CRFB/88 estabelece ser competência da União legislar sobre direito do trabalho. Informação presente na Carta Magna em: http://www.planalto.gov.br/ccivil_03/constituicao/constituicao.htm. Acesso em: 17 fev. 2022.

(441) Há muitos anos já existe previsão normativa e a convenção coletiva, que é fonte do direito do trabalho, pode instituir mecanismos extrajudiciais para solucionar controvérsiass surgidas no âmbito das respectivas categorias pelos sindicatos convenientes (VASCONCELOS, 2000, pp. 194-197).

civil, excetuada a negociação coletiva, poderes superiores aos restritos conferidos à transação meramente bilateral trabalhista.

Em outras palavras, a Carta Magna atribuiu ao sindicato no direito coletivo os poderes amplos de representar e negociar em nome da categoria, e não a qualquer sociedade privada. Essa legitimidade atribuída aos sindicatos constitucionalmente para realizar negociação coletiva pode ser ampliada e efetivada no campo do direito individual do trabalho pelas razões históricas expostas acima. Pontua-se que recentemente o STF[(442)] definiu que a eficácia liberatória do acordo firmado nas CCPs refere-se apenas ao que foi objeto de conciliação. Decisão que vai ao encontro do princípio da proteção e da indisponibilidade.

Historicamente, os entes sindicais tiveram essa função de conciliar a luta de classes entre o capital e o trabalho. Entrementes, sabe-se que sindicatos fracos ou pouco representativos não conseguem atuar em defesa e na normatização para a categoria representada. Muito menos eles têm poder para resolver controvérsias advindas da relação de trabalho. Infelizmente, no Brasil, há um problema nesse campo, referente à pulverização sindical, uma vez que ela não se revela adequada, pois fragmenta a resolução de litígios e não fortalece a instituição sindical.

Além disso, outra questão detectada no país é a permanência de um forte dirigismo estatal no funcionamento dos sindicatos, devido à previsão constitucional da unicidade sindical e da criação de sindicatos por categorias.[(443)] Essas disposições normativas são responsáveis por pulverizar[(444)] o sistema sindical brasileiro, enfraquecendo-o. Nesse sentido, esclarece-se que o Estado brasileiro não ratificou a Convenção n. 87[(445)] da OIT que prevê a liberdade sindical plena.

---

(442) As ADIns em questionamento são: 2.139/DF, 2.160/DF e 2.237/DF.

(443) "Portanto, a vinculação sindical não resulta da vontade e/ou da escolha de trabalhadores e empregadores, mas é decorrência de um enquadramento automático, em que a atividade do empregador retrata sua inclusão numa dada categoria econômica e identifica sua vinculação à entidade sindical que a representa, e, sob o ângulo profissional, o empregado integra a categoria profissional correspondente à atividade do empregador." Informação disponível na decisão proferida no Recurso de Revista no processo TST-ARR-185-80.2013.5.20.0008, vide em: http://aplicacao4.tst.jus.br/consultaProcessual/consultaTstNumUnica.do?consulta=Consultar&conscsjt=&numeroTst=185&digitoTst=80&anoTst=2013&orgaoTst=5&tribunalTst=20&varaTst=8. Acesso em: 15 fev. 2022.

(444) Nesse sentido, até março de 2017, o Brasil tinha 11.326 sindicatos profissionais e 5.186 sindicatos econômicos de acordo com o Cadastro Nacional de Entidades Sindicais do Ministério do trabalho. Disponível em: https://tst.jusbrasil.com.br/jurisprudencia/1239603111/recurso-de-revista-rr-1471020195220006/inteiro-teor-1239604497. Acesso em: 10 fev. 2022.

(445) Sobre essa Convenção, ler: https://www.ilo.org/brasilia/convencoes/WCMS_239608/lang--pt/index.htm. Acesso em: 22 fev. 2022.

Com a reforma trabalhista, extinguiu-se a contribuição sindical compulsória em 2017[(446)], mas isso não é capaz de solucionar, por si só, o problema do corporativismo presente na legislação brasileira. E em razão da ausência de liberdade sindical plena no Brasil e pelos sindicatos serem fluidos[(447)], pensa-se em encontrar um caminho que permita o fortalecimento sindical.

Quanto à atuação sindical, já foi esclarecido ao longo desta dissertação que a Reforma Trabalhista de 2017 teve o intuito de privilegiar o negociado sobre o legislado[(448)], entretanto, ao acabar com o imposto sindical[(449)] sem permitir o estabelecimento de nenhum outro modelo para que os sindicatos angariassem fundos, acabou por enfraquecê-los (CASAGRANDE, 2022).

A esse respeito, Lavor (2000, pp. 78-85) explica que, para alcançar o tão desejado fortalecimento sindical brasileiro, é necessário aumentar o poder deles na negociação coletiva[(450)], de forma a privilegiar a resolução dos conflitos laborais por meio da autocomposição em detrimento da heterocomposição. E, para que esse fato aconteça, o autor propõe uma reforma sindical no país com vistas a obter a liberdade sindical plena e, com isso, possibilitar que haja sindicatos independentes e representativos, competentes e capazes de adquirir seus próprios fundos a partir do desempenho de seus gestores e por parte dos seus associados (LAVOR, 2000, pp. 78-85).

Não restam dúvidas de que a Reforma Trabalhista de 2017, ao promover o negociado sobre o legislado, tenta desenvolver o protagonismo sindical no cenário brasileiro por meio da negociação coletiva de trabalho (ALMEIDA, 2018, p. 391). Entretanto, sempre se deve ter respeito aos direitos fundamentais sociais.

---

(446) A Reforma Trabalhista do ano de 2017 retirou a obrigatoriedade prevista na CLT da categoria pagar a contribuição sindical. Mas permitiu a cobrança de forma facultativa.

(447) São mais de 17.000 sindicatos com registro ativo no país. Existe este cadastro no site do Governo Federal para preservar a unicidade sindical. Disponível em: https://www.gov.br/trabalho-e-previdencia/pt-br/servicos/sindicatos/cadastro-de-entidades/arquivos-entidade-sindical-registrada/arquivos-entidade-sindical-registrada. Acesso em: 1 jul. 2022.

(448) Em junho de 2022, o STF decidiu que o ACT e a CCT podem prevalecer sobre a lei desde que não afetem direitos trabalhistas previstos na Constituição. O STF fixou a tese de repercussão geral: "são constitucionais os acordos e as convenções coletivas que, ao considerarem a adequação setorial negociada pactuam limitações ou afastamentos de direitos trabalhistas independentemente da explicitação especificada de vantagens compensatórias desde que respeitados os direitos absolutamente indisponíveis".

(449) Não se discute ter sido bom desvincular os sindicatos da intervenção estatal nesta hipótese, o que se questiona é a ausência de um regime de transição e não possibilitar outros meios de se criar renda.

(450) Sobre essa questão, os sindicatos profissionais possuem a função de negociar por meio de diálogo com os empregadores ou seus respectivos sindicatos acordos ou convenções coletivas que disciplinem por meio de regras jurídicas o trabalho da categoria representada. Trata-se de uma função negocial (CORREIA, 2021).

Mas, ao mesmo tempo, constata-se que a Reforma Laboral acabou com o imposto sindical que era cobrado compulsoriamente de toda a categoria para financiar os sindicatos. A destituição de recursos é meio capaz de enfraquecer tais entes (ALMEIDA, 2018, p. 393), razão pela qual discute-se na doutrina a possibilidade de implantação normativa de uma regra de transição até que se tenha no Brasil uma reforma sindical plena.

Todavia, enquanto não ocorre uma mudança mais radical nas bases do sindicalismo brasileiro que permita a completa liberdade sindical, no intuito de fortalecer e estruturar atualmente os sindicatos financeiramente, Casagrande (2022) disserta que a lei infraconstitucional deverá incluir expressamente em seu texto a permissão para a criação compulsória pelos sindicatos de contribuições aos empregados que se beneficiarem das negociações coletivas por eles firmadas.

Tal questão, de acordo com o autor, não implica em afronta ao princípio da liberdade de associação sindical previsto no art. 8º da CRFB/88, porque, se o sindicato atua em prol da categoria e fixa uma negociação coletiva para lhe assegurar vantagens, nela ele poderá decidir incluir uma contrapartida por sua atuação em face de todos os beneficiados. Na medida em que as normas coletivamente firmadas atingem toda a categoria e não apenas os associados, e por essa razão todos devem contribuir para o financiamento do ente sindical.

Aliás, no que diz respeito ao financiamento sindical, a Carta Magna permite a criação de uma contribuição sindical pela lei infraconstitucional, que era o antigo imposto sindical revogado em 2017 e que se transformou em contribuição sindical facultativa. Mas a problemática se inseriu no fato de que, a partir do estabelecimento dessa facultatividade legal, dois posicionamentos a respeito da contribuição sindical surgiram na doutrina e na jurisprudência:

a) Ela poderá ser cobrada de toda a categoria desde que haja essa previsão em assembleia geral ou em instrumento de negociação coletiva[(451)].

---

(451) Essa é a posição inclusive do MPT que defende desde de 2018 por meio da Coordenadoria Nacional de Liberdade Sindical que o desconto poderá ser feito da categoria se houver previsão na negociação coletiva devendo todos serem convocados para esta assembleia geral, assegurado ao trabalhador o direito de oposição individual. Tal posicionamento consta na Nota Técnica n. 2/2018 da Conalis do MPT. Nesse sentido, no final de novembro de 2018, a Câmara de Coordenação e Revisão (CCR) do MPT emitiu o Enunciado n. 24 com a seguinte questão: "Enunciado 24 da CCR do TRT. CONTRIBUIÇÃO SINDICAL. ESTIPULAÇÃO EM ASSEMBLEIA GERAL. DESCONTO EM FOLHA. POSSIBILIDADE. DIREITO DE OPOSIÇÃO ASSEGURADO. A contribuição sindical será fixada pela Assembleia Geral da categoria, registrada em ata, e descontada da folha dos trabalhadores associados ou não ao sindicato, conforme valores estipulados de forma razoável e datas fixadas pela categoria, desde que regularmente convocados e assegurada a ampla participação, sempre garantido o direito de oposição manifestado pelos obreiros,

b) Ela só poderá ser cobrada dos associados e com autorização expressa e individual de cada membro da categoria.

Portanto, parte da doutrina firmou o entendimento de que, até haver uma reforma sindical plena no Brasil, seria constitucional a substituição da compulsoriedade normativa pela autorização legal para que o próprio sindicato decidisse se iria instituir na negociação coletiva de trabalho uma contribuição a seu favor a ser paga por toda a categoria representada[(452)]. Tudo isso, sem necessidade de prévio e expresso consentimento pelo obreiro individualmente, por já ter sido aceito o desconto pela categoria coletivamente[(453)].

Nesse aspecto, os arts. 578 e 579 da CLT[(454)] continuam a permitir que haja a contribuição sindical desde que haja autorização prévia e expressa da categoria. E como a norma não disciplinou como aconteceria essa autorização, há divergência doutrinária e jurisprudencial acerca dessa temática.

Entender que a norma legal não se refere apenas aos sindicalizados, mas a toda categoria, cuja autorização poderá ser dada por meio de instrumento de negociação coletiva (esta pressupõe prévia autorização da assembleia geral) ou por deliberação da assembleia geral, é uma interpretação que visa fortalecer o sistema sindical no país.[(455)] Haja vista que as normas jurídicas firmadas pelo ente sindical abrangem toda a categoria e não apenas os sindicalizados.

---

cujo prazo inicia-se a partir da vigência do correspondente Acordo ou CCT". Disponível em: https://mpt.mp.br/pgt/ccr/enunciados-da-ccr-mpt. Acesso em: 4 abr. 2022.

(452) "Art. 8º É livre a associação profissional ou sindical, observado o seguinte: [...] IV - a assembleia geral fixará a contribuição que, em se tratando de categoria profissional, será descontada em folha, para custeio do sistema confederativo da representação sindical respectiva, independentemente da contribuição prevista em lei;"

(453) Destaca-se que quando houve a exclusão legal do imposto sindical, que era descontado obrigatoriamente de todos os integrantes da categoria, parte da jurisprudência passou a entender que para que houvesse esse desconto era necessária a autorização expressa e individual do empregado. Entretanto, norma legal pode excluir esse requisito criado pela jurisprudência. Mais detalhes em: https://tst.jusbrasil.com.br/jurisprudencia/1239603111/recurso-de-revista-rr-1471020195220006/inteiro-teor-1239604497. Acesso em: 6 fev. 2022.

(454) "Art. 578. As contribuições devidas aos sindicatos pelos participantes das categorias econômicas ou profissionais ou das profissões liberais representadas pelas referidas entidades serão, sob a denominação de contribuição sindical, pagas, recolhidas e aplicadas na forma estabelecida neste Capítulo, desde que prévia e expressamente autorizadas. Art. 579. O desconto da contribuição sindical está condicionado à autorização prévia e expressa dos que participarem de uma determinada categoria econômica ou profissional, ou de uma profissão liberal, em favor do sindicato representativo da mesma categoria ou profissão ou, inexistindo este, na conformidade do disposto no art. 591 desta Consolidação." Disponível em: http://www.planalto.gov.br/ccivil_03/decreto-lei/del5452.htm. Acesso em: 7 fev. 2022.

(455) Fundamentos expostos na decisão do TST em sede de Recurso de Revista interposto contra decisão do TRT, disponível em: https://tst.jusbrasil.com.br/jurisprudencia/1239603111/recurso-de-revista-rr-1471020195220006/inteiro-teor-1239604497. Acesso em: 8 fev. 2022.

Para outra parte da doutrina e da jurisprudência, a autorização deverá ser dada de forma individual e expressa por cada pessoa. Sobre essa questão, a Medida Provisória (MP) n. 873 de 2019 tentou reformular a norma celetista para exigir autorização prévia, expressa e por escrito de forma individual do empregado. Essa foi uma tentativa de evitar a autorização por instrumento coletivo. A MP considerava nula a cláusula normativa que fixasse a compulsoriedade de recolhimento de toda a categoria em negociação coletiva, assembleia geral ou outro meio disciplinado no estatuto sindical. Assim, tentou-se inserir na norma celetista uma limitação à cobrança da contribuição sindical apenas aos filiados ao sindicato[(456)]. Porém, essa MP[(457)] não foi aprovada ao término da sua vigência, perdendo a eficácia.

A reforma de 2017 também inseriu no art. 611-A da CLT uma cláusula aberta para que a CCT e o ACT prevaleçam sobre a lei, e, por essa razão, comporta interpretação que autorizaria a definição da contribuição sindical para a categoria por negociação coletiva. Nesse aspecto, o texto constitucional, no item III do art. 8º, preceitua que aos sindicatos cabe representar a categoria que é abrangente e não inclui apenas os associados. Esse dispositivo deve ser interpretado em harmonia com o item IV que disciplina as fontes de custeio[(458)] sindical[(459)].

Na medida em que não é lógico que o sindicato represente toda a categoria, porém, a conta tenha que ser paga somente pelos filiados. Não há essa limitação no texto constitucional. Quando da feitura da negociação coletiva, os entes sindicais representam muito mais que os associados, pois eles agem em nome de toda a categoria e, por esse motivo, pode impor-lhes uma contribuição[(460)].

---

(456) Fundamentos expostos na decisão do TST em sede de Recurso de Revista interposto contra decisão do TRT, disponível em: https://tst.jusbrasil.com.br/jurisprudencia/1239603111/recurso-de-revista--rr-1471020195220006/inteiro-teor-1239604497. Acesso em: 8 fev. 2022.

(457) Para mais informações, acessar: http://www.planalto.gov.br/ccivil_03/_ato2019-2022/2019/Mpv/mpv873.htm. Acesso em: 17 fev. 2022.

(458) No Brasil existem quatro tipos de fontes de custeio sindical: contribuição sindical; contribuição confederativa; contribuição assistencial; mensalidade sindical. A contribuição sindical tem sido objeto de análise devido à mudança ocasionada neste instituto pela Reforma Trabalhista de 2017. A bem da verdade, a contribuição sindical é autorizada na Constituição Federal no art. 8, IV que delega à lei ordinária sua regulamentação. Antes, esta lei previa o recolhimento compulsório que passou a ser facultativo, retirando a natureza tributária dela.

Esses valores estão descritos no corpo constitucional: http://www.planalto.gov.br/ccivil_03/constituicao/constituicao.htm. Acesso em: 2 fev. 2022.

(459) *Ibidem.*

(460) *Ibidem.*

Tal fato não implica em ofensa à liberdade de filiação sindical, porque, mesmo que não filiado, o obreiro continua pertencente a uma dada categoria e, por essa razão, tem direitos e também deveres a serem cumpridos, como no caso de uma eventual estipulação via negociação coletiva de uma contribuição para o ente sindical[(461)].

Assim, o trabalhador não filiado tem o dever de solidariedade[(462)] para com sua categoria (todos devem contribuir para o bem de todos). Nessa perspectiva, toda a categoria deve ajudar para o fortalecimento sindical, embora somente os filiados estejam sujeitos aos poderes diretivos do sindicato[(463)].

Ora, é sabido que ao sindicato cabe lutar e estabelecer melhores condições de trabalho para a categoria por meio de negociações coletivas e, por esse motivo, deverá ser financiado por todos os trabalhadores que se beneficiam de sua atuação[(464)]. Nessa medida, entende-se que no pós-reforma trabalhista é preciso que as interpretações ao texto legal sejam realizadas em harmonia com a Constituição, no intuito de garantir a sobrevivência dos sindicatos[(465)].

Ademais, o sindicato possui autonomia frente ao Estado para decidir como irá se manter (art. 8º, I da CRFB/88). E, nesse aspecto, o art. 513 da CLT permite que o sindicato institua contribuição para toda a categoria. Esse é um caminho justo que foi pensado para manter e fortalecer o sistema sindical vigente ante o fim da contribuição obrigatória prevista em lei[(466)].

Na medida em que o fortalecimento sindical se mostra imprescindível, o sindicato torna-se mais apto a agir em defesa da categoria, atuar como mediador em conflitos e garantir a pacificação nas relações capital *versus* trabalho[(467)]. Caso fosse adotado esse posicionamento, tratar-se-ia de uma con-

---

(461) *Ibidem.*

(462) Não é demais lembrar que esse espírito de fraternidade está também previsto na DUDH de 1948.

(463) Fundamentos expostos na decisão do TST em sede de Recurso de Revista interposto contra decisão do TRT, disponível em: https://tst.jusbrasil.com.br/jurisprudencia/1239603111/recurso-de-revista-rr-1471020195220006/inteiro-teor-1239604497. Acesso em: 8 fev. 2022.

(464) *Ibidem.*

(465) Nesse sentido se posicionou a Anamatra, associação de juízes, cujos os enunciados servem de diretrizes para os magistrados: "É lícita a autorização coletiva prévia e expressa para o desconto das contribuições sindical e assistencial, mediante assembleia geral, nos termos do estatuto, se obtida mediante convocação de toda a categoria representada especificamente para esse fim, independentemente de associação e sindicalização. II. A decisão da assembleia geral será obrigatória para toda a categoria, no caso das convenções coletivas, ou para todos os empregados das empresas signatárias do ACT". *Vide*: https://www.anamatra.org.br/attachments/article/27175/livreto_RT_Jornada_19_Conamat_site.pdf. Acesso em: 7 fev. 2022.

(466) Fundamentos expostos na decisão do TST em sede de Recurso de Revista interposto contra decisão do TRT, disponível em: https://tst.jusbrasil.com.br/jurisprudencia/1239603111/recurso-de-revista-rr-1471020195220006/inteiro-teor-1239604497. Acesso em: 8 fev. 2022.

(467) *Ibidem.*

tribuição sindical negocial ao invés de compulsória, pois seria estabelecida em instrumento coletivo e não mais imposta pela lei[468]. Seria, portanto, uma regra de transição, já que esta sempre foi uma fonte de custeio muito importante (MARQUES FILHO, 2018, p. 444).

Quanto a essa questão, em 2018, o STF na ADI n. 5.794[469] considerou constitucional a Reforma Trabalhista quanto às mudanças realizadas na contribuição sindical. Assim, houve a validação do regime voluntário para a cobrança da contribuição sindical no país. Além disso, o Pretório Excelso emitiu decisão no sentido de que a autorização deva ser expressa, prévia e individual[470].

Portanto, o STF fixou a tese no sentido de ser constitucional o fim da contribuição sindical obrigatória e estabeleceu a necessidade de autorização individual, como uma consequência do fim da compulsoriedade. Nesse sentido, a Suprema Corte já cassou decisões de TRTs que contrariaram seu posicionamento[471].

Conforme posicionamento e voto do ministro Luís Roberto Barroso na ADI[472]:

> Assim, a Lei n. 13.467/2017, ao tornar facultativo o recolhimento da contribuição sindical, exigindo a autorização prévia e expressa do empregado para a realização do desconto, não apenas corrigiu um dos resquícios da estrutura corporativista e paternalista do sistema sindical brasileiro, mas também funciona como um incentivo positivo ao fortalecimento das entidades sindicais, que precisarão buscar meios de garantir maior e real representatividade da categoria. Caberá aos sindicatos, a partir de agora, buscar a efetiva representatividade, conquistando a filiação de representados e aumentando o percentual de sindicalizados.

---

(468) *Ibidem.*

(469) Decisão da Suprema Corte sobre a constitucionalidade do fim da contribuição sindical compulsória em: https://redir.stf.jus.br/paginadorpub/paginador.jsp?docTP=TP&docID=749631162. Acesso em: 7 fev. 2022.

(470) Neste aspecto, o STF tem invalidado decisões judiciais que permitem por meio de assembleia geral o desconto da contribuição sindical para a categoria, como pode-se apreciar em: https://direitoreal.com.br/noticias/stf-veda-contribuicao-sindical-por-aprovacao-em-assembleia. Acesso em: 17 fev. 2022.

(471) Mais detalhes sobre essa posição do STF em: https://conexaotrabalho.portaldaindustria.com.br/noticias/detalhe/sindical/2geral/stf-validade-do-desconto-da-contribuicao-sindical-esta-condicionada--autorizacao-individual-e-expressa-do-empregado/#:~:text=Sindical%20Geral-,STF%3A%20Validade%20do%20desconto%20da%20contribui%C3%A7%C3%A3o%20sindical%20est%C3%A1%20condicionada%20a,individual%20e%20expressa%20do%20empregado&text=Para%20o%20ministro%2C%20a%20decis%C3%A3o,10%2F09%2F2021). Acesso em: 9 fev. 2022.

(472) Decisão da Suprema Corte em: https://redir.stf.jus.br/paginadorpub/ paginador.jsp?docTP= TP&docID=749631162. Acesso em: 9 fev. 2022. Nesse sentido também se posiciona o TST: https://www.conjur.com.br/2021-mai-17/tst-nega-desconto-contribuicao-sindical-norma-coletiva. Acesso em: 11 fev. 2022.

Não se está discordando plenamente da decisão da Suprema Corte, pois ela é adequada para um sistema que possui liberdade sindical plena nos moldes da Convenção n. 87 da OIT, que não é a realidade do Brasil. Nesse quesito, o voto do ministro Edson Fachin, relator na ADI n. 5.794[473] do STF, embora vencido, esclareceu que há uma interdependência recíproca entre a unicidade[474] e a contribuição sindical, de modo que, para ele, preservar uma no sistema e excluir a outra gera uma enorme incongruência. Historicamente, ele dissertou que o STF confirmou uma relativização do princípio da liberdade sindical previsto na Carta de 1988, em razão desses elementos corporativistas presentes no sistema sindical brasileiro, na medida em que aquele princípio deve ser lido em consonância com esses valores. Pós-Reforma Trabalhista, como dito, a contribuição sindical deixa de ser tributo para ser verba negocial facultativa trabalhista, o que, segundo o ministro, poderá fazer sucumbir o regime sindical brasileiro por não existir mais fonte de custeio obrigatório. Esse fato, para ele, pode inviabilizar o funcionamento dos sindicatos no Brasil:

> Tem-se, portanto, como inconstitucional a Lei n. 13.467/2017, também sob a perspectiva material, quando torna facultativa a contribuição sindical prevista no artigo 8º, IV, *in fine*, da CRFB, sem que também tenha sido alterado as demais disposições do artigo 8º, especialmente no que se refere à unicidade contratual (artigo 8º, II, da CRFB) e à representatividade do sindicato extensiva a toda categoria (artigo 8º, III, da CRFB).

Mas, considerando que foi o entendimento no voto apresentado primeiro que prevaleceu no STF, a partir dessa decisão se passou a pensar em formas de como superar a posição adotada pela Suprema Corte brasileira para permitir que sindicatos tivessem recursos financeiros.

Pois, não se pode adotar posicionamentos a ponto de inviabilizar as atividades sindicais no país, sob pena de afronta à Convenção n. 98 da OIT. Diga-se de passagem que, embora a Reforma Trabalhista tenha acabado com o imposto sindical, não adequou os outros dois institutos que impedem a liberdade sindical plena no Estado brasileiro: filiação por categoria e unicidade sindical.

Acerca da necessidade de uma reforma no sistema sindical brasileiro, Delgado (2019, pp. 1598-1599) relata que:

---

(473) Detalhes do julgamento dessa ADI, inclusive do voto deste ministro, o qual relatou a história do sindicalismo brasileiro, pode ser visto em: https://redir.stf.jus.br/paginadorpub/paginador.jsp?docTP=-TP&docID=749631162. Acesso em: 18 fev. 2022.

(474) A unicidade refere-se à presença de um único sindicato em uma determinada base territorial.

É evidente que o processo de democratização do sistema sindical brasileiro passa pela alteração desses antigos traços da matriz corporativista oriunda das décadas de 1930 e 40, e que foram preservados no Texto Constitucional de 1988.

A propósito, a combinação de regras, princípios e institutos que sempre se mostraram contraditórios na história do sindicalismo (alguns democráticos, outros de origem autoritária-corporativa), tentada pelo Texto Máximo original de 1988, somente fez aprofundar a crise de legitimidade e de força do sistema sindical brasileiro. Por isso, parece inevitável o caminho para a reforma do sistema sindical, de modo a adequá-lo à plena liberdade de associação e à plena liberdade sindical.

Recentemente, em setembro de 2023, o TC reviu seu posicionamento e resolveu alterar sua própria jurisprudência para permitir a cobrança da contribuição assistencial em instrumento coletivo para a respectiva categoria, assegurado o direito de oposição individual. Mesmo assim é preciso que haja uma pequena mudança legislativa na norma infraconstitucional celetista para constar expressamente essa autorização, na medida em que essa nova jurisprudência colide com a norma jurídica em vigor.

Antes do TC alterar sua jurisprudência, pensava-se em maneiras de superar, por meio de Reação Legislativa do Congresso Nacional, a decisão jurisprudencial da Suprema Corte brasileira, já que, conforme explicado acima, a doutrina moderna compreende que entre os Poderes Republicanos deve haver um diálogo institucional para a definição da interpretação constitucional, por ser a sociedade democrática.

Nesse sentido, no acórdão do próprio STF[475] tem-se a seguinte explicação sobre diálogo entre os poderes institucionais existentes em uma democracia, no que se refere à superação da jurisprudência da Corte Constitucional por uma lei infraconstitucional editada pelo Congresso Nacional:

> Já a superação da jurisprudência por lei, embora possível, se restringe aos casos em que haja mais de uma interpretação constitucional válida. A jurisprudência do STF refletiria, desse modo, uma dessas interpretações possíveis da Constituição, e o Congresso editaria lei optando por outra. Até mesmo por essa legitimidade restrita, a superação da jurisprudência por lei demanda do Congresso significativo esforço argumentativo. É preciso, em síntese, que ele explicite tanto a existência de mais de uma

(475) Informação disponível em: https://redir.stf.jus.br/paginadorpub/paginador.jsp?docTP=TP&docID=10499116. Acesso em: 25 fev. 2022.

interpretação possível como os motivos pelos quais a interpretação por ele adotada seria melhor do que a encampada pelo STF.

Vale lembrar que a superação da jurisprudência por lei, como toda manifestação de diálogo institucional, se ampara na dimensão deliberativa da democracia. Por isso, exige a efetiva apresentação de argumentos, a efetiva troca de ideias entre os agentes da interpretação constitucional. A *contrario sensu*, não se admite que Congresso, simplesmente, esvazie uma decisão do STF porque quer, sem oferecer nenhum tipo de razão capaz de passar pelo crivo do debate público.

Portanto, no intuito de tirar a possibilidade de uma interpretação do texto infraconstitucional no sentido da necessidade de autorização individual expressa para o desconto da contribuição sindical, defendia-se fazer uma alteração na lei infraconstitucional com base nas argumentações expostas nesta pesquisa. Com a mudança, buscava-se dar segurança jurídica por meio da norma, além de eliminar entendimentos contrários.

Pois, havendo reação do Poder Legislativo com justificativas plausíveis para definir expressamente na lei que a autorização do desconto da contribuição sindical poderia ser dada coletivamente à categoria, o TC não poderia mais atuar como legislador positivo já que essa lacuna estaria solucionada. Poderia, entrementes, avaliar a constitucionalidade do instituto que conferiria validade à autorização ampla à categoria para o desconto da contribuição sindical.

Sobre esse assunto, esclarece-se que, antes da reforma, a CLT previa o desconto compulsório da contribuição sindical para toda a categoria, sem necessidade de autorização de ninguém, porque simplesmente era o determinado na lei. E essa norma celetista revogada em 2017 havia sido recepcionada[476] pela Constituição de 1988.

Nesse aspecto, Delgado (2019, pp. 1608-1609) esclarece que o imposto sindical era norma recepcionada pela Constituição, embora pudesse haver sua revogação:

> Derivada de lei e incidindo também sobre os trabalhadores não sindicalizados, a receita tem indisfarçável matiz parafiscal. Com isso, atrai severas

(476) Trata-se de fenômeno sobre o qual se analisa a compatibilidade material da norma editada anteriormente com o texto de uma nova Constituição, para avaliar se ela permanecerá válida no novo Estado Constitucional. O STF tem o entendimento de que a Constituição de 1988 recebeu o instituto da contribuição sindical compulsória que era exigida de todos os integrantes da categoria mesmo sem filiação em razão do art. 8º, IV, CRFB/88. Na época, entendeu-se que o princípio da liberdade sindical deveria ser interpretado juntamente às bases do sindicalismo de origem corporativista. Vide: https://redir.stf.jus.br/paginadorpub/paginador.jsp?docTP=TP&docID=749631162. Acesso em: 18 fev. 2022.

críticas quanto à agressão que propiciaria aos princípios da liberdade associativa e da autonomia dos sindicatos. Entretanto, contraditoriamente, sua manutenção na ordem jurídica foi autorizada pela CF/88 (art. 8º, IV, *in fine*: "independentemente da contribuição prevista em lei") — embora a regra constitucional não impeça a revogação dos preceitos legais instituidores da verba.

Nessa medida, entendia-se que não haveria razões para que uma reforma mais branda do que a que existia anteriormente na legislação não fosse aceita pela Corte Suprema, uma vez que seria estabelecida conforme parâmetros constitucionais e no intuito de fortalecer os sindicatos, como explicado alhures.

Nesse contexto, propunha-se uma minirreforma na lei infraconstitucional, a atuar como regra de transição, até que fosse feita uma reforma sindical plena no país, a autorizar que os sindicatos escolhessem entre colocar ou não na própria negociação coletiva ou definir em sede de assembleia geral, dito desconto, caso quisessem, para todos os integrantes da categoria beneficiados pelo seu desempenho, independentemente de consentimento individual expresso.

Esse entendimento vai ao encontro do princípio da liberdade sindical, ao não impor ao sindicato uma determinada conduta, ao contrário, facultando-a. Há dois valores em jogo: de um lado, o princípio da liberdade de associação sindical, que trata da autonomia que tem o trabalhador de uma dada categoria[477] de desejar filiar-se ao sindicato ou não. Filiando-se, fica sujeito às suas diretrizes e às contribuições definidas no seu estatuto, como mensalidade sindical, contribuição assistencial e contribuição confederativa. Do outro lado, a própria liberdade sindical que trata da prerrogativa que tem o sindicato de atuar com independência e autonomia em sua organização, inclusivamente para definir as bases orçamentárias sindicais.

Para Brito Filho (2007, p. 71), a liberdade sindical é um direito que tanto empregadores quanto trabalhadores têm de optar por constituir organizações sindicais, assim como por definir as suas regras de funcionamento. Em outras palavras, em um Estado social e democrático de direito, o Estado não deve intervir na criação e no funcionamento sindical. Igualmente, pelo princípio

---

(477) No Brasil, pelo art. 511 da CLT, existem três tipos de filiação por categoria, veja: "§ 1º A solidariedade de interesses econômicos dos que empreendem atividades idênticas, similares ou conexas, constitue o vínculo social básico que se denomina categoria econômica. § 2º A similitude de condições de vida oriunda da profissão ou trabalho em comum, em situação de emprego na mesma atividade econômica ou em atividades econômicas similares ou conexas, compõe a expressão social elementar compreendida como categoria profissional. § 3º Categoria profissional diferenciada é a que se forma dos empregados que exerçam profissões ou funções diferenciadas por força de estatuto profissional especial ou em consequência de condições de vida singulares".

da preponderância do interesse coletivo, busca-se a solidariedade social e a melhoria da condição social de trabalho para o grupo (CASSAR, 2018, p. 256).

Por ser matéria divergente, para Cassar (2018, p. 269), a revogação da compulsoriedade da contribuição sindical foi boa em razão do princípio da liberdade sindical. Nessa mesma linha de raciocínio, o TST historicamente sedimentou sua jurisprudência no sentido de que as contribuições para os entes sindicais somente devem ser descontadas dos filiados e não da categoria, em atenção ao princípio da liberdade sindical, como segue:

> OJ n. 17 da SDC do TST. Contribuições para entidades sindicais. Inconstitucionalidade de sua extensão a não associados.
>
> As cláusulas coletivas que estabeleçam contribuição em favor de entidade sindical, a qualquer título, obrigando trabalhadores não sindicalizados, são ofensivas ao direito de livre associação e sindicalização, constitucionalmente assegurado, e, portanto, nulas, sendo passíveis de devolução, por via própria, os respectivos valores eventualmente descontados.

Igualmente posicionou-se o Pretório Excelso por meio de súmula vinculante[(478)] acerca da contribuição confederativa:

Súmula Vinculante n. 40 do STF

> A contribuição confederativa de que trata o art. 8º, IV, da Constituição, só é exigível dos filiados ao sindicato respectivo.

Em que pesem esses posicionamentos editados em súmulas adotados pelos Tribunais Superiores do país, não se pode deixar de citar que nenhum deles se referem à contribuição sindical, haja vista que, à época da edição dessas disposições jurisprudenciais, ela era obrigatória por disposição legal prevista na CLT para toda a categoria e havia sido recepcionada pela Carta Magna. Todavia, eles mostram o entendimento predominante firmado jurisprudencialmente nos últimos anos que ocorre no sentido de não cobrar contribuições para financiar o sindicato de quem não seja filiado, o que foi ratificado pelo STF na ADI n. 5.794 após o fim da compulsoriedade prevista na CLT para a contribuição sindical. Entretanto, em 11/09/2023, o TC alterou sua jurisprudência sobre esse assunto como veremos mais detalhadamente à frente.

A esse respeito, a Reforma Trabalhista de 2017 ainda acrescentou o inciso XXVI ao art. 611-B, da CLT, que vai ao encontro do que estava sedimentado na

---

(478) A súmula vinculante está prevista no art. 103-A da Carta Magna e serve para trazer segurança jurídica a temas relevantes. Elas devem ser observadas pelos demais órgãos do Poder Judiciário, assim como pela Administração Pública direta e indireta.

jurisprudência dos Tribunais Superiores que prediz ser objeto ilícito de negociação coletiva reduzir ou suprimir a "liberdade de associação profissional ou sindical do trabalhador, inclusive o direito de não sofrer, sem sua expressa e prévia anuência, qualquer cobrança ou desconto salarial estabelecido em CCT ou ACT". Como já afirmado, entende-se que a melhor interpretação para esse artigo e que se compatibiliza com a jurisprudência acima é no sentido de que ele se aplica às outras contribuições devidas aos entes sindicais que somente poderiam ser cobradas dos filiados, o que não é o caso da contribuição sindical que historicamente sempre foi cobrada de toda a categoria representada e possui previsão constitucional.

Entrementes, o princípio da liberdade sindical é relativo no Brasil conforme entendimento histórico da Suprema Corte brasileira, e por isso pôde-se defender a manutenção de uma contribuição sindical facultativa a ser paga pela categoria desde que autorizado no instrumento coletivo, no intuito de não inviabilizar o funcionamento sindical. Na medida em que, com o fim do imposto sindical, mas com a permanência da unicidade sindical, não se pode falar em efetiva representatividade dos entes sindicais, porque os obreiros não têm a prerrogativa de migrar para outro sindicato, caso queiram (LOPES, 2018, pp. 528-529).

Ora, o contraponto ao sistema sindical estruturado na liberdade plena, como idealizado pela OIT[479], é o corporativismo em que o Estado intervém e disciplina o sindicalismo. Trata-se de uma maneira estatal de intervir nas relações coletivas, impedindo a luta de classes (NASCIMENTO, 2012). Nesse sentido, o corporativismo impede o surgimento de sindicatos livres das amarras estatais, estruturado e fortalecido na própria luta de classes e na obtenção de melhorias para essa relação, haja vista que o Estado dirige o que será permitido ao ente sindical.

No caso brasileiro, face aos resquícios desse sistema corporativista no país, há que se ter uma regra de transição, pois o próprio corporativismo enfraquece os sindicatos, impedindo que eles se desenvolvam livremente, de forma a sobreviver aqueles que sejam efetivamente competentes para representar os trabalhadores.

Reafirma-se: não há no Brasil liberdade sindical plena. E pela unicidade sindical[480] prevista no art. 8º, da CRFB/88, só é possível haver um único

---

(479) No plano jurídico internacional é importante relatar que a criação da OIT permitiu o estabelecimento do direito social ao trabalho. Foi a partir de sua instituição que vários instrumentos internacionais passaram a prever direitos trabalhistas em seu corpo.

(480) Art. 8º, inciso II: "é vedada a criação de mais de uma organização sindical, em qualquer grau, representativa de categoria profissional ou econômica, na mesma base territorial, que será definida pelos

sindicato em uma dada base territorial para representar a categoria, o que impede que surjam outros sindicatos com a mesma atribuição para a escolha dos trabalhadores (LOPES, 2018, pp. 528-529). Assim, existe um certo dirigismo estatal na organização sindical no Brasil, apesar de a Constituição de 1988 estabelecer o princípio da liberdade sindical. Por esse motivo, a Suprema Corte passou a interpretar esse princípio de forma mitigada.

O modelo se revela contraditório, porque, ao mesmo tempo em que a Carta Magna prevê a liberdade sindical, mantinha os três pilares estruturantes do corporativismo brasileiro: a filiação por categoria, a unicidade sindical e a contribuição sindical compulsória. Esta última se tornou facultativa na última reforma laboral de 2017.

Essa facultatividade normativa foi extremamente adequada, pois tirou da lei a imposição de cobrança e colocou nas mãos dos próprios entes sindicais a decisão de cobrá-la ou não. Todavia, não bastasse o Poder Legislativo ter intervindo anos e anos no modelo sindical brasileiro, o Poder Judiciário também o está fazendo, ao impedir por meio de sua jurisprudência que o sindicato em assembleia geral ou negociação coletiva escolha cobrar da categoria que ele representa a contribuição sindical que serve na sua maior parte para financiar a estrutura do próprio sindicato.

Não é adequado que o Poder Judiciário, nesta fase histórica do sindicalismo brasileiro, resolva colocar um requisito que a lei não previu, ou seja, a autorização individual e expressa de cada trabalhador para a cobrança da contribuição sindical, fazendo as vezes de legislador. Aliás, o art. 8º, I[(481)] da CRFB/88, veda ao poder público a intervenção e a interferência na organização sindical, ou melhor, os três Poderes Republicanos não devem estabelecer restrições ao funcionamento sindical.

Nessa hipótese, não haveria qualquer ofensa à liberdade individual de associação sindical na previsão de imposição da contribuição sindical na negociação coletiva para a categoria representada. Na medida em que a própria Constituição permite a cobrança da contribuição sindical e esta sempre foi tida como atribuição da categoria (norma recepcionada), diversamente das outras contribuições que historicamente somente são cobradas dos filiados.

---

trabalhadores ou empregadores interessados, não podendo ser inferior à área de um Município". Disponível em: http://www.planalto.gov.br/ccivil_03/constituicao/constituicao.htm. Acesso em: 18 fev. 2022.

(481) "Art. 8º É livre a associação profissional ou sindical, observado o seguinte: I - a lei não poderá exigir autorização do Estado para a fundação de sindicato, ressalvado o registro no órgão competente, vedadas ao poder público a interferência e a intervenção na organização sindical;" Disponível em: http://www.planalto.gov.br/ccivil_03/constituicao/constituicao.htm. Acesso em: 23 fev. 2022.

Além disso, não se estaria obrigando ninguém a se filiar ao respectivo sindicato, respeitando-se o art. 8º, V[(482)], da CRFB/88 e o princípio da liberdade de associação sindical.

A esse respeito, esclarece-se que a Constituição prevê que para a feitura da negociação coletiva é obrigatória a participação do sindicato profissional e, como os direitos previstos em ACT/CCT não aderem ao contrato de trabalho, há sempre que se ter um bom desempenho sindical para a renovação dos direitos previstos em convenções ou acordos coletivos (CORREIA, 2021). Assim, o fortalecimento sindical ajuda na proteção da própria categoria representada.

Aliás, é fato notório que nenhum tipo de organização sobrevive sem uma correspondente fonte de custeio, até mesmo as igrejas necessitam que quem frequenta seus templos lhe ofertem algo para que possam pagar o aluguel do imóvel, realizar ações sociais, disponibilizar água, luz, entre outras despesas.

Portanto, defendeu-se, com o fim da contribuição sindical obrigatória até a decisão emanada pelo STF em 2023, a possibilidade de haver uma contribuição sindical facultativa para a categoria no intuito de fortalecer os entes sindicais com base nas razões já expostas. Todavia, o próprio STF resolveu alterar sua jurisprudência para permitir que os sindicatos tenham uma fonte de financiamento advinda da categoria por meio da contribuição assistencial.

Nesse sentido, primordial é a análise crítica dos fundamentos expostos por Delgado (2019, pp. 1609-1611) acerca da questão de que, embora a lei permita a contribuição assistencial da categoria, a jurisprudência dominante do TST apenas a aceita em prol dos sindicalizados, sob o argumento de ferir a liberdade sindical:

> A diretriz dessa jurisprudência trabalhista dominante, entretanto — ao reverso do que sustenta — não prestigia os princípios das liberdades sindical e da autonomia dos sindicatos. Ao contrário, aponta restrição incomum no contexto do sindicalismo dos países ocidentais com experiência democrática mais consolidada, não sendo também harmônica à compreensão jurídica da OIT acerca do financiamento autonômico das entidades sindicais por suas próprias bases representadas. Além disso, não se ajusta à lógica do sistema constitucional trabalhista brasileiro e à melhor interpretação dos princípios da liberdade e autonomia sindicais na estrutura da Constituição da República. É que, pelo sistema constitucional trabalhista do Brasil, a negociação coletiva sindical favorece a todos os trabalhadores integrantes da correspondente base sindical, independentemente de serem (ou não) filiados ao respectivo sindicato

---

(482) "V - ninguém será obrigado a filiar-se ou a manter-se filiado a sindicato."

profissional. Dessa maneira, torna-se proporcional, equânime e justo (além de manifestamente legal: texto expresso do art. 513, "e", da CLT) que esses trabalhadores também contribuam para a dinâmica da negociação coletiva trabalhista, mediante a cota de solidariedade estabelecida no instrumento coletivo negociado. Aliás, por isso mesmo é que a verba é apelidada também de *cota de solidariedade*. A Lei da Reforma Trabalhista, entretanto, veio proibir, de modo expresso, a cobrança de contribuição assistencial (ou de qualquer outra contribuição de caráter e destino sindicais) sem a prévia e expressa anuência do trabalhador — novo art. 611-B, XXVI, *in fine*, CLT.

O texto em questão diz respeito à contribuição assistencial e dele compreende-se que o ente sindical necessita auferir renda daqueles a quem beneficia, no caso, a categoria, já que as negociações coletivas atingem a todos e não somente os filiados. Se uma pessoa aufere vantagens, ela também deve financiar o funcionamento sindical (princípio da solidariedade).

Como dito, diante de diversos princípios e valores presentes no texto da Carta Magna, como a permanência da unicidade, da representação por categoria, da contribuição sindical, da liberdade sindical mitigada, não há outra saída a não ser que todos eles sejam interpretados de forma harmônica e compatível. Igualmente, o art. 3º, I da Constituição Federal, determina como objetivo fundamental da República Federativa do Brasil: "construir uma sociedade livre, justa e solidária".

Revela-se contraditório que a Reforma Trabalhista, ao mesmo tempo em que privilegie o negociado e queira dar protagonismo aos sindicatos no Brasil[(483)], ceife a sua renda quando eles mais precisam se fortalecer para atuar em proteção da categoria representada.

Apesar de este ser um campo tenebroso, tenta-se enfrentar e propor uma solução sem ferir a Constituição e as bases sindicais brasileiras, até se realizar uma Reforma Sindical ampla no Brasil para uma liberdade sindical plena, o que não existe nos dias de hoje.

A finalidade é não desmontar os entes sindicais por falta de recursos, permitindo a eles angariar fundos por escolha própria, de toda a categoria que representam, por meio do estabelecimento, em assembleia geral ou na negocia-

(483) A Reforma Trabalhista de 2017 ocorrida no Brasil tem como um de seus vetores a prevalência do negociado sobre o legislado, o que dá grande importância ao protagonismo dos entes sindicais principalmente para a celebração de negociações coletivas de trabalho (ALMEIDA, 2018, p. 391). Assim, é preciso que esses entes sejam fortalecidos.

ção coletiva, de uma contribuição para o ente sindical. Essa é a nova visão do STF a partir de 2023.

Assim, pontue-se que, embora uma decisão jurisprudencial possa ser superada pela edição de uma norma jurídica, há uma outra maneira de fazer essa modificação quando o próprio tribunal altera seu entendimento anterior. Neste desígnio(484), recentemente, em setembro de 2023, o STF modificou o seu posicionamento acerca dessa temática, julgando a favor da cobrança da contribuição assistencial obrigatória, para que todos os empregados da categoria sejam obrigados a pagá-la(485) quando prevista em negociação coletiva, desde que haja a opção de recusa.

Na realidade, o julgamento diz respeito a recurso de embargos de declaração interposto contra decisão da própria Corte de 2017 (no Agravo no Recurso Extraordinário n. 1018459 que possui repercussão geral) que julgou inconstitucional a cobrança da contribuição a trabalhadores não filiados(486).

Um dos ministros, Gilmar Mendes, considerando o perigo de enfraquecimento do sistema sindical como um todo e a realidade fática constatada a partir das alterações normativas no Brasil, passou a entender pela necessidade de evolução do entendimento anteriormente firmado pelo TC e modificou seu voto em relação ao julgamento anterior (devido às alterações da reforma trabalhista de 2017), de modo a reconhecer a constitucionalidade da cobrança da contribuição assistencial da categoria.

Ao final desse julgamento, o STF(487) aprovou a contribuição assistencial obrigatória e firmou a tese de que "é constitucional a instituição, por acordo ou convenção coletivos, de contribuições assistenciais a serem impostas a todos os empregados da categoria, ainda que não sindicalizados, desde que assegurado o direito de oposição".

Com a alteração jurisprudencial realizada em 2023, não será mais necessária uma reforma normativa para haver uma fonte de custeio sindical ampla por meio da contribuição sindical, uma vez que houve a superação da jurisprudência pelo próprio TC de maneira a possibilitar, por meio da contribuição assistencial, que o sindicato adquira recursos da categoria para se manter e

---

(484) Sobre esse julgamento, acessar: Contribuição assistencial obrigatória: julgamento no STF é suspenso com 3 votos a favor da cobrança. *InfoMoney*. Acesso em: 4 maio 2023.

(485) Essa é uma contribuição que visa custear atividades sindicais.

(486) Sobre o julgamento, consultar: https://portal.stf.jus.br/noticias/verNoticiaDetalhe.asp?idConteudo=513910&ori=1. Acesso em: 3 out. 2023.

(487) Informação presente em: https://portal.stf.jus.br/jurisprudenciaRepercussao/verAndamentoProcesso.asp?incidente=5112803&numeroProcesso=1018459&classeProcesso=ARE&numeroTema=935. Acesso em: 4 maio 2023.

fortalecer. Entretanto, parece ser preciso que haja uma modificação na legislação para compatibilizar com a nova jurisprudência, já que o inciso XXVI do art. 611-B da CLT descreve ser objeto ilícito de negociação coletiva reduzir ou suprimir a "liberdade de associação profissional ou sindical do trabalhador, inclusive o direito de não sofrer, sem sua expressa e prévia anuência, qualquer cobrança ou desconto salarial estabelecidos em CCT ou ACT". Portanto, há que se adequar a normativa[(488)] ao novo entendimento jurisprudencial a fim de se ter segurança jurídica.

3. Pareceres parciais

Pelo exposto, na Espanha, diante da crise do Poder Judiciário decorrente da litigiosidade excessiva, foram instituídos mecanismos para evitação do processo e, entre as medidas adotadas, tornou-se obrigatória a passagem prévia por vias administrativas e sindicais, excluindo dessa exigência determinadas matérias. Embora o sistema autônomo ainda esteja em desenvolvimento para litígios individuais do trabalho, ele é eficiente em mecanismos de mediação-conciliação. Quanto à via administrativa, verificou-se que ela resolve milhares de procedimentos individuais por mediação-conciliação antes que virem processos judiciais. Assim, o sistema administrativo, autônomo e a própria jurisdição têm proporcionado o acesso à justiça por meio da obtenção do consenso entre as partes. Embora a doutrina aponte a deficiência de uma lei específica para obter maior segurança jurídica para o uso dos mecanismos extrajudiciais em matéria individual laboral.

Assim, chega-se ao entendimento que foi a institucionalização do regime democrático na CE que tornou possível o fomento da autonomia privada em matéria laboral, além de haver a mobilização dos poderes do Estado, já que os métodos privados contam com fortes investimentos públicos, tanto de pessoal qualificado, quanto financeiro. Entretanto, alguns fatores atrasaram o desenvolvimento desse tipo de resolução de conflitos, como: o forte intervencionismo público em material laboral, a desconfiança existente nos métodos extrajudiciais e a falta de regulamentação.

Em comparação ao que se passa na Espanha, no Brasil está se propondo uma minirreforma trabalhista no país para modificar o atual sistema de justiça,

---

(488) Sobre a necessidade de adequação legislativa, consultar: https://www12.senado.leg.br/noticias/materias/2023/10/02/pacheco-recebe-de-centrais-proposta-de-regulacao-da-contribuicao-para--sindicatos#:~:text=A%20contribui%C3%A7%C3%A3o%20assistencial%20seria%20uma,modalidade%20n%C3%A3o%20viola%20a%20Constitui%C3%A7%C3%A3o. Acesso em: 3 out. 2023.

no intuito de romper com a exclusividade jurisdicional na apreciação de lides individuais laborais, ao mesmo tempo em que se estimula o fortalecimento sindical e harmonizam-se as interações entre o capital *versus* o trabalho. Trata-se de uma dupla instância laboral: uma administrativa ou sindical de conciliação-mediação e outra jurisdicional. Para tanto, a partir de um diálogo institucional entre os poderes republicanos, são necessárias as seguintes mudanças para a maior participação das partes na resolução dos litígios trabalhistas e o estabelecimento de uma cultura democrática:

1 – Mudança na educação jurídica para aceitação e confiança social no uso de métodos alternativos ao Poder Judiciário.

2 – Reformas legislativas:

a – uma PEC para tornar obrigatória a passagem prévia do conflito individual laboral por vias administrativas (Cejusc) ou sindicais (CCP), excluindo dessa compulsoriedade direitos indisponíveis.

b – lei infraconstitucional: que defina os direitos indisponíveis que não se sujeitam a essa obrigatoriedade de passagem prévia; que reformule o instituto das CCPs para definir como de passagem compulsória apenas aquelas criadas a nível sindical ou intersindical (Ninter) e que inclua a ferramenta de mediação além da conciliação já existente; que dê prioridade aos instrumentos de mediação para obter avenças mais humanizadas; que estimule o fortalecimento sindical por meio da arrecadação de recursos; que haja a permissão para parcerias com o governo para investimento público, tanto de pessoal, quanto por meio de recursos financeiros; que defina que o acordo terá eficácia liberatória das parcelas expressamente transacionadas; no caso de existir tanto a via administrativa como a sindical, que permita às partes escolher a quem submeterão a demanda; se o acordo restar infrutífero, as partes podem acionar o Poder Judiciário; previsão na lei de que os Tribunais do Trabalho estabelecerão os Cejuscs e que os sindicatos possuem a prerrogativa de criar a CCP.

III. REFLEXÕES FINAIS

A abertura de um sistema de justiça, trata-se de uma decisão política, que conta com o apoio dos três Poderes Republicanos: o Legislativo que edita a norma jurídica, o Judiciário que a valida e o Administrativo que deve ajudar na sua implementação. Porém, se algum dos Poderes resolver não contribuir com a instalação de métodos extrajudiciais, como ocorreu no Brasil por meio da decisão emanada pelo Supremo Tribunal Federal (STF), em que embora autorizada na legislação brasileira a criação das CCPs (incluindo o Núcleo Intersindical de Conciliação Trabalhista - Ninter), devido à decisão do TC elas caíram em desuso e são quase inexistentes, dificilmente haverá a ampliação da justiça. Haja vista que a falta de tradição e de confiança da população em meios de resolução de controvérsias para fora do seio estatal a nível de direito individual do trabalho, torna necessário o fomento dessas vias pelos poderes públicos e pelos próprios agentes sociais.

Os dados estatísticos demonstram que o poder judiciário brasileiro está sobrecarregado e as demandas demoram longos anos para terem uma solução no processo, comprometendo a sobrevivência do trabalhador, pois o crédito trabalhista é verba de natureza jurídica alimentar.

Por essa razão, pensa-se em outras formar de dirimir a lide do trabalho. Embora o ordenamento jurídico brasileiro admita a conciliação facultativa prévia nas Comissões de Conciliação Prévia (CCPs), e exista a arbitragem para altos empregados desde a reforma legislativa de 2017, além da previsão de outras maneiras de extinguir o crédito trabalhista extrajudicialmente, esses procedimentos são quase que inutilizados no campo do direito individual do trabalho, porque não existe tradição. Por outro lado, recentemente, está sendo implementado pelo Poder Judiciário, por meio de Resoluções do Conselho Nacional de Justiça (CNJ) e do Conselho Superior da Justiça do Trabalho (CSJT), um órgão administrativo denominado de Cejusc para realizar conciliação e mediação.

Para aprimorar o que está sendo buscado no Brasil, a investigação sobre como ocorreu a ampliação da justiça em outros países revela-se fundamental. No caso específico deste livro, foi adotado como modelo o sistema jurídico laboral espanhol.

No ordenamento jurídico espanhol, a regulamentação de formas de evitar o processo judicial, no que diz respeito aos conflitos individuais do trabalho, destaca como métodos de solução extrajudicial a conciliação, a mediação e a arbitragem existentes tanto na via administrativa quanto na autônoma (nomeadamente por meio de acordos coletivos interprofissionais). A Espanha adotou uma regra geral de atuação prévia compulsória para o acesso ao Poder Judiciário pelas ferramentas de mediação-conciliação para controvérsias individuais e coletivas trabalhistas nesses sistemas, excepcionadas algumas matérias.

Na verificação numérica espanhola pôde-se perceber que a mediação--conciliação é o meio mais escolhido pelas partes que procuram uma solução fora do Estado, o que favorece a participação social e vai ao encontro dos anseios democráticos. E os dados fornecidos apontam para o fato de que muitas demandas na própria Justiça Laboral são resolvidas por acordos. Por isso, podemos visualizar que não há incompatibilidade entre a transação e o princípio da indisponibilidade, todavia, é um campo que carece de segurança jurídica.

A pesquisa apontou também para a situação de que na Espanha e no Brasil a conciliação em controvérsias individuais é mais usada que a mediação, necessitando esta última de se tornar mais aprimorada e incentivada, por ser uma forma mais humanizada na apreciação do conflito. Essa constatação decorre do fato de não haver uma prática na seara trabalhista quanto à mediação e por ela encontrar resistência na doutrina em razão do temor de comprometer os direitos indisponíveis. Por sua vez, a conciliação é um dos vetores de próprio processo judicial e ocorre de maneira mais rápida e direta que a mediação, sendo assim fomentada devido à estatização do processo e do direito laboral. Associado a esse contexto, na Espanha, na implementação da conciliação administrativa foi incentivada a conciliação, assim como ocorre dentro do processo, em detrimento de outras ferramentas como a arbitragem e a mediação.

A partir de dados estatísticos comprovou-se que na jurisdição brasileira é onde mais tramitam controvérsias individuais trabalhistas, havendo a necessidade de romper com este panorama de monopólio estatal. A Espanha iniciou este caminho instituindo como regra para acessar a via judicial a passagem prévia obrigatória, que a nível individual está mais desenvolvida pela conciliação administrativa onde são resolvidas muitas disputas por meio da conciliação, o que ajuda a diminuir a quantidade de conflitos judicializados. Entretanto, verifica-se que é alto o número de processos judiciais instaurados e que são dirimidos por conciliação judicial. Nota-se que existe um campo propício para o crescimento do mecanismo autônomo na área do direito individual do trabalho, seja por meio da mediação ou da conciliação.

Por outro lado, no Brasil, os números apontam que é grande a litigiosidade e que os juízes não estão dando conta da quantidade de processos iniciados todos os anos, e, como política pública, o próprio CSJT permitiu a criação de centros de conciliação e mediação dentro dos tribunais laborais. Mas é fato que a maior parte das lides ainda é judicializada para ser solucionada por conciliação ou por sentença pelo magistrado. É urgente a abertura do sistema de justiça brasileiro, tal como se verifica na Espanha e está a ser proposta neste livro, para atender aos anseios de uma sociedade dita democrática, justa e solidária, na qual a mediação e a conciliação desempenham o adequado papel por colocarem as partes no enfrentamento direto do seu próprio conflito para alcancem a tão desejada paz social por meio do entendimento mais próximo da realidade por elas vivenciada.

A arbitragem, por sua vez, é quase inutilizada nos dois países por ser um método que substitui a vontade das partes, assemelhando-se à jurisdição, pela dificuldade de modificar o laudo arbitral e pelo juízo de equidade. Além disso, ela não pode ter uma atuação prévia compulsória por excluir a jurisdição.

No que diz respeito às inovações tecnológicas, elas têm contribuído para a efetivação na apreciação das controvérsias laborais tanto no Brasil quanto na Espanha, pois somente foi possível nesse período de pandemia a continuidade da prestação jurisdicional e extrajudicial por meio de audiências on-line proporcionadas aos cidadãos. Por esse motivo, verifica-se que a 4ª Revolução Industrial vai ao encontro do que se denomina a 4ª onda de acesso à justiça (que não foi prevista pelos reformadores modernos). Entretanto, a substituição da figura humana do juiz, árbitro, mediador ou conciliador pela inteligência artificial não é possível nos dias de hoje, sendo que esta pode atuar como mera auxiliadora, sem poderes decisórios. Isso porque o conflito necessita de uma dimensão humana para a sua apreciação, um juízo de ponderação interior, flexibilidade para lidar com imprevistos, empatia para entender os sentimentos das partes, entre outras ações que máquinas não são capazes de fazer.

No Brasil, desde 2010 se incentiva o uso de tecnologias no processo. Mas a pandemia exigiu e acelerou a virtualização processual, permitindo à parte participar das audiências onde quer que esteja, já que o Poder Judiciário também está no meio virtual. Dessa forma, democratizou-se o acionamento à justiça. De igual modo, na Espanha, o Real Decreto-Lei n. 16/2020, de 28 de abril, de medidas processuais e organizativas para fazer frente à Covid-19 em âmbito da Administração da Justiça (já derrogado), normatizou o uso de ferramentas digitais no processo judicial nesse período pandêmico. Esse desenvolvimento tecnológico foi essencial e impulsionado durante a Covid-19 para continuar a haver prestação de serviços de justiça tanto judicial quanto extrajudicialmente.

Apesar de ser benéfica a abertura do sistema jurídico espanhol, notou-se por meio do estudo da doutrina, da jurisprudência e de outras decisões judiciais (doutrina judicial) que existem falhas, como a dificuldade de coordenação entre os sistemas de justiça existentes na Espanha, o que por vezes acaba por comprometer o direito à tutela judicial efetiva previsto no art. 24 da Constituição, haja vista que, diante da insegurança jurídica que norteia os mais diversos mecanismos a atuarem em harmonia, esse contexto pode acarretar prejuízo ao cidadão de ter uma decisão para as questões de fundo (mérito) da controvérsia.

De igual maneira, há uma incongruência na norma jurídica, porque, embora ela excepcione da passagem prévia obrigatória determinadas matérias trabalhistas, as próprias partes podem de comum acordo submetê-las ao procedimento de conciliação-mediação, de maneira que não há uma correspondência direta entre esses assuntos excepcionados da compulsoriedade e os direitos indisponíveis. Assim, carece a Espanha de regulamentar quais direitos são necessários (mínimos) e que devem ter apreciação direta do Poder Judiciário, de forma que os acordos coletivos têm assumido essa função. Ademais, foi constatado que precisa de haver descrição jurídica quanto às provas eletrônicas no processo ou fora dele, para evitar decisões equivocadas, sendo que os métodos extrajudiciais não podem ficar à margem da lei. Para contornar os problemas detectados, inclusive com relação à atuação do secretário judicial dentro da jurisdição que, por vezes, realiza avença que em momento posterior é anulada, entende-se que a feitura da norma jurídica, até mesmo incorporando fundamentos usados nas decisões judiciais, é capaz de trazer mais confiança para a sociedade na justiça e para o uso de métodos alternativos. De igual maneira, essas complicações apresentadas no capítulo correspondente não são capazes de invalidar o sistema de justiça que foi ampliado.

A partir das constatações feitas, como no Brasil o STF tornou o instituto das CCPs facultativo, passou-se a defender uma reação legislativa do Congresso Nacional com a criação, por meio de Proposta de Emenda Constitucional (PEC), da obrigatoriedade de mediação-conciliação prévia à via judicial laboral para direitos individuais laborais disponíveis. Esse contexto da reforma constitucional visa combater a resistência histórica no uso de métodos extrajudiciais na seara laboral e deve acontecer tanto por meio de um sistema administrativo como por meio de mecanismos autônomos presentes nos sindicatos, por necessitar a transação de direitos laborais de haver tutela, seja estatal ou sindical, para a proteção do obreiro que é hipossuficiente e para que haja o respeito aos direitos indisponíveis. Entende-se que com esse funcionamento garante-se a fiscalização da avença por um ente capaz de equilibrar as partes, não se admitindo nessa hipótese a tentativa particular compulsória.

Essa reação legislativa, trata-se de um típico diálogo institucional entre os Poderes Republicanos, em que a decisão do STF não vincula o Poder Legislativo para não engessar a sua função de confeccionar o ordenamento jurídico, podendo ser superado o entendimento do Tribunal Constitucional a partir da edição de leis ou emendas constitucionais.

Aliada à transformação normativa, a educação jurídica deve ser modernizada com feições interculturais e interdisciplinares, visando desenvolver uma justiça mais cidadã que permita a participação mais ativa das partes. Assim, deve-se deixar para trás a cultura burocrática enraizada por anos e implementar uma cultura de mediação-conciliação, que é mais democrática.

Para conferir segurança jurídica e confiança social ao sistema extrajudicial no Brasil, valores tão caros e preciosos no Estado Democrático de Direito, além da alteração na sistemática processual a ser estabelecida por meio da emenda constitucional (EC), sugere-se a edição de uma lei infraconstitucional, a atuar como uma minirreforma trabalhista, que modifique e insira novos dispositivos na CLT para definir quais são os direitos indisponíveis e que, portanto, devem ter acesso direito ao Poder Judiciário, não admitindo vias prévias compulsórias. Definindo-se quais direitos são indisponíveis, resta, a partir da EC, obrigar a mediação-conciliação prévia ao processo do trabalho para direitos disponíveis no Brasil. Essa alteração permitirá criar uma cultura negocial na área laboral a partir de uma obrigação na norma a todos imposta.

Aliás, disciplinar sobre os direitos passíveis de disposição norteará a feitura inclusive de acordos no próprio sistema jurisdicional, que tem muitas das vezes firmado avenças desarrazoadas e desproporcionais. Mas se deve cuidar para que haja a previsão apenas dos direitos necessários, a fim de não inviabilizar a via extrajudicial.

No ordenamento jurídico brasileiro, a fim de não ferir a liberdade sindical, constatou-se que a criação do Ninter e da CCP sindical é faculdade do sindicato, já que o poder público não pode interferir na gestão sindical por força do art. 8º, da CRFB/88. Entretanto, onde estiverem constituídos os sistemas sindicais e administrativos no país, a Constituição tornará obrigatória a passagem prévia pela mediação-conciliação antes de se acionar a Justiça do Trabalho. Embora o poder público não possa intervir na atividade sindical, a norma jurídica pode prever a permissão de um diálogo entre este e o sindicato para a instauração do mecanismo extrajudicial, inclusive por meio de recursos e profissionais, tal como acontece na Espanha.

Deve ser alterado o instituto das CCPs para preservar os princípios da proteção e da indisponibilidade de direitos trabalhistas, de modo a não haver no termo conciliatório pré-processual a eficácia liberatória geral, mas somente a quitação das parcelas transacionadas (conforme a decisão do Pretório Excelso). E isso deve se estender ao Cejusc para ser válido nas avenças feitas a nível de sistema administrativo ou sindical.

Pelas razões expostas neste livro, o sindicato, por atribuições históricas, deverá ser normativamente o único legitimado para a função compulsória pré-processual das CCPs para realizar a transação extrajudicial prévia a nível autônomo no país. E, no caso de existência de Cejusc e CCP sindical, as partes devem optar por qual mecanismo irão submeter a demanda. Além disso, deve ser acrescentado ao instituto das CCPs a mediação. Deve igualmente haver previsão na lei de que os tribunais do trabalho estabelecerão o Cejusc e que os sindicatos possuem a prerrogativa de criar a CCP.

E como a estatização no direito e processo laboral sufocou os sindicatos no Brasil, para permitir o progresso sindical com o objetivo de atuar extrajudicialmente, defende-se mudanças normativas para que os entes sindicais possam angariar recursos por meio de disposições previstas em negociações coletivas e/ou assembleares. Essa medida visa criar um campo propício para o fortalecimento sindical, no intuito de que possa funcionar de forma segura na resolução de conflitos laborais individuais.

Portanto, para a ampliação do sistema de justiça trabalhista brasileiro não se está propondo o esgotamento, e sim, a tentativa prévia de conciliação-mediação extraprocessual. Trata-se da existência de uma dupla sede no sistema de justiça laboral, tal como se verifica na Espanha, com dupla instância conciliatória: uma extrajudicial podendo ser administrativa ou sindical; e outra judicial.

Desse modo, a reforma constitucional e da norma infraconstitucional visará impulsionar o método pré-jurisdicional, com a finalidade de fazer surgir uma nova cultura e tradição no Brasil para contribuir com a desobstrução da jurisdição. Ora, é assente essa preocupação para que se possa desenvolver um sistema efetivo de justiça.

Como as transformações na sociedade também influenciam a elaboração do direito, a fim de gerar um contributo para essa reestruturação democrática do sistema de justiça, a nova lei deve incentivar a feitura de mediações-conciliações on-line por meio das novas tecnologias para facilitar o alcance das partes e fomentar o direito de acessar a justiça.

Todas as ferramentas atuando conjuntamente devem contar com o apoio dos Poderes Republicanos e contribuem para a ampliação do acesso à justiça e melhoria da prestação jurisdicional no Brasil, e fazem com que esta também tenha mais tempo para propor conciliações com base no diálogo e no respeito a direitos indisponíveis.

IV. BIBLIOGRAFIA

ABREU, J. C. de. (2019). A justiça eletrônica europeia e a modernização do espaço de liberdade, segurança e justiça: a videoconferência no Regulamento n. 1.206/2001 ao serviço de uma integração judiciária. *In*: *Democracia econômica e responsabilidade social nas sociedades tecnológicas*. Coord.: Maria Miguel Carvalho *et al*. EDUM. Braga.

AGUDO, E. M. B. (2021). *La resolución de los conflictos laborales a través de la mediación y los derechos colaborativos*. Tirant lo blanch. Valencia.

AMARAL, M. D. C.; SILVA JÚNIOR, L. P. (2018). A arbitragem e seus reflexos na Justiça do Trabalho. *In*: TUPINAMBÁ, C. (coord.). *Soluções de conflitos trabalhistas*: novos caminhos. LTr: São Paulo.

ALMEIDA, D. R. de. (2018). Novamente o princípio da adequação e os métodos de solução de conflitos. *In*: TUPINAMBÁ, C. (coord.). *Soluções de conflitos trabalhistas*: novos caminhos. LTr: São Paulo.

ALMEIDA, M. de S. (2022). *A Reforma Trabalhista*: uma perspectiva quanto ao direito de acesso à justiça. Dialética: São Paulo.

ALMEIDA, R. R. de. (2018). Negociação coletiva – Temporalidade da norma coletiva – Perspectivas para solução do vácuo decorrente da ausência de norma coletiva – A vantagem individual adquirida como exceção à temporalidade da norma coletiva. LTr: São Paulo.

ALMEIDA, R. R. de. (2018). *As implicações da lei da Reforma Trabalhista nos sindicatos*. LTr: São Paulo.

ALEXY, R. (1986). *Teoria dos direitos fundamentais*. Malheiros Editores Ltda: São Paulo.

ALVAREZ DEL CUVILLO, A. (2015). La influencia del Derecho Laboral en la mediación aplicada a conflictos individuales de trabajo estudio cualitativo en el ámbito del SERCLA. *Temas laborales: Revista andaluza de trabajo y bienestar social*, n. 129.

ÁLVAREZ DEL CUVILLO, A. (2016). *Medios autónomos de resolución de conflictos laborales: marco institucional general*. Disponível em: https://rodin.uca.es/handle/10498/18768. Acesso em: 11 maio 2022.

ARADAS, A. (2022). *Quais testes são válidos para vencer em um julgamento trabalhista?* Disponível em: https://www.cuestioneslaborales.es/que-pruebas-son-validas-en-un-juicio-laboral/#medios. Acesso em: 14 set. 2022.

ÁLVAREZ, M. J. L. (2016). Puntos críticos em torno al uso de la mediación en la empresa. *Revista cuatrimestral de las Facultades de Derecho y Ciencias Económicas y Empresariales*. 159-182, n. 98, ISSN: 1889-7045.

ÁLVAREZ, M. J. L. (2014). Solución de los conflictos laborales individuales en clave de mediación. *Revista de Trabajo de Seguridad Social*. Disponível em: https://mediacionesjusticia.files.wordpress.com/2014/09/rtss-cef-377-378.pdf. Acesso em: 16 ago. 2021.

ARENHART, S. C. (2019). A prova estatística e sua utilidade em litígios complexos. *Rev. Direito Práx.*: Rio de Janeiro.

ASSUNÇÃO, C. S. S. (2021). Covid-19 e as repercussões nas relações de trabalho: análise da possibilidade de revisão dos acordos homologados sob a perspectivas dos impactos econômicos oriundos das medidas de distanciamento social e quarentena. *In: Aspectos do procedimento trabalhista em primeiro grau.* KOURY, L. R. N. *et al.* (coord.). Arraes Editores: Belo Horizonte.

AZEVEDO, A. J. de. (2018). Os métodos adequados de solução de conflitos. Nova regência processual: Observações. Novel regência trabalhista. *In: Soluções de conflitos trabalhistas*: novos caminhos. Coord.: TUPINAMBÁ, C. LTr: São Paulo.

AZNARTE, M. T. D. (s.d.). *La mediación y el arbitraje como vías de gestión de la conflictividad laboral.* Disponível em: file:///C:/Users/User/Downloads/Dialnet-LaMediacionYElArbitrajeComoViasDeGestionDeLaConfli-6390101.pdf. Acesso em: 27 nov. 2021.

BARBOSA, R. (1999). *Oração aos moços.* 5ª ed. Rio de Janeiro. Disponível em: http://www.casaruibarbosa.gov.br/dados/DOC/artigos/rui_barbosa/FCRB_RuiBarbosa_Oracao_aos_mocos.pdf. Acesso em: 8 jan. 2021.

BARRETO, I. C. (2016). *A Convenção Europeia dos Direitos do Homem Anotada.* 5ª ed. rev. e actualizada. Edições Almedina, S.A. Coimbra.

BARROS, A. M. de. (2016). *Curso de direito do trabalho.* 10ª ed. LTr: São Paulo.

BARROSO, L. R (2005). *Neoconstitucionalismo e constitucionalização do direito (triunfo tardio do direito constitucional do Brasil).* Disponível em: http://bibliotecadigital.fgv.br/ojs/index.php/rda/article/view/43618/44695. Acesso em: 15 jul. 2021.

BARROSO, L. R. (2012). *Judicialização, ativismo judicial e legitimidade democrática.* Disponível em: https://www.e-publicacoes.uerj.br/index.php/synthesis/article/view/7433/5388. Acesso em: 10 fev. 2021.

BASTOS, G. A. C.; SILVA, J. C. de O. (2018). *Limites constitucionais impostos ao sindicato para transacionar direitos individuais homogêneos em ação coletiva e a extensão subjetiva da coisa julgada.* LTr: São Paulo.

BEBBER, J. C. (2019). Produção antecipada de provas sem o requisito da urgência (e a exibição de documentos) no processo do trabalho. *LTr*: São Paulo.

BENÍTEZ, F. C. (2007). La dirmensión pública de las pernonas. In: *Ciudadanía y persona em la era de la globalización.* Editora: Ángela Aparisi Miralles. Granada.

BERBERI, M. A. L. ; HANTHORNE, B. de O. C. (2021). Aspectos controvertidos no uso da prova digital no ordenamento jurídico brasileiro. *International Journal of Digital Law*, Belo Horizonte, ano 2, n. 2.

BETTENCOURT, L. A. da S. (2018). *O direito processual trabalhista espanhol e os mecanismos extrajudiciais de solução de conflitos.* Prisma Jurídico: São Paulo.

BILBAO, A. I. Z. (2017). *La sentencia en el proceso de trabajo.* Universidad del País Vasco: Leioa.

BOBBIO, N. (1988). *O futuro da Democracia.* Publicações Dom Quixote: Lisboa.

BONETE, D. A. (2016). Sobre los problemas procesales de los médios no jurisdiccionales de solución de conflictos. Uma crítica. *Revista del Ministerio de Empleo y Seguridad Social: Derecho del Trabajo.* Madrid.

BRANDÃO, M. de A. T. (2018). Métodos adequados de solução de conflitos trabalhistas e o novo direito do trabalho – Negociação, Mediação e Conciliação. *In*: TUPINAMBÁ, C. (coord.). *Soluções de conflitos trabalhistas*: novos caminhos. LTr: São Paulo.

BRANCO, A. P. T. (2018). *Os acordos extrajudiciais na Justiça do Trabalho e a Lei n. 13.467/2017*: jurisdição vontuntária? Validade formal ou material? Competência? LTr: São Paulo.

BRITO FILHO, J. C. M. de. (2007). *Direito sindical.* 2ª ed. LTr: São Paulo.

BUENO D. M. (2018). As escusas probatórias do art. 404 do CPC/15 e o direito constitucional à prova. *LTr:* São Paulo.

CALAMANDREI, P. (1971). *Eles, os juízes, vistos por nós, os advogados.* Livraria Clássica. Lisboa.

CAMPANTTE, R. G.; MACIEL JÚNIOR, V. de P. (2017). *Litigância habitual e política pública de regulação trabalhista.* Globalprint. Belo Horizonte.

CAMPOS, A. I. P. (2016). El arbitraje laboral. *Revista del Ministerio de Empleo y Seguridad Social: Derecho del Trabajo.* Madrid.

CANOTILHO, J. J. G. (2003). *Direito constitucional e teoria da Constituição.* 7ª ed. Almedina: Coimbra.

CAPPELLETTI, M.; GARTH, B. (1988). *Acesso à Justiça.* Tradução: Ellen Gracie Northfleet. Sergio Antônio Fabris Editor. Porto Alegre.

CARMO, R. do. (2014). A psicologia na formação dos magistrados e a formação dos psicólogos forenses: reflexões. *In: Psicologia, justiça & ciências forenses.* Coord.: Mauro Paulinho e Fátima Almeida. Pactor. Lisboa.

CASAS BAAMONDE, M. E. (2018). Sobre a necesidade de establecer en Galicia procedementos autónomos de solución dos conflitos individuais de traballo. *Revista Galega de Dereito Social - 2ª ET.*

CASAS BAAMONDE, M. E. (s.d.). *La mediación laboral autónoma como alternativa al processo.* Disponível em: https://fsima.es/wp-content/uploads/Ponencia-I-Congreso-La-mediaci%C3%B3n-laboral-aut%C3%B3noma-M-Emilia-Casas.pdf. Acesso em: 11 ago. 2022.

CASAS BAAMONDE, M. E. (2015). La mediación laboral autónoma como alternativa al processo. *In*: *Arbitraje, mediación y comisiones paritarias en la solución del conflicto de trabajo: I Congreso Universitario sobre Solución Autónoma de Conflictos Laborales* (Joaquín García Murcia (dir.), Martín Borrego Gutiérrez (dir.).

CASAGRANDE, C. (2022). *Reforma Trabalhista precisa, sim, ser revista.* Disponível em: https://www.jota.info/opiniao-e-analise/colunas/o-mundo-fora-dos-autos/reforma-trabalhista-precisa-sim-ser-revista-31012022. Acesso em: 5 fev. 2022.

CASANELLA, B. B. (2017). Las TIC como instrumento aplicado a la conciliación, mediación y arbitraje en el ámbito laboral. *Revista de los Estudios de Derecho y Ciencia Política: Universitat Oberta de Catalunya.*

CASSAR, V. B. (2018). *Resumo de direito do trabalho.* Editora Método: São Paulo.

CASTELO, J. P. (2017). Programa Gerencial a Reforma Trabalhista – Aspectos de direito processual/material. *Revista eletrônica Reforma Trabalhista III.* TRT9. V. 7º: Curitiba.

CAVALCANTE, J. de Q. P. (2018). A sociedade, a tecnologia e seus impactos nos meios de produção: uma discussão sobre o desemprego tecnológico. *LTr*: São Paulo.

CARMO, R. do. (2014). A psicologia na formação dos magistrados e a formação dos psicólogos forenses: reflexões. *In: Psicologia, justiça & ciências forenses.* Coord.: Mauro Paulinho e Fátima Almeida. Pactor. Lisboa.

CES, A. V. (2022). La mediación desarrollada por médios electrónicos: uma forma alternativa de resolución de conflictos. *In: Atas do Congresso Internacional: meios de resolução alternativa de litígios on-line.* (Coord.: Francisco Andrade *et al.*). JusGov. Braga.

CIALTI, P. H. (2016). Los mecanismos autónomos de resolución extrajudicial de conflictos colectivos laborales: el caso español y apuntes sobre la legislación colombiana. *Revista de Derecho*, n. 45, pp. 169-211, Universidad del Norte Barranquilla: Colombia.

CLÈVE, C. M. (2014). *Temas de direito constitucional.* 2ª ed. rev., atual. e ampl. Fórum: Belo Horizonte.

COLÀS-NEILA, E.; YÉLAMOS BAYARRI, E. (2020). El WhatsApp como prueba de hechos discutidos en el proceso laboral. ¿Más exigencias que una prueba tradicional? *Revista Internacional y Comparada de Relaciones Laborales y Derecho Del Empleo.* Volumen 8, número 2.

COLNAGO, L. de M. R. (2020). A quarta onda de acesso à justiça: intermidialidade no PJe. *Revista TRT9*: Curitiba.

CORDEIRO, A. M. da R. M. (2001). *Da boa-fé no direito civil.* 2ª reimp. Almedina: Coimbra.

CORREIA, H. (2021). *Curso de direito do trabalho.* 6ª ed. Salvador: Juspodivm.

CORREIA, R. P. (2018). O princípio da cooperação como fundamento jurídico para efetividade de direitos. *LTr*: São Paulo.

CORRÊIA, K. L. (2014). A mediação em conflitos laborais: análise de aspectos jurídicos brasileiros e espanhóis. *ANIMA: Revista Eletrônica do Curso de Direito das Faculdades OPET*: Curitiba.

COSTA, M. F. S. (2018). Dissídio coletivo: aportes gerais na fase de conhecimento e atualização jurisprudencial. *LTr*: São Paulo.

CRESPO, M. J. R. (2001). La conciliação extrajudicial y la no obsculización del derecho de tutela judicial efectiva en la doctrina del Tribunal Constitucional. *Temas Laborales: Revista andaluza de trabajo y bienestar social.*

CRUZ VILLALÓN, J. (2020). Balance general de la mediación y el arbitraje en los conflictos laborales. *Temas laborales: Revista andaluza de trabajo y bienestar social*, n. 154

(Ejemplar dedicado a: Monográfico sobre mediación y arbitraje en la resolución de los conflictos laborales).

CUESTA, H. A. (2016). La mediación laboral a partir de la Ley 5/2012. *Revista del Ministerio de Empleo y Seguridad Social: Derecho del Trabajo*. Madrid.

DAMIANO, H. (2002). Formas extrajudiciais de solução de conflitos individuais do trabalho. *Revista do TRT da 15ª Região*: São Paulo.

DELGADO, M. G. (2015). *Curso de direito do trabalho.* 14ª ed. LTr: São Paulo.

DELGADO, M. G.; DELGADO, G. N. (2017). A Reforma Trabalhista no Brasil com os comentários à Lei n. 13.467/2017. *LTr:* São Paulo.

DELGADO, M. G. (2017). *Curso de direito do trabalho*. LTr: São Paulo.

DELGADO, M. G.; DELGADO, G. N. (2018). A matriz da Constituição de 1988 como Parâmetro para Análise da Reforma Trabalhista. *Revista TRT9*: Curitiba.

DELGADO, M. G. (2019). *Curso de direito do trabalho*: obra revista e atualizada conforme a lei da reforma trabalhista e inovações normativas e jurisprudenciais posteriores. 18ª ed. LTr: São Paulo

DIZ, F. M. (2022). ODR e inteligência artificial: árbitros y mediadores virtuales? *In: Atas do Congresso Internacional: meios de resolução alternativa de litígios on-line.* (Coord.: Francisco Andrade *et al.*). JusGov. Braga.

DIDIER JR., F. (2015). *Curso de direito processual civil*: introdução ao direito processual civil, parte geral e processo de conhecimento. 17ª ed. JusPodivm: Salvador.

DISSENHA, L. A. (2017). Arbitragem e conflitos trabalhistas: receios e expectativas pós reforma. *Revista eletrônica TRT9*: Curitiba.

ENCABO, S. O. (2020). El VI Acuerdo sobre solución autónoma de conflictos laborales: consolidación y avances. *Revista Andaluza de Trabajo y Bienestar Social*. Sevilla.

ESCARTÍN, I. G. P. (2020). *Manual de derecho del trabajo.* 10ª edición. Tirant lo blanch. Valencia: 2020.

FALCÃO, N. M. M. (2018). Análise democrática do instituto da arbitragem individual trabalhista. *In*: TUPINAMBÁ, C. (coord.). *Soluções de conflitos trabalhistas*: novos caminhos. LTr: São Paulo.

FARIA, J. E. (2003). *Direito e Justiça no século XXI a* crise da Justiça no Brasil. Disponível em: file:///C:/Users/User/Desktop/3%20ano%20USC/fevereiro/JoseEduarFaria.pdf. Acesso em: 23 fev. 2022.

FARIA, J. E. (1995). Os novos desafios da justiça do trabalho. *LTr*: São Paulo.

FARIAS, J. M. A. (2015). Jurisdição e mediação: a atuação da Justiça do Trabalho para garantir a proteção dos direitos laborais e a possibilidade de mediação trabalhista no Brasil. *Rev. TST*: Brasília.

FICHTNER, P. M. M.; FICHTNER, J. A. (2018). Arbitragem no direito do trabalho. *In*: TUPINAMBÁ, C. (coord.). *Soluções de conflitos trabalhistas*: novos caminhos. LTr: São Paulo.

FONSECA, I. C. M. (2008). A responsabilidade do Estado pela violação do prazo razoável: *quo vadis? Revista do Ministério Público. Publicação trimestral n. 115*. Sindicato dos Magistrados do Ministério Público.

FUX, L. (1996). *Tutela de segurança e tutela da evidência*: fundamentos da tutela antecipada. Saraiva: São Paulo.

FELICIANO, G. G.; PASQUALETTO, O. (2019). Teoria da causa madura: Breves considerações sobre suas origens próximas, sua constitucionalidade e sua aplicação no processo do trabalho. *LTr*: São Paulo.

FERNANDES, J. M. L. de O. (2018). Uniformização jurisprudencial por tribunais regionais: Adoção de teses contrárias aos entendimentos do TST. *LTr*: São Paulo.

GALVÃO, G. O. (2018). A cláusula compromissória de arbitragem nas relações individuais de trabalho prevista no novel art. 507-A, CLT. *LTr*: São Paulo.

GARCÍA ÁLVAREZ, R. (2015). El papel de la mediación en la resolución del conflicto individual de trabajo. *Diario La Ley*, n. 8499, Sección Doctrina, 12 de Marzo de 2015, Ref. D-97, Editorial LA LEY.

GARCIA, G. F. B. (2017). *Curso de direito processual do trabalho*. 6ª ed. rev., atual. e ampl. Forense. Rio de Janeiro.

GARCIA, G. F. B. (2017). *Curso de direito do trabalho*. 11ª ed., rev., atual. e ampl. Forense: Rio de Janeiro.

GARCIA, G. F. B. (2017). Reforma Trabalhista: alterações na jurisprudência dos Tribunais do Trabalho. *Revista TRT9*: Curitiba.

GELABERT, M. P. (2007). Los medios extrajudiciales autónomos de solución de conflictos laboral. *Relaciones laborales: Revista crítica de teoría y práctica*, ISSN 0213-0556.

GARCIA ÁVILA, R. (2019). *La prueba electrónica em el processo penal español*. Grado em derecho. CUNEF. Madrid.

GARCIA, P. H. C.; DALLEGRAVE NETO, J. A. (2018). Arbitragem em dissídios individuais do trabalho. *In:* TUPINAMBÁ, C. (coord.). *Soluções de conflitos trabalhistas*: novos caminhos. LTr: São Paulo.

GENTILE, I. R. (2018). A efetividade do acordo extrajudicial trabalhista: instrumentos de segurança jurídica aos acordantes. *In*: TUPINAMBÁ, C. (coord.). *Soluções de conflitos trabalhistas*: novos caminhos. LTr: São Paulo.

GERMINIANI, M. C. (2019). *A natureza jurídica das relações de trabalho na gig economy*. LTr: São Paulo.

GERMIGNANI, D.; GERMIGNANI, T. A. A. (2018). A arbitragem no direito trabalhista: um desafio a ser enfrentado. *In*: TUPINAMBÁ, C. (coord.). *Soluções de conflitos trabalhistas*: novos caminhos. LTr: São Paulo.

GIAMBIAGI, F.; VILLELA, A.; CASTRO, L. B.; HERMANN, J. (2005). *Economia brasileira contemporânea*. 6ª ed. Atlas: São Paulo.

GIL PÉREZ, M. E. (2012). *La solución autónoma de los conflitctos laborales*. La Ley: España.

GIL PERÉZ, M. E. (2018). La solución autónoma de los conflictos laborales individuales. Un estudio de la evolución de los acuerdos interprofesionales autonómicos. *Revista Galega de Dereito Social* - 2ª ET (6,2018), pp. 97-154.

GIL Y GIL, J. L. (2008). La solución negociada de los conflictos individuales de trabajo. *In: Los procedimientos negociados de solución de los conflictos laborales.* (Coord.: GIL Y GIL, J. L.). Madrid.

GÓMEZ, M. S.; ROYO, M. R. P. (2020). Balance del sistema extrajudicial de resolución de conflictos de Andalucía (SERCLA). *Revista Andaluza de Trabajo y Bienestar Social.* Sevilla.

GOMES, O.; GOTTSCHALK, E. (2008). *Curso de direito do trabalho.* 18ª ed. Rio de Janeiro: Forense.

GOUVEIA, M. F. (2018). *Curso de resolução alternativa de litígios.* 3ª ed. Almedina. Coimbra.

GRANADOS ROMERO, M. I. (2007). *La solución de conflictos coletctivos laborales: especial referencia a los sistemas autónomos.* Tesis Doctoral. Universidad de Granada. Facultad de derecho: Departamento de Derecho del Trabajo y de la Seguridade Social.

GREMAUD, A. P.; VASCONCELLOS, M. A. S.; TONETO JÚNIOR, R. (2007). *Economia brasileira contemporânea.* São Paulo: Atlas.

GUTIERREZ, M. B. (2016). 20 años de solucion extrajudicial de conflictos laborales a través de la experiencia de la Fundación SIMA. *Revista del Ministerio de Empleo y Seguridad Social: Derecho del Trabajo.* Madrid.

HABERMAS, J. (1929). *Para a reconstrução do materialismo histórico.* Tradução: Rúrion Melo. Editora Unesp: São Paulo.

HOFFMAN, F. (2020). *Mediação e conciliação na Justiça do Trabalho durante a pandemia.* Disponível em: https://www.conjur.com.br/2020-abr-21/hoffmann-mediacao-conciliacao-justica-trabalho. Acesso em: 14 fev. 2022.

JIMÉNEZ, L. R. (s.d.). La conciliación laboral. *Revista eletrônica de direito processual*: Rio de Janeiro.

JORGE, A. C. R.; SOUZA, C. M. G. de.; JAYME, F. G.; CARVALHO, M. de. (2016). A atuação do advogado na autocomposição de conflitos de acordo com o novo CPC e a lei de mediação. *Revista TRT9*: Curitiba.

JUSTIÇA EM NÚMEROS 2018: ano-base 2017. *Conselho Nacional de Justiça* – Brasília: CNJ, 2018.

KOURY, L. R. N. (2019). Homologação do acordo extrajudicial na Justiça do Trabalho: competência. Jurisdição vonluntária. Procedimento. *LTr*: São Paulo.

LARA, C. S. (2020). Control judicial de los procedimientos autónomos de solución de conflictos. *Revista Andaluza de Trabajo y Bienestar Social.* Sevilla.

LAVOR, F. O. de. (2000). *Formas alternativas de solução de conflitos individuais e coletivos de trabalho.* Disponível em: https://www.maxwell.vrac.puc-rio.br/3142/3142.PDF. Acesso em: 6 fev. 2022.

LEITE, C. H. B. (2018). *Curso de direito processual do trabalho*. 16ª ed. Saraiva: São Paulo.

LEITE, C. H. B. (2019). *Curso de direito do trabalho*. 11ª ed. São Paulo: Saraiva

LENZA, P. (2019). *Direito constitucional esquematizado*. 23ª ed. Saraiva: São Paulo.

LENZA, P. (2020). *Direito constitucional esquematizado*. Saraiva: São Paulo.

LIMA, T. M. (2012). Da morosidade ao acesso aos Tribunais: Casos contra Portual no TEDH. Org. Cecília Macdowell dos Santos. *A mobilização transnacional do direito*: portual e o Tribunal Europeu dos Direitos Humanos. Edições Almedina, S.A.

LÓPES ÁLVAREZ, M. J. (2014). Solución de conflictos laborales individuales en clave de mediación. Estudios financieros. *Revista de trabajo y seguridad social: Comentarios, casos prácticos: recursos humanos.*

LOPES, J. E. de O. G. (2005). A Convenção Europeia dos Direitos do Homem e a reforma do contencioso administrativo português de 2002. Coord. Ana Maria Gerra Martins. *Estudos de Direito Europeu e Internacional dos Direitos Humanos.* Almedina, S.A.

LÓPEZ, J. V. (s.d.). *Los medios extrajudiciales de solución de conflitos laborales en Canarias.* Disponível em: http://www.juliovega.net/documentos/TLC.pdf. Acesso em: 6 dez. 2021.

LOPES, M. S. (2019). Uma mensagem sobre o direito aos pedaços: a Reforma Trabalhista, as contingências e a equidade. *LTr*: São Paulo.

LÓPES, R. T. (2009). la solución extrajudicial de conflictos laborales en el modelo español: a medio camino entre el desideratum legal y el ostracismo social. *Revista universitaria de ciencias del trabajo.*

LOPES, O. B. (2018). *A nova contribuição sindical facultativa:* análise legal e constitucional. LTr: São Paulo.

MAIA, E. de F. (2021). O instituto da Comissão de Conciliação Prévia como mecanismo do pleno acesso à Justiça e efetiva solução de conflito e sua contribuição na reivindicação das entidades sindicais como instituição jurídica. *In: Acesso à Justiça e instituições jurídicas* (Coord.: PINTO, A. M. F. *et al.*). PEMBROKE COLLINS: Rio de Janeiro.

MAIOR, J. L. S. (2017). Impactos do golpe trabalhista (A Lei 13.467/17). *Revista TRT 9*: Curitiba.

MANSUR, J. M. (2018). Os novos instrumentos de composição de conflitos trabalhistas e a valorização da Justiça do trabalho. *In:* TUPINAMBÁ, C. (coord.). *Soluções de conflitos trabalhistas*: novos caminhos. LTr: São Paulo.

MARINONI, L. G. (1998). Tutela antecipatória, julgamento antecipado e execução imediata da sentença. 2ª ed. rev. e atual. *Editora Revista dos Tribunais*: São Paulo.

MARINONI, L. G. (1992). Tutela cautelar e tutela antecipatória. *Editora Revista dos Tribunais*: São Paulo.

MARINONI, L. G. ; ARENHART, S. C. ; MITIDIERO, D. (2017). Novo curso de processo civil: tutela de direitos mediante procedimento comum. Vol. 2. *Revistas dos Tribunais*. São Paulo.

MARQUES FILHO, L. B.; CAMPOS, M. C. D. P. (2018). *(In)constitucionalidade do novo modelo de contribuição sindical*: uma análise processual. LTr: São Paulo.

MARTÍN, R. B. (2018). La incidencia de los sistemas extrajudiciales de solución de conflictos colectivos en los procedimientos judiciales. *In: Diálogo Social y Solución Autónoma de conflictos Laborales.* Coord.: Ana de la Puebla Pinilla. Beatriz Losada Crespo. Editorial Bomarzo S.L. c/ Dionisio Guardiola. Albacete (España).

MARTÍNEZ, A. I. (2019). *La implicación de las nuevas tecnologías en la prueba en el proceso laboral.* Máster Universitario en Acceso a la Profesión de Abogado. Universidad de Alcalá. Alcalá de Henares.

MARTINS FILHO, I. G. da S. (2011). Breve história da Justiça do Trabalho. *In:* Amaury Mascaro Nascimento *et al.* (dir.). *História do Trabalho, do Direito do Trabalho e da Justiça do Trabalho.* 3ª ed. LTr: São Paulo.

MASSON, N. (2021). *Manual de direito constitucional.* JusPodivm: São Paulo.

MIESSA, E. (2016). *Manual dos recursos trabalhistas*: teoria e prática. 2ª ed. rev., atual. e ampl. Juspodivm: Salvador.

MILIONI, P. S. G. (2018). Breves reflexões sobre a arbitragem individual trabalhista. *In*: TUPINAMBÁ, C. (coord.). *Soluções de conflitos trabalhistas*: novos caminhos. LTr: São Paulo.

MIESSA, É. (2021). *Curso de direito processual do trabalho.* 8ª ed. Salvador: Juspodivm.

MIZIARA, R. (2022). *Novas tecnologias e direito probatório*: aspectos atuais sobre provas digitais. Disponível em: https://www.conjur.com.br/2022-mai-08/raphael-miziara-aspectos-provas-digitais. Acesso em: 14 set. 2022.

MOCHÓN, F. M. (2007). *Princípios de economia*. Pearson Prentice Hall: São Paulo

MONNAZZI, R. N. (2018). A arbitragem na reforma trabalhista e o empregado hipersuficiente._*In*: TUPINAMBÁ, C. (coord.). *Soluções de conflitos trabalhistas*: novos caminhos. LTr: São Paulo.

MOÑINO, E. R. (2016). *La conciliación previa en el proceso laboral.* Universitas Miguel Hernández de Elche.

MORAIS, A. (2017). *Direito constitucional.* 33ª ed. Atlas: São Paulo

MORAIS, C. M. de. (2019). *Efetividade dos direitos fundamentais nas relações de trabalho por meio do processo judicial eletrônico.* Tese de doutoramento. PUC: São Paulo. Disponível em: https://tede2.pucsp.br/bitstream/handle/22066/2/Camila%20Miranda%20de%20Moraes.pdf Acesso: 24 nov. 2021

MORAES FILHO, E. de; FLORES DE MORAES, A. C. (2014). *Introdução ao direito do trabalho.* 11ª ed. LTr: São Paulo.

MORAIS, P. V. D. P. (2018). Novo Código de Processo Civil – O Ministério Público e os Métodos Autocompositivos de Conflito – Negociação, Mediação e Conciliação. *In*: TUPINAMBÁ, C. (coord.). *Soluções de conflitos trabalhistas*: novos caminhos. LTr: São Paulo.

MORAIS DA ROSA, A. (2022). *O "print screen" é insuficiente à materialidade nos crimes digitais*. Disponível em: https://www.conjur.com.br/2022-jun-17/limite-penal-print-screen-materialidade-crimes-digitais. Acesso em: 29 ago. 2022.

MARQUES, E. C. (2022). A resolução alternativa de litígios laborais e o impacto digital. *In*: *Atas do Congresso Internacional: meios de resolução alternativa de litígios on-line*. (Coord.: Francisco Andrade *et al.*). JusGov. Braga.

MOTA, K. S.; SANTOS, F. M. (s.d.). *Greve sem sindicato*: limites e possibilidades do movimento espontâneo de resistência coletiva. Disponível em: http://www.publicadireito.com.br/artigos/?cod=f869d4accedf2bf6. Acesso em: 11 maio 2022.

MOREIRA, A. J. (s.d.). Mediação e arbitragem no cenário trabalhista atual: mudança de paradigma na pacificação dos conflitos. *Migalhas*.

MOREIRA, A. J. (2018). Mediação e arbitragem no cenário trabalhista atual – Mudança de paradigma na pacificação dos conflitos. *LTr*: São Paulo.

MOREIRA JÚNIOR, L. (2018). O sistema núcleo intersindical de conciliação trabalhista (NINTER) e a participação dos sindicatos. *In*: TUPINAMBÁ, C. (coord.). *Soluções de conflitos trabalhistas*: novos caminhos. LTr: São Paulo.

MUÑIS, J. F. C. (s.d.). *Los sistemas autónomos de solución de conflictos laborales em España*.

Disponível em: https://fsima.es/wp-content/uploads/Los-sistemas-aut%C3%B3nomos--de-soluci%C3%B3n-de-conflictos-en-Espa%C3%B1a.pdf. Acesso em: 27 nov. 2021.

MUNIZ, J. de P. (2018). Arbitragem no direito do trabalho. In: WALD, Arnoldo. *Revista de arbitragem e mediação*. Vol. 15, n. 56. Revistas dos Tribunais: São Paulo.

MUÑIZ, J. F. C. (2018). La inclusión de la resolución de conflictos individuales de trabajo en el III acuerdo interprofesional sobre procedimientos de solución autónoma de conflictos laborales de Castilla y León. *In: Diálogo Social y Solución Autónoma de conflictos Laborales.* Coord.: Ana de la Puebla Pinilla. Beatriz Losada Crespo. Editorial Bomarzo S.L. c/ Dionisio Guardiola. Albacete (España).

NASCIMENTO, A. M. (2012). *Compêndio de direito sindical*. 7ª ed. São Paulo: LTr.

NASSAR, R. de N. S. (2018). *Honorários de sucumbência ao beneficiário da justiça gratuita* – proposta interpretativa à luz do princípio da proteção. LTr: São Paulo.

NAVARRETE, C. M. (2020). Procedimientos autónomos de solución extrajudicial de conflictos laborales: Balance de convergencias y divergencias 30 años después. *Temas Laborales. Revista Andaluza de Trabajo y Bienestar Social.* Sevilla. Disponível em: file:///C:/Users/User/Downloads/Dialnet-ProcedimientosAutonomicosDeSolucionExtrajudicial-De-7801653%20(2).pdf. Acesso em: 29 nov. 2021.

NAVARRETE, A. M. L. (2014). *Simplemente um processo justo*. Instituto Vasco de Derecho Procesal: San Sebastián.

NAZARENO JÚNIOR. (2019). *Singularidade tecnológica*: o diferencial é ser humano. Disponível em: https://ofuturodascoisas.com/singularidade-tecnologica-o-diferencial--e-ser-humano/?fbclid=IwAR3yFGT-erOPWr6Wuy-3fjaCFOyk-mEk4tUICoD6OB8N-dLByYdmlFtcMPhk. Acesso em: 28 maio 2019.

NEVES, D. A. A. (2017). *Manual de direito processual civil* – volume único. 9ª ed. JusPodivm: Salvador.

NIETO, F. N. (2020). El tratamiento de los conflictos individuales em los procedimientos extrajudiciales de solución de conflictos. *Revista Andaluza de Trabajo y Bienestar Social*. Sevilla.

NOBILE, M. G. de C. S. (2016). Mediar, conciliar e pacificar: Um artigo pela pacificação. *Revista TRT9*: Curitiba.

NOVELINO, M. (2017). *Curso de direito constitucional*. JusPodivm: São Paulo.

NOVELINO, M. (2020). *Curso de direito constitucional*. JusPodivm: São Paulo.

NUWER, R. (2016). *Conheça os empregos ameaçados pela automação (e os novos que surgirão)*. BBC Future, 7 ago. 2015. Disponível em: www.bbc.com/future/story/20150805-will--machines-eventually-take-on-every-job. Acesso em: 30 maio 2019.

OLIVEIRA, D. P. R. (2009). *Teoria geral da administração*: edição compacta. Atlas: São Paulo.

OLIVEIRA, A. (2019) *Inteligência artificial*. Fundação Francisco Manuel dos Santos. Lisboa.

OLIVEIRA, S. G. de. (2017). *O dano extrapatrimonial trabalhista após a Lei n. 13.467/2017*. LTr: São Paulo.

OLMO, A. F. (2021). *La garantia de indemnidade*. Colección de derecho del trabajo y seguridade social. Agencia estatal boletín oficial del estado Madrid.

ORSINI, A. G. de. S.; LEME, A. C. R. P. (2021). Litigância manipulativa da jurisprudência e plataformas digitais de transportes: levantando o véu do procedimento conciliatório estratégico. *TRT9*: Curitiba.

PALACIOS, F. P.; CAPILLA, P. P. (2017). *La prueba en la era digital*. Wolters Kluwer España. Madrid.

PACHECO, L. da S. (2018). *A mudança paradigmática na Justiça do Trabalho brasileira para consecução da liberdade igual*. LTr: São Paulo.

PAES, A. B. (2018). *Homologação de acordo extrajudicial* – Especificidades da jurisdição voluntária. LTr: São Paulo.

PASTORE, G. de S. (2020). Considerações sobre a autenticidade e a integridade da prova digital. *Cadernos Jurídicos*, São Paulo, ano 21, n. 53.

PIMENTA, J. R. F.; FARIA, F. N. (2017). A importância da efetividade do processo para concretização dos direitos fundamentais trabalhistas. *In: Direito do trabalho e direito processual do trabalho: estudos avançados*. Coord.: Fernanda Nigri Faria [*et al.*]. São Paulo: LTr.

PEDUZZI, M. C. I. (2021). Democratizando o acesso à Justiça. *In*: *Conselho Nacional de Justiça* (Flávia Moreira Guimarães Pessoa, org.). CNJ: Brasília.

PEREIRA, R. A. G. de C. (2016). Mediação: o eco do vivido e o prelúdio do vir a ser. O papel do instituto em relação aos chamados métodos de resolução de conflitos. *Revista TRT9*. Curitiba.

PÉREZ, P. M. (2017). *La mediación como solución extrajudicial de conflictos en el mundo laboral.* Grado en Relaciones Laborales y Recursos Humanos Universidad de Castellón. Facultad de Ciencias del Trabajo.

PIOVESAN, F. (2013). *Direitos humanos e o direito constitucional internacional.* 14ª ed. rev. ampl. e atual. Saraiva: São Paulo.

PIROTTA, W. R. B. (2011). *Analogia e o direito do trabalho*: para uma leitura das leis trabalhistas e de suas lacunas à luz dos direitos humanos. LTr: São Paulo.

POMPEU, N. C.; BRITO, S. H. (2014). Mediação e a cultura de litígio – a educação como estratégia para transformação. *In: Mediação e direitos sociais indisponíveis: trabalho, saúde, educação e meio ambiente* (Org. Cássius Guimarães Chai; Maria do Socorro Almeida de Sousa). Global Mediation: Rio de Janeiro.

REIS, B. de F. *et al.* (2019). Mediação de conflitos e compliance trabalhista: medidas de prevenção, gestão e resolução consensual de conflitos. *Revista do Departamento de Ciências Jurídicas e Sociais da Unijuí.* Editora Unijuí: Rio Grande do Sul.

RENEDO JUÁREZ, Mª J. (2013). Evitación del proceso y mediación intrajudicial en la Jurisdicción Social. *Revista jurídica de Castilla y León,* n. 29.

ROCHA, A. S. E. (2001). *Justiça e direitos humanos*. Universidade do Minho. Centro de Estudos Humanísticos. Braga.

RODRIGUEZ, A. P. (2015). Princípios de direito do trabalho. *LTr*: São Paulo.

RODRÍGUEZ-PIÑERO Y BRAVO-FERRER, M. (2003). Indisponibilidad de los derechos y conciliación en las relaciones laborales. *Temas Laborales* n. 70. Disponível em: file:///C:/Users/User/Downloads/Dialnet-IndisponibilidadDeLosDerechosYConciliacionEnLasRel-801988%20(1).pdf. Acesso em: 20 ago. 2022.

ROJAS, R. (2016). *La prueba digital em la ámbito laboral ¿Son válidos los "pantallazos"?* Disponível em: http://raulrojas.es/234-2/. Acesso em: 15 set. 2022.

ROSA MORENO, J. (2017). El agotamiento de la vía administrativa como presupuesto para el control judicial de los actos administrativos de naturaleza laboral. *Revista Internacional y Comparada de Relaciones Laborales y Derecho del Empleo,* vol. 5, n. 3.

SANTOS, B. de S. (2011). *Para uma revolução democrática da justiça.* 3ª ed. Cortez: São Paulo.

SANTOS, D. A.; BARROS, R. C. S. de. (2018). O empregado hiperssuficiente e o preço da liberdade contratual, após a vigência da Lei n. 13.467/2017. *LTr*: São Paulo.

SANTOS, E. R. dos. (2018). Supremacia do *negociado* em face ao legislado – As duas faces da nova CLT. LTr: São Paulo.

SARAIVA, R.; LINHARES, A. (2018). *Processo do trabalho*: concursos públicos. 14ª ed. Juspodivm: Salvador.

SARAIVA, R.; SOUTO, R. T. (2018). *Direito do trabalho*: concursos públicos. 20ª ed. Juspodivm: Salvador.

SCHIAVI, M. (2016). *Manual de direito processual do trabalho*. 10ª ed. de acordo com o novo CPC. LTr: São Paulo.

SCHIAVI, M. (2015). *Manual de direito processual do trabalho*. 9ª ed. LTr: São Paulo.

SCHIAVI, M. (2018). *A reforma e o processo do trabalho*: aspectos processuais da Lei n. 13.467/2017. 2ª ed. LTr: São Paulo.

SCHMIDT, M. H. F. de M. (2017). A mediação no direito individual e na Justiça do Trabalho. *Revista FONAMEC*: Rio de Janeiro.

SENA, A. G. de. (2007). Formas de resolução de conflitos e acesso à Justiça. *Rev. Trib. Reg. Trab. 3ª Reg.*: Belo Horizonte.

SERRÃO, A. (2018). Uma nova chance para uma antiga promessa. *In*: TUPINAMBÁ, C. (coord.). *Soluções de conflitos trabalhistas*: novos caminhos. LTr: São Paulo.

SILVA, H. B. M. da. (2010). *Curso de direito do trabalho aplicado*. Elsevier: Rio de Janeiro.

SIQUEIRA NETO, J. F. (2018). Participação sindical na resolução dos conflitos trabalhistas e seus efeitos jurídicos. *In*: TUPINAMBÁ, C. (coord.). *Soluções de conflitos trabalhistas*: novos caminhos. LTr: São Paulo.

SOLANO, L. M. M. (2018). *A crise do judiciário e o sistema multiportas de solução de conflitos*. Disponível em: https://jus.com.br/artigos/66077/a-crise-do-judiciario-e-o-sistema-multiportas-de-solucao-de-conflitos. Acesso em: 27 mar. 2022.

SOUTO MAIOR, J. L.; SEVERO, V. S. (2017). O acesso à Justiça sob a mira da Reforma Trabalhista – ou como garantir o acesso à Justiça diante da reforma. *Revista TRT3*, edição especial Reforma Trabalhista: Belo Horizonte.

SOUTO MAIOR, J. L. (2017). Impactos do golpe trabalhista (A Lei n. 13.467/17). *Revista TRT9*: Curitiba.

SOUTO MAIOR, J. L.; SEVERO, V. S. (2017). O acesso à Justiça sob a mira da Reforma Trabalhista – ou como garantir o acesso à Justiça diante da Reforma Trabalhista. *Revista TRT9*: Curitiba.

SOUZA JÚNIOR, A. U. *et al*. (2020). Medida Provisória 927/2020 comentada artigo por artigo. *Revista dos Tribunais*. Disponível em: https://www.thomsonreuters.com.br/content/dam/openweb/documents/pdf/Brazil/white-paper/10056-medida-provisoria-927-comentada.pdf. Acesso em: 12 ago. 2022.

STURMER, G. (2017). A extinção contratual e a Reforma Trabalhista. *Revista TRT9*: Curitiba.

SÜSSEKIND, A. (1999). Tribunais do trabalho no direito comparado e no Brasil. *Rev. TST*: Brasília.

TAMER, S. V. (2005). Atos políticos e direitos sociais nas democracias*: um estudo sobre o controle dos atos políticos e a garantia judicial dos direitos sociais*. Sergio Antonio Fabris Ed.: Porto Alegre.

TEIXEIRA, C. P. (2018). *Qualidade da democracia em Portugal*. Fundação Francisco Manuel dos Santos. Lisboa.

TOLEDO, P. T. de. (2011). Os conflitos trabalhistas e a importância dos sistemas de solução dos conflitos laborais no mundo atual. *Revista do TRT 2ª Região*: São Paulo.

TUPINAMBÁ, J. P. (2018). Ética e mediação. *In:* TUPINAMBÁ, C. (coord.). *Soluções de conflitos trabalhistas*: novos caminhos. LTr: São Paulo.

UGUINA, J. R. M. (s.d.). *Relaciones laborales y solución extrajudicial de controversias.* Disponível em: http://afduam.es/wp-content/uploads/pdf/11/Relacines%20laborales%20y%20solucion%20extrajudicial%20Jesus%20R%20Mercader.pdf. Acesso em: 31 mar. 2021.

VALVERDE, A. M. (2016). Medios no judiciales de solución de los conflictos laborales: caracterización geral. *Revista del Ministerio de Empleo y Seguridad Social: Derecho del Trabajo.* Madrid.

VASCONCELOS, A. G. de. (2000). Os núcleos intersindicais de conciliação trabalhista como agentes de transformação das relações de trabalho e da administração da justiça. *Revista TST*: Brasília.

VASCONCELOS, C. E. de. (2008). *Mediação de conflitos e práticas restaurativas.* Método: São Paulo.

VIDAL LOPEZ, P. (2019). *La prueba digital en el procedimiento laboral.* Disponível em: https://www.legaltoday.com/practica-juridica/derecho-social-laboral/laboral/la-prueba-digital-en-el-procedimiento-laboral-2019-06-13/. Acesso em: 16 set. 2022.

VILLALÓN, J. C. (2018). Los procedimientos autónomos de solución de los conflictos laborales individuales. *Revista Galega de Dereito Social* - 2ª ET.

VILLALÓN, J. C. (2020). Balance general de la mediación y el arbitraje em los conflictos laborales. *Revista Andaluza de Trabajo y Bienestar Social.* Sevilla.

ZANGRANDO, C. (2018). A conciliação extrajudicial no direito brasileiro e direito comparado. *In*: TUPINAMBÁ, C. (coord.). *Soluções de conflitos trabalhistas*: novos caminhos. LTr: São Paulo.

V. JURISPRUDÊNCIA E DOUTRINA JUDICIAL

Espanha

STC 74/1983 de 30 julho

STC 60/1989 de 16 março

STC 217/1991 de 14 de novembro

STC 14/1993 de 18 de janeiro

STC 95/1993 de 22 de março

STC 120/1993 de 19 de abril

STC 122/1993 de 19 de abril

STC 355/1993 de 29 de novembro

STC 174/1995 de 23 de novembro

STC 13/1997 de 27 de janeiro

STC 38/1998 de 17 de fevereiro

STC 17/2021 de 15 de fevereiro

STC 65/2021 de 15 de março

STS de 17 de julho de 2014 (Recurso 2013, 133)

STS de 20 de novembro de 2014 (2014, 678)

STS 16 de junho de 2015 (RJ 2015, 3561)

STS 22 de julho de 2015 (RJ 2015, 3950)

STS de 7 de julho de 2016 (2016, 630)

STS de 6 de junho de 2017 (RJ 2017, 3096)

STS em 19 outubro de 2017 (RJ 2017, 5038)

STS de 15 de janeiro de 2020 (2020, 31)

STS de 30 de julho de 2020 (Rec. 2018, 196)

STS de 23 de julho de 2020 (2020, 706)

STS de 30 de julho de 2020 (RJ 2020, 3991)

STS de 21 de julho de 2021 (2021, 817)

SAN de 27 de fevereiro de 2017 (JUR 2017, 64603)

SAN de 27 de fevereiro de 2017 (JUR 2017, 64603)

SAN de 22 de novembro de 2017 (JUR 2018, 2546)

STSJ Murcia de 8 abril de 2013 (JUR 2013, 183149)

STSJ Andalucía (Málaga) de 18 de setembro de 2014 (JUR 2014, 277173)

STSJ Aragón 28 de fevereiro de 2014 (AS 2014, 738)

STSJ Aragón 27 de novembro de 2014 (AS 2014, 308)

STSJ Madrid de 16 novembro de 2015 (AS 2016, 294)

STSJ Madrid de 16 de novembro de 2015 (AS 2016, 294)

STSJ Cataluña de 2 de dezembro de 2016 (AS 2017, 69)

STSJ Madrid de 16 de novembro de 2015 (AS 2016, 294)

STSJ Madrid de 16 de novembro de 2015 (AS 2016, 294)

STSJ Galicia de 28 de janeiro de 2016 (2016, 556)

STSJ Madrid de 27 de janeiro de 2016 (JUR 2016, 55513)

STSJ Cataluña de 2 de dezembro de 2016 (AS 2017, 69)

TSJ de Castilla y León (Valladolid) de 19 de março de 2018 (AS 2018, 1099)

STSJ Andalucía (Sevilla) de 28 de novembro de 2019 (AS 2020, 1004)

STSJ Madrid de 25 de janeiro de 2019 (2019, 83)

STSJ Aragón de 27 de julho de 2020 (JUR 2020, 298682)

STSJ Navarra de 16 de junho de 2020 (JUR 2021, 3213)

STSJ País Vasco de 2 de março de 2021 (JUR 2021, 176923)

STSJ Galicia de 11 de fevereiro 2021 (JUR 2021, 119639)

Julgado do Social Comunidade Autônoma Castilla-La Mancha de 26 de maio de 2020 (JUR 2020, 269335)

Brasil

STF ADI n. 2.139

STF ADI n. 2.160

STF ADI n. 2.237

STF ADI n. 5.105

STF ADI n. 5.794

STF ADI n. 6363

STF RE n. 1.121.633

STF RE n. 590415

STJ RHC n. 99.735

TST RR 147.10.2019.5.22.0006

TRT 2ª Região. Disponível em: https://www.jusbrasil.com.br/jurisprudencia/trt-2/1568826221. Acesso em: 11 set. 2022.

TRT 10ª Região. Disponível em: https://www.jusbrasil.com.br/jurisprudencia/trt-10/652050180. Acesso em: 9 set. 2022.

Tribunal de Justiça do DF. Disponível em https://www.jusbrasil.com.br/jurisprudencia/tj-df/1308110568. Acesso em: 10 set. 2022.